高等院校小学教育专业教材

小学数学教学论

（第三版）

范文贵◎主编

华东师范大学出版社
·上海·

图书在版编目(CIP)数据

小学数学教学论/范文贵主编. —3 版. —上海:华东师范大学出版社,2023
高等院校小学教育专业教材
ISBN 978-7-5760-3709-8

Ⅰ.①小… Ⅱ.①范… Ⅲ.①小学数学课-教学理论-高等学校-教材 Ⅳ.①G623.502

中国国家版本馆 CIP 数据核字(2023)第 059495 号

小学数学教学论(第三版)

主　　编　范文贵
责任编辑　张　婧　师　文
特约审读　汤新坤
责任校对　时东明
装帧设计　俞　越

出版发行　华东师范大学出版社
社　　址　上海市中山北路 3663 号　邮编 200062
网　　址　www.ecnupress.com.cn
电　　话　021-60821666　行政传真 021-62572105
客服电话　021-62865537　门市(邮购)电话 021-62869887
地　　址　上海市中山北路 3663 号华东师范大学校内先锋路口
网　　店　http://ecnup.taobao.com/

印 刷 者　上海昌鑫龙印务有限公司
开　　本　787 毫米×1092 毫米　1/16
印　　张　26.75
字　　数　583 千字
版　　次　2023 年 5 月第 3 版
印　　次　2025 年 7 月第 6 次
书　　号　ISBN 978-7-5760-3709-8
定　　价　59.00 元

出 版 人　王　焰

(如发现本版图书有印订质量问题,请寄回本社客服中心调换或电话 021-62865537 联系)

第三版前言

自2011年《小学数学教学论》出版，经历第二版修订，至今已经十余年过去了，中国小学数学教育又有了重大发展，越来越多的国际学者关注中国数学课堂教学，新的研究成果不断涌现，中国数学教育为世界所瞩目。

2014年，天津师范大学获批教育部首批“卓越教师培养计划改革项目”，为此我们成立“天津师范大学卓越教师培养实践基地联盟（小学）”，以卓越教师培养为导向，建立了符合卓越教师成长规律、特色鲜明的教师教育教学实践模式。

2019年，天津师范大学“小学教育专业”被评为国家级一流本科专业，“小学教育专业”通过教育部师范专业二级认证。在“双一流”建设背景下，天津师范大学小学教育专业理科方向积极推进专业一体化建设，坚持以“学生中心、产出导向、持续改进”为基本理念，开展“小学数学教学论”教学改革；明确师范生毕业要求基本标准，结合专业办学实际，探索高质量落实小学教育专业师范生毕业要求的具体路径，实现从课程主导向目标主导转变、从教师中心向学生中心转变、从质量监控向持续改进转变，以学生的学习结果为中心评价教育。

作为“小学教育专业”核心课程，我们积极开展“小学数学教学论”课程研究。2019年，“小学数学教学论”被评为天津市一流本科建设课程、天津师范大学“课程思政”建设课程。《基于任务驱动式理论　探索“分数的意义”教学设计路径》入选2020年“中国专业学位案例中心”案例库。“构建‘小学数学教学论’研究性教学体系，培养学生教学实践能力和创新精神”获得2018年天津师范大学教学成果一等奖。

党的二十大报告强调，办好人民满意的教育，应全面贯彻党的教育方针，落实立德树人根本任务，培养德智体美劳全面发展的社会主义建设者和接班人。教学是人才培养的基本途径，为贯彻党的二十大精神，本教材把小学数学教学理论与方法的讲授与学生核心素养的培养结合起来，将小学数学课程与立德树人根本任务精准对接，坚持知识传授和价值引领相统一，实现价值塑造与知识传授、能力培养一体化推进。

本次书稿修订秉持“继承、发展、创新”的学术态度，密切关注国际小学教育前沿理论，立足小学数学课堂教学实际，借鉴历史，创新发展，面向未来。课程研究团队扎根小学课堂，开展教学理论与实践研究；将小学数学教学案例融入教学理论学习之中，关注数学的产生和发展，展示数学思想方法与数学知识之间的紧密联系；重视从前沿性学科知识中汲取精华，融入“小学数学教学论”课程。为了培养师范生小学数学教学实践能力，提高师范生的核心竞争力,在保留原书特色的基础上,我们对《小学数学教学论》进行了较大幅度的修改。

本次书稿修订的特点如下:

1. 扎实推进"课程思政"建设,突显中国数学教育成就,渗透思想政治教育。

2. 反映最新的国内外小学数学教学理论的学术成果,增加美国、俄罗斯、日本等国家的小学数学课程改革新成果。

3. 落实《义务教育数学课程标准(2022年版)》的课程理念和教学要求,立足学生核心素养发展,增加小学数学核心素养研究成果。

4. 为了师范生能够更好地理解小学数学教学理论,我们更换或增加了近几年的优秀教学案例和教师资格证考试案例,突显案例的启发性、可操作性、典型性、新颖性,为提高师范生教学实践能力奠定基础。

5. 更新、补充各章参考文献,以体现小学数学教学研究成果的时代性、前瞻性、权威性。

6. 为了让师范生更好地掌握课程内容,在各章增加了本章导语、学习目标、思考与练习三个模块的内容。

书稿修改工作由范文贵、张新颜完成,其中范文贵负责第一章、第二章、第三章、第四章、第六章、第七章、第九章、第十章、第十一章、第十二章,张新颜、范文贵共同负责第五章、第八章。

本书可以作为高等院校小学教育专业数学方向本科生、专科生教材,也可以作为小学数学教师、教研员进行教学研究的参考用书。

我们要特别感谢华东师范大学出版社领导、责任编辑、特约审稿者为本书第三版的修订出版提出的宝贵意见,感谢他们所贡献的智慧和付出的辛勤劳动!

范文贵
2022年

第二版前言

《小学数学教学论》第一版发行于2011年6月。出版伊始,便受到高等院校小学教育专业大学生以及小学数学教育工作者的广泛关注。通过多种渠道,我们认真听取了他们对本书的宝贵建议。

多年来,在使用本书的过程中,我们与小学教育专业大学生共同讨论研究了相关的理论体系和教学案例。2012年1月,《义务教育数学课程标准(2011年版)》(以下简称《课程标准(2011年版)》)出版发行,根据《课程标准(2011年版)》,多家出版社陆续出版新修订的小学数学教材。第一版《小学数学教学论》与新修订的课程标准及新版小学数学教材的部分内容不完全一致。为适应新形势下小学数学教学需要,我们对《小学数学教学论》进行了较大的修改。

作者参考国家教师资格考试《教育教学知识与能力大纲(小学)》的相关要求,根据《课程标准(2011年版)》的理念、课程目标、课程内容和教学建议修改本书,让学生掌握最新的课程理念、目标与方法。2014年8月,教育部下发《关于实施卓越教师培养计划的意见》(教师〔2014〕5号),启动了卓越教师培养计划。天津师范大学初等教育学院申报的"'U-G-S'模式下小学教育专业多能型、研究型教师培养探索"项目成功入选"卓越小学教师培养改革项目"。我们在培养体系、教学模式、课程结构、类型、内容等方面不断创新,以培养追求卓越的小学教师为目标,回应国家、社会对小学教师的诉求。面对小学教育专业快速发展的需要,我们以培养满足社会需求的多能型、研究型、具有专业知识和教学研究能力的小学数学教师为目标,对《小学数学教学论》的内容进行调整。

新版《小学数学教学论》借鉴国内外近年来小学数学课程与教学改革的最新发展经验,吸收小学数学教学研究的新理论与新案例,为培养大学生和小学教师的创新精神和实践能力奠定基础。本书第二版的内容、结构、体例与第一版保持一致,仍然包括十二章,但对有关章节的内容进行了调整。

1. 按照《课程标准(2011年版)》的要求,重新编写第二章的第四节(《义务教育数学课程标准(2011年版)》小学部分简介)、第三章的第三节等内容;将课标中的核心概念分布在本书的不同章节。

2. 按照《课程标准(2011年版)》的"数与代数""图形与几何""统计与概率""综合与实践"四个部分的课程内容及新出版的小学数学教材,编排了5个案例,既有教学设计的案例,又有说课的案例；这些案例均经过教学实践检验，并多次在全国获奖。

3. 在每章末尾增加阅读资料，为读者进一步理解《小学数学教学论》的教材内容、拓展阅读范围提供资源。

4. 删除本科生难以理解的一些内容。

5. 修改一些错误的文字和数据。

书稿修改工作由范文贵完成，其中李伟华协助修改了原第二章第四节的某些文字。

本书可作为高等师范院校小学教育专业数学方向专科生、本科生的教材，也可作为小学数学教师、教研员进行教学研究的参考用书。

此外，我们要特别感谢责任编辑为本书的出版所贡献的智慧和付出的辛勤劳动！

范文贵

2016 年 2 月于天津师范大学

第一版前言

国际上，数学教育家非常重视小学数学教学理论与实践研究。在《数学教育研究》(*Educational Studies in Mathematics*)、《数学研究杂志》(*Journal for Research in Mathematics Education*)等国际重要学术期刊上，我们经常看到有关小学数学教学研究的论文，其中研究的问题非常具体，重视实证研究。我国一些著名数学教育家不仅研究中学数学教学，也倾心于小学数学教学研究，如张奠宙、宋乃庆、郑毓信、马云鹏、孔企平、郜舒竹、杨庆余等专家均致力于引领小学数学研究前行。研究者追踪国际小学数学教育研究课题，开展国际小学数学教育比较研究，结合我国实际提出新的小学数学教育的观点。《小学数学教学论》要体现当前国内外小学数学教育理论和实践的研究成果，对当前正在进行的小学数学教学改革和已有的小学数学教育理论作出新的阐释与论证，满足小学数学教师专业发展以及新课程改革的需求。

天津师范大学小学教育专业是教育部的特色专业建设点、天津市高等院校品牌专业。“小学数学教学论”是天津师范大学小学教育专业的重点建设课程之一。在2004年，“小学数学教学论”被评为天津师范大学首批优秀课建设课程。经过课程组教师的共同努力，在2008年，该课程经过学校组织的专家组验收，评审为优秀。在2009年，该课程成为天津师范大学精品课建设课程。“小学数学教学论”课程组全体教师对这门课程的建设做了大量的工作，无论是在课程内容的选择、任课教师的安排、理论讲授、实践环节安排、学生理论掌握及动手能力的培养上，还是在从教学到考试的各个环节中都进行了大量的研究和探讨，形成了比较好的教学体系，收到了较好的教学效果，使该课程较好地实现了“多种教学模式交叉互补，传统教学手段与信息技术整合，培养学生教学实践能力和创新能力，全面提高教学质量”的教学目标。

“小学数学教学论”是从事小学数学教学工作的人员必须学习的一门至关重要的课程。本书注重从当前小学数学教育改革的实际问题与教学案例出发，以高层次国际新视角阐述小学数学教学的基本原理和基本方法，展现《义务教育数学课程标准》的基本理念。根据当今基础教育发展要求，我们确定本书的基本内容为：小学数学教师专业发展、小学数学课程的目标和内容、小学数学学习理论、小学数学教学方法、小学数学教学设计、小学数学教学手段、数与代数的教学、图形与几何的教学、统计与概率的教学、综合与实践的教学、小学数学教学评价、小学数学教育科学研究方法。我们积极探索小学数学教学论的新内容、新方法，以使学生获得系统的小学数学教学论知识,学会分析小学数学教材、优化设计教学过程,获得小学数学教学基本技能、教学方法,并能运用所学的理论和方法解决小学数学教学中的实际问题,提高学生从事小学数学教学与研究的能力,增强学生从事小学数学教师职业所必备的综合素质。

本书有以下四个方面的特点:

1. 关注小学数学教师专业发展

小学数学新教师要学习针对小学数学教学所必需的专业知识、专业技能;而作为有教学经验的教师,面对素质教育的全面推进和新课程的全面实施,只有不断地学习数学教育理论,不断地提高自己的专业水平,才能适应基础教育改革和发展的需要。全书以小学数学教师专业发展为主线,注意反映基础教育课程改革的新理念、新要求、新方法、新评价,以培养学生的实践能力和创新精神为核心,注重提高未来教师的素质。

2. 结合案例学习相关理论

我们对课程内容进行优化整合,密切联系小学数学教学实际,突出案例的教学分析,重在培养学生从事小学数学教学的能力。通过对教学案例的分析促使学生理解相关的教育理论,并认识案例分析等教育科研方法,提高学生数学教育研究的水平。

3. 渗透数学发展历史

在第七章、第八章、第九章,作者概括性地介绍了数与代数、图形与几何、统计与概率的发展历史,目的在于增强读者对数学发展过程的认识。让学生在学习系统的数学知识的同时,对数学知识的产生过程有一个比较清晰的认识,从而培养正确的数学思维方式。

4. 渗透数学思想方法

数学思想方法是处理数学问题的指导思想和基本策略,是数学的灵魂。在基础教育阶段,数学是一门主要课程,数学教学的目的不仅仅是为了传授数学知识,更重要的是进行思维能力训练,体会数学思想方法的形成过程,养成良好的数学素质,培养分析问题和解决问题的能力。在第七章、第八章、第九章,作者分别以数与代数、图形与几何、统计与概率知识为载体,介绍相关的数学思想方法。

撰写本书时,作者尽量选择与学生今后的小学数学教学工作密切相关的内容,能够帮助学生解决将要面对或已经面对的一些教学实际问题,让学生逐步形成自己的教学判断或教学理论。我们把更多的努力放在引导与促进学生学会研究小学数学教学的问题上。

全书由主编范文贵教授拟定、撰写提纲,然后由各位作者分别撰写各章内容,具体分工如下:第一章,范文贵;第二章,李伟华;第三章,张新颜,范文贵;第四章,戴莹;第五章,戴莹;第六章,范文贵;第七章,范文贵;第八章,张新颜;第九章,刘艳;第十章,张新颜;第十一章,戴莹;第十二章,范文贵。最后,由范文贵教授审稿、定稿。

本书可以作为高等师范院校小学教育专业数学方向本、专科学生的教材,也可以作为小学数学教师、教研员进行教学研究的参考用书。

本书的编写工作得到了天津师范大学初等教育学院院长杨宝忠教授的具体指导和大力支持,谨致谢意。在此,我们要特别感谢责任编辑为本书的出版所贡献的智慧和付出的辛勤劳动!

范文贵

2011 元旦于天津阳光 100 国际新城

目录

第一章
小学数学教师专业发展

本章导语

本章阐述小学数学教师素质要求，即要坚持立德树人，具有良好的师德修养，践行社会主义核心价值观，兼备厚实的科学文化底蕴，完善的能力结构；提出促进小学数学教师专业发展的途径；概述小学数学教学论课程的基本内容。

学习目标

1. 理解小学数学教师素质要求，把握促进小学数学教师专业发展的途径。
2. 理解小学数学教学论的研究对象。
3. 认识小学数学教学论在数学教育实践与研究中的重要作用。

第一节　小学数学教师素质

小学数学教师专业化发展的过程，是一个持续学习、深刻理解数学学科知识的过程，是一个数学教学能力不断提高的过程，是一个数学教育观念不断形成和发展的过程。小学数学教师素质包括良好的师德修养、厚实的科学文化底蕴和完善的能力结构三个方面。

一、良好的师德修养

2014 年 9 月，习近平总书记在同北京师范大学师生代表座谈时提出，“做好老师，要有理想信念，要有道德情操，要有扎实学识，要有仁爱之心”。[①] 做好老师，要有道德情操。老师的道德情操和人格魅力是成功教育的重要条件。老师对学生的影响，离不开老师的学识和能力，更离不开老师为人处世、于国于民、于公于私所持的价值观。老师是学生道德修养的镜子。好老师应该取法乎上、见贤思齐，不断提高道德修养，提升人格品质，并把正确的道德观传授给学生。义务教育数学课程以习近平新时代中国特色社会主义思想为指导，落实立德

① 习近平. 做党和人民满意的好老师——同北京师范大学师生代表座谈时的讲话[N]. 人民日报，2014-09-10.

树人根本任务，致力于实现义务教育阶段的培养目标，使得人人都能获得良好的数学教育，不同的人在数学上得到不同的发展，逐步形成适应终身发展需要的核心素养。①

教师不仅要关注传授知识的量，更要关心学生在学习过程中的感受，还要善于将知识、能力、情感、态度、价值观作为一个整体体现到具体的教学过程中，以把学生培养成有学习热情和愿望、坚韧而自立的学习者。

教师的角色具有多元化特征，不仅是知识的传授者，更是课程的设计者、教育资源的利用者和创造者；不仅是学生学习的伙伴，是可以与家长沟通的朋友，更是学生精神成长的守护者，尤为重要的是，教师要在未成年人面前带头成为积极的学习者和研究者。数学教师的工作是教育人、培养人的工作。育人工作是复杂而精细的，其复杂性和示范性决定了教师应具有良好的思想道德素质，要从国家和民族的高度来看待自己的数学教学工作，认识自己工作的价值，热爱教育事业，增强事业心和责任感；要以充沛的精力从事小学数学教学工作，提高小学数学教学质量，引导小学生体验学习数学的乐趣，健康快乐成长。热爱学生、爱岗敬业、教书育人、为人师表是师德的核心内容，也是社会对教师职业道德的最基本的要求。当你选择从事小学数学教学工作时，你要追问自己：是否喜欢教学工作？是否喜欢儿童？是否喜欢数学？这是小学数学教师热爱学生、爱岗敬业的个性品质基础。

教师应具有高尚的职业道德和职业理想，应努力形成良好的工作作风，以对教师职业的热爱、对数学教学的满腔激情和创新精神来感染学生、教育学生。对待工作要一丝不苟、恪尽职守，有愿为学生的成长贡献才智和力量的热忱，并努力倾尽全部心血培育人才。教师培养师德修养必须从日常教学的一点一滴抓起，逐步提高自己的语言修养、行为修养和仪表修养。

每一堂小学数学课的教学，都凝聚着教师高度的责任感和使命感，是教师专业化发展程度和生命价值的直接体现；每一堂小学数学课的教学，都要求教师怀着浓厚的师爱，倾注满腔的热情，耐心、细致，而又不失诙谐、幽默，积极营造活跃的课堂气氛与和谐融洽的师生关系；每一堂数学课的教学质量，都会直接影响教师本人以及学生、家长对小学数学教师职业的感受和态度。因此，小学数学教师要树立崇高的教师专业理想，铸就高尚的教师专业情操。小学数学教师的“专业情意”在小学数学教学中对激发学生学习数学的兴趣和动机、营造数学学习的环境、完善学生的个性、塑造学生的人格、提高数学认知加工的水平等有着重要价值。

二、厚实的科学文化底蕴

（一）足够的数学专业知识

小学数学教师的专业劳动是一种复杂的、创造性的劳动。教师要成功地完成小学数学

① 中华人民共和国教育部．义务教育数学课程标准(2022年版)[M]．北京：北京师范大学出版社，2022：2.

教学任务，首先要精通所教学科的知识，对所教学科的全部内容有深入、透彻的理解。教师只有完整、系统地掌握数学专业知识，才能在小学数学教学中高屋建瓴地处理教材内容，使数学知识在教学中不只是以符号形式存在，以推理、结论方式出现，而是能展示数学知识本身发展的无限性和生命力。

数学专业知识是小学数学教师知识结构的核心，是进行数学教学的根本。没有足够的、扎实的数学专业知识的教师，要高质量地完成数学教学任务是不可能的。小学数学教师向学生传授小学数学的基础知识、基本技能、基本的数学思想和方法，要把数学知识结构转化为小学生个体的认知结构。小学数学教材中的知识看似简单，实则蕴含着丰富的数学文化内涵和数学思想方法。小学数学教师不仅要掌握数学知识与其他知识之间的关系，还应从较高的层次认识数学知识发生、发展的过程，了解形成这些知识的数学思想方法。做到这些，小学数学教师就能居高临下地去洞察小学数学教材的结构，把握小学数学教学改革的方向，揭示小学数学的渊源与实质。

尽管小学数学教材难度不大，但所涉及的许多知识点都具有丰富的数学内涵，教好、学好小学数学意义深远——可谓“小”数学中也有“大”道理。小学数学并不简单。① 教师要学会从数学学科的视角理解小学数学基本概念，基于数学基本概念的上位理解，进行数学知识的教学、数学思想方法的渗透和数学活动经验的积累。在学习高等数学的基础上，小学数学教师必须对初等数学进行深入学习和研究，要掌握初等数学的理论体系与知识结构，通晓学生应掌握的知识的重点、难点和关键点，熟悉基本的数学思想和方法，明确各种解题策略与解题途径，了解数学竞赛知识体系。

（二）系统的教育学与心理学知识

教师必须了解教育的对象，认识学生的年龄特征，掌握学生获得知识技能的心理过程，把握学生能力形成与发展的规律。教育学与心理学知识是教师成功教学的重要保障，包括一般教育学的知识、小学数学教学论的知识、小学生身心发展的知识和数学学习心理的知识，还有学生成绩评价的知识等。一般来说，当教师了解、认同了某种理论时，该理论往往并不能自动地对教学活动产生影响，此时通常需要一个逐步加深理解、逐步内化，并克服某些习惯与定势的实践、反思过程。

小学数学教师要对小学阶段各年级教材的编排体系有比较清晰的了解，要对任教年级课本涉及的知识生长点及延伸点有清楚的认识，从而把每堂课教学的知识置于整体知识的体系中，注重知识的结构性和系统性，而不能教哪个年级就只管哪个年级，人为地割裂知识体系，狭隘地理解课本知识。

教师要具有“读懂儿童”的意识。真正的“读懂”，应该是细腻地、科学地去剖析和研究儿

① 张奠宙，巩子坤，任敏龙，等．小学数学教材中的大道理——核心概念的理解与呈现[M]．上海：上海教育出版社，2018：416.

童到底是怎么学习数学的、他们理解的数学是什么样的。真正的"读懂"，应该要创设吸引人的情境，能在互动生成的教学中采取合适的策略，提出引发学生思考的数学问题。为了"读懂儿童"，除了需要阅读教育心理学理论书籍外，更重要的是教师要在日常教学中注意观察儿童、与儿童沟通，并进行必要的分析和研究，将所学习的理论应用于小学数学教学实践中。

（三）广博深厚的数学文化知识与一般科学文化知识

数学文化是现行小学数学教材的一个重要组成部分，常以课文、习题、注释、附录等形式出现，涉及数学家、数学名著、数学成就、数学方法等方面的内容。数学文化在数学教学中有着很重要的作用。结合课堂教学和课外数学活动，教师应经常向学生介绍一些数学家的故事、著名数学问题的历史典故、数学概念的起源、我国古代数学家的辉煌成就和现代数学家的优秀成果等，引导学生向数学精英学习，学习他们先进的数学思想、方法和技能，尤其是热爱数学、追求真理的精神。例如，华罗庚、陈省身、吴文俊、丘成桐等都是享誉世界的著名数学家，我们要大力弘扬和继承老一辈学者的优良传统和作风，学习他们热爱科学、服务社会的崇高品格，一丝不苟、严谨求实的治学精神，以及不断探索、勇于钻研的创新勇气。这样就能大大增强教师教学的感染力，激发学生学习数学的极大兴趣和求知欲。介绍数学史知识也有利于启发小学生的数学思维，开发学生智力，拓宽小学生的数学知识视野，培养全方位的认知能力，让小学生了解数学的多元文化意义，并对小学生人格成长产生重要的启示作用。

小学数学教师不能只懂得数学学科知识和教育科学知识，还应该同时具有与数学学科相关的一般科学文化知识。因为各门学科知识是彼此关联的，小学数学教师要努力做到既有数学专业特长，又能广泛涉猎诸如物理、化学、生命科学等相邻学科的知识，还要懂一些人文、社会科学方面的知识，如果能学点艺术则更好，以扩大视野、增长见识，给小学数学教育教学活动提供丰富的例证，增强教学魅力，提高教学效果。

三、完善的能力结构

数学教学的一个重要目标是在传授知识的过程中开发小学生的智力，发展小学生的数学能力，尤其是数学创造力。这一目标的实现，教师的主导作用是非常重要的客观条件，这就要求教师本身具有较高的专业素质和创造能力。

小学数学教师的能力结构应该包括基础能力、数学能力、数学教学能力以及教学研究能力。基础能力是指完成一般教学工作所需的能力。数学能力和数学教学能力是小学数学教师在完成数学教学活动时体现其专业特点的特殊能力。在小学数学教学活动中，决定教师在其中的地位、作用的核心因素就是教师的数学教学能力。小学数学教师的教学能力主要包括：把握数学课程改革与发展动态的能力、数学教学设计能力、数学教学实施能力和数学教学反思能力。小学数学教师要理解《义务教育数学课程标准（2022 年版）》的基本理念、具体内容的核心和数学本质。教师不仅要能够科学地确定数学教学目标，分析教学内容和学习者的特点，确定合适的教学方法，会使用先进的教学手段，还要具备课堂教学的各项基本技能（如课堂组织管理技能、板书技能、导入技能、讲解技能、提问技能等）以及教学监控能力。数学教师要善于从教育理论中汲取知识来指导自身的小学数学教学实践，同时也需要把小学数学教学实践中的教学经验、体会加以归纳总结，并在一定的教育思想的指导下将其升华为指导后续小学数学教学活动的理论。

第二节　促进小学数学教师专业发展的途径

一、增强专业发展意识

小学数学教师要有提高自身素质的迫切愿望和要求，在数学教学实践中积极主动地寻求自我发展、自我完善、自我提高的机会。小学数学教师自我发展的意识是数学教师真正实现专业发展的基础和前提，是数学教师自我专业发展的内在原始动力。小学数学教师只有具备了这样的意识，才会积极进取，努力创新，不断地更新观念，吸纳先进的教育理念，更新数学教学专业知识，提高专业能力；才会在教学实践中把握各种促进自身专业发展的机会，增强对自身专业发展的使命感，确保教师专业发展的自我更新取向。

二、提高数学教育理论修养

小学数学教师需要掌握数学教育理论，要结合小学数学课程改革，坚持系统地学习数学教育理论，及时更新数学教育思想和数学教育的理念。只有善于学习，才能得到发展，因此小学数学教师要具有终身学习的观念，逐渐提高数学教育理论的水平。

新一轮的数学课程改革对小学数学教师提出了更高的要求。新课改后出版的各种小学数学教材的一个共同特点就是为教师的创造性工作留下了较大空间，即要求教师根据具体的教学对象、内容和环境等创造性地使用教材，包括在必要时适当地突破教材。教师只有宏观把握、微观分析、深入研读各年级教材，才能深刻理解、领会每个阶段的重点、难点所在，才能在教学中根据数学知识体系，科学、合理地完成教学设计，使学生达到掌握数学基础知识的目的。

三、丰富数学教育实践性知识

教师的专业发展是一个持续发展的过程，它需要长期不断地学习，需要有教学行为的相互观摩和深刻反省。在日常教学过程中，小学数学教师主要是通过自身的教学实践与反思、同伴间的日常交流、观摩优秀教师的数学教学实践和有组织的专业活动等获得实践性知识。教师自身的教学实践与反思是小学数学教师丰富实践性知识的主要途径。小学数学教师的实践性知识是在教师不断参与、不断践行、不断交流、不断反思的基础上获取和发展的。根据小学数学教师工作的特点,需积极组织校本教研,丰富教师的实践性知识,促进教师专业发展。开展教研活动时,要注重教师的积极参与,提供教师与专家、优秀同行互动交流的机会,促进教师进行行为跟进的全过程反思。

四、参与数学教育教学研究

小学数学教师不仅要成为小学数学教育教学的参与者和实践者,还要成为小学数学教育教学的研究者,这样能极大地提高教师的素质,能使教师的教育智慧得到充分发挥,使小学数学教师的工作获得生命力。参与小学数学教育教学研究是时代对小学数学教师提出的新要求,是其实现专业发展的一个重要途径。小学数学教师参与教育教学研究要有代表前进方向的专业引领,要有专家和有经验教师的指导。通过参与小学数学教育教学研究,使研究作为一种新的专业活动方式渗透到日常专业行为的方方面面,教师与专家合作共同完成教育教学研究任务,这将是教师自身专业发展与成长的最佳途径。

五、在教学反思中成长

教师成长=经验+反思。教师开展反思性教学的过程如图 1-1 所示。

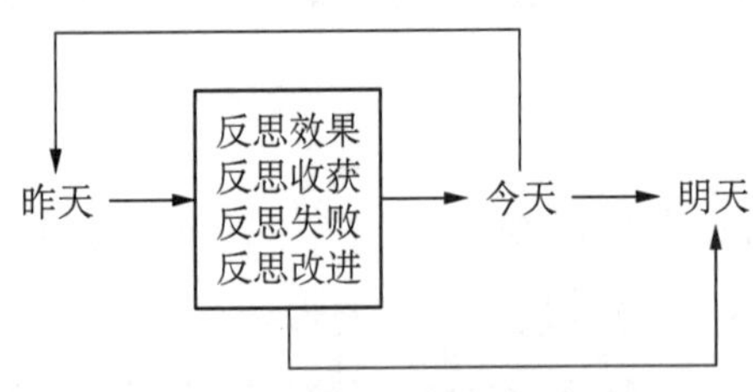

图 1-1 教师开展反思性教学的过程

小学数学教师的专业知识结构可以在反思性教学中逐步形成。数学对象的抽象性、数学活动的探索性、数学推理的严谨性和数学语言的特殊性,决定了正处于思维发展阶段的小学生不可能一次性地直接把握住数学活动的本质,他们必须要经过多次反复思考、深入研究、自我调整,因此坚持开展反思性数学教学,小学生才可能逐渐洞察数学活动的本质特征。反思性教学要求学生自觉对问题的本质进行重新剖析,回顾自己发现解题关键的经历,总结解题过程中的经验与教训,反思其中的成败得失及其原因;要求教师必须引导学生善于在解题后进行反思,评价自己的解题方法,努力寻找解决问题的最佳方案。

在数学反思性教学过程中,"数学反思"的内容可以大致分为两个方面。一是教师引导学生对客观知识的反思,包括:①对数学知识的本质的反思;②对数学方法的应用的反思;③对数学问题的表征的反思;④对数学活动的结果的反思;等等。二是教师与学生对教学活动进行反思,包括:①教师根据教学情况调节教学行为,对整个教学过程及结果进行反思;②学生在教师的引导下,通过参与"概念理解、定理推导、解题"等数学活动,对整个学习过程及结果进行反思。

基于对反思的理解和对反思性教学本质的认识，小学数学反思性教学的内涵逐渐变得清晰，它包含四个方面：①教师反思教学行为：反思自己的教学目标设置、教学材料的呈现方式、教学方法的优化以及教学结果的检测，从而实现教师从教学理念到教学行为的转化，提高教学的实效性。②教会学生完善反思学习行为：通过“感知——反思——探索——认知”构建属于自己的认知结构，获得必要的默会性知识，树立不断创新、不断探索的终身学习意识。③和同事、专家交流的行为：通过和同事的交流对话、互动与合作，完成专业切磋、协调和合作，共同分享经验，互相学习，彼此支持，共同成长；自觉接受理论的指导，努力提高教学理论素养，增强反思性教学能力。④教师再反思教学行为：通过自身反思、学生反思、和同事及专家交流，完成经验总结，与教育理论链接，实现教学设计突破。小学数学反思性教学是一种以人为本的教学理念，是一种以反思和探求为基本方式的教学操作性模式，也是小学数学教学从应试教育转变为素质教育的有效途径。

第三节　小学数学教学论的内容、意义

一、小学数学教学论的内容

数学是一门重要的学科，小学数学是数学教育的重要内容，在基础教育中占有重要的地位。数学教师是数学教育的实施者，是需要特殊培养的专业人才。学习、研究小学数学课程与教学论对促进小学数学教师专业发展是非常有意义的。一个称职的小学数学教师应当具备较高层次的数学观，应当掌握小学数学的各种概念、方法及其发展与完善的过程，掌握数学教育演化的经过。

师范生学习该课程的主要目的是：

- 提高数学教育理论素养；
- 掌握未来从事小学数学教师职业所必需的教学实践技能；
- 了解国内外小学数学课程改革的现状和未来发展趋向，树立现代化教育观念，激发积极参与教学改革实践的动机和兴趣；
- 理解经典小学数学教育理论，把握国内外最新理论研究成果，提高数学教学创新意识和实践能力；
- 具备小学数学教学设计、教学过程组织、教学实践操作和教学研究的基础；
- 理解新课程理念，了解小学教学改革的实际情况、小学优秀数学教师成长过程及其基本素质要求等，具有参与课程改革的适应能力和就业竞争能力；
- 通过学习国内外小学数学课程改革的历程，理解数学课程改革对小学教师提出的新要求；

- 通过引入国内外经典小学数学教学案例与小学数学教学改革成果，提高数学教育理论素养和数学实践能力。

小学数学教学论要体现当前国内外小学数学教育理论和实践的研究成果，满足小学数学教师专业发展以及新课程改革的需求。小学数学教学论以一般教育学、心理学的基本理论为基础，从小学数学教育的实际出发，分析小学数学教学过程的特点，总结长期以来小学数学教学的历史经验，揭示小学数学教学过程的规律，研究小学数学教学过程中的诸要素及其相互间的关系，帮助学习者端正教学思想和形成教学技能，并对数学教学的效果开展科学的评价。因此，小学数学教学论是研究小学数学教学规律的一门学科，其研究对象包括小学数学课程的目标和内容、小学数学学习理论、小学数学教学方法、小学数学教学设计、小学数学教学手段、小学数学教学评价、小学数学教育科学研究方法。

二、研究小学数学教学论的意义

小学数学教学论为小学数学教师提供了一个了解小学数学教学地位，认识小学数学教学的特征与规律，理解小学生学习数学的特点以及如何合理有效地组织和实施小学数学教学的平台。学习和研究小学数学教学论的意义主要有以下四个方面。

(一) 促进小学数学教师的专业发展

作为小学数学教师，知识的更新、能力的提高是一项长期的任务。小学数学教师的专业发展是教师继续学习、积极反思和不断调整的过程。小学数学新手教师要学习小学数学教学所必需的专业知识、专业技能；而有教学经验的教师，面对素质教育的全面推进和新课程的全面实施，必须不断地学习数学教育理论，不断地提高自己的专业水平，才能适应基础教育改革和发展的需要。例如，小学数学教材中的“综合与实践”领域，它是一类以问题为载体、师生共同参与的学习活动，是帮助学生积累数学活动经验、培养学生数学应用意识与创新精神的重要途径。这对新手教师和有经验的小学数学教师来说都是一个挑战，要求他们用最新的数学教育理论去指导学生在实践活动中学会运用数学知识，以培养创新能力和实践能力，这也是教师专业发展中需要不断学习数学教育理论的原因所在。

教师要学会综合运用国内外有关数学教育的理论和实践经验，洞察儿童的心理特征，掌握小学数学教学规律。小学数学教学论是引领小学数学教师形成正确的教育观、课程观、教学观和评价观的重要渠道。通过系统研究本课程，教师能理解、领悟新课程，转变旧的教育观念，树立新的教育观、课程观、教学观和评价观，并在未来的教学工作中，运用新课程标准的理念去理解、领悟、研究新教材。教师只有认真研究数学课程标准和教材，选择有效的教学方法，才能提高小学数学教学质量。

(二) 促进小学数学教师掌握教学的基本技能与教学方法，提高数学教学能力

通过学习小学数学教学论，能够促进学习者明白一堂好课的标准；掌握数学课堂教学的

基本技能，如导入技能、讲解技能、演示技能、板书技能等；根据学生的认知特点和教材的逻辑结构，学会分析教材的重点、难点和关键，从而设计合理的教学过程，学会运用恰当的教学方法，采用有效的教学手段，创造性地把教材的知识结构转化为学生的认知结构。系统的小学数学教学论知识和教学基本技能与教学方法，能够提高学习者对小学数学教育的整体认识水平。

（三）促进小学数学教师开展小学数学教学研究

通过学习和研究小学数学教学论，小学数学教师能够科学地观察小学生数学学习的过程，提出并解决小学数学教学中的问题。小学数学教师除做好常规的教学工作外，还应不断反思和研究有关数学教育的问题，在自己的教学实践中提出问题，并能运用所学的理论和方法解决实际问题。小学数学教师应当成为一名小学数学教学的组织者和研究者。这对于提高小学数学教学质量，提高我国小学数学教育研究水平有着十分重要的意义。

（四）小学数学课程改革需要数学教育理论的支持

当前基础教育课程改革的宗旨就是要促进素质教育的纵深发展，这不仅需要继承我国优秀的历史传统，把握国际数学教育改革的发展和趋势，还要开展实验研究新课程的理念、价值、实施、评价和管理等。例如，在新课程改革的课堂教学中如何培养学生自主学习、合作探究的能力，在小学阶段如何开展“统计与概率”和“图形与几何”的教学等问题，我们只有从新的数学教育的理论学习中才能找到答案。通过学习小学数学教学论，教师可以根据新课程的理念确定合理的教学目标，把握新课程改革背景下小学数学课程体系结构，总结新课程改革的经验，并讨论其中存在的问题。

阅读资料

1. 郑毓信. 著名特级教师教学思想录：小学数学卷[M]. 南京：江苏教育出版社，2012.

2. 马云鹏. 小学数学教学论(第四版)[M]. 北京：人民教育出版社，2015.

3. 曾小平. 小学数学课程与教学论[M]. 北京：人民教育出版社，2015.

4. 吴正宪. 吴正宪与儿童数学教育[M]. 北京：北京师范大学出版社，2019.

5. 唐彩斌. 唐彩斌与能力为重的小学数学[M]. 北京：北京师范大学出版社，2017.

6. 张奠宙，巩子坤，任敏龙，等. 小学数学教材中的大道理——核心概念的理解与呈现[M]. 上海：上海教育出版社，2018.

7. 蔡金法. 数学教育研究手册(第二册)：数学内容和过程的教与学[M]. 北京：人民教育出版社，2020.

部分著名小学数学教师

丁杭缨　朱乐平　朱德江　华应龙　刘　松　刘德武　许卫兵　吴正宪　贲友林
俞正强　钱金铎　徐长青　黄爱华　蔡宏圣　潘小明　钱守旺　邱学华　曹培英
唐彩斌

部分著名小学数学教学研究者(高校)

史宁中　张奠宙　宋乃庆　顾泠沅　孔企平　郜舒竹　徐文彬　刘加霞　王光明
孔凡哲　刘　坚　张　丹　曹一鸣　王永春　吕玉琴　钟　静　黄毅英　蔡金法
范良火　张春莉

部分著名小学数学教学研究期刊

《人民教育》
《小学数学教育》
《小学数学教师》
《小学教学(数学)》
《教学月刊(小学版·数学)》
《课程·教材·教法》
《数学教育学报》

思考与练习

1. 作为一名未来的小学数学教师,如何提高自身的师德修养?

2. 小学数学教学论的研究对象是什么?

3. 请阅读吴正宪老师的著作、论文,观看吴正宪老师的教学视频。吴正宪老师的著作、论文和教学视频对你有什么启发?

第二章 小学数学课程的目标和内容

本章导语

本章阐述数学的本质及特点；介绍我国小学数学课程的演变；明确数学课程改革的国际背景和我国小学数学课程改革的必要性与紧迫性；阐述《义务教育数学课程标准(2022年版)》(小学部分)的课程目标。

学习目标

1. 了解数学的本质及数学课程；了解我国小学数学课程的演变；了解国际小学数学课程改革的特点。

2. 理解《义务教育数学课程标准(2022年版)》的基本理念和内容，掌握义务教育数学课程目标。

3. 理解数学核心素养的内涵。

第一节　数学与数学课程

数学是一门古老而常新的科学，是一门“大众”而“神秘”的科学。尽管每一个接受了基础教育的人都已具有数学基本知识和数学学习经验，但以下的问题仍值得我们探究：数学是什么？数学的核心价值是什么？我们为什么要学习数学？数学科学和数学学科有什么联系和区别？小学数学是什么？有关这些问题的回答对数学学习者和数学教育者都具有重要意义。

一、数学是什么

数学是什么？这是一个充满魅力的问题。经过缜密的思考，我们发现，要给出有足够说服力的、完整而全面的回答，需要先思考下面几个问题：数学是怎么产生的？数学的研究对象是什么？数学的基本特征有哪些？数学知识是什么？人们试图从哲学的层面思考这些问题。

(一) 数学的本质、特征及其哲学思考

"数学"是什么呢?直截了当地说,我们所能作出的回答正是"近四千年来,数学家们所做的或已经做的那些",[①]即数学知识和数学发展的历史构成了我们今天所看到的"数学"全貌。那么数学是怎么产生的呢?显然,问题的答案需要从数学发展的历史中寻找。简单考察数学的历史,我们发现它存在着两个起点:以实际问题为起点;以理论问题为起点。

首先,数学的产生是以实际问题为起点的,即人类为解决生产和生活实践中遇到的问题,发现或发明了数学工具。例如,人类经过长期的生产与生活实践,通过感知、刻画和描述物体数量,发现了"数";又如,在解决耕地丈量、房屋建筑等实际问题时,发现需要对空间和图形进行测量和运算,于是产生了几何学;再如,17世纪,人们为了解决运动物体的瞬时速度和过曲线上任意点的切线等问题,发明了微积分。

其次,数学的产生是以理论问题为起点的,即为了适应人类了解思想存在的内部性质并用以解决理论问题的需要。例如,公元5世纪,拜占庭的普罗克拉斯(Proclus)是欧几里得《几何原本》的著名评述者。他在研究直径分圆问题时,注意到圆的一条直径将圆分成两个半圆,由于直径有无穷多条,因此必须有两倍无穷多个的半圆。伽利略(Galileo)却注意到,每个正整数与它的平方能建立一一对应的关系,而这些正整数平方的集合应是正整数集合的真子集,这样就构成了一个整体和它的部分相等的悖论(史称伽利略悖论)。为了解决这个悖论,康托尔(G. Cantor)等进行了研究,创立了集合论,并创造性地提出了"超越数"的概念。[②]

当然,数学的最初起点还是现实世界,它更多地来自现实世界问题的提出和解决,是人类对现实世界的最本质和最一般的反映。超越现实世界的数学的产生,其目的还是为了获得对现实世界更合理、更准确的一般反映。

那么,数学试图研究的对象究竟是什么呢?公元前4世纪,柏拉图(Plato)及其学生亚里士多德(Aristotle)等认为:数学的对象就是存在于思想之外的客观世界。一直到19世纪中叶非欧几何确立,人们才认识到,数学除了存在于客观的外部世界,还存在于人类的头脑中,因为它表明了人类具备构造新的数学的能力。

恩格斯曾对数学的属性给出如下的描述:数学是研究现实世界数量关系和空间形式的科学。[③] 显然,数学是一门人类认识现实世界的本质、反映客观世界的事实与规律的科学,因而数学也就是一门包含着一整套理论知识体系以及与之相适应的思想方法论体系的科学。

近来,随着科学的发展,人们逐渐发现,数学是既研究空间形式,又研究空间关系的科学;也是既研究数量关系,又研究数量形式的科学。所以,关于数学的本质属性,不妨借鉴苏联的《哲学百科全书》中的解释,[④]书中对什么是数学作如下回答:数学是一门撇开内容而只

---

① 保罗·厄内斯特.数学教育哲学[M].乔建华,张松枝,译.上海:上海教育出版社,1998:29.

② 恩德滕.集合论基础(英文版)[M].北京:人民邮电出版社,2006:5.

③ 恩格斯.反杜林论[M].北京:人民出版社,1970:3.

④ 张永春.数学课程论[M].南宁:广西教育出版社,1998:16-17.

研究形式和关系的科学，主要是研究数量的和空间的关系及其形式。

从数学的研究对象上我们认为，数学具有抽象性、逻辑严谨性和广泛应用性这三个基本特征。

第一，抽象性。数学的抽象性主要体现在以下两点：首先，数学的研究对象是抽象的。数学的研究对象是现实世界事物在数量关系和空间形式上的抽象。从简单的“数”，到比较复杂的函数和图形，都具有抽象性的特征。例如，数学研究的“直线”是一种没有长短、粗细、轻重、颜色等物质和能量特征的“理想化”的对象。相较于其他学科，数学更是一种作为独立的客体而存在的、抽去了具体内容的形式科学，它用形式化、符号化和精确化的语言来表现抽象结果。数学不是普遍性质的抽象，而是性质的性质的抽象，因而也是抽象的抽象，或者说是“概括性的抽象”。① 例如，将数的概念作为数学的研究对象进行分析，任何一个具体的自然数所反映的不是许多单个事物的特征，而是它们的总体的特征，不是具体元素的特征，而是他们的类的特征。其次，数学的研究方法是抽象的。和其他借助观察和实验作为研究工具和结论依据的学科不同，数学研究更多是以合情推理、演绎推理等常规思维方法为主。从有限到无限，数学的抽象过程随着人类认识水平的提高而不断深化。

第二，逻辑严谨性。数学的结果是从一些基本概念（或公理）出发并经过严格的逻辑推理、论证而得到的。这种推理、论证对每一个懂得这样的规则并拥有一定数学基础的人来说，都是无需争辩、确信无疑的。平面几何的推理、论证就是这种严谨性的突出代表。数学的逻辑严谨性还带来了数学的精确性，也就是说，数学的表述具有相当严密的唯一性。数学语言常常反映在其他学科（尤其是自然学科）之中，用来准确地表述概念或由经验所获得的发现。

第三，广泛应用性。早在其产生之初，数学就成为了解决我们生活和生产问题的主要工具，无论计数、田耕，还是天文、历法，数学在各个领域都显现着它的重要作用。在科学技术飞速发展的今天，数学更渗透到人们的所有生活、生产之中，运用到各个方面。同时，数学还在其他科学领域中占有特殊地位，无论是自然科学、社会科学，还是思维科学，都可借助数学的严密性和抽象性特点来展开更为精确的研究或描述。

在讨论了数学的产生、数学的研究对象及数学的基本特征后，让我们讨论一个更有趣的问题：数学知识是什么？我们怎么看待数学知识？实际上，这是数学哲学研究的基本问题之一，相信它可以帮助我们更深刻地思考“数学是什么”这个问题。

早在两千多年前人们就已开始对数学知识进行描述。在欧几里得的《几何原本》中，我们看到，数学知识是由证明为合理的命题组成的，而证明则来自数学公理。很多现代的和传统的数学家和哲学家都认为，数学是由确定且无异议的真理所构成的，数学知识绝对正确，数学是客观真理，且数学远离于人类事务和价值，即持有数学知识的绝对主义观。

---

① Л. М. 弗利德曼. 中小学数学教学心理学原理[M]. 陈心五，译. 北京：北京师范大学出版社，1987：49.

当今,越来越多的数学家和哲学家对此提出了异议,他们认为数学是可误的、变化的,像其他知识一样,数学是人类创造的产物,那么数学就是一个探究和认识的过程,是人类不断创造和发明的广阔领域,是不会终结的产物。如此动态的数学观对数学教育举足轻重,它使得数学教育的目的应包括使学生获得自我创造数学知识的能力;数学至少在学校需要更新形式,以便使所有社会群体易于接受其概念,并容易得到由它带来的财富和权利。[①]

(二) 数学科学与数学教育

我们经常讲"数学""数学科学"等,但有时我们并不是在讲同一件事情。我国学者总结了小学数学与数学科学的重要区别。[②] 概括起来,有目的、形式等多方面的不同。

第一,目的不同。作为数学学科的小学数学与数学科学在目的上是不同的。作为科学的数学是以完全揭示数量关系和空间形式为目的,其目的往往是通过逻辑推理发现数学结论,主要着眼点是精确地阐明某些数学理论。小学数学则与此有很大的不同。作为数学学科的小学数学并不是为了构建一个逻辑体系,而是要向学生传授数学科学的已有成果,使学生"再创造"出数学知识。促进学生的终身可持续发展是学校数学教育的基本出发点,其最终目的是促进学生学习数学知识和发展思维,并对学生进行思想品德教育。

第二,形式不同。数学科学对有关定理和法则要进行严格的推理。在数学科学中,许多严格的证明是非常重要且必需的。在小学数学中,往往不呈现严格的证明过程,而是通过一些不完全归纳得出结论。小学数学必须从学生的心理特点出发,逐步加深学生对数学的理解。

第三,顺序不同。数学科学是依照数学理论的逻辑系统进行编制的。而小学数学的内容编排,不仅要考虑学科逻辑顺序,而且要符合学生的心理特点,根据学生的认知和学科的特点进行安排。一般说来,学生容易理解的放在前面,学生不容易理解的放在后面。

二、小学数学课程

(一) 课程的内涵

"课程"一词按中文的解释,"课"指课业,"程"指进程,课程是指"课业和进程"。英文中课程一词"curriculum"源于拉丁语 "curare" ,意为"跑"。"curriculum"的原意为"跑道"(race-course),转义为"学习之道",意指"教学内容的系统组织"。[③] 现今我们认为课程是按照一定的社会需要,根据特定的文化和社会取向,考虑不同年龄阶段学生的特点,为培养下一代所制定的一套有目的、可执行的方案。[④]

---

① 保罗·厄内斯特.数学教育哲学[M].齐建华,张松枝,译.上海:上海教育出版社,1998:29.

② 周玉仁.小学数学教学论[M].北京:中国人民大学出版社,1999:26-29.

③ 周春荔,张景斌.数学学科教育学[M].北京:首都师范大学出版社,2000:195.

④ 马云鹏.小学数学教学论(第二版)[M].北京:人民教育出版社,2006:32.

我们还可以从更广泛的意义上理解课程。课程不只是一个规定好的方案、一套固定不变的文件，从不同角度和不同层次上理解，课程还包括更广的涵义。美国学者古德莱德(Goodlad)认为存在五种不同的课程：第一种是理想课程，即由课程专家和学术团队按照某种课程理论提出应开设的课程；第二种是文件课程，即由教育行政部门规定的教学计划、课程标准和教科书等；第三种是理解课程，即教师所领会的课程，也就是教师对文件课程的解释方式；第四种是实施课程，即教师在课堂中实际实施的课程；第五种是经验课程，即学生实际体验到的课程。[①]

（二）小学数学课程的属性

小学数学课程有着双重属性。第一种是从学科的观点来看的，小学数学是数学学科的一个部分，是以算术知识为主要内容的一个逻辑体系，主要包括数的认识、加法、减法、乘法和除法等内容，也包括逻辑关系。成年人可以把它教给小学生，小学生可以把它作为今后学习其他知识的基础和生活中有用的工具。第二种观点主要是从学生角度来看待小学数学课程。英美等西方学者大都采用这种观点，他们认为小学数学是“儿童自己的数学”，而不是成人的数学，是学生在生活与活动中产生的数学，是学生街头数学的继续和延伸。[②] 从某种意义上说，小学生为了了解他们周围的世界而需要学习数学。对于教师或学校而言，数学是学校教育的一个学科，但对于小学生而言，数学则是他们日常生活中重要的一部分。

小学数学课程的双重属性是小学数学的重要特征，与大学生学习数学是不一样的。大学生在学习高等数学前不一定有从事应用和计算微积分的经验，而小学生在日常活动中经常有加、减等运算的体验，如购物活动、游戏活动等。实际上，学生并不是上学时才接触数学，也不仅仅是在学校中才接触数学，他们在日常生活中会碰到各种数学问题，逐步形成自己的数学认识。皮亚杰的研究表明，儿童的日常生活、购物、游戏等，对于学习数学概念的发展具有重要意义。

第二节　我国小学数学课程的演变

我国古代的数学和数学教育曾有过辉煌的一页，但作为现代学校教育的一门课程，我国的数学教育在学校的设立始于清末。从清末至今的百余年间，我国的小学数学教育经历了几次翻天覆地的重大社会制度变革和社会生活变迁，经历了数学本身以及科学技术飞速进步的浸润，经历了各种教育教学理论的冲击。本节我们从课程及课程目标、课程内容入手，主要介绍我国小学数学课程的演变与发展。

---

① Goodlad J. I, et al. Curriculum inquriry: the study of curriculur practice[M]. New York, NY: McGraw-Hill, 1979: 36.

② 孔企平.小学数学课程与教学论[M].杭州：浙江教育出版社，2003：33.

一、小学数学课程目标与课程内容概述

(一) 课程目标概述

课程目标是对某一阶段学生所应达到的标准提出的要求,反映了这一阶段的教育目的。数学课程目标回答的是数学作为一门学科"为什么教"和"为什么学"的问题。小学数学课程目标指出了数学学科对小学生有哪些特殊的教育作用,小学生通过数学学习应当达到怎样的要求。

课程目标受很多因素的影响,不同社会背景、不同哲学观点和不同数学教育观念下的数学课程目标会有很大差别。一种观点认为,教育的最终目的是促进人的全面发展,因而数学课程目标首先要从人的发展需要出发。另一种观点认为,人的发展要依赖于社会的发展和进步,因而教育目的应当根据社会的需求来确定。

实际上,这两种观点是辩证统一的,即人的自身发展与社会需要互相促进,互为前提。教育是通过对人的培养来作用于社会的,没有人的全面、健康发展,就没有社会的发展和进步。而社会的发展既会为人的发展提供保障和平台,又会成为制约和限制人的发展的因素。因而,更好地促进社会发展是人的发展的最终目的。

由此看来,小学数学课程目标的制定既要考虑社会政治、经济、文化发展的因素,又要考虑儿童自身的特点,同时作为学科教学的目标也要把数学学科特点作为考虑要素之一。

1. 社会发展因素的影响

教育需要满足社会发展的要求,教育目标的制定反映了社会发展对教育的这一要求。回顾历史,我们看到,在农业社会,多数人从事农业生产,由于生产方式的落后,对劳动者的体能要求占主导地位,劳动者仅需要最基本的数学概念和运算知识用于生产和生活。到了工业社会,进入大机器生产时代,劳动者需要操作机器并懂得基本生产原理,变量、统计、概率、微积分成为生产的基础知识。

进入 21 世纪,随着生产力的高速发展和政治、经济、文化的繁荣,社会进入了知识经济时代。"知识经济是建立在知识、信息的分配和使用上的经济,其基础是知识,关键是人才,根本是教育,灵魂是创新。"①因而在未来的社会发展竞争中,最核心的竞争是人才的竞争。面对这一全新的经济形态,世界各国都对教育提出了史无前例的更高要求。这就是对学生知识技能、能力、情感和价值观方面的全面培养,既培养学生提出问题、解决问题的能力,也要使学生通过学校课程的学习更好地理解社会、认识社会、解决社会问题。因此小学数学课程目标应更多地强调联系社会实际,联系学生的生活实际。

2. 儿童发展因素的影响

按照"人本主义"教育理论,教育的最终目的是促进人的全面发展,因而课程目标的制定

---

① 邹海霞.浅析知识经济时代性别分工问题[J].长春师范学院学报,2003,22(2):38-40.

应先考虑学生的需要和促进学生的发展。小学数学课程目标的制定首先要考虑学生的年龄特征和认知水平。

年龄特征又称儿童心理发展的年龄特征，是指在人的生理素质基础上，在一定社会和教育条件下形成的儿童发展的各个不同年龄阶段中一般的、典型的、本质的心理特点。[①] 小学数学课程目标只有在符合小学生心理发展规律时，才是有效的、可实现的。同时，课程目标的设定也应有利于促进儿童心理的发展。

3. 数学科学发展的影响

传统的中小学数学教学内容绝大部分是17世纪以前形成完整体系的内容。而现代数学已经有了很大进步，主要有数学科学的研究成果和研究方法两个方面的改变。在研究成果上，现代数学的分支更为庞大，研究问题更为精细，应用数学的发展更为迅猛。在研究方法上，以计算机为工具的研究领域日渐增多。数学科学的发展对数学教育的影响尤为突出。一个重要的表现就是计算机和计算器在数学教育中的作用越来越大。计算机和计算器进入中小学数学教育，使得对形式化计算的需要大大减少，也对数学规律的探索提供了强大的支持。现代数学中的概率统计、数学建模等思想和方法，也逐渐渗透到中小学数学教育中来。

（二）课程内容概述

课程内容是指根据一定目标制定的某一学科中特定的事实、观点、原理、方法和问题，以及处理它们的方式。显然，小学数学课程内容研究包括两方面：课程内容的选择和课程内容呈现的方式。

课程内容的选择是一个复杂的过程，课程的决策者要从包含大量内容的学科领域中选择适合学生学习的内容，需要作出正确的专业判断。影响小学数学课程内容选择的主要因素有：小学数学课程目标、学生发展的需要、社会进步和数学科学自身的发展。

课程内容的呈现方式主要有两个出发点：一是从学科体系出发，即按照数学科学的发展顺序和逻辑体系来呈现；二是从学生的认知特点出发，即根据学生的认知发展规律来呈现课程。

由上述内容，我们看到数学课程目标与课程内容密切相关。数学课程目标决定了课程内容的选择，是选择课程内容的主要依据，有什么样的目标就有什么样的内容。数学课程内容反映、承载着课程目标，内容选择与呈现方式决定着是否能顺利、准确地达成课程目标。

二、清末到新中国成立前的小学数学教育

（一）数学课程演变概述

清朝末年，中国社会的政治、经济、文化、教育都远远落后于西方，一些开明的朝野人士

---

① 刘晓玫．小学数学教学研究［M］．北京：首都师范大学出版社，2005：46．

和革新派呼吁学习西方的科技、文化、教育，其目的在于“师夷长技以制夷”。1862 年，清政府创办了第一个新学堂——京师同文馆。1866 年，京师同文馆设立了天文算学馆，著名数学家李善兰为第一任教习。1904 年 1 月，清朝政府颁布了《奏定学堂章程》(又称《癸卯学制》)，这是中国近代第一个由中央政府以法律的形式在全国推行的学校教育制度，它是我国开始实施近代小学数学教育的标志。

《癸卯学制》规定：数学课程名称为“算术”，高小毕业时学生学完整数、小数、分数的四则运算，比例、百分数、求积、日用簿记和珠算的加减乘除运算。此时的教学法大多是注入式，即由教师口讲指画，学生纯粹处于被动的地位。

1912 年，中华民国成立。同年 9 月，教育部公布新学制，称为《壬子学制》。次年又陆续公布了各种学校规程，对新学制有所补充和修订，使《壬子学制》形成一个更加完整的学制系统，称《壬子癸丑学制》，其中公布的《小学校教则及课程表》规定了教学目标、教学内容、教学方法。《壬子癸丑学制》否定了清朝“忠君”的旧宗旨，摒弃了以日本教育模式为蓝本的清末教育体制，基本废除了教育权利上的两性差别。

1919 年，美国学者杜威来华讲学，实用主义教育思潮及美国教育模式在国内广为传播。1922 年，民国政府颁布《学校系统改革草案》，即《壬戌学制》。《壬戌学制》的颁布标志着中国教育在指导思想上基本实现了从以日本的教学思想为主导向以美国教学思想为主导的转变。随着《壬戌学制》的颁布，1923 年，我国第一个独立的、形态较为完整的《小学算术课程纲要》(相当于后来的教学大纲)正式出台。

(二) 数学课程目标的演变

自清朝末年至新中国成立前，共发布了 11 个课程目标。[①] 这期间的小学数学课程目标的主要特点有：

1. 学以致用的原则

学以致用是我国古代学术的优良传统。1904 年的“使知日用之计算，与以自谋生计必需之知识”，1941 年的“增进儿童生活中关于数量的常识和观念”和“培养儿童日常生活中的计算能力”，直至 1948 年的《小学算术课程标准》中的“指导儿童了解日常生活中关于‘数’的意义”，“指导儿童解决日常生活中关于‘数’的问题”，学以致用是一个恒定不变的要求。其间小学算术教学虽然在局部上有脱离实际的问题，但在整体上与主流上，则始终贯彻了这一原则。

2. 具有鲜明的“以儿童为中心”的实用主义特征

小学算术教学要使儿童“在日常的游戏和作业里，得到数量方面的经验”，“能解决自己生活状况里的问题”，“能自己寻求问题的解决方法”。这一切都是以儿童为中心来设计的。

---

① 刘晓玫. 小学数学教学研究[M]. 北京：首都师范大学出版社，2005：33.

3. 目标比较单一

上述各时期的小学算术教学目标，基本上是以“计算”为中心，除此之外，仅提到计算的敏速。1904 年的《癸卯学制》中曾经注意到小学算术教学要“兼使(儿童)思虑精确”，但在其后的几十年中，这一点没有得到足够的重视。目前非常重视的能力培养、智力发展、思想教育等方面，在上述的课程目标中都没有明确的表述。

(三) 数学课程内容的演变

1904 年，清朝政府颁布的《奏定学堂章程》(又称《癸卯学制》)规定小学算术主要学习：整数、分数、小数的四则运算，度量衡，日常簿记以及珠算的加减乘除等。

除了一些有关量的计量知识之外，四则运算是这一时期小学算术中的主要内容。这种情况一直延续到新中国成立。在这期间，教学内容也曾做过比较大的调整。例如，针对教材中脱离生活实际的状况，1923 年的《小学算术课程纲要》强调在初小的小数四则运算中，除法的除数不出现小数；在高小的分数四则运算中，分母不必含有 13 以上的质数，不用繁分数的形式，整数四则运算的应用题只限在两步以内；删减了诸如混合比例、繁分数、假分数、三位数和四位数的乘除法等。但小学算术教学内容仍集中在四则运算上，小学算术教学内容中不仅没有几何初步知识、代数初步知识等，就连质数、因子、约数、倍数、公约数、公倍数等也要到中学数学教学中才出现。

另一方面，这一时期小学算术中包含了相当多的诸如丈、尺的认识和应用，石、斗的认识和应用，斤、两的认识和应用，亩、分、厘、毫的认识和应用，面积和体积的关系的认识和应用，简单利息，简易统计图表的认识和应用，度量衡公制的研究和应用，家用簿记的练习，中外货币的比较等具有实际应用价值的内容。此外，小学算术还包括珠算的加减乘除。

三、新中国成立后的小学数学教育

(一) 数学课程演变概述

新中国成立以来，我国在政治、经济、文化方面都发生了巨大变化，随之对教育改革产生了重大影响。我国的小学数学课程改革从新中国成立后到 2000 年可以划分为八次。每一次课程改革都引起了教学目标、课程内容、教学方法、课程评价、课程管理和教材编写等方面的变化。这八次改革可以分为三个阶段：新中国成立初期(1949—1965)、“文革”时期(1966—1976)和改革开放时期(1977—2000)。

1. 新中国成立初期(1949—1965)

新中国成立初期的数学教育演变大体分为三个阶段：百废待兴统一课程、学习苏联改造旧教育、探索改造初步构建我国的(小学)数学课程。

百废待兴统一课程(1949—1951)。新中国成立后，全国没有统一的算术教材，主要是选用和修改民国时期和老解放区的教材。此阶段,迫切需要解决的问题是制定统一教材,编辑和改编中小学教科书。于是,1950 年 7 月教育部颁布了《小学算术课程暂行标准(草案)》,该标准由目标(4 条)、教材大纲(包括笔算与珠算)、教学要点(包括教材编选要点 11 条、教学方法要点 13 条和教学设备要点 3 条)三部分组成。这是新中国成立以来的第一套小学数学(算术)课程标准。课堂教学主要受赫尔巴特(J. F. Herbart)的"五段教学"的影响,算术课堂教学的一般步骤为:准备阶段——包括引起动机、确定目的、准备实物和图表、布置学习材料等四个过程;自学阶段——包括个人学习和分组讨论两个过程;讨论阶段——包括大组讨论、归纳算法和试算三个过程;练习阶段——包括演算、订正和测验三个过程;应用阶段——只有学用合一,才能巩固学习,使学习更加有意义。①

学习苏联改造旧教育(1952—1956)。在教育进入起步阶段后,我国改造旧教育的具体措施之一就是,从教育理论、学制、教材大纲、教材内容、教学方法上全面学习苏联。1952 年 12 月,教育部颁布了《小学算术教学大纲(草案)》和《小学珠算教学大纲(草案)》。以凯洛夫的著作《教育学》为主要依据,学制实行五年一贯制(1953 年停止,沿用四二制),课堂教学基本采用凯洛夫教育学中倡导的"五环节"教学模式,其基本步骤是:组织教学——检查复习——新课教学——巩固新课——布置作业,强调算术教学必须理论联系实际,重视贯彻直观教学。1956 年教育部颁布了《小学算术教学大纲(修订草案)》。这一时期,举国上下形成了一致的教育模式,强调向儿童传授系统的基本数学知识,提高了当时的教学质量。但是,由于机械地照搬苏联模式,用 6 年的时间学习苏联学生 4 年的课程,造成了学习时间的浪费。

探索改造初步构建我国的(小学)数学课程(1957—1965)。总结前一阶段的经验教训,我国教育界开始建立具有我国特色的立足本国实际的小学数学课程体系。这一阶段的主要改变是全面否定了学习苏联经验的做法,将初中算术内容下放到小学,要求小学学完算术,初中将不再设算术内容。由中学下放到小学的算术内容主要有:整数、数的整除、分数、小数、百分数、比例、成正比例的量和反比例的量。这次教学内容的变化提高了小学数学水平,也为初中数学增加学习内容创造了条件,是我国小学数学教学的一个重要转折点。

2. "文革"时期(1966—1976)

1966 年到 1976 年,我国经历了"文革"。这场政治、文化运动彻底地改变了当时中国的政治、经济、文化面貌。在"文革"期间,我国各类学校正常的教学秩序遭到破坏,教学大纲、课程教材、教学实践等都处于无序状态,教学质量严重下降,教育发展出现倒退。

3. 改革开放时期(1977—2000)

改革开放时期的数学教育演变大体可以分为两个阶段:拨乱反正重建课程和发展义务教育。

拨乱反正重建课程。"文革"结束后,教育面临的首要任务就是重建课程。1978 年,教育

---

① 王权. 中国小学数学教学史[M]. 济南:山东教育出版社,1996:288.

部颁布了《全日制十年制学校小学数学教学大纲(试行草案)》,这部大纲的指导思想是:“借鉴国外的先进经验,结合我国的实际,按照小学生所接受的数学教学内容,既重视基础知识的教学,又培养学生的能力。”这部小学数学教学大纲是我国历史上第一次把“小学算术”改为“小学数学”。经过 8 年的实践,1986 年颁布的《全日制小学数学教学大纲》进一步明确、完善了教学指导思想,提出:“要在有利于学生掌握基础知识的同时,发展智力,培养能力;要有利于进行学习目的教育,激发学习数学的兴趣和求知欲,充分调动学习积极性和主动性。”这个时期,进入国人视野的教育思想呈现出多元化、多角度的趋势。美国布鲁纳(J. S. Bruner)的认知结构学习理论、布卢姆(B. Broome)的掌握学习理论、荷兰弗赖登塔尔(H. Freudenthal)的现实数学教育思想都提高了我国数学教育研究的理论高度。同时,“大众数学”“问题解决”等国际上数学教育的热门话题也丰富了我国数学教育的研究内容。

发展义务教育。1986 年,我国颁布了《中华人民共和国义务教育法》,开始依据法律来保障我国普及九年义务教育的宏伟目标。为了配合义务教育法的实施,国家教委先后于 1992 年和 2000 年制定、修改、颁布了《九年义务教育全日制小学数学教学大纲(试用)》。大纲充分体现了义务教育的性质和要求,强调培养学生的数学素养,重视学生能力的培养,降低了知识难度,适当拓宽了知识面,注意面向全体学生。

(二) 数学课程目标

新中国成立后,我国的教育经历了多次重大变革,小学数学课程目标也随之经历了逐渐完善和丰富的过程。历次小学数学教学大纲中的课程目标如表 2-1 所示。[①]

表 2-1　历次小学数学教学大纲中的课程目标

序	年份	文件名	课程目标表述
1	1950	《小学算术课程暂行标准(草案)》	增进儿童关于新社会日常生活中数量的正确观念和常识。指导儿童具有正确和敏捷的计算技术和能力。训练儿童善于运用思考、推理、分析、综合和钻研问题的方法和习惯。培养儿童爱国主义思想,并加强爱科学、爱护公共财物等国民公德。
2	1952	《小学算术教学大纲(草案)》	保证儿童自觉地和巩固地掌握算术知识和直观几何知识,并使他们获得实际运用这些知识的技能。培养和发展儿童的逻辑思维,使他们理解数量和数量间的相依关系,并能作出正确的判断。培养儿童爱国主义情感和社会主义的劳动态度;培养他们善于钻研、创造、克服困难、有始有终等意志和性格。
3	1956	《小学算术教学大纲(修订草案)》	主要是使儿童能够自觉地、正确地和迅速地进行整数运算,能够运用已经获得的知识技能和技巧去解答算术应用题和解决日常生活中简单的计算问题。算术教学必须有助于儿童智慧的发展和道德品质的培养,以促进全面发展的教育任务的实现。应该做到使数和量成为儿童认识周围现实的工具。

① 金成梁,周全英. 小学数学教材概说[M]. 南京:南京大学出版社,2000:163-165.

续表

序	年份	文件名	课程目标表述
4	1963	《全日制小学算术教学大纲(草案)》	使学生牢固地掌握算术和珠算的基础知识,培养学生正确地、迅速地进行四则运算的能力,正确地解答应用题的能力,以及初步的逻辑推理的能力和空间观念,以适应他们毕业后参加生产劳动和进一步学习的需要。
5	1978	《全日制十年制学校小学数学教学大纲(试行草案)》	使学生理解和掌握数量关系和空间形式的最基础的知识,能够正确地、迅速地进行整数、小数和分数的四则运算,初步了解现代数学中的某些最简单的思想,具有初步的逻辑思维能力和空间观念,并能够运用所学的知识解决日常生活和生产中的简单的实际问题。同时,结合教学内容对学生进行思想政治教育。
6	1986	《全日制小学数学教学大纲》	使学生理解和掌握数量关系和几何图形的最基础的知识,能够正确地、迅速地进行整数、小数和分数四则运算。具有初步的逻辑思维能力和空间观念,并能够运用所学的知识解决简单的实际问题。同时,结合教学内容对学生进行思想品德教育。
7	1992	《九年义务教育全日制小学数学教学大纲(试用)》	使学生理解、掌握数量关系和几何图形的最基础的知识。使学生具有进行整数、小数、分数四则运算的能力,培养初步的逻辑思维能力和空间观念,能够运用所学的知识解决简单的实际问题。使学生受到思想品德教育。
8	2000	《九年义务教育全日制小学数学教学大纲(试用修订版)》	使学生理解、掌握数量关系和几何图形的最基础的知识。使学生具有进行整数、小数、分数四则运算的能力,培养初步的逻辑思维能力和空间观念,能够探索解决简单的实际问题。使学生具有学习数学的兴趣,树立学好数学的信心,受到思想品德教育。

(三) 数学课程内容

从新中国成立到2000年,我国小学数学课程内容经历了调整和更新。下面选取有代表性的1963年、1978年、1992年和2000年的教学大纲,回顾我国在小学数学课程内容上的发展历程。

1. 1963年大纲中教学内容的特点

1963年的《全日制小学算术教学大纲(草案)》设计了比较系统的教学内容体系,基本形成了我国小学数学教学内容的框架。这个教学大纲中的教学内容代表了"文革"时期前小学数学教学的基本情况,也在很大程度上影响了以后小学数学课程与教学的发展。这一时期,小学算术内容主要包括以下几个方面:

整数、分数、小数及其四则运算,百分法和比例。在四则运算方面着重笔算,并适当地注意口算;在百分法方面着重讲授百分法的三种应用题,并适当地讲授百分法在工农业生产上的一些应用;在比例方面着重讲授正比例和反比例,并适当地讲授应用复比例和比例分配解答应用题。

计量的知识。着重讲授度量衡单位和时间单位的进率、化法和聚法,并适当地讲授比较简单的复合数的四则运算。

几何初步知识。着重讲授在生产劳动和学习物理、化学等学科时经常遇到的一些几何形体的特征和这些几何形体的周长、面积、体积的计算方法，并适当地讲授一些简单的作图方法和测量方法。

记账的知识。这方面知识在日常生活、生产劳动中用处很多，因此安排在小学里讲授统计图表的知识。

珠算。这方面知识在日常生活、生产劳动中，特别是在农业生产劳动中用处很多，因此安排在小学里讲授珠算，着重讲授整数、小数的四则运算。

2. 1978 年大纲中教学内容的特点

1978 年的《全日制十年制学校小学数学教学大纲（试行草案）》规定课程内容的选择必须遵循两个原则：一是学习现代科学技术所必需的；二是学生能够接受的。这一时期，小学数学课程内容的选择主要体现在以下几个方面：

精选传统的算术内容。传统的算术内容，大部分是学习现代科学技术需要的基础知识，应当保留，而且要保证学好。需要删减的是对今后科学技术和生产发展意义不大的内容，如过繁的四则运算、繁难应用题等。

适当地增加代数、几何初步知识的内容。增加的内容有：简易方程，用方程解应用题；简单的正负数四则运算；几何初步知识、对称、三角形内角和以及扇形等有关知识。

适当地渗透一些现代数学的思想，使学生尽早接触集合、函数、统计等现代数学思想。这样做可以扩大学生的知识面，加深对某些知识的理解，有利于进一步学习数学和掌握现代科学技术。渗透的主要办法是通过直观教学法，而不是引进许多数学术语。

3. 1992 年大纲中教学内容的特点

1992 年的《九年义务教育全日制小学数学教学大纲（试用）》中确定的选择教学内容的原则是：根据九年义务教育的性质和任务，适应现代科学技术发展的趋势，适应社会和儿童发展的需要，小学数学要选择日常生活和进一步学习所必需的、学生能够接受的、最基础的数学知识作为教学内容。考虑到我国各地区发展的不平衡和学校条件的不同，在确定必须教学的最基础的内容的同时，适当安排了一些选学内容。

1992 年的大纲对原有的教学内容作了删减。为了让学生多了解数学的思想方法，减少用于计算的时间，减轻负担，大纲降低了大数目计算、复杂的四则混合运算和应用题教学的要求；删去了繁分数和立体几何中的组合图形等教学内容；恢复了平角、周角等内容；增加了简易方程等内容。

该大纲补充了新的增强弹性的措施，把课程内容分为三类。第一类是基础知识，是小学生必学的知识。大纲把这些知识列在教学内容中，并提出相应的教学要求，也作为考试的内容。第二类也是基础知识。其中，有的知识是先让学生有些感性认识，拓宽低年级学生的知识面,激发他们的学习兴趣,为正式学习这些知识作好铺垫;有的知识是为某些教学内容服务的,它本身也反映了特定的数学规律,但是知识本身用处不大。第三类是选学内容,是条件比较好的班级和学校选学的,只提教学要求,不作为考试的内容。教学内容分为以下八个方面:①数与计算,主要包括:整数的认识及四则运算,小数的认识及四则运算,分数的认识及四则运算。②量和计量,主要包括:长度单位,计量单位,容量单位,时间单位等。③几何初步知识,主要包括:平面图形的认识及其周长和面积的计算,长方体、正方体、圆柱、圆锥等立体图形的认识及其表面积和体积的计算,球的初步认识等。④代数初步知识,主要包括:用字母表示数,简易方程,列方程解应用题等。⑤统计初步知识,主要包括:简单统计表,数据的收集和分类处理,条形统计图、折线统计图、方形统计图。⑥应用题,主要包括:简单应用题,复合应用题,分数应用题,百分数应用题等。⑦比和比例,主要包括:比的意义和性质,比例的意义和基本性质,解比例,比例应用题等。⑧数的整除,主要包括:约数和倍数,质数和合数,公约数,公倍数,分解质因数等。

4. 2000 年大纲中课程内容的改革

2000 年的《九年义务教育全日制小学数学教学大纲(试用修订版)》在教学内容方面提出,随着现代计算工具的广泛使用,应该精简大数的笔算和比较复杂的四则混合运算。笔算加减法以三位数为主,一般不超过四位数;笔算乘法中一个乘数不超过两位数,另一个乘数不超过三位数;笔算除法中除数不超过两位数;四则混合运算以两步为主,一般不超过三步。

在中、高年段可以介绍和使用计算器,进行大数目计算或探索有关规律。在低年段教学口算的基础上,中、高年段要适当地加强口算训练。分数四则运算(不包括带分数)以分子、分母比较简单的和大部分可以笔算的为主。估算在日常生活中有广泛的应用,在各年级应适当地加强。应用题选材要注意联系学生的生活实际,呈现形式多样化,除文字叙述外,还可以用表格、图表、对话等方式呈现,并适当地安排一些有多余条件或开放性的问题。分数、小数应用题最多不超过三步;分数、繁分数应用题不超过两步。量与计算,采用我国法定计量单位。几何初步知识的内容应密切联系学生的实际生活,遵循儿童的认知规律,按照“立体——平面——立体”的顺序安排。

第三节　小学数学课程的国际比较

一、美国、俄罗斯、日本的小学数学课程改革概述

(一) 美国小学数学课程改革概述

全美数学教师理事会(NCTM)是美国民间数学教育研究组织。作为美国数学教育改革的倡导者,1989 年全美数学教师理事会制定和颁布了《美国学校数学教育的原则和标准》,这

一标准对数学教育目的和教学过程作出了明确的阐述。2000 年又提出新世纪的《美国学校数学教育的原则和标准》。[①] 虽然美国各州的教育是独立的，全美数学教师理事会的数学课程标准对各州的数学教育并无约束力，但其提倡的理念对美国乃至世界的数学教育仍然具有很大的影响。

全美数学教师理事会的数学课程标准提出了六项数学教育原则：①公平原则——数学教育的优化要求公平，提高对所有学生的要求，并大力帮助他们学好数学；②课程原则——课程不仅仅是教学活动的蓝本，它必须是连贯的、重点突出的，且各年级的课程内容是相当明确的；③教学原则——有效的数学教学要求教师了解学生知道什么及需要学习什么，促使并帮助他们学好数学；④学习原则——学生必须理解地学习数学，在经验和先前知识的基础上积极主动地学习和掌握知识；⑤评估原则——评估应该促使学生学习重要的数学内容，为教师和学生提供有用的反馈信息；⑥科技原则——科学技术在数学教育中起着至关重要的作用，它不仅影响所教的数学内容，而且能提高学生的学习效率。

2010 年 6 月 2 日，在亚特兰大市举行的一个新闻发布会上，美国州长协会最佳实践中心和州首席教育官员理事会共同颁布了首部《州共同核心数学标准》(*Common Core State Standards for Mathematics*，以下简称《标准》)。该《标准》对美国基础教育未来的走向影响深远。它不仅重视程序性知识，而且重视概念性知识，并关注两类知识之间的联系，确保学生掌握将来在更高阶段所需的关键知识。

《标准》具有如下特征：

注重发展学生数学的实践能力。《标准》特别强调：所有学生都需要发展数学的实践能力，如解决问题、建立关联、理解数学思想的多种表征、证明推理；所有学生都需要了解数学内容的概念性知识和程序性知识，以及掌握两类知识之间的联系；课程材料应根据有关儿童如何学习数学的研究来组织安排预期的学习进程；在整个数学课程中，所有学生都有机会进行推理和感官认识，应让他们相信数学是睿智的、富有价值并切实可行的。《标准》强调数学建模的思想、识别模式或结构的能力，这是全美数学教师理事会在之前的《美国学校数学教育的原则和标准》中所没有涉及的。而《美国学校数学教育的原则和标准》中倡导的数学交流，《标准》也未提及。

强调理解数学。数学理解的标志之一就是能够对数学论断(mathematical statement)为何为真以及数学规则的来源进行判断。例如，能够记得乘法公式$(a+b)(x+y)$的展开规则，能解释这个规则是如何而来的。强调理解有助于解决不熟悉的问题，能够解释规则的学生在理解数学算理和在完成相似的任务时，会更有可能获得成功。数学理解和程序性技能同样重要，这两者都可以通过大量多样的数学任务予以评估。

在过去的十几年间，数学教育研究已得出结论：为提高数学成绩，美国的数学课程一定

---

① 全美数学教师理事会.美国学校数学教育的原则和标准[M].蔡金法，等译.北京：人民教育出版社，2004.

会变得更具有集中性和一致性(即突出重点,保持连贯性)。作为通用标准,一定要解决关于"一英里宽,一英寸深"(即课程内容宽泛,但不够深入)的课程问题。《标准》给了这份挑战以真实的回应。这份《标准》符合这样的设计理念:不仅强调对核心思想的概念性理解,而且坚持回归到数学基本原理上,例如,认识形成核心思想的位值制或者运算性质。

强调技术对数学产生巨大的影响。数学工具(这里似乎也可以理解为数学技术)的使用(如数学软件等)已经被列为核心的数学思维能力,成为数学能力或者说数学实践能力的重要组成部分,并且在具体的标准条目中多有体现。数学工具(或数学技术)的使用并非新鲜内容,在我国的课程标准中也有相关要求,但将其提升到核心的数学能力的组成维度无疑是突破性的。这是现代数学技术发展(特别是在计算机技术发展的支持下)对于数学家工作方式及数学思维方式的重要影响,同时这种影响也体现在数学教育中,是数学作为数学教育基础平台的典型例子。

学生通过计算器、电子表格和计算机代数系统可以更好地认识新的数字系统,并熟悉它们的记法。利用这些工具还可以产生数值试验数据,有助于学生了解矩阵向量和复数,并进行非整数指数实验。利用电子表格或计算机代数系统(CAS)进行代数表达式的实验,能帮助学生完成复杂的代数运算,并理解代数运算原理。

建立数学模型的技术对于依据数据变换假设、探索结果、比较预测是有价值的。各种作图、电子表格、代数系统和其他技术是人们理解和解决从现实世界抽象出来的各种类型问题的有力工具。学生利用动态几何软件开展实验和数学建模,可以使他们像以计算机代数系统研究代数问题一样研究几何问题。在统计与概率计算中,人们能够在短时间内作图、建立回归函数、计算相关系数、模拟事件发生的结果等,技术发挥着很重要的作用。

(二) 俄罗斯小学数学课程改革概述

1992 年《俄罗斯联邦教育法》颁布后,俄罗斯数学教育呈现多元化、多样化的局面,为满足不同地区的需要,国家出版发行了多套中小学数学教科书。1998 年,俄罗斯教育部颁布的《中小学数学教育标准》中指出,数学教育的目的是:掌握在实际生活中和学习其他学科课程时所需的数学知识;发展学生的智力,以及利用数学活动的特性,形成学生从事社会实践活动所必需的思维能力;建构数学思想和方法的观念,以及数学化地认识与描述现实的方法;建立数学作为一般文化的一部分的观念,理解数学对于社会进步的意义。通过对俄罗斯数学教育改革的回顾我们看到:俄罗斯的中小学数学教育正朝着民主化、多元化、地方性、人性化、人文化等方向发展。

俄罗斯教育部于 2004 年 3 月 5 日颁布了国家教育标准。① 其中小学(1～4 年级)数学教育标准中的教育目的是:①发展学生的形象思维、逻辑思维以及想象力;形成顺利解决教学

---

① 曹一鸣.十三国数学课程标准评介(小学、初中卷)[M].北京:北京师范大学出版社,2012:267.

中和实际中的问题，以及完成后续教育所必需的数学技能和习惯；②掌握数学知识的基础，形成关于数学的初步概念；③培养对数学的兴趣，力求将数学知识应用到日常生活中。

俄罗斯教育部于 2009 年 10 月对国家教育标准进行修订，[①]颁布了第二代小学教育标准，其中与数学学科相关的预期结果要求为：①利用小学数学知识来描述和解释周围的物体、过程、现象，并评估其数量关系和空间关系；②掌握逻辑思维和算法思维、空间想象力和数学语言、测量、计数、近似和估算、数据和程序的直观认识、算法的记录与执行；③获得应用数学知识解决学习认知和实践问题的初步经验；④具有使用数字和数值表达式进行口头与书面算术运算的能力，解决文字应用题、根据算法描述问题并建立简单算法的能力，能够探索、识别和描绘几何图形，会使用表格、统计图表、图形和曲线图、流程图、集合来表示、分析和解释数据；⑤获得对计算机知识的初步认识。

俄罗斯的国家示范性教学大纲指出：通过数学学习，使学生学会计算、表征、分类、比较、建模等数学思想。数学对形成通用学习能力和解决问题的一般方法尤为重要。在小学教育阶段，几乎所有学科都在进行建模，并将建模作为小学生的一种通用学习能力。通过数学与信息学的学习，使学生学会使用现代信息技术方法去解决实际问题，学会分析、解释现实生活中的各种数据，使学生形成良好的信息通信技术能力。

俄罗斯小学数学教材着眼于未来的改革与发展，将算法逻辑框图问题列入教材，[②]比如图 2－1，要求根据下方表中 a 的值，按照算法计算 x 的值，填入表中。

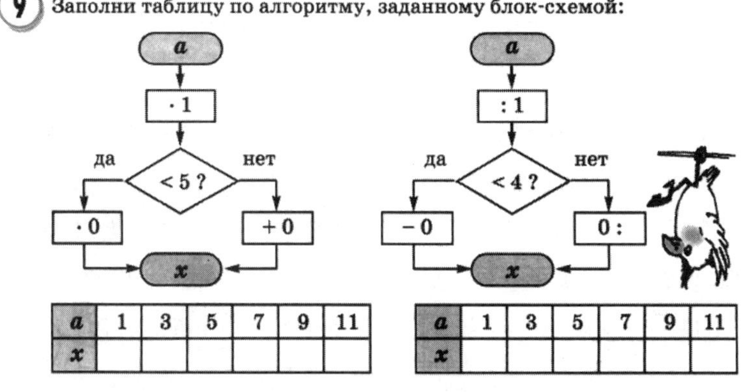

图 2－1　算法逻辑框图

（三）日本小学数学课程改革概述

日本的教育制度及课程由文部科学省[③]统筹，其中一项重要任务是颁布《学习指导要

① 徐乃楠．俄罗斯第二代小学数学教育标准、示范性大纲述评[J]．长春师范大学学报，2022，41(2)：133－140．

② 张奠宙，倪明，唐彩斌．面向未来　大胆创新——一套俄罗斯小学数学教材引发的谈话[J]．小学数学教师，2017(7)：147－152．

③ 文部科学省（Ministry of Education, Culture, Sports, Science and Technology），是日本中央政府行政机关之一，负责统筹日本国内的教育、科学技术、学术、文化和体育等事务。

领》,并每隔约十年修订一次。

日本文部省于1998年颁布中小学数学《学习指导要领》(以下简称《要领》),从2002年起实施。《要领》大幅度精简了数学学习的内容,2017年3月,日本文部科学省公布了新修订的小学《学习指导要领》(以下简称新《要领》)。[①] 本次学习指导要领的修订主要围绕"学生如何学""培养学生怎样的素质和能力"等主题,强调教育的社会性,课堂教学要推行"主体性、对话性的深度学习"。

通过全部教育课程培养的"素质和能力"分别是:①掌握生活和工作所需的知识技能;②培养学生应对未知状况的思考力、判断力、表达力;③学生能够将所学知识技能运用到今后的人生和社会中的"向学力和人性"的养成。

日本新《要领》中的小学数学课程具体目标是:

(1) 理解数量和图形的基础概念和基本性质,掌握数理地认识日常事物和现象的技能;

(2) 能够数理地把握、推测和有条理地考察日常事物和现象,能够综合地、发展地考察和发现数量和图形的基本性质,能够灵活地运用数学语言简洁、清晰、准确地表达日常事物和现象;

(3) 体验数学活动的乐趣和数学的益处,具有反复学习、更好地解决问题和在生活和学习中应用数学的态度。

新《要领》强调:在数学学习中,不仅要重视对基础知识的理解和基本技能的掌握,还要重视对数学知识背景和本质的理解。不仅要学习知识和技能,还要通过知识和技能的学习,促进"数学视角和思维方式"的丰富和发展。例如,在学习分数除法时,不能只是让学生记住计算法则、进行形式的计算,还要让学生理解分数除法法则的基本原理以及运用分数除法法则进行运算的基本思想和方法。

在数学教学中,要培养学生创造新数学的思考能力,使学生具有反复学习、顽强思考的态度。特别是在解决问题时,使用一种方法解决了,还要继续思考有没有其他方法。

新《要领》将小学数学内容分为"数与计算""图形""测量""变化与关系""数据的活用""数学活动"。新《要领》将原来"数量关系"中"式的表示和读法"的内容充实到"数和计算"领域,目的是使学生进一步理解算式在考察日常事物和现象中的作用,使数学活动更加充实。

各年级的数学活动都从培养学生数学素质和能力的角度,按照数学特有的"视角和思维方式"分为三类:①数理地把握生活中的事物和现象,发现问题,自主或合作地解决问题,回顾问题解决的过程和结果,并在日常生活中应用数学的活动;②在数学学习中发现问题、解决问题,回顾问题解决的过程和结果,进行综合的、发展的思考活动;③运用数、式、表和图进行数学表达和交流的活动。目的是让学生通过这些数学活动,在获得数学知识和技能的同时,提高自身的数学思考力、判断力和表达力;让学生在上述活动中体味数学活动的乐趣和数学的益处,培养应用数学的意识。

---

① 李淑文,史宁中,张悦.日本新订小学数学学习指导要领述评[J].课程·教材·教法,2018(9):128-133.

二、国际小学数学课程改革的特点分析

（一）应用性与实践性

目前，现实数学的观点得到国际数学教育界的普遍认同，也为广大数学教师所接受。这一思想表明：第一，学校数学具有现实的性质，即数学来自现实生活，再运用到现实生活中去；第二，学生应该用现实的方法学习数学，即学生通过熟悉的现实生活逐步发现和得出数学结论。20 世纪 90 年代以来，这种观点集中反映在强调数学应用和培养学生的实践能力方面。

重视数学知识的应用性和实践性成为国际数学教育改革的一个基本趋势。例如，美国数学教师理事会制定的 1989 年和 2000 年数学课程标准的基本特点都包括强调数学应用。美国的《州共同核心数学标准》强调：学生应学会在实际情况中找出重要的数量，能够使用图形、双向表格、统计图表、流程图和公式等建立数量之间的关系；可以从数学的角度分析这些关系的特征，进而得出结论；能够经常基于现实情境解释数学结论。2004 年俄罗斯数学教育标准特别强调：学生应掌握用于实践活动、学习相邻学科、接受后续教育所必需的系统数学知识与技能；学会在实践活动中探索数学规律。

（二）以学生为主体的活动

重视学生的主体活动是数学教育改革的热点问题。例如，长期以来，日本的数学教育受东方文化的影响，学习的内容相对比较多，教学方法以教师集体传授为主，较少注意学生在学习过程中的感受和体验。在 20 世纪八九十年代期间，日本教育界对这些问题进行改革，取得了一定成绩。2002 年，日本的数学课程设置了综合课题学习，体现了对数学知识综合应用的关注。2017 年，日本新修订的小学《学习指导要领》提出：通过数学活动，培养学生运用数学视角和思维方式进行思考的素质和能力。

（三）计算机与数学教育

信息社会的标志是以电子计算机为核心的信息革命，这场革命影响着社会、经济、文化等各个方面。计算机对数学产生了深刻的影响，无疑将极大地影响数学教育的现状。学校的数学教学条件将会得到进一步改善，数学教育开始进入信息化时代。解决数学问题时，学生应学会利用工具（计算器、电子数据表、计算机代数系统、统计软件包或者动态几何软件）理解数学概念、探究规律、解决问题。

（四）目标的个性化与差别化

目标的个性化与差别化是国际数学教育发展的方向。提倡选择性学习构成了日本新《要领》的一大特色。新《要领》认为，数学课程要安排多种可供学生选择的数学活动。探究数学的某个内容或者专题、有关数学的实际活动、应用数学的活动、数学史的有关专题等，都

可以是选择学习的课题。学习的程度也应有一定的弹性,学生在选择性学习中可以有不同的程度,如补习、补充、发展、深化,使不同发展水平的学生都有收获,促进其个性发展,也使数学课程具有弹性。

第四节 《义务教育数学课程标准(2022年版)》小学部分简介

2022年4月27日教育部颁布了《义务教育数学课程标准(2022年版)》(简称"2022年版课标")。"2022年版课标"强调:数学源于对现实世界的抽象,通过对数量和数量关系、图形和图形关系的抽象,得到数学的研究对象和研究对象之间的关系;基于抽象结构,通过对研究对象的符号运算、形式推理、模型构建等,形成数学的结论和方法,帮助人们认识、理解和表达现实世界的本质、关系和规律。数学不仅是运算和推理的工具,还是表达和交流的语言。数学承载着思想和文化,是人类文明的重要组成部分。[①] 数学在形成人的理性思维、科学精神和促进个人智力发展中发挥着不可替代的作用。

义务教育数学课程分四个学段设计,其中1~2年级为第一学段,3~4年级为第二学段,5~6年级为第三学段,7~9年级为第四学段。

一、核心素养

核心素养反映了数学学科的基本特征及其独特的育人价值,是现代社会公民素养系统的重要组成部分。"2022年版课标"提出培养学生核心素养,主要包括以下三个方面。

(一)会用数学的眼光观察现实世界

数学为人们提供了一种认识与探究现实世界的观察方式。通过数学的眼光,可以从现实世界的客观现象中发现数量关系与空间形式,提出有意义的数学问题;能够抽象出数学的研究对象及其属性,形成概念、关系与结构;能够理解自然现象背后的数学原理,感悟数学的审美价值;形成对数学的好奇心与想象力,主动参与数学探究活动,发展创新意识。

在小学阶段,学生初步学会用数学眼光观察世界,即具有数学抽象眼光,形成和发展数感、量感、符号意识、几何直观、空间观念与创新意识,学生初步认识和了解数学具有抽象的特征。学生还应具备数学审美眼光,数学中蕴含着简洁美、科学美与对称美,需要学生有发现数学之美的眼光。从现实世界的客观现象中发现数量关系与空间形式,学生能在实际情境中发现和提出有意义的数学问题,在日积月累的数学探究过程中,逐步养成一般性思考问题的习惯。

(二)会用数学的思维思考现实世界

数学为人们提供了一种理解与解释现实世界的思考方式。通过数学的思维,人们可以

---

① 中华人民共和国教育部.义务教育数学课程标准(2022年版)[M].北京:北京师范大学出版社,2022:5.

揭示客观事物的本质属性，建立数学对象之间、数学与现实世界之间的逻辑联系；能够根据已知事实或原理，合乎逻辑地推出结论，构建数学的逻辑体系；能够运用符号运算、形式推理等数学方法，分析、解决数学问题和实际问题；能够通过计算思维将各种信息约简和形式化，进行问题求解与系统设计；形成重论据、有条理、合乎逻辑的思维品质，培养科学态度与理性精神。

在小学阶段，数学思维主要表现为：运算能力、推理意识。小学生需要有推理意识，通过归纳或类比，猜想或发现数学规律；运用运算法则，体会从一般到特殊的数学论证过程。小学生初步学会用数学思维方式思考现实世界，初步认识数学具有严谨性的特征，借助数学解释客观事物的本质属性，建立数学对象之间、数学与现实之间的逻辑联系。

（三）会用数学的语言表达现实世界

数学为人们提供了一种描述与交流现实世界的表达方式。通过数学的语言，可以简约、精确地描述自然现象、科学情境和日常生活中的数量关系与空间形式；能够在现实生活与其他学科中构建普适的数学模型，表达和解决问题；能够理解数据的意义与价值，会用数据的分析结果解释和预测不确定现象，形成合理的判断或决策；形成数学的表达与交流能力，发展应用意识与实践能力。

在小学阶段，数学语言主要表现为：数据意识、模型意识、应用意识。此阶段教学应培养小学生具有构建数学模型的意识，意识到现实生活中很多问题与数学密切关联，能够应用数学概念与方法予以解释，初步学会用数学语言表达现实世界，发展数据意识、模型意识，认识数学具有广泛应用性的特征。

二、数学课程总目标

通过义务教育阶段的数学学习，学生逐步会用数学的眼光观察现实世界，会用数学的思维思考现实世界，会用数学的语言表达现实世界（简称“三会”）。学生能达成以下三个目标：

1. 获得适应未来生活和进一步发展所必需的数学基础知识、基本技能、基本思想、基本活动经验。

2. 体会数学知识之间、数学与其他学科之间、数学与生活之间的联系，在探索真实情境所蕴含的关系中，发现问题和提出问题，运用数学和其他学科的知识与方法分析问题和解决问题。

3. 对数学具有好奇心和求知欲，了解数学的价值，欣赏数学美，提高学习数学的兴趣，建立学好数学的信心，养成良好的学习习惯，形成质疑问难、自我反思和勇于探索的科学精神。

例如，“三位数乘两位数”课时教学目标：

（1）在获得两位数乘两位数学习经验的基础上，自主探索三位数乘两位数的计算方法，理解计算的道理，建立各种算法间的联系，体会整数乘法计算的算理算法，感悟整数乘法运算的一致性。

(2) 在探索三位数乘两位数及多位数乘多位数的计算方法的过程中,提高运算能力,增强推理意识,积累数学活动经验。

(3) 在自主迁移的过程中,体会探索数学规律的乐趣,养成良好计算习惯。

数学思想蕴含在数学知识形成、发展和应用的过程中,是数学知识和方法在更高层次上的抽象与概括,如抽象、分类、归纳、演绎、模型等。数学的基本思想,是数学产生和发展所必须依靠的、必须依赖的思想,同时也是学习过数学的人应当具备的思维特征,这些特征表现在人们分析和解决日常生活问题的过程当中。① 数学的基本思想包括抽象思想、推理思想和模型思想。

数学源于对现实世界的抽象,通过对数量和数量关系的抽象、图形和图形关系的抽象,得到数学的研究对象以及研究对象之间的关系。

史宁中把抽象的深度划分为三个层次:第一层次是简约阶段,即把握事物本质,把繁杂问题简单化、条理化,并能够清晰地表达;第二层次是符号阶段,即去掉具体的内容,利用概念、图形、符号、关系表述包括已经简约化了的事物在内的一类事物;第三个层次是普适阶段,即通过假设和推理建立法则、模式或模型,并能够在一般的意义上解释具体事物。②

数学基本活动经验是在已有经验和直观基础上,经历和感悟了归纳推理和演绎推理过程,尤其是归纳推理过程后建立的新经验和更高层次的直观。③ 通过问卷测试,借助因素分析可以确定数学基本活动经验主要成分,即归纳概括、类比推广、数学表达和证明,同时借助聚类可以进行层次水平划分(见表 2-2)。

表 2-2　数学基本活动经验的主要成分④

	归纳概括	类比推广	数学表达	证明
水平 1	能够在观察的基础上进行比较、分类;能够由特殊归纳出一般。	能够找到合适的类比对象;能够写出最终的结论。	能用符号语言准确地表达。	证明思路清晰,能根据题目选择合适的方法。
水平 2	能够在观察的基础上进行比较、分类;不能由特殊归纳出一般。	能够找到合适的类比对象;但是无法写出最终的结论。	能够将文字语言转化成符号语言,但是不能够做到准确无误。	能够选择证明方法,但是思路不够清晰。
水平 3	不能进行比较、分类;不能由特殊归纳出一般。	无法找到合适的类比对象。	不能够将文字语言转化成符号语言。	无法根据题目选择合适的证明方法,没有证明思路。

① 史宁中.漫谈数学的基本思想[J].中国大学教学,2011(7):9-11.

② 史宁中.数学思想概论(第1辑):数量与数量关系的抽象[M].长春:东北师范大学出版社,2008:3.

③ 郭玉峰,史宁中.数学基本活动经验:提出、理解与实践[J].中国教育学刊,2012(4):42-45.

④ 郭玉峰,张芳.数学基本活动经验主成分和层次水平划分研究[J].数学教育学报,2017(3):25-29.

数学美就是数学问题的结论或解决问题过程适应人类的心理需要而产生的一种满足感，简洁的表现形式和精细的思考方法，处处充满着理性、高雅、和谐之美，这是真与善的客观表现。[①] 数学美的本质就是数学关系结构系统与作为审美主体的人的意向的融合。[②] 数学美感元素包含数学本质蕴含的数学之美，以及解决数学问题过程中所产生的美感经验。前者呈现的是一种静态的美感，而后者是在解决数学问题的动态过程中产生的美感经验。数学作为人类思维的表达形式，反映了人们积极进取的意志、缜密周详的推理以及对完美境界的追求。[③] 这种美体现于数学活动开展的过程中，如解决某个数学难题之后豁然开朗的美妙心境，是在积极学习过程中才能体会的愉悦。数学美包括：和谐美、统一美、简洁美、符号美、对称美、奇异美。

(1) 和谐美。人们利用数学语言描述复杂事物时，总是将其分解，逐步提炼出和谐的部分。和谐即高雅、严谨或形式结构的无矛盾性，其表现形式包含有序(具有规律性)。在数学关系结构中，变化中的不变量展现出一种无矛盾的特质。规律即体现次序性，数字或图形依特定原则反复出现，给予人们单纯、洁净的美感。通过观察与思考，人们能发现数学的规律性，进而发现规律美的存在。数学美是纯粹的理智所掌握的理性范畴有内涵的深奥的美，它是潜藏在感性美之后的理性美，这种美在于事物各部分的和谐秩序，纯粹的理智能够把握它。和谐是众美之源。

(2) 统一美。数学家对统一性的追求可使人们同时把握数学的整体和细节，并可以此为基础产生伟大的发现，它是概念及其逻辑关系的统一，看起来不同的概念、定理或法则，在一定的条件下可产生统一性，例如，①正方形、长方形、平行四边形和三角形面积可视为梯形面积公式的特例；②整数、分数、小数本质上是一个整体，整数、分数、小数均是基于“计数单位”建构的；③整数、小数、分数的各自不同的传统运算法则统一为整数的运算。诸多“路程问题”“工程问题”都统一为“总价＝单价×数量”。

(3) 简洁美。解决数学问题力求严谨的逻辑推理，还寻求较简单的推理方法以及最优化的解题步骤。丘成桐指出：“数学之美在于简约严谨，应用一些简单的数学定理把大自然万物的关系描述出来。”“用一个很简单的语言解释很繁复、很自然的现象，这是数学享有‘科学皇后’地位的重要原因之一。”[④]数学创造源于概念、定理、公式的重新组合，是用为数极少的组合，得到优美简洁的结论，有用的组合恰恰是最美的组合。在所选择出来的组合中，最富有成果的组合常常是从相距很远的领域取出的要素形成的组合。[⑤] 数学表达的形式和数学理论体系的结构要简洁，以简单的原理、公式概括出客观事物的数与形或其他关联性，其

---

① 张文俊. 数学欣赏[M]. 北京：科学出版社，2011：54.

② 徐利治，徐本顺. 数学美与数学教学中的审美[J]. 山东教育，1997(11)：30-35.

③ R. 柯朗，H. 罗宾，I. 斯图尔特，等. 什么是数学：对思想和方法的基本研究[M]. 左平，张饴慈，译. 上海：复旦大学出版社，2005：1.

④ 丘成桐，杨乐，季理真. 数学与人文[C]. 北京：高等教育出版社，2010. 8：V.

⑤ 昂利·彭加勒. 科学与方法[M]. 李醒民，译. 北京：商务印书馆，2006：34.

内容包含数学符号、解题方法、逻辑结构的简洁。例如,乘法是加法运算的简化,幂的运算是乘法的简化。

(4) 符号美。数学符号构成数学语言的主体,这使得数学的符号化语言成为唯一可以完全国际化的语言。数学是使用符号最多的学科,采用符号避免了累赘的文字叙述,使数学变得简单而准确。数学符号既节省了大量文字,也反映了一般规律,彰显了强大的生命力。运用数学符号,就像运用物理实验一样,正是在比较事物不同方面的过程中,我们能够领悟它们内部的和谐,唯有这种内部和谐才是美的,值得我们努力追求。① 数学表达是使用简单的符号来阐释量与量之间复杂的逻辑关系,用符号表示数学公式、法则有高度的概括性,不包含冗余的语言表述,只突出其本质特征。例如,数学分析中经典的 $\varepsilon-\delta$ 语言不仅形式简单,而且寓意深刻。符号语言使得数学思维过程更加准确、简明,易于揭示数学对象的本质。

(5) 对称美。生活中很容易能发觉具对称美的事物如蝴蝶、蜻蜓等,数学算式也具有对称美,如乘法的交换律 $a\times b=b\times a$,以等号作为对称轴。从正数到负数、从整数到分数、从有理数到无理数、从实数到虚数等一系列数域的扩充,都与对对称美的追求密切相关。加法的逆运算是减法,乘法的逆运算是除法,微分的逆运算是积分,这种种逆运算的建立,也都与对称美相联系。

(6) 奇异美。任何一个极美的东西都在调和之中包含着某种奇异。在数学中,许多奇异对象的出现,一方面打破了旧的统一,另一方面又为在更高层次上建立新的统一奠定基础。② 数学给予人们一种神秘莫测的美感,如圆周率为无限不循环小数,没有任何规律可循的变化,令人感到数学的神奇。在学习最大公因子和最小公倍数时讨论到的质数,在已知的范畴中仍无法求得宇宙中所有质数的数量。数学家因为对发现的纯粹爱好和其对脑力劳动产品的奇异美的欣赏,创造了抽象和理想化的真理。世界最美数学公式:$e^{i\pi}+1=0$(即:$e^{i\pi}=\cos\pi+i\sin\pi=-1$)。这个公式是如此完美,没有任何冗余,却又缺一不可。它体现三角函数与指数函数的统一,建立了数学中最重要的几个常数(0、1、π、e、i)之间的奇异美妙的联系,包容得如此协调、有序。0、1 是算术的代表,0、1 可以生成所有有理数,π 渗透了整个数学,e 是微积分最常见的数,i 是虚数单位且使得任何代数方程有根。

三、核心素养在小学阶段的主要表现

小学阶段,数学核心素养具体表现为:数感(参见第七章)、量感、符号意识、运算能力(参见第三章)、几何直观(参见第八章)、空间观念(参见第三章)、推理意识(参见第三章)、数据意识(参见第三章)、模型意识(参见第七章)、应用意识、创新意识。

---

① 昂利·彭加勒.科学与方法[M].李醒民,译.北京:商务印书馆,2006:167.

② 徐利治,徐本顺.数学美与数学教学中的审美[J].山东教育,1997(11):30-35.

(一) 量感内涵及其意义

许多世界数学课程研究者关注“量感”研究[①②]，多个国家数学课程标准均有“测量”的内容。中国“2022 年版课标”提出“量感”作为数学核心素养主要表现之一。[③]

1. 量感

量感主要是指对事物的可测量属性以及大小关系的直观感知。

科学研究从测量(measurement)开始，人们通过测量认识每一种物质和现象。量感中的“量”是指度量(dù liàng)，量感对应的课程内容要求主要是测量(cè liáng)。量(liàng)是量(liáng)出来的。

人类从制造最简单的工具开始，就产生了量的概念，同时也开始了测量活动。在没有测量工具的环境下，学生在适宜量感生长的情境中，通过直观感知、选择和估计能够对观测对象物理属性的量值做出合理判断。量感是人们对数量、大小及量级的感觉，通常源自人类本能对小数量的感知，但后天经验有助于其精塑模式化(得到精心塑造，形成更为精确的模式)。[④] 物体可度量的属性即是它能够量化的特征。物体可测量属性包括：长度、角度、面积、体积、容积、质量、时间等。从人们对事物可测量属性的感知和比较开始，直到在相关情境下利用测量技术和估计策略完成测量，量感意味着一个复杂的过程。

人具有两个先天本能：对数量多少的感知和对距离远近的感知。量感源于人类本能的观察与行动方式，是生活经验的作用结果。人类对非符号的数量认知能力起源于认知直觉，它是一种本能。学生直接用“更长”和“更短”这样的语言比较并为物体排序。量感是指不使用测量工具对某个量的大小进行推断，或推断用某个单位表示的量与哪个实际物体的大小相吻合的一种感觉。

学生通过对客观事物的直接接触而获得感性认识，借助观察、测试或经验类比联想产生对事物关系的直接认识。学生借助身体部位(拃、脚)定性测量物理量，通过身体对量的体验而形成的直观判断，用大小、快慢、冷热等语言初步表达量感结果。由于个人经验及身体部位的不同，该阶段的量感更多地保留了个性化的色彩，是对所见所闻进行笼统的表达。该阶段量感具有明显的个体差异性、模糊性和非标准性，需要进一步调整改进。

在感性经验的基础上，学生借助量的理性感知将感性的量感升华为理性的量感。通过量的测量判断、量的单位转换、量的计算应用，学生用“数字＋度量单位”的方式科学表达单

---

① Codina A, Romero I, Abellán C. Sentido de la medida de la magnitud superficie: un experimento de enseñanza con alumnado de Primaria [J]. *Edma 0－6: Educación Matemática en la Infancia*, 2017,6(2):28－55.

② Hannighofer J, Heuvel-Panhuizen M. V. D, Weirich S, et al. Revealing German primary school students' achievement in measurement [J]. ZDM, 2011,43(5):651－665.

③ 中华人民共和国教育部. 义务教育数学课程标准(2022 年版)[M]. 北京:北京师范大学出版社,2022:7.

④ Wagner D, Davis B. Feeling number: grounding number sense in a sense of quantity [J]. Educational studies in mathematics, 2010,74(1):39－51.

一物理量的感知结果,理性量感的形成更多依赖于学生在学校中接受的数学教育,其关键在于学生领悟如何借助度量单位感知、思考、表述自身的量感结果。

2. 理解量感

第一,知道度量的意义,能够理解统一度量单位的必要性。

量感拥有度量属性、度量单位、度量结果、度量工具等关键要素。度量一词语出自《周礼·夏官·合方氏》:"同其数器,壹其度量",指用以计量物品的一些物理属性。度量的产生是从我们身边的事物开始的,经历了漫长的时间,承载了由多元到统一、由粗略到精细的发展历程。度量是将连续的物理量(比如距离、体积、质量等)进行"量化"的过程。"量值"必须与"度量单位"相结合才能反映"物理量"的大小。一个物体的测量结果通常表示为一个或一组"数字",并带有明确的"度量单位"。感知唯有是"数+单位",才能完整表达物体的测量结果。

度量单位的产生源自原有度量单位无法满足需求,需要一种新的度量单位介入,本质是为了人们能够对度量进行统一的表达和无歧义的互动交流。科技传播和经济贸易中多元的度量单位引发诸多不便,因此世界度量单位的制定需要从多元走向统一。人们利用物体的一部分作为单位来比较两个物体,这是通过具体操作比较全体与部分的关系。人们最初度量距离的参照物是人体的某部位(拃、脚等),还有选择某一参照物,将其作为"随意单位"进行测量,例如:数学课本的宽度大约是1支铅笔的长度,铅笔即为随意单位。"随意单位"无法作为沟通的基础,因此在教学上要循序引导,让学生逐渐感觉有使用统一单位的实际需要。建立统一度量单位后,不同的人在不同的时间、地点进行的测量过程就有了统一的依据,测量结果就可以相互比较,保证测量的准确和一致。教学中应让学生体会统一度量单位的必要性,不断完善他们的认知结构,建构初步的量感体系。

第二,会针对真实情境选择合适的度量单位进行度量,会在同一度量方法下进行不同单位的换算。

人们借助数来表达"量",在度量单位统一的前提下,能够规范表述可测量物体的大小关系。人们借助工具制定度量单位,主要是指基于事物的背景构建度量单位。测量就是通过将图形连续量分割成大小相等的可数集合,将图形转化成离散的形式,选择合适的度量单位是这一过程的关键。单位的合理选择可以增加量感的准确性,同时降低量感的感知难度。测量是将数字赋予长度、面积、角度和体积等物理属性。开发度量单位及工具的实际测量工作与在概念上的认知之间相互影响,可以帮助学生理解量是可测量的。① 随着科学研究的逐渐深入,人们越来越需要非常精细的度量单位,因此度量单位的制定还需要从粗略走向精细。选择一个单位量,复制或分割,然后运用加法或乘法计数复制多个单位量,将单位量重复覆盖在待测物体上,即使用单位量将待测物体分割为数个部分,通过比较待测量物体与测

① 蔡金法.数学教育研究手册(第二册):数学内容和过程的教与学[M].北京:人民教育出版社,2020:218.

量单位之间的关系，利用运算程序计算所测得的量，借助语言表达测量结果。许多研究者十分重视“数量推理”，让学生在真实的问题解决过程中发展对数量的感知。学生应能够识别出数量的属性，并“创造”或选择合适的度量单位量化物体的物理属性。

度量长度的本质是度量两点间距离，这样的度量是需要参照物的。参照性与经验性是量感的两大特征，人们通过精用对照、巧用经验完成度量。从埃及金字塔等建筑数据，我们看到相当古老的标准化线性测量的尝试。标准化测量系统所提供的精确性和一致性，为埃及人建成这些巨大建筑提供了理论基础和技术支持。古埃及人选择国王（法老）的身体部位作为测量单位，长度单位有肘尺、掌宽和指宽，均来源于人体。“肘尺”（拉丁语：cubitum）是一种标准尺寸，相当于前臂肘部到手中指尖的长度，其中皇家肘尺单位约为 52.5 厘米（还有其他肘尺单位）。科学家们曾经对胡夫金字塔（Khufu Pyramid）进行过精密测量，通过单位换算，该金字塔的底边长度为 440 肘尺（即 230.36 米）；高 280 肘尺（也就是 146.59 米）。[①] 这些整数数据对于建筑设计者在协调工作人员时解决实际问题是非常有价值的。

长度、质量、时间的国际单位基本单位分别为“米（m）”“千克（kg）”“秒（s）”。其他换算单位为导出单位，如：厘米、分米，克，时、分，等等，这些导出单位主要是通过数学符号的乘法或除法运算而得到的。只有度量单位相同的情况下才可以直接进行运算和比较大小，这就需要学生根据运算和比较大小的需要实现单位的灵活换算，学会规范使用度量单位和符号。单位换算就是把相同的数量用不同的数据来表征，指同一性质的不同单位之间的数值换算。在给定测量中，单位越大，单位的数量就越小。

第三，初步感知度量工具和方法引起的误差，能合理得到或估计度量的结果。

每一个物理量都是客观存在的，在一定条件下具有不以人的意志为转移的客观大小，人们将它称为该物理量的真值。由于度量常常需要在没有或不用工具的情况下进行测量，所得结果一般不会是精确值，而是一个大致的推断，会产生误差。不像计数或整数个数的物体可精确知道其量值，每一次测量过程都存在些许不确定性的估计。测量结果和被测量真值之间总会存在或多或少的偏差，这种偏差就叫做测量值的误差。测量都是源自于单位的比较，误差为测量的常存现象。由于量值和实际值可能存在着一定的误差，所以测量是不断重复的过程。为了缩小误差，需要进行多次测量活动，求测量数据平均值以达到准确测量的目的。选择合适的测量工具，确保操作符合规范要求，有利于减少误差。人们透过估测、情境及对数字意义与运算的理解去判断答案的合理性。小学生可以利用参照物进行测量估计，可能估计前就在心里将估计物分解为较小的连续量，然后再用其他策略进行估计。学生如果对误差把握不好，估计过度了，就会得到错误结果；因此，应学会选择性地忽略掉其中繁琐且对结果影响微小的非关键部分，从而简化思考过程或者计算步骤，快速地解决问题。

在不使用测量工具的条件下，学生借助视觉观察、空间知觉与动手操作，对物理属性做

---

① Bartlett C. The design of the Great Pyramid of Khufu[J]. Nexus network journal, 2014(16): 299 - 311.

直接与粗略比较,以某种方法推测判断测量结果。这是一种统合知觉、记忆、心理意象、推论与推理等多项认知运作的活动。测量估计是在没有足够时间数出物体的数量,要测量的物体数量过大(小),或者对非静止的物体根本无法做出测量的情况下做出的一种粗略估计。学生应学会不采用计算方式,使用目测方式来猜测估测量的大小,包括在不知道或无法明确指出估测方法时,利用度量单位将待估物体进行分解和重组;理解所有的度量都是一个近似值。当待估物较小时,学生选择较小的参照单位;当待估物较大时,学生选择较大的参照单位。弗雷斯特(M. A. Forrester)等研究者发现:在长度估测上,不同年级小学生的表现相近,且呈低估现象;但在估测面积与体积上,年级高的小学生比年级低的小学生多有高估表现。① 学生从经验中获知何种情况下测量的准确度必须较高,或是否需高估或低估,例如估计起床时间、吃早餐时间、走路或开车到机场乘坐飞机的时间最好高估,而烤食物的时间最好低估。

3. 量感的意义

建立量感有助于养成用定量的方法认识和解决问题的习惯,是形成抽象能力和应用意识的经验基础。

数量是对事情发展过程的描述。通过抽象得到的度量是人类思维的结果(如,确定计数单位);借助工具得到的度量是人类实践的结果(如,建立度量单位)。发展数字的感觉对于学生而言是很重要的,此感觉包含这些数字是什么以及它们能做什么。② 学生应具有在实际情境中主动地理解和运用"量"解决问题的意识,除了通过运算得到所需的数值外,还需要理解数值对应的量的意义。教师应引导学生感受单位量的累加,尝试使用多种度量单位,养成用定量方法解决问题的习惯。在没有测量工具的情况下,学生应能够利用已经获得的度量单位进行估测。教师应聚焦定量刻画,引导学生在丰富的活动中逐步建立不同单位量的表象。学生透过感官观察、操作测量具体实物,通过度量结果的比较,建立多个单位量之间大小的比较关系。

人们测量并能用数量和度量单位表述结果,说明表述细致,理解深刻,应用广泛。测量知识的理解,包含理解测量的概念性与程序性知识,并能应用上述知识进行推理思考。③ 前者指认识测量性质、单位知识、测量原理;后者指测量的操作程序、工具使用、丈量与运算。学生应理解表示不同的属性需要不同的度量单位,学习怎样选择合适的统一单位是完成度量的重要方面。这样的经验有助于学生理解度量单位的便利性和一致性。基于定量方法解决问题,能够使学生理解事物的可测属性和度量标准是具有独立性和唯一性的。学生应积

---

① Forrester M. A, Latham J, Shire B. Exploring estimation in young primary school children [J]. Educational psychology, 1990,10(4):283 - 300.

② Wagner D, Davis B. Feeling number: grounding number sense in a sense of quantity [J]. Educational studies in mathematics, 2010,74(1):39 - 51.

③ Smith III J. P, Males L. M, Dietiker L. C, Lee K, Mosier, A. Curricular treatments of length measurement in the United States: Do they address known learning challenges? [J]. Cognition and instruction, 2013,31(4):388 - 433.

累度量经验，在实践中感悟、内化知识，升华量感的认知；能够利用单位间的关系进行换算和推理估量，知道当已有测量工具不起作用时，如何完成测量任务，例如：估计校训石的重量；强化对量的感知能力，形成抽象能力和应用意识。探索现实世界的规律需要确定反映它的水平、特征和状态的指标；为了科学评价，需要更多的“量”；为了评价能够达到发展目标，要确定客观标准。在未来社会发展中，需要人们更多使用定量的方法认识和解决问题。

（二）符号意识的内涵及其意义

1. 符号意识

符号意识主要是能够感悟符号的数学功能。

字母表示数的出现，意味着代数学的开始。数学符号系统化首先归功于法国数学家韦达(F. Viète)，由于他的符号体系的引入导致代数性质上产生了最重大的变革。

19世纪德国数学史家内塞尔曼(G. H. Nezzelmann)将代数符号的引入和发展分为三个阶段：修辞代数、缩略代数和符号代数。在代数发展的早期，人们完全用文字来表达一个代数问题的解法，属于修辞代数；公元3世纪，古希腊的数学家丢番图(Diophantus)在他所著的《算术》中首次用字母表示未知数，人类进入了缩略代数的时期；在宋元时期，我国古代数学家李冶则在《测圆海镜》一书中，提到用“元”来表示未知数；到了16世纪，法国数学家韦达使用字母来表示任意数或一类数，标志着符号代数的到来。

《九章算术》中所出现的分数运算法则是世界上最早的代数运算法则。其中有专门研究代数学中方程理论的“方程”一章，其中所引入的负数概念和正负数加减法运算法则是世界数学史上关于正负数及其运算最早的数学史文献记录。①

在其他运算中，亦有不同的方式来表示正负数，如在筹算时，《九章算术》刘徽注称“正算赤，负算黑”，②即以红色的筹表示正数，黑色的筹表示负数。但这种方法用于毛笔记录时，换色十分不便，因此在12世纪，李冶首创了在数字上加斜杠以表示负数以及一套比较简便的小数记法。更多符号的产生历史，请参阅《数学符号史》。③

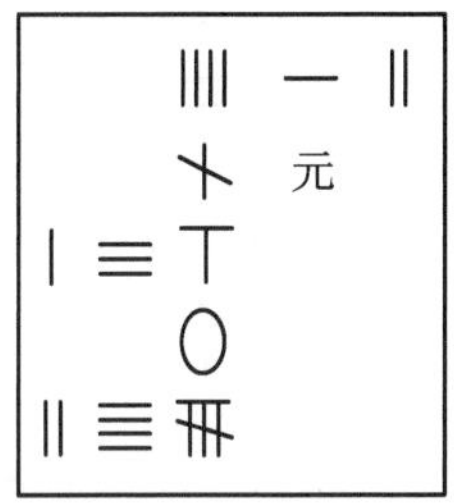

图2-2　算筹与负数

数学符号具有简明、直观、准确、理深符简和优美等许多优点；符号化便于逻辑论证和思维交流，并使数学具有可操作性等优点；符号化是数学抽象化的必然结果；符号化体现出了数学美。数学符号是未知的定值；数学符号可以代表任何数值的参数；数学符号是变量，是自变量或因变量。数学符号的巧妙和符号的艺术是人们绝妙的助手，因为它们让思考工作得到简化，以惊人的形式节省了思维。希伯特(J. Hiebert)与卡彭特(T. Carpenter)(1992)认为：理解数学就是理解数学脉络下所使用的数学

---

① 张必胜.《代数学》引入西方符号代数的意义[J].西北大学学报(自然科学版)，2017，47(02)：301－312.

② 郭书春.解读九章算术[M].北京：科学出版社，2019.384.

③ 徐品方，张红.数学符号史[M].北京：科学出版社，2006.348.

符号语言。[①] 数学符号:x、$f(x)$,它们都是传达概念内涵的符号。理解数学知识就是获得这些知识的内在表征,而这些有结构性的内在表征需要透过外部表征连结而获得深刻认识。

2. 理解符号意识

第一,知道符号表达的现实意义。

学生应能够感知数学符号的标准读法与写法,认识数学符号与数字的异同,辨别不同数学符号之间的差别。数学符号语言是数学语言的重要组成部分,众多的数学符号是规律的、系统的,不论数学符号的形成方式是否相同,最终它们构成了数学学科的符号体系,基于一定的数学语法、规则进行逻辑排列,描述数学的规律、概念、公式、定理等。

 **案例 2-1**

认识等号

1557 年,英国御医、数学家雷科德(Robert Recorde, 1510～1558)在《智慧的磨刀石》中,将"="作为等号的符号。他说的话证明了这一点,"没有两件事比这更相等了"(比同长度的平行线更好)。

首先使用符号"="可以表示相等。等号"="的操作意义是表示几个数的运算结果的"链接符号"。它有一种从左到右的过程,即等号左边为运算过程,右边为运算结果的呈现,例如:$5+6=11$、$15-9=6$(还包括等号右边为运算过程,左边为运算结果,$12=4+8$),具有宣告结果的意义。

等号"="的关系意义(等价关系)是人们以平衡的观点来看待等号左右两边的量,将等号视为一种左右两侧等价的关系符号,因此不寻求必须要有结果,只要是两边符合关系对等的式子。克努特(Knuth)等人认为学生对于等号的认知情形会影响其未来代数的学习。[②] 学生对于等号的理解可以是"左右两边相等""左右两边一样多""左右两边一样大"等。

用等号"="可以连结两边相等的数值。当对所有情况都适用且无论变量如何都成立时,说明等号两边是一致性相等的,例如用等号表示运算律。当两个数学情况相同时也以等号作连结。例如依据定义连结两个算术、概念或代数式,$\frac{3}{4}=\frac{6}{8}$,$100\,\text{cm}=1\,\text{m}$。等号还可以被用来定义或指定一个数学式,例如当 a 是自然数时,$a^0=1$,或利用等号表示函数关系变量或参数,例如 $y=3x+1$。在小学生中,年级越高,拥有等号关系概念的学生可能会越多。

---

① Hiebert J, Carpenter T. P. Learning and teaching with understanding[M]. //Grouws D. A. Handbook of research on mathematics teaching and learning. New York: Macmillian. 1992: 65 - 97.

② Knuth E. J, Stephens A. C, McNeil N. M, Alibali M. W. Does understanding the equal sign matter? Evidence from solving equations [J]. Journal for research in mathematics education, 2006(37):297 - 312.

第二，运用符号表示数量、关系和一般规律。

数、数量关系、规律都是数学抽象的结果，用数学符号表示这些抽象的数学对象，既是发展符号意识的重要途径，也是分析学生符号意识的重要途径。数学符号是对表征内容的高度浓缩，即将相关数学内容关联为一个整体组块后的符号标签，或者类似一组数学信息的代码，有利于在心智中存储、提取和交流；后续根据问题解决的需要通过符号的运用将被浓缩的内容重新释放，再进行有意义的拓展。以数学符号为载体的数学运算使抽象思维可以摆脱具体情境而仅聚焦于符号以及符号法则的深层意义，可以促使学生进行深度的理性思考和逻辑推理，促进学生探究数学规律。

将用字母表示数理解为事物之间关系和规律的一般性表达，其内容要求是“在具体情境中，探索用字母表示事物的关系、性质和规律的方法，感悟用字母表示的一般性”。当两个对象之间有关系时，一个对象用字母表示，另一个对象用相应的字母代数式表示。例如，从“1只青蛙1张嘴2只眼睛4条腿”开始，学生数多个青蛙，归纳出“a只青蛙a张嘴$2a$只眼睛$4a$条腿”。利用青蛙儿歌，学生体会青蛙只数和嘴的张数、眼睛的只数、腿的条数之间的倍数关系。通过把无法写完、无法数完的事情用简洁的字母表示出来，学生可以体会字母表示的概括性和一般性。再结合已有经验感受，认识到用字母可以表示数量关系、性质和规律，体会字母表示规律的概括性，学会用字母表达数量关系和变化规律的方法，从而建立符号意识。

学生应能够通过类比、归纳得出猜想；建立数学符号的共性，将猜想符号化；联想数学符号的共性、特性、关系，对猜想进行验证；学会将数学符号作为运算对象，建立数学符号之间的关联；利用数学符号解释算理。学生可以通过整体来辨认数学符号，并区分不同类型的数学符号（如字母、图形、关系式等）；能够借助具体事物，用标准的或者不标准的名称对数学符号进行直观性描述。

第三，知道用符号表达的运算规律和推理结论具有一般性。

学生能够建立不同数学符号之间的相互关联，形成数学符号的网络结构，可以利用特例尝试的方法提出猜想，并在特例的基础之上，利用数学符号得出一般规律和结论。

知道字母是对数学内容抽象的结果，能从具体情境中抽象出数学符号；利用数学符号表达数量关系；实现数量关系不同表达方式之间的相互转换。学生能够理解数学符号的意义，分析数学符号所代表的本质属性；能够解释同一个数学符号在不同数学情境下的意义。

案例 2-2

用小棒摆图形

课堂上学生用小棒按照如下的方式摆图形，从而发现所用小棒的根数与正方形个数之间的关系。这个活动中隐含的规律不止一种，如正方形的个数与小棒根数之间的关系是有规律的，图形的序号与图形形状有一定的关系。

图 2-3 多个正方形

① 画一画,想一想,填写表 2-3。

表 2-3 正方形个数与小棒根数

正方形个数	1	2	3	4	5	8
小棒根数	4	7	10	…	…	…

② 请你试着写出照这样摆下去所摆正方形个数与小棒根数的关系。

表 2-4 正方形个数与小棒根数之间的规律

正方形个数	1	2	3	4	5	8
小棒根数	4	7	10	13	16	25
正方形个数与小棒根数的关系 1	4+0	4+3	4+3×2	4+3×3	4+3×4	4+3×7
正方形个数与小棒根数的关系 2	1+3	1+3×2	1+3×3	1+3×4	1+3×5	1+3×8

把数据与几何图形结合起来观察,学生认识到:虽然正方形个数在变化,拼成图形的小棒数量也在变化,但是每拼一个图形,小棒数量依次增加 3 根。学生在变化中找到不变,从而发现规律。

③ 照这样摆下去,摆 100 个正方形需要(301)根小棒。

④ 照这样摆下去,摆 n 个正方形需要($3n+1$)根小棒。

第四,初步体会符号的使用是数学表达和数学思考的重要形式。

数字是数学符号的基础,不同国家不同民族不同文化背景的人群几乎选用了相同的数字系统。数学符号的演变和进化是人类智慧积累和进步的集中体现。人们将概念与数学符号建立联系,符号就成了这个概念的标志,供人们选取、操作、表达。数学符号与概念的关联,让人们更能深入了解用数学解决问题的过程,增加数学思考的能力。数学符号的组合使用构成了人类思维与创造的美妙图案。教师应培养学生能够有意义地理解符号与式子背后的抽象意义,避免学生机械式地背诵一些规则与程序。

数学符号能和数字一起进行四则运算、乘方、开方,进行指数、对数、三角等运算,以及微分、积分运算等。符号将代数从文字语言的束缚中解放出来,符号可以使人在变换文字表达方式时便于操作,从而把任何陈述都变为许多等价的形式。例如,让学生体会“用字母表示数”,不仅能表示一个简洁的结果,而且还能表示关系,进而认识到“用字母表示数”是对一类事物共同的特点、规律的归纳、总结和概括;在对不同表示方法的比较中,学生逐步形成符号意识。

3. 符号意识的意义

符号意识是形成数学抽象能力和逻辑推理的经验基础。

皮亚诺(G. Peano，1858—1932)指出：在数学中，一切进步都是引入符号(表意符号)后的反应。系统地看，字母作为数学符号有两种作用。首先，字母可作为专用名词，其次字母可作为不确定的名词，前者是方程中的未知数，后者是一般叙述中的不定元。① 符号不是一种空洞的形式，它是代数的本质，其对象就是人类的感知。它反映出人的感官把握对象的各个方面；用符号代替之后，对象就变成了一个完全的抽象物，只是某一指定运算的运算对象而已。通过学习用"数"及其他符号描述、表达意义，交流思维的过程、结果，可以培养学生的抽象思维能力和推理能力，促进其数学思维和数学语言的共同发展。

代数中所有的量都以字母表示，按照一定的形式法则对这些字母进行计算。使用标准化的统一的数学符号，方便了不同国家、不同地区、不同民族之间数学的交流与合作，促进了数学知识的发展与传播。数学的广泛应用性与数学的符号化有一定的关系，与符号语言的强大表达功能是分不开的。数学符号具有精确、简约、直观、形式化等特点，便于人们书面表达记录和视觉感知阅读，便于逻辑推理和思维交流，利于思维进程快速运行，具有日常语言不可替代的优越性。②

(三) 应用意识的内涵及其意义

1. 应用意识

应用意识主要是指有意识地利用数学的概念、原理和方法解释现实世界中的现象与规律，解决现实世界中的问题。

应用不仅仅意味着要使用现有的方法来解决问题，更重要的目标是，运用数学理论和原理来开发新的、在实践中有用的方法。学生在面对实际问题时应能够应用数学知识、观点和方法来解决实际问题。例如，一块香皂包装盒的长、宽、高分别是 10 厘米、4 厘米、6 厘米，怎样包装香皂最节省包装材料？学生动手验证，列举出两块香皂包装的三种摆法，计算比较它们的表面积，归纳发现"重叠面积越大，表面积越小"。如何包装四块香皂最节省材料？如图 2-4，学生先估计猜测，发现第③、⑥种比较节省材料，再通过计算得出重叠面积：第③种

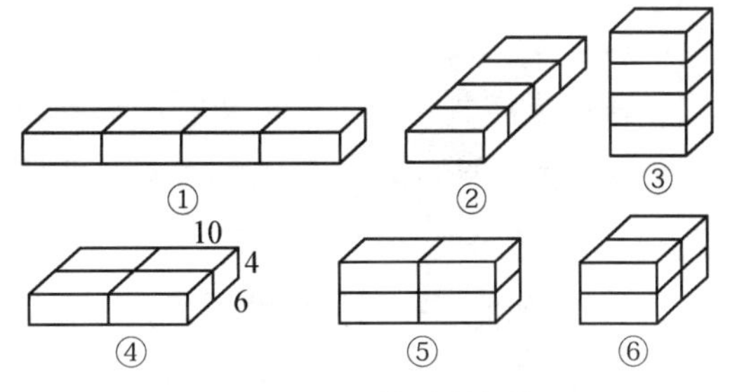

图 2-4　四块香皂包装

① 弗赖登塔尔. 作为教育任务的数学[M]. 陈昌平，唐瑞芬，等编译. 上海：上海教育出版社，1995：230.

② 邵光华. 作为教育任务的数学思想与方法[M]. 上海：上海教育出版社，2009：74-78.

60×6=360(平方厘米);第⑥种 60×4+40×4=400(平方厘米),因此第⑥最节省包装材料。

2. 理解应用意识

第一,能够感悟现实生活中蕴含着大量的与数量和图形有关的问题,可以用数学的方法予以解决。

无论是水果商贩、金融精英,还是机场调度员、建筑设计者,他们的工作都与数学息息相关,都需要感悟其中的数量关系和图形性质,经历"预测、计划、选择、理解到最后解决问题"的过程。"2022 年版课标"提出:了解用"几点钟方向"描述方向的方法及其主要用途,能在现实场景中尝试以站立点为正中心(圆心),以钟表盘 12 个小时的点位来说明方向。数学问题和学生的现实生活密切联系,可培养学生应用数学有条理地解决现实生活问题的能力,让其结合现实情境理解用数学处理问题的优势。

将长度、面积、体积计算融入生活场景(体育场跑道长度、房屋面积、鞋柜体积)中,在鲜活的素材中让学生借助观察、操作、归纳等方式寻找答案,并尝试从数学的角度解释信息,培养学生数学地解决问题的能力。

小学生学习数学最大的价值就是应用数学的概念、原理和方法解释现实世界中的现象,解决现实世界中的问题。二年级学生已经具备了正确计算三、四位数加减三、四位数和几百几十乘除一位数的能力,还能用两步计算解决简单的应用问题。教学中可以引导学生站在买家的角度,经历"价格战"的抉择,引导学生在计算中学会比较和优化。①

第二,初步了解数学作为一种通用的科学语言在其他学科中的应用,通过跨学科主题学习建立不同学科之间的联系。

数学是世界通用的科学语言,是其他学科的基础,解决问题的工具;它可以简洁、清楚、准确地刻画和描述日常生活中的许多现象。利用数学语言,人们发现事物之间的密切关系和规律,发现世界内部的和谐。有了数作为基础,测量、比较事物就有了精确表达的语言;数据成为科学认知过程和科学知识积累中的依据;人们利用图表可以直观表述问题情境中蕴含的信息。

在数学课程与教学中,应重视数学学科与其他学科知识交叉、融合,通过跨学科整合知识,学生能够综合运用相关数学知识进行解释和分析问题,多维度探寻问题解决路径。

例如:如何画一面标准的中国共产党党旗?②

2021 年 6 月 26 日,中共中央印发《中国共产党党徽党旗条例》,其中有党徽和党旗制法说明。根据课前收集的资料,学生明确党旗的画法。党旗中蕴含了丰富的数学知识,画锤头

---

① 裘陆勤.带着思考去联结生活和世界——以二年级"价格背后的数学问题"为例[J].小学数学教师,2021(10):29-32.
② 陈加仓,戴志远.跨学科项目化学习实践——以"党旗绘制"为例[J].教学月刊·小学版(数学),2022(6):36-39.

需要用到平行与垂直以及尺规作图等知识，画镰刀则需要确定 6 个不同的圆心，画 6 段圆弧，也就是说整幅图一共需要确定 7 个不同的圆心才能绘制完成。

学生绘制党旗是基于小学数学和党史、美术的基础知识，指向深度学习的跨学科项目化学习实践活动。在党旗绘制中，学生灵活运用数对确定位置、圆规画圆以及垂直平行等几何知识。通过讨论、制订活动计划、信息收集以及筛选、分析判断与研讨等实施过程，提升合作、研究、策划、思考、交流、协作、自我管理等多方面能力，发展应用意识和创新能力。

3. 应用意识的意义

应用意识有助于学生用学过的知识和方法解决简单的实际问题，养成理论联系实际的习惯，发展实践能力。

学生经历解决简单实际问题的过程，可以提高应用意识，积累数学活动经验，感悟数学的价值。学生要有意识地利用数学的概念、原理和方法解释现实世界中的现象，解决现实世界中的问题；要认识到现实生活中蕴藏着大量与数量和图形有关的问题，这些问题可以抽象成数学问题，用数学的方法予以解决。小学数学从认识货币开始，到付费计算、消费策划，再到储蓄、保险等的金融问题，都具有真实的生活背景。其中，很多问题涉及用聪明、合理的选择让有限的资源发挥最大的功用，这对学生认识数学的实用价值、体验应用数学的成功与乐趣，都很有裨益。

例如，王老师想给全班 30 位小朋友每人买 1 本《之乎“折”也》，她会选择哪种购买方案？说说理由。方案 1：5 月 1 日前每本 55 元，快递费 30 元；方案 2：5 月 1 日后每本 60 元，包邮；方案 3：5 月 1 日后每本 60 元，快递费 30 元，满 1000 元减 80 元。我们帮王老师选择一个合适的方案，并说说为什么选择这个方案。

学生：方案 1 一共要付 55×30＋30＝1680(元)；

方案 2 一共要付 60×30＝1800(元)；

方案 3 一共要付 60×30＋30－80＝1750(元)。

因为 1680 元＜1750 元＜1800 元，所以王老师会选择方案 1。

（四）创新意识的内涵和意义

1. 创新意识

创新意识主要是指主动尝试从日常生活、自然现象或科学情境中发现和提出有意义的数学问题。

创造力的第一个阶段就是问题提出(problem posing)，科学发展进程中伟大的发现都基于提出问题。问题提出是思维发展、思想创新、科学进步的重要推动力量。问题提出长期被认为是至关重要的智力活动，是数学创造的一种形式，能够激发学生的创造性思维。爱因斯坦曾言：“提出一个问题往往比解决一个问题更重要，因为解决问题也许仅是一个数学上或实验上的技能而已，提出新的问题、新的可能性、从新的角度去看旧的问题，需要有创造性的想象力,而且标志着科学的真正进步。"①

蔡金法等人认为:问题提出是基于特定的问题情境形成并表达问题的认知过程。② 学生基于给定的问题情境提出数学问题,这些情境可能包括数学表达式或图表;学生通过改变(或改编)已有问题条件来提出新的数学问题。问题提出可以发生在问题解决之前、问题解决过程中及问题解决之后。问题解决之前提出问题是指从已知情境中产生原始问题;问题解决过程中提出问题是指在问题解决过程中产生、提出新的问题;问题解决之后提出问题是指修改已解决问题的条件或目的,提出新的问题。③

数学创造是人们提出问题、解决问题,获得独特的、新颖的、有洞见性成果的过程。数学学习是一个再创造的过程。虽然学生要学的数学知识是前人已发现的,但对学生来说,仍是全新的、未知的,需要每个人再现类似的创造过程,因此学生对数学知识的学习必须以再创造的方式进行。

2. 理解创新意识

初步学会通过具体的实例,运用归纳和类比发现数学关系与规律,提出数学命题与猜想,并加以验证;勇于探索一些开放性的、非常规的实际问题与数学问题。

关于归纳和类比,请参见第三章第三节、第七章第四节、第八章第四节。

"2022 年版课标"强调:设计开放性问题,对同一情境设计不同层次的问题;编入介绍与教学内容相关的重要数学概念、思想方法等拓展性内容。

开放性问题是指问题条件多余或者不足,解决方法多样,答案不唯一(或者不确定)的习题。面对开放性问题,学生会选择有用条件或者补充完善条件,能够运用多种方法解决问题,给出多种结果,讨论分析不确定的答案。开放性问题分为:条件开放题、结论开放题和分类讨论开放题。开放性问题能够很好地反映学生的高阶思维能力,有利于培养学生独立思考和探索精神;有助于调动学生学习数学的积极性。

例如,如图 2-5,点状图水平和竖直的点与点之间的距离是 1 厘米,请你在点状图里画出面积为 2 平方厘米的图形,请尽可能多地画出你所能想到的图形(至少有 12 种结果)。

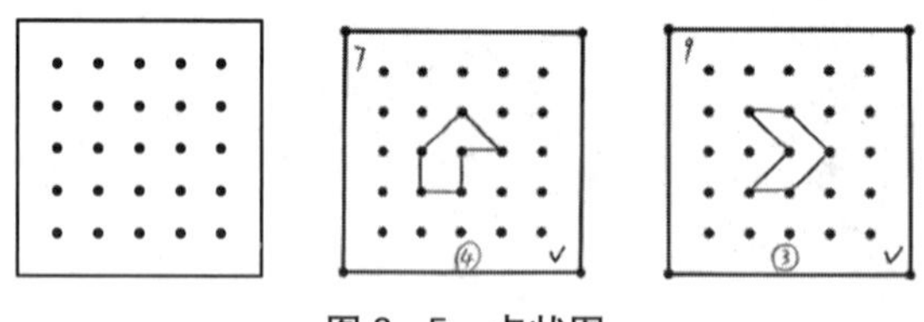

图 2-5 点状图

① Einstein A, Infeld L. The evolution of physics [M]. New York: Simon and Schuster, 1938:95-96.

② Cai J, Hwang S. Learning to teach through mathematical problem posing: Theoretical considerations, methodology, and directions for future research[J]. International Journal of Educational Research, 2020(102):1-8.

③ Silver E. A. On mathematical problem posing [J]. For the learning of mathematics. 1994:14(1),19-28.

学生在解决开放性问题时可以按照自己的想法来思考问题，综合运用自己已有的知识以及积累的经验，探索不同的解决方法，学生可以独立思考解决，也可以与同学之间交流探索不同的解决问题的方法，体验其方法的多样性和过程的趣味性。开放性问题给予小学生丰富的自主空间，让他们敢于表达自己的想法，有利于培养小学生思维的深刻性、灵活性、独创性。深刻性是可以想出很多可能性或答案的能力；灵活性是能以不同的观点来做不同的分类或不同的思考，从某种思维灵活转换到另一种思维的能力；独创性是创造独特作品或有不寻常的思路的能力，简单来说，就是能想出不一样的答案，有新颖的想法。

如图 2－6，两个正方形的边长分别是 20 厘米和 12 厘米，连接 GC 交 AD 于 H，求三角形 GBH 的面积。

面对题目给出的条件，只知道 $GB=32$ 厘米，无法直接求三角形 GBH 的面积。需要引导学生转换解决问题的角度，探索新的路径。连接 AC（如图 2－7），则 $S_{\triangle AHC}=S_{\triangle AHB}$，所以：$S_{\triangle GBH}=S_{\triangle GAC}=20\times 12\div 2=120$（平方厘米）

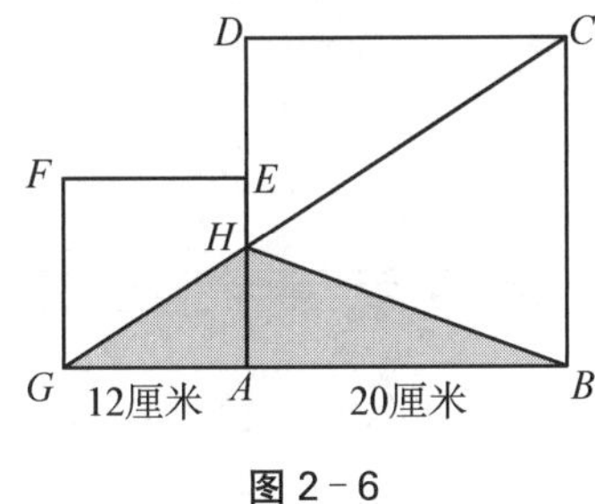

图 2－6

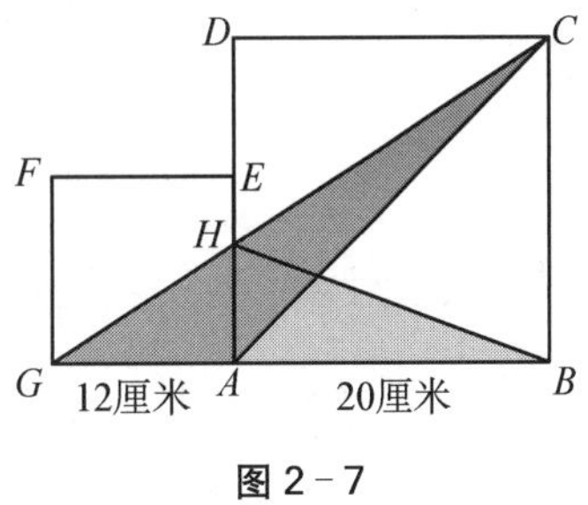

图 2－7

3. **创新意识的意义**

创新意识有助于形成独立思考、敢于质疑的科学态度与理性精神。

数学的本质就在于它的自由。① 探索问题解决过程中，学生学会独立思考、独辟蹊径解决问题。在算法多样化的教学中，教师应尊重学生的个性特征，给予学生独立思考的机会，激励学生自主探索，允许不同的学生从不同的角度认识问题，以不同的方式表达问题，用不同的方法探索问题，使学生个体尽可能找到自己的算法。

如图 2－8，多边形 $ABCDEF$ 顶点在方格交叉点上，每个方格边长为 1 cm，请你用多种方法求多边形的面积。

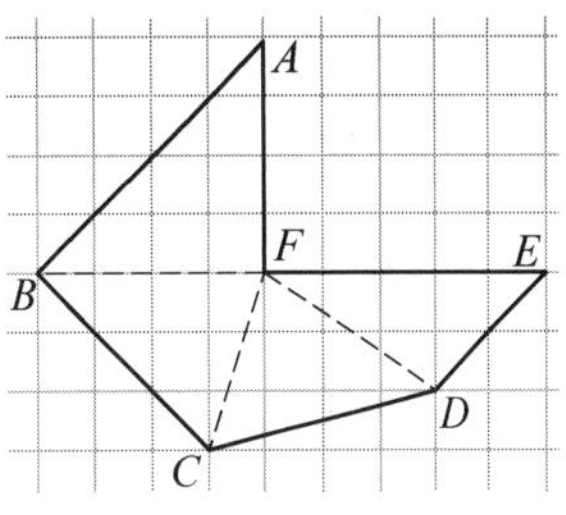

图 2－8　网格背景多边形

小学生用分割的方法将多边形转化为几个基本图形计算面积。

在独立思考解决问题办法的过程中，有的学生在方格纸上分割出一种方法。如图 2－9，计算时却发现“三角形 FCD 的底和高是多少”不能确定，求不出三角形的面积。凭借经验和直觉，学生

① M. 克莱茵. 数学：确定性的丧失[M]. 李宏魁，译. 长沙：湖南科学技术出版社，1999：105.

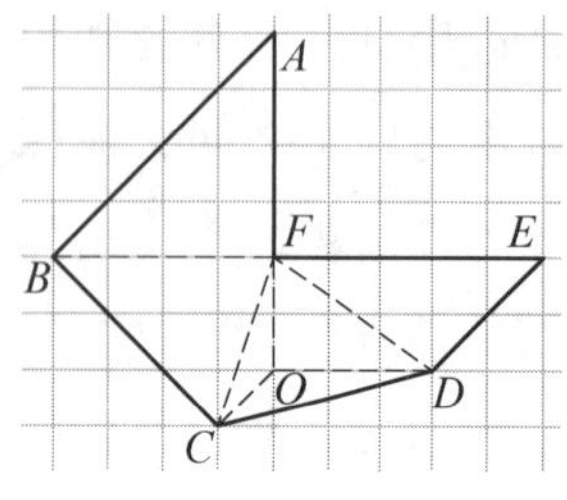

图 2-9 三角形 CDF 面积

们认为:不知道三角形的底和高是多少,就不能计算三角形的面积。这是普遍存在的问题。小组讨论中,学生大胆质疑推进问题解决:连接 OC、OF、OD,就很容易求得三角形 CDF 的面积。这不仅纠正了原先的错误想法,还让学生认识到底乘高再除以 2 是求三角形面积的一般方法,但不是唯一的方法!数学创新就是敢于用怀疑的眼光去审视既成的事实,对已获取过的知识有新的思路、新的理解、新的解释和新的应用。

理性的数学研究者具备辩证思维的大脑,执著地追问数学问题,尽力发掘那些隐藏在事物表面现象之下的更深处的数学真理。数学研究者始终以质疑的态度验证并推翻那些"在特定时间谓之真理"的事物,总是理性地反思或否定以往的观点和方法。对原有理论,敢于大胆怀疑并提出关键性问题,成为新的数学理论诞生的契机。非欧几何诞生的历史告诉我们,数学研究者要敢于怀疑公认的"真理",向传统观念挑战。在课堂教学中,教师鼓励学生进行猜想、验证、反思、评价等探究性活动,自主探索新知识:让学生成为积极的学习者,真正发挥学生的主体性。

阅读资料

1. 中华人民共和国教育部. 义务教育数学课程标准(2022 年版)[M]. 北京:北京师范大学出版社,2022.

2. 唐彩斌,史宁中. 素养立意的数学课程——《义务教育数学课程标准(2022 年版)》解读[J]. 全球教育展望,2022(6):24-33.

3. 马云鹏. 聚焦核心概念 落实核心素养——《义务教育数学课程标准(2022 年版)》内容结构化分析[J]. 课程・教材・教法,2022(6):35-44.

4. 王光明,刘静. 加强核心素养导向,完善课程标准体系——《义务教育数学课程标准(2011 年版)》与《义务教育数学课程标准(2022 年版)》(小学部分)比较研究[J]. 课程・教材・教法,2022(7):4-11.

5. 姜浩哲. 数学课堂中的"微创新":理论内涵、过程机理与培育路径[J]. 课程・教材・教法,2022(8):130-136.

思考与练习

1. 国际小学数学课程改革的特点是什么?

2. 选择小学数学教材中的一节课,确定这一节课的教学目标。

3. 结合小学数学教学案例,谈谈如何落实数学核心素养。

第三章
小学数学学习理论

本章导语

本章阐述学习心理学理论对小学数学学习的影响；讨论小学数学思维与学习的特点；探索运算能力、空间观念、数据意识和推理意识的内涵，及其教学策略。

学习目标

1. 理解小学数学学习理论的基本内容。
2. 理解小学数学思维与学习的特点。
3. 认识运算能力、空间观念和数据意识的内涵。
4. 初步掌握演绎推理、归纳推理、类比推理。

数学学习是一种特殊的学习，主要是由数学内容的抽象性和数学知识体系的结构性所决定。研究小学数学学习，必然需要一定的数学学习理论的指导。数学学习理论的发展一般有两种途径：一种是从一般心理学的理论出发，对数学学习的具体问题作出解释与分析；另一种是基于学生具体的数学学习活动，分析其认识过程、机制及心智变化，逐步形成具体的数学学习理论。事实上，这两种发展途径是相辅相成的。学习理论与数学学习之间有着很深的渊源，对其进行分析、研究，有助于我们更好地探究小学数学学习的特殊规律。

第一节　学习理论对小学数学学习的影响

一、行为主义学习理论及其对数学学习的影响

对数学教育具有影响的行为主义学习理论主要是桑代克(E. L. Thorndike)“试误说”学习理论和斯金纳(B. F. Skinner)操作性条件反射理论。

(一) 桑代克“试误说”学习理论

1. 三大学习定律

桑代克通过对动物的“迷箱”实验研究,提出了以“刺激—反应联结”和“试误”为主要特点的学习理论。其中,联结是指学习者对情境引起的反应,而这种反应又是学习者在情境中不断地尝试和改正错误的结果。也就是说,学习是一种渐进的、盲目的、尝试—错误的过程。他在总结实验的基础上,提出了三条学习定律,即准备律、效果律和练习律。

准备律即学习者是否会对某种刺激作出反应,与他是否已做好准备有关。在桑代克看来,“准备”这个概念完全适用于人类。例如,当要求学生解答 $\begin{array}{r}6\\ \underline{7}\end{array}$ 这样一个式子时,学生可以回答“13”“42”,甚至“-1”。如果在学生回答“13”时给予强化,那么他很快就习得了做加法的准备或心理定势。因此,准备本身也可以在某种情境中习得。

效果律是桑代克学习理论的核心,是指只有当反应对环境产生某种效果时,学习才会发生。如果反应的结果是令人愉快的,那么学习就会加强;如果反应的结果是令人烦恼的,那么这种行为就会削弱。也就是说,桑代克的效果律既包括正强化律,也包括负强化律。后来,桑代克对此定律进行了修改,认为从效果看,赏与罚的作用并不等同,赏比罚更加有力,即“效果扩散律”(Spread of effect)——奖励不仅增加了受奖反应的重复率,而且还增加了邻近反应的重复率。

练习律包括使用律和失用律。前者即一个已形成的可变联结,若加以应用,这种联结的力量便会增强;后者即一个已形成的可变联结,若不予以使用,这种联结的力量便会减弱。换言之,所谓练习律,是指反应重复的次数越多,刺激—反应之间的联结便越牢固。

除了上述三个主要学习律之外,桑代克还提出了一些从属的附律,或称为学习的原则,如多重反应律、定势律、选择性反应律、同化律、联想性转化律等。这些附律都是从动物学习中归纳出来的,但是,桑代克还是把它们作为人类学习的基础。

2. 对小学数学学习的影响

由于桑代克的学习理论不少是将动物实验结果推及人类,因此其理论存在机械主义的倾向,忽视了人类学习的社会性、主观能动性和学习过程中的理解作用。尽管如此,桑代克的学习理论对小学数学教育的影响还是很大的,它在培养学生的学习情绪、引起学生的学习动机、引导学生在尝试的过程中应用推理和批判的方法,在概念、原理、法则学习后予以必要的重复练习等方面值得借鉴。特别是对算术教学的影响,导致算术内容被一小块一小块地分成许多组成部分,找出构成算术内容的一套特定的联结,然后按照由简到繁的方式,一环扣一环地呈现出来,并使用操作性练习来形成和强化联结,重要的联结经常练习,不太重要的联结则练习少一些。例如,各种加法法则都可以处理成加法口诀,无进位的多位数加法、有进位的多位数加法直至小数、分数的加法等,将这些算法进一步细化为更具体的思维联结，使每一个都能成为形成和强化的对象。

（二）斯金纳操作性条件反射理论

1. 操作性条件反射理论

斯金纳认为，人类习得行为可以分为两种：一种是经由巴甫洛夫的条件反射过程建立起来的，是对一定刺激的应答反应，这种行为称为“应答性条件反射”；另一种最初建立的时候并没有明显的刺激出现，也许有刺激但不明显，也许纯粹是一种自发行为，这种行为称为“操作性条件反射”。

斯金纳以反射和强化为基础，提出了操作性条件反射理论。他认为反应形式不一定是原有的，可以在学习过程中形成，并将之称为行为的塑造，这是操作性条件反射真正重要之处。特别是在人类行为中，重要的是学习新的行为。此外，他强调在行为形成过程中起重要作用的不是反应前出现何种刺激，而是反应后得到何种强化。所谓强化，是指采用适当的强化物增加反应的强度、概率或频度的过程，可分为正强化和负强化。当一个刺激跟随在一个操作反应之后，并能提高这个反应的概率时，便产生正强化，这种刺激就是正强化物；反之，当排除一个跟随在一个操作反应之后的厌恶刺激并能提高这一反应的概率时，便产生负强化，负强化物即厌恶刺激。在实际生活中，人们对各种不同的强化物作出不同的反应。有的学生能因在班上被口头表扬而受到激励，但有的学生则不然。因此，教师要考虑学生的个性特点和年龄特点提供不同的强化物系列。

2. 对小学数学学习的影响

斯金纳把操作性条件反射理论引入人的学习行为，首创了直线式程序教学模式。首先，对教材必须有一个明确、详细而客观的规定，即行为目标。行为目标具体地规定了在教学完成后学生应该表现出的行为。第二，小步子原则。整个单元被分解成按顺序出现的小单元，每个小单元包含少量的知识和题目，问题之间的困难程度增加很慢，分散了难点。让学生由已知来学习未知，前边的问题为学生正确地回答后边的问题做好准备。“小步子”强调增加困难的渐进性和从一个问题过渡到下一个问题的自然性、逻辑性。第三，自定步调原则。学生按自己的速度进行学习，符合学生学习进度的个别差异。第四，及时反馈原则。给每个反应提供及时反馈，让学生立即知道自己答案的准确性，这是树立信心、保持行为的有效措施。在此教学过程中，教师的作用在两方面得以体现：一方面是设计教学程序以进行刺激控制（包括辨别刺激和强化刺激），具体表现为组织教材、设计教案、进行教学以及准备促进学生作出预期反应的有关刺激等；另一方面是适时给予恰当的强化刺激物。

总之，操作性条件反射理论对小学数学学习的影响集中表现在对学生学习效果要及时作出评价，而且要以正面评价为主；把复杂的小学数学学习内容分解为几个较为简单的内容，采用“各个击破”的方式进行。

二、认知主义学习理论及其对数学学习的影响

(一) 皮亚杰认知发展阶段论

皮亚杰(J. Piaget)认为,认知的形成与发展是一种建构过程,是个体在与环境不断地相互作用的过程中实现的。儿童心理发展就是通过同化和顺应从低一级水平的图式不断完善达到高一级水平的图式,从而使心理结构不断变化、创新,形成不同水平的发展阶段。

1. 认知发展阶段论

"运算"(即思维操作)是皮亚杰理论中的关键概念,并据此将儿童认知发展分为四个主要阶段:①感知运动阶段(0—2 岁),处于这一时期的儿童主要靠感觉和动作来认识周围的事物。②前运算阶段(2—7 岁),处于这一时期的儿童主要凭借语言或某些示意手段描述事物的特征,但这一时期的儿童其思维还不具备运算的可逆性和守恒性。③具体运算阶段(7—12 岁),处于这一时期的儿童已经出现逻辑思维,他们的思维已具有可逆性和守恒性,但离不开具体事物的支持。④形式运算阶段(12—15 岁),处于这一时期的儿童已经能够在头脑中把形式和内容分开,能进行抽象的逻辑思维和命题运算。

皮亚杰认为,儿童认知发展各阶段出现的一般年龄特征可能有一定的个体差异,但各阶段出现的先后顺序是固定不变的。同时,四个阶段是一个连续不断的发展过程,后一阶段是前一阶段的延伸,前一阶段是后一阶段发展的前提和条件。

2. 对小学数学学习的影响

根据皮亚杰的认知发展阶段理论,小学生正处于具体运算阶段,他们能进行初步的逻辑思维,但运用数学符号和语言符号解释和运用概念尚有困难,需要在感性材料的支持下才能顺利进行。因此,在小学数学学习中要强调动作和感知等直观活动的重要性,将事物操作、学生自发活动和解决问题活动作为小学数学教学的主要手段,让学生先形成丰富的数学知识表象,然后再进行抽象概括。同时,要注意小学数学知识内容不能急于符号化,要防止学生的学习陷入缺乏真正理解的徒有其表的符号化局面。

(二) 布鲁纳认知发现学习理论

布鲁纳(J. S. Bruner)主张教育过程应以原理、态度和方法的迁移为核心,具体表现为"学科结构论"和"发现学习论"。

1. 学科结构论

布鲁纳在《教育过程》中明确提出了学科结构论,认为学生学习的重点不应是学科的现成知识,而应是该学科的基本概念、基本原理和基本规律及其相互联系。因为学习的内容越是基本,便越具有规律性,掌握了规律,学习新知识、解决新问题的适应性就越宽广,产生迁移的可能性就越大,越有利于培养学生举一反三和触类旁通的能力。

2. 发现学习论

布鲁纳认为，知识的习得过程是一个积极的认知过程，而非被动的接受过程。因此，他大力提倡发现学习，认为发现学习能激发学生的内在学习动机，有利于发挥学生的智慧潜力。当然，这里的“发现”是一种“再发现”，与科学家的“发现”在程度上存在差别，而它们在本质上都是一种“领悟”或“顿悟”。从这个意义上讲，布鲁纳的发现学习论具有以下特征：

第一，注重内在动机。所谓内在动机，是由学习本身发现学习的源泉和报偿。以内在动机为动力的学习者，除了动机所推进的学习活动之外，不要求任何别的外部报偿。它所要求的报偿，就是对该活动的出色结果的满足感，或是对活动过程本身的喜悦。布鲁纳所重视的正是这种内在动机。

第二，注重学习过程。布鲁纳认为：我们教一门科目，并不是希望学生成为该科目的一个小型图书馆，而是要他们参与获得知识的过程。学习是一个过程，而不是结果。在学习中，教师要创设学生能够独立探究的情境，而不是提供现成的知识；学生开展活动，积极、主动地探究知识，而不是被动、消极地接受知识。

第三，注重直觉思维。在发现学习中，建立假设或假想的阶段，主要是直觉思维的作用。直觉思维是闪念式、飞跃式的思维，具有映象或图象性特点，而且其形成过程一般不靠语言媒介。因此，布鲁纳认为教师应在学生的探究活动中帮助学生形成丰富的想象，防止过早语言化。与其指示学生如何做，不如让学生试着做，边做边想。

第四，注重信息提取。布鲁纳认为，人类记忆的首要问题不是贮存，而是提取。尽管从生物学上来讲未必可能，但现实生活要求学生这样做。因为学生在贮存信息的同时，必须能在没有外来帮助的前提下提取信息。提取信息的关键在于如何组织信息，知道信息贮存在哪里和怎样才能提取信息。

布鲁纳在强调学生内在动机时，没有完全否认教师的作用。在他看来，学生学习的效果，有时取决于教师在何时、按何种步调给予学生矫正性的反馈。教师既要适时地让学生知道学习的结果，如果错了，还要让他们知道错在哪里以及如何纠正。

3. 对小学数学学习的影响

第一，小学数学学习应把基本概念、基本规律和基本原理置于学习的中心地位，让学生牢牢掌握有广泛适用性的数学基本概念和基本原理，然后在此基础上进行不断扩充和联结，形成相对完整化、结构化的数学知识体系。这样，从根本上避免了由于数学知识的量的不断扩大和质的不断更新而可能给教学带来的弊端。

第二，小学数学学习要重视概念和原理的早期渗透，让学生尽早以直观的形式去感知抽象的数学概念的具体例证和原理的特定意义，为今后进一步掌握数学概念的科学定义和数学原理的理论意义打下良好的基础。

第三，发现学习中要注重教师的引导过程。学生在获得一定基础知识，掌握有关基本原理和规律以后，并不一定能根据所给的材料或条件，按所要求的课题去“发现”新知识。这两者之间应该有一座桥梁,即教师的引导过程。教学就是教师引导学生学习的过程,而引导的重要方面就是对学科的学习态度和对课题的思考方法。首先,应激发学生学习数学的兴趣,充分挖掘小学数学教材本身具有的激励因素,感受数学在生活中的价值,以此激发学生学习数学的愿望和动机。然后,在教学中提出让学生感兴趣的问题,使学生产生发现知识、解决问题的欲望,同时帮助学生找出待解决的问题与已有知识之间的联系,以促使学生发现新知识。

(三) 奥苏伯尔认知同化学习理论

1. 认知同化学习理论

有意义学习的过程即原有观念对新观念加以同化的过程,奥苏伯尔(D. P. Ausubel)称自己的学习理论为“同化论”。首先,他从两个维度对学习作了区分:

第一,从学习内容与学习者的认知结构的关系出发,将学习分为有意义学习和机械学习。他认为,有意义学习的实质就是在符号所代表的新知识与学习者的认知结构中已有的适当知识之间建立非人为的(非任意的)和实质性的(非字面的)联系。其中建立非人为的和实质性的联系是鉴别有意义学习的最重要的标准之一。

第二,从学生学习的方式出发,将学习分为接受学习与发现学习,并阐述了两者之间的区别和联系。他认为,接受学习和发现学习的主要差别在于所要学习的材料主要是由学生自己发现的还是他人提供的。两者之间的联系就是只要具备了有意义学习的条件,都能成为有意义的学习。

此外,奥苏伯尔指出,“影响学习的唯一重要的因素,就是学习者已经知道了什么”,从而精辟地概括了学习准备的重要性。学习准备是指学生在从事新的学习时,他原有的知识水平或原有的心理发展水平对新的学习的适应性,一般可分为认知、情感和运动技能几方面的准备。

2. 对小学数学学习的影响

认知同化学习理论很好地诠释了接受学习与发现学习的关系。事实上,教学方法的作用不能离开特定的教学情境,并非发现学习就是有效的学习方式,而接受学习就是不好的学习方式,问题的关键在于学习内容对学生来说是否有意义。因此,小学数学教学要全面优化教材结构,使小学数学教材内容更具有逻辑意义,从学习内容上为学生的有意义学习提供保证。同时要引导学生综合运用有意义的发现学习和接受学习这两种方式进行学习,通过两者的有机结合促使学生在接受学习中有所发现,在发现中更好地接受和掌握数学知识与技能。

此外,小学数学教学要特别注重学生原有的认知结构。为了防止数学知识之间的相互干扰,可以为学生提供“先行组织者”,即在呈现数学教学内容本身之前,先呈现一些抽象性和概括性强,包容范围广但又非常容易使人理解和记忆的引导性材料,为将要进行的学习提供一个框架或一条线索，使学生在学习具体、详细的材料时避免盲目性，帮助学生建立有意义学习的心向。如学习除数是小数的除法之前，先设计一组由商不变的性质和除数是整数的除法计算等内容组成的引导性材料，以此作为学习除数是小数的除法的“先行组织者”，并依此实现学生对除数是小数的除法的计算技能的顺利掌握。

三、建构主义学习理论及其对数学学习的影响

建构主义是认知主义的进一步发展，主张世界是客观存在的，更关注如何以原有经验、心理结构和信念为基础来建构知识，强调学习的主动性、社会性和情境性，并对学习提出了许多新的见解。

（一）建构主义学习观

第一，学习具有主动性。建构主义认为，学习不是一个复制的过程，也不是知识由外到内的转移和传递的过程，而是学习者主动地建构自己的知识经验的过程。任何学习和理解都要涉及学习者原有的认知结构，学习者总是以其自身的经验为基础，依据所给的新的知识和信息，相应地对原有经验本身作出某种调整和改造，从而理解和建构新的知识和信息。

第二，学习具有情境性。在建构主义看来，情境总是具体的、千变万化的，各种具体情境之间并没有完全普适的法则。数学的抽象概念、规则的学习往往无法灵活适应具体情境的变化，学习者常常难以用课堂获得的知识直接解决现实世界中的真实问题，因而需要把所学的知识与一定的真实任务情境挂起钩来，让学生通过合作解决情境性的问题。

第三，学习具有社会性。建构主义认为，每个学习者都有自己的认知结构，都有自己的经验世界，不同的学习者对同一知识、信息或问题可以形成不同的见解或结论。因此，群体的学习相比个体的学习而言，不同的学习者相互沟通和交流，相互争辩和讨论，可以更好地审视自己解决问题的基本思路，进而共同解决问题，合作完成一定的任务。这种社会性相互作用可以为知识建构创设一个广泛的学习共同体，从而为知识建构提供丰富的资源和积极的支持。

（二）对小学数学学习的影响

首先，数学学习是学生在已有数学认知结构基础上的建构活动，而不是对数学知识的重新翻版。因此，必须突出学生的主体性，教师的讲解不能直接将知识传输给学生，教师只能通过组织者、合作者和引导者的角色，使学生主动参与到这个学习过程之中。

其次，在数学学习中，学生对同一数学知识的理解会有不同侧面、不同深度上的差异。因此，数学教学必须关注学生学习的个性化特征，考虑每个学生的不同背景，从每个学生当前的实际出发进行教学，以发挥每个学生的主观能动性。同时也要注意知识建构的社会性，增强师生的交互和共同活动的环节，使课堂环境和情境的营建成为获得数学学习成效的重要途径。

再次,数学认知结构不是一个孤立的系统,对低年级学生来说,它不仅包括数学学习方面的知识、经验,而且受到生活经验、其他学科知识经验的直接影响。因此,数学教师要从学生熟悉的生活经验出发,设计数学问题情境,激发学生学习的内在动机,增强数学的应用意识。

四、人本主义学习理论及其对数学学习的影响

(一)人本主义学习理论

人本主义学习理论的代表人物罗杰斯认为,学生是有思想、有天赋、有学习潜力、有主观能动性的个体,是不断发展与进步的个体。教育的目标应该是促进变化和学习,培养能够适应变化和知道如何学习的人。这一教育目标既包括了知识教育和认识能力发展,也包括了情意发展,即提倡教育是知识、能力与情感发展三者的结合。同时罗杰斯主张进行改革,实施意义学习,这与前面提到的奥苏伯尔的有意义学习不同,奥苏伯尔关注的是当前材料与学习者已有知识之间的联系,而罗杰斯关注的意义学习强调学习者当时整个身心状态与学习材料的关系。

(二)对小学数学学习的影响

人本主义重视情意发展,其情意教育的目标是培养学生自我认知、自我接纳,在形成完善的人格教育过程中重视情感体验。因此,设置数学学习目标时,要注意全面性,包含知识、能力和情感因素,使学生得到最基础的、全方位的发展,把培养学生情意发展贯彻于整个数学学习过程中。同时,教师应认真听取学生的意见,恰当体验学生情绪的变化,尊重学生的个性,发挥学生的创造性,让学生感受到教师对他们的信任、理解、关心和尊重。这样,我们将会看到与学生个人情意紧密相联系的一种全身心投入的学习,一种意义学习、自发的经验学习,学生能感受到学习的乐趣,能激发出学习的积极性、主动性,学习效率也会提高。

当然,学习理论是对学习活动的原理和规律作出解释的理论,不能直接拿来对某节具体的数学课进行指导。它们不像实用手册那样直截了当地指导具体的操作性活动,而是在其基础上产生学习法则,以带有理论色彩的学习法则来指导数学学习活动,从而实现基础理论对具体活动的指导。

第二节 小学生数学思维与学习的特点

小学数学学习是一个复杂的心理过程,儿童的思维、能力结构与成人有很大的区别,面对不同的学习任务,儿童所采用的学习策略,所经历的学习过程,所依据的建构方式,无一不表现出其心理发展的阶段性特点。

一、小学生数学思维的特点

（一）从具体形象思维逐步向抽象逻辑思维过渡

随着年龄的增长、知识的不断学习和积累，小学生的抽象逻辑思维也开始逐渐形成和发展，并呈现出与具体形象思维交错发展的模式。例如，在低年段学习 3+4 时，老师拿出 3 根小木棒和 4 根小木棒放到一起，学生数数得知结果是 7；而高年段学生则直接按数群进行计算，把 3、4 各看作一个数群，直接算出基数 7，这就是摆脱了数数和依靠表象的具体形象思维，逐步达到抽象逻辑思维的水平。

在这个交错发展过程中，抽象逻辑思维的发展并不意味着具体形象思维的全部"消亡"。事实上，小学生的具体形象思维和抽象逻辑思维都在发展着，只是抽象逻辑思维的发展起主导作用，发展得更加迅速一些，所占的比重更大一些，意义更加深远一些。正因为如此，到了小学中高年段，学生才逐步学会区分概念中本质的东西和非本质的东西，主要的东西和次要的东西，学会掌握初步的科学定义。但同时他们还离不开直接经验和感性知识，思维仍有很大成分的具体形象性和不平衡性。① 如儿童已能掌握整数的概念和运算方法，而不需要具体事物的支持，可是，当他们开始学习分数概念和分数运算时，如果没有具体事物的支持，就会感到很困难。

（二）小学生数学思维呈现单维度特征

单维度的思维方式是指儿童在进行数学思维时，总是从一个维度去思考问题，当需要从两个维度甚至多个维度去深入思考时，他们就显得力不从心，无所适从。例如认识角时，如果同时改变角的大小和边的长度这两个因素，学生就很难相信角的大小与边的长短无关，他们会相信边的张开程度与边的长短同时影响了角的大小（或许他们更相信边越长，角度越大）。

（三）小学生数学思维容易形成自然结构

学生在数学学习中思维的自然结构可以理解为：学生为了完成某一学习任务，通过感知以及已有的知识和经验获得了完成这一任务所需要的信息，并按照自身的经验将这些信息联系起来所自然形成的一种思维结构。与之相对应的加工结构可以理解为完成这一任务的应然结构，也就是期望学生所形成的思维结构。这两种结构之间的差异往往就是学生在学习过程中的难点。

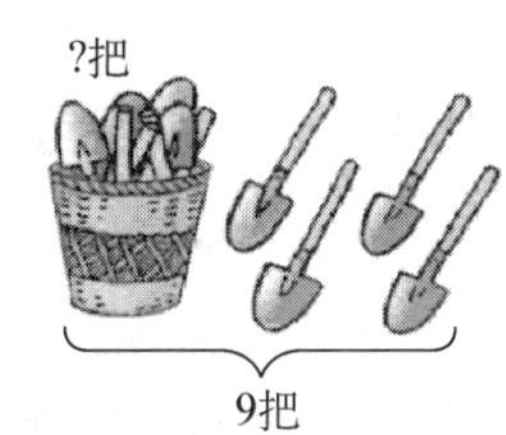

图 3－1

例如，如图 3－1 所示，这道题的原意是：已知总量为 9，其中一部

① 高晶合. 小学中低年段教学中学生数学思维培养策略研究[D]. 长春：东北师范大学硕士学位论文，2009.

分为4,求另一部分是多少。期望学生用减法计算,列式为 $9-4=5$,而学生往往列出的算式为 $5+4=9$,把减法算式写成了加法算式。当问及学生本题答案时,学生却能够说出正确答案。

实际上,学生写出来的算式中数的顺序与题目中阅读到的信息的顺序是一致的。学生感知到的信息的顺序是“筐—4把—9把”,它们之间的关系是前两者的和等于第三者。也就是说通过感知,学生在头脑中形成的思维结构是“$\square+4=9$”,由于数字相对简单,学生容易算出“$\square$”就是“5”,因此头脑中就不再进行其他加工活动了,按照这个顺序直接就写出算式“$5+4=9$”。

这里,学生感知到的“$\square+4=9$”就是思维的“自然结构”,教师所期望的“$9-4=\square$”则是思维的“加工结构”。从某种意义上说,学生利用思维的自然结构的做法是正确的。因为这两种结构在“信息”内容方面基本上是一致的,只是在构成方式或者排列顺序上不一致。也就是说,学生对数量关系的理解是准确的,没有违背任何数学规律,只是与小学算术中约定俗成的“已知数写在等号左侧,计算结果写在等号右侧”不同。因此在教学中应当把重点放在自然结构与加工结构之间的对比和转换方面,而能够做到这一点的前提是教师不仅要了解思维的加工结构,更应当了解学生可能形成的自然结构。①

(四) 小学生数学思维存在的不足

第一,数学思维缺乏自觉性。小学生活泼好动,自制力还不强,自觉地检查、调整或论证自己的思维过程的能力较弱。

第二,数学思维缺乏灵活性。在数学学习中,常常存在一种思维定势,即在遇到问题时的一种思维惰性和习惯思维倾向,这是灵活解决问题的障碍。

第三,数学思维缺乏批判性。对事物缺乏独立判断的能力,常常以教师和家长的语言作为衡量事物对与错的标准,盲目地信任教师、家长所说所教的东西,年龄越小这种表现越明显。

第四,数学思维敏捷性差异较大。特别是在数学运算以及解决问题的训练中,不同学生的思维反应快慢的差异总是比较明显。

第五,数学思维呈现片面性。由于小学生掌握的知识的片面性和思维的局限性,他们认识问题常局限于表面,不能脱离具体的表象把握其实质,在分析和解决数学问题时,往往考虑得不够全面。

这些问题与学生的身心发展特点以及客观环境的限制有一定关系。但我们可以看到,小学生在由低年段向高年段成长的过程中,其数学思维的各方面并非始终停留在一个水平层面,而是随着学习的积累不断地发展着。

---

① 郜舒竹,刘莹.儿童数学学习中思维的自然结构及其正误辨别[J].课程·教材·教法,2010(7):42-45,76.

二、小学数学学习的特点

小学数学学习作为一种具体学科知识的学习活动过程,一方面具有人类学习和学生学习的共同特点,另一方面又必然有一些反映其个性的特点。依据小学数学的学科特点、教学目标、教学内容及学生的心理特征,小学数学学习具备以下特点:

(一) 小学数学学习是一个对生活中数学现象"解读"的过程

充分运用感性材料,从学生生活常识和经验出发,去帮助学生理解学习内容是小学数学学习特别明显的特点。这一特点实际上是小学生思维特点和数学学科特点之间的矛盾在学习中的客观反映。小学生思维的具体形象性和数学学科的高度抽象概括性特点,决定了他们在学习中要通过观察、操作等直观活动从感性上认识教材内容,而不是从观察符号开始、用逻辑推理来进行的。否则,新的数学知识内容就难以与学生头脑里已有的数学知识建立起实质性的联系,同时也不容易引起学生心理的持久变化。事实上,小学生入学以前,已经遇到许多数学问题,已经积累了一些初步的经验。他们玩过各种形状的积木,比过物体的大小、长短、厚薄、轻重、宽窄和多少,知道几点起床几点睡觉,跟随父母外出购物,等等。所有的活动,都使他们获得了有关数量和几何形体的最初步的观念。虽然这些概念或观念往往是非正规的、不系统的,甚至是模糊的、错误的,但是这些都为他们上学后学习数学奠定了必要的基础。可以这样说,小学数学学习是以自己的经验为基础的一种认识过程,数学对小学生来说是自己对生活中的数学现象的"解读",这是儿童学习数学与成人不完全相同之处。

(二) 小学数学学习是一个行为、情感和认知共同参与的过程

对于小学生而言,数学学习并不是一个简单的记概念、背法则、练解题的过程,而是一个问题解决的过程。在这个过程中需要的是积极思考与收集、整理信息的能力,同时,主动与同伴合作,积极与他人交流也是必不可少的。通过问题的解决过程,可以增强学生运用数学解决实际问题的信心,意识到自己在集体中的作用,得到初步的数学活动实践经验及良好的情感体验,从而获得积极的数学学习情感和对数学的好奇心和求知欲。显而易见,这种学习不可能以单纯的内容学习的形式来完成,而需要通过行为、情感和认知共同参与的过程来实现。

(三) 小学数学学习是一个数学"再创造"与"再发现"的过程

"2022 年版课标"(第 6 页)提出:通过经历独立的数学思维过程,学生能够探究自然现象或现实情境所蕴含的数学规律,经历数学"再发现"的过程。

国际数学教育委员会(ICMI)于 2000 年设立克莱因奖和弗赖登塔尔奖。荷兰著名数学教育家弗赖登塔尔(Hans

图 3-2 弗赖登塔尔奖章

Freudenthal, 1905—1990)强调学习数学的唯一正确方法是实行“再创造”,也就是由学生本人把要学的东西自己去发现或创造出来。教师的任务是引导和帮助学生去进行这种再创造的工作,而不是把现成的知识灌输给学生。他认为这是一种最自然的、最有效的学习方法。[①] 知识和能力,如果是通过自己的活动获得的,就比别人强加的要掌握得更好,也更具有实用性。发现是一件令人愉快的事,所以通过再创造进行数学学习是有促动力的,它促进了将数学作为一种人类的活动来体验的观念的形成。[②]

小学生的数学学习过程与数学家的数学发现与创造的过程不同,他们最主要的任务是主动学习前人已经发现并创造的数学知识。但是,小学生的数学学习并不是简单地、被动地接受前人已经发现和创造的那些概念、命题、法则、方法等,而应具有实践性活动的特征,是他们自己的一种“创造”活动——数学化的过程。小学生的这种数学实践性活动,并不是要求去模仿或去重复前人发现、创造数学的过程,而是将那些已经被发现或被创造的数学知识作为实践性活动的任务,在教师的引导和指导下,用他们自己理解的方法去探索数学知识,这就是“再发现”“再创造”。例如,如图 3-3,在 5×4+2 中,为什么先算 5×4? 结合图 3-4,说说 2+5×4 为什么不能先算 2+5? 这里“再创造”的教学过程侧重的是发现混合运算的规律,帮助学生建立从无序到有序再到模型的思维方式。[③]

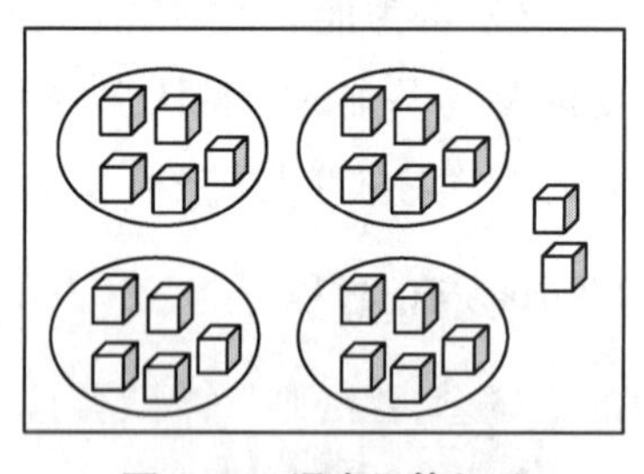

图 3-3 混合运算(一)

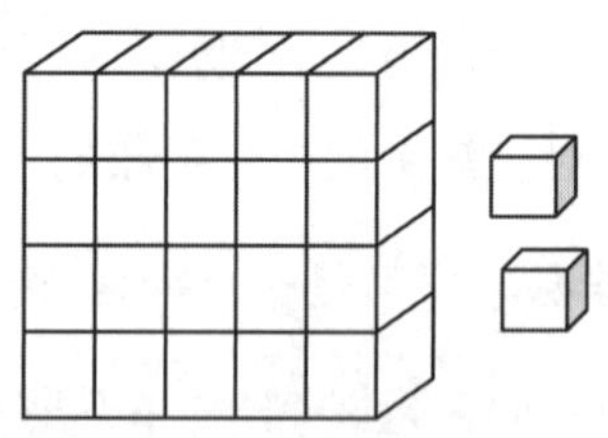

图 3-4 混合运算(二)

(四) 小学数学学习是一个教师启发引导的过程

小学数学学习过程,就其实质来讲更主要是一种数学思维活动过程。在数学学习中,小学生要通过分析、综合、比较、抽象、概括等思维方法,以及判断、推理等思维形式去实现对抽象数学知识的理解和掌握。由于小学生受思维发展水平的制约,在数学学习中常常出现思维过程不流畅甚至中断的现象,这在客观上就需要教师启发和引导学生把握好思考的起点、方向,帮助他们克服思维过程中出现的种种障碍,以保证思维过程的顺利进行。特别是低年段学生由于大脑兴奋与抑制还不平衡,神经系统尚未发育成熟,活动自觉性、目的性不强,自我控制力弱,无意注意占主导地位,容易疲劳。但其自我意识已有所发展,教师在他们心目

① 弗赖登塔尔. 作为教育任务的数学[M]. 陈昌平,唐瑞芬,等译. 上海:上海教育出版社,1995:3.
② 弗赖登塔尔. 数学教育再探[M]. 刘意竹,杨刚,等译. 上海:上海教育出版社. 1999:66.
③ 陈一叶. 基于“再创造”的小学数学教学新探[J]. 上海教育科研,2019(10):56-59.

中有极高的威信，教师的评价就是他们是非判断的标准。他们愿意受到表扬，害怕受到批评。因此，低年段学生在教师的组织管理下，一般都具有认真的学习态度，在行为训练上也能听从。

第三节　小学生数学能力的发展

能力可以分为一般能力和特殊能力。一般能力是在基本活动中表现出来，且各种活动都必须具备的能力。例如，观察力、记忆力、思维能力、想象力等都属于一般能力。特殊能力是在某种专业活动中表现出来的能力。现在的教育研究者普遍将数学能力与一般能力区分开来，认为数学能力是一种特殊能力。

一、数学能力的概述

数学能力是一种特殊的能力，它与数学活动相适应，是保证数学活动顺利完成所必须具备的心理条件。那么，数学能力究竟是什么？

瑞典心理学家魏德林(I. Werdelin)在《数学能力》一书中曾给数学能力下过这样的定义："数学能力是理解数学的(以及类似的)问题、符号、方法和证明的本质的能力；是学会它们、在记忆中保持和再现它们的能力；是把它们与其他问题、符号、方法和证明结合起来的能力；也是在解数学的(或类似的)课题时应用它们的能力。"[①]

苏联心理学家克鲁捷茨基(B. A. Krutetsky)在《中小学生数学能力心理学》一书中确定了数学能力由九部分组成：数学材料的形式化、概括数学材料发现共同点、运用数学符号运算、连贯而适当分段的逻辑推理、缩短推理过程、逆向思维、思维的灵活性、数学记忆力、空间概念。他还运用因素分析法对数学能力的各要素进行研究，得出推理因素是数学能力结构中起决定作用的因素，即逻辑思维能力是数学能力的核心。

丹麦数学教育家尼斯(M. Niss)认为数学能力是指了解、判断、实做，以及能在各种不同数学情境与背景的内外使用数学的能力。他将数学能力结构分成八个方面：数学思维、拟题与解题、数学建模、数学推理、数学表征、符号化与形式化、数学交流、工具的使用。[②] 这八个能力与心理过程、活动及行为有关，也就是说，焦点在于个体能做什么，它们形成一个重心不相交但却相互重叠的连续体。

林崇德教授从思维角度出发对数学能力进行了深入系统的探讨，架构出一个以数学学科传统的三种基本数学能力(运算能力、逻辑思维能力、空间想象能力)为"经"，以五种思维品质(思维的深刻性、灵活性、独创性、批判性、敏捷性)为"纬"的数学能力结构系统。这三种

① 陆书环，傅海伦. 数学教学论[M]. 北京：科学出版社，2004：194.

② 鲍建生，周超. 数学学习的心理基础与过程[M]. 上海：上海教育出版社，2009：33.

基本能力与五种思维品质(包括与思维品质相对应的一些思维能力)的关系不是并列的关系,而是交叉的关系,在每个交叉结点上又有数种具体的能力特点。①

小学生数学能力培养的核心是促进学生的数学思维和理解数学。在教学中,教师仅弄清楚一个学生能识别这个领域中的多少个概念,掌握多少种技能是远远不够的,而应该关注学生认识概念和掌握技能,关注学生应用这些概念与技能在复杂和新颖的情境中用数学的眼光理解问题、建立模型、解决问题和论证思维的过程。下面我们结合具体的数学问题来说明实施数学能力培养的策略。

二、运算能力的内涵及其意义

(一) 运算能力

"2022 年版课标"提出:运算能力主要是指根据法则和运算律进行正确运算的能力。

运算法则是四则运算的基本程序和方法。运算法则是运算的依据,是推理的基础,它是运算结果具有唯一性的保障。运算思路是解决问题的关键,在运用运算法则解决问题的过程中,运算法则有助于学生探索运算思路。只有理清解决问题的思路,才能掌握解决一类问题的计算方法。运算是基于法则进行的,而法则又要满足运算定律。

《数学辞海》解释道:一种运算遵循的普遍法则,称为这一运算的运算律。加法与乘法的交换律和结合律,以及乘法对于加法的分配律,统称为基本运算律。

交换律:加法交换律是指两个数相加,交换加数的位置,它们的和不变,即 $a+b=b+a$。乘法交换律是指两个数相乘,交换因数的位置,它们的积不变,即 $a\times b=b\times a$。

结合律:对三个数 a、b、c,有加法结合律 $a+b+c=(a+b)+c=a+(b+c)$,或者乘法结合律 $a\times(b\times c)=(a\times b)\times c$,则称其运算满足结合律。

分配律:对于三个数 a、b、c,有 $c\times(a+b)=(c\times a)+(c\times b)$,则称乘法对加法满足左分配律。若对三个数 a、b、c,有 $(a+b)\times c=(a\times c)+(b\times c)$,则称乘法对加法满足右分配律。

除法的左分配律是不成立的,也就是说 $a\div(b+c)\neq a\div b+a\div c$。而除法的右分配律 $(b+c)\div a=b\div a+c\div a$ 是成立的,这是因为:$(b+c)\div a=(b+c)\times\frac{1}{a}=b\times\frac{1}{a}+c\times\frac{1}{a}=b\div a+c\div a$。

用下列 3 种方法计算 32×27,其中蕴含交换律、结合律以及乘法对于加法的分配律。

算法 1:利用分配律,$32\times27=(30+2)\times27=30\times27+2\times27=810+54=864$。

算法 2:利用乘法结合律与分配律,$32\times27=32\times(3\times9)=(32\times3)\times9=96\times9=(100-$

① 林崇德.中学生能力发展与培养[M].北京:北京教育出版社,1992:65.

4)×9=100×9−4×9=900−36=864。

算法 3:利用结合律与交换律,32×27=(4×8)×27=(4×27)×8=108×8=864。

这些算法本质上是在分析算式结构特点的基础上,利用不同的运算律而形成的。教学中引导学生探索不同的算法,并用运算律解释算法,既可以让他们体会运算律的意义和作用,又可以在解释算法合理性的过程中培养学生初步的推理意识。

(二) 理解运算能力

1. 能够明晰运算的对象和意义,理解算法与算理之间的关系

数的运算包括整数、小数和分数的运算。

“数数”是理解四则运算的基础。“加法”是把两个数合并成一个数的运算。整数加减运算,就是将每一个数按照计数单位进行分解,然后相同计数单位上的数字相加减。例如:123+45=100+20+3+40+5=1(百)+(2+4)(十)+(3+5)(个)=168。在进行整数乘法运算时,就开始使用运算律了。教师理解一位数乘两位数蕴含的运算律,例如:35×3=30×3+5×3=(3×3)×(10×1)+(5×3)×(1×1)=105。

算理是计算过程中的道理,解决“为什么这样算”的问题;它是四则运算的依据,由数学概念、运算定律、运算性质等构成的。算法是计算的方法,解决“怎样算”的问题(参见第七章有关“算理”内容)。运算法则是四则运算的基本程序和方法。运算是基于法则进行的,而法则又要满足运算定律。算理为法则提供了依据,法则又使算理可操作化。算理是隐性的,算法是显性的。学生能说明运算过程中特定步骤所表示的含义;能在稍复杂或变式的情境中识别运算规则。学生在学习计算的过程中明确了算理和算法,就便于灵活、简便地进行计算,计算的多样性才有基础和可能。

学生要能在稍复杂或变式的情境中识别、解释运算规则。

例如,403−158=? 为了解决问题,教师让学生画图认识减法算理(如图 3-5):百位上 4 个圆圈出一个,到达十位后变成 10 个小圆。十位圈出一个小圆到个位,变成 10 个小棒,此时个位上为 13 根小棒。完成退位过程,计算后得 245。学生在计算时会将所画图形作为一个整体和系统来理解,逐步完成理解退位减算理的过程。

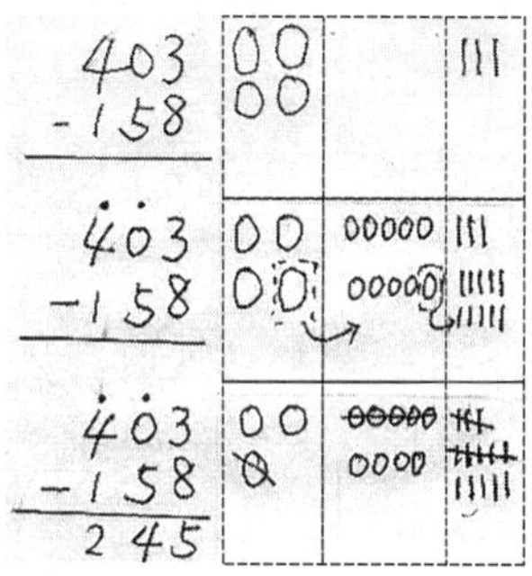

图 3-5 退位减法算理解释

在数的运算方面,运算的原理即算理主要是基于计数单位、运算律、十进制和位值制等,解决的是为什么这样计算的问题。运算的方法即算法解决的是怎样计算的问题,是基于算理的基础抽象概括出一般性的、合理的、简便的运算方法,包括怎样列式,计算顺序、步骤,如何处理进位、退位,计算结果如何定位,等等。

2. 能够理解运算的问题,选择合理简洁的运算策略解决问题

在实施运算分析和解决问题的过程中,要力求做到善于分析运算条件,探究运算方向,

选择运算方法,设计运算程序,进行数和算式的等值变形、公式的等价变形,选择适当公式,灵活运用运算定律、法则和公式,使运算符合算理,合理简洁。

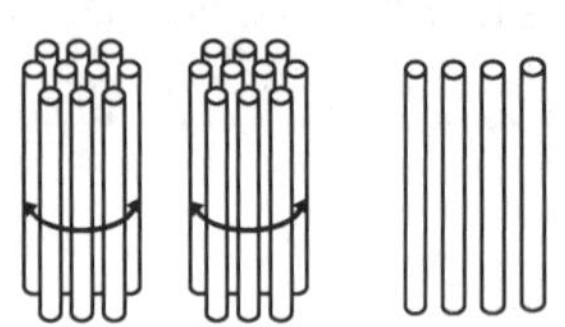

图 3-6 数的结构解释

基于十进位值制,学生要能理解"数的结构"以及算式的意义,例如,如图 3-6,学生由此理解 24 是由"2 个十和 4 个一"组成的,同时还能将其看成"1 个十和 14 个一"等多种不同的组成方式,为完成退位减法、两位数乘法奠定基础。

估算是重要的运算技能,是运算能力的特征之一。估算已经成为衡量个体数学计算能力高低的一个重要标准,要充分重视估算。学生要懂得什么情况宜于估计而不必作准确计算,并会灵活使用。进行估算需要经过符合逻辑的思考,需要有一定的依据,学生要掌握估算所必备的知识、技能和策略。估算的课堂教学可以通过为学生提供以创造性的灵活方式来使用数字、解释所用策略和确认自己思维过程的机会,来达到培养问题解决能力和推理能力的目标。估算的灵活性需要逐渐培养,要持续多年时间。

培养估算能力,可以要求学生使用首位数进行计算,然后再调整答案。一个简单有效的估计策略是先将每个数都用首位数估计值来替代(其他数位用零代替),然后再计算。例如:748+436+192,估计方法是 700+400+100=1200,因为还有其他剩余数字,再加 200,大约是 1400。

还可以培养学生先灵活使用四舍五入法则,然后再计算。对于许多运算来说,在实施运算之前就对数字进行四舍五入是非常有意义的。例如:852×65,可计算 900×60,即大约是 54000,或者计算 800×70,即大约是 56000。

学生在解决某一种运算问题时,学生应自己尝试探索多种运算方法(参见第七章"算法多样化"),再进行比较,提炼简洁方法。学生必须熟练掌握 20 以内的进位加法和退位减法,以及灵活应用乘法口诀。

3. 能够通过运算促进数学推理能力的发展

数的运算的教学应注重对整数、小数和分数四则运算的统筹,让学生进一步感悟运算的一致性。人类首先明晰了加法,然后基于加法衍生出了其他运算:减法是加法的逆运算,乘法是加法的简便运算,除法是减法的简便运算,除法是乘法的逆运算。这样就得到了四则运算。因此,所有运算都可以化归为加法运算,加法是所有运算的基础与核心。

从两位数乘一位数到两位数乘两位数是一个质变的过程,两位数乘两位数是学习乘法的一个关键节点。不论是不进位的还是进位的,多位数乘一位数笔算的积只有一层;而两位数乘两位数笔算的积有两层,这两层积还要再相加。两层积是学生认识上的一次非常大的跨越,其中积的对位问题非常关键。开展笔算两位数乘两位数的教学,要引导学生总结笔算两位数乘两位数的计算方法:①理解运算中数字的拆分与重组,两位数乘两位数笔算的关键在于将其拆分为两位数乘一位数和两位数乘整十数,再求和;②理解数的十进位值制,理解乘数每个数位上的数值，理解竖式中每次相乘的积的数值；③感悟计算的本质就是在计算相同计数单位的个数。

教师促进学生对算理的理解，厘清乘的顺序、各部分积的书写位置和各部分积的实际含义。打通多位数乘一位数、两位数乘两位数（口算、笔算）之间的联系，建构知识体系。后期学生学习乘数是三位数、四位数的乘法只是一个量变的过程。让学生由两位数乘两位数类比迁移到多位数乘多位数，逐步抽象建模，扩展和建立范畴的聚集。学生在“具体”到“抽象”、“特殊”到“一般”的推理中实现模式的感知与固化，促进了数学理解深度、广度和完整度之间的相互关联，感悟从未知到已知的转化，形成初步的推理意识。

（三）运算能力的意义

运算能力有助于形成规范化思考问题的品质，养成一丝不苟、严谨求实的科学态度。

“2022 年版课标”提出：学生应能说出运算律的含义，并能用字母表示；能运用运算律进行简便运算，解决相关的简单实际问题，形成运算能力。运算律是运算性质和关系的一般表达，是形成算理的重要依据。通过实际问题和具体计算，学生用归纳的方法探索运算律，理解用字母表示的运算律，形成初步的代数思维。

学生能规范、正确运用公式和法则进行计算。在这样的推导、运算的过程中，如果小学生对数学概念、公式、法则、定理掌握不扎实，即出现数学运算中的知识性错误，运算结果的正确性必然受到影响。在计算中，养成看到题目先审题的习惯，这样计算起来方法会更正确、更合理，计算速度会不断提高。学会利用有关法则、定律进行计算，注意有括号的要先算括号里的，同级运算时要按从左至右的顺序依次计算，不盲目“简算”；还要仔细检查，看有无错抄、漏抄、算错的现象。

在“两位数乘两位数”一课中[①]，教师讲授乘法的计算方法时，一般会要求学生按规范写竖式、数位要对齐、要从低位算起，但是学生对于这背后的算理却缺乏思考。若教师以乘法为主题，对中国台湾竖式、古印度竖式、铺地锦、算筹、画线法等多种形式各异的乘法计算进行拓展学习，则能够引导学生进行思考，有效提高学生的运算能力。

三、空间观念的内涵及其意义

（一）空间观念

“2022 年版课标”提出：空间观念主要是指对空间物体或图形的形状、大小及位置关系的认识。

在面对一个以图象呈现的刺激物时，学生能在心中操弄、旋转、扭转或翻转图形，观察、记忆图形特征，能将图形平移、旋转，改变方向与位置等，并做判断，如将立体图形展开并以平面图形表示，或是依据展开图，在心中将其折合成立体。空间观念关注的是学生有序思考

---

① 谭亚鹏．系统把握　核心给力——“两位数乘两位数”教学新探索[J]．小学数学教师，2018(2)：31－35．

能力、直观表征能力、空间推理能力、过程想象能力、关系转换能力、结构想象能力等各种能力的发展。

案例 3-1①

有一个正方体纸盒(如图 3-7),一只小蚂蚁想在纸盒外表面从 A 点爬到 P 点。小蚂蚁可以在纸盒外表面的每个面爬行。画出蚂蚁爬行最短路线。

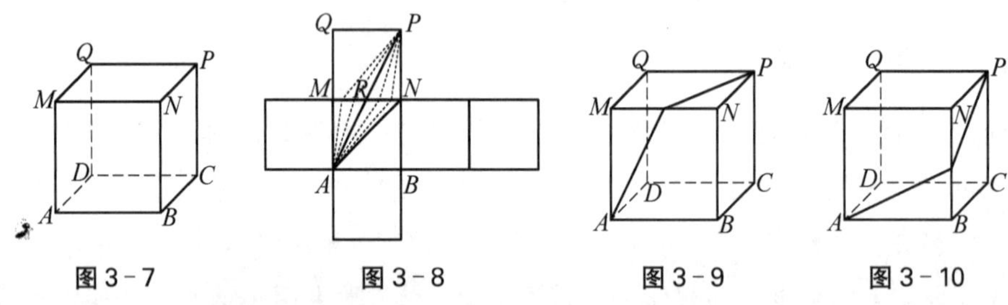

图 3-7　图 3-8　图 3-9　图 3-10

借助"两点之间线段最短"的知识经验,引导学生寻求将正方体纸盒展开成平面图形,在立体图形与平面图形之间转换维度,基于想象、操作,寻找点、面、线在二维和三维空间中的位置对应关系。引导学生在纸盒外表面,把展开图中的最短路线画出来,并思考:除了正方体上的两条最短路线,还能画出几条?

归纳总结:因为两个相邻的面展开后在同一个平面上,联结 AP 就能保证两点之间线段最短,如图 3-8。从 A 点沿直线爬到两个面相交的棱的中点,再从中点沿直线爬到 P 点,如图 3-9,图 3-10。

(二) 理解空间观念

1. 根据物体特征抽象出几何图形,根据几何图形想象出所描述的实际物体

教师要引导学生在观察对比的过程中感悟图形及其要素之间的关系。从简单实物或图形逐渐到比较复杂的实物或图形,认识图形要素之间的数量关系,如图形中边、角、面等要素的数量关系等。例如,可以利用动画演示,教师将包装盒的颜色、装饰等去除,引导学生充分关注物品的形状、大小,促进学生将展示的物品抽象成与之对应的立体图形。再如,基于现实生活真实情境中的平行现象,建立"平行"概念,通过符号表达图形抽象性质;同时,借助几何体模型中"同一平面内""不相交""直线"理解"平行"概念的本质。

① 董文彬. 转换维度,让空间观念自然形成——"蚂蚁爬行最短路线问题"教学尝试与思考[J]. 小学数学教师,2019(2): 64-67.

2. 想象并表达物体的空间方位和相互之间的位置关系

学生要认识位置关系，如点与直线的位置关系、直线与直线的位置关系，以及一个几何图形中边(棱)、面等的位置关系。

空间结构想象是指在想象中进行空间构造，以体会空间关系的变与不变以及其影响的变化。学生应能够想象在空间中将不同的物体面相互关联起来，并想象操作物体折合、展开或旋转组合与分解；能够从不同的角度想象物体或图形在空间的旋转变化，且对改变方向的物体或图形保持清晰的认识，从而能迅速和精确想象其以二维或三维旋转。比如学生应具有将不同形状的图象在脑海中加以组合，以产生新的设计的能力(如：拼图、七巧板和积木设计任务)。

例如：一个模型，从正面看、右面看得到的形状分别如图 3－11、图 3－12 所示，那么你能搭出这个模型吗？(如图 3－13、3－14、3－15)

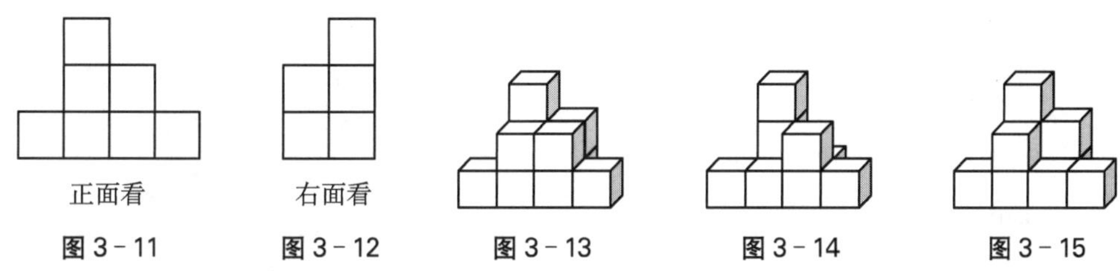

图 3－11　图 3－12　图 3－13　图 3－14　图 3－15

学生应学会把握实体与相应的平面图形或几何体与其展开图、三视图之间的相互转换关系。在解决三视图问题时，所需要的空间能力是指个体能观察、辨识和透视形体，在脑海中规划并操作立体图象，能将物体作心理旋转，且当物体改变方位时，仍然可以掌握物体在空间中的关系，以及能将图形在二维与三维之间转换的能力。①

3. 感知并描述图形的运动和变化规律

数学的目标就是探索大自然的变化规律，使我们能发现事物变化的一些模式。探索图形运动与变化中的不变因素，进而从整体上把握图形运动状态、变化过程及其趋势，并预测未来的变化。画图是"图形与几何"领域常规的学习方式，学生可以通过画图增强对几何图形的认知，促进空间观念的发展。

三角形有无数多个，任意一个三角形内角和都等于 180 度；通过类比与归纳等数学思想方法还能得出凸 n 边形内角和为 $(n-2)\times180$ 度。三角形的内角和等于 180 度，四边形的内角和等于 360 度，五边形的内角和等于 540 度，……任意 n 边形的外角和等于 360 度。这就是把多种情形用一个十分简单的论述概括起来，用一个与 n 无关的常数代替了与 n 有关的公式，找到了更一般的规律。

---

① Kelly G, Ewers T, Proctor, L. Developing spatial sense: comparing appearance with reality[J]. The mathematics teacher, 2002, 95(9): 702.

案例 3-2

(人教版数学教材六年级上册,2022 年版,115 页)用三张同样大小的正方形白铁板(边长是 2 米),分别按下面三种方式剪出不同规格的圆片。

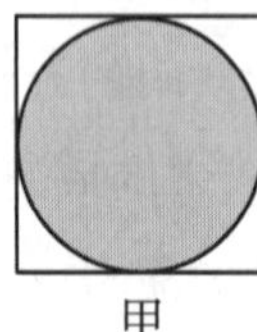
甲

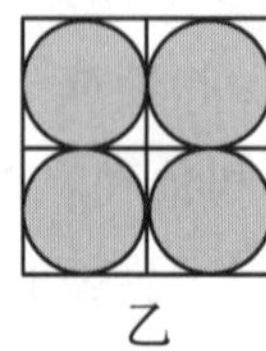
乙

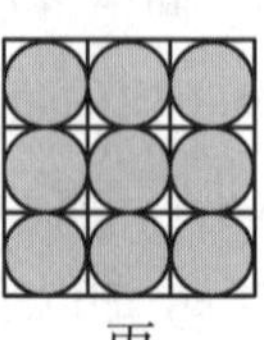
丙

图 3-16

(1) 三种圆片的周长分别是多少?

(2) 剪完圆片后,哪张白铁板剩下的废料多些?

(3) 根据以上的计算,你发现了什么?

解:

(1) 周长 $L_{甲}=2\pi r=2\pi$

面积 $S_{废}=2^2-\pi\times\left(\frac{2}{2}\right)^2=4-\pi\times1^2=4-\pi$

(2) $L_{乙}=4\times2\pi r=4\times2\times\pi\times\frac{1}{2}=4\pi$

$S_{废}=4\times\left(\left(\frac{2}{2}\right)^2-\pi\left(\frac{1}{2}\right)^2\right)=4-\pi$

(3) $L_{丙}=9\times2\pi r=9\times2\times\pi\times\frac{1}{3}=6\pi$

$S_{废}=9\times\left(\left(\frac{2}{3}\right)^2-\pi\times\left(\frac{1}{3}\right)^2\right)=4-\pi$

(4) 正方形边长为 $2R$,填充 n^2 个 同样大小的圆片。

$L_N=n^2\times2\pi r=n^2\times2\pi\frac{2R}{2n}=2nR\pi$

$S_{废}=n^2\times\left(\left(\frac{2R}{n}\right)^2-\pi\left(\frac{R}{n}\right)^2\right)=R^2(4-\pi)$

归纳概括:假如第一幅图圆片的半径为 R,则某种剪法中剪掉的小圆片的半径为 R/n,此时要剪掉小圆片个数为 n^2 个,剪掉的小圆片的总面积为 $\pi\left(\frac{R}{n}\right)^2\times n^2=\pi R^2$,即剪掉的小圆片的总面积均是相等的,由此,可以推出剩下废料的面积相等。

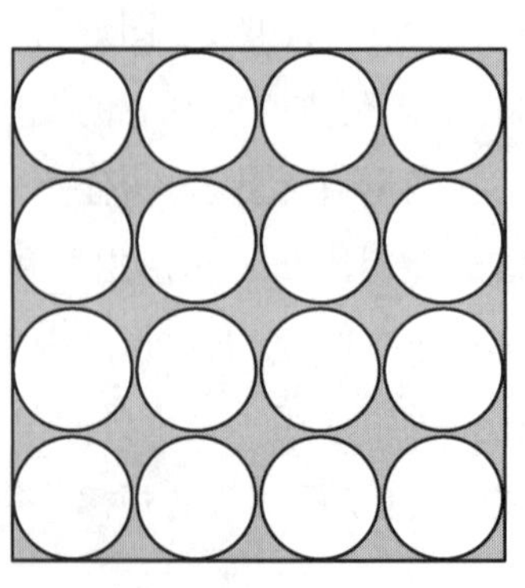

图 3-17

（三）空间观念的意义

空间观念有助于理解现实生活空间物体的形态与结构，是形成空间想象力的经验基础。

学生解决图形与几何问题时，需要辨识几何图形、探索结构间的关系及其所蕴含的几何性质，显示学生空间意识与几何学习的交互影响。当立体图形呈现在二维平面时，有许多学生因为忽略了看不到的面（即物体的隐藏面），而在学习上产生困难。空间感较佳的学生，对于二维图形和三维形体的特征、形状的相互关系以及形状变化的直觉、洞察力也较强。

 **案例 3－3**

正方体展开图[①]

学生的空间观念来自于丰富的现实原型和充分的动手操作实践与想象。学生个体经验是发展空间观念的基础，是想象和理解空间关系的有力支撑。

运用信息技术手段，实现形象与抽象间的完美对接，可以巧妙突破教学难点，优化课堂教学。例如，利用电子白板软件中的动画生动地演示正方体展开、还原的过程，如图 3－18，可以逐步加深学生对立体图形与平面图形之间关系的感知，培养学生空间观念。

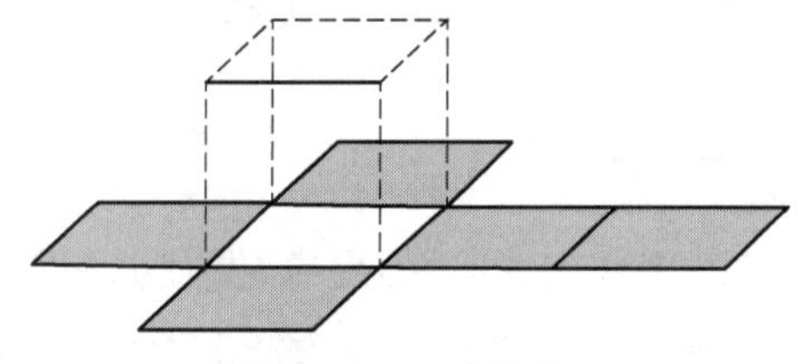

图 3－18　正方体展开

教师引导学生思考：在拼搭的操作、直观想象过程中，学生发现了“最多一列是六个或五个正方形”的一定不是正方体展开图。通过分类，学生利用有序思考找到 11 种图形，如图 3－19，分类讨论这一数学思想方法的作用在小学数学课堂上得到了生动的体现。

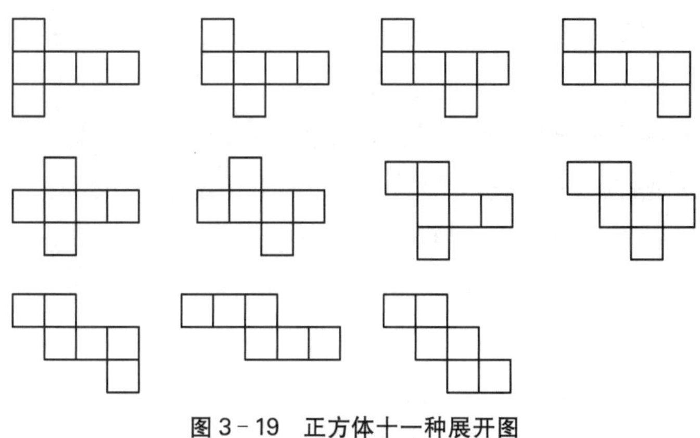

图 3－19　正方体十一种展开图

① 费岭峰，吴晓敏．寓思于动，发展学生的直观想象力——拓展课“正方体展开图”教学思考与实践[J]．小学数学教师，2019(11)：42－45．

通过本节课的教学,我们希望学生在以下四个方面有所收获:

一是结合对正方体的观察,在把握基本特征的基础上想象其展开图,并能在平面上画出相应的示意图,初步体验根据图形要素特征推断相关结论的思维过程,发展直观想象力。

二是对所想象的展开图进行操作验证,认识到结论的得出需要有严谨的探索过程作支撑,体会数学学习的严谨性与科学性,发展良好的数学素养。

三是认识展开图之间的异同,结合旋转、轴对称等图形变换方式把握展开图的关键特征,在理解图形本质的基础上建构正方体展开图的直观表象。

四是结合"同一展开类型中正方形的不同拼摆方式"的探索过程,经历数学思维从"开放"向"有序"发展的过程,感悟有序思考的策略,积累丰富的数学活动经验。

四、数据意识的内涵及其意义

(一) 数据意识

"2022 年版课标"提出:数据意识主要是指对数据的意义和随机性的感悟。

学生亲身经历数据收集活动之后的"感悟",包括对收集数据必要性的感悟、对数据蕴含信息即数据分析应用价值的感悟、对数据随机性的感悟。

数据(Data)在英文之中是一个复数名词,这说明统计数据不是指单个的数字,而是由多个数据构成的数据集。仅凭一个数据不能够得出事物的规律,只有经过对同一事物进行观察或计量得到大量数据,才能利用统计方法探索出内在的统计规律。

数据就是对客观现象进行计量、记录的结果;用一定形式记录和反映的客观事实,是信息的表现方式,除了数值、图表,它还可以是符号、文字、图象、声音、视频等所谓的非结构化数据,以及其他任何有可能被纳为统计学研究对象的可存在形式,[①]包括调查数据、观测数据和实验数据。统计数据的本质是能够进行量化归纳和分析,能够据以得出符合实际的定量结论。

任何统计调查所搜集的数据都具有随机性特征,都几乎不可能是研究现象本质特征真值的完全再现。随机性数据是指受多种不确定性因素影响、无法根据影响因素判断其结果的数据。[②] 它们都是现象在特定时点或时期本质特征最有可能的表现。让学生知道"随机现象发生的可能性",是通过试验、游戏等活动让学生了解简单的随机现象,感受并定性描述随机现象发生可能性的大小,感悟数据的随机性,形成数据意识。

随机现象就个别的观察来说,它时而出现这种结果,时而出现那种结果,呈现出偶然性;

① 李金昌.关于统计数据的几点认识[J].统计研究,2017,34(11):3-14.

② 李金昌.论统计数据的随机性[J].中国统计,2018(7):17-19.

但在大量试验中它却呈现出明显的规律性——随机事件发生的频率的稳定性。经历数据分析的过程，学生可以理解个别偶然的现象所表现出的一种内在的必然规律。在调查或者实验之前，我们不可能知道数据的具体取值。产生数据随机性的原因有两个方面：一是运用部分来推断总体，二是重复测量中的误差。[①] 数据可以取不同的值，并且取不同值的概率可以是不一样的。

统计数据搜集工作应确保不同类型的被调查者愿意提供真实、准确的数据，能够甄别被调查者是否提供了真实、准确的数据。在教学中，教师应为学生营造较为真实的随机环境，使其能够从活动中获得关于数据随机变量的感性认识。

例如：学生 1 分钟跳绳多少次？①计算 5 次记录的平均数；②在小组内交流个人的跳绳数据与平均数；③大家思考：如果再记录 5 次跳绳的情况，数据会一样吗？通过重复记录数据、计算与交流、比较，学生发现，不仅每个人的数据不一样，自己每 1 分钟的跳绳次数也有差别。再记录 5 次，数据也不会完全一样。由此可以体会到跳绳数据是个随机变化的量，采集到的数据具有随机性，所以根据这些实际数据计算得到的平均数也带有随机性。在这个过程中，学生人人都能比较真切地感受到数据的“随机性”。

（二）理解数据意识

1. 知道在现实生活中，有许多问题应当先做调查研究，收集数据，感悟数据蕴含的信息

统计学是建立在数据的基础上的，本质上是通过数据进行推断。在具体情境下学生应能够意识到利用数据来解决问题，能发现和提出运用数据解决的问题，并能够根据解决问题的需要，设计相应的收集数据的计划。

要能从一堆看似杂乱无章的数据中提炼信息，进一步运用信息进行决策或推断。鼓励学生收集数据、整理数据、分析数据，从而作出决策和推断。在此基础上，学生还要体会数据中蕴含着信息，体会数据分析的价值；对数据收集、数据整理、数据分析有一定的认识及理性的思考。

数据收集指的是运用调查、试验、测量、观察等方式获取数据，也指从报纸、杂志、电视、网络等媒体中有意识地获取和提取数据。

数据整理是指对数据进行组织、排序、分类，用文字、图画、表格、图形等方式呈现数据整理结果。

数据分析是指选择统计模型、计算统计量，解释统计结果及意义，根据数据分析进行判断和预测，提出对策、方案、建议。有意识地引导学生描述、刻画、解释数据，根据数据做出预测和判断，这是数据分析方面教学的特点。

---

① 史宁中，张丹，赵迪．“数据分析观念”的内涵及教学建议——数学教育热点问题系列访谈之五[J]．课程·教材·教法，2008，28(6)：40－44．

2. 知道同样的事情每次收集到的数据可能不同，而只要有足够的数据就可能从中发现规律

认识到同一事件每次收集到的数据可能不同,并且认识到同一事件当收集到的数据足够多时,就能从中发现规律;能分清频率与概率的区别,能正确认识二者之间的关系。提出问题、收集数据、记录与表示数据、提炼与分析数据、把握概率、解释与推断,这些都是统计的基本技能。学生必须要经历完整的统计活动过程,积累统计活动经验,方能获得这些基本技能并发展为能力。统计学对结果的判断标准是"好、坏",而不是"对、错"。

解决统计问题需依靠数据,数据的来源和变异性会影响解决问题的过程。问题解决的标准不同,在统计中是否解决了问题需要依据问题所处的情境设定一个标准,答案往往是不唯一的,需要依据情境对结果进行合理的解释。教师需要在统计教学中体现数据蕴含的变异性和不确定性,提高学生的数据分析素养。

3. 知道同一组数据可以用不同方式表达，需要根据问题的背景选择合适的方式

数据是带有背景(或者说有故事)的数字。数据或者资料并非天然之物,需要人们收集、加工和处理,而这样做的目的是将它们作为论证、发现或者反驳的"依据"。真实的数据中蕴含着更大的变异性和不确定性。人们能用多种方法进行数据分析,并且能够在各种方法之间建立起结构性的联系;还可以根据问题情境选择合适的数据分析方法。通过绘制条形图、折线图、扇形图等可以进行数据分析;还可以通过计算平均数、中位数、众数、方差、加权平均数等统计量来描述、分析数据。各种图形及各统计量之间可以进行转化,各种方法间能进行沟通。

概率和统计中的数据其实是关于随机变量的观察值,所以这里的"数据"绝不是一般的"数"或"数字",而是含有背景的数字,是在具体背景下观察到的数字。在不同的问题背景下,处理数据的方法有可能不同,甚至在相同的问题背景下,如果数据表现出不同的分布特征,那么相应的处理方法也有可能不同。相比之下,数学教学中涉及的数据要"单纯"许多。先看下面这两个问题:

(1) 求 20, 21, 21, 22, 22, 22, 22, 23, 23 这组数据的平均数、中位数和众数;

(2) 9 名学生的鞋号由小到大是:20, 21, 21, 22, 22, 22, 22, 23, 23。这组数据的平均数、中位数和众数中哪个指标是鞋厂最不感兴趣的? 哪个指标是鞋厂最感兴趣的?

第一个问题是一个纯粹的根据定义回答的问题,可以说与算术问题没有什么区别,只是起到熟悉和巩固概念的作用;第二个问题则不同,除了要知道这三个概念分别是什么,还要明了这三个统计量对鞋厂组织生产有没有实际意义,有什么意义,尺码为众数的鞋子应该是鞋厂生产得最多的,中位数能够告诉厂家比这个号码大的鞋与比这个号码小的鞋应该保持产量相当,但鞋号的平均数就没有什么实际意义,所以是厂家最不关心的,也是不必去计算的。①

---

① 李俊.中小学概率统计教学研究[M].上海:华东师范大学出版社,2018:19-20.

（三）数据意识的意义

形成数据意识有助于理解生活中的随机现象，逐步养成用数据说话的习惯。

随机现象的规律只有在反复观察它大数次时才能被发现。经历统计活动还能够引领我们发现新的研究问题。学生解决统计问题时，会时时考虑数据的情境，选择最适合的性质进行测量，重视变异性，注意抽样方法，使用可视化方法进行数据分析，接受不确定性以及保持质疑精神。学生能够获得真实客观的数据，拥有科学的数据分析方法。教师引导学生对统计信息进行质疑评价，学会对数据的来源、收集和描述数据的方法，以及由数据得到的结论进行合理的质疑。

蔡金法指出，理解算术平均数应该包括：①算法的程序性理解；②算法的概念性理解；③描述、理解和比较数据统计量的概念性理解（统计方面的概念性理解）。[①] 例如，教师提问：如果我们班搞一次集体生日活动，安排在几月份比较好？通过调查达成共识：哪个月过生日的同学最多，就在那个月集体过生日。

案例 3-4

"复式折线统计图"教学片段[②]

五(1)班和五(2)班有一个发点球的比赛，看看哪班同学发点球的水平高。五(1)班准备从甲、乙、丙三人中推荐一人作为代表去和五(2)班比赛，你准备推荐谁参赛？

凡事得有根据，看来数据很重要。（出示表 3-1）

表 3-1　甲、乙、丙第一周进点球情况记录

	星期一	星期二	星期三	星期四	星期五
甲	2	6	1	4	7
乙	4	5	4	5	5
丙	2	3	4	5	5

师：甲、乙、丙三人，在第一周每天训练后有一次点球比赛。每人每次发 10 个点球，这是三人进球数量的记录。你们先独立思考．然后小组讨论，再做出决定。

统计图表是描述数据的重要手段，用折线统计图表达表 3-1 的数据（如图 3-20）。教师鼓励学生用自己的方式描述数据、学会绘图、理解图意。

---

① 蔡金法．中美学生数学学习的系列实证研究——他山之石，何以攻玉[M]．北京：教育科学出版社，2007：149

② 吴正宪，鲁静华，张秋爽，张娜．会说话的数据，让决策有依据——"复式折线统计图"课堂教学实录[J]．小学教学（数学版），2019(11)：14-18.

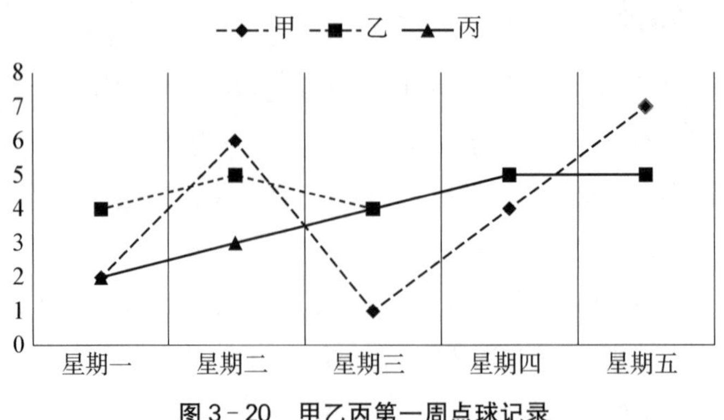

图 3－20 甲乙丙第一周点球记录

小组讨论,汇报。

生 1:我们小组选择丙。从复式折线统计图上可以看出来,丙进球的数量持续上升或保持不变。

师:(边描边说)丙的成绩一直在持续上升或保持不变,说不定他是个潜力股,选丙有没有道理?(很多学生答“有道理”)

生 2:我们选乙。表示乙进球数量的这条折线是平稳的,说明他的成绩很稳定。比赛时会很稳定地发挥。

生 3:我选丙,他的成绩持续上升或保持不变,比赛的时候他有可能会进 6 个或 7 个,而乙最高也就进 5 个,所以我选丙。

生 4:我们组觉得三个人都可以选。甲曾经发进 7 个球,得分最高。乙发挥比较稳定,平均数最高。丙的成绩持续上升或保持不变,说不定他的优势可以在最后阶段发挥出来。

生 5:甲成绩波动比较大。

生 6:第一周,丙和乙的成绩差不多,接下来会发生什么情况?让甲、乙、丙再比一比,再多一些数据。

表 3－2 甲、乙、丙第二周进点球情况记录

	星期一	星期二	星期三	星期四	星期五
甲	3	8	3	10	7
乙	4	5	6	7	6
丙	6	5	8	7	8

生 7:选甲、乙、丙都可以。

生 8:我选甲。我想让甲赌一把,万一他得到进 10 个球的好成绩呢。

生 9:对甲我不放心。

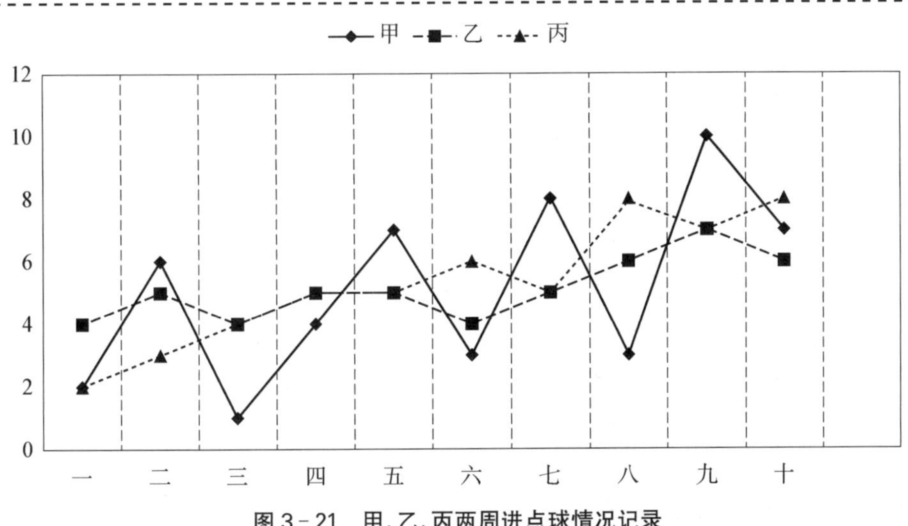

图 3-21　甲、乙、丙两周进点球情况记录

生 10：选乙，乙稳定，我放心。

生 11：选丙，他在进步。

……

师：我们虽然没能统一意见。但我相信你们经历了这样的统计过程，一定会有收获。谈谈你们的收获吧。

生 14：没有数据，拍脑门式的分析不靠谱：有数据，有时也会让我们很纠结。

生 15：数据虽然让我们在做决策时举棋不定，但数据能说话，数据中蕴含着趋势。

生 16：利用数据进行判断和决策会更科学、更合理。

生 17：通过调查研究，数据越多，决策越靠谱；数据的种类越多，分析越全面。

学生从统计图中获取信息的高阶水平就是超越数据本身的读取，包括通过数据进行推断，并能回答具体的问题。为了合理地预测，还需要掌握更多的信息，如知道对手的数据。在这个过程中可以发展学生的反思意识，同时让学生对数据产生亲近感，遇到问题时愿意借助数据来帮助解决问题。

刘加霞教授评析①：整节课不断对比不同学生使用不同统计数据得出的不同结论与“瞎猜”所得的结论，让学生感悟不同统计方法的合理性，感受到数据有用，进而亲近数据，喜欢数据。

因为我们解释问题、做统计推断依靠的是“信息”而不是“数据”本身。吴老师整节课只设计了一个“大任务”——五(1)班应该派谁去发点球，在完成该任务的过程中，学生学会了读懂、绘制复式折线统计图，感悟到做分析和下结论离不开数据，体会到了数据的价值。

① 刘加霞. 基于核心概念实质设计学习任务，有效落实学科育人价值——以吴正宪老师执教的“复式折线统计图”为例[J]. 小学教学(数学版)，2019(11)：19-22.

吴老师执教本课时将“派谁去发点球”细化为以下四个“子任务”:

(1) 感悟“拍脑袋做决策”不靠谱,必须用数据说话;

(2) 有数据后初步感悟用数据中蕴含的总数量、平均数这些信息可以做决策;

(3) 在“半成品统计图”上绘制折线统计图,在绘制中体验折线统计图的作用;

(4) 讨论、感受运用不同的统计方法得出的结论不同,感悟运用统计方法解决问题“只有‘好与不好’而没有‘对与错’”的特点。

我们已经习惯于“问题总要有一个确定的、正确的答案”,这样“心里才踏实”,其背后的核心是我们已有的思维是确定性思维。而统计学则是随机思维。由确定性思维到随机思维是质的飞跃,逐步形成随机思维需要这样的讨论与辩论,需要不断积累经验。

五、推理意识的内涵及其意义

(一) 推理意识

“2022 年版课标”提出:推理意识主要是指对逻辑推理过程及其意义的初步感悟。

推理意识可以看作是推理能力的初级阶段,学生经历初步的推理的过程,基于基本活动经验的感悟,形成初步的探究意识。要既能进行合情推理,又能进行初步的演绎推理。

数学思维在本质上就是逻辑推理。逻辑推理是指从一些事实和命题出发,依据规则推导出其他命题的素养,主要包括两类:一类是从特殊到一般的推理,推理形式主要有归纳、类比;一类是从一般到特殊的推理,推理形式主要有演绎。[①] 逻辑推理主要表现为:掌握推理基本形式和规则,发现问题和提出命题,探索和表述论证过程,理解命题体系,有逻辑地表达与交流。

案例 3-5

证明 3 的倍数的特征,感悟代数运算中的逻辑推理

3 的倍数有什么特征呢?学生观察百数表,同桌交流各自的想法。学生归纳概括:如果把 3 的倍数的各位上的数相加,它们的和是 3 的倍数(如图 3-22)。

1	2	3	4	5	6	7	8	9	10
11	12	13	14	15	16	17	18	19	20
21	22	23	24	25	26	27	28	29	30
31	32	33	34	35	36	37	38	39	40
41	42	43	44	45	46	47	48	49	50
51	52	53	54	55	56	57	58	59	60
61	62	63	64	65	66	67	68	69	70
71	72	73	74	75	76	77	78	79	80
81	82	83	84	85	86	87	88	89	90
91	92	93	94	95	96	97	98	99	100

图 3-22 百数表

五年级学生正处在由具体形象思维向抽象逻辑思维过渡的阶段。学生在认识抽象的数学原理时,还需要以具体形象的实物或幻灯片动画作为载体,借助直观演示来完成向抽象思维的过渡。

54 能被 3 整除吗?

---

① 史宁中. 试论数学推理过程的逻辑性——兼论什么是有逻辑的推理[J]. 数学教育学报,2016,25(4):1-16,46.

如图 3－23，54 等于 5 个十和 4 个一相加，用这里的每个十除以 3，都会余 1，这样，5 个十就余 5 个一。所以，看 54 是不是 3 的倍数，就可以直接看 (5＋4) 的和是不是 3 的倍数。即由于 (5＋4)÷3＝3，所以 54 能被 3 整除。

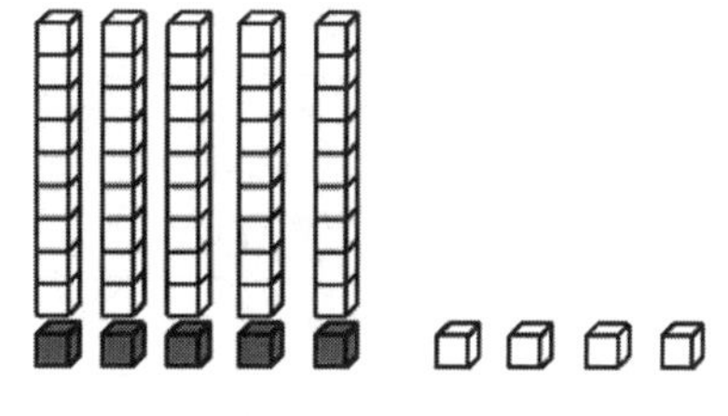

图 3－23　54 被 3 整除

教师理解隐藏在 3 的倍数特征背后的道理，才有可能在教学中有意识地逐步引领学生思考和探究。

$A = a_n 10^n + a_{n-1} 10^{n-1} + \cdots + a_2 10^2 + a_1 10 + a_0$

$\because 10 = 9 \times 1 + 1, 10^2 = 9 \times 11 + 1, \cdots\cdots, 10^n = 9 \times 111\cdots1 + 1$

$\therefore A = [a_n \times (9 \times 1111\cdots1) + a_{n-1}(9 \times 1111\cdots1) + \cdots + a_2(9 \times 11) + a_1(9 \times 1)] + (a_n + a_{n-1} + \cdots + a_2 + a_1 + a_0)$

$\because 3|9$

∴3 整除前面的数

根据一个数整除两数和的充要条件，A 能被 3 整除的充要条件是 $(a_n + a_{n-1} + \cdots + a_2 + a_1 + a_0)$ 被 3 整除。

（二）理解推理意识

1. 知道可以从一些事实和命题出发，依据规则推出其他命题或结论

规律性知识往往不是孤立存在的，总与其他知识有着某种形式的联系。通过观察与比较相关事实和命题，学生可能会得到一些相对零散的结论或者猜想，依据规则探寻它们的共性，归纳出具有普遍性的结论或者猜想，再对这样的结论或者猜想的正确性进行解释和验证。

案例 3－6

探索教材练习题①

（人教版数学教材五年级下册 2018 年版，43 页）长方体的长、宽、高都变为原来的 2 倍，它的表面积和体积会发生什么变化？（你发现什么规律？）

学生填写表格，解决问题。

---

① 申武广，杨伟田. 引领，让思考更有价值——一道复习题的教学反思[J]. 小学数学教师，2018(5)：67－70.

表 3-3 长方体数据

	长	宽	高	表面积	体积
一	2 cm	1 cm	3 cm	(22)cm^2	(6)cm^3
二	4 cm	2 cm	6 cm	(88)cm^2	(48)cm^3
三	8 cm	4 cm	12 cm	(352)cm^2	(384)cm^3

师:根据填写的数据,你能发现什么规律吗?

生:我发现长方体的长、宽、高变为原来的 2 倍,它的表面积就扩大到原来的 4 倍,体积扩大到原来的 8 倍。

师:长方体的长、宽、高变为原来的 3 倍,表面积和体积会发生什么变化呢?

有的学生反应很快,立即说出了自己的答案。

生:表面积是原来的 6 倍,体积是原来的 9 倍。

生:表面积是原来的 9 倍,体积是原来的 18 倍。

生:表面积是原来的 9 倍,体积是原来的 27 倍。

师:怎么出现了三种答案呢? 到底哪个对?

学生通过计算,得出表面积是原来的 9 倍,体积是原来的 27 倍。教师建议学生观察表格中的长方体从"一"到"三"的变化,看看能发现什么。

生:(结合表 3-3)长方体从"一"到"三",长、宽、高分别变为原来的 4 倍,表面积扩大到原来的 16 倍,体积扩大到原来的 64 倍。

师:再将变化的数据放入下表中(表 3-4),你们能发现什么?

表 3-4 长方体变化数据

长宽高扩大的倍数	表面积扩大的倍数	体积扩大的倍数
2	4	8
3	9	27
4	16	64

生:我发现,第一个例子中表面积扩大的倍数可以用 2×2 得到,体积扩大的倍数可以用 2×2×2 得到。

生:我也发现了,9=3×3,27=3×3×3。

生(抢着说):16=4×4,64=4×4×4。

生:也就是说,表面积扩大的倍数是长宽高扩大倍数的平方,体积扩大的倍数是长、宽、高扩大倍数的立方。

师:如果用字母来表示这个变化规律,你会吗?

生：假设一个长方体的长、宽、高分别变为原来的 a 倍，那么这个长方体的表面积就会扩大到原来的 a^2 倍，体积就扩大到原来的 a^3 倍。

师：总结得真好！由这道题你还想到了什么？

生：为什么会存在这样的规律呢？

师：我们可以借助字母表达式来推理一下。

推理：假设长方体的长、宽、高分别为 a、b、c，为了区分，原来的表面积用 S_1 表示，就有 $S_1=2(ab+ac+bc)$，原来的体积表示为 V_1，就有 $V_1=abc$。如果长、宽、高变为原来的 2 倍，现在的长、宽、高分别是 $2a$、$2b$、$2c$，用 S_2 表示变化后的表面积，就有 $S_2=2(2a\times 2b+2a\times 2c+2b\times 2c)=2(4ab+4ac+4bc)=2(ab+ac+bc)\times 4=2(ab+ac+bc)\times 2^2$

从推理过程可以看出，表面积扩大为原来的 4 倍。同样，变化后的体积表示为 V_2，就有 $V_2=2a\times 2b\times 2c=abc\times(2\times 2\times 2)=abc\times 2^3$。

本课的问题是解决长、宽、高与表面积以及体积的变化关系，通过一个表格中三组数据的对比，让学生发现其中的变化规律。

举例验证属于不完全归纳，仅仅通过举例，学生固然可以找到规律，但对规律的内在原理认识不清；而此时，使用演绎推理将变化规律揭示出来，不仅让学生学到了推理的方法，而且也能为以后的数学学习打好基础。

2. 能够通过简单的归纳或类比，猜想或发现一些初步的结论

归纳推理是由个别到一般的推理，小学数学中的许多概念、法则、公式都是运用归纳推理，从特殊事实得到一般原理，即通过一些学生熟知的个别生活实例或数学问题，再进行观察、比较、分析、综合，归纳出一般结论。归纳推理必须以概括为基础，也就是首先要把个别事物或现象归之于一类事物或现象，然后在此基础上进行归纳推理。

类比推理是从特殊到特殊的推理，它根据两个对象的某些属性相同或相似，推出它们的其他属性也可能相同或相似，是一种横向思维。在小学数学教学中，常常利用新旧知识间的某些相似处进行类比推理，以学习新的知识。

由于类比推理是一种假设、推测，并未得到数学的证明，因此结论不一定为真。类比推理能引导学生由此及彼进行思考、联想，能帮助学生建立起新旧知识的联系，运用已掌握的方法解决新问题。

通过类比得出的猜想是不严谨的，有些甚至是错误的，例如，学习乘法分配律后，有的学生自主创造出不存在的“除法分配律”，因此需要引导学生采用不同方式进行验证。

具体案例，请参见第七章、第八章。

3. 通过法则运用，体验数学从一般到特殊的论证过程

从已有的事实（包括定义、公理、定理等）、确定的规则出发，得到某个具体结论，从思维

的方式上来说它是“从一般走向特殊”。

演绎推理是从已有的事实(包括定义、公理、定理等)和确定的规则(包括运算的定义、法则、顺序等)出发,按照逻辑推理的法则证明和计算。数的认识及计算遵循着公理化思想,计算也体现了演绎推理的思想。在小学数学教学中,演绎推理更多倾向于应用已经被验证过的结论解决问题。

演绎推理有三段论、假言推理、选言推理、关系推理等形式。

三段论是演绎推理的一般模式,包含三个部分:大前提(已知的一般原理)、小前提(所研究的特殊情况)、结论(根据一般原理,对特殊情况作出判断)。

在小学阶段,演绎推理一般都是基于已学习的既定法则进行简单的推理,借助下面几个例子理解小学数学教学中渗透演绎推理。①

例 1:计算 $19+14=?$

运用“凑十法”解决问题实际上就是演绎推理的启蒙。计算“$19+14$”过程中的关键:解决 $9+4=?$ 因为 $9+1=10$, $10+3=13$,所以 $9+4=9+1+3=10+3=13$。

两位数加两位数,相同数位对齐,从个位算起,满十向前一位进“1”。学生逐步完成动作思维—形象思维—抽象思维的发展过程,即从表象向抽象过渡,体会算理,学会算法,形成运算能力,发展初步的推理意识。用文字语言表达推理过程的契机有很多,比如对整数、小数、分数加减计算算理的解释都属于演绎推理。

例 2:直角三角形的一个锐角是 $30°$,另一个锐角是多少?

因为三角形的内角和等于 $180°$,所以另一个锐角是 $180°-90°-30°=60°$。或者因为直角三角形两个锐角的和等于 $90°$,所以另一个锐角是 $90°-30°=60°$。

例 3:教学三角形面积公式。

因为任何两个完全一样的三角形都可以拼成一个平行四边形,且平行四边形的底、高就是三角形的底、高,所以三角形的面积是等底等高平行四边形面积的一半。即,因为平行四边形的面积 = 底 × 高,所以三角形的面积 = 底 × 高 ÷ 2。

例 4:黑、灰、白三只兔子赛跑。黑兔说:“我不是最快的,但比白兔快。”请问,谁跑得最快? 谁跑得最慢? 因为黑兔不是最快,白兔不是最快,所以灰兔最快。因为灰兔最快,黑兔比白兔快,所以白兔最慢。

假言推理是以假言判断为前提的推理。假言推理分为充分条件假言推理和必要条件假言推理两种。这里主要介绍充分条件假言推理,它的基本原则是:小前提肯定大前提的前件,结论就肯定大前提的后件;小前提否定大前提的后件,结论就否定大前提的前件。如下面的两个例子:

---

① 曹培英.跨越断层,走出误区:“数学课程标准”核心词的实践解读之七——推理能力(上)[J].小学数学教师,2014(Z1).87-94.

例 5：如果一个数的末位是 0，那么这个数能被 5 整除；因为 2020 的末位是 0，所以 2020 能被 5 整除。

例 6：如果一个图形是正方形，那么它的四边相等；因为这个图形四边不相等，所以它不是正方形。

两个例子中的大前提都是一个假言判断，这种推理尽管与三段论有相似的地方，但它不是三段论。

选言推理是以选言判断为前提的推理。选言推理分为相容的选言推理和不相容的选言推理两种。

（1）相容的选言推理的基本原则是：大前提是一个相容的选言判断，小前提否定了其中一个（或一部分）选言肢，结论就要肯定剩下的一个选言肢。例如：这个三段论的错误，或者是前提不正确，或者是推理不符合规则；因为这个三段论的前提是正确的，所以这个三段论的错误是推理不符合规则。

（2）不相容的选言推理的基本原则是：大前提是个不相容的选言判断，小前提肯定其中的一个选言肢，结论则否定其他选言肢；小前提否定除其中一个以外的选言肢，结论则肯定剩下的那个选言肢。例如：一个三角形，要么是锐角三角形，要么是钝角三角形，要么是直角三角形。这个三角形不是锐角三角形和直角三角形，所以，它是个钝角三角形。

关系推理是以关系判断作为前提或结论的演绎推理。关系推理的推理依据是前提中的逻辑关系，关系推理的结论必须是关系判断。关系推理在小学中比较常见，主要出现在比较数的大小、学习估算策略和等量代换等方面。

下面简单举例说明几种常用的关系推理：

① 对称性关系推理，如 1 米＝10 分米，所以 10 分米＝1 米；

② 反对称性关系推理，A 大于 B，所以 B 小于 A；

③ 传递性关系推理，$A>B$，$B>C$，所以 $A>C$。

4. 对自己及他人的问题解决过程给出合理解释

学生能够从数学学科系统的角度沟通前后知识联系，明确知识的来龙去脉和逻辑结构，合理解释数学问题解决涉及的数学知识结构。在数学学习中，既要强调思维的严密性，结果的正确性，也要重视思维的直觉探索性和发现性，即应重视归纳推理能力的培养。

通过算理说明算法，可以让学生感悟数学的逻辑性。例如，分数乘法的计算过程用到了基于计数单位的表达；小数乘法的第一个式子利用了小数是分数的特例，学生借此可以解释小数单位的运算，比如，解释 $0.1\times0.1=0.01$ 的道理。教学实验对学生理解一致性是有帮助的，并且大多数学生通过算理解释算法的过程，能够感知数学的道理，形成初步的推理意识。[①]

---

① 赵莉，吴正宪，史宁中. 小学数学教学数的认识与运算一致性的研究与实践——以“数与运算”总复习为例[J]. 课程·教材·教法，2022，42(8)：122－129.

(三) 推理意识的意义

推理意识有助于养成讲道理、有条理的思维习惯，增强交流能力，是形成推理能力的经验基础。

人们通过推理，能够深刻地理解数学研究对象之间的逻辑关系，并且可以用抽象了的术语和符号清晰地描述这种关系。因此，人们通过推理形成各种命题、定理和运算法则，促进了数学的发展。人们学习和研究数学从不满足于特殊情况的结果，而是通过归纳、类比等方法去探索、研究各种对象的一般规律，寻求解决问题的一般方法。在真实情境中，学生能够合理运用等量的等量相等进行推理，形成初步的推理意识。

在讲授“分数乘分数”(参见第四章，第三节案例)过程中，特级教师刘万元引导学生通过举例、类比、画图、观察、归纳等活动领略合情推理，发现分数乘分数算式中积与因数的关系，猜想分数乘分数的算法，培养发现规律和提出猜想的能力。在“举例—猜想—验证”的活动过程中，学生亲身经历用类比推理发现结论、用直观图形验证结论的推理过程，培养学生学会推理，逐步养成“言必有据”的良好习惯。

阅读资料

1. 喻平，连四清，武锡环. 中国数学教育心理学研究 30 年[M]. 北京：科学出版社，2011.

2. 徐速. 小学数学学习心理研究[M]. 杭州：浙江大学出版社，2006.

3. 鲍建生，周超. 数学学习的心理基础与过程[M]. 上海：上海教育出版社，2009.

4. 林崇德. 智力发展与数学学习[M]. 北京：中国轻工业出版社，2011.

5. [美]道格拉斯 · H. 克莱门茨，朱莉 · 萨拉马. 儿童早期的数学学习与教育——基于学习路径的研究[M]. 张俊，陶莹，李正清，等译. 北京：教育科学出版社，2020.

6. 王永春. 小学数学核心素养教学论(第二版)[M]. 上海：华东师范大学出版社，2021.

7. 谢明初，彭上观. 数学学习理论的演变[M]. 上海：华东师范大学出版社，2020.

8. 张春莉，马晓丹，张泽庆. 数学学习与教学论[M]. 上海：华东师范大学出版社，2020.

思考与练习

1. 学习心理学理论对小学数学学习有哪些影响?

2. 如何培养学生的运算能力、空间观念、数据意识?

3. 结合小学数学教材内容，设计利用归纳推理、类比推理探究问题的案例。

第四章
小学数学教学方法

本章导语

本章结合案例阐述小学数学教学方法：讲授法、谈话法、讨论法、练习法、演示法、动手操作法、尝试教学法、发现教学法、探究教学法。

学习目标

1. 理解小学数学常用的六种教学方法。
2. 理解尝试教学法、发现教学法、探究教学法。
3. 掌握小学数学教学方法选择与优化的基本方法。

所谓小学数学教学方法，是指为达到小学数学教学目标，完成教学任务，在教学原则的指导下，运用教学手段进行的师生相互作用的活动方式。它不仅反映了教学活动和学生学习活动的相互作用关系，而且是为实现教学目的而实施的有规则的活动方式。为了使教学方法发挥其最佳的效果，教师通常要从实际出发，合理选用，因为每一种教学方法都有其各自的特点和适用范围，所谓的“万能教学方法”是不存在的。

第一节　小学数学常用的教学方法

在小学、中学乃至大学，教学方法一直是实现教学目的、完成教学任务的关键。然而教学方法是多种多样的，任何一种教学方法都是人们在某种范围内根据特定的需要创造出来的，每一种教学方法都有其优越性和局限性，选择科学合理的教学方法，对实现教学目标有着重要意义。

一、讲授法

讲授法是教师在课堂上运用简明、生动的语言，辅以表情姿态，向学生描绘情境、叙述事实、解释概念、论证原理和阐明规律、输送信息的一种教学方法。在小学数学教学中，无论哪种类型的课，讲授法都是主要的教学方法之一。

讲授法主要有四个步骤:准备—导入—讲授—结束。

(一) 准备阶段

准备阶段的任务包括教材和教参的搜集、教具的选择和教师的心理准备。根据教学目的、学生的能力与水平精心备课,使用学生易于接受的语言,选取直观形象的教具帮助学生理解较为抽象的数学概念和运算法则,同时教师要有充分的信心,认识讲授的目的、意义,增加讲课的热情。

(二) 导入阶段

导入的目的在于集中学生注意力,引起学生兴趣,激发他们的学习动机。对低年段学生来说,导入更注重师生之间的感情沟通,通过"情感"去开启他们认知结构的大门。导入主要有三种类型:直观型、问题型和趣味型。导入应提供一种全景式鸟瞰视角,使学生对即将学习的数学内容有一个整体印象,从而激发学生强烈的求知欲。

(三) 讲授阶段

首先,要考虑知识的内在联系和系统性,了解学生的认知水平与新知识要求的差距,并通过恰当的语言促使知识内化。其次,应借助直观教具或实物模型引导学生理解讲授的概念和法则,并重视保持学生的注意力,如可以通过变化刺激来实现:改变讲授的声调、语速;利用动作和表情变化;改变教具,利用板书、挂图、幻灯、电视等工具;穿插一些问题激发学生思考,给学生以活动的机会。

(四) 结束阶段

教师应做一个总结,以帮助学生抓住要点,掌握规律,增强记忆。

 **案例 4-1**

"小数的意义"教学实录选编①

一、 从学生实际问题入手,激活经验与思考

老师在给学生复习、回顾的过程中,了解学生对小数认识的程度,激活学生对小数的已有经验。

二、 利用直观模型认识小数

(一) 利用直观模型认识一位小数

【教师利用直观的"面积模型"(图 4-1)与"数线模型"(图 4-2),恰到好处地帮助学生形成表象认识。理解 0.6 就是由"0.1"这个计数单位不断累加而成的。】

---

① 吴正宪,陈春芳,李朝霞.抓住核心概念理解小数意义——"小数的意义"教学实录与赏析[J].小学教学(数学版),2017(14):32-36.

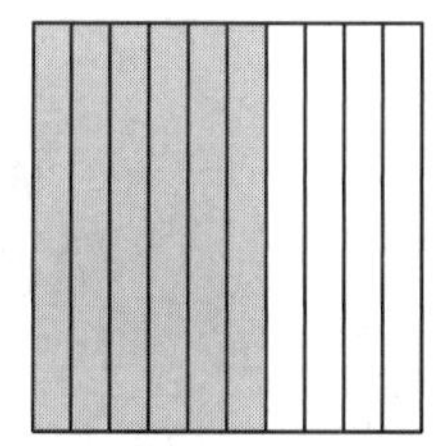

图 4-1

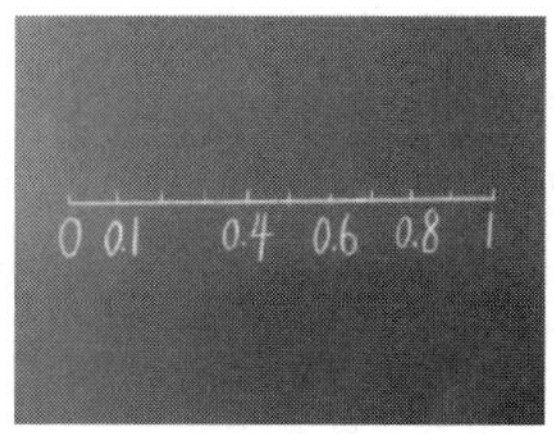

图 4-2

（二）在认知冲突中，“诞生”出两位小数

师：（出示图 4-3）现在还能用 0.6 表示阴影部分吗？此时你最想说什么？先独立想一想，然后在小组中议一议。

生：我不知道怎么表示了……

如图 4-4，学生在 0.6 与 0.7 之间找到 0.61 的位置。

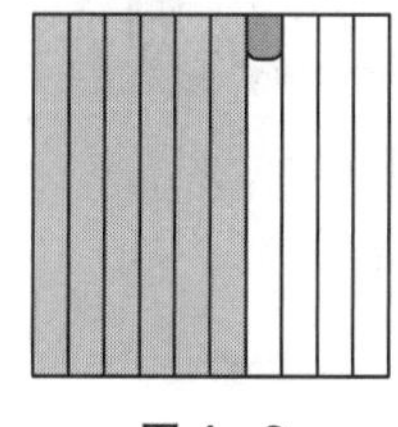

图 4-3

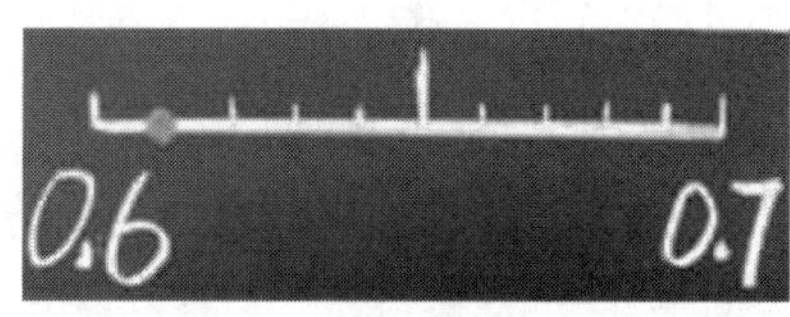

图 4-4

（三）在“继续分”中直观认识 0.01

通过将图形继续分为 100 份，引导学生认识 0.01，并理解此时图中阴影部分是 61 个 0.01。

（四）区分不同的“6”，理解位值

利用图形，教师引导学生认识 0.66。第一个“6”在图形中表示的是哪部分？第二个“6”在图形中表示的是哪部分？学生理解 6 个长方形条就是 6 个 0.1，6 个小格就是 6 个 0.01。

（五）在推理、联想中产生 0.001

师：我们刚才把图形平均分成 10 份、100 份，你还有其他想法吗？

生：可以分成 1000 份，写成小数就是 $\frac{1}{1000}=0.001$。

【教师启发学生主动提出问题，让问题引领学生的数学思考，带领学生从直观模型图中认识一位小数、两位小数，并在推理、联想中认识了三位小数。学生在不断细分单位的过程中进一步认识小数。】

三、　沟通整数和小数之间的内在联系

（一）进一步理解“计数单位”

师：0.6 里面有几个 0.1？

生:0.6 里面有 6 个 0.1。

……

生:0.61 里面有 61 个 0.01。

生:0.66 里面有 66 个 0.01。

【学生可借助图 4-5 回答教师提问。教师紧紧抓住核心概念不放松,始终围绕着小数的计数单位展开对话。学生在不断地数数中,加深了对计数单位的认识,凸显了核心概念的核心地位。】

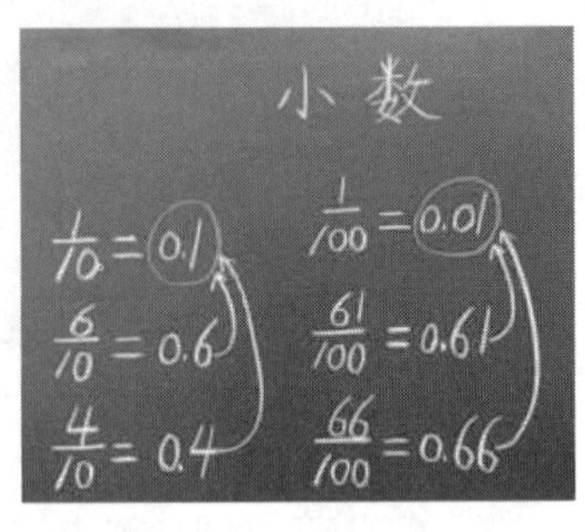

图 4-5

(二) 理解相邻计数单位之间的进率

师:如图(图 4-6),一个正方体用 1 来表示。发现了什么?

生:(齐)10 个 0.001 就是 0.01;10 个 0.01 就是 0.1;10 个 0.1 就是 1。

【在分正方体模型时,学生直观感受到计数单位不断产生的过程以及相邻两个计数单位之间的十进关系,进一步理解数是由计数单位累加而成的。】

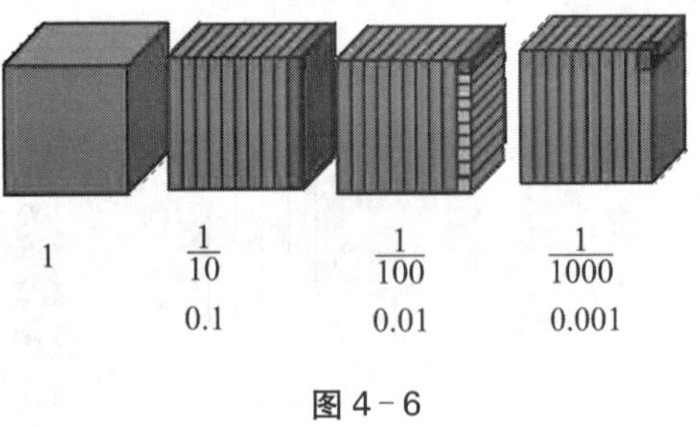

图 4-6

(三) 沟通小数与整数之间的内在联系

师:(出示图 4-7)就是这个"1",它可以"长"10 倍,再"长"10 倍……

图 4-7

师:(话锋一转)"1"只能"长"吗?

生:(齐)"1"还能缩小呢。

【这个环节由"1"开始,在不断扩大与缩小中,理解计数单位个数的累加和继续均分的过程,从而体会小数和整数的统一性:利用十进制计数法计数,体现了十进位值。】

四、 感受小数的价值——精准表达

师:还有问题吗?

生:小数,到底有什么用?

师:有时候,需要更精准一些,就是把原来的计数单位细化,细化是为了更加精准地表达。

【"小数的意义"是整个单元的核心内容,将计数单位不断地细分以寻求更小的分数的探究,以及在探究过程中反映的数学核心素养是单元学习主题,重点培养学生发现问题、提出问题、解决问题的能力以及推理能力。为此,教师考虑如何让学生在这节课的学习中,体会学习小数的价值,进一步理解数的概念的本质,关注知识间的内在联系,结合具体情境感悟并理解计数单位、位值等核心概念。】

二、谈话法

谈话法是教师根据学生已有的认知结构设疑、启发、提问学生，并通过师生的交谈对话探讨新知识，得出新结论，从而使学生获得知识的一种教学方法。谈话法的特点是教师引导学生运用已有的经验和知识回答教师提出的问题，借以获得新知识或巩固、检查已学的知识。谈话法的核心是启发学生思维，培养学生思维的积极性、主动性和灵活性。

运用谈话法进行教学，教师首先要真正树立学生的主体观，因为教师的教只有通过学生的学才能发挥作用。学生要实现增长知识，发展智能，形成一定的思想品德，主要取决于学生学习的主动性和积极性的发挥。运用谈话法，教师须做好如下准备工作：

（一）通过课前工作了解学生的认知发展水平

只有掌握学生原有的认知结构基础，才能进行有针对性的谈话。教师应在课前通过课堂提问、学生作业、试卷、平时观察等了解学生现有的认知水平和经验，明确应具备哪些准备知识。比如学习通分，必须掌握分数的性质及同分母分数大小的比较；学习体积，必须掌握面积知识；学习百分数，必须掌握分数的知识。

（二）寻找新、旧知识的联系点，确定突破口

在备课时，教师应切实了解新知识是建立在哪些旧知识基础之上的，新旧知识的联系点是什么。比如学习分数的基本性质，学生必须掌握同分母或同分子分数大小比较，而对于分子、分母都不相同的分数大小比较，学生就可能会束手无策，这就是新旧知识的联系点，通过这一过程可以引出分数的基本性质，进而转化为同分母分数的大小比较问题。

（三）精心设问

能否成功运用设问是谈话法的关键，因为在这里全部教学过程和结果都是由分析、解决问题而发生、展开和达到目的的。

(1) 问题要明确，有针对性。所提问题要具体准确，符合学生的认识水平，难易适度，使学生能确切掌握教师的要求，易于学生思考。笼统、模棱两可、含糊不清的提问，往往使学生无从答起，答非所问。另外，要尽量避免简单化或暗示性的问题。

(2) 要在知识的关键处设问。为达到教学目的，教材的重点、难点都是提问的关键，这样的问题能引导学生深入知识的本质。

(3) 问题要具有启发性。能够启动学生原有的认知结构，发挥他们思维的积极性，产生一种强烈的解答问题的求知欲与迫切感。

(4) 问题要有系统性。根据教学目标和教学内容顺序精心编排问题，组成问题系列，引导学生去发现和寻找知识之间的内在联系，将所学知识与方法系统化、模式化。

案例 4-2

有余数除法①

今天老师带来了10支铅笔,要和小朋友们一起分一分,在分一分的过程中研究数学问题。

问题1:10支铅笔,每人分2支,可以分给几个人?每人分5支呢?

问题2:除了每人分2支或5支之外,还可以怎样分?

有学生提出,还可以每人分3支,每人分4支……但有学生反对,认为如果这样分的话,不能正好分完,出现了剩余,所以不能算作平均分。

问题3:刚才有同学认为,有剩余就不能算作平均分,大家怎样看这个问题?

学生讨论后,明确:只要每份分得同样多都是平均分。平均分有两种情况,一种是正好分完,没有剩余;另一种是不能分完,还有剩余。

问题4:10支铅笔,每人分2支,正好可以分给5人,这个过程可以用什么样的算式来表示?

学生说出相应的除法算式后,要求他们再说一说算式中每个部分的名称。

问题5:正好分完的情况可以用除法算式来表示,有剩余的情况又该怎样表示呢?请大家先试着用一道算式表示“10支铅笔,每人分3支,分给3人后,还剩1支”的过程和结果。

学生尝试用算式表示“10支铅笔,每人分3支,分给3人后,还剩1支”后,要求他们进一步用算式表示“10支铅笔,每人分4支,分给2人后,还剩2支”。

问题6:刚才我们用有余数的除法算式分别表示了平均分后还有剩余的情况。这两道算式中,一个余数是1,另一个余数是2,这说明余数是有大小之分的。根据刚才分铅笔的经验,你认为余数的大小可能跟什么有关?

学生自由猜想之后,引导他们通过摆正方形的操作填写相应的表格(如表4-1),再组织进一步的交流。

表4-1 利用小棒摆正方形

小棒根数	搭的情况	算式
12	□□□	12÷4=3(个)
13	□□□‾	13÷4=3(个)…1(根)
14	□□□厂	14÷4=3(个)…2(根)
15	□□□匚	15÷4=3(个)…3(根)
16	□□□□	16÷4=4(个)

① 王文英.问题结构:核心问题统领的关键[J].小学数学教育,2020(24):4-7.

学生在交流中逐步认识到，写出的不同算式中，余数有三种情况，分别是1、2、3。

追问1：表格中余数的确有三种情况，还有可能出现其他情况吗？

追问2：如果用30根小棒摆正方形，余数可能会是几？如果用50根小棒摆正方形呢？

追问3：如果用一些小棒摆六边形，每摆一次写一道算式，算式中的余数又有哪些可能？

问题7：现在你能不能告诉大家，余数的大小跟什么有关？有怎样的关系？

对于这节课而言，理解有余数除法的意义，会用有余数的除法算式表示平均分后有剩余的情况都是教学的重点。因此，教师设计了两个核心问题，即问题5和问题6。而问题1、问题2、问题3和问题4都属于辅助性问题，它们为问题5的揭示和解决作了铺垫。问题7属于拓展性问题，解决这个问题有助于学生丰富和加深对"余数和除数之间关系"的理解。在问题6之后的三次追问，则属于加工性问题。

三、讨论法

讨论法是在教师指导下，由全班或小组围绕学习中的某一问题通过发表各自意见和看法，共同研讨、相互启发、集思广益地进行学习的一种方法。

（一）讨论法的功能

讨论法是目前基础教育课程改革十分推崇的一种教学方法，并且已经广泛运用于小学数学课堂教学。其优点突出表现在：

1. 增强学生的主体意识

在讨论时，学生要发表自己的意见，提出自己的观点，与其他同学交流，评价其他同学的观点等。凡此都需要学生进行独立思考，并要用语言表达出来，这样就使学生的主体意识得到增强，主体作用得到发挥，提高了学生学习的主动性和自觉性。

2. 增强批判性思维能力

讨论不仅要求学生发表自己的意见，提出自己的观点，还要对别人的意见和观点进行评判，并通过交流达成共识，所以在这个过程中，批判性思维得到了一定的提高。

3. 增强交流能力

交流能力是人们的基本素养之一。通过语言的交流与使用，数学符号的使用与表达，对自然、社会现象的表达与认识，使学生的交流能力在课堂上得到一定程度的训练和提高。

(二)讨论法要注意处理好的几个问题

1. 选好讨论点并精心设计拟讨论问题

教学中不可能对每一个细小的问题都展开讨论,所以应精心确立好讨论点。一般选择学生易混淆的、似是而非的、可能产生争议的问题让学生讨论,这样能使他们在讨论后澄清错误的理解,认识更为深刻。通过讨论,提出各种解决问题的方法,互相比较,选择最佳思路,调整自己的思维,增进对问题的理解。

2. 调动全体学生积极参与讨论

教学中要调动全体学生积极参与讨论,使每一个学生通过讨论都得到发展。首先,要营造一个和谐、民主和宽松的讨论氛围,讨论主题要切中要害,有实际意义和价值,引发学生的认知冲突和探究欲,从而激发"讨论欲",使学生敢于发表自己的不同意见。其次,可以适当施加一些外在的刺激,如开展小组竞赛、评"智多星"奖等,鼓励学生积极参与。再次,要在讨论中让学生获得成功的体验,让学生增强自信心和自豪感,以此更好地激发学生的求知欲。最后,在讨论中要特别关注学习上有困难的学生,满腔热情地关心和鼓励他们,并给予他们有效的帮助,让这部分学生在讨论的过程中能感受到集体的信任、理解、宽容、激励和关爱,逐步建立自信心,从而更积极地投入到学习中去。

3. 在讨论中重视学生合作意识的培养

讨论不只是为了解决问题,同时还要注意培养学生的合作意识。学生合作意识的培养包括:注意倾听别人的意见,在别人意见的基础上提出自己新的见解;或提出自己的看法,用以启迪别人的思维;或各自提出自己的见解,再综合大家的想法,形成最佳的解决问题的方案。

4. 注意教师在讨论中的作用

讨论并不是"放羊",要注意教师的主导作用。教师要巡视各组并听取讨论内容,必要时可介入讨论,发表自己的观点。在巡视中要注意捕捉有用的信息,并向其他小组传输,以发挥各小组之间"对话中转站"的作用,激发小组与小组之间的讨论。

案例 4-3

探索圆绕图形外围滚动一周的问题①

问题 1. 圆(已知半径 $r=2$ 厘米)绕着正方形外围滚动一周,求圆心经过的路线长度。

① 唐彩斌,刘敏. 让圆滚起来——基于圆的周长和面积发展学生高等级能力的教学设计[J]. 小学数学教师,2018,347(9):30-34.

先让学生根据图 4-8 尝试画出圆心经过的路线示意图，鼓励学生思考后猜想圆心经过的路线是图 4-9 还是图 4-10，再进行精准计算。教学时，学生可能对图示不能确信，应为其提供学具支持，给有需要的小组准备圆心镂空的透明圆片，便于学生在操作时用铅笔描绘圆滚动时经过的轨迹，使操作过程可视化。

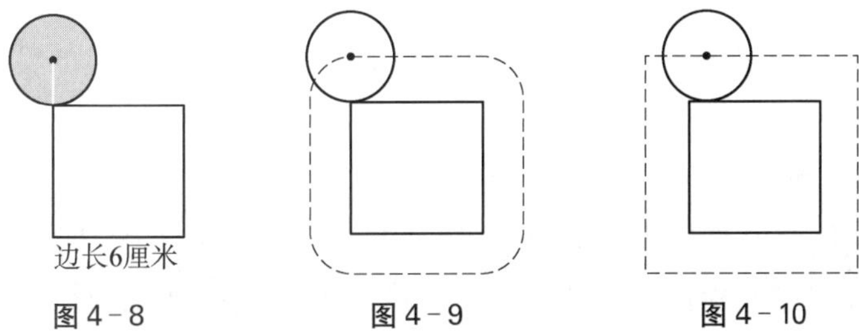

图 4-8　图 4-9　图 4-10

最后学生讨论得出：圆心经过的路程 $=4\times 6+2\pi r=24+4\pi$。

问题 2. 自主合作，探索规律：圆绕长方形、三角形、圆外围滚动一周，分别求圆心经过路线的长度。

教学时，先根据图 4-11、图 4-12、图 4-13 组织学生独立思考，圆绕三个图形外围滚动一周，圆心经过的路线分别是怎样的，画出示意图，逐个尝试解决并计算结果。

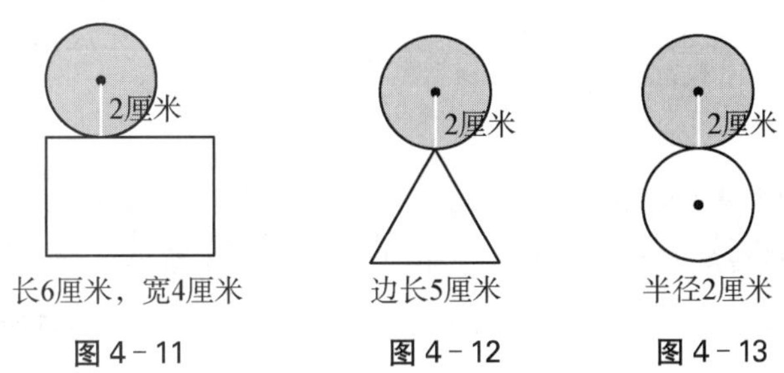

图 4-11　图 4-12　图 4-13

在独立思考的基础上，组织小组合作讨论。为每一个小组提供学具，用于操作验证。小组分工：前三位学生各说一种情形，第四位学生说发现的规律。思考：圆在平面图形外围滚动一周，圆心经过的路线与封闭图形周长、圆周长之间有什么关系？

(1) 讨论圆绕长方形外围滚动一周。

有了前面圆绕着正方形外围滚动的经验，圆绕着长方形外围滚动只是在此基础上的情节和数据的变化，学生能比较顺利地解决问题。如图 4-14，圆心经过的路程 $=(4+6)\times 2+2\pi r=20+4\pi$。

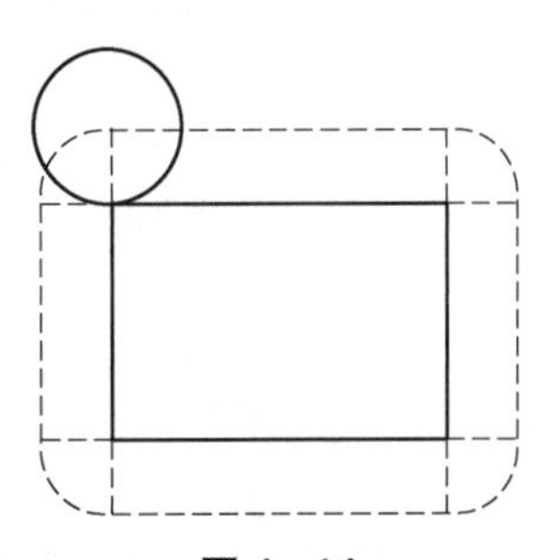

图 4-14

(2) 讨论圆绕三角形外围滚动一周。

解决了圆绕着长方形和正方形外围滚动一周的问题后，

学生已经积累了一定的活动经验,对与三角形各边平行的路线基本没有问题,只有少数学生认为绕顶点滚动的部分仍是直线型。集体讨论时,有学生凭直觉猜测圆心在三个顶点处旋转而成的圆弧正好组成一个圆。教师在此及时追问理由。

学生表述理由:因为等边三角形的一个内角是 60 度,周角为 360 度,减去一个内角,再减去两个直角,在一个顶点处旋转而成的圆弧所对应的圆心角就是 120 度,3 个 120 度的和就是 360 度,也就是一个圆,如图 4 - 15。圆心经过的路程$=5\times3+2\pi r=15+4\pi$。

教师再追问:如果是一般三角形呢?

经过学生讨论得到一般的结论,如图 4 - 16:三个顶点所在的三个周角度数和为 3×360 度,减去三角形的内角和 180 度,再减去每一个顶点处的两个直角即 $3\times2\times90$ 度,剩下 360 度,刚好是一个周角。所以,在三个顶点处旋转而成的圆弧正好组成一个完整的圆。

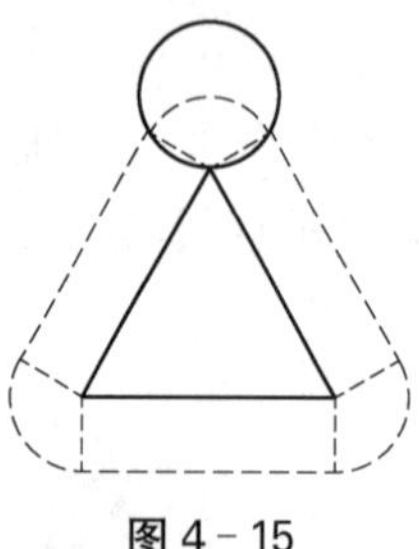

图 4 - 15

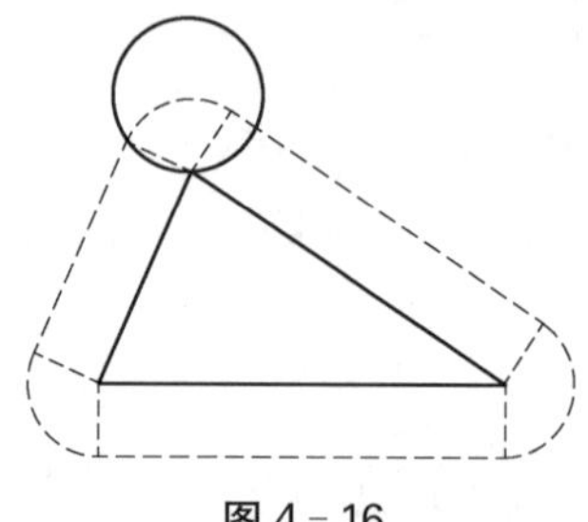

图 4 - 16

(3) 讨论圆绕着圆外围滚动一周。

有了前面经验的积累,圆绕着圆外围滚动的问题变得简单了。学生通常的做法是:把圆绕着圆外围滚动一周,圆心经过的路线看成一个圆,如图 4 - 17,该圆的半径是 4,周长为 8π。

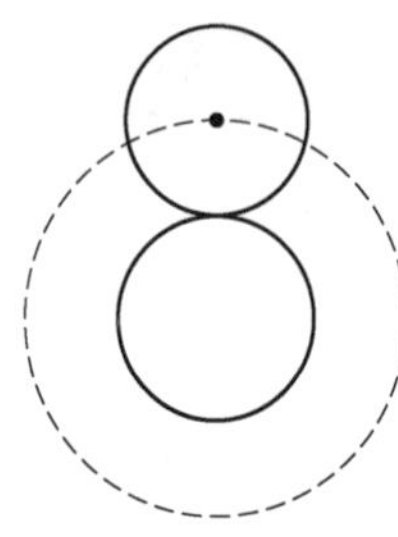

图 4 - 17

(4) 讨论发现规律。

学生讨论表 4 - 2 数据,概括圆心经过路线的长度规律,得到结论:圆心经过的路程=封闭图形周长+圆周长。

表 4 - 2 圆绕着不同图形外围滚动的数据

圆所绕图形	圆心经过路程	原图形周长	圆周长
长方形	$20+4\pi$	20	4π
三角形	$15+4\pi$	15	4π
圆形	8π	4π	4π

教师反问：刚才圆绕着圆外围滚动的时候，我们可不是按照这个思路计算的，它也符合这个规律吗？组织学生验证：圆心经过的路程$=2\pi r+2\pi r=4\pi+4\pi=8\pi$。

问题 3. 类比探索，研究圆滚动的过程中，圆扫过面积的规律。

因为有过"圆心经过的路线"探究活动的经验，在探讨"圆扫过部分的面积"活动中，教学"转扶为放"，让学生自主探索，合作讨论。

如图 4－18，圆扫过的面积$=(4+6)\times2\times4+\pi R^2=80+16\pi$。

如图 4－19，圆扫过的面积$=5\times3\times4+\pi R^2=60+16\pi$。

如图 4－20，圆扫过的面积$=\pi R^2-\pi r^2=36\pi-4\pi=32\pi$。

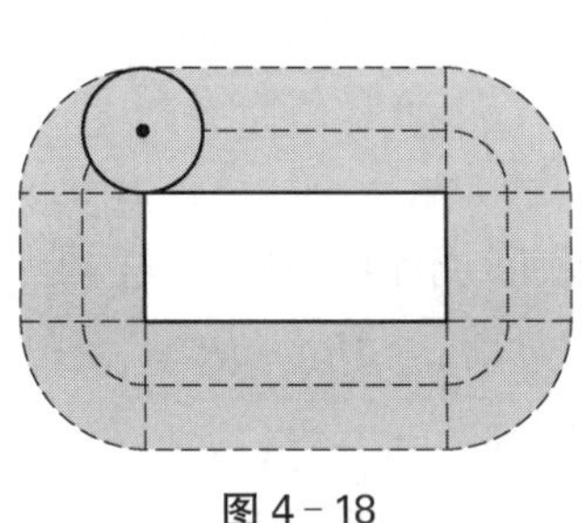

图 4－18

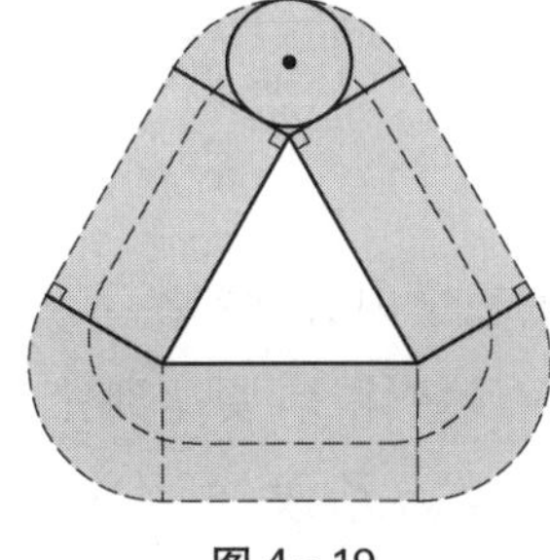

图 4－19

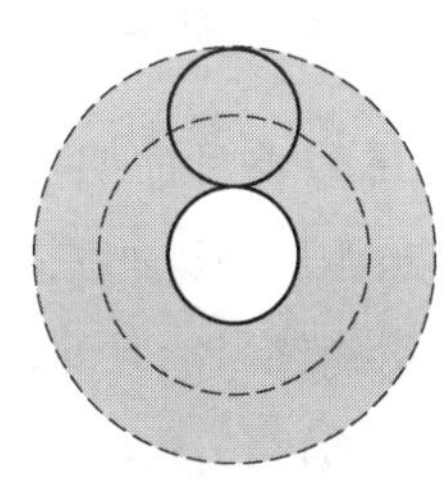

图 4－20

结合表 4－3，学生发现规律：圆扫过的面积＝圆心经过路程×圆的直径。

表 4－3　圆扫过面积的规律

圆所绕图形	圆扫过面积	圆心经过路程	圆的直径
长方形	$80+16\pi$	$20+4\pi$	4
三角形	$60+16\pi$	$15+4\pi$	4
圆形	32π	8π	4

四、练习法

练习法是在教师指导下，让学生通过独立完成作业掌握基础知识与进行基本技能训练的一种教学方法。练习是学生牢固掌握知识并使之内化形成技能的基本途径。通过一定数量的练习，学生能够记忆和掌握数学概念、法则，形成运算技能，提高分析问题、解决问题的能力。练习法在小学数学教学中有着非常广泛的应用，几乎各年级各类数学知识的教学甚至每堂课都要用到。但练习法绝不是机械式重复、盲目地做题，而是在教师指导下进行的有计划、有目的、有效果的一种活动。

下面是 2015 年下半年教师资格证考试《教育教学知识与能力(小学)》的一道真题：

教学目标与任务是选择教学方法的重要依据。有利于实现技能、技巧性教学目标的教学方法是(   )。

A. 陶冶法　　B. 讨论法　　C. 练习法　　D. 讲授法

【答案】C。

(一) 练习法的步骤

练习法的一般步骤是:首先由教师提出练习的任务、要求和方法,并作必要的示范;然后学生进行半独立或独立练习,教师进行个别指导;再由教师检查练习情况,指出存在的问题,提出改进措施;最后由师生共同进行总结。简而言之,练习法的步骤为:布置任务—独立练习—检查指导—共同总结。

(二) 练习法的基本要求

1. 练习要目的明确

按照循序渐进的原则,根据教学内容确定练习内容和顺序,不但教师要心中有数,还要让学生明确练习的目的,知道应该做什么,要达到什么样的效果,不要在学生还未理解时就让他单纯地进行练习。在不同的教学阶段,练习应有不同的目的和要求:课前准备练习,要起到承前启后、揭示新旧知识内在联系、引导学生思维的作用;巩固练习,即为使学生理解概念、掌握法则进行的练习,要围绕新知识内容由易到难地进行;综合发展性练习,目的在于培养学生灵活运用所学知识解决具体问题的能力,以发展他们思维的机智性和灵活性。

2. 练习要有层次性

练习内容安排应先易后难,先单项后综合,逐步提高,对每一项练习又可分为不同的层次,例如发展性练习可分为变式练习、混合式练习、对比练习、迁移性练习等不同的层次。

3. 练习要有针对性

对于不同程度的学生分别给予不同的练习:对程度较弱的学生,针对他们存在的问题给予必要的帮助,要求他们完成基本练习题;对程度较好的学生,完成基本练习题后,可让他们做一些增加思考难度的题目,以充分发挥他们的数学才能。要根据教学要求,从教材的实际出发精心设计练习内容。还要针对教材中重点、难点进行巩固练习,针对易混淆的数学概念进行对比练习。

4. 对练习的结果要及时评价

在学生练习时,教师的巡回指导检查十分重要,发现个别问题要及时纠正,对于出现的共性问题教师要当堂讲清。教师的及时评价有利于在课堂信息的传播中形成反馈回路,便于及时调控和纠错。

5. 练习量要适度

练习量偏少达不到巩固知识、形成技能、掌握方法的目的;过量的练习、题海战术,则不仅加重学生负担,引起负效应,而且挤占了学生其他活动的时间,不利于学生身心健康成长。

练习量的大小要根据教学内容的难易和学生掌握的程度及时予以调控。

6. **练习形式要多样**

练习除常见的计算题、应用题外，还有改错题、判断题、口答、板演、游戏竞赛等各种形式，要根据所学内容和学生的年龄特点，恰当选择和交替安排。不同的练习形式可调节课堂气氛，增强练习效果。

五、演示法

著名教育家夸美纽斯的教学论原理是：教一个活动的最好方法是演示。①

演示法是教师使用一些直观教具或实物进行演示实验，配合谈话或讲解引导学生进行系统观察，使学生对事物的现象获得感性认识，以便在感性认识的基础上理解数学概念和算理，验证间接知识的一种教学方法。

演示法常配合讲授法、谈话法一起使用，它对提高学生的学习兴趣，发展观察能力和抽象思维能力，减少学习中的困难有着重要作用。随着自然科学和现代技术的发展，演示手段和种类日益繁多，根据演示材料的不同，可分为实物、标本、模型的演示；照片、图画、图表、地图的演示；实验演示；幻灯、录像、录音、教学电影的演示等。

演示法由于有很强的直观性，容易引起学生的学习兴趣，激发学生思考问题，培养学生的观察力和抽象概括能力。但是由于直观演示所获得的是感性的知识，并非理性的知识，故演示后要引导学生进行必要的抽象，作出明确的结论。使用演示法要注意：

第一，教师应在课前对演示材料做充分的准备和检查，以保证演示顺利进行。

第二，演示材料的形象与演示方法及演示过程中使用的语言要和学生的认知实际相符合，尽量避免产生错觉和错误的理解。如对钟面的认识，当钟面上时针对准 8，分针对准 12 的时候，老师问：这是几小时？生答：8 小时。老师的问题显然是错误的，这实际上是把经历了的时间与时针所指的时刻混淆了。

第三，演示要突出重点，使学生抓住对象的主要部分，掌握知识的本质。

第四，演示过程要作必要的说明和讲解，使学生明确要看什么，注意什么问题，从而有针对性地学习知识。

第五，演示要和讲解密切配合，为学生从感性认识上升到理性认识创造条件。言语和演示相结合有三种形式：(1)先演示后讲解；(2)边演示边讲解；(3)先讲解后演示。

演示法的实践案例参见杜海良“体积与容积”教学案例。②

① 弗赖登塔尔. 作为教育任务的数学[M]. 陈昌平，唐瑞芬，编译. 上海：上海教育出版社. 1995：103.

② 杜海良，匡金龙. 围绕概念核心内涵　精致概念教学过程——“体积与容积”教学实录与评析[J]. 小学数学教育. 2016(Z1)：96－100.

六、动手操作法

动手操作法是在教师的指导下，根据一定的学习任务，学生利用一些设备或学具独立操作，从中获得直接经验的一种教学方法。它在小学数学教学中运用广泛，对于那些容易混淆的知识和较为抽象或远离学生生活实际的知识，运用动手操作法进行教学，有利于学生获得直接经验。

（一）动手操作法的特点

1. 学生亲自动手操作

动手操作法不是由教师“演”给学生看，而是学生自己动手操作实验，通过自己的操作活动获得直接经验。学生是活动的主人，学习中的有关现象和规律主要由学生自己去发现。

2. 多种感官参与操作

学生在动手操作中手、脑、口并用，在“做数学”中建立广泛的联系，这样的活动有利于学生对知识的理解和掌握。

3. 在操作过程中外化知识

在操作过程中，学生把学具作为中介物，通过自己动手操作实验，把蕴含在活动材料和活动过程中的某些抽象的数学知识外化出来。操作活动本身就反映了解决问题的思维过程，这个活动就是学生认识的对象，因此动手操作实验不仅有利于学生形象思维的开展，还能促进学生抽象逻辑思维的发展。

（二）动手操作法要注意的几个问题

1. 要有明确的操作实验目的

动手操作是有目的、有计划的学习活动，因此学生在动手操作之前，要明确为什么要进行动手操作，动手操作要达到什么目的。学生的操作实验活动本身就是学习活动的一个组成部分，都是由于探究问题的需要而展开的，这种需要就是学生动手操作的目的。例如学生在计算 31－9 时遇到了个位数不够减的问题，需要用操作法直观地理解从十位数中退 1 并和个位上的数合起来再减 9 的步骤，这种需要就是学生想通过操作达到的目的。带着这样明确的目的去操作，效果就会好得多。

2. 重视学生在动手操作过程中的自主探索

学生的动手操作过程应该是学生自主探索的过程，因此在动手操作中一定要注意张扬学生的个性，突出他们在动手操作过程中的自主性。学生在动手操作中的自主性方面表现为对学具和实验材料的自由选择，如用学具操作理解 31－9 时，可以用小棒操作，也可以用圆片操作，还可以用计数器操作，多种多样学具的选择既有利于激发学生的操作兴趣，又能反映不同学生的操作方法，还可以帮助学生理解殊途同归的操作实验效果。学生在动手操作过程中的自主性另一方面表现为教师对学生的动手操作过程和动手操作方法不要进行干涉，要充分让学生按照自己的意愿进行操作实验。如上例，学生既可以打开一捆小棒，从中拿走 9 根，剩下的 1 根与个位上的 1 根合起来；也可以直接拿走一捆小棒，这样本该拿走 9 根而实际拿走了 10 根，需要再在个位上添上 1 根小棒；还可以先拿走 1 根小棒，再打开 1 捆拿走 8 根小棒。不同的操作方法反映了不同的思维方式，所以，重视学生的自主动手操作，实质就是培养学生的发散思维，促进学生个性的发展。

3. 重视学生对操作实验过程的经历和感受

在学生的操作实验中，要重视学生对过程的感受，这里的感受主要包括对解决问题过程的感受和对操作实验过程的情感体验。强化学生对解决问题过程的感受，就是要求学生把操作与思维紧密联系起来，手、脑、口并用，多种感官协调配合，加强对操作实验过程的理解。强化学生对操作实验过程的情感体验，一方面要让学生自主操作，从中张扬学生的个性；另一方面要引导学生体验操作成功的喜悦，并让他们获得自豪感，从而提高学生对操作实验的自信心。①

第二节　现代小学数学教学方法的发展

20 世纪 80 年代以来，伴随着整个教育领域改革的深入，小学数学教学方法也呈现出蓬勃发展的势头。广大小学数学教师和教学研究人员，一方面对我国传统的小学数学教学方法进行大胆的完善与改造，一方面积极地学习国外先进的教学方法，使我国的新的教学方法如雨后春笋般竞相涌现。

一、尝试教学法

尝试教学法是先让学生在旧知识的基础上尝试练习，在尝试练习的过程中指导学生自学课本，引导学生讨论，在此基础上教师再进行有针对性的讲解的一种教学方法。尝试教学法是在 20 世纪 80 年代初，由我国著名数学特级教师邱学华根据小学数学的特点和儿童心理的特点，借鉴中国古代的“启发式教学”原理、发现法和自学辅导法教学的思路，综合地分析和研究这些教学法的长处与不足，吸收国内外现代教学法的经验，并在实践基础上总结研究出的一种具有操作性和可行性的教学方法，是小学数学教学方法中影响比较大的具有中国特色的教学方法。从学生能尝试，到尝试能成功，再到成功能创新，都是理论与实践结合的结晶，每一次飞跃都凝聚邱学华先生对教学实践的默默追求和教学模式的理性思考。② 尝试教学法研究成果荣获 2014 年基础教育国家级教学成果一等奖。

---

① 李光树. 小学数学教学论[M]. 北京：人民教育出版社，2003：320.

② 苏春景. 当代中国特色教学流派的生成机制[J]. 教育研究，2015(9)：104－110.

(一) 理论基础

尝试教学法是在现代教学论、心理学的基础上设计而成的。从现代教学论的观点出发,教学过程不只是传授知识,更重要的是培养学生获取知识和运用知识的能力。现代教育对受教育者的要求已不仅是“学到什么”,更主要是“学会怎样学习”。因此,教师的使命不应只是教给学生知识,更应教给学生掌握知识的方法,形成主动去获取知识的能力。尝试教学法改变了传统的“教师教,学生听”的注入式的方法,把知识的传授和能力的培养统一起来,把主导作用和主体作用统一起来。尝试教学法要求学生利用旧知识,自己主动地学习新知识,充分地运用了知识迁移的规律。小学生具有好奇、好胜的心理特点,该教学法强调首先出示尝试题,立即吸引住学生,使之产生疑问和要求释疑的迫切愿望。为了解决尝试题,学生又需要学习课本。完成尝试题后,又产生“自己做得对不对”的疑问,迫切需要听教师的讲解。由此可见,尝试教学法注重从学生的需要出发,从一个阶段自然地发展到另一个阶段。

(二) 尝试教学法的教学程序

尝试教学法与普通的教学方法的根本区别在于,改变教学过程中“先讲后练”的方式,以“先练后讲”的方式作为教学的主要形式。尝试教学法的基本程序分为以下五个步骤:

1. 出示尝试题

把认识的客体和新问题呈现于学生面前,使认识的主体——学生处于积极的探索状态。当然,出示的尝试题要与课本中的例题相仿,或同类型或同结构,便于学生能通过自学解决尝试题。如课本上例题:$\frac{1}{2}+\frac{1}{3}$,尝试题:$\frac{1}{4}+\frac{5}{6}$。出示尝试题的目的在于激发学生的学习兴趣,使学生明确这节课所要学习的内容。

2. 自学课本

在学生尝试练习,对这个问题产生了一定的兴趣之后,教师引导学生看一看课本上对这个题目是怎样讲的。教师提出一些与解题思路有关的问题,如上例,“分母不同怎么办”“为什么要通分”等。通过自学课本,学生可以知道自己对这个问题认识的情况,教师也可以了解学生在学习中遇到的困难是什么。由学习内驱力引起学生自学的兴趣和愿望,这种内驱力来自好奇心和解决问题的欲望。带着问题自学,目标明确,要求具体,效果显著。

3. 尝试练习

学生通过自学课本,对所学的内容有了基本了解,并且大部分学生对解答尝试题有了办法,这时,教师就再出新的尝试题让学生试一试。一般采取让好、中、弱三类同学板演,其他同学同时在练习本上做的办法。这是更活跃地解决问题的行动,学生从原有认知结构中提取有关信息,探索问题的解答。教师应充分利用这种积极性让学生练习,同时巡回观察,及时了解学生尝试练习的情况。

4. 学生讨论

在尝试练习时，可能有的同学做得不对，也可能出现不同的做法。这时，可以让学生结合自己的解题方法进行讨论。借助学生之间的相互启发与交流，使其进一步获得对新知识的认识，这还有利于发展学生数学语言的表达能力和分析推理能力。

5. 教师讲解

学生会做题，并不等于掌握了知识。针对学生解题过程中的迷惑之处以及求得最佳解题策略的欲望，教师可按照一定的逻辑系统向学生讲解所学的内容。这种讲解是有针对性的，是在学生对所学的内容有了初步认识的基础上，在学生已经通过某种方式学会了或部分学会了解题方法时进行的讲解，更能够突出重点，使学生初步重新组合的认知结构得到进一步的调整和巩固。

这五步不是固定不变的，应根据具体情况灵活掌握。从这五个步骤的分析中可知，尝试教学法的核心是：学生作为一个生动、活泼、积极、自觉的认识主体，是在教师指导下发挥主动性的探索者，是在愉悦的情境中探求认知结果的求知者。

尝试教学法为学生提供了独立思考与探索的机会，为学生的学习提供了外在参照的线索，还提供了学生与学生之间互动的反馈方式。从整体上看，在高难度题的测试中，以尝试教学法教学的效果明显高于以常规教学法教学的效果，两者的差异达到显著水平。①

有关尝试教学法的实际案例，请参见邱学华的"分数的初步认识"教学案例。②

二、发现教学法

发现教学法是指教师不直接把现成的知识传授给学生，而是引导学生根据教师和教科书提供的课题与材料，积极主动思考，独立地发现相应的问题和法则的一种教学方法。发现教学法是由美国当代著名教育家、认知心理学家布鲁纳所倡导并依据认识性学习阶段发展理论而提出来的。布鲁纳认为"发现不限于寻求人类尚未知晓的事物，确切地说，它包括用自己的头脑来亲自获取知识的一切方法"。

（一）理论基础

布鲁纳的发现教学法起源于完形说。完形说主张学习是积极主动的活动，而不是被动地接受环境的支配；学习是否发生，要深入探究学习者对问题的思考过程，而不是只看外表观察到的行为；学习的关键是顿悟，学习就是改变旧顿悟，发展新顿悟。布鲁纳继承了完形说的观点，认为学习包含三种几乎同时发生的过程：新知的获得；知识的改造；检查知识是否恰当和充足。他认为发现是达到目的的最好手段，学习的本质在于发现，教学过程就是在教

---

① 李力红，常逢锦，刘便凤. 两种教学方法对不同认知风格 11 岁儿童数学学习效果的影响[J]. 心理发展与教育，2002(02)：55－59.

② 邱学华，缪建平."分数的初步认识"课堂实录与赏析[J]. 小学教学(数学版)，2018(12)：22－27.

师的引导下学生自己“发现”的过程,也是让学生自己去思考、参与知识获得的过程。他还强调直觉思维,认为直觉思维未必一定获得正确答案,但善于直觉思维者其心智运作一定较为活跃。在直觉思维时,一旦发现解决问题的线索,此直觉思维就变成了发现学习的前奏。①

(二) 发现教学法的基本流程及其特点

1. 基本流程

发现教学法注重知识的发生、发展的全过程,提倡让学生自己发现问题、分析问题、解决问题,主动获取知识,其基本教学程序分为四个步骤:

(1) 创设问题情境,激发学习兴趣。要让学生去发现,教师自己首先要经历发现的过程。从低年段起,教师就应有目的地要求学生发现周围环境中的数量关系。在具体教学中,教师根据教材性质、学生认知水平和现有条件精心设计探索情境。

(2) 精心设计“最近发现区”,促进学习的迁移。在学生现有能够独立完成的智力任务的基础上,精心设计的问题情境能诱发学生正在形成、刚刚开始成熟的思维,促使学生在集体协作中自我完善这种思维,完成学习的迁移。

(3) 学生提出猜测、进行论证。学生在探索过程中会形成一些自己的想法,教师应鼓励他们表达得到的每一点想法,不要怕出错。为鼓励学生表达清楚,教师可提供合适的数学术语。在适当时机组织他们进行讨论,由学生自己澄清思维中含糊不清或混淆的地方,以提高他们所掌握的知识的质量;同时学生们可互相交流补充自己的发现,从而获得比较完整和深刻的知识。

(4) 教学效果的及时反馈和巩固。当学生得出一致性结论时,教师应及时给予肯定,并通过适当的练习以加深印象,巩固发现所得。

2. 特点

(1) 发现教学法强调学生是发现者,让学生自己去独立发现、去认识,自己求出问题的答案,而不是教师把现成的结论提供给学生,使学生成为被动的接受者。

(2) 发现教学法强调学生内在学习动机的作用。学生最好的学习动机莫过于他们对所学课程具有内在的兴趣。发现教学法符合儿童好玩、好动、好问和喜欢追根求源的心理特点,遇到新奇、复杂的问题,他们就会积极地探索。教师在教学中要充分利用这一特点,利用新奇、疑难和矛盾等引发学生的思维冲突,促使他们产生强烈的求知欲望,主动地去探究和解决问题,改变以往传统教学法仅利用外来刺激促发学生学习的做法。

(3) 发现教学法使教师的主导作用表现为潜在的、间接的。由于该教学法是让学生运用已有的知识和教师提供的各种学习材料、直观教具等,自己去观察,用头脑去分析、综合、判断、推理,亲自去发现事物的本质规律,所以在这个过程中教师的主导作用是潜在的、间接的。

---

① 杨庆余.小学数学课程与教学[M].北京:高等教育出版社,2004:98.

案例 4-4

应用归纳法确定“三位数乘两位数”的最大值①

1. 提出问题

(根据人教版数学教材四年级上册第 50 页第 12 题改编)用 1，2，3，5，6 组成三位数和两位数的乘法算式，每个数字用且只用一次。这样的乘法算式可以写出许多个，猜一猜，乘积最大的算式是怎样的？

2. 尝试猜想

(1) 直觉猜想，比较归类

学生依据原有经验做出猜想。把大的数字填到最高位是学生应有的想法。由于初次尝试，会有不同的答案。如：①653×21；②631×52；③532×61；④521×63。教师板书以上几个算式，然后提问：黑板上已经有 4 个算式了，请你估一估，哪个算式一定不正确，为什么？

生：第①个算式一定是错的，把 653 估成 700，21 估成 20，700×20＝14000。另外的几个估算的结果都是 30000。

师：说得有道理，那么后面的 3 个算式哪一个算式的积最大呢？

生：那要算一算。

生：我觉得只算这 3 个还不够，我写的算式跟这 3 个不一样，但估算的积也是 30000。

师：说得很棒，想一想，仔细观察估算的积是 30000 的 3 个算式，有什么共同点？在竖式中(如图 4-21)填一填你发现的规律。

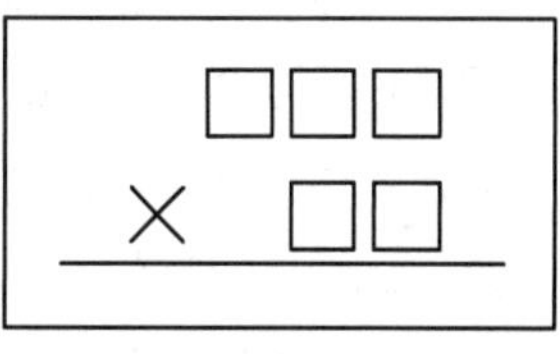

图 4-21

学生独立填写后反馈交流，填出了如图 4-22 的两种情况。从个体猜想到集体反馈，用估算的策略构建起积最大的两种基本模型。这是培养学生从纷繁复杂的数学现象中发现规律，构建数学模型的基本方法。

图 4-22

(2) 枚举可能，分组计算

依据构建起的两种基本模型，进行有序思考，用枚举法补全所有可能的算式。按小组分工计算后，教师出示图 4-23 进行校对。同样是计算题，由于带着探究规律的目的，计算有了思考的价值，有利于激发学生的计算兴趣。

① 钟家卫，朱挺红. 应用归纳法确定“三位数乘两位数”的最大值[J]. 教学月刊：小学版(数学)，2019(5)：28-30.

(3) 观察分析,初步猜想

校对后,请学生比较积的大小,用图 4－23 中的虚框,圈出积最大的数,然后引导学生观察分析,积最大的两个因数有什么规律。

生:最大的数字填在两位数的十位上。

生:两位数是由最大的数字与第二小的数字组成的。

从猜想估算到枚举计算,从比较发现到提出假设,这是探究数学规律的基本步骤之一。教师在提供合理的学习材料的同时,要设计能够促进学生积极思考的问题,让问题探究成为一种内在的需要。

532	531	521
× 61	× 62	× 63
532	1062	1563
3192	3186	3126
32452	32922	32823
632	631	621
× 51	× 52	× 53
632	1262	1863
3160	3155	3105
32232	32812	32913

图 4－23

3. 举例验证

从一个例子中获得的结论,需要通过更多的例子进行验证,这是用归纳法进行合情推理需要经历的过程。

(1) 举例验证,积累经验

教师再次出示一组数据,提问:用 1, 3, 5, 7, 8,同样要求组成积最大的"三位数乘两位数"算式,你能够直接找到吗?因为有前期探究的经验,大多数学生都认为是 751×83。这时,教师质疑:一定是这个算式吗?如果要验证,可以怎样做?

生:把所有的情况都列举出来,然后算一算,比一比,哪一个积最大?

生:不用全部列举出来,只要模仿上面的例子,写出其中的 6 个算式,然后算一算,比一比。

学生列出其中的 6 个算式,然后与前面例子一样分组计算后校对(如图 4－24),发现猜想是正确的。

853	851	831
× 71	× 73	× 75
853	2553	4155
5971	5957	5817
60563	62123	62325
753	751	731
× 81	× 83	× 85
753	2253	3655
6024	6008	5848
60993	62333	62135

图 4－24

(2) 小组举例,合作验证

通过两个例子的学习,学生已经初步确定这一个规律是正确的。但是,从科学严谨的角度看,应该举更多的例子进行验证,规律的正确性就会提高。因此,教师要求学生以小组为单位,首先任意选 5 个不同的数字,然后列举出同前面例子形式相同的 6 个算式,再分工计算,验证假设。由于是带着探究的目的进行计算,学生在计算时更容易集中注意力,在分工合作的过程中更能相互帮助,互相指正。

4. 发现规律

教师展示各小组选出的最大积的两个因数组成的竖式，然后引导学生再次观察，并用箭头把 5 个数按从大到小的顺序连一连(如图 4 - 25)。学生发现有共同点后，教师要求学生在竖式模型(如图 4 - 26)中连一连，得到图 4 - 27。

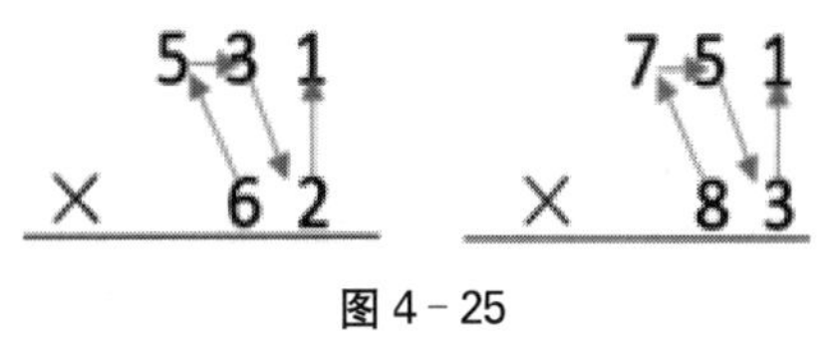

图 4 - 25

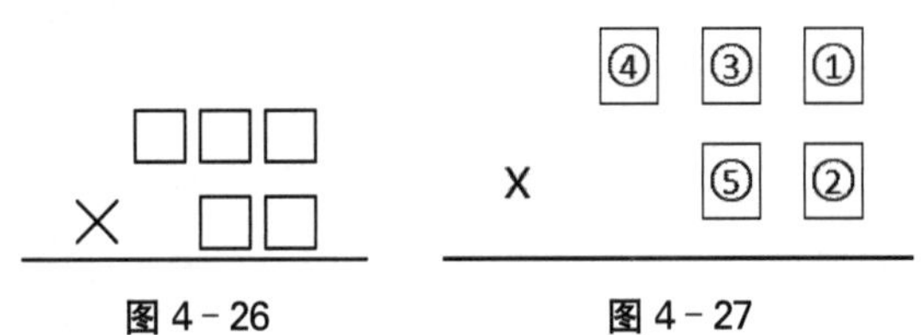

图 4 - 26　　图 4 - 27

在寻找“积的最大值”的过程中，结合多种计算形式，通过比较归纳获得了求“积的最大值”的填写规律。在这样的过程中，学生学到的不仅仅是一个结论，更经历了探究数学规律的过程，培养了数感。

三、探究教学法

探究教学是指在教师指导下学生运用探究的方法进行学习，主动获取知识、发展能力的实践活动。探究教学的目的在于培养学生的创新精神和实践能力，因而知识与能力的获得主要不是依靠教师进行强制性灌输与培养，而是在教师的指导下由学生主动探索、主动思考、亲身体验出来的。[①] 探究教学把知识作为一种过程而非结果，肯定学生的学习是一种建构独特意义的过程，对这一过程的评价绝不是单一的、封闭的，而应该是开放的、多元的、动态的。

(一) 理论基础

杜威是最早提出在学校科学教育中要用探究方法的教育家。他认为科学教育不是仅仅让学生学习大量的知识，更重要的是要让他们学习科学研究的过程和方法。他认为，儿童天生有四种本能：社交本能、制造本能、探究本能和爱表现本能。即儿童天生具有谈话、交际和交往的兴趣；天生具有游戏、运动和制造材料等方面的兴趣；天生具有探究或发现事物的兴趣；天生具有将交往本能和制造本能表现出来的兴趣。他认为兴趣是天赋的资源，是无需投入的资本，儿童生动活泼的成长是依靠这些天赋资源的运用而获得的。教学应该让儿童自己做试验，自己在活动中直接接触各种事实，从而获得有用的经验。

---

① 李森，于泽元. 对探究教学几个理论问题的认识[J]. 教育研究，2002(2)：83 - 88.

一些人本主义学者也认为，应大力提倡让学生在亲自动手操作、拨弄、感知实物材料的过程中体验数学知识，实现在数学学习中的"个性化"。

(二) 探究教学法的基本流程

探究是一种有多个侧面的活动，需要进行观察；需要提出问题；需要查阅书刊及其他信息资源，以便弄清楚什么情况是为人所知的；需要设计调查方案；需要根据实验证据来检验已为人所知的东西；需要运用各种手段来搜集、分析、解读数据；需要提出解答、解释和预测；需要把研究结果告之于人。探究要求确定假设，进行批判和逻辑的思考，并且考虑其他可以替代的解释。因此，小学数学探究教学的基本流程可分为四个步骤：

1. 设置问题情境

在课堂上，教师应该预先设计一个能激发学生探究欲望的问题情境，并且通过合适的方式呈现在学生面前，引起学生的好奇和疑问。

2. 提出猜想

在问题情境下，学生会发现问题，提出猜想。为了能解决问题，学生需要提出自己解决问题的猜想(包括问题解决的途径、方法或结论等)。他们有可能根据自己已有的经验或知识直接提出猜想，也有可能受经验和知识的局限性而先通过一些尝试或讨论来帮助自己形成合理的猜想。

3. 获得结论

在这个探究过程中学生需要收集数据，包括罗列数据、选择数据、分析数据、组织数据、利用数据。教师在这个过程中不直接给出方法、程序或结果，而仅仅是通过组织讨论来帮助他们抓住问题的实质，通过引导来帮助他们解决碰到的困难。当学生有了猜想之后，他们就通过各种实验、数据来验证自己的猜想，通过自己主动探究的活动，根据逻辑关系和推理，找到事件的因果关系，形成解释，获得结论。

4. 反思与评价

学生通过交流将自己获得的结论呈现给同学和老师，并向大家描述自己的探究过程，解释自己的结论，再通过同学或老师对自己的探究过程、方法和结论的质疑、反驳或鉴赏等评价，进行自我反思来修正完善结果。最后，学生再通过交流来验证他们提出的解释，来检验他们得出的结果。

第三节 小学数学教学方法选择与优化

一、小学数学教学方法优选的依据

教学方法是将教材的知识结构转变为学生头脑中的认知结构，培养学生能力，发展学生智力,培养学生学习态度、意志、情感,进行思想品德教育的主要手段。选择对某节课最有效的教学方法,是教学过程最优化的核心问题之一。理论和实践都告诉我们,要想充分发挥每一种教学方法在教学过程中的实际效能,达到优化教学过程的目的,首先要在优选教学方法上下功夫。小学数学教学方法优选一般主要依据以下五个方面:

(一)教学规律与原则

教学方法的优化应考虑教学效率的高低。夸美纽斯在《大教学论》中指出,“大教学论”的主要目的在于寻求一种教学方法,使得教师因此可以少教,但学生可以多学,而且学得容易、快乐。教学效率的高低取决于为实现一定的教学目标师生所耗时间、精力的大小。教学因素之间的结合(对某一具体教学内容和具体的师生而言)若能保证教学效率最高和目标实现最优,这种结合即为最优的结合,这就是最好的教学方法。

(二)教学内容与目的

在选择教学方法之前,先按教学目的和任务将教学内容具体化,找出重点、难点,并将教材划分为逻辑上完整的几个部分,然后选择对每个教学阶段最适用的方法,并把它们恰当地结合起来,形成该节课的最优教法。比如从整除的概念引出倍数、约数、质数、合数等概念的教学,通常采用讲授法或谈话法效果较好,把这两种方法结合起来使用更好;对于中等难度且逻辑性较强的内容,一般采用发现法;对于那些逻辑结构不太紧密的概念和法则等内容,可以采用尝试教学法;对于一般的公式、法则的教学,除讲授法、谈话法之外,还可以选择发现法。从教学目的来考虑,如果为了使学生获取较多的系统性知识,往往选择讲授法;如果为了复习和巩固知识,可选择谈话法和练习法;如果为了形成技能、培养能力,则采用发现法或探究法较为适宜。

(三)学生的实际情况

小学生的年龄特点,已有的数学认知结构,班级学生的整体素质,都是选择教学方法必须要考虑的因素。低年段的学生注意力集中时间较短,不宜过多采用讲授法,而应考虑多用直观性较强的教学方法;为了使高年段学生的抽象思维能力得到发展,宜采用尝试教学法、探究教学法。即使是同样的教材对同一年级的不同班级教学,也应该根据学生的实际情况选择不同的教学方法。

(四)教师的教学特点和经验

教师的知识、经验和素质直接影响教学方法的选择。教师要熟悉各种方法,能有效地运用其中每一种方法,掌握每种教学方法的优缺点与适用范围,结合自己的特长来选择教学方法。比如,讲授法能在最短时间内传递大量信息,促进学生抽象思维的发展,但不利于学生直观形象思维的发展,不能充分发展学生的技能和技巧。直观模型法能提高教学效果,有利于信息的直观形象传递,但会抑制学生语言表达能力的发展。探究法有利于发展学生创造性地学习认识活动的技巧,有助于更深刻地独立掌握知识,但费时太多,不利于逻辑表达和抽象思维能力的发展。教师对各种教学方法越了解,他们所选择的一整套教学方法的效果就越好,作用也越大,好的教师在教学方法上都能自成一格,形成特色。

(五) 教学条件

教学条件包括教学时间、社会和家庭对学生的影响,学生的纪律状况、教学设备情况等,都是教师在选择教学方法时应给予考虑的。

二、小学数学教学方法优选案例分析

案例 4-5

“分数乘分数”教学实录与评析[①]

教学内容:青岛版数学教材六年级上册(2013 年版)第一单元小手艺展示——分数乘法(2)

教学目标:

1. 经历分数乘分数的意义和计算方法的探索过程,掌握分数乘法法则。

2. 结合现实情境和直观图示,渗透数形结合思想,理解一个分数乘分数的意义。在操作、观察、归纳、反思等活动中,提高发现和提出问题、分析和解决问题的能力,发展合情推理能力。

3. 积累研究分数问题的数学活动经验,获得成功的学习体验。

教学过程:

一、 创设情境,引出学习内容

(课件出示情境图,如图 4-28)

师:谁能把这条数学信息读给大家听?

生:王芳是班里的手工编织能手,每小时能织围巾$\frac{1}{5}$米。

(板书:每小时→$\frac{1}{5}$米)

师:根据这条信息,你能提出一个数学问题吗?

生 1:王芳 3 小时能织围巾多少米?

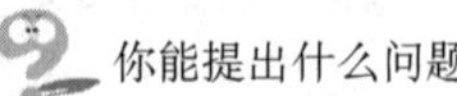

图 4-28

① 执教:刘万元;评析:姚宗岭,山东省泰安师范附属学校。该课在 2013 年 10 月获全国第十一届深化小学数学教学改革观摩交流会一等奖。

生 2：王芳半小时织多少米？

师：半小时用分数怎么表示？

生：就是$\frac{1}{2}$小时。

师：如果要算王芳 3 小时织多少米，怎么列算式？

生：$\frac{1}{5}$乘 3。（板书算式：$\frac{1}{5}\times 3$）

师：要算$\frac{1}{2}$小时织多少米，又该怎么列式？

生：$\frac{1}{5}$乘$\frac{1}{2}$。（板书算式：$\frac{1}{5}\times\frac{1}{2}$）

师：要算$\frac{2}{3}$小时呢？

生：$\frac{1}{5}$乘$\frac{2}{3}$。（板书算式：$\frac{1}{5}\times\frac{2}{3}$）

师：为什么都用乘法计算？

生：因为工作效率乘工作时间就等于工作总量。

师：$\frac{1}{5}\times 3$，是我们刚刚学过的分数乘整数，得多少？

生：$\frac{3}{5}$。

师：下面两个算式和它有什么不同？

生：这两道是分数乘分数。

师：这节课我们就重点研究分数乘分数。

（板书课题：分数乘分数）

【评析：从实际情境引入，有利于学生结合具体情境理解分数乘分数的意义，体会数学与生活的密切联系。运用谈话法，激发学生的求知欲，活跃气氛。】

二、 理解意义，初步体会算法

1. 用画图的方法研究$\frac{1}{5}\times\frac{1}{2}$

（1）规划研究方法和步骤

师：对于分数乘分数这样一个新的有关分数的问题，用什么方法开始我们的研究呢？

生：画图。

师：你怎么会想到画图这个方法的？

生：我们以前研究分数时就经常用画图的方法。

师:真会思考,从以前的学习经验中想到了研究新问题的方法。那么我们就从画图开始今天的研究。

师:先看第一个问题。如果用一个长方形表示 1 米长的围巾,要画图表示$\frac{1}{2}$小时织的部分,应该先画什么,再画什么呢?想好之后同桌两人合作在练习纸上画出来。

(2) 同桌学生合作画图

师:画完的同学,同桌两人交流一下,你们先画什么,再画什么?

(3) 展示交流

组 1 进行展示交流(如图 4-29)。

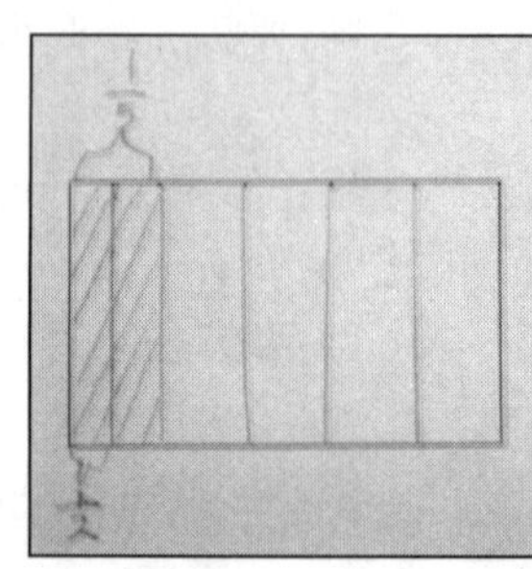

图 4-29

师:先看第一组的作品。请向大家说一说你们先画什么,再画什么。

组 1:我们先把这个长方形平均分成 5 份,取了 1 份,就是 1 小时织的。再把这一份平均分成 2 份,再取 1 份,就是$\frac{1}{2}$小时织的。

师:谁想和他们交流交流?

生:$\frac{1}{2}$应该比$\frac{1}{5}$大,可是感觉你们画的图里$\frac{1}{2}$却比$\frac{1}{5}$小了。这个$\frac{1}{2}$是长度还是时间单位的$\frac{1}{2}$呢?

组 1:这个$\frac{1}{2}$应该是$\frac{1}{5}$的$\frac{1}{2}$。

师:问题提得很关键,回答得也非常准确。能在图上改一改吗?

(组 1 在图中改为:$\frac{1}{5}$的$\frac{1}{2}$)

师:他们先怎么分的?取了多少?

生:他们先把长方形平均分成 5 份,取了 1 份。

师:再怎么分呢?又取了多少?

生:再把那个$\frac{1}{5}$平均分成 2 份,又取了 1 份。

组 2 进行展示交流(如图 4-30)。

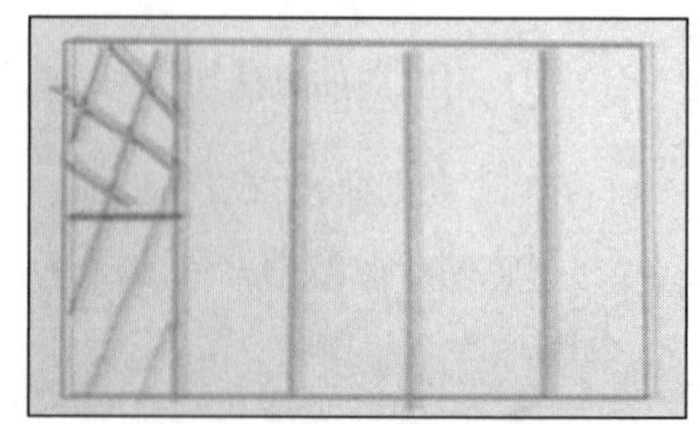

图 4-30

师:再看第二组的。请你们也向大家介绍一下画图的过程。

组 2:我们先把这个长方形平均分成 5 份,取了 1 份,就是$\frac{1}{5}$。再把这一份平均分成 2 份,再取 1 份，就是$\frac{1}{5}$的$\frac{1}{2}$。

师：说得真清楚。听了两个组的介绍，你能简单概括一下画图的过程吗？

生：我觉得是先分后取，然后再分再取。

师：概括得真好，既简练又清楚。既然都是先分后取，再分再取，可这两种图的差别比较大。对比看一看，哪一种更能表现先分后取，再分再取的过程呢？

生 1：我认为是第一种。

生 2：我觉得第二种更好。因为它是先横着分再竖着分，很容易看出是分了两次。第一次取的那一份用斜线表示，第二次取的用反斜线表示，很明显看出是取了两次。

师：大家认为呢？

生：第二种。

（4）演示课件，规范过程，明晰意义，初步感知算法

师：我们再一起来看一看画图的过程。

（演示课件，如图 4－31）

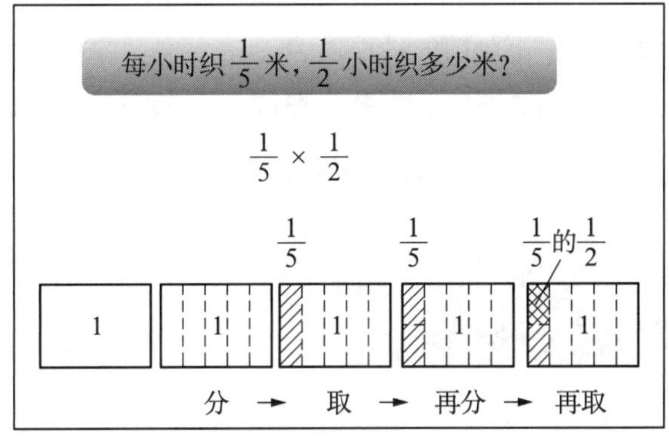

图 4－31

师：通过画图我们知道了$\frac{1}{5}\times\frac{1}{2}$实际上就是求$\frac{1}{5}$的$\frac{1}{2}$。那$\frac{1}{5}$的$\frac{1}{2}$到底是多少呢？

生：$\frac{1}{10}$。

师：$\frac{1}{10}$？在图上我怎么没看出来呀？你怎么知道的？

生：把中间那条线延长，做一条辅助线就清楚了。

师：辅助线这个词真形象。为什么这样就更清楚了？

生:能明显看出一共有5列2行,一共分成了10份。取了其中的一份,所以就是$\frac{1}{10}$。

师:通过画图我们不但知道了$\frac{1}{5}\times\frac{1}{2}$就是求$\frac{1}{5}$的$\frac{1}{2}$,还知道了它的积是$\frac{1}{10}$。(板书得数)

【评析:在老师的启发引导下,学生发现了"先分后取,再分再取"的方法,学生用画图操作表示分数乘分数的过程。教师演示课件有利于学生理解意义,体会算法。】

2. 用自主画图的方法研究$\frac{1}{5}\times\frac{2}{3}$

师:现在你会画图表示分数乘分数了吗?

生:会了。

师:(出示课件,如图4-32)那你能不能画图表示$\frac{1}{5}\times\frac{2}{3}$呢?

生:能。

师:画之前,想一想:先画什么?再画什么?然后自己动手画出来。

(自主画图,展示交流)

师:请你给大家介绍一下画图的过程。

生:(展示自己画的图,如图4-33)我先把这个长方形平均分成5份,取1份,就是$\frac{1}{5}$;再把$\frac{1}{5}$平均分成3份,取2份就是$\frac{1}{5}$的$\frac{2}{3}$。

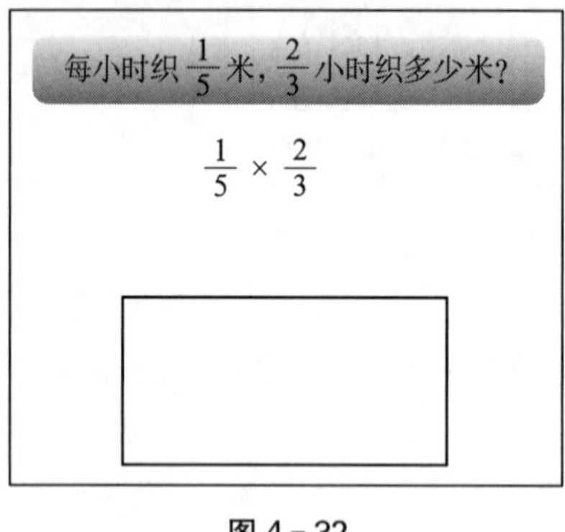

图4-32

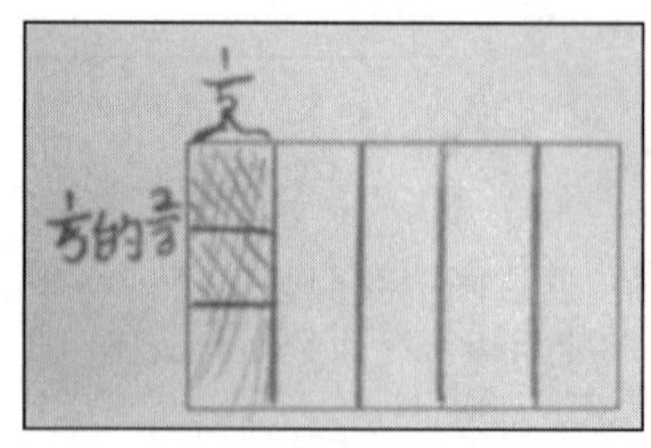

图4-33

师:那$\frac{1}{5}$的$\frac{2}{3}$又是多少呢?

生:$\frac{2}{15}$。

师:怎么知道的?

生:把横着的那两条线延长。

师:是这样吗?(如图 4－34)

生:是。这样就能看出分成了 5 列 3 行,一共 15 份,取了其中的 2 份。

图 4－34

师:通过画图我们又算出了 $\frac{1}{5}\times\frac{2}{3}$ 得$\frac{2}{15}$。(板书得数)

师:大家看,这两道分数乘分数的算式,刚才我们还不大明白呢,结果一画图就明白了,画图的方法好不好?

生:好。

师:还想用画图的方法继续解决问题吗?

生:想。

3. 共同研究 $\frac{3}{5}\times\frac{3}{4}$

(课件出示:李丽每小时能织$\frac{3}{5}$米,$\frac{3}{4}$小时织多少米?)

师:怎么列式?

生:$\frac{3}{5}\times\frac{3}{4}$。

师:要画图表示$\frac{3}{5}\times\frac{3}{4}$,应该先画什么,再画什么?请大家闭上眼睛想一想。

师:谁能说一说画图的过程?

生:把这个长方形先平均分成 5 份,取 3 份,就是$\frac{3}{5}$;再把$\frac{3}{5}$平均分成 4 份,取 3 份就是$\frac{3}{5}$的$\frac{3}{4}$。(师演示课件,如图 4－35)

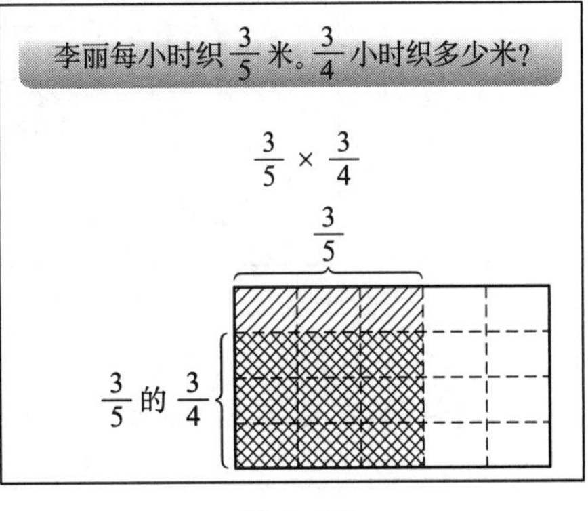

图 4－35

师:$\frac{3}{5}\times\frac{3}{4}$是多少?

生:$\frac{9}{20}$。

师:怎么知道的?

生:一共分成了 20 份,取了其中的 9 份,所以就是$\frac{9}{20}$。

4. 总结一个分数乘分数的意义

师:回想一下我们刚才的研究过程。想一想,$\frac{1}{5}\times\frac{1}{2}$ 实际上就是求什么呢?

生:就是求$\frac{1}{5}$的$\frac{1}{2}$是多少。

师:$\frac{1}{5}\times\frac{2}{3}$ 呢?

生:就是求$\frac{1}{5}$的$\frac{2}{3}$是多少。

师:那 $\frac{3}{5}\times\frac{3}{4}$ 呢?

生:就是求$\frac{3}{5}$的$\frac{3}{4}$是多少。

师:那么一个分数乘分数,实际上就是求什么呢?

生:实际上就是求这个数的几分之几是多少。

(师演示课件,如图 4-36)

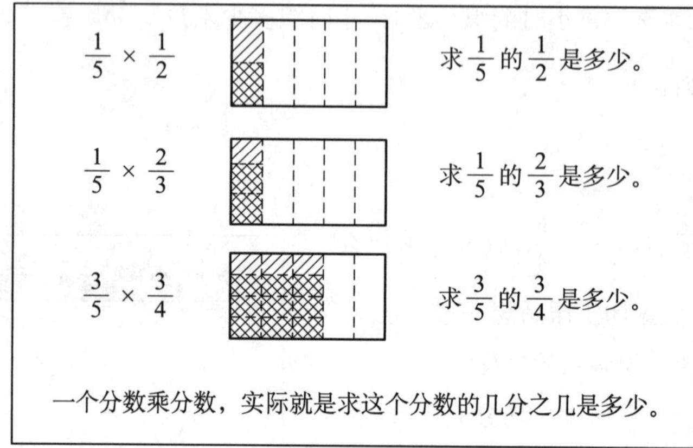

图 4-36

【评析:在用画图操作的方法充分研究三个例题之后,教师引导学生发现一个分数乘分数的意义,让学生更容易理解。】

三、猜想算法,理解算理

1. 猜想算法

师:刚才我们是用什么方法研究分数乘分数的?

生:画图。

师:我们来看看,这几个例题刚才还不会算呢,通过画图我们就知道了等于多少。你们觉得画图这个方法好不好?

生：好。

师：画图"真"好！能不能继续用画图的方法研究其他的算式呢？

生：能。

（课件出示：$\frac{7}{125}\times\frac{3}{8}$）

师：来，请你画图研究研究这道题！

生：啊？

师：怎么了？不行吗？

生：不行。

师：画图不是挺好的吗？刚才我们还用它解决了好几个问题呢，怎么到这里就不行了呢？

生：数简单能行，数复杂就不好画了。画图的方法并不能解决所有的问题。

师：你真会思考。画图好是好，但也有局限性。其实我们的数学学习不能老是停留在画图上，还得要探索一种更有效、更通用的方法。有什么更好的方法吗？

生：用分母乘分母，分子乘分子。

师：你怎么就想到用分母乘分母、分子乘分子呢？有什么根据吗？

生：前面那几道题就是这样算的。

师：你真是有一双数学的眼睛，通过观察我们举的一些例题就作出了一个大胆的猜想。如果按照这个猜想，那么 $\frac{4}{7}\times\frac{3}{5}$ 应该怎么算呢？

生：等于 7 乘 5 分之 4 乘 3。

（板书：$\frac{4}{7}\times\frac{3}{5}=\frac{4\times3}{7\times5}$）

师：这毕竟是我们的一个猜想，这个猜想是不是正确呢？还得需要做什么？

生：验证。

师：怎么验证呢？

生：画图。

师：我们还得借助画图。虽然它有局限性，但却能帮助我们验证猜想。

【评析：在利用直观图示进行了充分研究之后，教师又借助 $\frac{7}{125}\times\frac{3}{8}$ 这一较复杂的分数算式，引导学生体会画图方法的局限性，及时地向抽象思维过渡。但同时也没有把直观图示直接抛弃，仍选用画图的方法验证猜想，使学生意识到要借助直观图研究问题、探索规律，但要及时概括，从数学的角度探索更有效、更通用的方法。同时在"举例—猜想—验证—概括"的过程中培养学生利用合情推理获得猜想、发现结论的意识和能力。】

2. 初步理解算理

师:我们一起来验证一下。把一个正方形看作单位"1",先平均分成 7 份,取 4 份;再横着平均分成 5 份,经过分了再分,一共分成了多少份?(演示课件,如图 4-37)

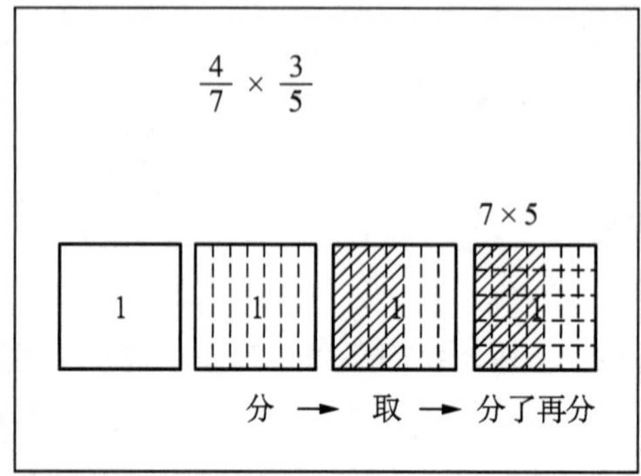

图 4-37

生:一共分成了 35 份。

师:怎么知道的?

生:把整个正方形平均分成了 7 列 5 行,7×5 就是 35 份。

师:再取 3 份,经过取了再取,最终取了多少份?(演示课件,如图 4-38)

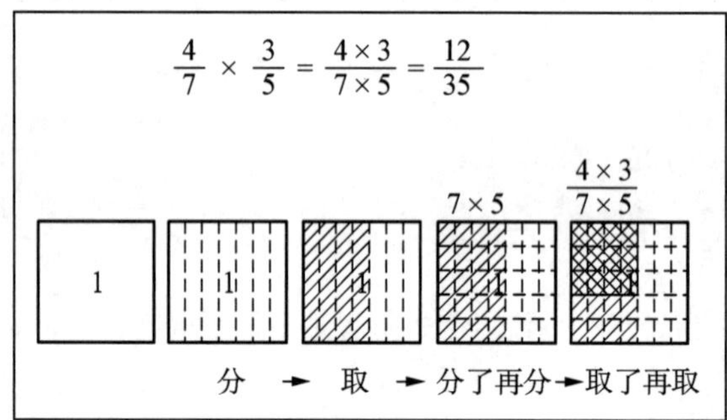

图 4-38

生:最终取了 12 份。

师:怎么知道的?

生:取了 4 列 3 行,4×3 就是 12 份。

师:所以 $\frac{4}{7}\times\frac{3}{5}$ 就等于$\frac{4\times3}{7\times5}$,最终得多少?

生:$\frac{12}{35}$。

师:我们再次用画图的方法验证了猜想。

3. 巩固算理

师：只验证这一道题，感觉说服力还不够。换道题目再试一试我们的猜想好吗？

（课件演示：先表示出$\frac{5}{8}$，再表示出$\frac{5}{8}$的$\frac{3}{7}$。如图 4－39）

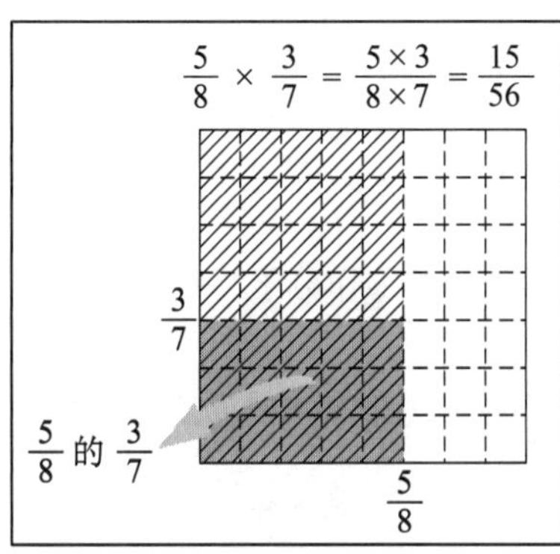

图 4－39

师：8×7 算的是什么呢？5×3 算的又是什么呢？你能到前面来边指边说一说吗？

生：8×7 算的是把整个正方形一共分成了多少份，5×3 算的是最终取了多少份。

师：$\frac{5}{8}\times\frac{3}{7}$ 就等于$\frac{5\times3}{8\times7}$，等于$\frac{15}{56}$。

4. 明晰算理

师：回想我们的验证过程，想一想，分母相乘实际上算的是什么呢？分子相乘算的又是什么呢？

生：分母相乘是求把单位“1”平均分成的份数，分子相乘就是取的份数。

师：说得真清楚，分母相乘就是分了再分，一共分了多少份；分子相乘就是取了再取，最终取了多少份。（演示课件，如图 4－40）

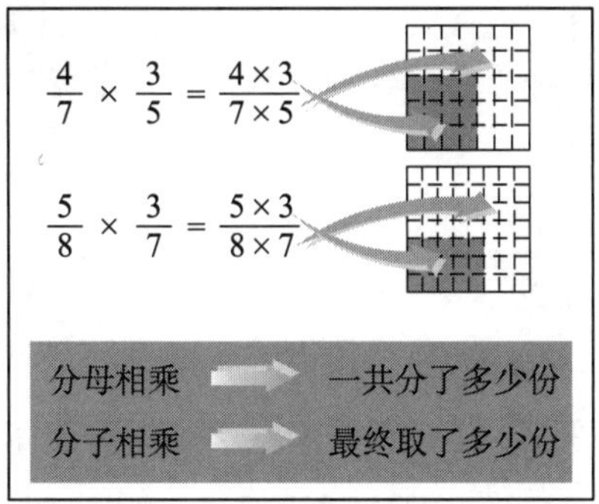

图 4－40

【评析:在用直观图验证的过程中,学生表述"分了再分,一共分了多少份""取了再取,最终取了多少份",由此他们认识了算理的本质。同时在"猜想—验证"的过程中渗透利用合情推理验证猜想、证明结论的意识。】

5. 得出结论

师:通过验证,我们知道了猜想确实有道理,这样我们就可以得出结论了。分数乘分数怎么算?

生:分母相乘,分子相乘。

师:用分母相乘作分母,分子相乘作分子。(板书)

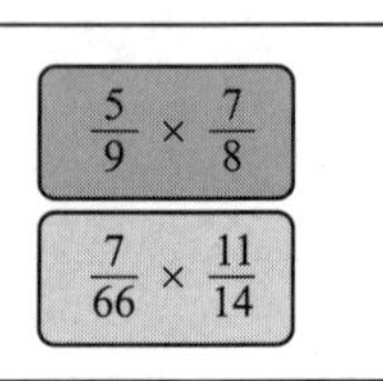

图 4-41

四、巩固练习

师:请在练习本上计算课件中展示的这两道题(如图 4-41),注意要写出计算过程。

第一道题展示交流计算过程。

第二道题展示交流先计算再约分和先约分再计算两种情形,体会先约分再计算的优势。

五、回顾学习过程,提升数学思想方法

师:同学们,今天我们主要研究了什么问题?

生:分数乘分数。

师:感觉自己有收获吗?

生:收获很多。

师:让我们一起进入丰收园,用一个苹果代表一个方面的收获,梳理一下我们都有哪些收获吧!(演示课件,如图 4-42)

图 4-42

1. 回顾过程

生:我知道了分数乘分数该怎么算。用分母相乘作分母,分子相乘作分子。

师:(在苹果上填入关键词:知识,"摘"到篮子里)我们收获了知识的果实。

师:回想一下学习过程,为了得到这个计算方法,我们经历了哪几个步骤呢?

小组讨论,教师指导,全体交流。

生:我们先举了一些例子,接着根据这些例子又作出了猜想,然后又进行了验证,最后得出了结论。

(在学生交流的过程中,将每个环节的关键词——"举例→猜想→验证→结论"

板书于相应位置）

【评析：及时反思学习过程，以关键词的形式概括研究问题的步骤，为以后研究问题积累数学活动经验。】

2. 提升方法

师：你们还有什么收获或者感受？

生：我还知道了可以用画图的方法来研究分数乘分数。

师：是呀，画图帮助我们计算得数并作出了猜想，画图还帮助我们验证了猜想。研究“数”的问题，用“形”来帮忙，这在数学上是非常重要的一种研究问题的方法，叫数形结合。（演示课件，如图 4 - 43）

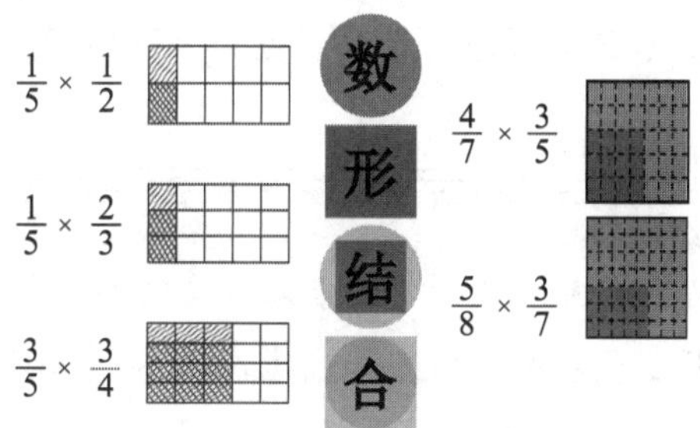

图 4 - 43

（返回课件中丰收园页面，如图 4 - 44，在苹果上填入关键词：方法，“摘”到篮子里）

图 4 - 44

师：我们又收获了一种重要的数学思想方法，叫什么？

生：数形结合。

【评析：知识是载体，思想是精髓。在学习数学知识的同时，重视了数形结合这一数学思想方法的渗透和提升，同时也为以后研究数学问题积累经验。】

3. 老师评价

师：想听听老师的感受吗？

生：想。

师：老师对一位同学印象特别深刻，他在我们交流 $\frac{1}{5}\times\frac{1}{2}$ 时提出了一个很关键的问题——“这个 $\frac{1}{2}$ 是长度还是时间单位的 $\frac{1}{2}$？”。这位同学特别会问。（演示课件，在苹果上填入关键词：会问，“摘”到篮子里）

4. 结束语

（略）

阅读资料

1. 李秉德.教学论[M].北京:人民教育出版社,2001.

2. 邱学华.尝试教学论[M].北京:教育科学出版社,2005.

3. 崔允漷.有效教学[M].上海:华东师范大学出版社,2009.

4. 涂荣豹,宁连华.中学数学经典教学方法[M].福州:福建教育出版社,2011.

5. 王明娣,景艳.我国教学方法研究七十年回顾与展望[J].当代教育与文化,2019(1):42-48.

6. 赵鑫,李森.我国教学方法研究70年变革与发展[J].课程·教材·教法,2019(03):14-21.

7. 钟启泉.教学方法:概念的诠释[J].教育研究,2017(1):95-105.

思考与练习

1. 认真阅读案例4-3"探索圆绕图形外围滚动一周的问题",它对你有何启发?

2. 参考案例4-4,根据发现法教学的基本流程,设计一个教学案例。

3. 如何运用尝试教学法开展小学数学教学?

第五章
小学数学教学设计

本章导语

在介绍教学设计的性质、基本原则的基础上，本章阐述小学数学教学准备策略设计、课堂教学实施策略的设计；讨论说课的功能，并结合实例叙述小学数学说课的基本流程。

学习目标

1. 掌握小学数学教学设计的基本原则、程序。
2. 根据说课的基本流程，学会说课。
3. 认识教学设计在小学数学教学实践中的重要作用。

教学设计是一个系统化规划教学系统的过程，是对教学资源和教学程序做出有利于学习的安排，其核心要素是分析、设计、开发、实施、评价。① 教学设计是教师的一项重要的基本功，是上好一节课的前提。

第一节　小学数学教学设计概述

教学设计也称作教学系统设计，它是运用系统方法分析教学问题和确定教学目标，建立解决教学问题的策略方案、试行解决方案、评价试行结果和对方案进行修改的过程。② 它以优化教学效果为目的，以学习理论、教学理论和传播理论为基础。

小学数学教学设计的研究对象是小学数学不同层次的学与教的系统。它可以是针对整个小学数学课程标准与实施方案进行设计，也可以是针对一个学期、一个单元、一节课的教学计划进行设计，即通常所说的“学期计划”“单元计划”或“教案设计”。③

国家教师资格考试《教育教学知识与能力大纲(小学)》的考试目标有 7 个方面，其中第 5

① 加涅，布里格斯，韦杰. 教学设计原理[M]. 皮连生，庞维国，译. 上海：华东师范大学出版社，1999:20.

② 乌美娜. 教学设计[M]. 北京：高等教育出版社，1994:1.

③ 杨庆余. 小学数学课程与教学[M]. 北京：中国人民大学出版社，2010:189.

个是教学设计的知识和能力:具有小学生学习需求分析、学习内容选择、小学教案设计、小学综合课程和综合实践活动的基础知识,能够运用这些知识完成指定教学内容的教学设计。

考试内容主要涵盖教育知识与应用、教学知识与能力两大板块。其中教学知识与能力板块的教学设计内容模块与要求如下:

1. 了解小学教学设计的基本原则、依据和步骤。

2. 了解小学综合课程和综合实践活动的基本知识。

3. 了解小学生在不同学习领域的基本认知特点。

4. 了解信息技术与小学教学整合的基本途径和方式。

5. 理解已有的生活经验、知识和能力、学习经验对新的学习内容的影响。

6. 掌握小学教案设计的基本内容、步骤和要求。

7. 能够依据小学生学习规律、小学相关学科课程标准,结合教材特点,合理地确定教学目标、重点和难点,完成指定内容的教案设计。

一、教学设计的性质

教学设计是一门科学。作为近几十年来随着系统论在教育中的运用而逐渐形成和发展起来的一门新兴的实践性很强的交叉学科,"教学设计"以多学科理论为基础,综合了教育学、心理学、教育传播学、教育工艺学,以及教育系统论、教育控制论等理论而自成体系。它强调用系统方法,强调以教学理论、学习理论作为其科学决策的依据,因而也是连接教育理论和教育实践的应用学科。

对于一般的理论而言,人们主要关心它的科学性,但对于教学系统设计理论来说,教师所关心的不仅仅是其理论的科学性,还有它的实用性和优越性。程序化的教学设计过程模式有可能屏蔽教学过程的复杂性和动态性,使其常常对教学中随时可能出现的各种难以预期的教学问题无能为力。这些问题的解决,往往有赖于教师所拥有的教学设计艺术。

(一) 教学设计是一种艺术

教学设计的艺术性,首先表现在教师对教材创造性地二次加工,其次表现在对课堂教学的构思和对各环节的处理。比如,课题引入的自然与新颖;问题情境的创设充满生活气息、引人入胜,以及确保数学含义的确切性和探索空间的适度性;还有提问的设计、实验的设计、板书的设计等,都能够反映出不同的教学设计的艺术水平。

教学设计的艺术性表现为教学设计不仅具有审美功能,还具有高激励、高效益功能。比如激励学生的学习动机,激发学生的想象力和创造力,增强学生的感知、思维、记忆的效果,等等。此外,教学设计也需要经验的支撑。因为教学设计不仅要求教师具有多方面的专门知识(如学习理论、教学理论、教学系统设计理论等),同时其本身又包含许多繁杂的、重复性的工作。对于教学、学生管理任务繁重的中小学教师来说,如何在较短的时间内提高教学设计的效率是一个非常现实的问题。

（二）教学设计是一门技术

在小学数学教学的组织过程中，至少涉及这样一些技术：组织技术（它所表现的是在一个群体中有效地组织某一个活动的各种技术）、信息技术（如计算机技术、统计技术、数据处理技术等）、控制技术（小学数学教学作为学校教育系统中的一个子系统，当然也是一个受控的系统。关键是如何控制，控制到什么程度，控制的节点如何掌握，在一个什么样的时空范围内实施有效的控制，等等）、语言技术（在现代社会，语言在群体交流中已经显得越来越重要，因为要通过语言来传递信息，通过语言来获得交互，而且语言已经不再局限于口头语言和一般的书面语言，肢体语言、媒体语言和情感语言等的运用越来越广泛。所以，语言技术也日趋成熟）、评价技术等。

二、教学设计的基本原则

1. 教学设计要以教学目标为中心

教师确定精准的教学目标，以多种方式向学生传递教学目标的具体要求，并为学习评价作好准备。教学目标既有确定的学习起点和明确的学习方向，又有学习程度方面的具体要求。在教学设计中，教师不仅要明确教学目标，还要确定有效策略落实教学目标。

2. 在教学前明确学生具有的能力

教师的教学设计要充分考虑学生已有的知识结构和能力水平。学生已有的知识及其认知方式是他们从事更高层次水平认知学习的基础。

3. 教学水平与学生的接受水平相一致

为了使教学水平与学生的接受水平保持一致，教师要掌握学生已有的知识经验，根据概念和原理的特点来组织数学教学内容。

4. 化解复杂教学内容

根据学生的基础及教学内容，教师将复杂的教学任务化解为学生易完成的学习单位，以适应学生的理解能力，确保学生掌握教学内容。

5. 有效利用信息技术

开展教学设计时，教师能够利用信息技术丰富数学学习内容，开发适合学生数学学习的资源，把信息技术作为教师教学的实用载体，提高工作效率，同时也把信息技术作为学生学习数学和解决问题的有力工具，提高学习的有效性。

6. 优化教学方法

各种各样的教学方法都有自身的优势。根据教学过程的需要，教师学会优化教学方法，完成教学设计，达到教学目标，以提高教学质量。

7. **创造对学习有利的环境**

学习环境影响学生的学习兴趣。教师为学生创设贴近现实生活的情境,在相对宽松的氛围中进行学习,效果最好。在学习过程中设计多层次的题目,以避免学生在学习中发生疲劳。

第二节 小学数学教学设计的程序

教学设计应该从关注学生需要学习什么知识、为什么要学习这些知识、怎样学习这些知识出发,来考虑教师教什么、为什么教和怎样教的问题。具体的课堂教学设计,要渗透新课程"以人为本"的基本理念,主要包括设计数学教学任务、确定数学教学目标、设计数学教学方案、设计数学教学评价方案等基本程序。

进行小学数学课堂教学设计时,教师需要做的前期工作有:分析教材以准确把握教学内容的前因后果和蕴含的数学思想方法;分析学生以诊断他们的知识起点和"最近发展区";分析班级文化等教学背景以使教学设计能够切实融入班级教学的整体氛围之中。这些前期工作完成后,教师就可以进入到教学设计的程序中,进行具体内容的设计。

一、教学准备策略设计

(一) 教材分析

教材分析是教师进行教学设计的基本环节和核心任务。教师掌握教材所涉及的教学内容并不难,关键是要理解教材编写意图,明确"学什么"和"教什么",这样才能灵活运用教材,设计出合理、可行的教学方案。一般来说,分析教材可以遵循从整体到局部的思路,先整体分析教材确定教学体系结构,再针对具体教学内容进行深入剖析,挖掘数学知识的本质和蕴含的数学思想。

1. **教材结构分析**

分析数学教材结构是基于数学教材的整体性和层次性特征,揭示数学知识之间的分类、层次和联系。如果有条件,教师最好通览12册教材,了解小学知识体系全貌;如果有困难,也至少浏览前后册教材,弄清本册教材与前后册教材相关部分的内在联系。在此基础上,深入本册教材分析每一单元内容的前后联系,明确这些内容的学习基础是什么,又能为后续哪些知识提供基础。

教师要学会从"相互关联"的角度对某一学段、某一单元内容或某一主题进行结构梳理,分析各知识点之间的关系,进而整体把握小学数学课程的内容结构和逻辑体系。例如以"算理"为主线,梳理整数加减法的结构,如图5-1所示,突出"十进位值制概念"和"运算意义"的基础性,揭示"算理"理解中如何将数学概念、性质、定律融于具体运算能力形成的过程中。

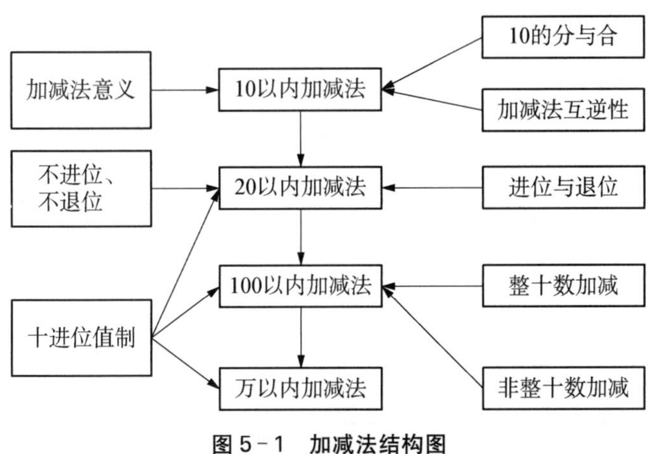

图 5-1　加减法结构图

又如，对小学阶段“数的认识”领域中相关知识进行结构梳理，如图 5-2 所示，以厘清它们之间的逻辑关系。

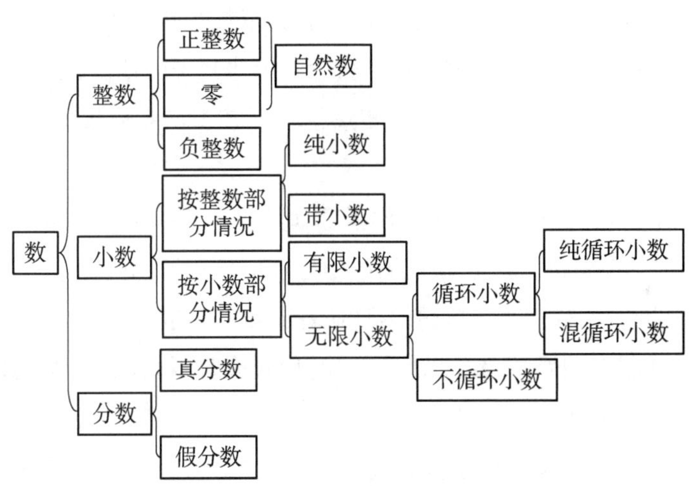

图 5-2　数的认识结构图

再如，对“平行四边形的认识”教材内容进行分析①：人教版教材先后安排了两次平行四边形的认识内容（如图 5-3）。第一次在一年级下册，是对平行四边形的直观认识；第二次在四年级上册，以探究平行四边形的特征及定义、体会四边形之间的关系为重点。

2. 教学内容解析

在整体把握小学数学知识体系的基础上，要着重对单课教学内容进行剖析，主要任务包括：

① 吕志新，孙秉涛，张琪. 在探究图形的特征中，培养学生的空间观念——例谈“平行四边形的认识”教学分析与设计[J]. 小学教学（数学版），2019(6)：13-18.

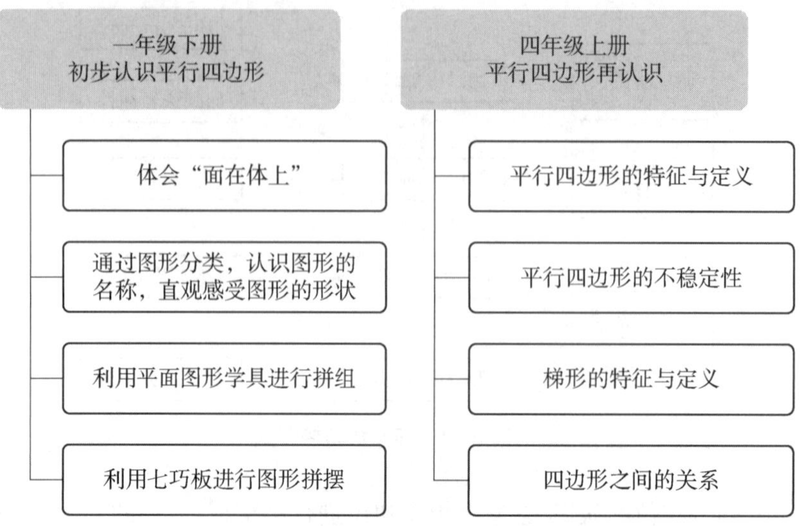

图 5-3 “平行四边形”认识结构图

(1) 钻研课程标准，领会教材编写意图和目的，确定数学知识的广度和深度。

(2) 整体把握教材，明确本课内容在小学数学知识体系中的地位、作用及前后联系。

(3) 了解知识背景，通过查阅资料进一步掌握本课知识产生发展的历史过程，以及在生产生活中的应用价值。

(4) 梳理本课结构，分析具体涉及的知识点及其前后顺序和逻辑关系。

(5) 明确重难点，了解学生易错、易混淆的地方和应该注意的问题。

(6) 分析典型例题，了解例题和习题编排的意图、难易程度。

小学数学教材的很多问题情境是以“场景”的形式来呈现的，其丰富的内涵有时会使学生难以理解和把握。教师要善于分析主题情境中所包含的信息，包括数学信息与非数学信息、显性信息与隐性信息等，同时要研究信息与信息之间的逻辑关系，挖掘教材主题情境中蕴含的丰富的学习资源，使问题情境增值。例如北师大版数学教材二年级上册第三单元中“儿童乐园”的主题图(见图 5-4)，仔细研读会发现，这里不仅包含借助熟悉的游乐园情境让学生初步体验“几个几”这一显性信息，也包含了隐性信息——随着游戏组数越来越多，让学生感受加法计算的不方便，以体会乘法的必要性及意义。

图 5-4 北师大版数学教材二年级上册(2013 年版，18 页)“儿童乐园”主题图

教师分析教材既要掌握知识技能的“明线”，也要把握数学基本思想、基本活动经验、解决策略等“暗线”。通过挖掘数学知识的本质和背后的数学思想与基本原理，建立起数学概念与技能、问题解决与数学概念技能、数学思考与方法之间的联系，并能使其结构化。例如人教版数学教材五年级上册第 2 单元“位置”(见图 5－5)，本单元明线是会用数对表示位置，而暗线则蕴含了丰富的数学思想，通过用数对表示位置的过程渗透对应思想、符号思想，借助王艳、赵雪位置的数对表示强化数对的有序性，利用给出数对找位置的过程培养学生的逆向思维。

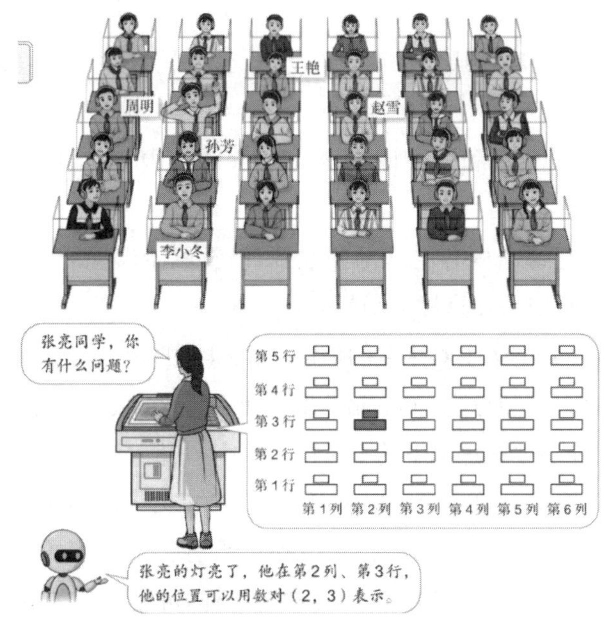

图 5－5　人教版数学教材五年级上册(2022 年版，19 页)第 2 单元“位置”插图

小学数学教材中呈现的知识是静态的，在教师尚未加工处理之前，它只是一种思考的结果或答案呈现在师生面前。教师要在充分挖掘教材资源的价值、最大限度发挥教材功能的基础上，创造性地使用教材，合理地扩充、重构教材。根据教学需要，对教材中的教学材料进行“再加工”，将教材中静态的数学知识转化为学生能主动参与的动态的数学活动，化“静”为“动”，变“结果”为“过程”，引导学生在“做数学”的过程中经历知识的形成过程，从而提高教学的实效。当然，在这一过程中，要充分发挥传统教具、信息技术在教学中起到的辅助教学的作用，如：用课件演示教学，既生动形象，又使学生感兴趣且记忆深刻；用多媒体出示例题和练习题，能节省时间提高教学效率。

此外，教师要重视对教材中例题和习题的分析，解答教材中每一道题，厘清每一道题的功能和教学要求，琢磨题目中蕴含的解决问题策略和数学思想方法。与此同时，还要厘清习题的类别、作用及内在联系。一般来说，教材中的习题主要分为三类：一是基本题，与所学的内容完全匹配，主要是起巩固新知的作用；二是变式题，在信息呈现、问题表述、逆向思维等方面变化,起到深化知识理解的作用;三是发展题,如探究实践题、发展提高题、思维拓展题等,起到综合和灵活应用知识的作用。

(二) 学情分析

教学活动的开展是以学生为主体,教学设计的目的也是为了学生更好地学习,因此对学生学习情况的分析是确定教学目标、组织教学内容、设计教学活动、选择教学方法和媒体的主要依据。具体有以下三点:

(1) 分析学生已具备的知识和技能基础,即了解学生是否具备了进行新内容学习所必须掌握的知识和技能。

(2) 分析学生对所学内容的认知水平和态度,即了解学生对所学内容是否存在偏好或误解等。

(3) 分析学生的心理、生理和社会特点,即了解对数学内容学习产生影响的年龄、性别、动机、意志、认知成熟度等因素。

学情分析是学生学习这个内容的基础和准备,以及可能出现的困惑和问题。例如,“数的认识”内容的学情分析,应关注这样几个问题①:

一是针对具体内容,分析学生对于数的理解与认识上的特征。学情分析针对所教内容,不是针对某一个例题,而是针对这一个单元学生可能有什么问题,知道在这个整体中最重要的问题是什么,然后引导学生在这里下功夫去深入探究,其他的问题就可以迎刃而解。

二是关注不同学生在学习该内容时的可能表现。学生学习小数的意义时可能会出现什么情况,在哪些地方可能产生困惑,如学生对十分位、百分位上的数的数值的理解等,教师要心里有数。重要的是还要知道不同的学生可能会怎么样,可能有哪些不同的理解。

三是学情分析应找出学生学习这个内容的“前概念”。教师在设计教学时要特别关注学生学习小数的意义的“前概念”是什么,如学生对整数的数位及其位值的理解,学生认为小数就是元、角、分,小数是很小的数等。了解学生的“前概念”,才能想办法设计出有针对性的情境和问题,引发学生的认知冲突。

四是学情分析发生在课前,也发生在课中。课前的学情分析是重要的,但课前的教学设计不一定能预测学生所有可能的表现。好的教师可能对学生了解得多一点,但也不可能了解学生的所有表现。课堂教学中给学生表现的空间,寻找那些值得讨论、值得思考的重要信息,才能使教学更有深度。

(三) 确定教学目标

根据“2022 年版课标”总目标的要求,教学目标要体现核心素养的主要表现。教学目标的确定要充分考虑核心素养在数学教学中的达成。每一个特定的学习内容都具有培养相关

---

① 马云鹏.“数的认识”及其教学设计[J].小学数学教育,2018(3):3-7.

核心素养的作用，要注重建立具体内容与核心素养主要表现的关联，在制定教学目标时，将核心素养的主要表现内容体现在教学要求之中。教学目标体现数学学科特有的育人价值，达成数学课程全面育人的培养目标。教师在充分理解核心素养内涵的基础上，准确把握教学内容，充分分析学生基础，从“四基”“四能”以及情感、态度和价值观等方面，制定出核心素养导向的教学目标。

例如：确定小学阶段“数与运算”主题的教学目标时，要关注学生符号意识、数感、量感、运算能力等的形成。在建立数概念和发展数概念体系的过程中，学生体会用符号表达具体事物数量的简捷性和一般化的重要性，感受数学抽象的意义。在学习数的运算和数量关系基础上，学生学会解决问题，理解逻辑推理的规则，能够利用合乎逻辑的方式思考问题和解决问题，促进理性思维、理性精神的发展，这将使他们在未来学习、工作中终身受益。

对于单课时教学目标的设计，其基本步骤是：研究数学课程标准—明确单元教学目标—明确本课教学的具体内容和要求—了解学生的学习基础和特点—按照内容和水平确定教学目标—陈述教学目标。

教学目标的陈述一般包括四个要素，即行为主体（Audience）、行为动词（Behavior）、行为条件（Condition）和表现程度（Degree），利用这四个要素进行目标陈述简称 ABCD 陈述技术。使用时需要注意：①目标描述的是学生的学习行为而不是教师的教学行为，行为主体应该是学生，而不是教师；②行为动词选词要合理、准确，基于“2022 年版课标”中关于教学目标行为动词的含义及要求进行选择；③行为条件是学生表现行为时所处环境，或影响学生产生学习结果的特定的限制或范围；④表现程度是学生学习之后预期达到的最低水平，用以评量学习表现或学习结果的达成情况，故目标陈述要尽可能具体化、可操作，以便于测评。

- “平行四边形的认识”教学目标

对“平行四边形的认识”教材内容进行分析，以“数学核心素养”为视角，基于教材分析的结果，进一步确定了培养目标（见表 5－1）。

表 5－1　“平行四边形的认识”培养目标

年级	内容	数学学科核心素养		学生发展核心素养	
一年级	平行四边形的初步认识	空间观念	结合具体情境，体会“面在体上”；通过观察、描述活动，直观辨认平行四边形	学会学习	在分一分、找一找等操作活动中，认识各种四边形
四年级	平行四边形的特征	空间观念、抽象能力	通过画、折、剪、平移等操作及课件演示，在探究平行四边形特征的过程中，发展空间意识；通过对不同平行四边形的探究，抽象出图形的特征及定义	学会学习、科学精神	自主探究、质疑反思、合作交流；经历观察、猜想、验证、概括的探究过程，培养言之有理的意识

续表

年级	内容	数学学科核心素养		学生发展核心素养	
	平行四边形的不稳定性	空间观念	通过拼摆、拉动等操作,结合生活中的实际应用理解平行四边形的不稳定性	学会学习	培养学生观察、操作与思考相结合的意识
	梯形的特征	空间观念、抽象能力	抽象概括出梯形、直角梯形、等腰梯形等图形的定义	学会学习	抓住事物的关键特征进行研究
	四边形之间的关系	几何直观	用集合圈的形式表示四边形之间的关系	探究精神	用联系的观点看待事物,表达事物之间的关系

基于上述分析,教学目标可设定为:

(1) 四年级"平行四边形和梯形"单元教学目标:

① 通过观察、操作等活动,学生理解平行与垂直的概念;经历动手操作与自主探究的过程,掌握平行四边形和梯形的特征。

② 通过分类、比较、归纳等多种方式,理解平行四边形、梯形、正方形、长方形之间的关系。学生在观察、猜想、验证、归纳等活动中提出问题。

③ 学生积极参与探究活动,认识图形与几何的价值,形成严谨求实的科学态度。

(2) 四年级"平行四边形"课时教学目标:

① 学生结合实例认识平行四边形的特征。

② 在观察平行四边形的过程中,学生学会归纳概括,发展初步的空间观念。学生能画出平行四边形的高;理解平行四边形的不稳定性及其应用。

③ 学生初步感受图形与生活的联系,学会观察,提高学习数学的兴趣。

(四) 把握教学重点、难点和关键

教学重点是指教材内容中最基本、最重要的知识和技能,是学生进一步学习的基础,有广泛运用的内容。

教学难点一般是指学生较难理解或容易产生错误的那部分教材内容。主要产生于教材内容的深度、广度与学生认识水平之间差异最大之处,主要取决于教师和学生的素质和能力。因此,教师只有充分了解学生认知特点及发展水平,全面把握教材内容,才能准确确定教学难点。

教学关键是指那些对进一步学习其他知识和技能起决定作用的基本知识和基本技能,它是教学活动中解决主要问题的着手点。

例如,"角的度量"教学重点:掌握量角的方法及要领,把握量角器的构造原理及特点;教学难点:量角器的使用方法,量角器内外圈刻度的区分。

"小数的意义"教学重点:利用情境以及小数的初步认识理解小数,建立小数的概念;教

学难点：理解小数的计数单位，体会小数与整数、分数的联系。

二、课堂教学实施策略的设计

（一）课堂导入的设计

常言道："良好的开端是成功的一半。"教学过程始于导入环节，它就像一台好戏的序幕，如果安排和设计合理，就会起到先声夺人、胜利在望的功效。

1. 导入的特点

（1）教师导入时，语言要做到简洁、明白、易懂，以激发学生的学习兴趣和求知欲望。

（2）导语要有新意，形式新颖，能激起学生的强烈求知欲，不能千篇一律。

（3）精心设计导语的内容，教师讲解精彩，抓住关键，画龙点睛。

（4）教师导入时的坡度不宜过大，学生容易由旧知向新知迁移。

（5）新课导入一般在 1—3 分钟为宜。

（6）在简单的导语中，要给学生留下一点奇妙悬念以吸引学生，提高他们的注意力。

2. 导入常用方法

（1）有趣故事导入

兴趣是最好的老师，兴趣的来源是多方面的，除知识本身的魅力、教育艺术的感染外，符合学生的心理活动也是激发兴趣的关键。好的有趣故事导入，能巧设疑难，唤起欲望，把抽象的东西具体化、形象化，使学生看得见摸得着，可以激发学生的学习兴趣，使学生变被动学习为主动学习。

案例 5-1

材料分析题［2016 年上半年教师资格证考试《教育教学知识与能力（小学）》真题］：

杨老师在讲授"分数的基本性质"时，设计了这样的教学导入：

同学们，在学习新内容之前，我先给大家讲个故事。猴山上的小猴子最喜欢吃猴王做的饼。有一天，猴王做了三块大小一样的饼分给小猴子们吃。它先把第一块饼平均切成四块，分给甲猴一块。乙猴见到说："太少了，我要两块。"猴王就把第二块饼平均切成八块，分给乙猴两块。丙猴更贪吃，它抢着说："我要三块，我要三块。"于是猴王又把第三块饼平均切成十二块，分给了丙猴三块。老师想问问同学们，是不是最贪吃的丙猴分得最多呢？猴王为什么要这么切呢？学习了"分数的基本性质"你就清楚了。

问题：

（1）评价杨老师所设计的教学导入环节。（10 分）

（2）小学课堂教学环节中常用的导入方式有哪些？（10 分）

【参考答案】

（1）杨老师通过有趣故事导入法引导课程，符合小学生的特点，能够吸引学生的注意力与兴趣。材料中杨老师采取的导入方式是有趣故事导入法，所谓有趣故事导入法是指教师通过生动形象地讲述故事或事例来感染学生，从而顺利、生动地导入新课。本节课是数学课，若直接讲解分数的理论知识，不仅学生难以理解，也容易打击学生学习数学的积极性，而杨老师通过猴子分饼的有趣故事引导出课题，不仅能够吸引学生学习新知识的兴趣，同时也能使学生感受到数学与生活是紧密联系在一起的。

（2）略。

（2）知识关联式导入

新的数学问题往往离不开旧的数学知识，从已有旧知识过渡到新知识，使学生经历从已知到未知的过程，实现新旧知识之间的联系。知识关联式导入主要有两种途径：一种是迁移导入，以学生已有的知识、对技能的巩固为前提，在复习旧知识的基础上提出新问题，学生可以利用已有的知识、经验、方法解决新问题；另一种是类比导入，常在新旧知识包含较多共同因素时使用，通过比较两个数学对象的共同属性，引入新课。例如“异分母分数加减法”教学中，可以先复习同分母分数加减法内容，让学生再次深刻理解“分数单位相同的分数能加减”这一算理，然后出示练习题$\frac{2}{7}+\frac{3}{7}$，再将其中的$\frac{2}{7}$改成$\frac{2}{5}$，让学生思考如何计算，进而引出“异分母分数加减法”这一教学主题。

思维总是从问题开始，讲课时，教师如果能巧妙安排，顺势导入，把学生带入问题情境，让他们从各个角度加以分析思考，就能收到很好的效果。例如教学“圆的周长”时，教师要求学生预先准备一些不同大小的圆片，上课时，用圆片在直尺上滚动实验，测周长，记数据，然后让同学说直径的近似数，老师就能说出周长，学生议论：“为什么我们说出直径，老师就能说出周长？直径与周长之间有什么关系？”从而激发学生的求知欲。

（3）问题式导入

先描述富有启发性的问题，激起学生思考，这样的导入使比较抽象的概念变得具体形象，学生学起来也就更有趣味。一位教师在教“长、正方形面积计算”时，先出示 3×5 和 4×4 两个图形（单位：分米）。让学生想办法比较两个图形面积的大小，有的学生说：“用割补法，把两个图形重合起来比较。”有的同学说：“用一平方分米的单位进行测量。”教师在肯定了同学们积极主动的精神后，又提出新问题：“如果想知道天安门广场的面积或我国国土面积，能用这种方法吗？”同学们领悟到这种方法太麻烦，不实际。“那么，有没有更简便的方法求图形的面积呢？到底怎样求它们的面积呢？”疑问激发了学生求知的欲望，同学们跃跃欲试，开始了新知识的探求。

（4）情境式导入

情境式导入需要教师利用幻灯、实验、图画、故事、游戏、语言等各种教学手段，创造出趣味横生的情境，在情境中巧设机关，引起悬念，制造冲突，激疑引思，启迪智慧，使学生处于兴奋状态。

例如，特级教师吴正宪老师在讲授“商不变性质”时，给学生娓娓道来讲了一个故事，猴王给小猴分桃子。[①] 猴王说：“给你 6 个桃子，平均分给你们 3 只小猴吧。”小猴一想，自己只能得到 2 个桃子，连连摇头说：“太少了，太少了。”猴王又说：“好吧，给你 60 个桃子，平均分给 30 只小猴，怎么样？”小猴子得寸进尺，挠挠头皮，试探地说：“大王，再多给点行不行啊？”猴王一拍桌子，显示出慷慨大度的样子：“那好吧，给你 600 个桃子，平均分给 300 只小猴，你总该满意了吧？”小猴听到猴王要给 600 个桃子，开心地笑了，猴王也笑了。同学们坐在位子上已笑得前仰后合，这时老师话锋一转：“谁的笑是聪明的一笑，为什么？”一个“猴王分桃子”的故事令学生捧腹大笑，大笑之后引起学生更深层次的理性思考：“为什么桃子数量在变化，但每个小猴得到的都是 2 个桃子？其中的秘密是什么？”吴老师巧妙地把枯燥抽象的数学规律变成有趣而贴近生活的故事情境，从而激发学生兴趣和思考。

案例 5－2

材料分析题（2015 年下半年教师资格证考试《教育教学知识与能力（小学）》真题）

小学数学教材中有这样一个问题：一个服装厂计划做 660 套衣服，已经做了 5 天，平均每天做 75 套。剩下的要 3 天做完，平均每天要做多少套？

为了让学生积极参与，孙老师把题目改编为：“六一”儿童节要到了，我们三年级要参加表演，需要演出服装 160 套，爱心服装厂已经做了 5 天，平均每天做 20 套。现在离“六一”儿童节还有 2 天，请你帮忙算算每天需要完成多少套？巧妙的设计激发了学生浓厚的学习兴趣……

问题：

（1）对孙老师成功的教学情境创设进行评析。（10 分）

（2）阐述老师处理教材内容时的基本要求。（10 分）

【参考答案】

（1）教学情境是指在课堂教学环境中，作用于学生而引起学生积极的学习情感反应的教学过程。在教学中，老师可以采用编故事和创设问题的形式进行教学，激发学生学习的兴趣，同时通过故事的引导和一定的问题情境联系，激起

① 吴正宪，周玉仁．构思新异　设计巧妙——记一节“商不变性质”的教学[J]．江苏教育，1998(5)：38－41.

学生的求知欲,根据教学内容,创设新鲜、独特的教学情境,有效地激发兴趣,培养学生的创新能力和探究能力。

材料中,孙老师把枯燥乏味的数学题目,利用学生感兴趣的"六一"儿童节的故事激发学生的兴趣,同时根据教学内容提出教学问题,巧妙的设计激发了学生学习的兴趣和欲望,是值得我们学习的。

(2) 教师在处理教材内容时,应做到以下几点:

第一,深入了解学生,找准教学的起点。教学设计的对象是学生,教学设计的成效如何,将取决于对学生情况的了解程度。教师在处理教材时,要充分考虑学生的身心发展特点,结合他们的已有知识和生活经验设计富有情趣的教学活动。

第二,教师在处理教材时,应注意结合学生的生活实际,激发学生的学习积极性与好奇心,向学生多提供参加活动的机会,帮助他们在自主探索和合作交流的过程中理解知识,解决问题。

第三,合理地确定教学内容的广度和深度。一节课的信息量过大,知识点过多,学生难以接受;而一节课的信息量过小,知识点过少,则浪费时间,不利于调动学生的积极性。所谓教学内容的深度,就是指知识的难度,也就是教师挖掘教材的程度。教学的难度太小,不容易激发学生的学习兴趣,教学的难度过大,容易挫伤学困生和中等生的学习积极性,所以,符合学生"最近发展区"的合适的难度,有利于学生自信心的培养。

(5) 练习式导入

复习旧知识,以旧引新,温故导新,过渡平稳,分析错例,寻找病根。例如教学"商不变性质",教师出示如下一系列练习题:

$4\div2=$　$40\div20=$　$400\div200=$　$0.4\div0.2=$　$0.04\div0.02=$

通过比较商的结果,自然引出新课。

导入的形式还有很多,教师要在教学中努力挖掘,激发学生的求知欲、好奇心,为课程的展开做好铺垫。

(二) 课堂提问的设计

教师常用问题来启迪学生的求知欲,引起他们的积极思维。思维的活动常来源于问题,有了问题,思维活动才有明确的目的和方向。提问是教师从教学目标出发,结合教学内容和学生特点提出问题,并要求学生回答的一种教学活动方式。有经验的教师几乎每节课中都能精心设计水平不同、形式多样的问题,选择恰当的问题引起学生回忆、联想、分析、对比、综合和归纳,从而丰富学生的知识,让学生形成新概念并获得分析问题的方法。

一般小学数学课堂提问类型包括判断性提问、视读性提问、复述性提问、泛化性提问、叙理性提问和创造性提问。[①] 课堂提问是为了实现教学目标，必须紧紧围绕教学目标和内容，处理好提问的设计。具体来说，小学数学课堂提问应注意以下几个方面：

（1）控制难度。既不能太易也不能太难，要使大多数同学体会到智力角逐的乐趣。

（2）掌握深度。要抓住某个知识块的关键点，组织提问。

（3）巧设坡度。由浅到深，由易到难。

（4）调节密度。提问要适度适时，数量不能太多也不能太少，要把握时机引起学生的探索欲望。

（5）增强跨度。抓住教材重点，提出的问题应有较大的思维容量。

（6）巧选角度。教师提问后及时作出使回答深入的追问、释疑、说明，可以帮助学生深刻地掌握教学内容，并灵活地运用所学知识解决新问题。应根据教学安排，并依据实际选择最佳角度，合理地提出问题。

（三）课堂讨论的设计

课堂讨论是启发式教学的基本方法之一，是教师与学生、学生与学生之间的一种互动方式。通过互动，交流观点，能形成对某一个问题的较为一致的理解、评价或判断。

讨论对发扬教学民主、让学生真正参与到教学活动中来、发挥他们的个性、调动他们的学习积极性和培养他们的能力都有积极的作用。课堂讨论应关注以下几个方面：

1. 注意营造讨论的氛围

要使讨论达到效果，教师必须营造讨论氛围。这种讨论氛围是由讨论主题、学生心理情绪和智力活动三个因素构成的。讨论主题要切中要害，有实际意义和价值，有一定趣味性和智力激励作用，让学生在讨论中畅所欲言、开动脑筋。教师必须给学生松绑，努力营造宽松、民主的讨论氛围，寻找民主解决矛盾的途径，引发学生探究。

2. 明确讨论的要求

讨论是有目的的，因此要有明确的要求。讨论要充分考虑不同水平学生的合理搭配；注意时间安排，每次讨论前，教师要提出时间要求；讨论次数在一节课中不宜安排太多，讨论要面向全体，给每个学生提供机会（一般每个讨论小组应包括主持人、记录员、发言人、组员等），让学生增强民主意识和责任感；认真对待讨论，避免凑热闹、走过场的现象发生；要注意讨论结果的汇报。

3. 注意讨论题目的选择

一方面可以选择易混淆的、可能产生争议的问题让学生讨论，这样能使学生讨论后澄清错误的认识，调整思维，增进对问题的理解。另一方面可以选择答案不唯一、解法不唯一的问题进行讨论，让学生发表不同的意见，提出各种解决问题的方法，相互比较、选择最佳、开

---

① 刘娟娟.小学数学教学技能[M].上海：华东师范大学出版社，2011：141－142.

阔思路。

4. 注意教师在讨论中的作用

讨论并不是“放羊”,要注意教师的主导作用。教师在各组讨论时要加强巡视、听取讨论,必要时可介入讨论,发表自己的观点。在巡视中要注意捕捉有用的信息,及时向其他小组传输,发挥各讨论小组之间“对话中转站”的作用,激发组与组之间的讨论。讨论中,教师要及时对发言人进行适度的鼓励性评价,调动学生参与的积极性。注意评价各组讨论的效果,使讨论成为在教师主导作用充分发挥的情境下进行的学生自主参与的教学活动。

(四) 数学课堂活动的设计

数学课堂活动是指学生在课堂教学中的思维活动和操作活动,包括学生自主的学习活动、学生的实践活动、学生的探索和创造活动。它是学生解决数学问题、进行数学思维、体验数学情感、形成数学态度和价值观以及获得数学知识和技能的有效途径。一般来讲,教师在进行小学数学课堂活动设计时,要关注以下几个方面:

1. 围绕教学目标设计真实有效的数学课堂活动

数学课堂活动的设计要避免流于形式,要真实有效。真实有效的数学课堂活动设计,可以从以下几个方面着手:

(1) 教学目标向活动步骤转化

数学课堂活动最忌讳的就是盲目性。数学课堂活动的设计要围绕教学目标展开,将教学目标具体化,转化为可操作的活动实施步骤。例如,对于教学目标:“①知道三角形的内角和是180°,并能进行相关计算。②能用不同的方法进行实验,培养多角度、多方法思维的习惯与能力。”其中第二个目标可以这样设计活动步骤:引导学生小组讨论用哪些方法可以求证三角形内角和是180°;用测量法求证;用折叠法求证;用拼凑法求证;小组汇报交流求证结果,并谈谈数学问题多角度思维的切身感受。

(2) 给予充足的数学课堂活动时间

开展数学课堂活动,不仅包括外显操作活动,还包括内隐思维活动。特别是数学思维活动,它是数学课堂活动的主要内容。数学思维是需要时间的,只有给予充分的时间,学生才有可能达到真正的思维状态,才有可能充分思维,想得明白。例如,教师在教学“方程的意义”时,让学生将一组由生活事例中抽象出的式子进行分类,在分类的基础上进一步抽象出方程的意义,教师为此提供了充足的活动时间,学生在课堂上能够充分地交流、分类、比较,在真实的活动中理解方程的意义。

(3) 给予及时点拨和引导

教师要充分发挥自身在数学课堂活动中的主导作用,对学生的探究、交流等活动作出适时的、富有针对性的指导,引导学生积累科学的数学课堂活动经验。特别是对于学生在活动过程中出现的问题、碰到的困难要及时给予帮助;对于数学课堂活动中的一些不良问题要及时发现、纠正,并给予正确的引导。

2. 重视学生数学思维活动的设计

小学数学课堂活动要重视内隐思维活动的设计,激发学生进行数学思维,发展数学思维,这是数学课堂教学的主旨所在。在设计数学课堂活动时,应在知识的疑难处、重点处、转折处、衔接处、拓展延伸处让学生去“思”“议”“评”“操作”。但是,要注意突出重点、解决疑难、拓展思维,培养学生的创新精神和实践能力,只有这样才能收到事半功倍的效果。

3. 追求数学内隐思维活动和外显操作活动的统一

我们说数学课堂活动既包含外显操作活动,也包含内隐思维活动,它们是同一个活动的两个方面,是统一于同一个活动之中的。例如,课堂上教师给出不同形状、大小的三角形,要求学生通过观察,将这些三角形进行分类。在这个活动中,外显的操作表现就是学生对三角形学具的摆弄与观察,同时进行的内隐数学思维活动则是“锐角三角形、钝角三角形、直角三角形各自的含义和特点是什么”“与三角形的大小是否有关”等涉及数学知识本身的问题的思维。

追求两者的统一,是为了避免小学数学课堂活动流于形式的现象,杜绝数学课堂活动失去其本真意义的可能性。数学课堂活动应该能激发学生的数学思维,发展其数学思维品质和能力。

(五)单元整体教学设计

“2022年版课标”提出:改变过于注重以课时为单位的教学设计,推进单元整体教学设计,体现数学知识之间的内在逻辑关系,以及学习内容与核心素养表现的关联。单元整体教学设计要整体分析数学内容本质和学生认知规律,合理整合教学内容,分析主题—单元—课时的数学知识和核心素养主要表现,确定单元教学目标,并落实到教学活动各个环节,整体设计,分步实施,促进学生对数学教学内容的整体理解与把握,逐步培养学生的核心素养。

数学单元教学设计是在整体思维指导下,从提升学生数学核心素养的角度出发,通过教学团队的合作,对相关教材内容进行统筹重组和优化,并将优化后的教学内容视为一个相对独立的教学单元,以突出数学内容的主线以及知识间的关联性,在此基础上对教学单元整体进行循环改进的动态教学设计。①

1. 数学单元教学设计的特征

(1) 整体关联性

数学单元教学设计将碎片化的数学知识与思想方法等进行模块式整合,有助于学生从整体上把握教学内容,确保知识结构的完整性,明确单元内容在课标以及整个学段中的定位与要求。数学单元教学设计在单元整体思维的统领下,从单元教学的整体目标出发,统揽全

① 吕世虎,杨婷,吴振英.数学单元教学设计的内涵、特征以及基本操作步骤[J].当代教育与文化,2016,8(4):42-46.

局,将教学活动的每一步、每一个环节都放到教学活动的大系统中考量。在设计的过程中,教师既要从单元整体角度考虑,也要注意所划分的这些阶段之间以及每个阶段的课时之间的衔接、铺垫等。

(2) 动态发展性

以单元为单位进行教学设计,会克服课时教学设计因调整教学方案的空间相对较小而导致的僵化性与机械性,留给教师充足的时间与空间去调整教学节奏,针对前期教学中出现的问题或者涌现出的新想法,对原有的教学方案加以调整、完善。单元教学设计实施后,需要教师对设计进行反思。

(3) 团队合作性

以单元为整体进行教学设计,教师需要高度协作、集思广益,明确单元划分,对教材内容进行统筹重组,梳理内容主线,确定单元教学目标与具体阶段教学计划,从而形成初步的单元教学方案。教师之间还要互相交流,对最初方案进行适当调整。教学结束后,通过对学生学习结果的评价,总结本次教学的经验与不足,修改教学设计。

教师要重视对教学内容的整体分析,了解数学知识的产生与来源、结构与关联、价值与意义。教师引导学生从数学概念、原理及法则之间的联系出发,建立起有意义的认识结构,体会不同教学内容之间数学思想方法和研究方法的一致性和可迁移性,帮助学生学会用整体的、联系的、发展的眼光看问题。

2. “多边形的面积”单元教学设计

在学习“多边形的面积”之前,借助方格纸,学生体验“数方格法”在探究长方形(正方形)面积中的应用,理解面积的意义,感受度量思想;经历观察、比较、操作、探究、分析、交流、归纳和反思等活动,初步掌握把未知图形转化为已知图形的方法,培养问题意识、空间观念和推理能力;在解决问题的过程中积累数学活动经验。

“多边形的面积”单元包括:平行四边形的面积、三角形的面积、梯形的面积、组合图形的面积、解决问题(不规则图形的面积)、整理复习。虽然每课时内容各不相同,但都需要建立在学生数、剪、拼、摆的操作活动之上,并且都要用到“转化”这一数学学习和研究的重要思想方法。在独立思考和合作交流的基础上,学生选择合适的方法探索平面图形的面积计算方法和原理,进一步积累数学活动经验,在操作中发展空间观念,提升解决问题的能力。设法把所要研究的图形转化为已经会计算面积的图形,主动探究它们之间的联系,从而掌握面积的计算方法,通过讨论交流,把操作—转化—推导的过程叙述出来,达到思维和表达的一致性。运用多种方法推导面积计算公式,尝试从不同角度思考和探索解决问题的路径。通过观察操作,认识简单组合图形的构成,并能正确地进行计算。能对学习过程进行反思和评价,对获得的结论展开比较、分析、综合,提升元认知能力。能够联系该单元前后知识,有效拓展,实现数学方法模型化,提升高阶思维能力。

案例 5-3

● 本单元的教学目标可整体确定如下①：

(1) 测量图形的面积，实质是测量该图形所包含的面积单位的个数。

(2) 可以借助图形与图形之间、各图形要素之间的关系，推导出多边形的面积公式。

(3) 多边形面积公式的不同推导过程有着共同的原理，都是将未知转化为已知去解决新问题。

(4) 以上过程发展了学生的几何直观、推理能力和空间观念等数学思想。

● 教学过程设计：

教师引导学生通过对平行四边形、三角形和梯形等多边形面积公式的自主探究和深入思考，不断理解面积度量的本质，持续感悟“转化”的思想方法。

典型课例 1：平行四边形的面积

平行四边形的面积公式是面积计算的一个关键模型，本节课形成的“将未知转化为已知去解决新问题”等大观念对后续的三角形、梯形、圆形、组合图形以及不规则图形等的面积计算都有着重要的启示作用。

教学设计基本环节：复习长方形的面积公式及推导过程；探究怎样计算平行四边形的面积(“数方格”与“剪拼法”)；辨析“剪拼转化”与“推拉转化”的异同；获得面积公式：平行四边形的面积＝底×高。

典型课例 2：三角形的面积

教学设计基本环节：

唤醒经验，引导思考：平行四边形的面积公式是怎么推导出来的？如果给你一个新的图形应该怎么考虑。

自主探索，推导公式：①探讨用两个三角形推导的方法；②探讨用一个三角形推导的方法。

经过对三角形面积公式不同推导方法的比较，学生会发现“不同方法背后有共同的道理”，即都是将未知转化为已知。

典型课例 3：梯形的面积

教学设计基本环节：

回顾旧知，提出设想：回顾平行四边形、三角形面积公式的推导过程。

---

① 牛献礼. 以大观念为核心重构单元学习——“多边形的面积”单元整体教学的思考与实践[J]. 中国教师，2022(4)：65-69.

自主探索,交流分享:①用两个完全相同的梯形拼成一个平行四边形;②沿着梯形两个腰的中点连线并剪开,拼成一个平行四边形;③沿着梯形的对角画一条线,把它分成两个三角形。

归纳总结:梯形的面积=(上底+下底)×高÷2.

各部分的教学都注重“思想融合”,关注学生对具体知识背后的“大观念”的持续性理解。借助多媒体演示,学生看到梯形面积与三角形、平行四边形、长方形、正方形面积之间的关系变化,结合用字母表示变化前后图形的面积,沟通图形面积公式之间的联系,形成以梯形面积公式为“通式”的结构图式,如图 5-6,渗透转化思想,感受数学思想方法的魅力。

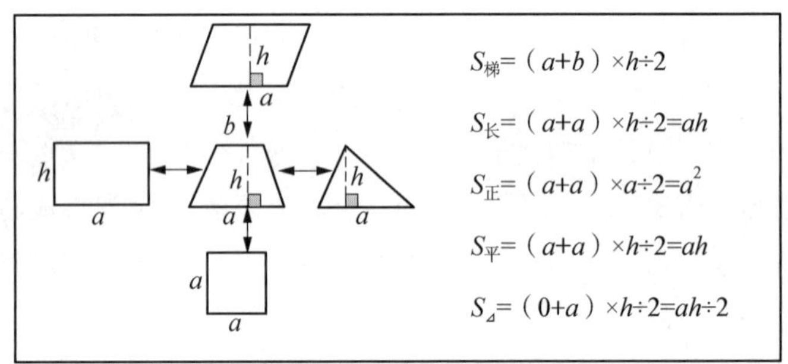

图 5-6　多边形面积结构

借助方格纸,用“分类数”和“转化算”的方法估测不规则图形面积;学生在自主探索解决问题中感受解题策略、方法的多样性;提升迁移类推和估算能力,体会转化、优化等数学思想方法。在校园中进行实际测量和计算活动,解决组合图形(梯形面积、三角形、平行四边形、长方形、正方形)面积计算问题,提高综合应用数学知识和方法解决实际问题的能力。

该单元教学内容,“平行四边形的面积”既是起始课,又是本单元具有关键作用的“种子课”,学生经历从数方格到剪拼转化的过程,重在学习利用转化方法解决问题;“三角形的面积”一课中,学生既经历拼合也经历剪拼,重在明确如何进行转化;“梯形的面积”一课中,重在转化方法的应用和拓展。探索每一种图形面积之后,及时跟进设计包含基础练习、变式练习、综合练习和拓展练习的复习提高课程,既巩固知识,又培养学生的应用意识和创新能力。

(六) 课堂小结的设计

小结是指完成一个教学内容或活动时,教师对知识进行归纳总结,使学生对所学知识形成系统,从而巩固和掌握教学内容的教学行为方式,它也是教学过程中的重要环节。如果说巧妙地导入能激发学生的学习兴趣,点燃智慧的火花,开启思维的闸门,那么恰到好处的小结则能起到突出重点、强化记忆、画龙点睛、承上启下、使人回味无穷的作用。

1. 小结的类型

（1）总结概括式小结。由教师或学生完成，概括本节课的内容，强调重点，指明关键，提出要求。可用叙述、图表、图示等多种方法总结概括，其特点是系统、完整、简明、扼要，给学生留下一个清晰的整体印象，便于记忆、理解、掌握本节课的内容。

（2）比较异同式小结。比较新知与原有知识的异同，加深拓展学生对知识的理解，知识间可能是并列的或是对立的，也可能是近似的、易混淆的，通过比较分析，找出它们各自的本质特性或不同点，找出内在联系或相同点，使学生对概念理解得更加准确、深刻，记得更牢固。如"正、反比例关系"的小结可以采用这种形式。

（3）提示规律式小结。对教学中的性质、公式、规律等数学事实以及解决问题的方法、步骤进行总结，促进学生有序思维的完善和发展。

（4）延伸发展式小结。将课内知识延伸到后续内容或课外，通过这样的延伸架起知识和兴趣之间的桥梁，保持学生对后续内容的兴趣，引导学生对课外学习产生兴趣。尤其对学有余力的学生，这类小结能把他们带入到科学研究的殿堂之中。

（5）首尾呼应式小结。一节完整的数学课，一般要注意到首尾连接、前呼后应、有因有果，形成一种整体感，使学生对数学知识形成系统结构。

总之，无论用什么方式小结，都应让学生感觉到"课已尽，而意无穷"。

2. 设计小结时要注意的问题

（1）紧紧围绕着教学目标，突出重点，抓住关键。

（2）简明、扼要、画龙点睛，注意形式新颖，给学生以新鲜感。

（3）要与板书设计配合好，并把握好时间，不能压堂。

（4）小结应"水到渠成"，自然流畅，而不是机械加工，更不能画蛇添足。

（七）板书设计

课堂中多媒体教学以其生动、直观、高效等特点，给深化课程改革注入了生机与活力，但传统板书仍有着自己独特的优势，不应削弱。要在目的性、时段性、简约性、灵活性、示范性原则的指导下进行提纲式、流程式、表格式、图解式的板书设计和运用。要注意板书书写的时机、板书类型的选择、板书色彩的搭配和板书留白的使用。

利用板书，教师可对相互关联的教学内容作精心布局以及长时间甚至整堂课的保留，以便为学生讲解、辨析知识间的关系或引导学生去探寻、发现知识间的逻辑。逻辑性板书展示出数学知识产生的先后顺序，让学生厘清知识的来龙去脉，如图 5－7。逻辑性强的板书能让学生潜移默化地感受数学知识的严密性。①

板书的呈现结构应贴合知识间的关系；书写顺序要顺应逻辑关系和思考路径；概念教学

---

① 张卫星．小学数学有效板书的八个特性[J]．教学与管理，2015(3)：31－33.

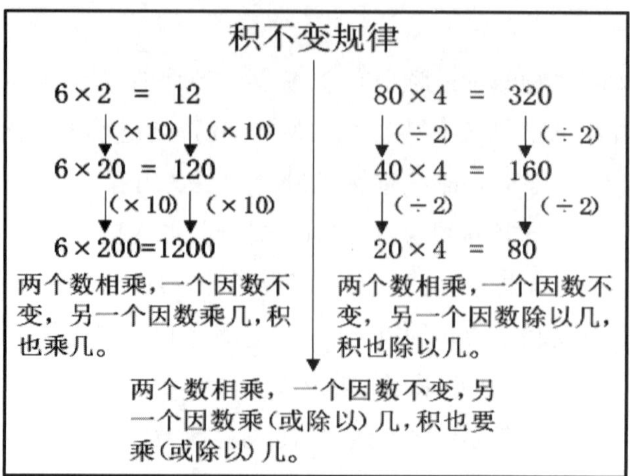

图 5-7

中善用数学对象的多元表征来调控教学内容的抽象程度；解题教学中巧用线索式板书去引导学生探索解题思路；变式教学中活用板书以实现一题多用、一图多用，在提高板书效率的同时助益数学知识的架构与黏合；等等。①

（八）撰写教学后记

教学后记又称教学反思，一般是在课程结束后，对教学设计方案实施情况的检查、回顾，可记录教学中的闪光点、设计巧妙之处、教学的好方法以及不当之处等，可作为以后教学的参考和借鉴。这一部分易被教师忽视，但它却对教师未来的成长作用重大，有利于提高教师的教育教学水平。

 案例 5-4

《长方形、正方形面积的计算》教学设计②

一、 教材分析

在认识长方形和正方形的特征和学会用单位度量面积的基础上，学生学习长方形、正方形面积的计算。长方形面积的本质在于度量，即通过计数面积单位的个数，实现对图形大小的定量刻画。探究长方形面积计算方法属于规律性的内容，规律的形成需要进行多层面的操作、探究、验证。这部分内容主要是引导学生探索长方形、正方形的面积公式，并利用公式解决一些简单的实际问题，这样安排不仅能培养学

① 陆珺.技术热背景下传统板书的功能审思——以数学教学为例[J].中国教育学刊，2019(6)：74-78.
② 杨敬执教，天津市南开区中营小学；杨敬、范文贵修改。

生的自主探索能力、合情推理能力,还为今后度量其他图形打下良好的基础。

二、 教学目标及教学重难点

(一) 教学目标

1. 学生经历探索长方形、正方形面积计算方法的过程,掌握长方形和正方形面积计算公式。

2. 学生经历探索公式的过程,形成归纳、推理与概括的能力。学生在合作探究中提出问题,能应用面积公式解决简单的实际问题。学生感悟测量的本质,发展量感。

3. 在数学学习活动中体会数学的应用价值,提高学生学习数学的兴趣。

(二) 教学重难点

1. 教学重点:学生会运用公式正确地计算长方形和正方形的面积,发展量感。

2. 教学难点:通过动手操作,发现、推导长方形和正方形的面积公式。

三、 教学方法

除了讲授法、练习法、讨论法等,教师让学生通过“实验—猜想—验证—概括”的过程来探究面积公式。

四、 教学过程

(一) 复习导入

师:我们学过哪些面积单位?(“平方厘米、平方分米、平方米……”)比划一下:1平方厘米大约有多大?(“一个指甲盖的大小,一个开关的大小……”)

师:再比划一下:1平方分米大约有多大?

找一找身边哪个物体的表面大约是1平方米?

师:二年级时,我们曾经学过测量线段的长度。请大家观察图中线段(如图5-8),右边这条线段有多长?怎样测量?

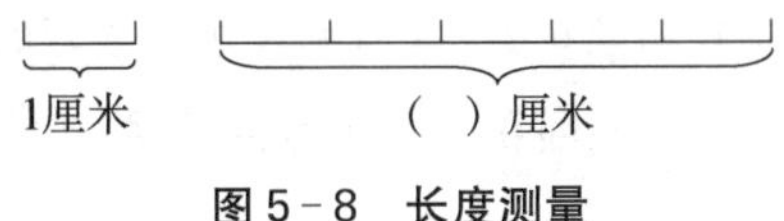

图5-8　长度测量

生:这条线段里面有5个1厘米,所以长5厘米。

【设计意图:复习上节课学过的面积和面积单位的概念,通过用手比划面积单位及寻找身边的面积单位增强学生对这些概念的感知。教师设计回顾测量线段长度的环节,唤醒学生已有的度量经验,促成其向面积测量类比迁移,有利于学生理解面积测量的本质。】

(二) 探究长方形和正方形的面积公式

1. 设计情境,感知面积公式

出示一张哪吒手拿正方形学具的图。(如图 5－9,小哪吒:天津非物质文化遗产代表,他手中有一个面积为 1 平方分米的正方形)

师:谁能回答他手中的这个正方形的边长是多少?

图 5－9

图 5－10

他还为大家准备了一幅长方形的拼图,但不小心打乱了。(点击课件显示)拼图的完整图是新民园广场(如图 5－10,天津五大道文化旅游区一个著名景点)的全景。每块小正方形拼图都是 1 平方分米,谁能说说这个长方形包含多少个 1 平方分米的拼图?

学生的解答:一行 4 个,有 3 行。4×3＝12(个)。

【设计意图:结合天津新民园广场这个真实情境,教师安排了用面积单位测量长方形面积的活动,为学生感知面积公式提供直接经验。由拼图游戏引出本课教学内容,增强学生学习数学的兴趣。结合天津本地的风土人情选取素材,渗透热爱祖国、热爱家乡的教育。学生通过探索真实情境所蕴含的关系,发现问题和提出问题,突出度量活动;通过操作与思考,理解长、宽与面积单位个数之间的联系。在计算长方形面积的过程中着重训练几个几相乘的运算,为后面推导面积公式打好基础。】

2. 猜想(长方形的)面积与谁有关

师猜想:长方形的面积会和谁有关?(当无人回答或者答错时,教师播放动画动态演示长和宽的变化,然后再猜想面积与长和宽的关系,进入验证环节)

3. 验证面积公式

教师提问:“大家猜想一下,长方形的面积和长和宽有怎样的关系呢?”根据学生的回答引入验证环节。

(1) 摆图形,填表格

请学生读出活动要求:

① 将任意几个 1 平方分米的正方形摆成长方形(或正方形);

② 边操作,边填表;

③ 思考:长方形(或正方形)的面积与长和宽的关系是什么?

	每行小正方形个数	行数	总个数	面积(平方分米)
① 长方形				
② 长方形				
③ 长方形				
④ 正方形				

教师加强指导,请学生再说说每一步怎样操作,注意什么。

【设计意图:指导学生摆面积单位和填表格探究是重要环节。学生要明白怎样摆,怎样填表。必要时可以先请一组同学示范怎样操作。】

(2) 小组活动,汇报数据

请 4 个小组的同学汇报数据,并填表。

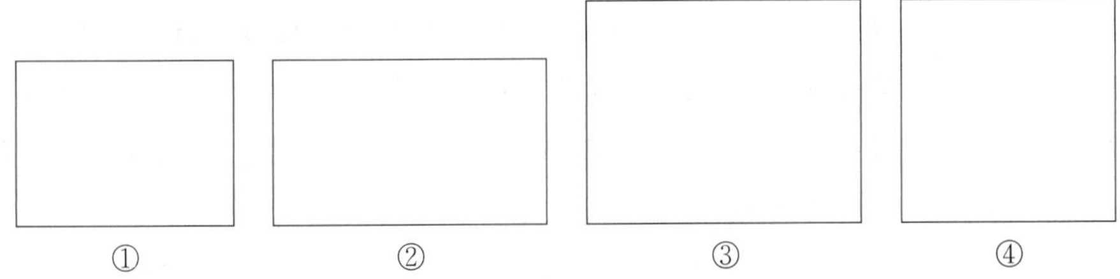

图 5-11

	每行小正方形个数	行数	总个数	面积(平方分米)
① 长方形	3	2	6	6
② 长方形	4	2	8	8
③ 长方形	4	3	12	12
④ 正方形	3	3	9	9

【设计意图:在汇报过程中,根据自己小组摆的图形学生说明长方形(或正方形)长是几,就摆几个 1 平方分米的面积单位,宽是几就摆几行,求它的面积就是求几个几相乘得到的结果。学生通过操作、观察、比较、归纳等,体会长方形面积与面积单位个数之间的关系,体会面积单位个数与每排小正方形的个数、排数之间的关系,体会每排小正方形的个数与长方形长之间的关系、排数与宽之间的关系,进而在长方形的面积与长、宽之间建立联系。】

(3) 残缺的门票——特例延伸

教师手中举着一张残缺的天津滨海航母主题公园门票(幻灯片投影,如图 5-12)。在票的背面也画出了 1 平方厘米的小方格(如图 5-13)。每个学生有一个门票复印件,请学生说出原来门票的面积。

生:如图所示,每行有 9 个小正方形,也就是 9 平方厘米。摆了 5 行,就是 5 个 9 平方厘米,面积是 45 平方厘米。

图 5-12

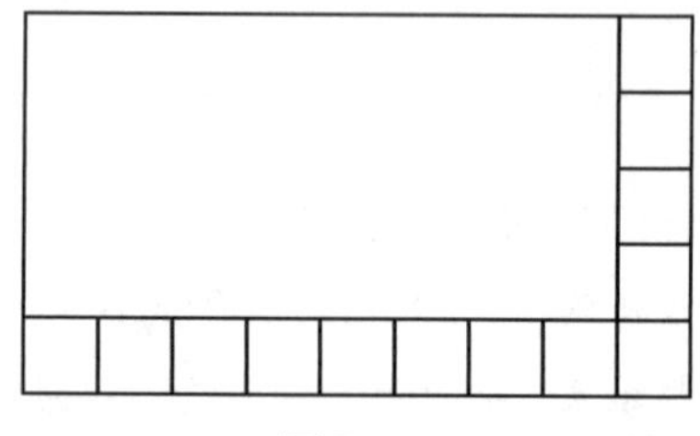

图 5-13

【设计意图:用面积单位摆 4 个长方形(或正方形)以后,学生观察残缺的门票,进一步抽象、拓展。观察整个图形,学生借助操作、想象和推理,认识到"9"和"5"不仅表示长方形长和宽的厘米数,也表示沿着长方形的长一排可以摆出的 1 平方厘米小方格的个数,以及沿着长方形的宽能摆的排数,即长方形长、宽的长度对应的方格数。将一排的方格数和排数相乘,得到一个具体的"数",这个数就是该长方形的面积。引导学生发现长方形(或正方形)的面积计算方法以及算理,让学生体验面积的度量如何从二维的用面积单位度量转化成先用一维的长度单位度量,长宽相乘,得到长方形面积。】

(4) 概况总结

幻灯片投影展示一个小组的表格和图形,大家一起观察。

师:如图中所示(图 5-14),去掉单位正方形,直接在长、宽边长上标记出单位点,如何计算这个长方形面积?

生:长方形面积=5×3=15

师:那么如果知道长和宽,如何求长方形面积(如图 5-15)?

生归纳总结:长方形的面积=长×宽

图 5-14 整数单位长方形

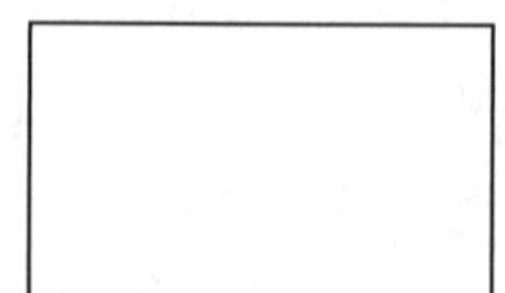

图 5-15 长方形

如果有同学填表是正方形的，投影展示。希望有同学说出当长方形的长和宽相等时，就成为正方形。所以正方形的面积=边长×边长。这样省去摆学具的环节。

【设计意图：规定的面积单位是正方形，在长方形中“成行成列”，因此匹配乘法模型“每行的面积单位个数×行数=面积单位的总个数”。这一模型经过提炼就得到长方形的面积公式：“长方形的面积=长×宽”，实现了从“计数”到“公式计算”的升级。围绕探究长方形所含的面积单位的个数这一数学本质操作与思考、交流与表述，学生经历用面积单位“全铺—边铺—点铺—不铺”的过程，从“小正方形度量”到“先量后算”，从具体形象思维过渡到抽象逻辑思维，建立长方形的长、宽与面积单位之间的联系，理解长方形面积的意义。】

（三）练习巩固所学知识

1. 列式、口算

(1) 快速抢答：求下列三个图形的面积(幻灯片显示，只说出得数和单位名称)。

① 长和宽分别为6厘米、2厘米的长方形；

② 长和宽分别为4米、9米的长方形；

③ 边长为6分米的正方形。

(2) 展示天津盘山风景的明信片(如图5-16)，给出长、宽，列式口答其面积(学生自己体会出要统一单位)。

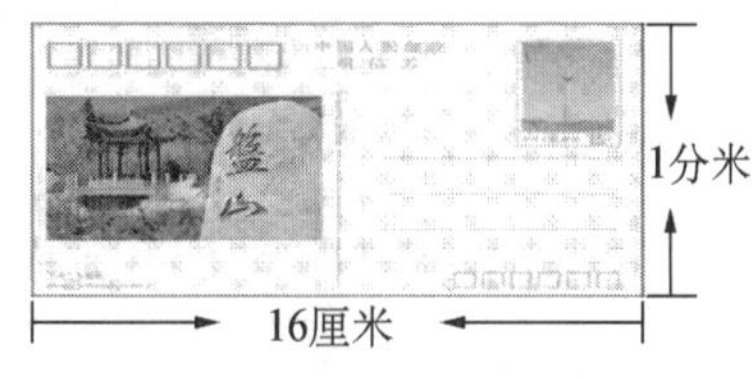

图5-16

【设计意图：快速抢答题可以活跃课堂气氛，还可以强化利用公式计算面积。结合天津自然景观“盘山”，给出明信片边长，单位不统一，故意造成解答混乱，从而强调统一单位的重要性。】

2. 判断练习

这是一枚边长为4厘米的邮票(如图5-17，在天津发行的中国第一枚邮票：龙票)，求它的周长与面积，它们相等吗?

图5-17

【设计意图：学生刚接触面积这一概念，容易将它与周长混淆。设计此题为了辨析概念。课件中用动画展示了中国第一枚邮票的周长是由四条封闭曲线围成的；面积是物体表面的大小。】

3. 解决问题

师：这是一张“美丽天津”的宣传海报(如图5-18，分别是海报的正面和反面)。它长4米、宽2米。每平方米的制作费用是100元。制作这张宣传海报一共需要多少元?

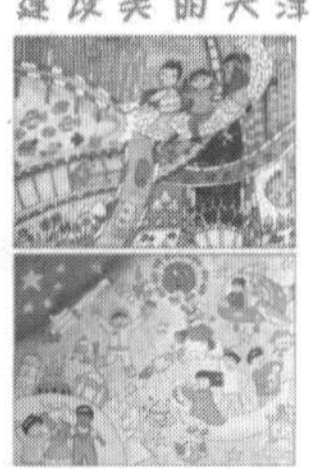

图5-18

(四) 拓展训练(课件显示,如图 5-19)

每个小长方形的长是 3 厘米,宽是 2 厘米,你能算出这张卡片的面积吗?

【设计意图:解题思路:移动这几个面积单位,每行 5 个,摆 5 行,铺满这个长方形需用 25 个小长方形。每个小长方形面积 6 平方厘米。25×6=150 平方厘米。还有其他方法。让学生读读"大胆假设,小心求证"这句话,体会学习的过程就是经历先"猜想,再验证"的环节。】

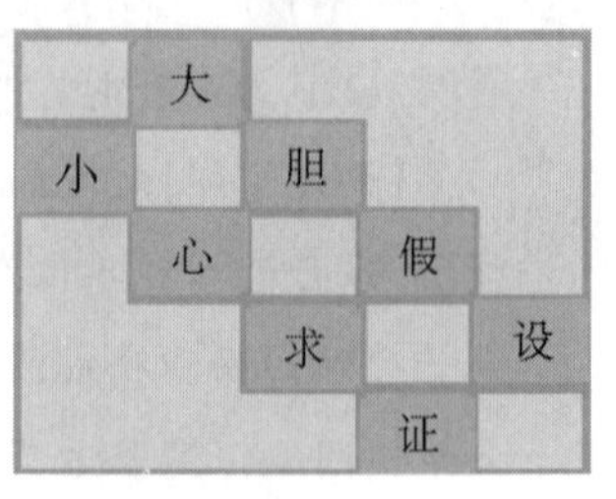

图 5-19

五、板书设计(略)

第三节 小学数学说课

一、说课概述

(一) 正确认识说课

说课是指教师在备课的基础上,根据现行数学课程标准及相关教学理论,于授课前主要用口头语言对领导、同行或评委,就教材内容、教学目标、教法、学法、教学过程等方面的内容进行全面的设计与阐述,不仅要层次清晰地说明这节课怎样教,而且要简练精辟地揭示这节课为什么要这样教。它是教师将教学设计及其依据转化为"教学活动"的一种课前教研活动,也是督促教师业务文化学习和进行课堂教学研究、提高业务水平的重要途径,还是评估教学水平的有效手段。

1. 说课与授课的异同

说课与授课既有相同点,又有不同处。其相同点在于两者都是针对同一节课。不同处在于:第一,目的不同。授课的目的是将书本知识转化为学生知识,进而培养能力;说课的目的则是向听者介绍一节课的教学设想,使听者听懂。第二,内容不同。授课的主要内容在于教哪些知识,怎么教;说课则不仅要讲清上述主要内容,而且要讲清为什么这样做。第三,对象不同。授课的对象是学生;说课的对象是领导、同行或专家、评委。第四,方法不同。授课是教师与学生的双向活动,在教师的指导下,通过读、讲、议、练等形式完成;说课则是以教师自己的解说为主。

2. 说课与备课的关系

(1) 说课是集体备课的一种重要形式,是有目的、有计划、有准备的教研活动(动态的);备课是上课前的准备工作,是教学工作的重要环节(静态的)。

（2）说课是面向同行的；备课是面向学生的。

（3）说课是教师集体进行备课活动，说课时使用明显的外部语言，简单清晰、合乎逻辑地叙述备课的思维过程；备课是教师的个体活动，使用的是隐性的、内部的及书面语言。

（4）说课要求用教育理论指导教学实践，不仅要说怎么教，还要说为什么这样教；备课着重研究解决课堂教学中的“教什么、怎样教”等教学内容及实施技术问题。

（5）说课所写的讲稿，是为满足听说课的同行的需要，只需对教学方案作纲目式、摘要式、论理性的述说；备课所写的教学设计，是为适应课堂教学中师生双向活动顺利进行的需要，要求书写具体、详细，甚至教学例题的求解都详细罗列，以利于课堂教学中重现。

（二）说课的类型

1. 研究性说课

这种类型的说课，一般以教研组或年级组为单位，常常以集体备课的形式，先由一位教师事先准备并写好讲稿，说课后大家评议修改，变个人智慧为集体智慧。这种说课可以一星期搞一次，教研组或年级组里的教师可以轮流说课，这是大面积提高教师业务素质和研究能力的有效途径。

2. 示范性说课

示范性说课一般选择素质好的优秀教师，先向听课教师示范性说课，然后让说课教师将课的内容付之于课堂教学，最后组织教师或教研人员对该教师的说课及课堂教学作出客观公正的评析。听课教师从听说课、看上课、听评析中增长见识，开阔视野。示范性说课是培养教学能手的重要途径。

3. 评比性说课

要求参赛教师按指定的教材，在规定时间内写出说课稿，然后登台演讲，最后由评委评出比赛名次。开展评比性说课，有时除了说课，还要求将说课内容付之于课堂实践，或者把说课与交流有关“说课”的理论和经验结合起来，以便把“说课”活动推向更高的层次。这是培养学科带头人和教学行家的有效途径。

二、说课的优点与功能

（一）说课的优点

说课与其他教研活动相比，具有以下四个突出优点：

（1）机动灵活。说课不受时间、地点、教学设备的限制，可随时随地进行，也不受教学对象和参加人数的制约，只要两个人以上即可进行。

（2）短时高效。单纯的说课一般时间较短，10—20分钟即可完成，但内容却十分丰富，既包括教师对教材的理解掌握和分析处理，又包括教法设计；既要说清怎么教，又要讲出为什么。

(3) 运用广泛。说课的运用很广,领导检查教师备课、教师之间研究教学、评价教师的教学水平、开展教学技能竞赛等均可采用说课的方式。

(4) 理论性强。说课的理论因素很浓,能充分体现教师的教学思想。上课是实践性的表演,说课是理论性的分析,教师没有一定的理论水平,是说不好课的。

(二) 说课的功能

说课除了具有上述优点外,还具有以下功能:

(1) 检查功能。领导可以通过教师说课,检查其备课情况,指出存在的问题,促使其修改教学方案,进一步提高备课质量。

(2) 评价功能。通过说课,评价教师的教育教学理论功底、文化知识及专业知识的掌握程度、教师的业务能力,进而综合评价教师的教学水平。同时,说课后要有答辩,通过答辩,能更真实、更准确地测试出教师的文化业务水平。

(3) 培训功能。教师说课需要说清教材分析和处理、教法设计,还需讲出这样做的依据,这就必然促使教师去钻研教材、钻研教法,学习教育教学理论,不断提高自身业务素质。

(4) 研究功能。说课与评"说"是紧密结合在一起的,教师在说课前需要深入研究,评者要给予点拨、指导评价。说评结合,共同总结教学经验,使教学由实践上升到理论,促使教学研究进一步深入,为培养科研型教师打下基础。

三、小学数学说课的基本流程

说课阐明的是教学课题的教学设计,以及为什么要这样设计教学的分析。所以,说课的内容主要有两个方面:一方面是教学课题的教学设计;另一方面是对教学设计的分析,即为什么打算这样设计,也就是阐述这样设计的原因、依据。说课要说的内容包括:说教材、说教法、说学法、说教学程序。

(一) 说教材

主要说明"教什么"的问题和"为什么要教这些"的道理。在个人钻研教材的基础上,说清本节课的教学内容的主要特点,它在整个教材中的地位、作用和前后联系,并说出教师是如何根据课程标准和教材内容的要求确定本节课的教学目标、重点、难点和关键的。

说课要求:参照"2022 年版课标"、教材和教学参考书,正确说出教材内容及其设置依据,这一内容在教材中的地位、作用,这一内容的教学目标及确定的依据,这一内容的重点、难点、关键及其各自的确定依据。

1. 教材内容及其设置依据

(1) 教材内容

说课要求:正确说出教材内容的基础知识、基本技能和涉及的基本能力,以及反映数学学科特点的特殊内容，比如数学教材内容中蕴含的数学思想、方法等。

（2）教材内容设置依据

说课要求：根据教材内容设置应遵循的原则，结合具体的教材内容，正确说出某一内容的设置依据。

2. 教材内容在教材中的地位、作用

（1）教材某一内容在教材中的地位

说课要求：准确地说出与教材某一内容相关联的前、后知识。

（2）教材某一内容在教材中的作用

说课要求：准确地说出用教材中的哪些内容可以解决教材中的哪些知识性问题和相关的实际问题。

3. 教学目标及其确定依据

（1）教学目标

说课要求：正确地说出该节课要达到的具体教学目标。

（2）确定教学目标的依据

说课要求：逐步会用数学的眼光观察现实世界，会用数学的思维思考现实世界，会用数学的语言表达现实世界。教师在充分理解核心素养内涵基础上，准确把握教学内容，充分分析学生基础，从“四基”“四能”以及情感、态度和价值观等方面，确定核心素养导向的教学目标。

4. 教材的重点、难点、关键及其确定依据

（1）教材的重点、难点、关键

说课要求：从知识的掌握、技能的形成和能力的培养等出发，准确地说出教材中某一内容的重点、难点以及掌握重点、突破难点的关键。

（2）确定教材重点、难点和关键的依据

说课要求：根据学生的心理特征和认知水平，正确地说出确定某一教材内容的重点、难点和关键的原因各是什么。

（二）说教法

主要是说明“怎样教”的问题和“为什么这样教”的道理。在确定教学目标要求后，恰当地选择最优化的教学方法是至关重要的。因此，要解释教师是用什么方法落实“四基”、突出重点、突破难点、渗透德育、培养能力、开发智力的，还要说出教师在教学中如何使用教具、学具或电教手段等。

（三）说学法

主要是说明学生要“怎样学”的问题和“为什么这样学”的道理。要讲清教师是如何激发学生的学习兴趣、调动其思维的积极性、强化学生主动学习的意识的，还要说出教师是怎样根据学生的年级特点和年龄、心理特征，运用哪些学习规律指导学生进行学习的。

（四）说教学程序

主要是说明教学设计的具体思路，课堂教学的结构安排和优化过程，以及教学层次衔接与教学环节转换之间的逻辑关系。首先可以说一说课堂设计的整体思路，再说一说具体教学环节的设计，即围绕整体突破难点的具体、有效的教学措施，另外还要介绍一下自己有特色的地方。

说课要求：清楚地说明教师教的活动与学生学的活动是如何有机结合的，包括某一教学内容的教学程序设计、教学媒体使用程序设计、板书程序设计及各程序设计的原因。

1. 教学程序设计及其设计原因

（1）教学程序设计

说课要求：正确、清楚地说明按照教材安排的先后顺序完成教学任务，或者是按照对教材进行重新组合后的先后顺序完成教学任务。

（2）教学程序设计原因

说课要求：根据教学目标，强调易于学生学习和掌握，以及有利于提高课堂教学效率，结合具体的教学内容，正确说出按照所设计程序进行教学的具体原因。

2. 教学媒体使用程序设计及其设计原因

（1）教学媒体使用程序设计

说课要求：结合具体的教学内容，正确、恰当、清楚地说出教学媒体的选择、分解、组合和应用的先后顺序，特别要说出教学媒体应用的最佳使用时机和最佳作用时机。

（2）教学媒体使用程序设计原因

说课要求：结合具体的教学内容说出教学媒体的最佳作用点和最佳使用时机、使用方法，以及教学媒体选择的具体原因。

3. 板书程序设计及其设计原因

（1）板书程序设计

说课要求：恰当地说出教学过程的板书设计。板书设计可以伴随着说课边说边写，也可以最后一起写出来。

（2）板书程序设计原因

说课要求：根据教学内容、学生年龄特征、教学空间、教学媒体的技术构成和教学功能，说出板书设计的具体原因。

四、说课中要注意的几个问题

说课是在没有学生配合的情况下，一切靠教师自己完成，这需要教师具有自信心、稳定力、应变力。只有消除心理紧张情绪，说课时才能从容自如。要做到以下几个方面：

（一）说课要有层次感

说课不要面面俱到，应把主要精力放在说教学程序上，这是重头戏。我们要说的都是一些教学预案，所以要多谈谈学生学习中可能碰到的困难和教师的教学策略。这里的层次针对某一教学环节来说也是如此。比如，在重难点的处理上，你设计哪些问题，如果第一套方案不行，第二套方案是怎样安排的；在练习中你安排了哪些习题，有没有体现出层次性等。例如，有的老师将说课的教学过程分为“四个环节”，其中第二环节又分为“两个层次”，第一个层次分为“两个步骤”。①

（二）说课语言要生动

说课有不同的类型、不同的目的，但却都要用语言表述。要动口，就要加强说的训练，要有说的功夫，要注重语气、语量、语调、语速、语感，恰当地运用独白语言和教学语言。

1. 独白语言

说课时大部分用的是这种语言，要用足够的音量使在场的每个人都听得清清楚楚，切忌自始至终一个腔调地念稿或背讲稿。速度要适当，语调的轻重缓急要恰如其分，让听者从你的抑扬顿挫、高低升降中体会出说课内容的变化。具体地说，教材分析要简明，理论根据要充分，教学方法和学习方法要说清楚，教学目的要分条款一一叙述，重点、难点则用重音来强调。

2. 教学语言

因为说课不仅要说“教什么”，还要说“怎样教”。说“怎样教”实际上就是要说出你准备怎样上课，只不过不是单纯地将课堂上的一问一答真实详细地展现出来，但是也要让听者知道你的教学设想和具体步骤。有问有讲，有读有说，用自己的语言变化将听者带入你的课堂教学中去，如设计的课堂导语、课堂的总结语、阐释和提问语都应运用教学语言，使听者未进课堂却仿佛看到了你上课的影子，感受到了你的课堂教学效果。

（三）恰当地使用视觉材料

并不是说课者在形成了说课的思维模式之后，他的说课就一定精彩了。有时光靠说课者单调地说，听者处于被动接收信息的状态，难免会“走神”。要抓住听者的注意力，调动听者的兴趣，刺激听者留下深刻的印象，可灵活采用视觉材料并将其恰当地组合在说课的主体中，以使说课呈现生动、精彩的局面。

所以，在说课前还要设计好使用视觉材料的时间、手段。如将板书、投影、演示、实验、特制的复合投影片、不同颜色的图表、直观教具、实物或实物图、多媒体等，恰当地组合在说课

---

① 吴兴元，于飞. 如何把课说好——以人教版五年级下册“图形的旋转”为例[J]. 小学数学教师，2018(5)：76－79.

中,促进听者思考,诱发听者的参与意识,使之随着说者的思路去理解说课的内容,从而取得最佳的说课效果。

总之,只有准备充分,才能使说课既具有科学性、逻辑性,又具有说服力和感染力,充实、深刻、熟练、生动,给听者留下深刻的印象。

五、说课示例

案例 5-5

"复式条形统计图"说课稿[①]

一、说教材

今天我说课的内容是人教版数学教材四年级下册(2014 年版)第八单元第一课时:"复式条形统计图"。小学生数据意识的培养与统计图是分不开的。本课重点是将两个单式条形统计图合并成一个复式条形统计图。本课的知识是统计知识链条中非常关键的一个拐点。如果在本课中掌握了包含两类数据的复式条形统计图,那么将来也就容易学习包含两类以上数据的复式条形统计图;同时,对于复式条形统计图的认知经历必然会迁移、拓展到对其他类型的复式统计图的认识和学习,如复式折线统计图。因此,本课主要是让学生自主探索复式条形统计图的绘制,并讨论复式图和单式图的区别与联系,最后进行相应的数据分析。在此之前,学生已经学习了单式统计表、复式统计表,单式横向、纵向条形统计图,并经历了把两个单式统计表合并成一个复式统计表的过程,这就为知识的学习奠定了思维基础。学生将两个单式条形统计图合并成一个复式条形统计图时,可能会出现简单拉近型、堆积型、并列无标示型、并列有标示型和带有图例型等情况。教师要实施有针对性的教学策略以解决学生出现的问题。

二、说教学目标及重点、难点

(一) 教学目标

1. 学生经历将两个相关联的单式条形统计图合并成一个复式条形统计图的过程,自主探索复式条形统计图的绘制方法。

2. 学生认识复式条形统计图,感受图例的作用。能根据复式条形统计图发现数学信息,提出数学问题并加以解决,分析统计图中数据的规律,根据数据作出合理性的预测和判断。

3. 学生体会统计在现实生活中的作用,感受身边的数学,关注社会人口问题,养成用数据说话的习惯。

① 作者:朱玉宾,天津师范大学教育学部,正高级教师,天津市特级教师。

（二）教学重点、难点

1. 经历复式条形统计图产生的过程，认识其在描述数据方面的特点，能根据统计图提出并回答简单的问题。

2. 能根据复式条形统计图中的有关数据作出简单的判断和预测，进一步体会复式条形统计图的作用。

三、 说教学方法

为了突出重点、突破难点、完成上述教学目标，根据教材的特点，除了采用讲授法、讨论法等，本课我将采用多媒体为主要教学手段，以学生自主探究学习为主要方式进行教学。在教学中创设情境，为学生提供丰富、生动、直观的观察材料，激发学生学习的积极性和主动性，并让学生亲自动手进行操作，经历复式条形统计图的生成、发展及形成过程，并掌握其特征，学会进行初步的数据分析。

四、 说教学过程

从培养学生主体参与和创新意识的角度出发，以自主探究的方式，分如下几个环节完成本课的教学：旧知呈现，问题导学——经历构图，形成表象——分析数据，深化认识——强化读图，巩固应用——联系生活，拓展认知——课尾小结，完整建构。

（一）旧知呈现，问题导学

在教学中，学生已有的知识经验是开展新知识学习的基础和起点。因此，新课伊始，通过对旧知识的复习，为学生学习新课奠定基础。

1. 复习旧知

教师借助课件分别出示两个统计表，然后合并为一个复式统计表，接着分别出示两个条形统计图（图 5 - 20 和图 5 - 21），说明这两个都是单式条形统计图。（板书：单式）

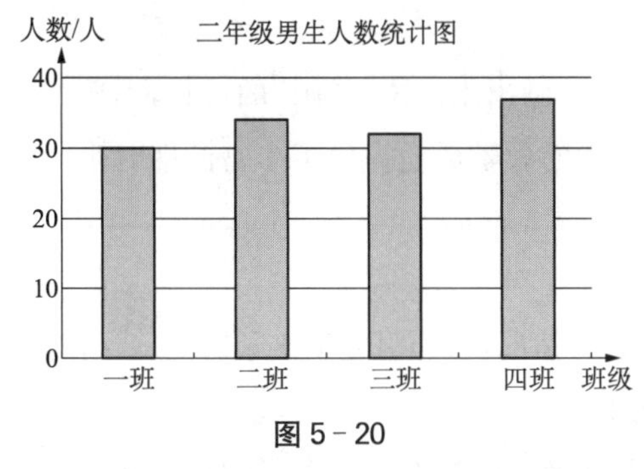

图 5 - 20

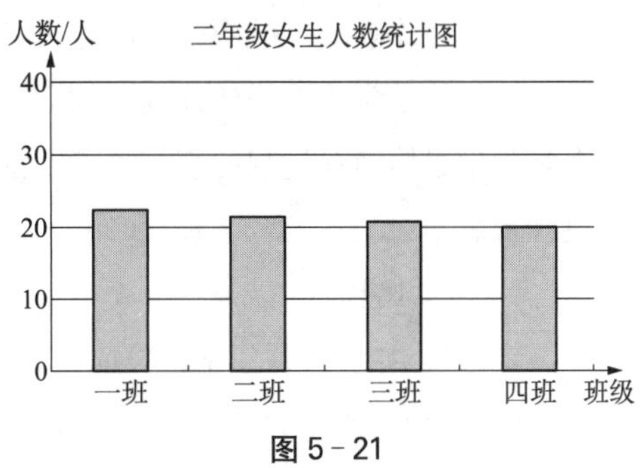

图 5 - 21

在此基础上，教师引导学生观察两个单式条形统计图，并提出问题：

（1）哪个班的男生人数最多？你看的是哪个统计图？

（2）哪个班的女生人数最多？这次看的是哪个统计图？

2. 提出问题

由于上面这两个问题能从单式条形统计图中直观地得到解答,因此比较简单。接着教师便在新知产生的关键处设置问题:

老师这里还有一个问题,看谁能一眼看出来? 问题是:男生和女生人数相差最多的是哪个班?

3. 分析原因

在出示两个单式条形统计图的基础上,设置了一个关键性问题:“哪个班的男生和女生人数相差最多?”使学生不能很快地找到答案,感受到在单式统计图中很难表示出两类数据之间的关系,进而激发了进一步解决问题的强烈愿望,即“怎样让人一眼看出哪个班的男生和女生人数相差最多?”在这一过程中学生感受到了复式条形统计图产生的必要性。

(二) 经历构图,形成表象

学生学习知识的过程就是一个再经历、再创造的过程。在教学中,要为学生创造更多的时间和空间,让学生参与到学习活动中来,真正去经历知识的产生和形成过程,获得数学素养的提升。因此,在这一环节中,教师要给予学生更多的机会进行自主探究。

1. 探讨问题

有什么办法能让别人一眼就看出哪个班的男生和女生人数相差最多呢? 由于学生具有复式统计表的学习经验,在学生讨论交流办法的基础上就可以得出结论:把两个统计图合起来。

2. 布置任务

怎样把两个统计图合并成一个统计图呢? 学生讨论,然后在纸上把想法画出来。

3. 画图实践

学生在作业纸上画图。教师巡视,搜集信息。

这里给予学生充裕的探究时间,把自己的想法画出来。这一“画”的过程,本质上是学生思维活动过程的直观展示。这就为后续的教学活动提供了丰富的即时生成性资源。

4. 展示比较

根据教学经验,预想学生可能会出现以下几种情况,教师引导学生顺次展示、研讨,并进行相应的评价,同时给学生留有发展空间。

(1) 左右摆放型(如图 5-22):像这样的合并能否很快看出哪个班的男生和女生人数相差最多? 这样的合并不能很快看出哪个班的男生和女生人数相差最多,所以只能说合并还不是那么完美,但是这一合并确实将两个统计图拉近了距离,放到了一起,向最终完美的合并迈出了第一步,这非常重要!

(2) 堆积型(如图 5－23):像这样的合并能否让我们很快看出哪个班的男生和女生人数相差最多?这种合并方法虽然不能很好地解决刚才的问题,但是可以让我们很快地看出一些信息,和原先的单式统计图相比仍然是一个了不起的进步!

(3) 并列型(如图 5－24):像这样的合并方法和刚才的比,你们感觉怎样?好在哪里?怎样才能让别人一眼就分出男生和女生人数呢?

(4) 标明汉字区分型(如图 5－25)和有图例区分型(如图 5－26):对于这两种合并方法,你们感觉怎样?

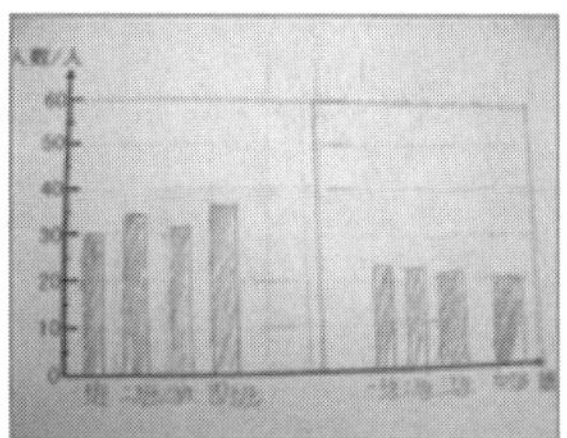

图 5－22　左右摆放型

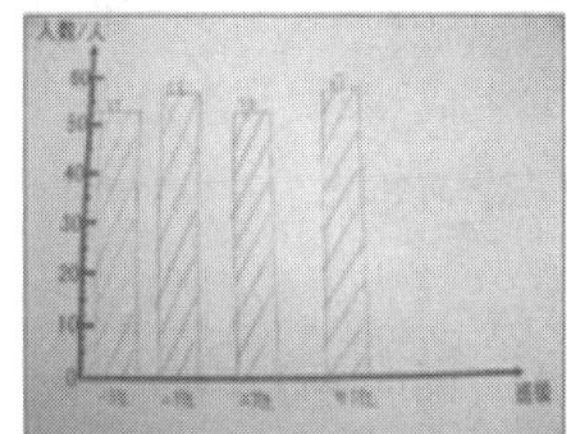

图 5－23　堆积型

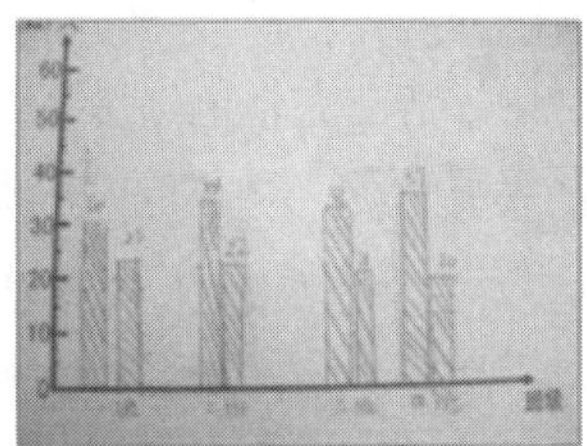

图 5－24　并列型(无图例区分)

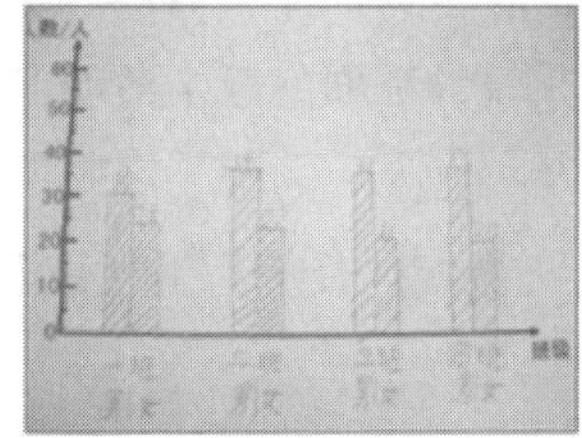

图 5－25　标明汉字区分型

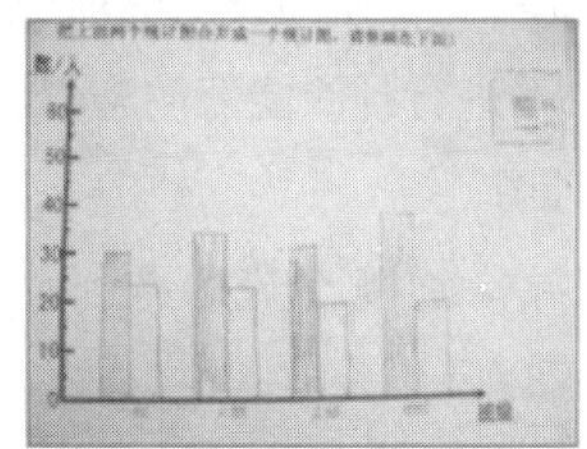

图 5－26　有图例区分型

在学生讨论的基础上,教师重点介绍什么是图例。

在这一环节中,将学生即时生成的"合并方法"进行有序的展示和对比,目的在于让学生经历复式条形统计图的产生过程,促使学生的思维产生不断的碰撞,在不断的碰撞中得到同化和提高,使复式条形统计图的表象在不断的评析中逐渐清晰显现,从而加深了学生对条形统计图的认识。同时,也使构图元素逐个凸显,特别是图例的产生,突出了知识特征及其功能。

5. 再次强化

教师借助课件演示:将两个统计图合并成了一个新的统计图,如图 5－27。

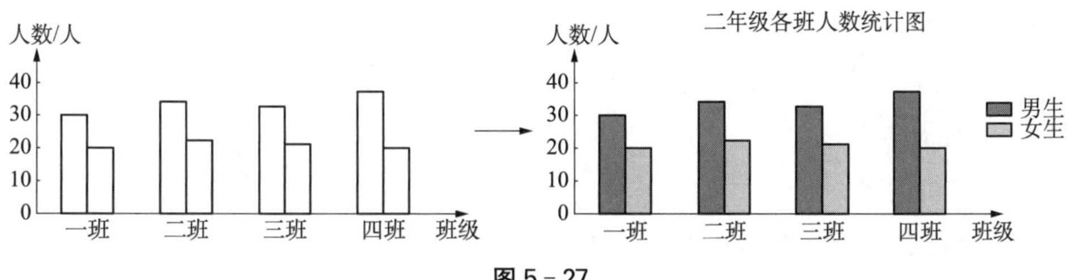

图 5－27

这里借助电脑直观再现并强化了知识的形成过程,加深了复式条形统计图的表象在学生头脑中的印象,有助于学生形成正确、完整的知识架构。

6. 联系比较

新的统计图产生了,该起个什么名字呢?现在谁能说说复式条形统计图与单式条形统计图有什么不同?(引导抓住问题:复式条形统计图为什么要有图例?)(借机板书:一类数据、两类数据)

在以上的教学过程中,教师紧紧抓住新旧知识的关联点以提问的形式引发学生的认知冲突,然后针对核心问题通过思维交流、画图实践、对比观察、整体再现、联系对比等活动完整地经历了知识的生成、发展和形成过程,不仅获取了知识,而且形成了能力,突出了学习重点,突破了学习难点。

(三) 分析数据,深化认识

统计教学的核心是数据分析。同时,随着现代科学技术的发展,数据计算和绘图技能已不再是统计教学的重点。正是基于以上考虑,也由于时间的局限,在本课的教学中,我有意弱化了绘图技能的训练,转而进行读图能力、数据之间关系的分析以及基于数据关系进行预测能力的培养。于是设计下面的教学活动:

1. 分析统计图

(1) 教师引导验证:哪个班的男生和女生人数相差最多?呈现数据验证。(多媒体演示如图 5-28 所示)

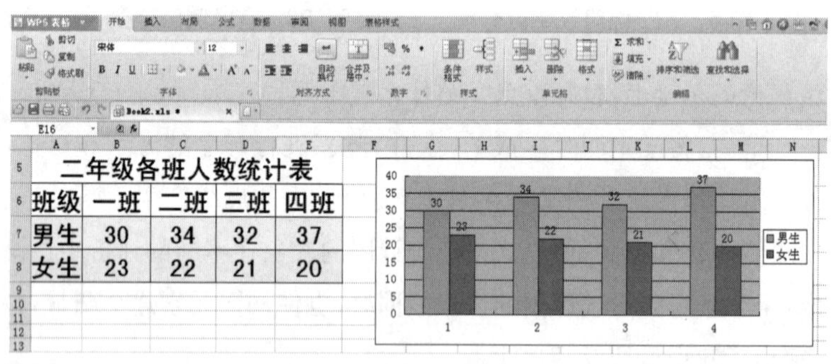

图 5-28

(2) 提出问题:继续观察这个复式条形统计图,你能提出哪些数学问题或者发现什么新的数学信息?

教师在此引导学生发现并提出问题的过程,不仅培养了学生的问题意识和质疑能力,而且借助这一过程培养了学生数据分析的能力。

2. 解决问题

随着科学技术的进步,在生活中,我们很少徒手来画统计图,而是经常用电脑程序画统计图。教师演示：用 Excel 软件来画统计图；并引发学生讨论：

(1) 你们感觉电脑画图怎么样？（便捷、准确）

(2) 呈现问题：现在有 2 名男生和 3 名女生转学到了二年级，你打算怎样将他们分到各班？

(3) 你给出这个分配方案的理由是什么？

教师小结：他（她）能根据每个班级男女生的人数多少来分配转学学生，说明他（她）已经学会了用数据说话！当然还有很多其他的分配方案，但是，不论怎样分配，也不论这些数据怎样变化，有一个事实是不能改变的——那就是每个班的男生人数比女生多。

在上面的教学中，引入电脑画图软件丰富了学生对知识感知的途径，让学生感受到科技进步给生活带来的便利，激发了学习兴趣；随之进行的分配方案的引入，目的在于使学生在制定方案的过程中学会“用数据说话”，以数据作为思维的根据，进一步培养学生的数据分析观念，同时，从数据中再次感知“男生和女生人数是有差别的”，初步感受到统计数据背后的现实问题。

（四）强化读图，巩固应用

在学生获取新知以后，基本的学习经验还稍显稚嫩，为了进一步夯实基础，要求学生解答练习题，促进数据分析能力的提高。

1. 引导读图：通过分析数据发现，在二年级四个班级中都是男生比女生人数多。那么在更大的范围内，是否也是男生比女生人数多呢？这需要用数据来说话！出示“人口普查数据统计图”（图 5 - 29，5 - 30）①，提问：你们能看明白吗？为什么？教师在学生回答的基础上，对图中所示标准性别比进行必要的解读：每出生 100 个女孩，就有 103 个男孩出生。

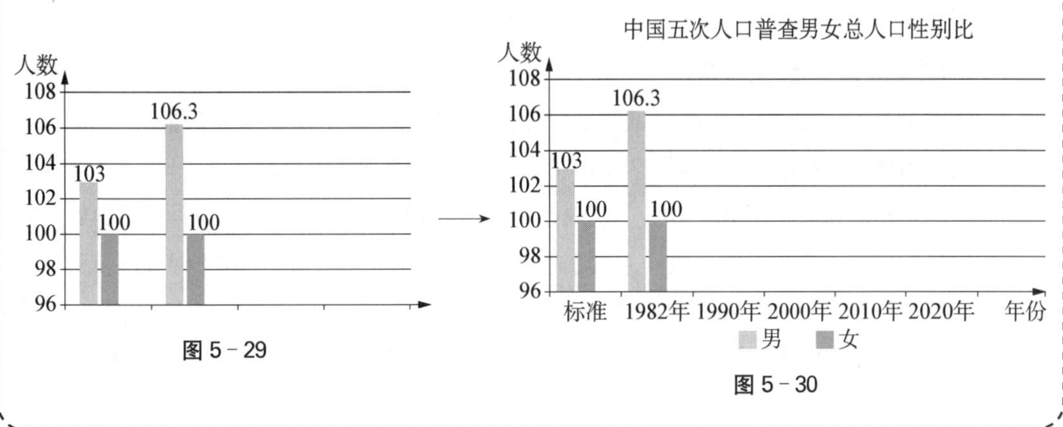

图 5 - 29

图 5 - 30

① 童玉芬. 中国人口的最新动态与趋势——结合第七次全国人口普查数据的分析[J]. 中国劳动关系学院学报，2021，35(4)：15 - 25.

2. 教师给出1982、1990、2000年三次人口普查人口性别比，提问：2010、2020年两次人口普查的结果会怎样？你是怎样想的？学生通过观察、比较、猜测，发表自己的看法。在学生推测的基础上，教师相继呈现实际数据，如图5-31。

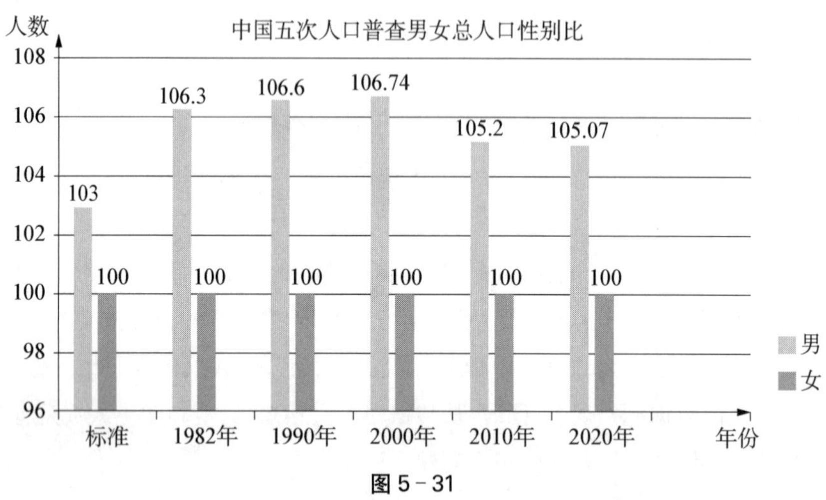

图5-31

3. 教师小结：从历次全国人口普查的数据来看，男性比女性人数多多少？

这一环节的设置，再一次引发学生对统计图的分析，并根据数据分析得出的总体发展趋势，进行相应的推理预测，感受统计的功能，激发学习数学的浓厚兴趣。特别是让学生猜测后两次人口普查中男女性别比，学生结合前三次的数据进行了合理的推测，而教师的答案更让学生感受到统计数据能为决策起指导作用的重要意义。让学生体会到统计是为现实生活服务的，在深刻理解统计的作用和意义的同时让学生感受到了数学的价值。此外，数据的呈现再次印证了一个社会现实问题：男性多，女性少。最后，教师在结语中对学生进行了人文教育，将数学教育的终极目标直接指向了"人的发展"。

(五) 联系生活，拓展认知

在学习中，要让学生了解知识的来源和去处，有助于学生加深对知识的理解和应用。因此，在这里设置了"寻找生活中的复式条形统计图"的活动。

问题拓展：在刚才的学习中，通过观察比较，我们发现复式条形统计图包含的数学信息特别多。也正是因为这一点，复式条形统计图在生活中的应用特别广泛，下面我们就一起来欣赏"生活中的复式条形统计图"。

(1) 奥运会金牌统计图(如图5-32)：这是第26届到第29届奥运会中国和美国获得的金牌统计图。

(2) 其他统计图(如图5-33)：(多类数据)这个是复式统计图吗？和今天学习的复式统计图有什么不同？

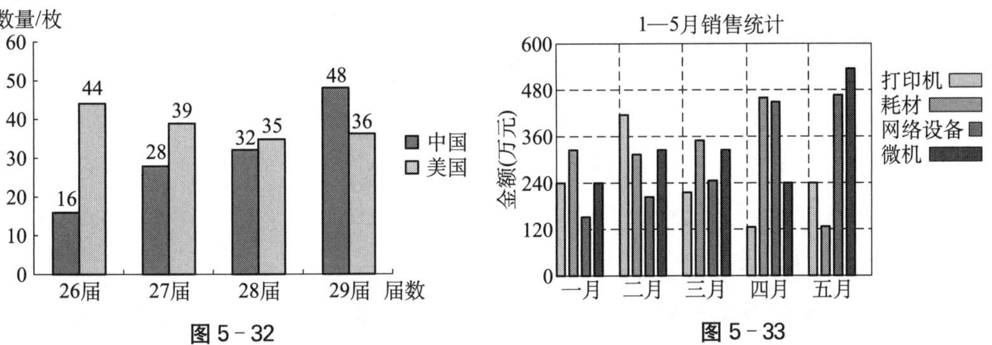

图 5-32　　　　图 5-33

这里通过练习或者欣赏，不仅进一步凸显了统计在生活中的广泛应用，而且将复式条形统计图进行了一定程度的拓展，帮助学生形成更为完整的认知结构。

(六) 课尾小结，完整建构

在课尾，为了帮助学生建立完整的知识体系，引导学生回顾了学习历程。

1. 本课我们学习了什么？是怎样学习的？

2. 在学习中，你懂得了什么？

3. 教师小结：特别是通过数据分析，我们发现了中国人口在数量上男生比女生多，但是在生活中男生女生要互相尊重，因为男女平等。

课尾小结，不仅注重从知识层面加以梳理，更注重借助数学问题来透视社会问题，对学生进行相应的人文教育。

本课的基本思路是以学生自主探究、对比观察为主线并将其贯穿于整个课堂教学活动，引领学生去经历、去感知，获得数学素养的发展。总之，通过本课的教学，教师不仅引领学生学会了知识，更让学生学会了怎样学习，尤其是巧妙地利用了人口背景资料，并通过数学方法分析数据，凸显了社会问题，深深触动了学生的心灵，引起他们对社会问题的关注。

五、 说板书

本课的板书设计(见图 5-34)重点凸显了知识的重点和难点，便于学生把握。同时，又将人文教育的元素融入其中，达到了润物细无声的效果。

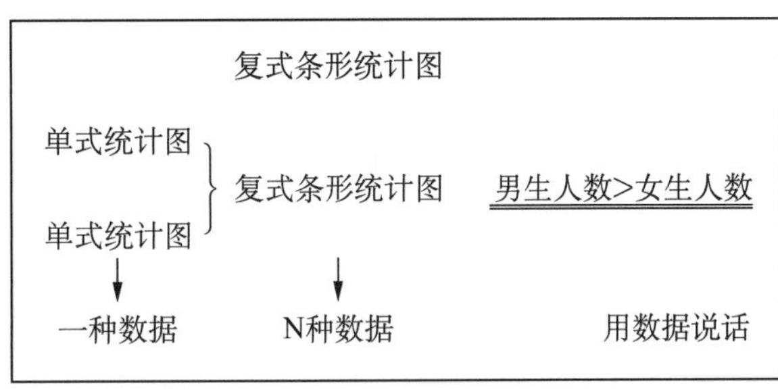

图 5-34

阅读资料

1. 王光明,康玥瑗,刘晓婷,等.小学数学教学设计[M].北京:教育科学出版社,2014.

2. 华应龙.我这样教数学——华应龙课堂实录[M].上海:华东师范大学出版社,2009.

3. 刘娟娟.小学数学教学技能[M].上海:华东师范大学出版社,2011.

4. 陈薇,张春莉,朱宇辉.小学数学教学设计变革的实验研究[J].课程·教材·教法,2020(7):92-98.

5. 张丹,于国文."观念统领"的单元教学:促进学生的理解与迁移[J].课程·教材·教法,2020(5):112-118.

6. 蔡金法.数学教育研究手册(第二册):数学内容和过程的教与学[M].北京:人民教育出版社,2020.

思考与练习

1. 选择教材中的一节课,确定教学目标,并完成该节课的教学设计。

2. 根据说课的基本流程,完成一节课的说课稿。

第六章
小学数学教学手段

本章导语

本章阐述计算工具的发展历史,常规小学数学教具和学具;介绍常用数学教学软件:《几何画板》、《图形计算器》(GeoGebra)、《希沃白板》(Seewo)等;认识小学数学教学与信息技术整合的价值。

学习目标

1. 学会使用常规教具和学具开展小学数学教学。
2. 认识利用信息技术开展小学数学教学的价值。
3. 学会制作数学课件解决教学重点、难点问题。

小学数学教学手段,就是保证教师顺利完成教学任务的各种物质条件。只有恰当、合理地选择、利用各种教学手段,教师才能在教学过程中通畅地向学生传递信息,以提高小学数学课堂教学效率。

第一节　计算工具的发展历史

一、石子、算筹与算盘

计算工具的源头可以上溯至2000多年前的春秋战国时代。人类最初的计算工具之一是手指。亚里士多德指出:“十进制的广泛采用,只不过是我们绝大多数人生来具有10个手指这一事实的结果。”人们发现利用石子可以计数,如在地上摆小石子。出去放牧时,每放出一只羊,就摆一颗小石子,一共放出去了多少只羊,就摆多少颗小石子;放牧回来时,再把这些小石子和羊一一对应起来,如果回来的羊的只数和小石子同样多,就说明放牧时羊没有丢。此外还有结绳计数、刻痕计数等。

算筹(见第七章第一节)也是计算工具发展历史中的一个重要的计算工具。

算盘是华夏先祖留给今人的一项珍贵的文化遗产,许多人说它是“国宝”“国粹”。参见华印椿的《中国珠算史稿》(中国财政经济出版社,1987)和劳汉生的《珠算与实用算术》(河北科学技术出版社,2000),他们都对算盘进行了较系统的研究和论述。

二、计算尺

1614 年,苏格兰数学家纳皮尔(J. Napier)发明了对数后,人们便根据对数的原理,制成了曾经被许多工程技术人员广泛使用的对数计算尺。计算尺通常即指对数计算尺,它是一个模拟计算器,一般由三个互相锁定的有刻度的长条和一个滑动窗口(称为游标)组成(如图 6-1)。在 20 世纪 70 年代之前,计算尺是工程技术人员必备的计算工具,后来逐渐被电子计算器所取代。

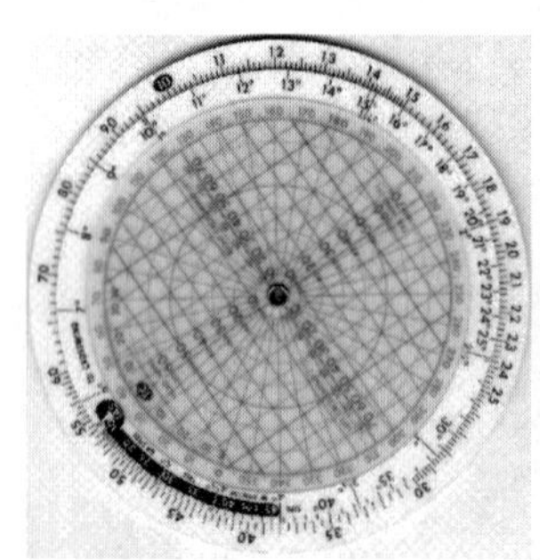
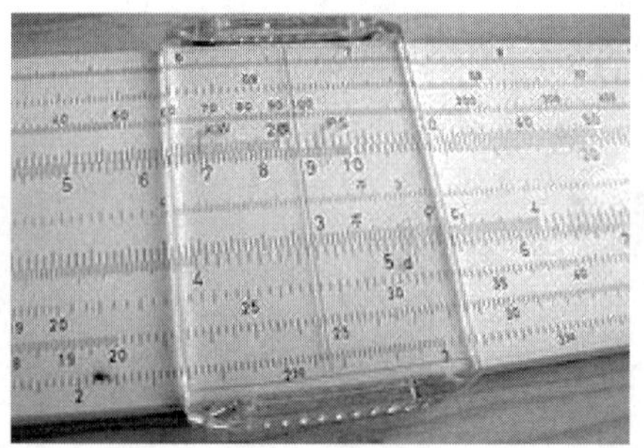

图 6-1 计算尺

三、计算器

计算器是一种运算器械或计算工具。从古代原始的计算工具,至现代先进的电子计算器,当中经历了漫长的历史阶段。1642 年,帕斯卡(B. Pascal)制作了一部能自动进位的加法计算器。1671 年,德国数学家莱布尼兹(G. W. Leibniz)发明了一部能进行乘除法运算的计算器。1673 年,莫兰(S. Morland)独立发明了一部能够进行乘除运算的计算器。1820 年,科尔马(T. de Colmar)制成了一部实用的计算器。英国数学家巴贝奇(C. Babbage)经过几十年的研究,设计了编程的机械计算机,成为电子计算机的前身。1946 年,美国宾夕法尼亚大学成功研制了第一台电子计算机,计算器科技便进入了一个全新的时代。现在,计算机的功能已不仅是一种计算工具,它已渗入了人类的活动领域,并改变着整个社会的面貌,使人类社会迈入一个新的阶段。

借助计算器不仅有利于帮助学生进行较复杂的运算,解决实际问题,而且还可以培养学生探索数学规律的能力。一方面,学生可以用它进行大数目的加、减、乘、除四则运算,节约时间,提高计算的速度;另一方面,借助计算器可以引导学生探索一些复杂的、更为现实的应用问题。计算器进入课堂能逐步把学生从繁琐的技巧性计算中解放出来,以学习更多有用的数学内容,经历再创造的过程,学会探究问题,形成研究数学问题的能力。

计算器可以用来探索计算中的规律，发展学生的数学思维，实现数学学习的目标。例如，任意选 4 个不同的数字，组成一个最大的四位数和最小的四位数，用大数减去小数；根据所得结果的 4 个数字再重复前面的步骤，用组成的最大的四位数减去最小的四位数；经过几步运算，引导学生发现其中的规律（最后的结果都是 6174）。在以上的过程中，繁杂的计算是比较机械、枯燥的，唯有规律的发现才是问题解决的关键。

把计算器引进课堂，不仅仅是为了借助计算器进行复杂的计算，更重要的是让学生在计算中掌握探索研究问题的方法，培养学生的能力。特级教师华应龙引导学生利用计算器探索数学规律：从问题开始，经历“猜想、验证、总结”的过程，借助计算器让学生发现一些数和运算的美妙。①

下面是学生探索问题的片段：

(1) $2\times5=10$；$22\times55=1210$；$222\times555=123210$；……

```
                2 2 2 2 2 2 2 2
              × 5 5 5 5 5 5 5 5
---------------------------------
              1 1 1 1 1 1 1 1 0
            1 1 1 1 1 1 1 1 0
          1 1 1 1 1 1 1 1 0
        1 1 1 1 1 1 1 1 0
      1 1 1 1 1 1 1 1 0
    1 1 1 1 1 1 1 1 0
  1 1 1 1 1 1 1 1 0
1 1 1 1 1 1 1 1 0
---------------------------------
1 2 3 4 5 6 7 8 7 6 5 4 3 2 1 0
```

(2) $12345679\times2\times9=222222222$

$12345679\times3\times9=333333333$

$12345679\times4\times9=444444444$

$12345679\times5\times9=555555555$

…………

(3)

$$1\times1=1$$

$$11\times11=121$$

$$111\times111=12321$$

$$1111\times1111=1234321$$

$$11111\times11111=123454321$$

① 华应龙．我这样教数学——华应龙课堂实录[M]．上海：华东师范大学出版社，2009：55－79．

第二节　常规小学数学教具和学具

教具和学具是课堂教学的重要辅助工具，要服务于小学数学教学，要根据学习内容和小学生实际情况适量、适时、适度地使用。教师要关注小学生对教具和学具的注意力，使之为理解和掌握教学内容服务。小学生的认知规律是“感知—表象—概念”，而操作学具符合这一规律，能变学生被动听为主动学，充分调动学生的各种感官参与教学活动，去感知大量直观形象的事物，获得感性知识，形成知识的表象，并激发学生积极探索，从事物的表象中概括出事物的本质特征，从而形成科学的数学概念。低年段学生的思维还处在具体的形象思维阶段，通过教具和学具，给学生提供更多实践的机会、更大的思维空间，有助于提高学生的抽象逻辑思维水平，有助于培养学生解决实际问题的能力。通过学具的操作可促使学生对新知识的“再发现”，从而培养学生的创新意识和能力。

教具和学具在教学中既可以形象具体地表现静态现象，又可以生动活泼地表现动态过程，具有简单直观的效果。利用多种教具和学具组合教学，更能使抽象的概念具体化，深奥的道理形象化，枯燥的知识趣味化，能激发学生的学习兴趣，活跃课堂气氛，调动学生学习的积极性，使学生轻松愉快地学习知识，接受教育，加深印象，并达到活学巧用的目的，以利于学生今后的成长和发展。

一、学生身边的实物

在学生身边，有多种实物可以作为数学学习中的操作材料，它们既经济方便，又有助于完成教学任务，是值得重视的学具来源，包括石子、小木棒（塑料管）、硬纸片等。学生通过摆石子、小木棒（塑料管）、硬纸片等，可以认识数的概念和数量关系，通过对收集的实物进行分类整理，可以理解统计知识。

二、设计开发的教具和学具

（一）与教材配套的教具和学具

有的出版社在出版教材的同时，也设计开发一些教具和学具（如图 6－2、图 6－3）。例如，数字卡片能够帮助学生认识 20 以内的数，符号卡片和数字卡片搭配使用可进行加减法练习，数字卡片和计数棒共同使用可以表示出 100 以内的任何数。利用立体图形可以帮助学生直观地认识各种物体的形状和特点，自己动手摆出不同形状的几何体的组合，还可以通过拆分体会各种几何体之间的变换关系，从而加深对立体图形特征的认识和理解。

多功能钉子板（如图 6－4）的使用几乎贯穿于整个小学数学阶段，从简单的“数数”“分类”“识图”，到复杂的“统计”“加减法的进退位计算”的练习，都可以通过钉子板及其配套组

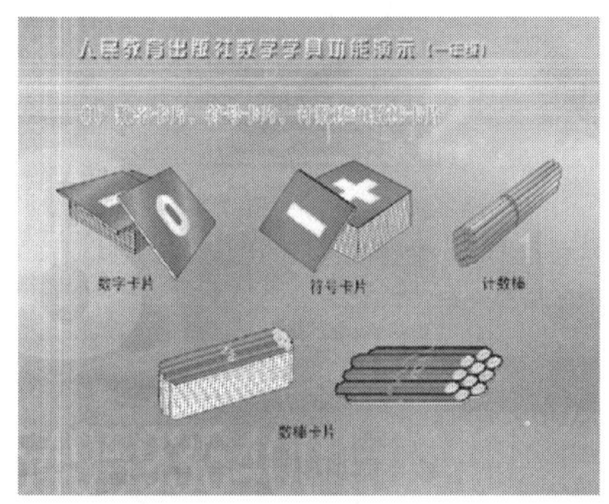

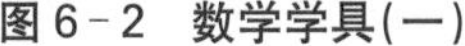
图 6－2　数学学具(一)

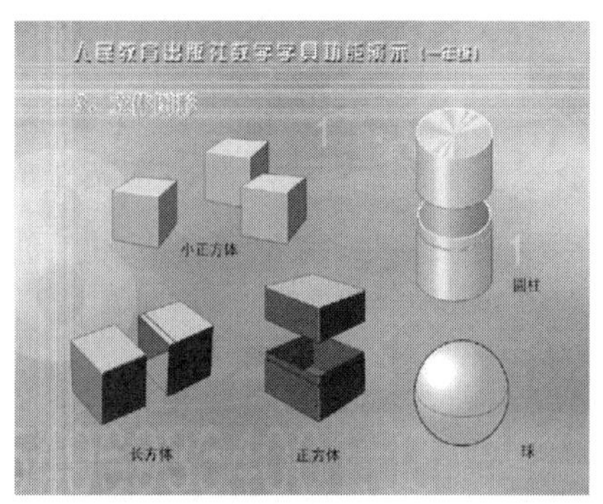

图 6－3　数学学具(二)

件来实现。塑料钉本身可用来帮助学生进行“数数”和“分类”练习，还可以与钉子板、皮筋配合使用，围成各种形状有趣的图形。

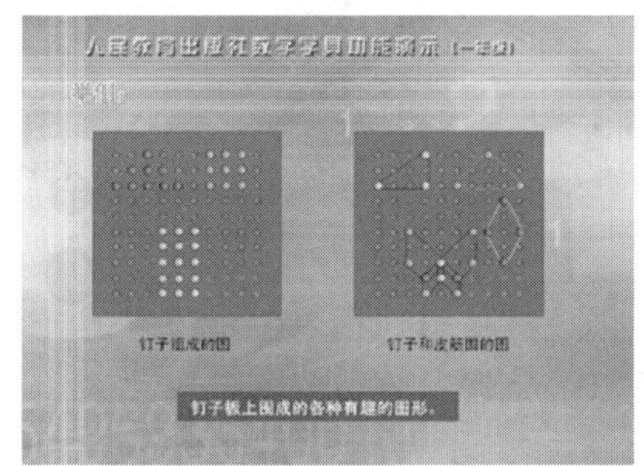

图 6－4　多功能钉子板

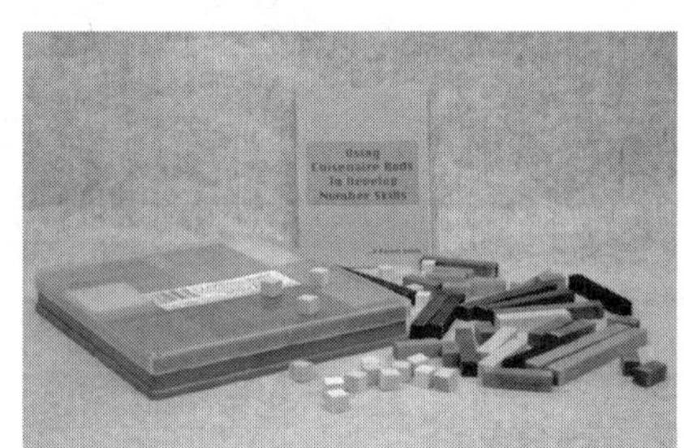

图 6－5　奎逊耐木条

(二) 奎逊耐木条

近几十年来，国外小学数学教学中，广泛使用了一种叫做奎逊耐木条(Cuisenaire Rods，如图 6－5)的教具，它是由一位名叫乔治・奎逊耐(G. Cuisenaire)的比利时小学校长研制发明的。这套教具由十种木条组成，分别涂上白、红、浅绿、紫、黄、深绿、黑、蓝、棕、橙等颜色。十种木条的横截面都是 1 平方厘米的正方形，长度分别为 1，2，3，…，10 厘米。显然，白色木条是一个正方体，其他各色木条都是长方体。

1. 奎逊耐木条的特点

(1) 它是一种多用途的教具。利用奎逊耐木条可以学习自然数、整数的四则运算，分数的概念，分数的四则运算等，还可以学习某些代数知识，如整式的运算，以及简单的几何体的认识和面积、体积的计算等。因此在小学各年级数学课上都可以使用。

(2) 它是一种操作性的教具。奎逊耐木条不只是教师演示用的一种教具，更是学生实际操作用的学具。通过操作，如排序、比较、合并、移动、均分等，学生不仅理解所学概念的意义，计算法则的来源，或某一性质的原理，而且发展了动手操作能力。

(3) 它是一种探索性的教具。用这种教具教学时,大都不是直接向学生说明某一数学概念或计算法则,而是由学生通过操作去探索和发现数学的规律。例如,要知道 5 是由哪两个数组成的,学生就要试着找出两根木条接起来与黄木条等长,要找出所有可能的情况,并按照顺序排好,然后得出结论。学生在操作时会发现,用调换木条顺序的方法可以较快地找出所有可能的情况,从而在操作中实现思维能力的发展。

2. 利用奎逊耐木条学习数学概念,进行计算

(1) 认识自然数。把白木条看作 1,通过与白木条的比较,可以引导儿童确定其他颜色的木条依次表示 2,3,4,5,…,10。例如(见图 6-6),通过摆木条知道红木条表示 2,浅绿木条表示 3。

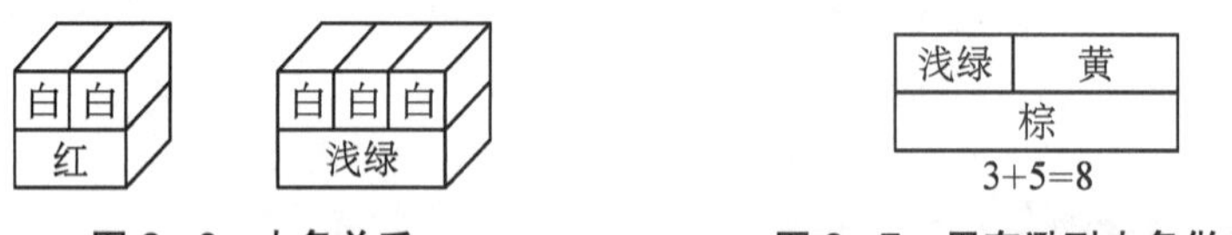

图 6-6 木条关系　　图 6-7 用奎逊耐木条做加法

(2) 完成整数加法。做两个数的和不超过 10 的加法时,先把表示这两个数的木条接起来,然后找出一根与相接的两根木条等长的木条,这根木条所表示的数就是两个加数的和。例如,图 6-7 表示 3+5=8。

(3) 完成整数乘法。两个数相乘,先拿两根木条分别表示被乘数和乘数,摆成十字形;然后按照表示乘数的木条的长度连续摆满表示被乘数的木条,使表示被乘数的那几根木条的总宽度与表示乘数的木条的长度正好相等;最后根据所摆的同样的几根木条的总长度,算出两数相乘的积(如图 6-8)。

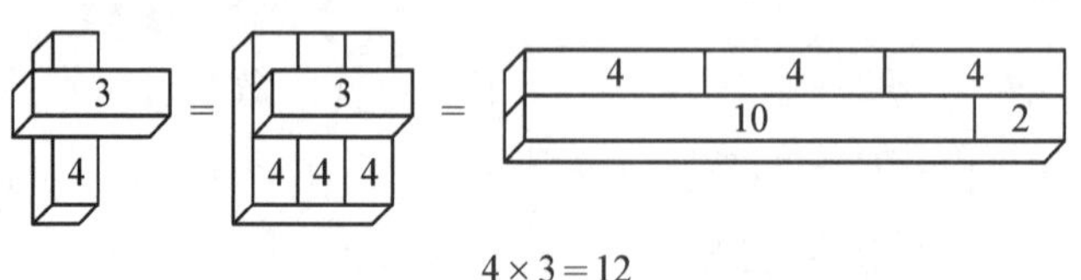

图 6-8 利用奎逊耐木条做乘法

借助奎逊耐木条还可以解释、理解概念,完成其他的四则运算;认识计量单位;理解几何初步知识。

三、自制教具和学具

教师和学生可以根据教材内容,利用身边的材料,设计制作一些教具和学具。这不仅有助于学生学习数学知识,还可以培养学生的动手操作能力。例如,20 以内计算板(如图 6-9)可以帮助学生理解 20 以内进位加法和退位减法的计算。

为了帮助学生认识时间单位,认识时刻,利用木板、钉子、指针等,在圆盘上刻出数字,再安装指针,自制钟面。学生可以通过它理解时间,任意调出时间。

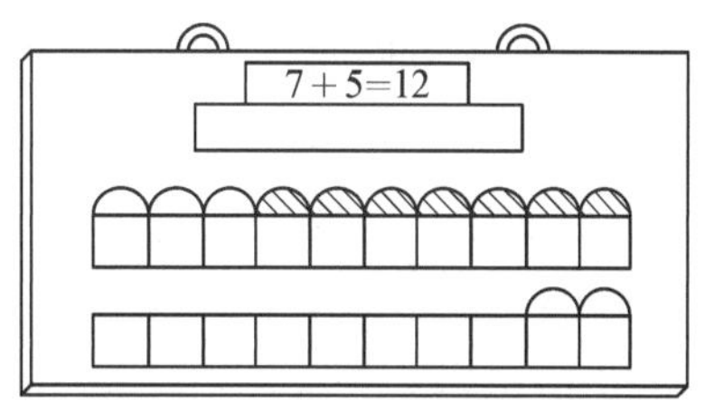

图 6-9　20 以内计算板

学生根据学习课程内容的需要,把一个图形剪、叠成另一种图形,不但可以锻炼动手动脑能力,还可以发挥想象力,折成各种图形。如教学"圆柱体表面积"时,教师可以让学生自制底面半径和高不等的多个圆柱体,并准备直尺和剪刀,课中让学生亲自操作,把自制的圆柱体剪开观察。学生发现侧面展开后,有的得到了长方形,有的得到了正方形,还有的得到了平行四边形。

学生利用硬纸板制作七巧板,可以拼出多种有趣的图案。七巧板是一种拼图游戏,一千多年前在我国就已存在。19 世纪初,七巧板流传到西方,引起人们的广泛兴趣,并迅速传播开来,被称为"东方魔板"。由于七巧板拼出的图案变化万千,在开发学生智力的同时又可以愉悦身心,所以一直流传至今。利用七巧板可训练学生思维,锻炼学生动手动脑的能力,启发学生的创新意识,是实施创新教育的一个很好的素材。七巧板由五个三角形、一个正方形、一个平行四边形组成(如图 6-10)。七巧板的结构简单,操作方便,原理明白易懂。七巧板的拼图规则是:必须在平面上拼,不能把任何一块立起来,也不能重叠;必须把七块板全用上。学生可以用各种不同的拼法来拼搭千变万化的形象图案,可以拼成各种具体的人物形象或动物形象。

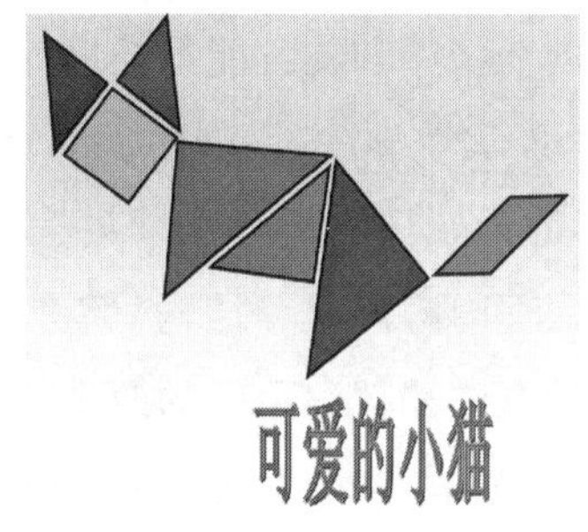

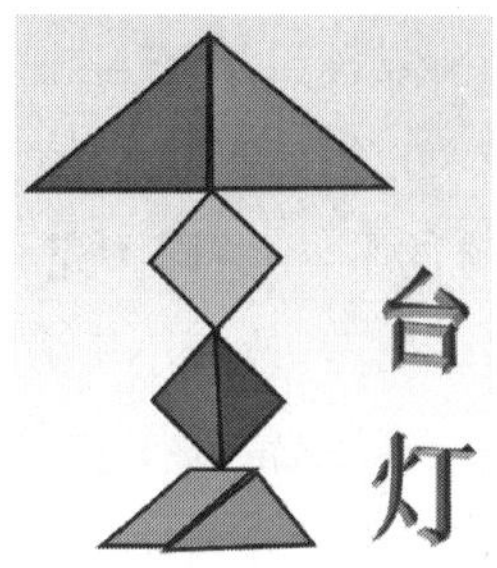

图 6-10　七巧板及对应操作

第三节　小学数学教学与信息技术整合

一、小学数学教学与信息技术整合的本质

随着人工智能的快速发展,互联网、云计算、大数据等新一代信息技术在教育领域的应用会使传统的数学教学方式发生变革,促进教师教学方式和学生学习方式发生改变。学校

积极改善学习环境,融合虚拟、增强现实、全息投影以及人机交互等技术为学生创设了灵活、智能、个性的学习时空。教师要不断提升自身的信息技术素养,学会利用信息化环境下的数学教学手段开展教学,探索有利于培育核心素养的信息化教学模式,创设线上线下一体化的"混合式"学习生态,促进学生的个性化学习和核心素养的发展。教师要充分利用网络平台丰富教学资源,拓宽学习渠道,将线上与线下资源进行有效融合,引导学生自主获取学习数据与信息。

"2022年版课标"提出:教师可以利用信息技术对文本、图像、声音、动画等进行综合处理,丰富教学场景,激发学生学习数学的兴趣和探究新知的欲望。利用数学专用软件等教学工具开展数学实验,将抽象的数学知识直观化,促进学生对数学概念的理解和数学知识的建构。利用技术支持平台将在线学习与课堂教学相结合,开展线上线下融合的混合式教学。

利用信息技术开展小学数学教学有利于实现小学数学课程内容、教学活动与信息技术的有机结合。信息技术不但富有丰富的言语表征,而且富有动态变化的图形表征,多种呈现模式的刺激打开了小学生的多种数学认知通道,可有效地建立多种表征的联系,激发多种表征的融合。多通道的认识能使同一小学数学对象的各种特征得以显性呈现,促使学生在把握数学对象不同方面特征的基础上,融合其中蕴含的信息,从而建立起数学对象不同方面的联系,更好地把握其本质特征。把计算机及网络为核心的信息技术,作为促进小学数学课程建设与教学环境改进的创设工具,作为小学生学习数学的认知工具与情感激励工具,进而营造一种新型的小学数学课程与教学环境,实现一种既能发挥教师主导作用,又能充分体现学生主体地位的以"自主、探索、合作"为特征的教与学的方式,从而把学生的主动性、积极性、创造性充分发挥出来,使学生的创新精神和实践能力的培养落到实处。

我们要挖掘信息技术在小学数学教学中的潜在力量,将信息技术作为小学数学课程的来源、交流的平台、共同探究小学数学知识和理解小学数学知识的工具。将信息技术融入小学数学教学实践,改善小学数学课程内容体系和结构,促进小学数学知识结构内部连接。在数学课程改革中,信息技术为教学方法和教学手段的改革带来了生机和活力,在提高教学效率、创建观察现象及启迪思维的环境、发展教师和学生的创新潜能、多渠道开发数学探究课程资源等方面,具有极其重要的价值。数学理解需要直观的观察、视觉的感知。特别是几何图形的性质、复杂的计算过程、函数的动态变化过程、几何证明的直观背景等,若能运用信息技术来直观呈现,使其可视化,将会有助于小学生理解数学知识,促进其对形与数的联系的认识。利用信息技术将现实中的复杂数据以动态影像图形的方式表现出来,这种可视化技术有利于教师开展数学探究教学。

小学数学教学与信息技术的整合,其本质是根据小学数学课程学习内容的具体需要,利用信息技术以灵活多样的方式向小学生提供图形、表格、文字或数学符号等多种表示方法,把隐性的数学关系显性化,从而为小学生创设一种具有挑战性的数学学习环境,提供探索发现数学规律、揭示数学本质的机会;利用信息技术构建学生自主探究的学习环境,使其成为学生探究数学的重要工具;创设有直觉、有操作、有猜想、有计算的学习程序。由于信息技术能在有限的时间内提高教学信息传递的效率和质量,在课堂教学中使小学生能利用多种感知手段获取各种表象,从而丰富学生的想象力,扩大学生接受的信息量,促进小学生数学创造力的形成和发展,提高学习效率和教学效果,使信息技术对小学数学学习各个层面和维度产生积极影响,提高学生数学学习的质量。

二、常用教学软件

信息技术快速发展,各种教学软件功能越来越强大。Macromedia Authorware、Macromedia Flash、PowerPoint、Word、Excel 等应用软件都可以用于小学数学教学,特别是 PowerPoint 被广泛用于课堂教学,《几何画板》(The Geometer's Sketchpad)、《超级画板》、Microsoft Math 3.0、《图形计算器》(GeoGebra)、《希沃白板》(Seewo)等是专门用于数学教学的软件。

(一) 数学教学软件

《几何画板》是全国中小学计算机教育研究中心从美国引进的一个学科工具类教学平台软件,其界面如图 6-11。该软件功能强大,可以动态呈现几何关系。教师利用它可以根据教学需要编制教学课件进行教学,又可以让学生在计算机上进行探索。《几何画板》为学生提供了一个十分理想的"做数学"的环境,帮助学生实践抽象的几何定理,并形象化地理解抽象的几何概念,这些都是传统的数学教学无法做到的。《几何画板》是目前我国中小学数学教学中使用范围最广的软件之一。

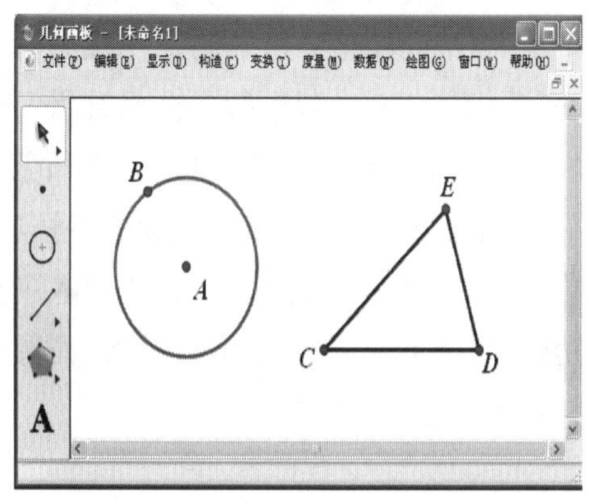

图 6-11　几何画板

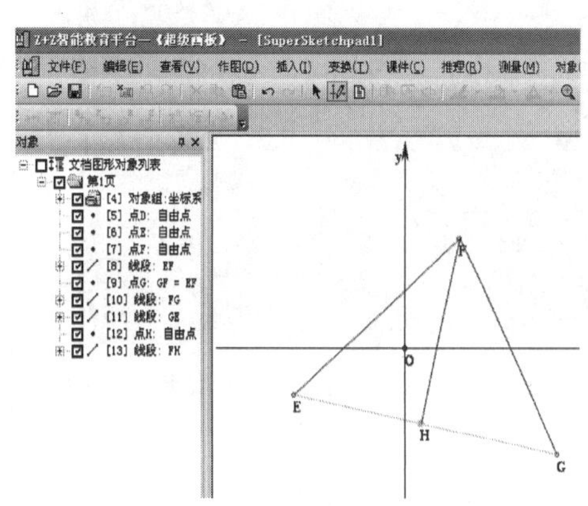

图 6-12　超级画板

《超级画板》的全名是《Z+Z 智能教育平台——超级画板》,"Z+Z"是"知识+智能"之意,其界面如图 6-12。它是由张景中院士带领研究团队自主研制开发的一款数学教学软件。"超级"二字,是从"超级市场"的名称借用过来的,意指《超级画板》好比超级市场,教数学的教师和学数学的同学使用起来,想要的几乎应有尽有,好像进了超级市场一样。《超级画板》的主要功能可以归纳成8个字,叫"写画测变,编演推算"。[①] 它包括平面几何、初中代数、平面解析几何、高中代数、立体几何、三角函数6个数学智能平台,其中的平面几何、立体几何智能平台对小学数学教学有直接帮助。利用这个软件,教师能够在比较短的时间内给学生渗透较为深刻的数学思想,譬如变换的思想、极限的思想、化繁为简的转化思想等。

Microsoft Math 3.0是目前应用非常广泛的专业数学学习软件,拥有非常强大的图形计算和数值计算功能,是近年来微软专门开发的操作极其简便、功能强大、覆盖学生基础课程的专业数学学习软件。这一软件对于理解函数的性质是十分重要的。"MicrosoftMath函数"作图方便、快捷,并且可以构建一种动态环境,为学生通过观察图像变化规律直观研究函数性质提供了有力工具。

《图形计算器》(GeoGebra)是一个结合几何、代数与微积分的动态数学软件,用户可以在上面画点、向量、线段、直线、多边形、圆锥曲线,甚至是函数图象,还可以改变它们的属性。

《希沃白板》(Seewo)是一款针对信息化教学而设计的互动教学平台。产品以生成式教学理念为核心,为老师提供云课件、学科工具、教学资源等备课、授课功能。

除这些软件以外,还有Maple、Mathematica、MathCAD、Cabri Geometry等数学软件。

(二)其他教学软件

教师可以借助多种信息技术开展空中课堂教学,比如希沃云课堂、钉钉、微信企业号、腾讯会议等,为学生提供丰富的网络学习资源,如课堂实录、微课以及各种学习资源。

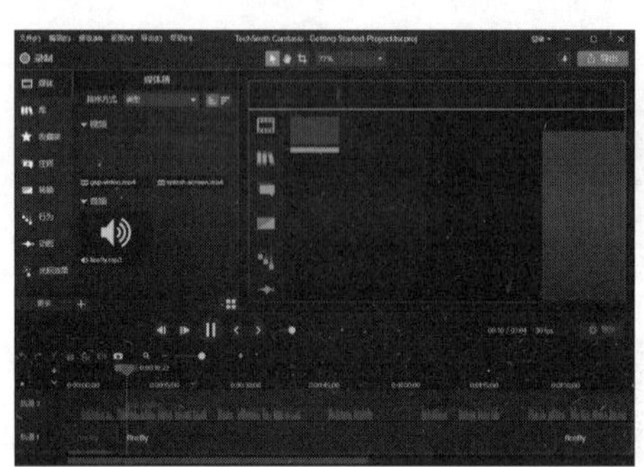

图6-13 Camtasia studio界面

利用软件Camtasia Studio可以制作微课,其界面如图6-13。Camtasia Studio软件由美国Techsmith公司出品,具有屏幕录制及视频编辑功能。Camtasia Studio 2018版进行了全面升级和优化,比如:增加了多个主题,用户可以自定义颜色和字体首选项,轻松创建、保存和应用主题;改进了编辑器的性能,其渲染速度提高了50%;还加入了全新的视频功能,包括可定制的前奏,外拍等,能够更好地帮助教师录制和编辑视频。

1. Camtasia Studio安装要求

Camtasia Studio 7.0可以安装在windows 7系统,且一般为32位。安装Camtasia Studio 2018或是更高版本一般在windows 8以上系统,必须是64位,因为Camtasia Studio 7.0以后的版本没有32位的。在安装之前一定要先仔细阅读附带的安装文件或是汉化文件,否则会安装不成功,或是有使用时间限制,或是为英文版,不方便使用。

---

① 张景中.超级画板自由行[M].北京:科学出版社,2006:18.

2. 使用 Camtasia Studio 录制微课的基本方法

(1) 打开

双击桌面的 Camtasia Studio 快捷方式——弹出欢迎界面——点击录制屏幕——桌面右下角出现录制工具栏，如图 6 - 14。

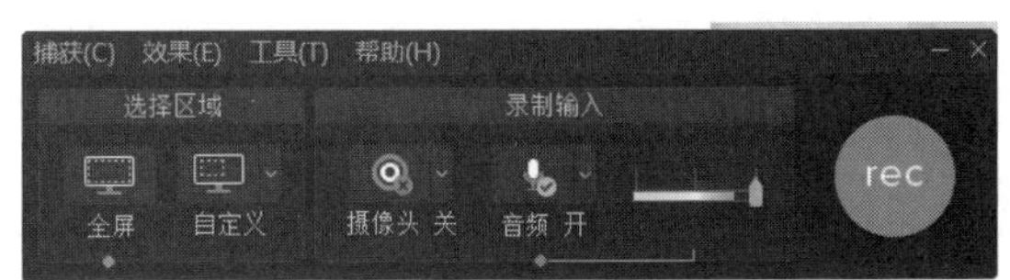

图 6 - 14　录制工具栏界面

(2) 录制工具栏介绍

在工具栏中，我们可以对录制区域大小、摄像头和声音等进行设置。左侧是录制的设置区：第一个按钮为全屏播放；第二个按钮为自定义尺寸；第三个按钮是调整电脑上的摄像头，确定人物是否出境；第四个按钮是为视频录制声音，当摄像头和声音控制按钮下方为绿色的对号时，表示摄像头和声音可用。最右侧的红色按钮表示开始录制。

(3) 开始录制工具栏介绍

录制开始，工具栏界面变为图 6 - 15 所示，可以选择笔进行书写，或选择线条进行绘图。

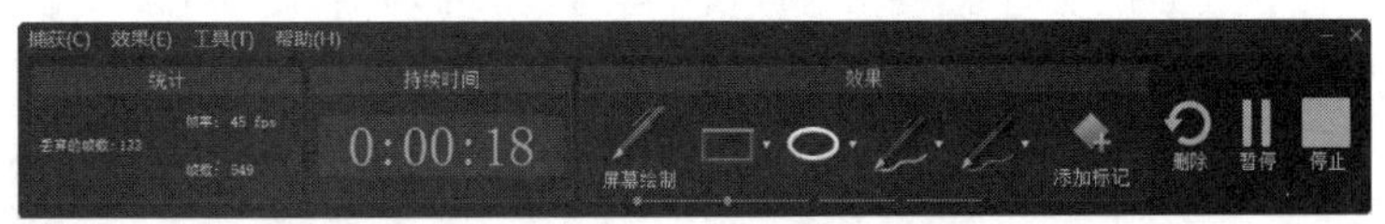

图 6 - 15　开始录制工具栏界面

(4) 编辑生成视频

在完成录制后，单击预览或完成，将文件直接导入系统，进行后期的音频、图像或是片头片尾以及转场等后期处理。最后，自定义分享生成需要的视频文件。

三、小学数学教学与信息技术整合的功能

信息技术能促进教师高效地完成数学教学，正如张景中院士所指出的：(1)本来就要做的事，可以做得更快更容易，提高了效率；(2)过去想到而做不到的事，可以轻松实现；(3)创造出过去可能想不到或不敢想的教学资源。有了计算机和智能平台作为工具和教学的环境，教师和学生的创新潜能会得到更多的激励，设计制作出新的课件和学件。这些课件和学件可以直接联系课程内容，也可以是课程内容的拓展和深化，可供学生欣赏、操作、研究。

（一）信息技术辅助教师开展数学教学

1. 信息技术辅助教师完成教学设计

当前是知识不断更新的时代，互联网的发展和普及使学生的知识面越来越广。学生已经不再是教师教什么就学什么，也不再满足于课本上的知识。如果教师还是通过教材和教学参考书完成教学设计，学生就不会对教学内容感兴趣，教师就可能会“招架”不住学生的问题。由于计算机、网络的资源共享和信息搜集处理功能，使教师在完成教学设计时，除了借助课程标准、教材和教参外，还可以通过网络资源撷取更多的与小学数学教学内容相关的信息资源，这就开阔了教师的视野，拓展了教师开展教学设计的思路，丰富了课堂教学资源。通过计算机和互联网，教师可以使教学内容丰富起来，教师的知识储备更充实，更能适应现代小学数学课堂上出现的新情况。

2. 信息技术辅助教师创设数学教学情境

现代信息技术能为学生提供生动逼真、丰富多彩的教学资源，为学生营造一个色彩缤纷、声像同步、能动能静的教学情境，能激发学生的好奇心，提高他们的学习兴趣，从而达到事半功倍的效果。教师通过小故事、图片、视频、动画来引入新的教学内容，以激发学生的学习兴趣和学习动机。教师利用信息技术编辑影视片段，可以制作色彩斑斓的动态画面，呈现形象生动的信息内容，如美丽的花蝴蝶、可爱的小动物、雄伟的建筑物、神秘的大自然等，学生可能立刻被这些美丽的图案吸引住，很快就受到了感染，产生了浓厚的学习愿望，希望去探索这美丽的图案中蕴藏的数学规律。通过色彩对比、动静对比、伸缩对比，形象直观地阐述数学概念的生成过程，其表现手法显得活泼有趣，往往能吸引学生的注意，激发学生的学习兴趣。

3. 信息技术辅助教师提高教学效率

教学效率的主要衡量标志是在同样的有效时间内使学生获得更多的知识。利用信息技术可以减少那些机械的、重复的劳动，使教师、学生把精力和注意力用到更高层次的教学创新环节。信息技术的运用能充分发挥人的五个感官的协同作用，必然有助于获得更多的教学信息，保持更长久的记忆，进而加快教学节奏，提高教学效率。如教学“统计图表”这部分知识时，若按一般方法讲解一种统计图表的画法，教师讲解示范的时间要 20 多分钟；若利用 Word 或 Excel 绘制统计表和统计图，则教学时间可缩短至 5 分钟左右，而且绘制的图表精确、美观，既加快了教学节奏、节省了教学时间，又提高了教学效率。

计算机可以使抽象的概念具体化、形象化，通过动态展示，加强学生的直观印象，可以弥补传统教学方式难以攻克的重点、难点的教学，达到事半功倍的效果。利用多媒体技术中图文并茂、综合处理的功能，可以将例题编制成一题多解、一题多变的形式，增强开放性，给学生充分自主探索的空间。让学生有选择地加以演示比较，通过比较，引导学生积极思维，培养学生一题多解、一题多变的应对能力，养成灵活运用已学知识的好习惯和探索问题的意识，发展学生的思维品质，促进学生创新能力的提高。

如果运用多媒体将课堂上的主要板书、录像、动画、例题、学生练习等课堂教学内容包装组成一个软件包，使教学内容程序化，上课时教师就容易控制教学的进程，将主要精力放在如何发挥主导作用、启发学生的思维上，从而提高教学效率。将多媒体运用于教学中，还能帮助学生归纳、比较、整理所学知识，使零散、片段的知识条理化、系统化，便于理解掌握与延伸拓展，从而可以增大课堂容量，达到优化课堂教学的目的。

将网络技术运用于课堂教学，发挥信息双向传输方式的优势，建立教师、网络、学生多渠道沟通方式，形成因材施教、自主学习的教学模式。教师设计多层次的问题，通过局域网，学生可以根据自己的实际能力选择适合自己的相应层次的问题，避免传统教学整齐划一的缺陷，兼顾学生学习水平的差异，使每一个学生都有收获，都能得到发展。这也体现了弹性课程观下整个教学要尊重学生的个体差异、允许学生不同发展的思想。

4. 信息技术辅助教师突破教学难点

难点主要产生于数学教材内容的深度、广度与学生接受能力之间差异最大之处，也可能由于教学手段不得力，妨碍了学生的接受。教师用传统手段难以讲清楚一些问题，但是利用信息技术特有的功能，可以将容易混淆、难以理解的问题化解，使其通俗易懂。在信息技术的条件下，过去想到而难以完成的事，现在我们可以轻松完成。许多现象和过程，在黑板和纸笔的教学环境中，教师只能用语言描述，学生只能凭空想象。传统的教学中，数学知识的难点、重点主要靠教师凭借语言描述进行讲解、启发、分析，学生理解的程度如何，纯粹看个人能力。利用信息技术搭建理解数学知识的平台，过去一些抽象、难以理解甚至讲不清的数学问题，借助先进的数学软件可使学生清楚明白、豁然开朗。从感觉到理解，从意会到表达，从抽象到具体，从猜想到证明，促进数学变式教学，可以帮助学生深刻理解嵌入到数学问题中的思想方法，从而超越传统的数学教学。

有些问题用传统手段难以讲清楚，可以利用多媒体技术特有的功能将难点化解，使其通俗易懂。可以设计直观形象的课件解决因内容的抽象性和学生思维的形象性特点的矛盾而产生的难点。

例如，在教学“年、月、日”一课时，为了让小学生理解“年、月、日”之间的关系，教师利用多媒体设计出形象生动的“太阳、地球、月亮”三颗星体运行的动画（如图 6－16 所示），展示它们运行的规律，即地球绕太阳转一周是一年，月亮绕地球转一周是一月，地球自转一周是一日。栩栩如生的情境让学生感知“年、月、日”的来历以及它们之间的关系，从而有效地解决了学生受生存空间的限制而无法理解抽象的“年、月、日”的概念这一难点问题。利用计算机可完成几何图形的平移变换、旋转

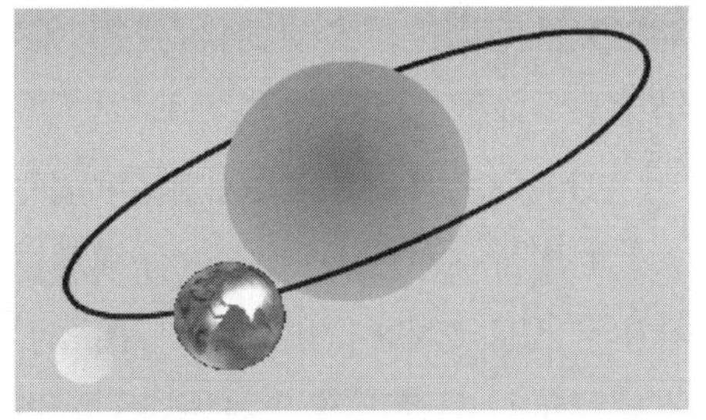

图 6－16　太阳、地球、月亮运行动画

变换、对称变换,真正在运动变化中研究数学规律,这正是利用多媒体技术的优势解决了用语言无法完全解释清楚的那些抽象问题。

(二) 信息技术成为学生的学习工具

1. 信息技术促进学生提高信息素养

信息素养不仅包括利用信息工具和信息资源的能力,还包括识别、加工、处理、传递信息并创造信息的能力。学生应具有适应信息时代需要的信息素养,既要发展利用信息技术的意识和能力,又要发展对浩如烟海的信息进行反思和辨别的能力,并形成健康向上的信息伦理。信息时代处处蕴藏着各种信息,能否很好地利用现有信息资料,是人们信息意识强弱的重要体现。学会使用信息技术解决数学问题的意识,是信息技术应用于数学学习中最重要的一点。要使信息技术真正成为学生的学习工具,首先必须让学生掌握信息技术的使用方法,提高信息素养。学生只有学会了使用浏览器,才能浏览网页、下载资料;只有学会了画图软件,才能绘制各种图形;只有学会了输入法,才能向计算机输入各种信息。可见,提高学生的信息素养是让信息技术从形式走向实质的关键之一。

2. 信息技术促进学生探究问题、解决问题

信息技术其实和传统的学具一样,都是为学生探究和解决问题服务的,但是它又较后者有更多的优势:具有强大的信息提供能力、快速的信息处理能力和灵活的信息处理方式。学生利用信息技术可以查找巩固练习的资源,询问、核对问题解决是否正确(例如,利用几何画板确立解决问题的思路,提出猜想,进行验证),扩充数学学习资源(拓展学习视野),因此它可以辅助学生完成资料查阅、数据分析、材料整理等学习活动。当小学生能够选择工具获取数学信息、分析数据与综合信息并娴熟地表达出来时,可以认为信息技术与小学数学课程整合是有效的。我们要寻找小学数学课程与信息技术整合的切入点,发挥信息技术的优势,使小学生完成利用其他方法无法完成的小学数学学习任务。弹性课程观下学生拥有自主活动的时间和空间,在多媒体技术环境下,学生通过自主地参与获得知识的过程,掌握研究问题所需的探究能力和基本方法,形成基本的数学概念和探究未知的积极态度。这样的安排有助于学生初步了解概念和结论产生的过程,初步理解直观和严谨的关系,尝试研究的过程,体验创造的激情,发展创新意识。在教师指导下,学生利用各种软件,亲手输入数据或图形,对探究性问题进行主动试验,猜想、推断、发现、探索、验证以获取新知识,并推广发展相应的结论。

如在"年、月、日"这一课教学"闰年"时,可利用多媒体课件,出示1900—2000年的二月份天数顺序排列对照表,让学生仔细观察表格,思考:哪几年是闰年?每几年里有一年是闰年?学生自己通过观察得出"四年一闰"的规律。然后出示一些练习题。当练习到判断1900年是不是闰年时,不直接给出答案,而是利用课件,出示一张1900年的年历卡。让学生通过观察再次发现,1900虽然是4的倍数,却不是闰年。学生在观察和讨论后得出"四年一闰,百年不

闰,四百年再闰”的这一规律。这样让学生自己一步一步地去发现结论,逐步培养学生科学严谨的治学态度。

3. **信息技术促进学生深度理解数学**

利用信息技术将现实中的复杂数据以动态影像图形的方式表现出来,促进数学教学内容的更新,提高学生理解数学知识的层次和创新能力。理解数学应解释为学生对已学数学知识的内涵进一步加以更新、改造、整理和重组,为形成科学合理的知识结构,从数学知识内部进行多向联系,从整体上认识局部概念之间的联系,通过数学知识的迁移形成联系更丰富、更紧密、更融会贯通的知识网络,达到通过数学理解生活、理解世界的目的。我们要充分发挥信息技术的优势,使其应用于数学教学之中,促进数学教学质量的提高。作为信息技术的一部分,数学教学软件应用的原则是有利于学生理解数学知识,有利于其认识数学的本质。学生要学会通过操作软件来观察模式、预测结论、合情推理。教学软件在数学课堂上要为学生提供探索数学问题、多角度理解数学思想的机会,让学生充分利用计算机及软件的数值功能和图形功能展示基本概念与结论,进而去体验如何发现、理解、总结和应用数学规律。

案例 6-1

为什么判断一个数是否是 2 或 5 的倍数只要看这个数的个位,而判断一个数是否是 3 的倍数却要关注这个数各个数位上的数之和,其背后的本质是什么?

例如:354 能被 3 整除吗?

制作幻灯片课件。如图 6-17,3 个 100 分掉 3 的最大倍数 99 余 3,5 个 10 分掉 3 的最大倍数 9 余 5,个位是 4,因此 $354=3\times99+3+5\times9+5+4=3\times99+5\times9+(3+5+4)$。

因为 $(3+5+4)\div3=4$,所以 354 能被 3 整除。

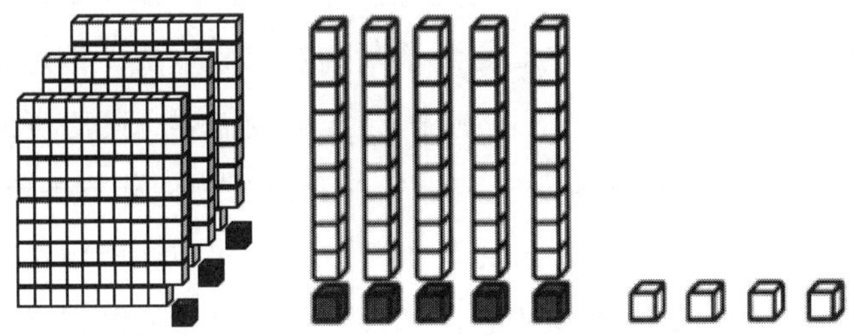

图 6-17　利用几何直观深度理解 354 能被 3 整除

从数的位值意义上来理解 3 的倍数,其十位上表示的几个十去掉几个 9 后就余几,百位上表示的几个百去掉几个 99 后就余几……因此,3 的倍数要看各个数位上的数之和。

在深入探究 3 的倍数特征的过程中,利用幻灯片课件,引导学生联系计数单位和位值原则,进一步体验和感悟 3 的倍数特征形成的结构性原理。

利用信息技术对图形的移动、定格、闪烁、色彩变化等手段来表达教学内容,使凭空想象、难以理解的内容动起来,在动态中,获取对新知识的理解,激发学生学习的兴趣,达到提高学生学习主观能动性的教学效果。利用信息技术以组合的或动态的方式灵活地向学生提供图表、文字或符号等不同的抽象数学概念和性质的表示方法,把隐藏的抽象数学关系显性化。信息技术使得功能强大的图形表示法成为可能,能使动态变化的抽象符号、复杂而零散的数据得到直观表示,而且还可以对数学对象直接进行动态显示(如局部放大或缩小、变换研究对象的空间排列顺序、多次展示引起变化的关键因素等),使学生在一种直观、动态的情境中观察抽象数学对象和关系的变化,这会帮助学生理解这些抽象数学关系的存在。

4. 信息技术有利于学生开发数学课程资源

弹性课程是为了满足学生差异性的需要,积极发挥学生的主动性,倡导开发利用的各种课程的资源。这意味着学生要学会有选择地获取有价值的数学知识,其中重要的途径就是利用信息技术收集资料、筛选资料,获取有价值的信息。这种学习方式充分体现出小学生探索和研究的意识。利用信息技术,小学生能够以前所未有的方式学习数学。利用信息技术对小学数学教学内容进行信息化处理,拓展小学生的学习资源,重新建立小学生的数学知识结构。

教科书虽然是学生认识世界的窗口,但不是唯一的窗口。如果学生只单单通过课本学习知识,对事物的认识就容易产生片面性,不利于培养学生的批判意识。计算机网络给学生认识世界提供了一个崭新的空间,它本身就集"百家之长短",更真实地反映了整个世界,对丰富学生的视野、培养学生的判断能力和批判意识是有利的。知识不是固定在那里等待被发现的,只有通过我们的反思性行为才能得到不断的扩张和生成。信息技术的网络资源优势满足了学生数学学习多样化、个性化、区别化、合作化的需要。网络资源的丰富性和共享性都冲击着传统的小学数学课程资源观。数学学习资源的物化载体不单是教学用书、参考资料等纸质印刷品,学生可以直接从信息化环境和数字资源中获取数学知识。数学学习资源的生命载体也不单是教师,学生可以通过信息技术从学习化社区、其他学习者、在线专家等途径获取与数学学习相关的内容,达到最终的学习目标。网络资源的突出优势在于知识更新速度快,能够突破教育环境的时空限制,用各种相关资源来丰富封闭的、孤立的课堂教学,极大地扩充数学学习的知识领域。

例如,在学习圆周率以后,学生上网查阅、整理相应的文献资料,建立圆周率的资源库。学生利用网络资源,获得与圆周率有关的大量信息,了解各个时代科学家对圆周率研究的阶段性成果和各种证明方法，以及圆周率在当今计算机等方面的应用；还可以选择自己感兴趣的问题，进行适当的探索研究。了解数学家对圆周率的研究过程，不仅培养学生根据个人学习目标运用网络获取信息、分析问题、解决问题的能力，而且培养他们的独立研究精神和创新意识。

（三）信息技术成为教师与学生交流数学信息、开展数学实验的平台

1. 信息技术成为教师与学生交流数学信息的平台

利用网络的传输技术，实现资源共享和师生互动。师生互动可以改变传统教学中教师的权威地位，师生都可以借助信息技术手段发表自己的意见和看法，师生关系因此变得平等、民主、和谐。因为信息技术具有传输功能，所以教学活动可以在课堂进行，也可以延伸到课外。

智慧教室（如图 6－18）是一种典型的智慧学习环境的物化，是多媒体和网络教室的高端形态。它是借助物联网技术、云计算技术和智能技术等构建起来的新型教室，该新型教室包括有形的物理空间和无形的数字空间，通过各类智能装备辅助教学内容呈现、便利学习资源获取、促进课堂交互开展，以实现情境感知和环境管理功能。

图 6－18　智慧教室

智慧教室主要拥有内容呈现、资源库和交互等功能，还辅以支持数学学科教学的数学功能。呈现功能包括基于交互式电子白板的编辑、书写、幻灯片呈现、投影、时钟计时器、放大镜等；互动功能有拍照上传、投票、抢答、随机提问、资源推送、作业推送、作业统计、系统评价等；资源库则包含内置资源、外部资源、再生资源和第三方软件等。数学功能是指系统提供的绘图工具（圆规、直尺等）、可编辑的平面图形、三维立体图形、函数绘图等数学特有工具。①

智慧教室旨在为教学活动提供人性化、智能化的互动空间；通过物理空间与数字空间的结合，本地与远程的结合，改善人与学习环境的关系，在学习空间实现人与环境的自然交互，促进个性化学习、开放式学习和泛在学习。

2. 信息技术成为教师与学生开展数学实验的平台

信息技术要做的事情是人不愿意做的事情、人不能做的事情、人难以完成的事情以及人利用技术之后可以做得更好的事情。数学实验是人们利用各种实验工具（实物、学具、模型、信息技术等），通过动手动脑开展数学活动的过程。数学有两个侧面，一方面它是欧几里得式的严谨科学，从这个方面看数学像是一门系统的演绎科学；但另一方面，创造过程中的数

---

① 张屹，祝园，白清玉，等．智慧教室环境下小学数学课堂教学互动行为特征研究［J］．中国电化教育，2016(6)：43－48．

学看起来却像一门试验性的归纳科学。[1] 过去学生的数学活动只是智力活动,缺少探究发现的数学实验活动。信息技术的出现便于学生有效地开展数学实验活动,学生利用教学软件(这里的教学软件主要指《几何画板》《超级画板》等软件)开展数学实验活动,可以激发潜在的学习能力。此时此刻学生的学习不再仅仅是记忆定义、法则和公式,而是通过操作实验来建构知识,有效地领会数学知识结构中的思想方法。计算机允许学生进行实验,建立假设。在较短时间内,在交互性的计算机环境下,学生通过实践学习,可以获得更多的反馈信息,并且不断地改进他们对数学新知识的理解。信息技术把抽象的数学概念形象化、枯燥的理论生动化,给学生提供了数学实验、探索和创造的机会,有力地促进着学生推理能力和创造思维能力的发展。学生是通过活动而不再仅仅是依赖语言构建知识,通过做几何实验来探索和发现几何的关系。

利用教学软件开展小学数学实验活动包括以下几方面:

(1) 利用"拖动"试验探索数学问题

这里的"拖动"是指:学生使用《几何画板》等教学软件时,通过鼠标选择软件中的一个点并且在平面上连续移动它。拖动试验成为分析学生理解数学知识和完成探究学习任务的重要工具。[2] 拖动鼠标的过程使学生能够在原来经验的基础上探索新的数学规律,数学规律"生长"在拖动鼠标的过程中。探索研究几何问题时,学生在拖动鼠标过程中无意间发现了两个几何变量之间的特殊关系,再经过几次反复验证,确认该数学规律确实存在。然后再寻找结论成立的条件,讨论在该条件下是否还有其他的结论。在信息技术条件下,学生利用拖动鼠标能够及时获得反馈信息,促进学生进一步对问题进行探索研究。学生经历数学规律的产生过程,能够增强他们对数学规律的理解和应用。

先进的教学软件为学生开展数学实验提供了方便条件。通过拖动鼠标让学生亲身感受、体验数学实验中的创造过程,让学生自己看清楚数学理论如何从具体特例过渡到一般抽象形式。拖动让学生在几秒钟之内看到猜想和论证问题的很多样例,还可给学生提供及时的信息反馈。学生关注计算机屏幕上图形中各个元素之间的关系,再通过变换、测量、作图等工具处理图形,给出特例和反例,发现图形变化的规律性。这个动态变化过程在传统的纸、笔、黑板、粉笔的教学环境下是难以实现的。拖动促进学生数学模式识别的形成和发展,这种可视信息推动学生的具体思维向抽象思维过渡。拖动的过程也是学生归纳、猜想的过程,在探究图形性质、与他人合作交流等活动过程中发展合情推理。这种机会有助于学生更深刻地理解抽象数学理论。

拖动某些点,让学生观察图形的变化:哪些要素发生变化、哪些没有发生变化。虽然多元表征发生对应的变化,但数学关系在动态联系中保持不变,便于发现数学规律。例如,教

---

① G·波利亚.数学与猜想[M].李心灿,等,译.北京:科学出版社,1984:1.

② Talmon V, Yerushalmy M. Understanding dynamic behavior: Parent - Child relations in dynamic geometry environments [J]. Educational Studies in Mathematics, 2004,(57):91 - 119.

师引领学生利用《几何画板》研究三角形面积，如图 6-19，学生从图中看到：当拖动 $J(H)$点时，图中三角形的形状发生变化，但是当底边和高的数据没有改变时，三角形的面积不变，从中揭示出：三角形的面积只与它的底边和高有关。

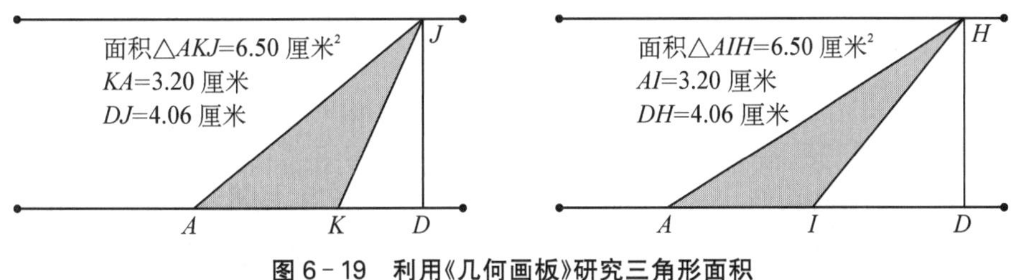

图 6-19　利用《几何画板》研究三角形面积

《几何画板》中的图形不但具有动态性，而且这种图形清晰、精确，又具有可操作性。关于图形建构正确性的判断，纸笔环境主要依赖于尺规原理，但由于其静态性，很难从直观上进行判断，而《几何画板》通过拖动方式来检验图形是否保持几何关系不变，方便快捷。在几何学习方面，《几何画板》能让学生亲身感受并确认图形中的几何关系，而纸笔环境主要是让他们通过证明达到理性的思考和对问题的认识。因此在数学教学中，《几何画板》和纸笔环境应该是互为补充、共同对教学发挥作用的。《几何画板》作为动态几何软件，这个"动态"和普通意义上的"动态"是有区别的，不仅仅是让静止的图片"动"起来，更重要的是在动态的过程中保持数学属性的不变，有利于学生概括出数学的本质。

（2）利用教学软件的"测量"功能开展小学数学实验

计算机屏幕为学生提供讨论探索问题的平台，通过快速精确的计算、数据的收集和分析探索问题的多种表征形式（数字的、符号的、图形的），教学软件促进学生提出问题、给出猜想、进行论证和反思。我们要挖掘教学软件在数学实验中的潜在力量，将教学软件作为交流数学知识的平台，共同探究数学知识、理解数学知识的工具，并应用于数学课程的设计和实施。我们要寻找数学实验与教学软件整合的切入点，发挥教学软件的优势，使学生完成其他方式所无法完成的数学学习任务。

在传统的数学教学中，学生利用直尺、量角器、圆规等工具完成一些数学实验。当遇到稍复杂的问题时，单靠直尺、量角器、圆规等工具便不容易完成。而利用先进的教学软件（如：《几何画板》《超级画板》等）进行数学实验，既方便、快捷、准确，又有利于学生猜想、归纳数学结论。教学软件的测量功能不仅使其结构元素得以量化，而且使其制作的课件具有参数交互特性。

例如，任意画一个三角形，随即测量三个角度并显示度数，三个角的度数相加，显示最后的和，如图 6-20。拖动三个顶点，学生可以直观地发现：三角形的形状和大小在变化，三个角度的大小也在变化，但内角和 180°不变。

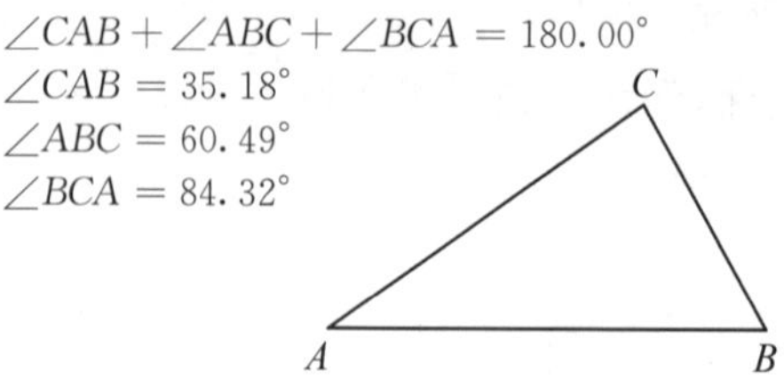

图 6-20　三角形的形状变换

又如，教学“圆的周长”一课时，“圆的周长与直径的关系”就是教学中的一个难点。利用几何画板展示大、中、小三个圆的周长，再分别测量直径的长度，用圆的周长除以它的直径，结果都是 3.14，进而归纳出圆周率为 3.14，如图 6-21。这个动态的过程是传统教学手段所不能实现的，而用电脑课件却能帮助学生轻而易举地观察和理解课程内容，达到突出教材重点的目的。

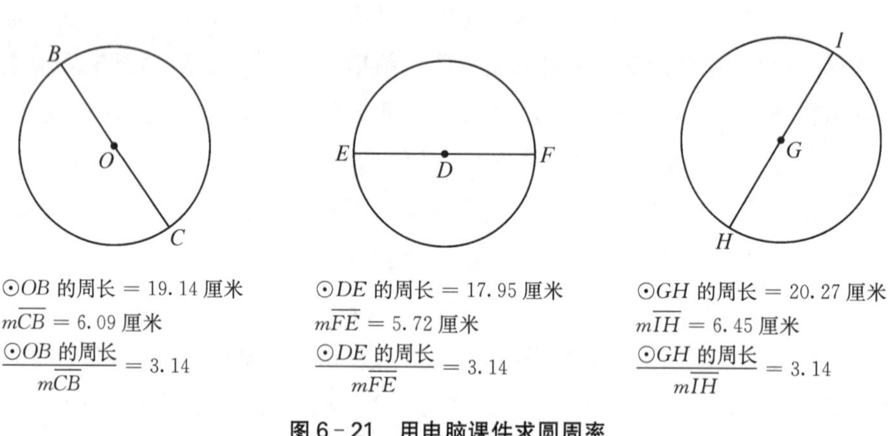

图 6-21　用电脑课件求圆周率

计算机为我们“直观感知”几何、“操作确认”几何提供了有效途径。各种先进的教学软件为我们研究数学规律提供了思想的源泉。学习数学不只是学习演绎论证，还要学会实验、猜想、归纳。我们应该重视数学实验，把探究与发现看作数学学习过程的重要组成部分。通过测量，学生自己发现数学真理，这对学生认识和掌握数学科学的研究方法、深入理解和消化数学知识都是十分有益的。

(3) 利用教学软件促进数学抽象思维视觉化

先进的教学软件工具不仅提高数学学习的效率，而且通过可视化的数学知识变化过程，促进学生理解抽象的数学概念和性质，掌握它们之间的内在联系。抽象数据的视觉化扩展了学生对数学问题的认识。变化、改变或运动，能够刺激学生观察。但如果仅仅是刺激观察，并不会引起思维，而变化必须发生在某种渐增的顺序中；每一连续的变化，都能使人回想起变化以前原先的东西，并对以后将要出现的东西产生兴趣。教学软件为数学思想提供了视觉影像，简化了数据的组织和分析过程，并能进行有效精确的计算。有了教学软件的援助，学生就能更加专注于决策的确定、思考、推理和问题解决。教学软件拓展学生智力，使他们有能力解决复杂的问题。学生创造性地利用教学软件可增加他们解决问题的能力，甚至借助教学软件，学生能够寻找到新的方法解决超越他们现有水平的问题。这种认知重组效果使得学生对数学有更深刻的理解，帮助他们从多个角度看问题。教学软件作为伙伴，它在学生讨论中起着媒介作用。学生把教学软件融入他们研究数学的活动中，将多种技术资源整合到数学知识的建构之中，并有效地利用计算机（计算器）形成个人数学能力的延伸。学生可以从动态中去观察现象、读取数据、探索和发现研究对象之间的数量变化关系。例如，可以将皓骏（Hawgent）动态数学技术深度融入圆柱体积教学中，输入数据，将圆柱分割，学生会发现：随着分成的份数越来越多，可以把圆柱重新组合为近似长方体。①

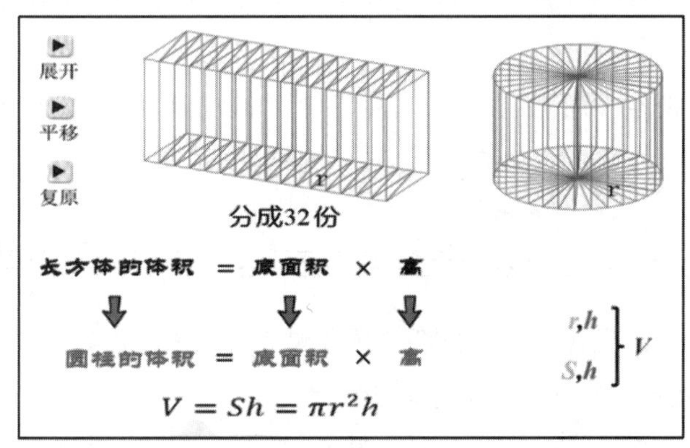

图 6-22　探索圆柱体积公式

切拼成的长方体的体积相当于圆柱的体积，长方体的底面积相当于圆柱的底面积，长方体的高相当于圆柱的高，于是

$$\text{圆柱体积}=\text{底面积}\times\text{高}，\text{即}\ V_{\text{圆柱}}=Sh。$$

又如，学生学习概率时，会遇到历史上有名的蒲丰（Buffon）投针实验。真正做此实验既枯燥乏味，课堂上又很难直接完成。如果运用多媒体技术进行实验，几秒钟内就能掷出几十万枚针，有助于学生从中发现蕴含的数学规律。

总之，教学软件极大地简化了绘图的程序，使得教师和学生有更多的时间和精力从繁琐的作图任务中解脱出来，从而更主动地参与到数学探究学习过程中去，使得学生从被动学习变为主动学习。由于恰当地使用教学软件，使得原本繁琐的作图过程变得轻松有趣，使得抽象复杂的数学知识具体化、可视化，而且利用电脑作图精确度高，更有利于学生对数学问题的研究，提高了数学学习的效率，提升了数学学习的效果。师生都为教学软件给数学学习带

① 邓思扬，鲁依玲，唐剑岚．动感强化内在联系，发展空间想象素养——以“圆柱体积公式”教学片段为例[J]．数学之友，2020(4)：33-35.

来的变化而欣喜。学生们已经亲身体验到了教学软件给数学学习活动带来的便捷与高效,他们不但乐于接受,也善于接受教学软件给数学学习方式带来的诸多变化。

阅读资料

1. 唐彩斌,彭翕成,左传波.技术改变课堂[M].北京:科学出版社,2011.

2. 徐章韬.超级画板的教育价值及其教学应用[M].北京:科学出版社,2016.

3. 陶维林.几何画板实用范例教程(第3版)[M].北京:清华大学出版社,2013.

4. 朱滇生.几何画板与小学数学[M].北京:人民教育出版社,2018.

5. 蒋培杰,牛伟强,熊斌.国内信息技术与数学教学融合研究述评[J].数学教育学报,2020(4):96-102.

6. 裴蕾丝,尚俊杰.学习科学视野下的数学教育游戏设计、开发与应用研究——以小学一年级数学"20以内数的认识和加减法"为例[J].中国电化教育,2019(01):94-105.

思考与练习

1. 常规教具和学具、现代教学手段各自的优势是什么?

2. 如何利用常规教具和学具开展小学数学教学?

3. 选择一节课,利用数学教学软件制作课件,解决教学中的重点、难点问题。

第七章
数与代数的教学

本章导语

在概述数与代数历史的基础上，本章给出数与代数的教学要求；深刻认识数与代数的概念，提高学生解决数与代数问题的能力；结合经典的小学数学教学研究案例，展示数学（数与代数）思想方法的教学。

学习目标

1. 理解数与代数教学的意义、内容、要求。
2. 探索数与代数的概念与技能教学、数与代数解决问题的教学。
3. 结合数与代数的内容，开展数学思想方法的教学。

第一节　数与代数教学的意义、内容和要求

一、数与代数教学的意义

小学“数与代数”部分是整个数学的基石之一。在小学阶段学习的整数、小数、分数、百分数的知识，加、减、乘、除的计算，都是最基础的知识，这些内容不仅是进一步学习所必备，就是在小学阶段学习其他领域内容时，也是经常要用到的。随着时代的发展和数学教学改革的深入，人们认真分析数学课程中“数与代数”的价值，认识到数与代数的教学应重视学生对数的意义的理解，重视学生对数的抽象概括能力的形成过程，培养学生的数感和符号感；重视学生在具体情境中去体验、理解有关数与代数的知识。这部分内容的教学意义主要体现在以下几个方面：

1. 帮助学生认识数学与现实生活的紧密联系

小学数学的内容很多具有明显的实际背景，与日常生活联系密切，可以解决一些实际问题。理解数、符号是刻画现实世界数量关系的重要语言，方程、比例等是现实世界的数学模

型。数字符号是人们表示、交流和传递信息的最有效的手段；数量关系是刻画自然界以及人类社会现象、预测事物发展规律的重要工具。认识到数学是解决实际问题和进行交流的重要工具，从中感受到数学的价值，初步学会运用数学的思维方式去观察、分析现实社会，去解决日常生活和其他学科学习中的问题，增强应用意识，培养初步的应用能力。

2. 促使学生初步学会探索现实世界中的数量关系及其变化规律

认识利用符号表示数及数量关系，揭示存在于一类数学问题中的共性和普遍性，让学生初步学会探索现实世界中的数量关系及其变化规律。代数的符号[①]、方法与系统正是探讨这些规律、表征这些规律、为这些规律建立模式的语言与工具。整数、分数、小数、百分数及其四则运算，简易方程的求解等活动，有助于学生学习有条理的思考，促进学生对数学学习的兴趣，提高解决问题的能力和自信心，有利于培养学生的创新精神和创造性思维能力。

3. 帮助学生树立辩证唯物观，初步学会利用科学的观点认识现实世界

小学数学教材中存在着许许多多的既对立又统一的知识点，如整数和分数的对立统一，加法和减法、乘法和除法的对立统一，精确和近似的对立统一，变与不变的对立统一；在研究过程中，也充满了对立与统一，如已知与未知、特殊与一般、具体与抽象等。同时，在正、反比例函数与变量的研究中，还充满着运动、变化的思想。因此，通过这部分内容的学习，必将有助于培养学生的辩证唯物主义观，有利于学生用科学的观点认识现实世界。

二、数与代数的教学内容

（一）数与代数历史简介

在不同的时代，数学知识常有其特定指称与范畴。很久很久以前，还没有发明数字的时候，人们用身体、工具表示数、数数（如图 7－1）。微积分的英文“Calculus”，原意是指用于计数及赌博的一种小石子；在现代数学中，它有“计算”“数出”以及“指出”的意思。甲骨文中数字的写法是从新石器时代的刻划符号发展而来的，而数学的“数”字是从结绳的形象而来（见图 7－2），甲骨文中“数”字写作數，从娄从系，就是将绳子打上结，束成小把地计算。人类对数目的认识，最初是从“一”和“多”开始的，后来逐渐有了“二”“三”等数目的意识。这种原始的数目意识都是和具体的事物对象联系在一起的，例如二头牛、三根木棍等。进一步的发展是采用手指、树枝或贝壳等计数，通过简单的对应关系“数”（shǔ）出某种物体的个数，其实际含义是物体的个数“与手指、树枝或贝壳一样多”。据说汉语中“二”的读音就出自于“耳”（与耳朵一样多），印度佛教用语中的“五”与波斯语的“手”很相近（像一只手的指头那样多）。人

① 代数符号包括：关系符号如：$=$，$<$，$>$；运算符号如：$+$，$-$，$\times$，$\div$；未知数符号如：□，甲，乙，x，y，z；函数符号如：$f(x)$；等等。

类长期在数目观念的基础上，逐步产生了认识上的飞跃，出现了抽象的数的概念，因此我们可以说，“数”(shù)来源于“数”(shǔ)。这一点，也可以从小孩子学习数目的过程得到印证。

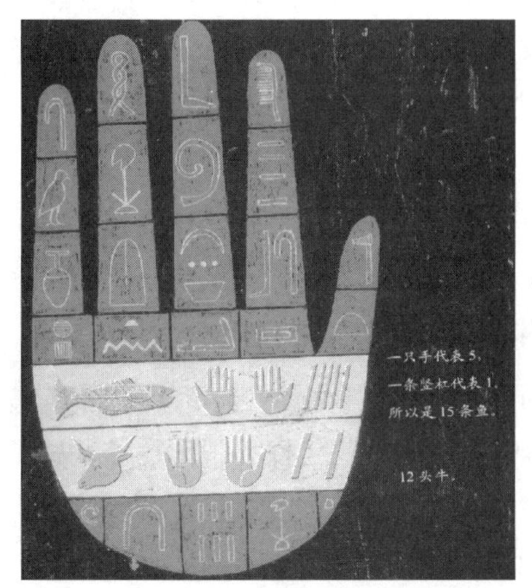

图7-1　用手计数

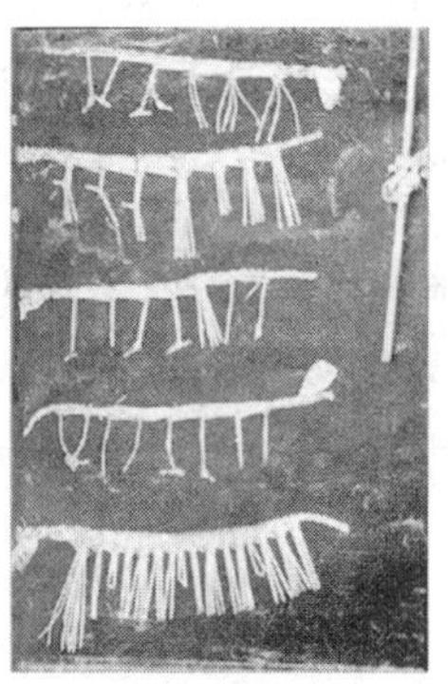

图7-2　结绳计数

大约在春秋战国时期(公元前770年—公元前221年)，我国已出现了用算筹计数，并采用位值制计数法。所谓算筹，有时也称“算”或“筹”，是指用来计数或计算的一种竹制的工具(小竹棍)，除了竹制之外，也有木制的、骨制的，甚至讲究的还有用象牙制作的。图7-3所示的算筹是1971年陕西千阳县西汉墓出土的。用算筹表示数目时有纵、横两种方式，如图7-4所示。

图7-3　算筹

纵式：	𝍠	𝍡	𝍢	𝍣	𝍤	𝍥	𝍦	𝍧	𝍨
横式：	𝍩	𝍪	𝍫	𝍬	𝍭	𝍮	𝍯	𝍰	𝍱
	1	2	3	4	5	6	7	8	9

图7-4　算筹的使用

在数学史上，阿拉伯数字最初被称作“印度-阿拉伯数字”，它是古代印度人发明的，后来由印度传到阿拉伯，12世纪初又由阿拉伯传到欧洲，欧洲人称它为“阿拉伯数字”。

“代数”一词之英文名称为“Algebra”，它源于公元830年花拉子米(Khwârizmi，783—850年)所使用的阿拉伯文“al-jabr”，图7-5为纪念花拉子米诞辰1200年发行的邮票。早在古埃及与巴比伦时期，即认为已经出现代数想法，当时的解题过程是利用文字叙述与记录，直到16世纪，代数才发展出符号化的特质。

图7-5　为纪念花拉子米而发行的邮票

用字母和符号表示数及其运算或关系是代数学的一个基本特征。建立一套简明有效的符号体系,可以使代数书写表达更加方便,运算过程更加清晰,推演思路更加精练。这是近代数学得以迅速发展的必要前提,也是近代科学发展对数学提出的要求。现代数学符号的引入大约始于15世纪末,有些符号经过多次改进才成为现今通用的形状。下面列出部分常用数学符号产生的大致年表①:

(1) 加号"+"和减号"-"是德国人维德曼(J. Widman)于1489年首先使用的,当时用来分别表示过剩和不足。1514年荷兰人赫克(V. Hoecke)正式把它们作为代数运算符号使用。

(2) 乘号"×"和比号"∶"由英国人奥特雷德(W. Oughtred)于1631年在他的著作《数学之钥》中引入。1689年莱布尼兹在一封信中提议用"·"代替"×"作乘号,以免后者与字母"x"混淆。

(3) 除号"÷"于1659年首先出现在瑞士人雷恩(J. H. Rahn)的一本代数著作中。

(4) 等号"="的发明人是英国的雷科德(R. Recorde)。他在于1557年出版的数学著作《砺智石》中首次使用等号。书中写道:"为了避免反复使用'is equal to'这个短语,我采用了一对等长的平行线段来表示,因为没有任何其他两样东西比一对等长的平行线段更显得相等了。"

(5) 根号最初是波兰数学家鲁道夫(C. Rudoff)在其1525年编写的一本代数书中引入的。当时用"√"表示平方根,因为它很像小写字母r(来自拉丁文radix),后来笛卡儿(R. Descartes)把它改成"$\sqrt{\ }$"。

(6) 大于">"和小于"<"最早于1631年出现在英国数学家哈里奥特(T. Harriot)的遗作《实用分析术》中。

(二)"数与代数"的教学内容

"2022年版课标"确定小学阶段数与代数的教学内容包括"数与运算"和"数量关系"两个主题。学段之间的内容相互关联,由浅入深,层层递进,螺旋上升,构成相对系统的知识结构。

第一学段(1～2年级)

1. 数与运算

在实际情境中感悟并理解万以内数的意义,理解数位的含义,知道用算盘可以表示多位数。了解符号<,=,>的含义,会比较万以内数的大小;通过数的大小比较,感悟相等和不等关系。在具体情境中,了解四则运算的意义,感悟运算之间的关系。探索加法和减法的算理与算法,会整数加减法;探索乘法和除法的算理与算法,会简单的整数乘除法。在解决生活情境问题的过程中,体会数和运算的意义,形成初步的符号意识、数感、运算能力和推理

① 徐品方,张红.数学符号史[M].北京:科学出版社,2006:375-381.

意识。

2. 数量关系

在简单的生活情境中，运用数和数的运算解决问题，能解释结果的实际意义，形成初步的应用意识。探索用数或符号表达简单情境中的变化规律。

第二学段(3～4 年级)

1. 数与运算

在具体情境中，认识万以上的数，了解十进制计数法；探索并掌握多位数的乘除法，感悟从未知到已知的转化。结合具体情境，初步认识小数和分数，感悟分数单位；会同分母分数的加减法和一位小数的加减法。在解决简单实际问题的过程中，理解四则运算的意义，能进行整数四则混合运算。探索并理解运算律(加法交换律和结合律、乘法交换律和结合律、乘法对加法的分配律)，能用字母表示运算律。会运用数描述生活情境中事物的特征，逐步形成数感、运算能力和初步的推理意识。

2. 数量关系

在实际情境中，运用数和数的运算解决问题；在解决实际问题的过程中，能结合具体情境，选择合适的单位进行简单估算，体会估算在生活中的作用。能借助计算器进行计算，解决简单的实际问题，探索简单的规律。在具体情境中，认识常见数量关系：总量＝分量＋分量、总价＝单价×数量、路程＝速度×时间；能利用这些关系解决简单的实际问题。能在具体情境中了解等量的等量相等；能解决生活中的简单问题，并能对结果的实际意义作出解释，经历探索简单规律的过程，形成初步的模型意识和应用意识。

第三学段(5～6 年级)

1. 数与运算

知道 2、3、5 的倍数的特征，了解公倍数和最小公倍数，了解公因数和最大公因数，了解奇数、偶数、质数(或素数)和合数。结合具体情境探索并理解小数和分数的意义，感悟计数单位；会进行小数、分数的转化，进一步发展数感和符号意识。结合具体情境理解整数除法与分数的关系。能进行简单的小数、分数四则运算和混合运算，感悟运算的一致性，发展运算能力和推理意识。

2. 数量关系

根据具体情境理解等式的基本性质。在解决实际问题的过程中，会选择合适的方法进行估算。在具体情境中，探索用字母表示事物的关系、性质和规律的方法，感悟用字母表示的一般性。在实际情境中理解比和比例以及按比例分配的含义，能解决简单的问题。通过具体情境，认识成正比的量(如 $\frac{y}{x}=5$)，能探索规律或变化趋势(如 $y=5x$)，能运用常见的数量关系解决实际问题，能合理解释计算结果的实际意义，逐步形成模型意识和几何直观，提高解决问题的能力。

小学数学“数与代数”领域包括“数与运算”和“数量关系”两部分。将数与运算整合成一个主题,有助于从整体上理解数和运算,为学生从整体上把握和理解数学知识与方法,形成数感、符号意识、运算能力、推理意识等核心素养提供基础。“数量关系”主题突出了问题解决的内容载体和问题解决能力的培养。数量关系的重点在于用数和符号对现实情境中数量之间的关系和规律进行表达,凸显用数学模型解决现实情境中的问题。在数量关系主题下,包含了用四则运算的意义解决实际问题,理解和运用常见的数量关系解决问题,从数量关系的角度理解字母表示关系和规律、比和比例等内容。①

三、“数与代数”的教学要求

(一) 关注“数与代数”知识的形成过程

数学知识的形成是从生活实践活动中逐步积累的结果。只有真正亲历数学,所学的知识才是真正属于自己的财富。学习如果没有以“经历”作前提,所学的知识是不可靠的。数学是人类经过曲折的探索过程建构起来的,但它在呈现时,常常省略了产生、发展的曲折过程,以非常严谨、概括的形式展现出来。因为小学生的感性认识还不够丰富,抽象能力还未形成,所以学习起来会感到困难。作为教学内容的数学,在呈现时,要还原数学生动活泼的建构过程,让学生亲身经历类似的创造过程,用自己的活动建立对人类已有的数学知识的理解。教师在“数与代数”教学中,要结合具体的教学内容,让学生经历“数与代数”知识的形成与应用过程,从而更好地理解“数与代数”知识的意义,掌握必要的“数与代数”基础知识与基本技能,发展应用数学知识的意识与能力,增强学好数学的愿望和信心。

(1) 结合生活情境和数学活动,引导学生经历符号化过程,认识到引入符号的必要性。数学符号能简洁地表示一类事物的本质属性,但往往也比较抽象。在开展符号教学时,教师应尽可能结合具体的情境,通过学生感知、观察、操作、反思、归纳等活动,引导学生经历用数学符号表示数、数量关系及其变化规律的过程,使学生体验到用符号表示的优越性。

(2) 以数学活动为主线,强调学生动手实践和经历数学活动的过程,注重亲身感受。通过探索丰富的问题情境,以及数学活动、数学实验,使学生逐步形成数感、符号意识,体会数字和符号用来进行表示及交流的作用,并感受数学与现实世界、数学与自然和人类社会的密切联系。通过问题的符号表示、表格表示、图像表示和语言表示及各种表示之间的转换,使学生从多个角度获得对数学概念和数学过程的感受。通过同一个问题的不同思考过程,发展学生对数及其运算的理解和认识。

(3) 经历“数与代数”知识的“再创造”过程。弗赖登塔尔认为,数学教学方法的核心是学

---

① 马云鹏.聚焦核心概念　落实核心素养——《义务教育数学课程标准(2022 年版)》内容结构化分析[J].课程·教材·教法,2022(6):35-44.

生的“再创造”。学生通过“再创造”来学习数学的过程，实际上就是一个“做数学”（doing mathematics）的过程。“创造”既包含了内容又包含了形式；既包含了新的发现又包含了组织。让学生在现实活动中，通过自己的实践和思维去“创造”、去获得数学知识，而不是教师生吞活剥地将数学知识灌输给学生。以学生身边熟悉的情境为教学的切入点，激发学生主动学习的需求，为学生创设与生活环境、知识背景密切相关的感兴趣的学习情境。如在探索乘法运算律的过程中，提出的问题由易到难、层层递进，不仅可以为学生提供自主探索的时间和空间，使学生经历乘法运算律的产生和形成过程，而且可以让学生发现其中的数学规律与奥秘，从而激发学生对数学深层次的热爱。

（二）突出“数与代数”的背景

学习“数与代数”要联系生活实际，充分利用所学的“数与代数”知识在现实生活中的实际背景去理解知识。例如，扳手指数数，建立大小观念；在数一数全班有多少学生的过程中理解自然数；从分苹果归纳出分数概念，进而理解分数的大小具有相对性。只有为学生提供熟悉的情境，让其感受具体情境中的数量和数量关系，学生才会深入地理解它们。

人类在现实生活中遇到的实际问题常常是整合各类信息而综合显现的。可以将“待处理”的实际问题引入课堂，让学生在贴近实际情境的实践活动中应用数学知识和经验，主动去解决生活中简单的实际问题。如应用比例尺的知识，计算天津到北京的距离，还可以根据房间的平面图设计使用方案；通过校园实践活动来帮助学生建立概念，如对较大单位千米、公顷的认识等。

前面简单介绍过“数与代数”的发展历史，实际上，每个“数与代数”的概念、法则背后都蕴藏着丰富的文化内涵。“数与代数”中的一些重要概念、定理和理论的产生大都经历过从酝酿、产生到推广的曲折过程，于是在此过程中，一定存在某些重要的思想、方法，存在某些能对教师的教学和学生的学习有启发作用的因素。

 **案例 7－1**

“0”的历史

你理解“0”吗？教学“0 的认识”时，介绍一下阿拉伯数字的演变历史，特别介绍 0 的出现到广泛应用的过程，使孩子初步了解数学知识的产生和发展，体会数学史的演变。历史上，人们认识自然数并将它用于计数，都是从 1 开始的。在古代中国、埃及，以及后来的古罗马等地使用的数码中，都没有表示“零”的数码。现在通用的表示“零”的数码“0”，大约是在公元 6—8 世纪由印度人首先使用。

“零是谁发明的？”答案可能不止一种，这是因为对“零”可以有不同的解释：（1）零是一个概念，它表示“一无所有”，如 3 减 3 等于零。（2）在位值制计数法中，零表示“空位”,同时起到指示数码所在位置的作用。如阿拉伯数码中零记作 0,在 304 中的 0 表示十位上没有数,而 3 是在百位上,表示三百。(3)零本身是一个数,可以同其他的数一起参与运算。(4)零是标度的起点或分界,如每天的时间从 0 时开始,数轴上 0 是正负数的分界,温度计以 0℃为零上零下的分界,等等。可见零至少有上述四种功能。梁宗巨先生在他的著作中为“0”撰写了 22 页。①

20 世纪 90 年代之前,在我国的数学教科书中一直认为自然数是从 1 开始的,0 不算自然数。但是,1993 年颁布的《中华人民共和国国家标准》(GB3100～3102-93)《量和单位》(11—2.9)规定自然数包括 0。因此近年编写的中小学数学教材,都根据上述国家标准进行了修改。具体的表述是:用 0 表示“一个物体也没有”所对应的计数。

数学发展的历史不仅要追溯数学的内容、思想和方法的演变、发展过程,而且还要探索影响这种过程的各种因素,以及历史上数学科学的发展对人类文明所带来的影响。

(三) 重视直观感性材料的作用

1. 学生的认识从具体操作上升到抽象的算法,需要借助表象

有效的“表象操作”是促使学生从“实物操作”到“算法操作”的必不可少的“桥梁”。要引导学生进行算法的抽象,不可忽视表象在具体与抽象之间的中介作用。对小学生来说,“数学就是生活”。根据儿童的生活经验,“除法就是分豆子”(如图 7-6 所示),教师由此得到启发:7 颗豆子平均分到 3 个盘子里,那个分剩下来不够再分的豆子数就是“余数”,盘子里试着放豆子的过程就是“试商”。在这里,从实物到算式是“形式化”的过程,从算式运算返回到实物解释是“寻找意义”的过程。数学化就是在具体、半具体、半抽象、抽象之间的铺排,是穿行于实物与算式之间的形式化过渡。②

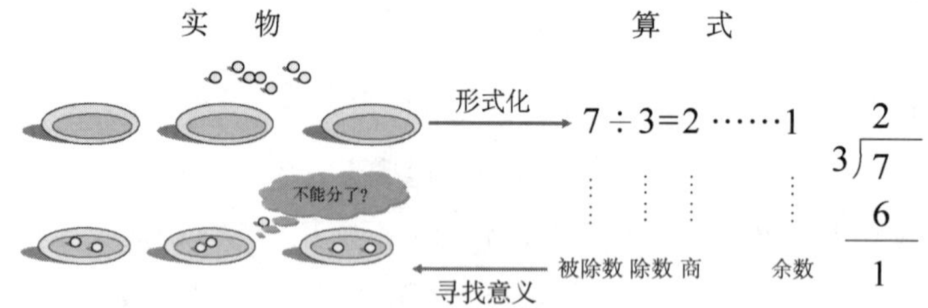

图 7-6　分豆子与除法

① 梁宗巨. 数学历史典故[M]. 沈阳:辽宁教育出版社,1995:48-69.

② 顾泠沅,王洁. 教师在教育行动中成长——以课例为载体的教师教育模式研究(上)[J]. 课程·教材·教法,2003(1):9-15.

2. 借助直观，理解算法多样化

“数与代数”的概念、公式、法则是对实际生活中事物数量关系的抽象与概括，而学生思维水平正处于以具体形象思维为主要形式向以抽象逻辑思维为主要形式的过渡阶段，他们的逻辑思维仍带有很大成分的具体形象性，其思维活动往往需要在感性材料的支持下才能顺利进行。小学生需要借助感性材料的支持，实现问题的多种呈现方式，从多个角度理解问题的意义。案例 7－2 借助直观图形，帮助学生从多个角度理解算法的多样化。

案例 7－2

以蜜蜂为载体的计算

问题：一群蜜蜂的$\frac{2}{5}$是（4只蜜蜂），这群蜜蜂是图 7－7 中的哪一群？

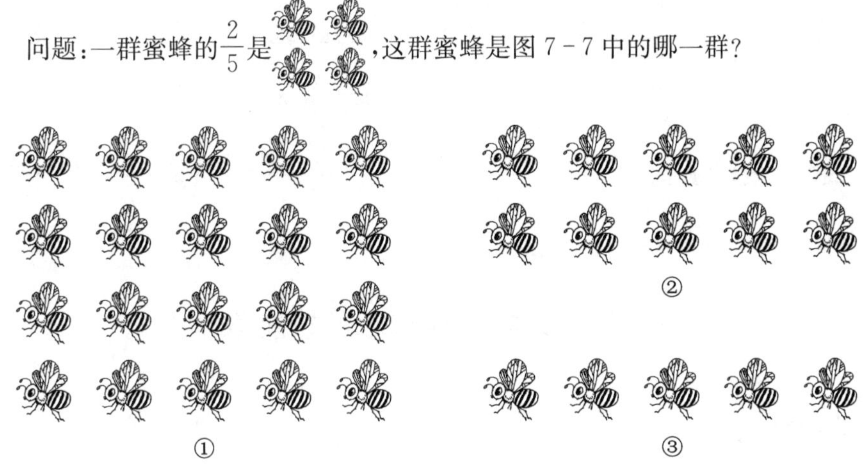

图 7－7　以蜜蜂为载体的计算

学生借助图片，给出多种算法：①

“我选择的是第二群蜜蜂，是 10 只。我想，一群蜜蜂的$\frac{2}{5}$就是把一群蜜蜂平均分成 5 份，现在 2 份是 4 只蜜蜂，一份就是 2 只蜜蜂，5 份就是 10 只蜜蜂。”

“我是这样算的，第一群蜜蜂平均分成 5 份，每份就有 4 只，所以不是。第二群蜜蜂平均分成 5 份，每份 2 只，2 份就是 4 只，所以就是第二群。”

“我是先估计的，再分一分。看看第一群太多、第三群太少，再看第二群，算一算正好。”

“你的想法也不错，先估计再验证，也是一种很好的办法。”教师进行评价，然后又作了小结：“刚才我们几位同学从不同角度、用不同方法得出了结论，说明我们对分数的理解又加深了。”

① 朱德江. 小学生数学素养培养策略与案例[M]. 北京：北京师范大学出版社，2008：115.

理解性学习的最重要特征就是这种学习具有生成性。当学习者获得了具有理解性的知识时,他们就能运用这些知识去学习新的主题,去解决新的和不熟悉的问题……我们需要让学习者时刻准备着学习新的技能和知识,并且要让他们准备应用这些知识去解决新的问题。

3. 借助现代教育技术,实现数学问题从静态转化为动态的活动过程

在传统的课堂教学中,仅借助一块黑板、一支粉笔、一本书、一张嘴的教学手段,在现在看来,并不一定会收到更好的效果。因为这种传统手段所构建的几何模型缺乏真正的动感,形象中不乏抽象的成分,往往准确性不够,可能给学生对问题本质的深刻理解和认识带来障碍,所以可以利用现代教育技术做数学实验,使学生直接参与课堂教学,在动手操作中学数学。现代教育技术的运用可以改变教师的教学方式和学生的学习方式,如教师利用现代教育技术引导学生结合动态的画面更好地理解知识的形成过程。图 7-8 就是借助现代教育技术,动态展示从$\frac{1}{2}$图形到$\frac{2}{4}$、$\frac{4}{8}$图形的变化过程,让学生认识理解分数基本性质(等值分数)的本质。

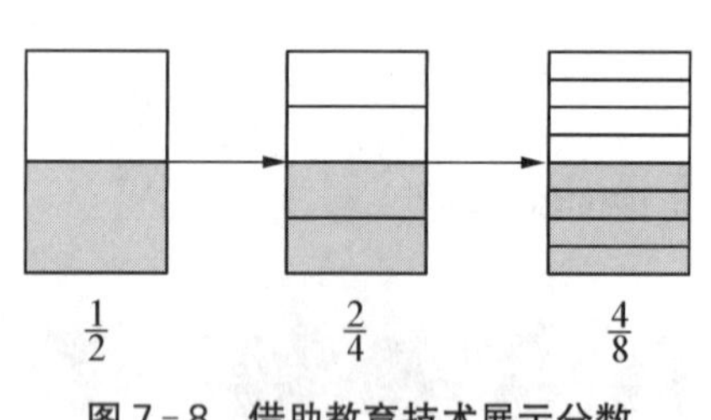

图 7-8 借助教育技术展示分数

第二节 数与代数概念及技能教学

一、数感的理解

在 20 世纪早期人们就对数感进行了描述和研究。1954 年,丹齐格(Dantzig)首次明确提出数感的概念,并且将数感看作是对细小的数量变化的一种直觉感受。①

(一) 数感

"2022 年版课标"提出:数感主要是指对于数与数量、数量关系以及运算结果的直观感悟。

数学的本质是:在认识数量的同时认识数量之间的关系,在认识数的同时认识数之间的关系。数量之间最基本的关系是多与少,与此对应,数之间最基本的关系是大与小。识别数感可以明确定义、评价数感,将数感与其他技能和能力联系起来,促进数感应用推广。数感包含数字、运算、数字与运算之间所产生关联的复杂组合。数感各项内容之间密切关系,显示了数感的多样性和丰富性。

直观是直接的认知反应,不用经过太多思考过程,依据已有知识直观推理,很快出现的想法,但仍有其合理性。学生将数学概念与自然现象、生活经验及过去所学概念关联,使用

---

① Dantzig T. Number: The language of science[M]. New York: MacMillan, 1954:36.

各种不同数字的变通形式，比较和排序数字，分解和组合数字，能创新多种不同的策略解决有关数字问题。应培养学生对所解决的数学问题做出合理判断，即对数学性质和问题能适时地提问合理的结果是什么，以及结果为什么是合理的，并适时调整解题策略。

学生应具有良好的数学直觉，对于数字有多种不同的看法，面临和数字有关的问题时，能发展出多样且与众不同的解题策略；能自行去寻找各种不同的解题方式，并能将其实际运用在日常生活当中；了解数字运算的结果，能进行估算并判断其合理性以及数的合成与分解。

（二）理解数感

1. 能够在真实的情境中理解数的意义，能用数表示物体的个数或事物的顺序

在常规课程教学中利用与生活情境相关联的问题开展教学。学生透过具体事物或实际操作认识数与运算的关联，如知道学校礼堂的主席台上无法站上 2000 个人；一般人无法背起 200 公斤的重物，或一般的教室无法站立 1000 个人。

能对数字进行分解与合成，运用不同表征解决问题。利用数的合成及分解、在各种表征之间弹性转换，找寻有效解决问题方法。这种数的合成及分解和位值概念有密切的关系，因为大部分的合成及分解都与位值有关，例如，计算 36×25 可将 36 分解为 9×4×25＝9×100＝900。

结合真实情境，学生对于数字系统中有理数（包含整数、分数、小数等）所代表的意义及其基本结构能有充分的理解，包含十进位值制计数法等。例如：用 9、7、5、4、1 排成最小的五位数（数字不重复排列），请问哪个数字应该放在个位数？以有意义的方式将数字、运算与符号关联，例如：知道 357×6 也可以写成 300×6＋50×6＋7×6。

2. 能在简单的真实情境中进行合理估算，作出合理判断

（1）合理估算

估算是个体未经过精确计算而只借助原有知识对问题提出粗略答案的一种估计形式，是心算、数概念和算术计算技巧之间相互作用的过程。① 估算包括三种基本的思维过程：数据重塑、算式转换、盈亏互补。②

数据重塑是指改变数据或数据类型以达到简化计算目的的思维过程，比如，计算 927÷46 时，对 927 和 46 取大约值，得到 900 和 45，接着计算 900÷45，就可以得到估算答案 20。这一思维过程将注意力更多放在参与运算的数据方面。

算式转换是指改变问题的算式结构或运算顺序以利计算的思维过程，比如，计算 522＋474＋483 时，发现三个数据都接近 500，可以对三个数据都取大约值 500，这时改加法为乘法 500×3，就能够通过改变算式结构得到估算值 1500，这一思维过程将注意力更多放在算式结

---

① 司继伟. 小学儿童估算能力研究[D]. 重庆：西南师范大学，2002：14.

② Reys R. E, Rybolt J. F, Bestgen B. J, et al. Processes used by good computational estimators [J]. Journal for research in mathematics education, 1982, 13(3): 183 - 201.

构和运算顺序方面。

盈亏互补是指在数据重塑或算式转换之中或之后,根据实际情况对估算结果进行适当调整以达成估算目标的思维过程,比如,比较 320×189 与 64000 的大小时,取 189 的大约值为 200,接着计算 320×200,得到估算值 64000,因 200 比原数值大,因此 320×189 的实际值一定比 64000 小,这一思维过程与问题背景和问题目标是有紧密关联的。

(2) 合理判断

由于平时数学学习忽略了判断合理性的重要性和实用性,许多学生在判断计算结果的合理性时遇到了困难。如果学生理解数学问题解决方法有困难,那么判断计算结果合理性的能力较差可能会加剧这种困难。①

针对不同的问题情境,学生应能依据题意的需求进行有效的判断,并能发展最合适的解题策略,具备检验答案合理性的能力;能透过估测、情境及对数字意义与运算的理解去判断答案的合理性。学生解决问题以后能用回应情境、设想特例、估计或不同方式说明解答的合理性,能用解题的结果阐释原来的情境问题,重新评估原来的转化是否合适。

能判断日常生活的情境中数字的合理性。例:一根旗杆有 11 层楼高,大约是多少米? 具备数感的人知道一层楼的高度约 3 米,所以旗杆高度大约是 33 米。

3. 能初步体会并表达事物蕴含的简单数量规律

拥有数感者要能掌握数的量感,并利用合乎规范的口语或符号表征数字与运算关系的联结,而这也是数感教学的重要核心之一。② 具有良好数感的学生应能在不同情境中弹性地应用运算的性质来解题,能连结不同运算间的关系发展出多样化的思考与解题方法,能了解并善用运算中交换律、结合律、分配律等特性来简化运算的步骤或发展运算的策略。例如:使用结合律解 4×36×25=36×(4×25)=36×100=3600。

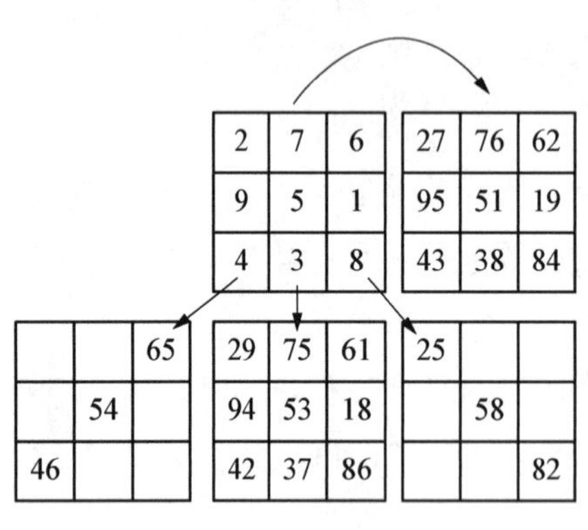

图 7-9 幻方拓展

如图 7-9,左上的方格中每行、每列、每条对角线上的三个数的和都相等。幻方的奇妙之处在于,每行、每列、每条对角线上的三个数都可以依次组成三个两位数,它们的和都相等;这样构建出的两组数,每组数的和竟然也是相等的(=165),十分奇妙。但更奇妙的是,它们的平方和、立方和竟然也对应相等。③

① Yang D. C, Sianturi I. Sixth grade students' performance, misconceptions, and confidence when judging the reasonableness of computational results [J]. International journal of science and mathematics education, 2019(17): 1519-1540.

② Wagner D, Davis B. Feeling number: grounding number sense in a sense of quantity [J]. Educational studies in mathematics, 2010,74(1):39-51.

③ 朱乐平. 数学欣赏课:奇妙的幻方[J]. 小学教学(数学版),2021(7-8):136-138.

4. 数感是形成抽象能力的经验基础

数量是对现实生活中实物量的抽象。把握事物关于数量的本质，就是把繁杂问题简单化；去掉事物具体内容，利用符号和关系术语清晰表达，表述已简约化事物的数量关系；通过假设和推理，在一般意义上描述一类事物的特征或规律。

数感是一种高层次、开放性的思考历程，也是一种推理能力，个人在面对和数字有关的问题时，能将数字意义化，可以采用多元的解题策略来解决和数字有关的问题。数量概念包含一一对应关系的原则，学生能理解对一堆物体用数字来表示的过程，如：给小学生一堆棋子，他一个一个点数完之后，能够说出共有几个棋子。学生将一个一个分离的对象转化为一个群组，能改善他们对基数意义的认识；以群组为基础进行计数，增进学生对数字之间关系的认识，使其能变通性地处理有关数量问题。

学生具有良好的笔算能力并不代表他们能发展良好的数感，他们对运算法则背后所蕴含的数学意义有可能一知半解。发展学生数感是启动代数思维的关键元素，促进学生将纯粹的算术情境转化为代数思维特征的符号语言。由于数字与运算本身是抽象的，其意义在于我们所赋予它的价值，学生透过设计良好的教学活动，才能思索数字与运算间的关系。数字知识是掌握数字组合、解决应用题和抽象数字关系的重要前提。学生可以利用数字关系来简化计算，例如，理解加法和减法之间的关系，可以帮助学生运用互逆关系更流畅、更灵活地进行计算。

（三）建立数感的意义

建立数感有助于学生理解数的意义和数量关系，初步感受数学表达的简洁与精确，增强好奇心，培养学习数学的兴趣。

具有良好数感的人能够熟练运用各种问题解决策略，选择这些策略取决于所涉及的具体数字，以及如何进行特定的心理计算或估算。学生在数学学习上遇到困难或能力较低的根本原因在于数感的不足。霍伯达（Halberda）等人指出：算术运算建立在数感能力上，学生的数感能力与从小到大的数学成就有所相关。①

引导学生发现数间的关系，让学生感受学习数学的乐趣。个人解决问题的灵活性以及使用策略的多样性是决定计算估计和数感质量的重要因素。研究表明，学生的数感水平和解决问题的灵活性、流畅性、简洁性之间有着密切关系。②

二、自然数、分数、小数

（一）自然数

在文字出现以前，人类就已形成数的概念，最初是用石子、贝壳等实物采用"一一对应"

---

① Halberda J, Feigenson L. Developmental change in the acuity of the"number sense": the approximate number system in 3-, 4-, 5-, and 6-year-olds and adults[J]. Developmental Psychology, 2008, 44(5), 1457-1465.

② Lemonidis C, Likidis N. An integrated hierarchical model of 5th grade students' computational estimation strategies[J]. International Journal of Mathematical Education in Science and Technology, 2021, 52(1): 84-106.

的方式来记录物体的数量。由于石子、贝壳容易丢失或搞混,逐渐发展到"结绳记事""刻痕计数","上古结绳而治,后世圣人,易之以书契"(《周易》)说的就是这件事。所谓"刻痕计数",就是有多少物体,就在木棒、树皮、石头、兽骨等物体上刻多少条痕。遇到一个较大的数时,这种方法就比较麻烦,于是出现了进位。历史上出现过 2、5、6、12、20、60 等进位方法。

"数"有三个读音,数(shù):表示、划分或计算出来的量,如数目;数(shǔ):一个一个地计算,如不可胜数,数九;数(shuò):屡次,经常。人类对数的认识,在不断深化和发展。从自然数开始,扩充到整数,然后到有理数和实数,再到复数、四元数和八元数。德国数学家克罗内克(Leopold Kronecker, 1823—1891)有一句名言:"上帝造就了自然数,其他的数都是人为的。"这里的"上帝"就是大自然。实际上,只有自然数是自然地存在着的,在某种意义上还可以看得见,摸得着,而小数、分数则完全是人为的模型,更不要说实数和复数了。

小学教材中自然数的认识部分包括:认识 100 以内的数,认识比 100 大的数,认识因数与倍数,另外还有认识负数。自然数概念是人类积累数学知识的开端,也是一切数学的基础。儿童学习数学也要经历前人遇到的问题。小学生学习的是朴素的自然数知识,是依赖于自身的生活经验建立起来的。

认识数(指自然数)的教学策略包括以下几点:

第一,认识数的教学以理解数的意义为重点。让学生理解数的意义,建立正确的数的概念是认识数的教学任务。理解数的意义一般有两个角度:一是从数的组成去建构,二是联系实际来体会。传统教学偏重前者,新课程则认为把这两个角度有机地结合起来效果更好。联系实际体会数的意义,更有利于学生在现实生活中应用自己认识的数。

第二,让学生在生动具体的情境中认识数。儿童掌握"数概念"是以具体形象为主要形式,逐步对"数概念"进行一些抽象概括,但不能脱离生活经验这个基础。结合情境认识 10 以内的数,是认识数的开始,这个阶段的教学对建立数的概念十分重要。有的老师认为,许多学生入学前都已经会数数,现在只要写好数就行了。其实不然,教学 10 以内数的认识应注意:①物体个数与数一一对应,不能允许口中按顺序数数,却不能与物体个数对应。②物体个数与数字一一对应,每个不同的数量与不同的数学符号(数字)对应。③注意选择不同的情境和不同的学具,帮助学生理解数的意义。如 3 可以表示所有数量是 3 个的物体,而与物体的大小、形状、质量等状态无关。④知道数的作用,不但可以用来表示数量的多少(基数),还可以表示顺序(序数)和编码。

第三,理解数的意义要与数的读写和计算紧密结合起来。正确理解数的意义是读好数、写好数的基础,可以使学生在读数、写数时事半功倍。读写数教学中要注意:(1)在低年段,对数字的分解和组成,要作为基本的技能来训练;在高年段,要在读写中体会数的分解与组成。(2)读写数教学的重点是万以内数的读法和写法。(3)读写数教学的难点是多位数的读法和写法,特别是中间有 0 的数的读、写。突破的方法是先分级,再从高往低逐级读,突破了读法,写法也就不难了。

第四，了解十进制计数法对理解数的意义有重要作用。位值思想是指一个数码表示什么数，由它所在的位置而定。现在通用的印度-阿拉伯数码体系，采用的就是十进制，即“逢10进1”。整数的计数方法是十进制计数法，主要内容有两部分：一是计数单位间的关系——每相邻两个计数单位间的进率是10；二是计数法的位值原则——一个数位上的数是几，就表示有几个这样的单位。

认识10是关键。学生要体会数字是用来表示生活中各种不同的数量的，每一个不同的数量，都用一个不同的符号(数字)来表示。当数量从9增加到10，按理应该用一个新的符号来表示，但这样一来，如果每一个不同的数量都用一个不同的符号(数字)来表示，就需要有无限多的符号。前人在9的后面用10来表示，没有创造使用新符号，而是创造了一个数位，十位上的“1”就代表10，这样就方便多了，一个10和几个1是十几，就有了11，12，13，…，这就是位值制的基础。随着认识的数越来越大，教师应不断扩充完善数位顺序表。从认识“10—20”的数起，让学生了解个位和十位；认识百以内数时，及时补充认识百位；……

(二) 分数

分数一词来自拉丁文的“fangere”，它的意义是分开，通常用来描述一个被分开的全体之各个部分。“分数”的发明最初是为了适应各种测量上的需要，而“分数”的概念也与我们的生活关系密切。有一种说法认为，分数概念起源于将整体剖分后对其部分的表示。例如将物体一分为二，便出现了半、大半或小半的说法，这就是分数的雏形，或者说是原始的分数概念，同时认为它也几乎是世界各民族分数概念的共同渊源。另一种说法认为，分数产生于测量过程(整体或一个单位的一部分)和计算过程(除不尽时得到分数)，所以是先有自然数而后才出现分数的。由于原始人类的生产生活需要测量，所以分数早在人类文化发展初期就已悄然出现在人们的生活中了。分数是小学阶段学生难以理解的内容之一。当年欧洲人最惧怕分数，今天德语里还保留有一句谚语“掉到分数里去”。①

1. 分数的含义

综合相关资料，分数的含义包括以下内容：

(1) 整数相除的结果。② 这里的整数相除的结果是指分数被视为两个量相除的结果，如 $1\div3=\frac{1}{3}$，这时代表一个量(被除数)与基准量(除数)之间的相比较关系，这是学生学习分数时已具备的知识基础，所以学生会首先认为分数是两个数相除的结果。

(2) 部分与整体。③ 部分与整体的意义就是在连续量中部分与整体的关系，将分数表征为把一个连续的整体等分后，其中的几部分与该整体相比较的结果。例如，图7-10中灰色

---

① 形容一个人已陷入绝境，束手待毙。选自梁宗巨.世界数学史简编[M].沈阳：辽宁人民出版社，1980：77.

② Dickson L, Brown M, Gibson O. Children learning mathematics: A teacher's guide to recent research[J]. New York: Holt Rinehart & Winston, 1987.

③ Ning T. C. Children's meanings of fractional number words[D]. Athens: the University of Georgia, 1993.

部分占全部图形的$\frac{1}{4}$。

图 7－10

(3) 子集和全集。[①] 当全体是离散量时,分数的意义为子集和全集的关系,此时将分数表征为一个集合(离散量)等分后,其中的几组与该全集相比较的关系。此时单位量的确认是个难点,也是掌握分数的关键点之一。例如,"□ □ ■"中,黑色部分占全部的$\frac{1}{3}$。其中,"子集"是指三个方形中涂黑的部分,而"全集"则指全部的方形,$\frac{1}{3}$是指两个量相比较的结果。

(4) 数轴(number line)上的一个数值或点。分数是数轴上一点,强调分数集是实数集的子集,从而建立分数的数轴表示与集合表示之间的联系。一个分数只有一个对应点。分数也可表示数轴上线段的长,这是从测量的角度来看的,所以一个分数在数轴上有多种不同的表示位置。如图 7－11,$\frac{1}{3}$可以表示数轴上的一点,$\frac{1}{3}$还可以表示数轴上线段的长。

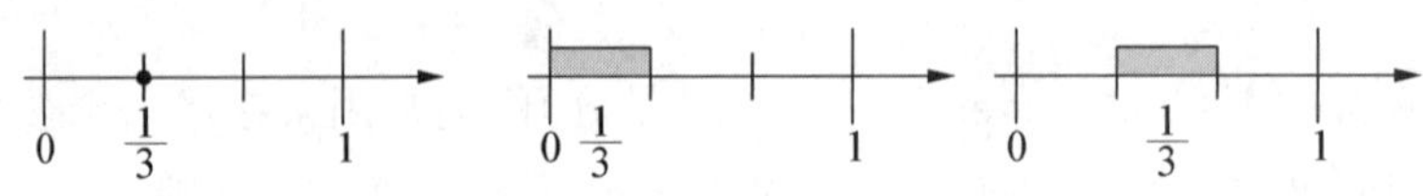

图 7－11　分数表示数轴上的一点或长度

美国和新加坡的小学数学教材利用数轴解释分数的大小比较。利用数轴模式可以让学生了解分数的序列、等值分数及分数大小、单位分数和非单位分数的关系,也可以让学生了解整数、分数和小数之间的关系。渗透分数的稠密性,提供带分数、假分数等较佳的解释方式。为了更好地了解分数的测量概念,需要学生理解在任意两个分数中间存在无限多个分数,还需要学生具有在数轴上标定分数的能力。

(5) 比值。将分数表征为两个数相比的比值、两个连续量相比的结果。这和视为部分与整体关系的差异在于,后者是同一量中的比较,而比值是两个单位量之间的关系。特别是,比值是将此关系经由单位量的转换而数值化。[②]

(6) 公理化定义:有序的整数对(p, q),其中$p \neq 0$。[③]

除了以上内容以外,还有几个概念:

(7) 单位量概念。所谓的单位量概念是分数概念之下的一个子概念,单位量又称为"整体量"(the whole),或"单位整体量"(unit whole)。分数的"部分-整体"概念是一个整体等分后,表示其中被指定的部分与整体的关系,单位量就是"部分-整体"中的"整体"。处理分数问题首先必须具备单位量概念。

---

① Dickson L, Brown M, Gibson O. Children learning mathematics: A teacher's guide to recent research[J]. New York: Holt Rinehart & Winston, 1987.

② 蔡玄修.屏东地区小学四年级学童分数学习成效之影响因素探讨[D].屏东:屏东教育大学,2007.

③ 张奠宙,孔凡哲,黄建弘,等.小学数学研究[M].北京:高等教育出版社,2010:78.

（8）等值分数。所谓等值分数是指两个分数分子和分母的数字虽不相同，但是分数的大小相等。等值分数的不同名称，在符号上形成的规则是扩分或约分，也就是分数的基本性质：分子分母同时乘或除一个自然数并不会改变它的大小。在图形表征方面，等值分数亦指同一整体可以有不同的分割活动的概念。例如，对同样大小的长方形而言，$\frac{1}{2}$也可以说是$\frac{2}{4}$，其所代表的面积都是相同大小的，只是一个表示平均分割成两块中的一块，另一个表示平均分割成四块中的两块。等值的特性就是分数的名称、分子和分母改变了，但其本质不改变，即不改变量的大小。

2. 分数概念的教学策略

（1）充分利用具体操作物和与学生生活相关的真实情境作为教学背景。由于这是对分数的初步认识，应充分运用形象和直观手段，让学生在具体的情境中操作、感悟，如通过操作活动初步理解分数，能够将图与分数相互表示。学生可以在透过具体操作物的不断练习中掌握分数的意义。配合生活中的真实情境，可以让学生联系到现实生活，从而更容易掌握分数概念。

（2）在进行分数的教学时，教师应呈现更多元的表征，在这些表征间建立同构，以促进分数概念的学习。教师应多鼓励学生以不同的表征方式来让抽象的分数意义化，教师能够通过这些表征来了解学生对概念的学习情形。无须强调拆分整体的方法，而是在数轴上找到与分数相等的数字，这种方法也有助于孩子们在分数、小数以及百分数之间建立等值关系。教师要鼓励孩子们使用尽可能多的解释，并且把不同表征形式联系起来，形成类似于图 7－12（表示$\frac{3}{4}$）的网状图。

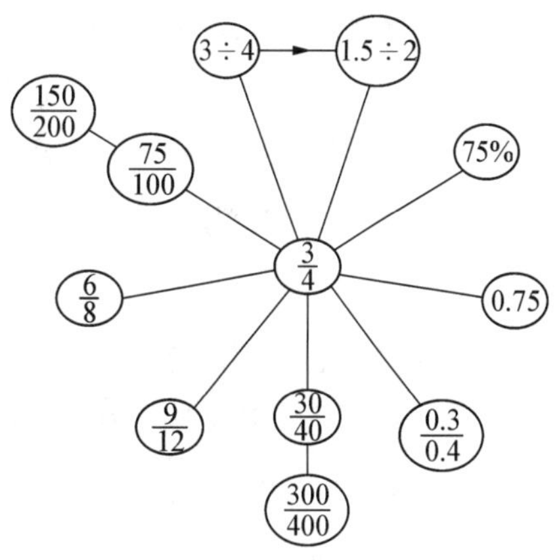

图 7－12 $\frac{3}{4}$的网状图

（3）认识单位量概念。单位量概念不仅可以表示一个整体，也可以表示由多个事物组成的整体。引导学生认识到，从微观世界到宏观物体，不论其有多大，有多小，都可以把它看作一个整体，用单位“1”形象地表示。这体现了数学家伟大的智慧，体现了高度概括的数学思想。一条公路的长度、1 千克大米、一袋大米的质量、一块土地的面积、一个国家的人口等，都可以用单位“1”来表示。让学生在动手操作中，了解分数，理解分数的意义，明确同一个单位“1”平均分的份数不同可以得到不同的分数；同样的分数，由于单位“1”的不同，每份所表示的具体数量也不同。单位“1”是一个不定性、不定量的数学概念。学生要更加明确地认识到只有在整体（单位“1”）相同的情况下，才能计算分数的加减法。单位“1”的指认对分数概念的影响很大，无法正确指认单位量，会让学生对分数的学习变得毫无意义。因此，在分数的教学上,宜从学生熟悉的情境出发,兼顾离散量与连续量,在赋予分数意义的同时亦应避免“部分”因脱离“整体”而使得学生忽略了整体的单位。

(三) 小数

小数的概念起源于测量和分数的部分-整体关系,其计数系统又是从整数的十进制扩充而来。我国是世界上最早认识、应用小数的文明国度,被誉为发现分数、小数的世界冠军。① 发明现代小数点的人是数学家克拉维斯(C. Clavius, 1537—1612),1593 年,他的《星盘》出版于罗马,这本书使用了小数点,即把小数点作为整数部分与小数部分分界的记号。② 克拉维斯发明的小数点“.”,在欧洲刮起了一股旋风,很快在全欧洲得到普及。

自然数主要是数“离散的量”的个数。当人们在度量可以分割的量时,常常把作为单位的量细分为它的$\frac{1}{10}$,$\frac{1}{100}$,$\frac{1}{1000}$,…,这样就得到一种以 10 的幂为分母的特殊的分数,这种分数叫十进分数。当测量“连续的量”时就需要选定度量单位,而不能数尽时则需要进行更小的分割。为了测量得更精确,用分数来表示测量的结果,只是此时得到的分数不是一般的分数,而是特殊的“十进分数”,即小数。

小学生还会遇到无限循环小数,它由不能化成十进分数的分数改写而成,所以无限循环小数也都可以改写成分数,有限小数和无限循环小数都是有理数范围内的数。无限不循环小数不能由分数改写得到,它是无理数的一种表现形式,在小学生认识的数里,只有圆周率 3.1415926……是无理数(但这并不需要告诉学生),它只是在计算圆周长的时候才被介绍到。

1. 认识小数

通常,认识小数分为两个阶段:

第一阶段是小数的初步认识。特点是:联系生活实际中具体的量来认识小数;以一位小数为主;不定义小数,只描述为“像 0.6、0.8、1.08 这样的数叫做小数”。

第二阶段是较系统地认识小数的意义。特点是:①给出小数的定义,分母是 10、100、1000 的分数,可以用小数表示。在整数计数系统中,各个相邻位值间满足 10 倍的等比关系。当我们将印度-阿拉伯计数系统由整数推广至小数时,小数部分也必须满足左边位置的位值是相邻右边位置的位值 10 倍的等比关系。当我们将整数计数系统推广至小数时,小数部分十分位位置的位值必须是个位位置的位值的$\frac{1}{10}$。小数可以看作单位小数的合成,如 0.38 是 38 个单位小数“0.01”合成的结果;还可以由印度-阿拉伯计数系统的位值概念来了解小数,如 0.38 是记录 3 个“0.1”和 8 个“0.01”的合成结果。②再次扩展数位顺序表,建立十分位、百分位、千分位……的概念。③运用小数的计数单位分析小数的组成、性质,比较小数的大

① 徐品方,张红. 数学符号史[M]. 北京:科学出版社,2006:142.

② 梁宗巨. 世界数学史简编[M]. 沈阳:辽宁人民出版社,1980:88.

小。④把非整万(亿)的大数改写成以万(亿)为单位的小数等。

小数点不是整个小数的对称中心,小数点的功能只是告诉我们个位在哪里,而个位才是整个小数的对称中心。完成小数加减问题时,常要求学生必须先将小数点对齐,才能够开始计算。因为相同的单位才能进行加减运算,因此被加(减)数与加(减)数各个单位必须对齐(个位对齐个位,十位对齐十位,……),当个位对齐个位时,其他位置自然也就对齐了(当然,小数点也对齐了)。

2. 小数概念的教学策略

(1) 充分运用生活经验,建立小数概念

虽然小数实际上是一种特殊的分数,是分数的另一种表示形式,但在生活中最常见的是小数,如 1.56 元、2.16 米、36.26 吨等具体的数量,而不是分数。所以学生认识小数,不一定要从分数的概念入手,可以由测量长度的结果不是整米数,物品的价格不是整元数出发引入小数,也可以直接运用生活中各种鲜活的实例。让学生感受小数的现实作用,利用学生已有的经验促进学生理解小数的意义,发现小数的性质,进行比较小数大小的活动,从而实现由感性认识到理性认识的飞跃。

(2) “数形结合”教学小数的知识

小数的意义是比较抽象的数学概念,小数的性质也是抽象的数学规律。利用“数形结合”方法,挖掘和利用小数概念中的直观成分,能有效地化解教学的难度。如用大正方形表示整数“1”,它的十分之几、百分之几分别表示成一位小数、两位小数;依托直尺显示几厘米是百分之几米,是零点零几米;在数轴上建立点与相应的一位小数、两位小数的联系。这些都有助于学生领会小数的知识。

(3) 建立小数与分数、整数的联系

小数和分数建立起直接的联系,使学生进一步体会到十分之几和一位小数、百分之几和两位小数之间的关系。小数的计数方法是整数计数方法的扩展,教学中要设计相应的教学环节,将整数的计数方法迁移到小数,为学生在计数的经验和方法上建立联系。

三、负数

现实世界中存在着许多具有相反方向的量,某种量的增大和减小也可以这种量的某一状态为标准,把它们看作是向两个方向变化的量。负数的概念是源于日常生活中的“亏损”“不足”“负债”以及计算的需要等。中国是世界上最早发现与应用负数的国家,成书于公元一世纪中叶的《九章算术》[①]的“方程章”中明确给出了正负数概念的定义和正负数的加减法则。印度人于公元 7 世纪认识了负数概念和记法。负数通过阿拉伯人的著作传到了欧洲,但 16 世纪和 17 世纪的大多数欧洲数学家并不承认它们是数,或者即使承认了也并不认为它们是方程的根。

---

① 邹大海,夏庆卓.刘徽对《九章算术》中立体的辨名[J].自然辩证法通讯,2021,43(4):47-54.

小学阶段引入负数知识,目的在于让学生借助生活情境去体会负数的概念,即“作为相反意义的量、符号表示、一种新的数”;使学生会正确读写负数;切身感受负数在生活中的应用;学会用正、负数表示相反意义的量。小学阶段的负数知识尚未达到“作为运算出现的负数,以及作为负数符号的‘－’与作为运算符号的‘－’之间的关系”,即尚未认识“对加减法运算的封闭性”。

以联系生活为主,通过温度计上的刻度、某地气温、银行存折上的取款数、海平面以下的海拔数等认识“负数”,让学生体验正、负数的意义,体验正、负数的应用价值。

四、理解算理,掌握算法

(一) 算理与算法

要使学生会计算,必须使他们明确怎样计算,也就是要加强法则及算理的理解。在教学时,教师应以清晰的理论指导学生理解算理,在理解算理的基础上掌握计算方法。不少学生虽然能够依据计算法则进行计算,但因为算理不清,知识迁移的范围就极为有限,无法适应计算中千变万化的各种具体情况。在运算法则教学中,要摒弃那种只讲法则、不讲算理的错误做法。只有让学生深入理解算理,才能灵活运用计算法则,提高计算速度。

计算的算理是说明计算过程的依据和合理性,也就是为什么这样计算。算理是由数学概念、性质、定律等内容构成的数学基础理论知识。计算的算法是计算过程中的规则和逻辑顺序,它通常是算理指导下的一些人为规定。学生在学习计算的过程中明确了算理和算法,就便于灵活、简便地进行计算,计算的多样性才有基础和可能。算理为算法提供了理论指导,算法使算理具体化。

如两位数笔算加法运算法则“数位对齐,从个位加起,个位相加满十就向十位进一”规定了两位数竖式加法的写法、算法和计算的先后顺序。其中“数位对齐”“个位相加满十向十位进一”的理论依据是“计数的位值制原则”,不同位置上的数字计数单位不同,只有相同单位的数字才能相加。为什么要从个位加起,从十位加起可以吗?其实对于两位数不进位加法,从十位加起更简便;而对于两位数进位加法,若从十位加起,“进一”后需要十位上再加一,容易出现错误。为减少学生计算错误,才规定“从个位加起”。因此,“计数的位值制原则”和“相同单位的数才能相加”是两位数加法的算理,而“从个位加起”只是一种人为规定。同样,小数的加法法则为:解决小数加减问题时,学生必须先将小数点对齐,再按照整数加减法法则进行计算。因为相同的单位才能进行加减运算,因此被加(减)数与加(减)数的各个单位必须对齐。

还要注意两点:一是强调算理的教学并不等于每种算法都要让学生把算理表达出来,对于有的算理,小学生是难以表述的,只要让学生能意识到它就行。二是通常不需要在计算教学中把算理专门提出来进行教学,而是把它蕴藏在计算过程之中,让学生在计算中明确这样算的道理。

（二）直观形象的算理向抽象算法的过渡

低年段学生以形象思维为主要思维形式，因此，教学中可引导学生通过对事物的直观感知来理解算理。

 案例 7-3

“一位数乘两位数的笔算”教学

图 7-13

苏教版课程标准实验教科书数学二年级下册中设计了这样的题目：灰天鹅有 48 只，白天鹅的只数是灰天鹅的 2 倍。（如图 7-13）问：白天鹅有多少只？

$$48 \times 2 = \underline{\qquad\qquad}(\quad)$$

先摆小棒算一算，再和同学交流。（如图 7-14）

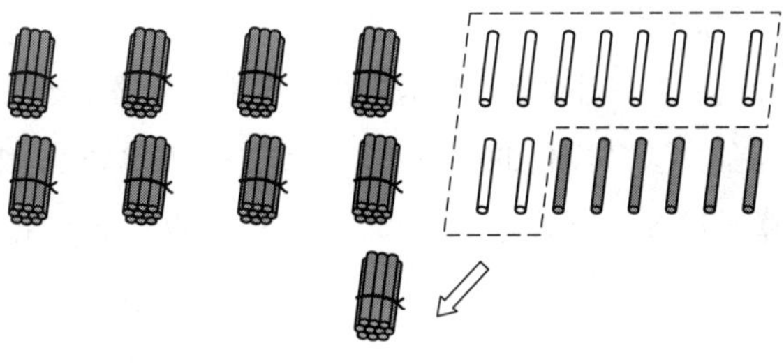

图 7-14

首先出示情境图——两盒画笔，每盒有画笔 48 支。让学生提出问题：一共有多少支画笔？并列出乘法算式 48×2。

接着，让学生独立思考，自主探索计算方法。有的学生看图知道了得数，有的学生用加法算出了得数，有的学生用小棒操作摆出了得数，也有少数学生用乘法算出了得数，等等。

然后,组织学生交流汇报自己的计算方法。老师在分别肯定与评价的同时,结合学生的汇报,板书了这样的竖式(左式):

```
  4 8
×   2
------
  1 6……8×2=16
  8 0……40×2=80
------
  9 6……16+80=96
```

⇒

```
一般这样写:
  4 8
×   2
------
  9 6
```

同时,老师结合讲解,分别演示教具、学具的操作,又结合图片进行了数形对应。最后,老师引导学生观察这种初始竖式,通过讲解让学生掌握简化竖式的写法(右式),再让学生运用简化竖式进行计算练习。

(三) 算法多样化

1. 算法多样化的目的

提倡算法多样化,鼓励与尊重学生的独立思考,为学生搭建交流各自想法的平台。通过交流的平台,尊重了学生的个性差异,保护了学生自主发现的积极性,让学生自主建构适合自己的算法,为不同的学生形成适合自己的数学学习策略提供有效途径,让更多的学生体验到成功的乐趣,感受到自我探索研究的价值和数学学习的乐趣,从而促进学生的可持续发展。学生在探索过程中,往往会大大拓展已有的知识经验,这样就拓宽了学生的思维。更重要的是,学生能在新旧经验的整合中产生灵感和创造,从而体验到参与学习和成功的愉悦,获得可持续发展的学习情感和动力。

算法多样化应是一种态度、一个过程。算法多样化不是教学的最终目的,不能片面追求形式上的多样化。另外,在算法多样化的基础上,还要进一步比较、归纳,形成较为高效的方法,并对一些基本的计算通过多种方式达到熟练的程度。"算法多样化"不单单是要"多样",还必须是要"有用"。

2. 算法多样化与一题多解之间的差异

算法多样化是让学生用自己的方法(喜欢的、运用自如的方法)去解决问题,是问题解决策略多样化的一种重要体现;一题多解是要求每个学生对同一道题要用多种方法来解答,如一道应用题,要求学生用整数、分数、方程、比例、图形等多种方法解答,这是考查学生对不同知识、技能掌握的情况。算法多样化是指群体的算法是多样的,通过交流使学生体会到在解决问题时存在着各种不同的算法,但并不要求每一个学生掌握每一种方法。提倡算法多样化不表示算法越多越好,有的教师为了算法多样化而多样化,把学生的所有算法不加选择地都写在黑板上，使人感到眼花缭乱，这是不可取的。

3. 算法多样化与算法最优化之间的关系

最优方法的获得，常常是建立在经过多种方法比较的基础上的。以往的数学教学是以提倡“算法最优化”的方式来展开的。这里的“算法最优化”是以成人甚至数学家的观点看，或者说是从数学的角度看是最优的，如方法最简捷、思路最清晰、结论最完全等。“算法最优化”教学内容的选取、组织，都是专家按照数学本身以及教学的规律来完成的，即使考虑学生的特点，也是从学生是否能够接受的角度来处理的。这样的教学是以学科、以教师为中心，没有考虑促进学生的发展。事实上，把我们认为最优化的算法直接教给学生的做法，只是让学生接受了一些结果，由于学生没有经历各种算法的比较、分析、判断的过程，因此他们不能体会某一种算法为什么是最优的，更谈不上对算法优与劣的认识。

案例 7-4

“13－9”的计算

教学 20 以内的退位减法“13－9”的计算时，学生呈现的计算思维方式是各不相同的，不同思维所体现的不同计算方法各有特色。

① 破十法：把 13 分成 10 和 3，10－9＝1，1＋3＝4；

② 拆减数：把 9 拆成 3 和 6，13－3＝10，10－6＝4；

③ 想加算减法：因为 9＋4＝13，所以 13－9＝4；

④ 减十加一法：13－10＝3，3＋1＝4；

⑤ 放大相减法：先算 19－9＝10，再算 9－3＝6，10－6＝4。

4. 判定算法多样化的维度

判定算法多样化有三个维度：一是从心理学维度看，是多数学生喜欢的方法；二是从教育学维度看，是学生容易理解并易于应用的方法；三是从数学学科维度看，是对掌握后续数学知识和解决问题具有价值的方法。理想的算法是三位一体的，在小学阶段，随着年级的升高，对数学学科维度的要求会逐渐增强。

案例 7-5

24+9=?

生 1：24＋9，我把 9 看成 10，先算 24＋10＝34，再算 34－1＝33；

生 2：24＋9，我把 9 分成 6 和 3，因为 24＋6＝30，30＋3＝33，所以 24＋9＝33；

生3:应该先算个位4+9=13,个位留3,再把1进到十位,十位上2+1就是3,24+9就是33;

生4:我先把24+9看作23+10,结果也等于33;

生5:可以先算4+9=13,再算20+13=33……

在交流和教师的启发下,学生初步认识到:这几种算法虽不同,但都有满十进一的过程,从而悟出两位数加一位数(进位)的算理。

5. 算法多样化的优势

许多研究都表明,那些被允许产生、使用、讨论计算法则的小学生往往表现出较高的数意识和运算感。这些学生也能够形成有效的推理策略、更好的交流技能以及大范围问题的解决策略。

提倡算法多样化的一条具体措施是在引入算法规则之前,让学生自由地发现并使用各种运算策略。这种教学方式有以下几方面的优势:①自己发现解法有助于数学直觉和数学意识的培养;②发现解题策略的过程有助于学生对运算和位值概念的理解,加强新旧知识的联系;③算法的多样化还有助于培养学生的心算技能,事实上,学生自己发现的各种算法策略往往比正规的书面算法规则更适合于心算;④算法的多样化也有助于提高学生思维的灵活性,学生往往能够根据具体的情形灵活地选择合适的算法策略;⑤需要学生自己去发现算法的问题一般都没有现成的解题思路,因此,有助于学生积累解决非常规问题的经验,培养克服困难的意志力和自信心,这种经验、意志力和自信心对于解决复杂问题来说是至关重要的;⑥有助于培养学生的数学学习兴趣;⑦学会对问题及问题解决过程的多元表征,并能够灵活地从一种表征方式转换为另一种表征方式。

要注意的是,提倡算法的多样化并不等于不要掌握常规的算法规则。数学中的各种算法规则一般都是优化的结果,具有一般性和高效性,而且更重要的是,许多算法规则往往蕴含着高深的数学思想,因此,在学生进行了算法多样化的尝试之后,还应该使他们明白数学算法规则的优越性,并熟练地掌握各种算法规则。

五、运算技能

(一) 儿童形成运算技能的基本特征

儿童通过运算规则的学习获得良好的运算技能是小学数学课程重要的目标。教师组织学生学习运算规则必须遵循儿童的认知规律和技能形成的特点。

1. 儿童掌握运算规则的特点

儿童的生活经验是理解运算意义的基础。儿童对运算意义的理解,不是从以符号为表征的概念开始的,而是从以自己的生活情境为基础的实践活动开始的。利用丰富的生活情境可以帮助学生理解运算的意义，也可以进一步扩展学生对运算意义的理解。

2. 从实物表征运算发展到符号表征运算

儿童在最初学习运算规则时，往往要依靠实物的表征，通过对大量的以实物为表征的“计数”运算活动逐步概括出更为一般的运算规则。例如，学习“20 以内数”的进位加法时，学生可能会面对这样的情境：一个有 10 个格子的盒子，里面放有 9 个小球，盒子的外面还有 3 个小球，如果要求 $9+3$ 的结果，可以先将 1 个小球放入盒子，正好“凑成”10 个小球，而 1 个“十”，就可以在“十位”上用“1”来表示，外面还留有 2 个小球，2 个“一”则可以在“个位”上用“2”来表示。学生就是通过这样的方法来加深对“十进位值制”计数法的体验，从而习得“进位加法”的运算规则。

随着儿童学习的发展，他们将逐步摆脱用实物来表征，而直接获得以符号表征的运算规则。例如，学习“100 以内数”的加减运算时，学生更多的是面对直接用符号表征的运算，这是通过“20 以内数”加减法的规则迁移过来获得的。

（二）儿童形成运算技能的基本表征

不同的运算对小学生的要求也不相同。一般看来，运算要求分为三个层次：会、比较熟练、熟练。“会”是指能够正确地进行计算；“比较熟练”是指通过训练，能够计算准确，有一定的速度；“熟练”是指不仅计算准确、迅速，而且能够选择恰当的算法，使计算合理、灵活。儿童是否形成了运算技能，可从其计算时表现出来的特征加以考查。

1. “会”运算的特征

对于某种运算，达到了不出声的言语阶段，多余的、不规范的思维和动作较少，并且能够及时校正。头脑中的思维比较连贯，眼看、心想、手写等各方面动作基本协调，计算结果基本准确。

2. 运算“比较熟练”的特征

对于某种运算，虽然仍停留在不出声的言语阶段，但多余的、不规范的思维与动作几乎消失。头脑中的思维清晰、流畅，眼看、心想、手写等各方面的动作协调统一，能适当简化运算的某些中间环节，计算速度快，计算结果准确。如计算分数加法 $\frac{3}{5}+\frac{4}{7}$，可以将通分与同分母分数相加两个过程合二为一，即 $\frac{3}{5}+\frac{4}{7}=\frac{3\times7+4\times5}{35}=\frac{41}{35}$。

3. 运算“熟练”的特征

对于某种运算，基本达到或完全达到无意识的内部言语阶段，多余的、不规范的思维和动作完全消失，能够根据算理及题目的特点，变通、灵活地使用运算法则，迅速选择恰当的计算方法，思维过程高度简缩，省略或合并中间环节，眼看、心想、手写等几方面的动作高度协调，能把注意力同时分散到不同的目标，计算过程迅速，计算结果准确，计算方法合理、灵活。[①]

---

① 杨庆余. 小学数学课程与教学[M]. 北京：高等教育出版社，2004：242.

六、比和比例

(一) 比、比例概念

柏拉图学派的欧多克斯(Eudoxus)是成果颇丰的数学家,他在数学方面最大的功劳是创立了比理论。[①] 欧多克斯定义了两个量的比,相等的比彼此是成比例关系的。

在小学阶段,学生主要掌握比例、比例的基本性质、正比例、反比例、比例尺等。"比"表示两数相除(两个数间的关系);"比"这个概念实际上是用表示两个量(这两个量可以是同类量,也可以是不同类量)的数对两个量进行比较的一种数学方法。要使学生知道两个量的比是一个有序的概念,颠倒两个数的位置,就会得到另一个比。比例表示两个比相等的式子(两个比之间的关系),由比例能揭示图形放大或缩小的数学含义,而且能解决图形放大或缩小的问题。比例是由相等的两个比组成的,表示四个数之间的关系。求比值和化简比是不同的,它们之间既有联系又有区别。求比值是根据比的意义,前项除以后项的商,其结果是一个数(不要求写单位名称)。化简比是根据比的基本性质,把比的前项和后项同时乘或除以相同的数(0 除外),把两个数的比化简成最简整数比,其结果是一个比。比、除法、分数三者之间存在相互转化的关系。比指比值,表示两个数之间的关系;除法指商,是一种运算结果;分数指分数值,它是一个数。比例尺的实际问题也要应用比例的知识,因此,把两个领域的内容融合更能发挥数形结合的作用,体会比例的意义。

教学这部分内容时,要利用实际生活中的问题创设情境,让学生理解比的意义。要使学生理解比例的意义,认识比例的各部分名称,掌握两个比组成比例的条件,理解比例的基本性质,会根据比例的基本性质解比例。可以通过一些实例,把比值相等的两个比用等号连接起来,然后概括出比例的意义。进一步引导学生找出比和比例的联系和区别,要在学生计算、探究的基础上归纳出比例的基本性质。教学比例的基本性质,可以先列举一些比例式,让学生计算两个外项和两个内项的积,从中发现规律,再归纳总结。解比例的问题,实际上与以前学过的解简易方程的过程一致。不过,根据比例的基本性质,可以把两个比相等写成两个乘积相等,再解未知数就容易一些。

案例 7-6

比例的意义和基本性质(片段)

教学过程:看一段天安门广场升旗的录像。

① 梁宗巨.世界数学史简编[M].沈阳:辽宁人民出版社,1980:107.

师问：刚才我们看的录像是什么情景？（天安门广场升旗）当你看到五星红旗升起时你有什么感受？老师和你们一样，当看到国旗升起时很自豪，我们的国家飞速发展，日益强大。

刚才我们看到的国旗是什么形状的？（略）

出示人教版数学教材六年级下册（2023 年版）第 38 页的图片，请同学们说一说：三幅图片描绘的是什么场景？它们的大小一样吗？让我们一起来看一下每一面国旗的长和宽各是多少。

请同学们说出每一面国旗的长和宽各是多少？

①国旗长 5 m，宽$\frac{10}{3}$ m；②国旗长 2.4 m，宽 1.6 m；③国旗长 60 cm，宽 40 cm。

让我们来看看学校里的两面国旗的长和宽的比值各是多少？

操场上的国旗：$2.4:1.6=\frac{3}{2}$；教室里的国旗：$60:40=\frac{3}{2}$。

你发现了什么？

所以，$2.4:1.6=60:40$。这节课我们就来研究比例。

比例的意义：像这样表示两个比相等的式子叫做比例。

在这四面国旗的比中你还能找出哪些比可以组成比例？（略）

为什么你判断这两个比可以组成比例？

比例也可以写成：$\frac{2.4}{1.6}=\frac{60}{40}$。

（二）正比例、反比例

正比例、反比例概念是反映两种相关联的量之间的变化关系，实质上就是简单的函数关系。这部分内容是从事物的运动、变化的角度研究数量之间的比例关系，以小学生能接受的形式和表达方法介绍初步的函数思想。

理解两个相关联的量，一个量变化，另一个量也随着变化。这两个量中相对应的两个数比值一定：$\frac{y}{x}=k$，即商一定；还是 $xy=k$，即积一定，就为正确判断成正、反比例的量打下了基础。注意三个要点：第一，找出“两个相关联的变量”和“定量”；第二，根据“两个相关联的变量”和“定量”写出数量关系式，把三个量写成一个学生易于理解和掌握的数量关系式，然后再根据这个数量关系式进行推导；第三，按照正、反比例的意义作出判断。教学时，通过举例，使学生弄清正、反比例关系的不同点；弄清为什么有时两个相关联的量不成比例；弄清为什么有时两个量不是相关联的量。

例如，小麦每公顷产量一定，判断小麦的公顷数和总产量这两个量是不是成比例，成什么比例。

分三步分析与解答:

(1) 变量是小麦的公顷数和总产量,定量是小麦每公顷的产量。

(2) 关系式:小麦的总产量÷小麦的公顷数=小麦每公顷的产量(一定)。

(3) 由关系式可知,小麦的总产量与公顷数的商一定,所以小麦的公顷数和总产量成正比例。

正比例和反比例是学生容易混淆的两个概念,可在学生初步学会判断它们之后,引导学生对这两个概念进行比较,帮助学生弄清正比例和反比例的共同点和不同点,加深对正、反比例意义的理解。

第三节　数与代数解决问题教学

小学数学中的"解决问题"是指:根据数学问题情境,理解与简化信息,综合运用数学知识、技能,分析问题结构,概括其中蕴含的数量关系,建立解决问题的模型,获得问题结果或解决的程序,提高学生的知识运用能力和数学应用意识,发展数学思维的过程。在初始阶段,主要包括用四则运算解决问题,涉及各类用一步计算解决的问题和简单的用两步计算解决的问题,立足对算理的理解,根据算理确定算法,在此基础上提出问题、解决问题。在"解决问题"教学中,让学生形成并灵活运用数学思想、数学方法和策略显得尤为重要。

一、数的认识与运算解决问题教学

(一) 自然数

1. 解决 20 以内的进位加法和退位减法的问题

任何复杂的问题都是由一个个简单的问题组合而成的,无论是两位数乘除两位数,还是两位数乘除三位数,或其他更复杂的计算问题,它们的基础都是"20 以内的加减法"。实践表明,"笔算的错误"大部分是由于"20 以内加减法"不过关,达不到不假思索、脱口而出的程度造成的。特别是,如果学生没有熟练掌握 20 以内的进位加法和退位减法,到了中高年段,学生的计算速度和准确率都会受影响。

(1) 解决 20 以内的进位加法问题

20 以内的进位加法,是多位数加法的基础,为了使学生算得正确、迅速,选用的方法应合理、灵活,可以采用以下几种方法解决问题:

① 凑十法:这是"20 以内进位加法"的基本教法。教学时,要让学生掌握"凑十"的方法,其关键是让学生知道:看大数,拆小数,先把大数凑够 10,再算 10 加几等于十几。

② 数数法:这种方法的要点是教儿童记大数,数小数,接着大数往后数。如 $9+4$,记住

9，从 9 接着数 4 个数，就得 13。这是一年级儿童最易接受的方法。

③ 推算法：有了得数是 10 的加法基础，按照先加够 10，再连续加 1 的方法推算。如 9＋3，先算 9 加 1 等于 10，再算 10 加 1 等于 11，11 加 1 等于 12。

④ 减补法：这是在熟练运用"凑十法"的基础上形成的计算技巧。如 9＋4，因为 9 和 1 的和为 10，所以从 4 里减 1 和 9 凑 10，还剩 3，10 加 3 得 13。由于学生有 10 加几和"凑十法"的基础，这种方法又省去了凑十过程，所以经过练习，学生基本上能脱口而出。这是学生最常用的方法。

(2) 解决 20 以内的退位减法问题

20 以内的退位减法，也是学生必须练好的基本功之一。为了使学生算得又对又快，要注意用以下几种方法解决问题：

① 还原法：即用加法算减法。这也是教材里编排的主要方法。它是在学生比较熟练地掌握进位加法的基础上，利用加减法的互逆运算关系，用加法算减法的。如 11－2，因为 9＋2＝11，所以 11－2＝9。

② 破十法：这种方法是和"凑十法"相逆的计算方法。因为做进位加法时，同学们对"凑十法"的运用都已比较熟练，只要讲清破十的道理就行了，所以这种方法也是学生容易接受的方法。选择用"还原法"做减法，有时会想不出，而用"破十法"就很方便。如 11－9，先算 10 减 9 剩 1，再算 1 加 1 等于 2，所以 11－9＝2。

③ 推算法：即连减法。如 12－9，因为 12 减 2 得 10，10 再减 7 等于 3，所以 12－9＝3。

以上这些方法都要求学生根据需要灵活运用。这样不仅提高了学生的计算速度，还培养了学生思维的灵活性和敏捷性，促进了学生智力的发展，提高了教学质量。

2. 解决多位数进位加法和退位减法的问题

针对多位数进位加法和退位减法的问题，应该以解决 100 以内不进位加法和不退位减法以及 20 以内进位加法和退位减法问题作为知识的生长点，把重点放在进位和退位的方法上。要使学生理解和掌握竖式中相同的数位要对齐，要从个位加(或减)起。教学时，一方面要利用直观手段说明对齐数位才能相加、减的道理，另一方面要强调竖式计算要从个位加(或减)起。教学初期，教师宜采取直观的方法使学生理解进位的意义，掌握进位的方法。

(1) 解决 100 以内进位加法问题

例如，人教版数学教材二年级上册(2022 年版)设计的问题：二(1)班 35 人和二(3)班 37 人，一共有多少名学生？

学习这部分内容时，重点是要让学生明确算理，要让学生在探索的基础上自己得出：把相同数位对齐，从个位加起，个位相加满十，向十位进 1，也可以从十位加起。

进位加法还有多种算法，如：保持一个数字不变，然后加上另一个数字的一部分，以得到部分和，此法最适当的记录形式是以水平排列进行，这种排列方式反映了计算过程中的各个步骤。

$68+27=?$

$68+2=70$ $70+25=95$	或者	$68+20=88$ $88+2+5=95$

(2) 解决 100 以内退位减法问题

例如,人教版数学教材二年级上册(2022 年版)设计的以 2008 年北京夏季奥运会美国和英国获得的金牌数为背景的问题,如图 7-15 所示。

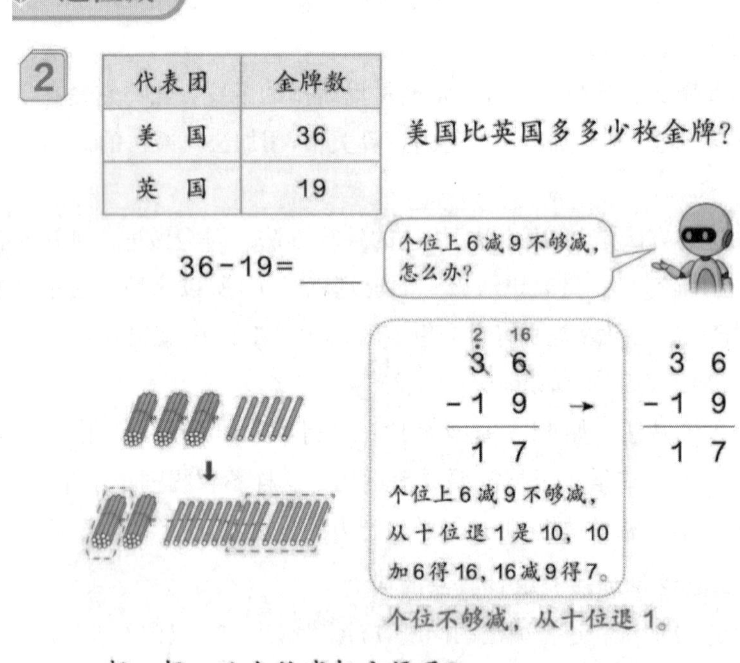

图 7-15

参照教材的教学内容,教师要特别注意引导学生利用小棒操作以促进学生对算理算法的理解。结合摆放小棒等直观教具,可以将方框部分分解成多个步骤,学生逐渐明晰计算方法。

$$\begin{array}{r} \scriptstyle 1 \\ 36 \\ \underline{-19} \end{array} \xrightarrow{} \begin{array}{r} \scriptstyle 2\ 10+6 \\ \not{3}\not{6} \\ \underline{-19} \end{array} \qquad \begin{array}{r} \scriptstyle 2\ \boxed{16} \\ \not{3}\not{6} \\ \underline{-19} \\ 17 \end{array}$$

最后归纳出法则:把相同数位对齐,从个位减起,如果个位不够减,就从十位退 1,从十位退 1 作 10,再减。掌握竖式计算的正确写法,特别要注意借位时确认小点的标注。这里学生难以理解的是:从十位退 1 作 10,10 再与个位的数加起来($10+6=16,16-9=7$)。

(3) 解决其他多位数加法、减法问题

解决三位数(多位数)加法时,学生明确算理,将“个位上的数相加满十,向十位进1”扩展到“十位上的数相加满十,向百位进1”,再到“百位上的数相加满十,向千位进1”,进一步形成规律性的认识。教学时可通过引导让学生知道,在归纳三、四位数的加法笔算法则时,可以把已涉及的进位情况中前面的“个位、十位、百位”归纳为“哪一位”,把后面的“十位、百位、千位”归纳为“前一位”,从而概括出“哪一位上的数相加满十,要向前一位进1”这一进位法则。

退位减法是笔算减法的难点,特别是连续退位减法的计算步骤和思考过程复杂,学生易出错。在100以内数的减法中,“十位退一作10”是好理解的,但为什么在百位、千位上“退一”也“作10”,要帮助学生解开这一疑问;在同一道题中,退位的次数多了也容易出错。由于连续退位减法的思维过程比较复杂,学生初练时可以用记退位点的办法帮助记忆,熟练以后应该丢掉这个拐棍。比较难掌握的是被减数中间有0的连续退位减法,退位的思维过程更复杂。例如,计算502－269,过程如下:

$$\begin{array}{r} 5\ 0\ 2 \\ -\ 2\ 6\ 9 \\ \hline \end{array}$$

个位不够减,向十位借,十位是0向百位借

$$\begin{array}{r} {\scriptstyle 4\ 10} \\ \not{5}\ \not{0}\ 2 \\ -\ 2\ 6\ 9 \\ \hline \end{array}$$

百位退一作10

$$\begin{array}{r} {\scriptstyle 9\ 12} \\ {\scriptstyle 4\ 10} \\ \not{5}\ \not{0}\ \not{2} \\ -\ 2\ 6\ 9 \\ \hline 2\ 3\ 3 \end{array}$$

十位再退一作10,个位成12

上面的思维过程太复杂,既麻烦又容易发生差错。邱学华老师给出了“一次借清”的办法,如下:

$$\begin{array}{r} {\scriptstyle 4\ 9} \\ 5\ 0\ 2 \\ -\ 2\ 6\ 9 \\ \hline 2\ 3\ 3 \end{array}$$

个位不够减,向50借,退一改作49

这种“一次借清”的退位方法,缩短了思维过程,50借1改成49,500借1改成499,说理简明,特别对学困生比较容易弄清。

解决多位数退位减法时,可以让学生理解运算的原理,了解运算的本质。

例如,三位数退位减法,732－476＝?

首先,明晰运算的基本原理:

$$\begin{array}{r} 700+30+2 \\ -\ 400+70+6 \end{array} \longrightarrow \begin{array}{r} 600+120+12 \\ -\ 400+\ 70+\ 6 \\ \hline 200+\ 50+\ 6 \end{array}$$

其次,归纳成一般算法:

$$\begin{array}{r} 7\ 3\ 2 \\ -\ 4\ 7\ 6 \\ \hline 2\ 5\ 6 \end{array}$$

做好由算理到算法的过渡，让学生理解退位减法的基本原理，减少运算中的错误。解决这个问题有许多方法，根据位值制进行数字拆分可能会达到事半功倍的效果。书面记录应该清晰地表达所使用的策略，教师也需要帮助学生学会用合理的数学符号去表达。此外还有更多退位减法问题研究成果值得学习。①

3. 解决笔算乘、除法问题

(1) 解决乘法问题

除了九九表乘法以外，这部分乘法内容主要分为以下五个方面：

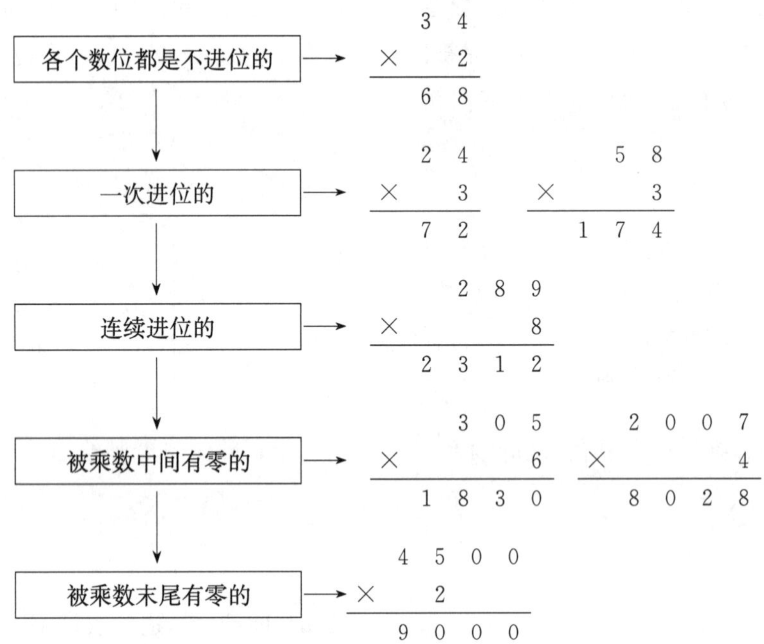

用两位数做乘数的难点在于两个部分积的对位问题。多位数乘法的基础是乘法和加法两步计算，特别是乘过以后求加法，又要进位的，学生比较难掌握，因为这既要熟练掌握乘法口诀，又要熟练掌握加法口诀，思维过程比较复杂。

另外，还要让学生理解乘法法则背后蕴含的原理，了解其中的大量运算。解决乘法问题有许多方法，根据位值进行数字拆分可能会达到事半功倍的效果。书面记录应该清晰地表达所使用的策略，教师也需要帮助学生学会用合理的数学符号去表达。例如，计算 365×8 的多种方法可能包括“大量的运算”，以下显示了该问题解决的整个过程：

① 范文贵，李燕．小学生解决万以内退位减法错误类型及影响研究[J]．数学教育学报，2021(6)：32－38.

300 × 8 ＝2400 60 × 8 ＝480 5 × 8 ＝40 365 × 8 ＝2920	365 ＝350 ＋15 350 × 8 ＝700 × 4 ＝2800 15 × 8 ＝120 2800 ＋120 ＝2920	365 的 2 倍是 730 730 的 2 倍是 1460 1460 的 2 倍是 2920

365 × 8 ＝(400 × 8) － (35 × 8)
35 × 8 ＝35 × 2 × 4 ＝280
400 × 8 ＝3200
3200 － 280 ＝2920

	365
	× 8
300×8	2400
60×8	480
5×8	40
	2920

传统的"竖式乘法计算"是一种高度有效的计算方式，但由于形式过于简化和抽象，因此，学生很难理解：

$$\begin{array}{r} 3\quad 6\quad 5 \\ \times \qquad\quad 8 \\ \hline 2_2\quad 9_5\quad 2_4\quad 0 \end{array}$$

在上面 365 × 8 的这一乘法运算中，每次两个数字相乘都会得到一个比 9 大的数字(例如，8×5＝40)，所得的十位上的数字必须加到下次计算的结果中(就是说 4 必须加到 8×6＝48 的这一结果中)，这个被加的数字在竖式中通常是小写的，其中大量的运算是在头脑中进行的。因为这一简化的算法取决于没有记录下来的步骤，所以，要完全理解这些步骤，就有必要保留这一延伸的计算过程，这一点是很重要的。

(2) 解决除法问题

整数除法包括：除数是一位数的除法；除数是两位数的除法。在四则运算中除法是比较困难的，主要原因是：①竖式的书写形式特殊。加、减、乘三种竖式的形式基本一致，运算符号在横式与竖式中都一样。除法就不同，竖式的书写形式特殊，用"$\overline{)\quad}$"把除数和被除数左右隔开，商和被除数上下隔开。除法的运算符号在横式中是"÷"，在竖式中就不写了。②运算思维方法复杂。加法或减法只是一种方法计算；乘法运算包括乘法和加法两种；除法则包括加、减、乘三种方法在内，其中只要有一种运算不熟练就会影响全局。③计算困难。除法运算首先要试商，如果学生没有一定的口算能力，试商是非常困难的。除的结果往往有余数，看了商数，还要看余数，还要考虑商书写的位置。所以，除法主要的困难有两个：一是试商，二是确定商的位置。

除法计算比较困难，特别对学困生来说更困难。为了提高除法计算的正确率，可以采用如下的教学措施：①掌握除法的计算法则。开始时，要用直观手段，说明算理及竖式的书写格式，讲解计算法则。特别要抓住两条：一是除到被除数的哪一位，就把商写在哪一位的上面；二是每次除得到的余数必须比除数小。"除到哪里，商写到哪里"，这是确定商的位置的重要依据,掌握了这一条,商中间有零和末尾有零的情况,就不容易算错了。②熟练掌握乘法的横式计算。乘法是除法的基础,在除法的计算过程中,试商后,就要用乘法计算,如果乘法计算中有一步算错,就会造成整个计算错误。例如,

```
          9 4
4 8 )4 4 1 6
     4 2 2          48×9=432,误算成 422
     -------
       1 9 6
       1 9 2
     -------
           4
```

这里的乘法计算与单独做乘法笔算不一样。乘法笔算是竖式计算,而这里的乘法要横式计算,形式不同。学生平时用横式计算的训练机会少,所以在做除法时就容易发生困难。③灵活运用试商方法。用两位数除的最大困难在于试商,一般用四舍五入法把除数看成与它接近的整十数进行试商,要着重讲清余数的概念和“余数一定要比除数小”的道理。④商中间、末尾有 0 的除法是笔算除法教学中的难点,学生在计算这类题目时,容易发生丢 0 的错误。教学时要结合除法的含义,使学生理解 0 在数位上的作用和商 0 的道理。例如 $7800\div6$,着重引导学生想第二步是 18 个百除以 6,商为 3 个百,在商的百位上写 3,十位、个位要用 0 占位,才能表示出三百。

(二) 分数

1. 分数加减法

开始教学同分母分数加、减法时,要联系分数的意义,采用较直观的方法进行教学,不要急于概括法则。随后,教学可以从应用题引入,说明分数加、减法的意义与整数的完全相同,然后着重用分数单位来说明分子相加减,而分母不变的道理。

异分母分数的加减与同分母分数的加减有一些不同,例如,人教版数学教材五年级下册(2023 年版)的一道习题:某小区生活垃圾分类统计情况如图 7-16,有害垃圾和其他垃圾在生活垃圾中共占几分之几?

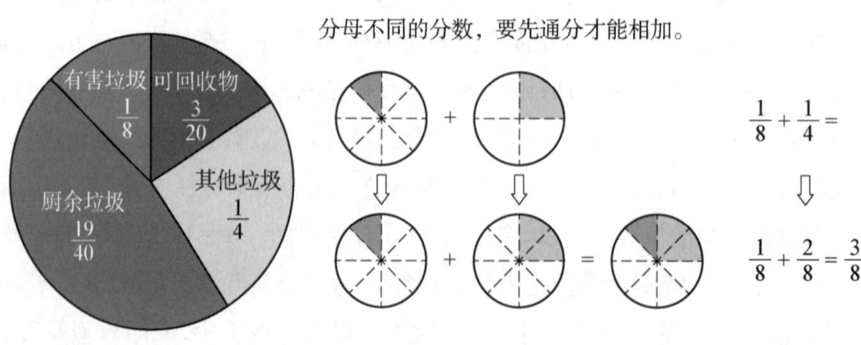

图 7-16

同分母分数的加减运算是异分母分数运算的基础。异分母分数运算要找到这些分数的其他表征形式，在这种情况下，等值分数颇为重要。异分母的分数单位不同，需要进行通分，化成同分母的分数才能直接相加减。因此，教学时，要着重让学生弄懂为什么先要通分的道理。可以通过实例、演示教具，启发学生联系同分母分数的加、减法，运用通分的方法进行异分母分数的计算。通过多种方法计算 $\frac{1}{8}+\frac{1}{4}$，让学生充分体验由直观算理到抽象算法的过渡和演变过程，从而达到对算理的深层理解和对算法的切实把握。

2. 分数的乘除法

（1）分数的乘法

为了便于学生理解和掌握分数乘法的意义和计算法则，一般情况下，学生应先学习分数乘整数的意义和计算方法，再学习一个数乘分数的意义和计算方法，然后归纳出分数乘法法则。

分数乘整数，其意义与整数乘法相同，因此可以运用连加法建立法则。教学时，可先复习整数乘法的意义与同分母分数加法，然后通过实例，列出加法算式，再引导学生把加法算式改写成乘法算式，从而归纳出分数乘整数的方法。

学习分数乘分数时，也要联系一个数乘分数的意义，通过实例并配合图解，学生着重理解“用分子相乘的积作分子，分母相乘的积作分母”的算理。

案例 7－7

分数乘法

一个工人给一个房间铺地板，如果这个工人每小时铺整个房间的$\frac{1}{4}$，那么这个工人 20 分钟铺这个房间的几分之几？

20 分钟 $=\frac{20}{60}$ 小时 $=\frac{1}{3}$ 小时。

$\frac{1}{4}\times\frac{1}{3}=?$

如图 7－17，把房间分成四等份，这个工人每小时铺整个房间的一份，即为$\frac{1}{4}$，如

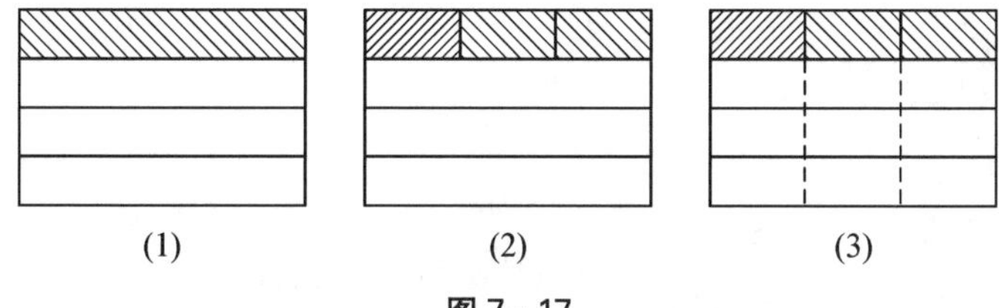

图 7－17

图(1)。因为20分钟为$\frac{1}{3}$小时,所以把四等份中的一份(黑色条形部分)等分成三份,取其中一份,如图(2)。因为我们要计算这一份是整个房间的几分之几,所以我们把黑色条形部分的三等分线延长,如图(3),发现整个房间被分成4×3份,而一个工人20分钟铺的部分只是其中的1份。教师可以提醒学生这是分数基本概念的反映。

(2) 分数的除法

分数除法的意义与整数除法的意义相同,都是已知两个因数的积与其中一个因数,求另一个因数的运算。分数除法运算的基础是学生对倒数的认识。先让学生学习分数除以整数,通过被除数的分子能被除数整除的例子,用平均分的概念帮助学生理解分数除以整数。先讲特殊的方法,后讲一般的方法。学生掌握计算方法并不困难,但其推理过程(实际上是逐步转化的过程)比较抽象,因而不易理解。教学时,可通过实例并借助图形的分析,启发学生思考。

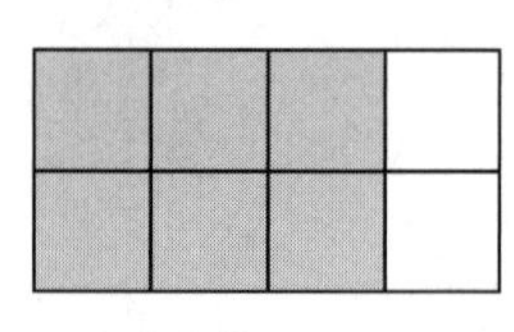
图 7-18

我们一般用包含的方法来解说分数除法的意义。有些分数除法是比较容易说明的,例如$\frac{3}{4}\div\frac{1}{8}=6$可用图7-18说明。该图中有$\frac{3}{4}$是有阴影的,而一个小格是$\frac{1}{8}$,于是有6个小格是有阴影的。

有些学生很难理解分数除法运算所得的结果要比除数和被除数都大。因为"除法运算所得的结果更小"可能是一种直观的概念,所以这种概念就导致了学生把除法看作是均分或是反复地减。由于这个原因,需要给孩子们创设情境来理解分数除法的意义,这样,他们才能自信地独立地找到每种除法计算的意义。

除法运算法则存在其他多重表征,如下:

测量的视角:$\frac{b}{a}\div\frac{d}{c}=\frac{b\times c}{a\times c}\div\frac{d\times a}{a\times c}=\frac{b\times c}{a\times d}$;

分割的视角:$\frac{b}{a}\div\frac{d}{c}=\frac{b}{a}\div d\times c$。

 **案例 7-8**

$$\frac{3}{4}\div\frac{2}{3}=?\ (分数除法多重表征)$$

① 如图7-19,边长相等的两个长方形,先纵向分割成四等份,三个纵向深色条

形为四分之三，接着再横向三等分，其中深色九个方格表示十二分之九，即四分之三；如图 7－20，边长相等的两个长方形，先横向分割成三等份，两个横向深色条形为三分之二，再纵向四等分，其中深色八个方格表示十二分之八，即三分之二。从直观感知的角度：$\frac{3}{4}\div\frac{2}{3}$ 就是九个方格与八个方格的比，即$\frac{9}{8}$。

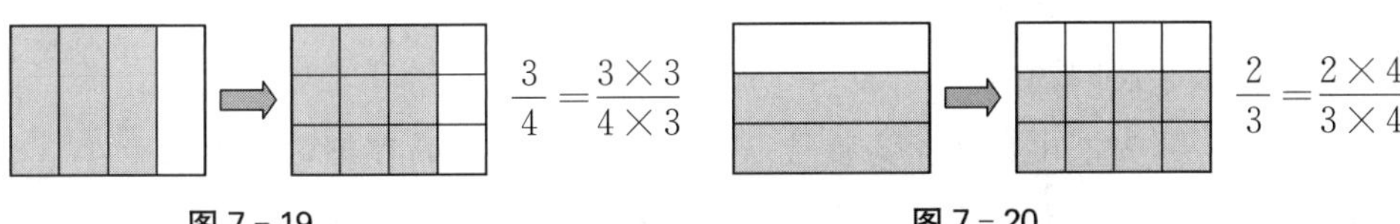

图 7－19　　图 7－20

② $\frac{3}{4}$和$\frac{2}{3}$的分母不同，根据分数的性质，可以先通分，再计算。

$\frac{3}{4}\div\frac{2}{3}=\frac{3\times3}{4\times3}\div\frac{2\times4}{3\times4}=\frac{9}{12}\div\frac{8}{12}=9\div8=\frac{9}{8}$。

③ $\frac{3}{4}\div\frac{2}{3}=\frac{\frac{3}{4}}{\frac{2}{3}}=\frac{\frac{3}{4}\times\frac{3}{2}}{\frac{2}{3}\times\frac{3}{2}}=\frac{3}{4}\times\frac{3}{2}=\frac{9}{8}$。

学生能看到除数的分子、分母颠倒了，而除号则改为了乘号。

（三）小数

1. 小数加、减法

（1）小数点的垂直排列提供的加、减法运算与整数的加、减法运算相似。小数加、减法教学中，既要突出小数加、减法与整数加、减法的一致性，又要让学生注意两者的差异性。自然数计算中，相同数位对齐的方法是把末位对齐（也就是个位对齐），而在小数加、减法中，相同数位对齐的方法是把小数点对齐，也就是，借助小数点对齐做到个位对齐。

（2）小数加、减法的意义与整数加、减法的意义是相同的，进位与退位问题也是难点，学生会感到小数减法比较难掌握。要从解决带计量单位名称的加减问题扩展到解决抽象的小数加减问题，重点要解决小数部分位数不同的小数加、减法问题，特别是在整数减小数时，要关注数位该如何对齐。学生深受整数相加减时须向右对齐的影响，极易对两个不同位数的小数、小数和整数或整数和小数也向右对齐后再进行加减。初学时，可启发学生利用小数的性质，把它们写成小数部分位数相同的小数后再进行加减运算。计算的结果要考虑是否用小数的基本性质使之变成最简结果。

例如，$15-4.54=?$

$$\begin{array}{r} 15.00 \\ -\ \ 4.54 \\ \hline 10.46 \end{array}$$

初学时,整数 15 后面点上小数点,再补两个 0,使之与减数的小数位数相同,这样可以减少学生犯错误的可能。

2. 解决小数乘、除法问题

(1) 解决小数乘法问题

① 做小数乘法,先把小数转化为整数,再做整数乘法,最后在整数积上点上小数点。确定小数乘法积的小数点的位置是小数乘法教学的难点,特别是在乘积里用 0 补足数位是学生难以理解的。要重点帮助学生处理好按照整数乘法的法则算出积以后如何点小数点的问题。

通过下面的问题解决过程,可以让学生认识小数乘法的原理,理解小数点位置确定的方法。

$$\begin{array}{r} 0.45 \\ \times\ \ 4.3 \\ \hline 135 \\ 180\ \ \\ \hline \end{array} \quad \begin{array}{c} \xrightarrow{\text{扩大(\ \ )}} \\ \xrightarrow{\text{扩大(\ \ )}} \\ \\ \\ \xleftarrow{\text{缩小(\ \ )}} \end{array} \quad \begin{array}{r} 45 \\ \times\ \ 43 \\ \hline 135 \\ 180\ \ \\ \hline 1935 \end{array}$$

② 虽然目前教材安排小数乘法在前,分数乘法在后,但是将来还是可以让学生从分数乘法的角度认识小数乘法:

$$0.45 \times 4.3 = \frac{45}{100} \times \frac{43}{10} = \frac{45 \times 43}{1000} = \frac{1935}{1000} = 1.935。$$

以上分数乘法所得积的分母为 1000,表示此积为三位小数。

③ 解决小数乘法问题的图形表征

利用直观图形建立小数乘法计算的图形模型。例如,用画图的方法来解决这个问题:0.3×0.2=0.06,为什么越乘结果越小了?

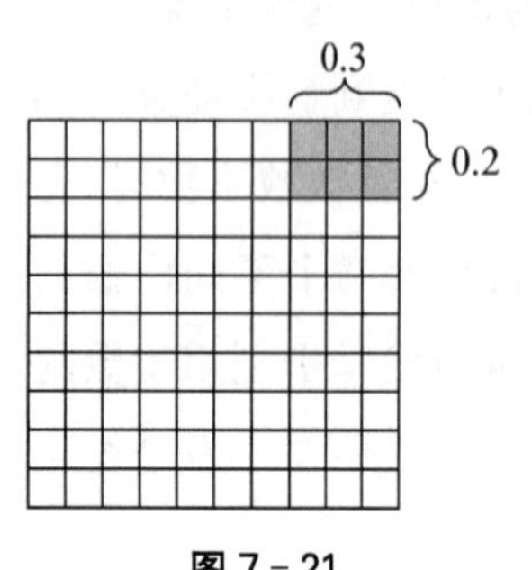

图 7-21

一方面,0.3×0.2 是 0.3 个 0.2 相加,也就是 $\frac{3}{10}$ 个 0.2 相加,把 0.2 平均分成 10 份,取其中的 3 份,也就是 0.06。另一方面,可以利用图形更直观地解释 0.3×0.2=0.06。对于边长为 1 的正方形(如图 7-21),其中一个小正方形的边长为 0.1,则该图中 6 个黑色的小正方形就是 0.3×0.2,即为 100 个小正方形中的 6 个小正方形。

又如:哥哥有 20 元,妹妹的钱是哥哥的 3 倍,妹妹有多少钱?

哥哥有 20 元,妹妹的钱是哥哥的 0.3 倍,妹妹有多少钱?[①]

由图 7 - 22 可充分说明乘整数所得的积会比被乘数大,而乘纯小数所得的积会比被乘数小。

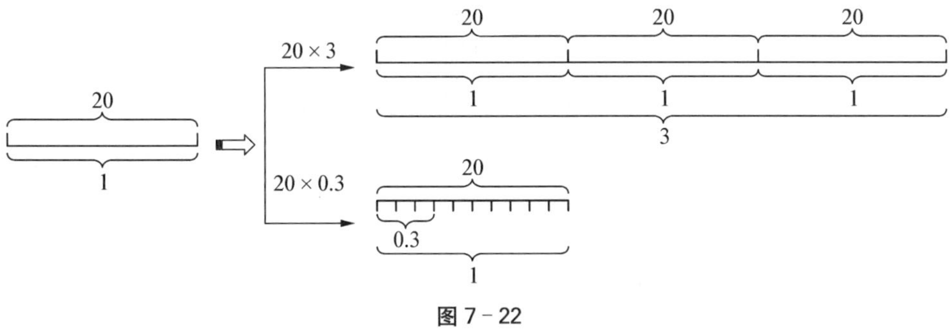

图 7 - 22

(2) 解决小数除法问题

小数除法可以根据小数点处理方法的不同分成两种情况:一种是除数是整数的小数除法,另一种是除数是小数的小数除法。由于除数是小数的除法要通过商不变的性质转化成除数是整数的小数除法来计算,所以小数除以整数是学习小数除法计算的基础,一定要让学生弄清算理,切实掌握。除数是小数的除法是小数除法的重点内容,教材在编排时重点突出怎样把除数是小数的除法转化成除数是整数的除法。

如果被除数是整数,除到末位有余数,要在商的个位右边点上小数点,在余数后面添"0"继续除,这时教学的难点是确定商的小数点的位置;还要注意说明被除数小于除数时商中需要添"0"占位的情况,使学生明确小数除法与整数除法一样,哪一位不够商 1,就写 0 占位。

在复习整数除法中"被除数、除数扩大相同倍数,商不变"的规律的基础上,启发学生把除数是小数的小数除法转化成除数是整数的小数除法,这时教学的难点是被除数和除数中的小数点处理。怎样处理除数和被除数的小数点,才能转化为除数是整数的除法呢?教师强调,转化时必须同时把除数和被除数的小数点向右移动相同的位数。要防止学生只划去除数中的小数点,或把除数和被除数中的小数点都直接划去的错误。

除了除法算式以外,还可以通过操作具体实物,让学生理解小数除法。

 案例 7 - 9

操作具体实物理解小数除法

教师把 4 元人民币平分给 5 个学生,每个学生可拿到几元?

① 刘曼丽.小数乘法的学与教[J].科学教育月刊,2007(4):37 - 44.

如图 7－23,把 4 元人民币转换成 40 个 0.1 元(即 1 角),这时将 40 个 0.1 元平分给 5 个学生,40÷5＝8,每个学生拿到 8 个 0.1 元。

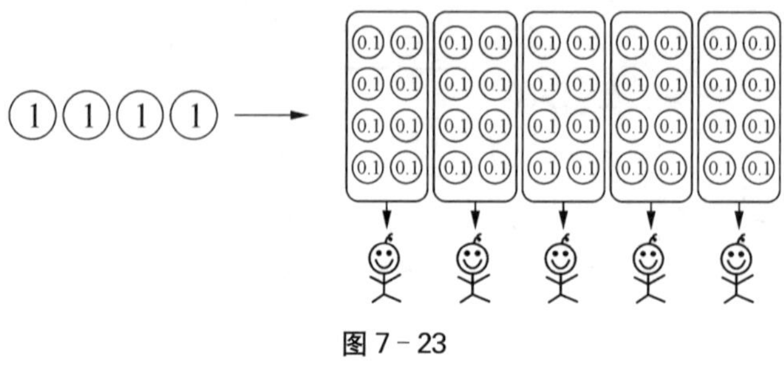

图 7－23

二、数的概念与运算的一致性

“2022 年版课标”提出:初步体会数是对数量的抽象,感悟数的概念本质上的一致性,形成数感和符号意识;感悟数的运算以及运算之间的关系,体会数的运算本质上的一致性,形成运算能力和推理意识。

整数、分数、小数本质上是一个整体:从数形成与发展的角度而言,整数除法运算出现不够除的情形,产生了分数,分数运算不方便,产生了小数;从数组成的角度而言,整数、分数、小数均是基于“计数单位”建构的,也即数都是“多少个计数单位”。

加减乘除本质上也是一个整体:从运算意义的角度而言,所有运算都可以还原成加法,加法是所有运算的基础;从运算算理的角度而言,分配律、交换律、结合律(下文均简称“运算律”)与等式的基本性质是所有算理的基础;从运算算法的角度而言,所有运算都可以还原成计数单位与计数单位运算(个别运算,计数单位不参与运算)、计数单位上的数字(本质上是计数单位的个数)与计数单位上的数字运算,加法口诀、乘法口诀是所有算法的基础。

无论整数、分数还是小数,加减法运算的一致性体现为:相同计数单位上的数字相加减,计数单位不变。例如:234＋45＝200＋30＋4＋40＋5＝2(百)＋(3＋4)(十)＋(4＋5)(个)＝279。分数相加减,均是“相同计数单位上的数字相加减”,这与整数运算保持了一致。小数四则运算的算理、算法既可以基于整数的算理、算法,也可以基于分数的算理、算法,这充分显示了小数的“两栖性”。无论基于整数加减,还是基于分数加减,均是“相同计数单位上的数字相加减”。

整数乘法运算要进行两类运算:计数单位与计数单位相乘(这两个计数单位可以一样,可以不一样),从而得到新的计数单位;计数单位上的数字与计数单位上的数字相乘,得到新的计数单位上的新的数字。[①] 单位分数相乘，本质上是计数单位相乘得到新的计数单位；非单位分数相乘，本质上是计数单位与计数单位相乘，计数单位上的数字与计数单位上的数字相乘。分数乘法运算与整数乘法运算保持了一致。小数乘法的算法与整数乘法几乎完全一致，同样是“计数单位与计数单位相乘，计数单位上的数字与计数单位上的数字相乘”。综上所述，乘法运算的一致性体现为：计数单位与计数单位相乘，计数单位上的数字与计数单位上的数字相乘。

小数乘法与整数乘法类似：例如，$0.36\times0.2=(0.3+0.06)\times0.2=0.3\times0.2+0.06\times0.2=(3\times2)\times(0.1\times0.1)+(6\times2)\times(0.01\times0.1)=6\times0.01+12\times0.001=0.06+0.012=0.072$。

整数的四则运算特别强调“计数单位”，所有运算都是基于“计数单位”展开的。加（减）是相同计数单位上的数字累加（减），乘法是计数单位的倍增，除法是计数单位的细分。[②] 除法运算的一致性体现为：计数单位与计数单位相除，计数单位上的数字与计数单位上的数字相除。

教师应引导学生关注数的运算之间的联系。在探索加、减、乘、除不同运算方法的教学中，教师要引导学生认识加法运算是所有运算的基础，初步形成对数的运算的整体理解，体会不同运算之间遵循的共同规律，感悟不同运算内在的一致性。

例如，学校图书馆为同学们购买图书，其中《数学家的故事》每本 24 元。如果买 12 本，需要付多少元？

在学生学会计算两位数乘一位数的基础上，教师引导学生探索两位数乘两位数的方法，感悟从未知到已知的转化。该问题重点是理解从一位数乘法到两位数乘法算理和算法的迁移。学生已知 24×10 的计算方法和 24×2 的计算方法，探索 24×12 的计算方法。可以引导学生将 12 分解成(10＋2)，然后利用横式或竖式体现算理，$24\times12=24\times(10+2)=24\times10+24\times2$，就可以把未知转化为已知；在分析的基础上建立乘法运算竖式，从算理过渡到算法。在这样运算过程中，发展学生的运算能力和推理意识。此外，可以借助面积表述运算的道理，培养几何直观。

应打破教师和学生的固有认知，构建新的系统，明白乘法不一样的记录形式和计算方法；在各种计算方法的对比中，让学生体会到虽然算法不同，但是背后的算理相通，都可以用算理来贯通算法。教师要重视对教学内容的整体分析，引导学生体会不同数学知识之间数学学习方法的一致性和可迁移性，帮助学生学会用整体的、联系的、发展的眼光看问题，形成科学的思维习惯。培养学生学会用整体的、联系的、发展的眼光看数学、想问题，形成理性思维、科学精神。

---

① 巩子坤，史宁中，张丹. 义务教育数学课程标准修订的新视角：数的概念与运算的一致性[J]. 课程·教材·教法，2022，42(6)：45－51，56.

② 马云鹏，吴正宪. 深度学习：走向核心素养[M]. 北京：教育科学出版社，2019：91－94.

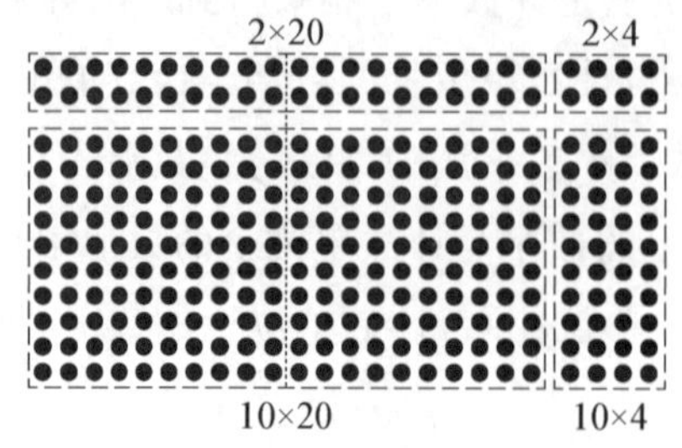

图 7－24　24×12 的点子图解释

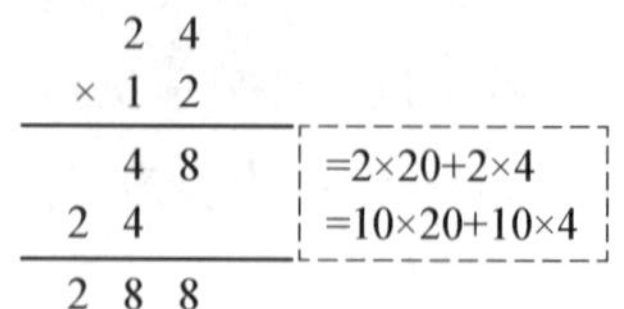

图 7－25　24×12 的竖式及算理

三、数量关系问题解决教学

(一) 常见数量关系

在具体情境中，学生学会认识常见三种数量关系：总量＝分量＋分量、总价＝单价×数量、路程＝速度×时间；能利用这些关系解决简单的实际问题。

数量关系是量之间的关系。教师引导学生识别问题情境中的量，找出有哪些量，再进一步理解、推断量之间的关系，构建定量关系的关键在于恰当的定量运算。

"归一问题"中单一量不变(即每份数不变问题)，也就是前后两次的商一定，所以要先求单一量。"归一问题"是后续进一步学习用正比例解决问题的重要基础。例如，小林读一本故事书。三天读了 24 页，根据这样的速度，填写表中空缺的数字(表 7－1)。学生发现，每天读的页数一定，读的天数越多，总页数就越多；读的天数越少，总页数就越少。

表 7－1　小林读故事书

天数	5			10
总页数		48	64	

再如，李明爸爸驾驶汽车去天津。李明根据汽车里程表记录了汽车在高速公路上行驶的情况(见表 7－2)。教师提问：照当前的情况，你能预测出汽车 40 分钟行驶的总路程吗？

表 7－2　汽车行驶里程记录

时间/分钟	10	20	30	40
路程/千米	20	40	60	?

观察表格中前三组数据，时间和路程两个量都在变化，但不管怎样变化，行驶的速度是不变的。借助列表整理数据，凸显数量之间的对应关系，有利于促进学生分析数量关系，化解难点。引导学生透过形式上的变化看到数量不变的本质。学生体会列表整理信息的价值，感悟数量的变化规律，增强分析问题和解决问题的能力。

速度单位与学生以前学过的长度、质量单位不同，它是一个合成单位。平均每小时或者每分钟走过的路程，即单位时间里走过的路程就是速度。速度、时间与路程的数量关系模型的建构是学生学习中再次对“总价＝单价×数量”（每份数×份数＝总数）这一模型的深入研究与应用。学生理解每份数、份数、总数之间的关系，建立“速度、时间、路程”的关系：路程＝速度×时间。

学生还应学会将“路程＝速度×时间”转化为“路程÷时间＝速度”“路程÷速度＝时间”。大家看下面问题：

(1) 修路队修一条长1800米的公路，前5天修了600米，照这样计算，一共要修多少天？（工作总量÷工作时间＝工作效率）

(2) 甲乙两地相距1800千米，李叔叔前5小时行了600千米，照这样的速度，一共要行几小时？（路程÷时间＝速度）

(3) 王阿姨带了1800元钱买水杯，5个水杯600元钱，照这样计算，一共可以买几个这样的水杯？（总价÷数量＝单价）

虽然问题情境在变，表征的具体数量关系在变，但是数学模型没有变。

类似模型还有：本金×利率＝利息，收入×税率＝纳税额，原价×折扣＝现价。这类问题属于“总数÷份数＝每份数”的基本模型。

（二）正比例、反比例解决问题教学

正比例、反比例解决问题的关键是正确判断题目中两种相关联的量是否成正比例或反比例。在教学中，教师要注意以下几点：

1. 用列举数字的方法揭示正反比例的意义

从小学生的思维发展来看，他们始终是以具体形象思维为主。正反比例的意义较为抽象，用列举数字的方法来揭示它的本质特征，符合儿童的认知规律。通过在表格中列数字的方法，使学生清楚地认识到：成正比例的量是“同向”变化的，且对应的两个数的比值（或商）一定；成反比例的量是“逆向”变化的，且对应的两个数的积一定。

2. 用正反比例关系式(公式)判断成正反比例的量

用正反比例关系式（公式）判断成正反比例的量，不仅判断速度快，而且能深化学生对正反比例意义的认识，有利于培养儿童的抽象逻辑思维能力。在正、反比例应用题中，要判断哪两种量成正反比例，需要学生自己从题目的叙述里寻找出来；而且，保持一定的量常常是隐蔽的、潜在的，需要通过分析来确定。教学时，应引导学生仔细审题，搞清题中的三种量，其中哪两种量是相依变化的，哪一种量是固定不变的，进而根据三者之间的关系式，判断是不是比值（或乘积）一定。学生学会从动态的角度理解相关联的量；能够从数量的动态变化中发现不变的关系；从具体到抽象，将对正（反）比例意义的感性认识上升为理性认识；在去情境化条件下，具备判断正（反）比例的能力。

3. 作正反比例图象

为了强化学生对正反比例意义的理解和记忆,结合教材中的数学问题情境,引导学生把正反比例的变化规律分别用图象表示出来。学生可以清楚地看到:成正比例关系的图象是一条射线,成反比例关系的图象是一条曲线。这样数形结合,学生会感到新颖好奇,从而激发学习这部分知识的兴趣,有效地提高学习效率。

四、探索规律教学

探索规律是一个发现关系、发展思维的过程,有利于学生夯实基础,开拓创新,更能够体现数学思考,凸显过程与方法,同时,也能够让学生在自主探索与思考中感受学习的快乐,形成积极学习的情感与态度。

探索规律从内容上来看,除了对数学中的法则、共识、性质等规律的探索以外,也包括数、式、符号、图形排列规律的探索,还包括数与数之间的规律以及运算规律的探索,又包括数形结合规律的探索等内容。

(一) 探索数运算的规律

探索数的规律,不是游离于数的认识的一种"另辟蹊径",而是基于数的认识,同时又不局限于单个数的认识,用发现多个数之间的联系或者变化规律来加深对数的理解。对于低年级的学生来说,除了规律本身,这种乐于发现规律的意识也是值得关注的。

案例 7－10

探索几十一乘几十一的乘法速算

1. 根据下面的算式和乘积,寻找规律。

$$\begin{array}{r} 11 \\ \times\ 11 \\ \hline 121 \end{array} \qquad \begin{array}{r} 21 \\ \times\ 41 \\ \hline 861 \end{array} \qquad \begin{array}{r} 31 \\ \times\ 41 \\ \hline 1271 \end{array} \qquad \begin{array}{r} 51 \\ \times\ 61 \\ \hline 3111 \end{array}$$

2. 分小组讨论:算式的特点和积的规律。

3. 用发现的规律做下面各题:

21×21＝　　　　61×81＝　　　　41×41＝

31×51＝　　　　71×51＝　　　　91×31＝

在学习了两位数乘两位数的基础上,引导学生来探索特殊类型乘法速算的规律。首先引导学生观察算式,概括出特殊类型的特征,然后发现积与乘数之间的关系,提出猜想,再通过举例,验证猜想,表达发现的规律。学生一旦发现了其中的规律,就会感受到自己多了一种本领，这样不仅方便了计算，更是增长了学习的信心，而且学习的喜悦总是溢于言表，仿佛是发现了“新大陆”。在人的心灵深处，都有一种根深蒂固的需要，就是希望感到自己是一个发现者、研究者、探索者。在儿童的精神世界中，这种需要则特别强烈。探索规律正是满足了儿童精神世界的这一需要，让学生享受到学习的成功与快乐。教师可参考更多类似案例。[①]

（二）探索数量变化的规律

案例 7－11

百分数问题解决

十一月裙子的价格比十月降了 20%，十二月裙子的价格比十一月涨了 20%。那么十二月裙子的价格和十月比是涨了还是降了？变化幅度是多少？[②]

解：假设十月份价格为 100 元，那么

100×(1－20%)＝80(元)，80×(1＋20%)＝96(元)，96<100。

十二月裙子的价格和十月比是降了。变化幅度为(100－96)÷100＝4%。

让学生分五次探讨不同的价格变化情况，并填入表 7－3，能发现什么规律？

表 7－3　五次价格变化

研究次数	第一次	第二次	第三次	第四次	第五次
十一月和十月比的变化幅度	↓20%	↓30%	↓40%	↓50%	↓10%
十二月和十一月比的变化幅度	↑20%	↑30%	↑40%	↑50%	↑10%
十二月和十月比是涨了还是降了	降了	降了	降了	降了	降了
十二月和十月比的变化幅度	4%	9%	16%	25%	1%

无论先升再降，还是先降再升，结论都是价格下降了。

变化幅度：

10%×10%＝0.01＝1%；

20%×20%＝0.04＝4%；

30%×30%＝0.09＝9%；

50%×50%＝0.25＝25%。

学生经过归纳推理发现：最后的变化幅度是上面两个变化幅度的乘积，即变化幅度＝a%×a%。

---

① 陈涛清.“探索规律——首同尾合十”教学实践与思考[J].小学数学教育，2020(1)：82－84.

② 平慧玥，范文贵.“百分数问题解决”教学实录与评析[J].小学数学(数学版)，2015(9)：29－31.

在教材原有常规问题的基础上,学生经历变式研究过程,使其数学思维向纵深发展,启发学生有独创性的理解。学生学会尝试改变问题条件,探索发现隐蔽的深层次数学规律。

第四节　数与代数思想方法教学

数学思想方法,作为数学知识内容的精髓,是对数学本质的认识,是数学学习的一种指导思想和普遍适用的方法。它把数学知识的学习和培养能力有机地联系起来,是提高个体思维品质和数学能力,进而发展智力的关键所在,也是培养创新型人才的基础,更是一个人数学素养的重要内涵之一。数学思想方法是处理数学问题的指导思想和基本策略,是数学的灵魂。因此,引导学生理解和掌握以数学知识为载体的数学思想方法,是学生提高思维水平,真正懂得数学的价值,建立科学的数学观念,从而发展数学、运用数学的重要保证,也是现代教学思想与传统教学思想的根本区别之一。

在基础教育阶段,数学是一门主要课程,数学教学的目的不仅仅是传授数学知识,更重要的是进行思维能力训练,体会数学思想方法的形成过程,养成良好的数学素质,培养分析问题和解决问题的能力。整个小学数学教材贯穿着两条线,一条是明线,即数学知识,另一条是暗线,即数学思想方法。有了数学思想方法,数学知识就不再是孤立、零散的内容,数学方法也就不再是死板的教条。数与代数的思想与方法对于学生理解数学的意义,发展问题解决的能力以及形成正确、完整的数学观具有十分重要的作用。

一、数与代数中蕴含的函数思想

在小学阶段渗透函数的思想,可以使学生明确一切事物处于不断变化的过程中,而且在变化过程中互相联系、互相制约,从而需要研究事物的变化趋势及其运动的规律。在小学数学教学中有意识地渗透函数思想,也可以为学生后续学习中学数学和现代数学奠定良好的知识基础,并做好学习经验的准备。

(一) 小学数学中涉及的函数

“2022 年版课标”要求:探索用数或符号表达简单情境中的变化规律(第一学段);能解决生活中的简单问题,并能对结果的实际意义作出解释,经历探索简单规律的过程(第二学段);要在具体情境中呈现两个成正比的量的变化规律,引导学生理解可以把这个规律表示为 $y=kx$ (第三学段)。

小学阶段所涉及的函数(在变化过程中只考虑两个变量,即一元函数)主要有:(1)正比例函数($y=kx$,其中 k 是大于零的常数);(2)和、差不变时,两个“加数”之间是特殊的一次(线性)函数关系;(3)正方形、圆的面积公式中,面积是边长或半径的二次函数; (4)反比例函数。

（二）数与代数教学中渗透函数思想

把握事物现象的变化和关系是一种重要的数学素质和能力。学生要学会考察两个数量之间的关系，能够从变化和对应的角度考察事物现象。

恩格斯说："数学中的转折点是笛卡儿的变数。有了变数，运动进入了数学；有了变数，辩证法进入了数学；有了变数，微分和积分也就立刻成为必要的了。"函数思想的可贵之处在于它是用运动、变化的观点去反映客观事物数量间的相互联系和内在规律的。学生对函数概念的理解有一个过程。在处理小学数学教学中的一些问题时，教师要做到心中有函数思想，要注意渗透函数思想。

在小学阶段没有出现"函数"这一概念，但在整个小学阶段的数学学习中无不渗透着函数的思想，可以这样说，凡是有"变化"的地方都蕴含着函数思想。函数的核心即是"把握并刻画变化中的不变，其中变化的是'过程'，不变的是'规律'"。教师引导学生发现规律并将规律表述出来，就是函数思想在教学中的渗透。在数学里，数量之间的确定性关系叫作函数关系。加法实际上是一个函数，由两个数确定一个数，是二元函数。如果把加法算式里等号左端的一个数固定了，右端的和就被另一个数确定，那么就成了一元函数。不用给小学生讲函数概念，只要教师有了函数思想，在教学过程中注意渗透变量和函数的思想，潜移默化，对学生数学素质的发展就有好处。

具体来说，函数思想体现在以下几个方面：(1)认识到这个世界是普遍联系的，各个量之间总是有相互依赖的关系；(2)在"变化"中探寻"数学规律"；(3)在"规律"中追求"有序""结构化""对称"等思想；(4)感悟"变化"有快有慢，有时变化的速度是固定的，有时是变化的；(5)根据"规律"判断发展趋势，预测未来，并掌控未来，即"预测"的思想。

在第一学段通过填图（如图 7－26）等形式将函数思想渗透其中，可设计一些卡片让算式中的数"动"起来，帮助学生明确运算结果是随着哪一个数的变化而变化的。在这个"探索规律"的过程中，教师要充分利用这些内容进行函数思想的启蒙教学，让学生感受到函数思想，激发学生"探究"数学的本质，于"变"中把握"不变"，满足学生的好奇本性。"探索规律"实际上就是培养学生的"模式化"思想，发现规律就是发现一个"模式"，并能够用多种方法表达"模式"的特点。

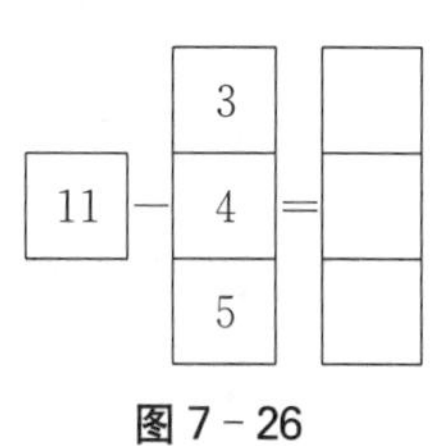

图 7－26

二、数与代数中蕴含的数形结合思想

（一）数形结合思想

数形结合思想是根据问题的具体情况，把具有直观形式的图形性质的问题转化为具有算法性质的数量关系的问题，通过代数方法分析数量关系来探讨、论证、解释直观图形的性质，或者把数量关系的问题转化为图形性质的问题，用几何图形直观地反映、描述和刻画数量关系,从而使抽象思维和形象思维结合起来,使复杂问题简单化,抽象问题具体化,化难为易,使问题得到解决。①

著名数学家华罗庚说:“数与形,本是相倚依,焉能分作两边飞。数缺形时少直观,形少数时难入微。数形结合百般好,隔裂分家万事休。切莫忘,几何代数统一体,永远联系,切莫分离!”美国数学家斯蒂恩也曾说过,如果一个特定的问题可以转化为一个图形,那么就整体地把握了问题,并且能创造性地思维问题的解法。教师要让学生尝试把“应用问题”画出来,提高学生的思维能力。

数形结合就是使抽象思维和形象思维相互作用,实现数量关系与图形性质的相互转化,使抽象的数量关系和直观的图形结合起来研究数学问题。数形结合是一种极富数学特点的信息转换,数学上总是用数量的抽象性质来说明形象的事实,同时又用图形的性质来说明数量的抽象性质。利用数形结合思想使问题的数量关系化抽象为直观,化直观为精确,有利于学生对表象的建立,使问题的数量关系更易理解,帮助学生找到简捷地解决问题的方法。数形结合充分融合了“抽象”和“具体”、“运算”和“逻辑”,达到了优势互补的效果,使需要较大思维空间的“抽象思维”转化为需要较小思维空间的“形象思维”。

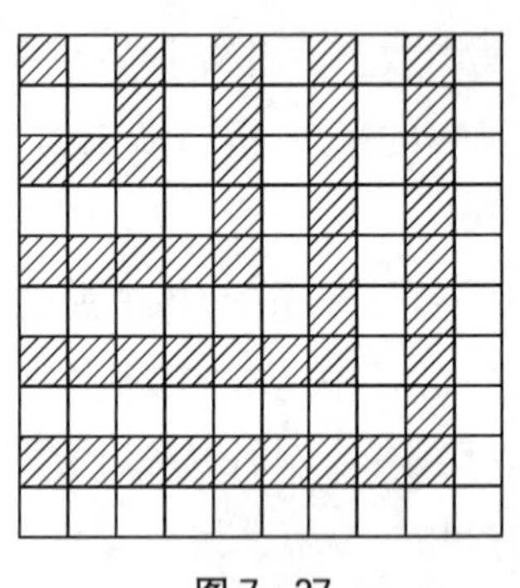

图 7-27

利用数形结合思想可探索规律。例如,引导学生运用数形结合的思想探索某些数学规律。如果 $1+3=4=2^2$, $1+3+5=9=3^2$, $1+3+5+7=16=4^2$,那么 $1+3+5+7+9+11+\cdots+19=?$ 教学的目的当然不是希望学生通过加法运算得到结果,而是希望学生通过解决问题发现规律。为了帮助学生思维,教师可以提供图形(如图 7-27),启发学生从数与形的联系中探索规律。

(二) 数与代数教学中渗透数形结合思想

1. 运用数形结合思想促进学生理解数与代数的概念与性质

数学概念抽象且难以理解。在数学概念的认识过程中,引导学生利用“数形结合”,使抽象的概念直观化,这是理解数学概念的重要方法。学生理解“分数概念”有一定的难度,教学设计时,在现有教材的基础上,教师可向学生提供丰富的感性材料,如通过图 7-28 所示的涂色练习让学生来进行各种复杂的分数认识活动,沟通知识间的联系,从而获得对分数的一些具体的或感性的认识,促进对分数知识的理解。

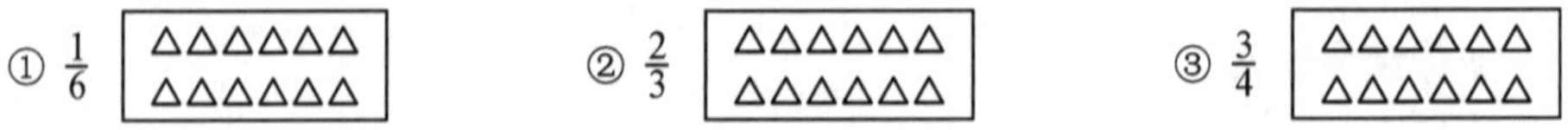

① $\frac{1}{6}$ △△△△△△ △△△△△△　　② $\frac{2}{3}$ △△△△△△ △△△△△△　　③ $\frac{3}{4}$ △△△△△△ △△△△△△

图 7-28

① 邵光华. 作为教育任务的数学思想与方法[M]. 上海:上海教育出版社,2009:302.

再如，一些学生对“小数 0.2 与 0.20”的认识产生疑义。教师可通过图形帮助学生认识“0.2 与 0.20”之间的差异，理解“小数 0.2 与 0.20”的意义。小数 0.2 的意义：把整数“1”平均分成 10 份，表示其中的 2 份，如图 7 - 29。小数 0.20 的意义：把整数“1”平均分成 100 份，表示其中的 20 份，如图 7 - 30。

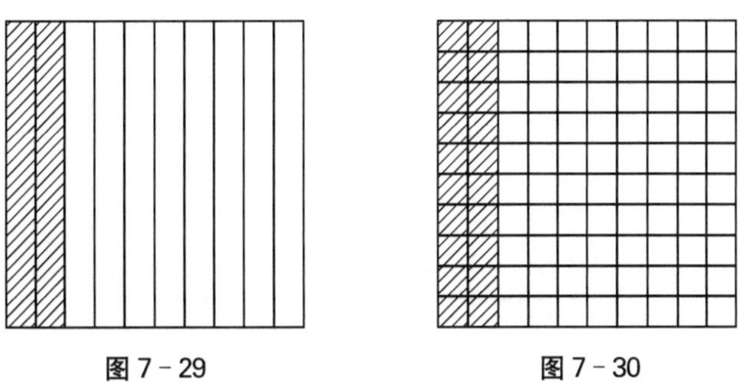

图 7 - 29　　图 7 - 30

从文字叙述与图形表达中，我们不难发现 0.2 和 0.20 有着不同的意义，0.2 是一位小数，精确到十分位；0.20 是两位小数，精确到百分位，它们所表示出的阴影部分面积相等，说明大小相等，即 0.2＝0.20。

2. 运用数形结合思想促进学生理解算理

将数量关系转换成图形，以便学生把数量关系形象化，再根据对图形的观察、分析、联想，逐步转换成算式，达到问题解决的目的。运用数形结合的方法教学新知后，在思维训练时，可通过练习进一步培养学生掌握数、形之间相互转换的解决问题方法。例如，在分数的加减乘除运算中渗透数形结合思想，可以利用图形表征，让学生进一步理解异分母分数的加减法，如图 7 - 31。

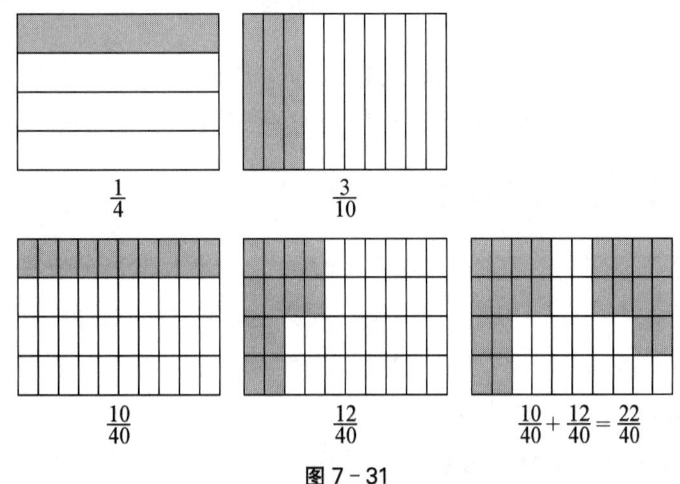

图 7 - 31

用图形语言刻画(解释)数与代数的运算过程，能促使学生从感性和理性的双重角度深刻理解数与代数的计算法则，使学生对这一知识达到结构化的程度。从这里可以看出，数、形相互转换的过程,既是解题过程,又是学生的形象思维与抽象思维协同运作、互相促进、共同发展的过程。由于抽象思维有形象思维作支撑,利用数形结合的方法,学生表象清晰,记忆深刻,对算理的理解透彻,既知其然又知其所以然。

3. 运用数形结合思想帮助学生解决数与代数问题

例如,一根电线长 20 米,用去$\frac{4}{5}$,用去了多少米? 教学时,用一条线段来表示部分量和总量(如图 7－32),也就是几分之几与单位“1”的关系,即用去的$\frac{4}{5}$是 20 米的一部分。

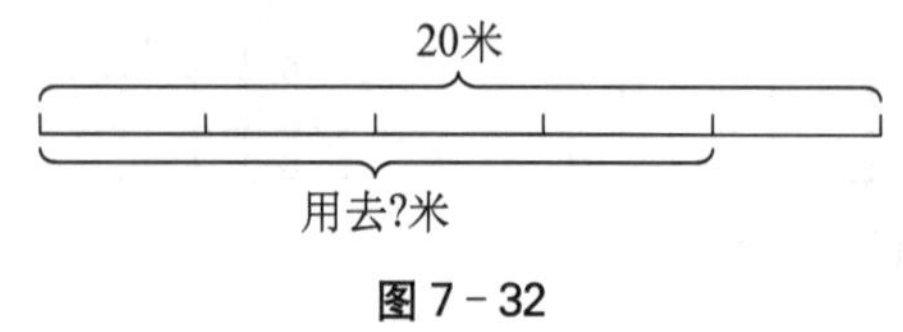

图 7－32

引导学生看线段图,根据分数的意义,即可用整数除法计算:$20\div5\times4$。在此基础上再提高一步,根据一个数乘以分数的意义,直接用分数乘法来计算。在解答分数乘法应用题时,关键是弄清以哪个数量为标准,就把这个数量看作单位“1”。由于有了直观的线段图,根据题目中叙述的具体条件,明确“用去$\frac{4}{5}$”是指用去了 20 米的$\frac{4}{5}$,所以把 20 米看作单位“1”,进而得:求用去多少米就是求 20 的$\frac{4}{5}$是多少,根据一个数乘以分数的意义列出算式$20\times\frac{4}{5}$。用两种方法解答后,让学生比较两种解法之间的联系。学生在直观图示的引导下,明确:求 20 米的$\frac{4}{5}$就是把 20 平均分成 5 份,求出其中的 4 份是多少。这样的教学过程,凭借形象的图示,联系分数的意义,通过与整数除法之间的沟通,使学生深刻理解“求一个数的几分之几是多少”的应用题的数量关系,从而提高了学生解决实际问题的能力。

三、数与代数教学中渗透化归思想

化归是解决数学问题的一种重要思想方法,几乎所有数学问题的解决都不离开化归,只是所体现的化归形式不同而已。善于使用化归正是数学家思维方式的一个重要特点。匈牙利著名数学家路莎·彼得(Rozsa Peter)说过:数学家们往往不是对问题进行正面的攻击,而是不断地将它变形,直至把它转化为已经得到解决的问题。① 化归是指问题之间的相互转化。想要解决问题 A,可将它转化为解决问题 B,再利用问题 B 的解答去完成问题 A 的解答。化归也就是把复杂问题转化为简单问题,把陌生的问题转化为熟悉的问题,将一个问题

① 路沙·彼得. 无穷的玩艺[M]. 朱梧槚,袁相碗,郑毓信,译. 南京:南京大学出版社,1985:84.

转化为另一个问题，将问题的一种形式转化为另一种形式。苏联著名数学家、莫斯科大学教授雅诺夫斯卡娅有一次向奥林匹克数学竞赛参加者发表了题为“什么叫解题”的演讲，她的回答显得惊人简单，完全出乎听众的意料：“解题就是把题归结为已经解过的问题。”[①]化归的常用模式如图 7－33 所示。

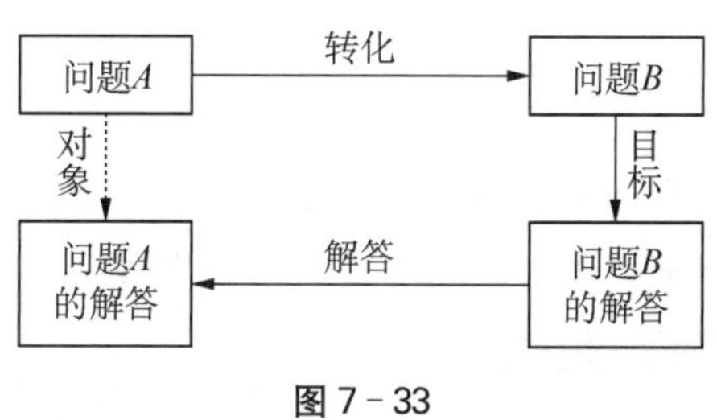

图 7－33

小学数学教学中，教师要遵循教材的知识结构和学生的认知结构，揭示教学内容的本质，分析转化的条件，探索转化的规律和方法，在同化认知和顺应认知的同时掌握转化的思维方法，提高解决数学问题的实际能力。在讨论小学数学问题时，恰当地处理好问题的转化，往往可化难为易，化繁为简。例如，解形如 $ax \pm b = c$ 的方程，首先化归成 $ax = d$ 的形式，再化归成 $x = e$ 的形式，使方程得解。两次化归，都依据等式的性质进行。如果学生顺利完成了第一次化归，就表示已将新问题转化成“旧”问题，因此，关键是引导学生探索解方程的第一步，重点是让学生经历解方程的完整过程后能体会到背后所蕴含的化归思想。

分数运算中蕴含的化归思想：异分母分数加减法化归为同分母分数加减法，异分母分数比较大小通过“通分”化归为同分母分数比较大小等。小数乘除法中蕴含的化归思想：把不熟悉的小数乘法转化成熟悉的整数乘法来计算，小数除法通过“商不变性质”化归为除数是整数的除法来计算。

四、数与代数教学中渗透归纳推理

“2022 年版课标”提出：学生应能够通过简单的归纳或类比，猜想或发现一些初步的结论；通过法则运用，体验数学从一般到特殊的论证过程；对自己及他人的问题解决过程给出合理解释。

在第三章“推理意识的内涵及其意义”部分，已经对“归纳推理”进行了阐述。

数学作为对现实世界的数量关系、空间形式和变化规律进行抽象，通过概念和符号进行逻辑推理的科学，其中，归纳推理是必不可少的推理形式和思维方式。在数学里，归纳推理是发现真理的工具之一。

---

① 罗增儒．数学解题学引论[M]．西安：陕西师范大学出版社，1997：82．

学生在对四则运算有一定认识的基础上,通过解决实际问题和具体计算,能够利用归纳的方法探索运算律,理解用字母表示的运算律,形成初步的代数思维。在归纳的过程中,教师引导学生发现规律,依次计算或尝试合理的、有利于发现事物变化规律的方法,从而养成做事有条理的习惯。

(一) 归纳推理的要素

归纳推理包含以下要素:

(1) 展示诸多数学对象,根据适当标准进行分类;

(2) 通过分析与比较,区分数学对象间的某些相似性(共同性)和差异性;

(3) 提出猜想,初步感受数学规律;

(4) 验证(证明)猜想(或用反例推翻猜想);

(5) 用准确的文字语言、符号语言,有条理且结构清晰地表达归纳过程和结论。

例如,探究循环小数改写成分数的规律(化简过程和证明过程略)。

1. 纯循环小数改写成分数

$0.\dot{3}=\frac{1}{3}=\frac{3}{9}$ [循环节含 1 个数字。分母是 1 个 9;分子是 3(循环节的 1 个数字)。]

$0.\dot{6}=\frac{2}{3}=\frac{6}{9}$ [循环节含 1 个数字。分母是 1 个 9;分子是 6(循环节的 1 个数字)。]

$0.\dot{1}\dot{2}=\frac{4}{33}=\frac{12}{99}$ [循环节含 2 个数字。分母是 2 个 9;分子是 12(循环节的 2 个数字)。]

$0.\dot{5}\dot{3}=\frac{53}{99}$ [循环节含 2 个数字。分母是 2 个 9;分子是 53(循环节的 2 个数字)。]

$0.\dot{2}4\dot{3}=\frac{9}{37}=\frac{243}{999}$ [循环节含 3 个数字。分母是 3 个 9;分子是 243(循环节的 3 个数字)。]

归纳发现规律:将纯循环小数改写成分数,分子是一个循环节的数字组成的数;分母各位数字都是 9,9 的个数与循环节中的数字的个数相同。

2. 混循环小数改写成分数

$0.1\dot{4}=\frac{13}{90}=\frac{14-1}{90}$ [循环节含 1 个数字,不循环部分是 1 个数字。分母是 1 个 9,1 个 0;分子是(14−1)。]

$0.12\dot{4}\dot{3}=\frac{1231}{9900}=\frac{1243-12}{9900}$ [循环节含 2 个数字,不循环部分是 2 个数字。分母是 2 个 9,2 个 0;分子是(1243−12)。]

$0.12\dot{5}3\dot{7}=\frac{12525}{99900}=\frac{12537-12}{99900}$ [循环节含 3 个数字,不循环部分是 2 个数字。分母是 3 个 9,2 个 0;分子是(12537−12)。]

$0.134\dot{3}05\dot{6}=\frac{1342922}{9999000}=\frac{1343056-134}{9999000}$[循环节含 4 个数字，不循环部分是 3 个数字。分母是 4 个 9，3 个 0；分子是(1343056－134)。]

归纳发现规律：将混循环小数改写成分数，分子是不循环部分与第一个循环节连成的数字组成的数，减去不循环部分数字组成的数之差；分母的头几位数字是 9，末几位数字是 0，9 的个数与循环节数字的个数相同，0 的个数与不循环部分数字的个数相同。

（二）学会利用归纳推理探究数学规律

归纳推理具有发现新知识和探索真理的创造功能，是数学发现的重要方法之一；在数学学习中有预测答案、探索解题思路的作用；在数学教学中有培养能力、发展思维的作用。学生要学会通过观察、实验、比较、分析、抽象与概括等方法，对一些个别事物进行探讨，从中获得一般结论。

例如，探究“有余数除法”。

老师给每个小组发了一些数量不同的小棒，请各小组合作摆放正方形，并填写老师下发的记录单。

投影展示学生操作的结果，见图 7－34。

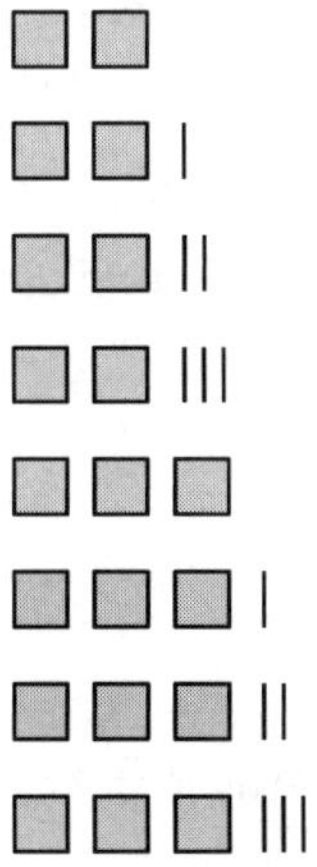

根数	摆的结果	算式
8 根	□□	8÷4＝2(个)
9 根	□□ |	9÷4＝2(个)……1(根)
10 根	□□ ||	10÷4＝2(个)……2(根)
11 根	□□ |||	11÷4＝2(个)……3(根)
12 根	□□□	12÷4＝3(个)
13 根	□□□ |	13÷4＝3(个)……1(根)
14 根	□□□ ||	14÷4＝3(个)……2(根)
15 根	□□□ |||	15÷4＝3(个)……3(根)

图 7－34

讨论：大家仔细观察这些算式中的除数和余数，你发现了什么？(余数不能大于除数。)

学生经历用小棒摆正方形的过程，归纳发现并理解“余数必须比除数小”及其道理，从而全面经历了理解新知识的过程。在这个过程中，为了让学生更好地理解余数的意义和余数为什么要比除数小的道理，教师加强了归纳发现的直观教学：学生分别用 8 根、9 根……15 根小棒摆正方形，在操作中让学生感受到平均分物体的余数存在的客观性和余数的产生过程，归纳发现余数必须比除数小的道理，由此学生在活动中加深了对重点学习内容的理解。

五、对模型意识的理解及案例分析

(一) 模型意识

“2022 年版课标”提出:模型意识主要是指对数学模型普适性的初步感悟。

数学模型是对现实问题进行数学抽象,用数学语言表达问题,用数学知识与方法构建模型、解决问题的过程。也就是说,数学模型用来解决一类具有实际背景问题的数学方法,是用数学语言讲述现实世界的故事,是沟通数学与现实世界的桥梁。在现代社会,数学的真正应用是模型,模型已经成为一种语言应用于物理、化学这些学科,甚至应用于社会科学和人文学科,数学模型引发的数学特征就是数学应用的广泛性。[①]

数量关系实质是一种加法模型,由加法模型可以推演出其他数量关系。引导学生在具体情境中,认识常见数量关系:

(1) 总量=分量+分量,表示总量等于各分量之和。

建立加法模型,要从问题情境到直观模型,再从直观模型到抽象算式,是一个线性的、逐级的抽象过程。学生要真正理解加法的意义,需要在问题情境、直观模型和抽象算式之间建立起联系与解释的回路,特别是在抽象算式与问题情境之间建立相反方向的联结。例如,有两只猴子,猴弟弟摘了 5 个苹果,猴哥哥比弟弟多摘了 3 个,猴哥哥和猴弟弟一共摘了多少个苹果?学生明确加法模型:“猴哥哥摘苹果个数+猴弟弟摘苹果个数=总数”,其中“猴哥哥摘苹果个数=猴弟弟摘 5 个苹果+比猴弟弟多摘 3 个苹果”。拓展生成:小数量+差=大数量。学生通过这个问题,两次体验“总量=分量+分量”。

学生在变中求不变,进行关联性思考,学会将“总量=分量+分量”转化为“分量=总量-分量”。

(2) 总价=单价×数量,表示总量等于每份数与份数之积。

例如[②]:4 件衣服钉了 24 个珠子,照这样,12 件衣服需要多少个珠子?

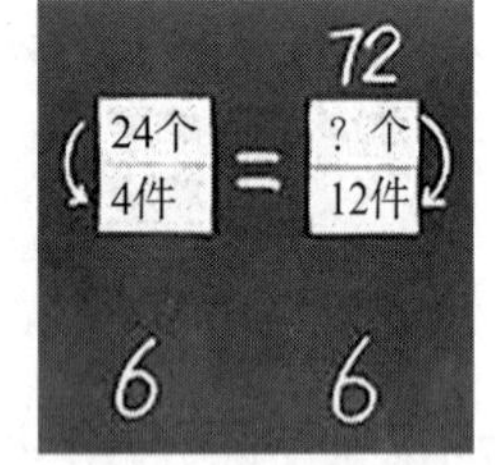

图 7-35 12 件衣服珠子

学生能求出 1 件衣服的珠子数,进而知道了由“1”能够推出“许多”。明确“1”和“多”之间的关系。学生认识到竖着看图 7-35 中等式两边:由 4 件衣服有 24 个珠子,能求出 1 件衣服是 6 个珠子,就能求出 12 件衣服有 72 个珠子。再将问题拓展:4 件衣服钉了 24 个珠子,如果求 24 件衣服需要多少个珠子呢?36 件呢……引导学生理解整体“1”是确定的,其中“每份数”是不变的。

---

① 史宁中.学科核心素养的培养与教学——以数学学科核心素养的培养为例[J].中小学管理,2017(1):35-37.

② 吴正宪,鲁静华,周頔.理解数量关系,感悟模型思想——“解决问题”教学实录[J].小学教学(数学版),2019(7-8):114-118.

（二）理解模型意识

1. 知道数学模型可以用来解决一类问题，是数学应用的基本途径

在建立数学模型教学中，教师带领学生从一个问题的解决，拓展为一类问题的解决，引导学生在运用知识解决问题的过程中提炼出更为一般的数学模型，从而达到培养解决一类问题的能力。

建立数学模型是数学知识、数量关系的系统整合，学生需要思考、辨认、选取特定的解决问题的方法；还要检验、反思、归纳总结问题解决过程。

以下是整体思考“一类”应用题的例子：

(1) 浙教版数学教材四年级上册关于甲、乙两队同时开凿隧道的应用题，如图 7－36 所示。

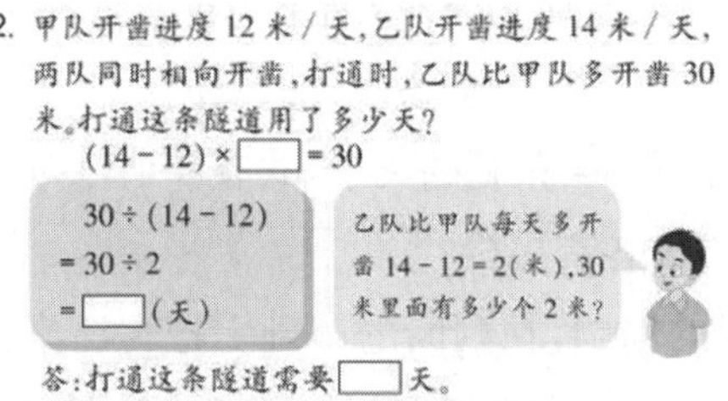

图 7－36　浙教版数学教材四年级上册(2010 年版，22 页)应用题

该问题呈现的“差对应”问题已不再是正向的了，即已知“每份差”与“总量差”，求“份数”，建立数学模型，每份差×份数＝总量差，总量差÷每份差＝份数，总量差÷份数＝每份差。

(2) “鸡兔同笼”问题被选入小学教材。从教材安排来看，是让学生通过猜测、画图、列举、假设等方法学会解决鸡兔同笼问题；从更深层次来看，是要借助鸡兔同笼这个载体，让学生采取画图、猜测、列举的方法进行尝试，在尝试过程中经历探索问题的过程，发现数量变化的规律，感悟数学基本思想。

解决“鸡兔同笼”问题过程中，学生“从已有的经验出发，经历将实际问题抽象成数学模型并进行解释和应用的过程”。对小学生的数学学习而言，“鸡兔同笼”问题还隐藏着哪些其他的“模型”因素呢？有以下三方面是值得关注的：

① 内容层面，即“鸡兔同笼”这类题本身的题型结构特征(告知两个未知量的和以及两个未知量之间一定的量值关系，求未知量)。“鸡兔同笼”属于“两积之和”问题，但本质上也是一种“差对应”问题：先用假设法算出总腿数，然后与实际情况进行对比，找出腿的总差；再找出每份差；最后用除法算出份数(即兔或鸡的只数)。

② 方法层面，即“假设法”的一般解题思路(画图、列举、替换等在某种意义上都是“假设”)。

③ 思想层面,即从一个具体的"鸡兔同笼"数学问题出发,在经历了对其解答的过程之后,能将解决问题的方法和思路进行扩展运用,如图 7 - 37。

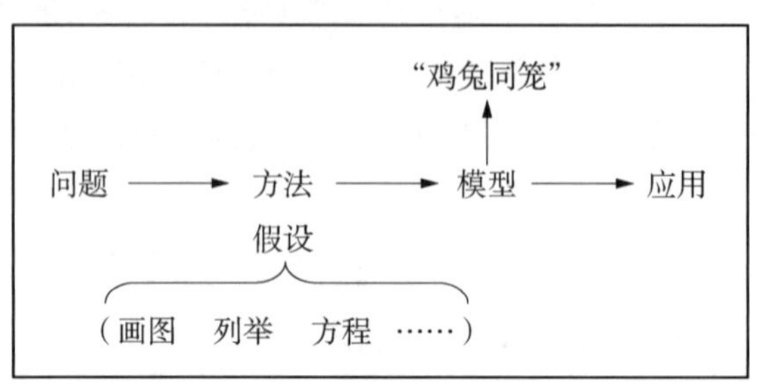

图 7 - 37 鸡兔同笼

学生应能够综合运用所学的方法与策略解决数学问题,根据已学的知识产生类比联想,举一反三,做到学以致用,并对数学模型、模型结果与现实的一致性进行解释。例如,下面这个问题与价钱有关系,与脚没有关系(真脚没了,假脚还在)。

推广:有若干 3 条腿的凳子和 4 条腿的桌子,共有 8 个,总共花费 260 元钱。每个凳子 20 元,每张桌子 40 元,凳子和桌子各有多少?

学生应能联系不同领域的问题,在判断的基础上把自己掌握的数学模型应用于新的情景,透过现象看本质,剥离表层(头、脚),把握问题的核心数量关系。模型意识使学生体会到问题的情境在变化,但问题的本质——数量之间的关系是不变的。

"租船(车)问题"等都是同类问题。学生逐渐学会构建一般化的数学模型,有利于在今后的学习过程中举一反三、触类旁通,形成灵活地解决问题的能力。

2. 能够认识到现实生活中大量的问题都与数学有关,有意识地用数学的概念与方法予以解释

数学家用数学模型方法解决了许多数学理论问题,促进数学向前发展。数学模型方法在自然科学、社会科学、经济领域,以及天文学、生物学、医学、物理学、军事学、语言学等一切科学领域和人类活动的各个方面,都有比较广泛的应用。数学模型方法,是阐述客观现象和解决实际问题的重要工具,是各门科学数学化的重要手段,是预测各种现象和控制各种过程的有效方法,是处理各种实际问题和数学理论问题的一般方法。数学模型是数学基础知识与数学应用之间的桥梁。在教学中,教师启发学生会用数学的语言表达实际情境中的数量关系,形成初步的模型意识,提升问题解决能力。

数学来源于生活,又广泛地应用于现实生活。适合小学生学习的数学的生活应用内容主要有:读懂日常生活中的数学,如商场中的各种打折、抽签和兑奖活动,通过计算找到最划算的购买方式,使学生学会精打细算;用数学优化安排生活,如制作旅游攻略等。

(三)模型意识的意义

模型意识有助于开展跨学科主题学习,增强对数学的应用意识,是形成模型观念的经验基础。

建立数学模型的过程，实际上是学生通过运用数学工具来模拟现实世界并解决现实问题的过程。应引导学生跨越固有思维的约束，多方位思考问题，运用迁移、联想、类比等多种方法，从不同角度拓展、引申特定的数学问题。例如，在“体育中的数学”（运动场上的数学原理、运动成绩的数据分析）中，可以与体育课相结合，记录、整理和呈现某些体育项目活动中的数据，从中发现问题、解决问题。

通过建立数学模型，学生对数学原理的现实意义有了更深刻的理解。学生可以体会到数学作为一个有效的工具在解决众多领域的现实问题时所起到的核心作用。学生借助现实情境和已有的生活经验，加深对数学原理的理解。培养建立数学模型的能力对学生理解数学本身和通过数学的视角认识世界都有重要的促进作用。教师在数学教学活动中培养学生数学模型核心素养，能够帮助学生感悟数学与现实之间的关联，使其加深对数学内容的理解，逐步积累数学实践经验，进而提升应用能力，增强创新意识。

阅读资料

1. 邱学华. 儿童学习数学的奥秘[M]. 福州：福建教育出版社，2013.

2. 王永春. 小学数学与数学思想方法（第二版）[M]. 上海：华东师范大学出版社，2022.

3. 张奠宙. 小学数学研究[M]. 北京：高等教育出版社，2009.

4. 伍鸿熙. 数学家讲解小学数学[M]. 北京：北京大学出版社，2016.

5. 怀尔德. 数学概念的演变[M]. 谢明初，陈念，陈慕丹，译. 上海：华东师范大学出版社，2019.

6. 蔡金法. 数学教育研究手册（第二册）：数学内容和过程的教与学[M]. 北京：人民教育出版社，2020.

思考与练习

1. 查阅文献（包括教学视频），分析小学生解决“403－158＝?”（人教版三年级上册）存在的困难。从理解算理的角度完成“403－158＝?”的教学设计方案。

2. 认真阅读案例 4－1，该案例对你理解“小数的意义”有什么启示?

3. 为了促进学生理解算理，设计利用“数形结合”思想方法解决数与代数问题的教学案例。

第八章
图形与几何的教学

本章导语

在概述图形与几何历史的基础上，本章给出图形与几何教学的要求；系统地阐述图形与几何的概念，提高学生解决图形与几何问题的能力；结合经典的小学数学教学研究案例，展示数学（图形与几何）思想方法教学。

学习目标

1. 了解图形与几何教学的意义、内容、要求。
2. 探索图形与几何概念与技能教学、图形与几何解决问题教学。
3. 能够对数学（图形与几何）思想方法教学中出现的问题进行理论性的分析。

图形与几何是在以往的几何初步知识基础上发展起来的，是小学数学的主要内容之一，主要研究现实世界中几何图形的形状、大小、位置关系及其变换，是人们更好地认识和描述生活空间并进行交流的重要工具，也是促进小学生空间观念发展的一条重要途径。因此，图形与几何教学不仅仅是引导学生学习基本的几何知识和技能，更重要的是帮助学生建立空间观念，培养学生的几何直观与推理意识。

第一节　图形与几何教学的意义、内容和要求

一、图形与几何教学的意义

几何学作为反映现实世界空间形式的一门学科，为人们直观地理解和认识其他事物提供了很好的模型，也为人们解决数学问题和实际问题提供了重要的手段和工具。在小学数学中，几何也就是我们所说的“图形与几何”。图形与几何教学的意义绝不仅仅是逻辑推理和几何计算，而是以小学生空间观念的培养、几何直观的形成以及推理意识的发展为目标，同时使学生掌握认识客观世界以及进一步学习所需的基础知识，为学生的进一步发展奠定基础。具体来说，图形与几何教学的意义可以有以下几个方面：

（一）有助于学生更好地认识人类的生存空间

美国数学教师协会(NCTM，1989)指出，几何有助于我们用一种有序的方式表示和描述我们生活的现实世界。对于学生来说，图形直观以及图形分析是他们理解奇妙的自然世界和社会现象，解决学习和生活中各种问题的绝妙工具。随着现代技术的发展，如计算机制图、成像技术的发展等，几何方法更是运用到人类生活和社会发展的各个角落。因此，小学阶段开设图形与几何课程的首要原因在于“这个世界是几何的”，有必要帮助学生更好地认识、理解生活的空间，更好地生存和发展。

（二）有助于发展学生的空间观念

图形与几何内容的直观性、难度的层次性、真假的实验性以及推理过程的可预见性，使它成为发展学生空间观念的理想材料。从几何发展的历史来看，对几何图形的认识是根据生产生活实践经验，依靠直观观察、反复实验而形成的。小学生的思维正处在由直观表象思维为主向抽象逻辑思维为主的过渡阶段，对几何图形的认识相当于人类早期认识几何的阶段。学生借助身边直观、可感的空间世界，借助原先积累储备的经验，关注、认识周围的图形世界，在大量的实验操作和思考活动中能够丰富表象，提升数学思考，发展空间观念。

（三）有助于培养学生良好的思维习惯

波利亚说过，数学教育的意义并不是要教会学生去使用数学知识，而是要培养学生的思维习惯——一种数学文化修养。从这层意义上讲，图形与几何是一种有效的训练手段。几何材料具有深刻的逻辑结构、丰富的直观背景和鲜明的认知层次。通过几何的学习可以使学生学会通过不同途径去解决问题，对几何结果形成合理的猜想，对数量结论进行快速的估计，为解决具体问题提供直观的模型，进而养成推理严谨、言必有据和条理化的思维习惯。

二、图形与几何的教学内容

（一）图形与几何历史简介

几何学的产生，源于埃及尼罗河泛滥后人们重新测量土地的需要，正像最早的数学知识由腓尼基人(Phoenician)的商业、契约所引起的一样(普罗克拉斯，Proclus)。[①] 几何学起源于测量土地，但并不局限于尼罗河流域的埃及。“几何”这个词最早来自希腊语“γεωμετρία”，由“γέα”(土地)和“μετρε ῐν”(测量)两个词合成而来，指土地的测量，即测地术。中文中的“几何”一词，最早是在明代利玛窦(意大利的传教士)、徐光启合译《几何原本》时，由徐光启所创。当时并未给出名称的由来，后世多认为一方面几何可能是拉丁化的希腊语 GEO 的音译，另一方面由于《几何原本》中也有利用几何方式来阐述数论的内容，也可能是 magnitude

① 梁宗巨. 世界数学通史(上)[M]. 沈阳：辽宁教育出版社，2004：149.

(多少)的意译,所以一般认为几何是 geometria 的音、意并译。

人们把各种形状加以比较,关注它们的相同和不同的特性,就逐渐形成了各种抽象的形的概念,如三角形、矩形、圆、角、立方体和球体等。在获得了直线、圆等形的概念以后,进一步利用笔直的木棍作出直线,利用树杈作出圆的时候,人们已经基本上掌握了这些图形的性质。当人们在居住的洞穴的壁上或者在制作的陶器上画出整齐对称的几何花纹的时候,他们对"对称"和"相似"等几何概念已经有了一定的认识。① 如古巴比伦(约公元前 2200 年)的一块泥板载有一幅表示 15 块土地的平面图,其中 7 块为直角三角形,4 块为长方形,另外 4 块则为直角梯形;在西安半坡遗址中,发现圆、正方形的房屋地基(图 8 - 1),并在出土的陶器碎片上发现了大量的几何图形(图 8 - 2)。正如恩格斯所说:"数学是从计算时间和制造器皿开始产生的。"其中计算时间需要"数"的概念,而制造器皿可能就有赖于"形"的意识。

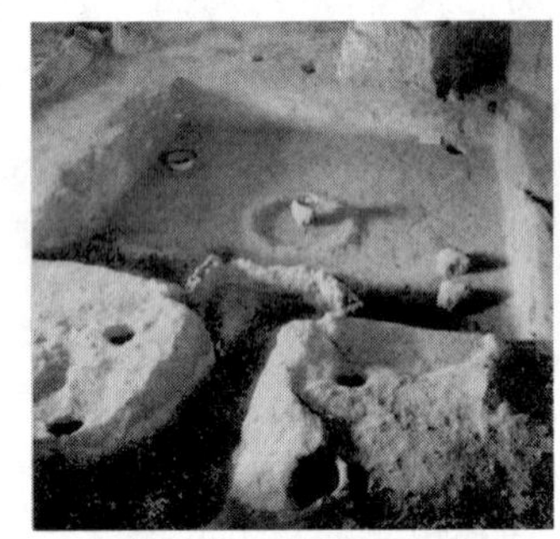

图 8 - 1　半坡遗址房屋地基

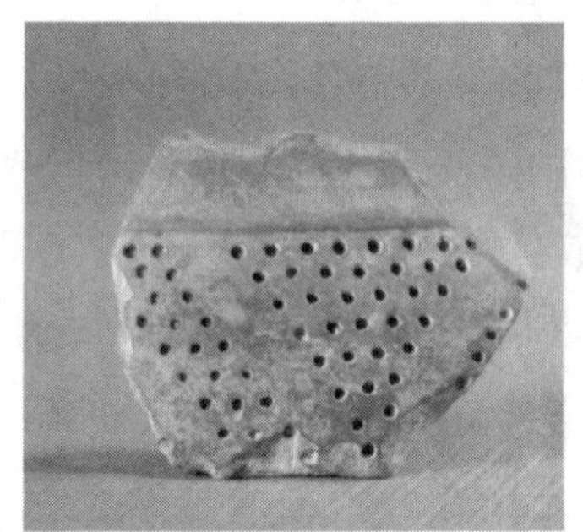

图 8 - 2　半坡遗址陶器碎片

在各种形的概念形成的同时,也许稍晚一些,人们为了实际的需要,比如在确定两地的距离,估计某块土地的面积,以及确定容器的容积等过程中,逐渐认识到了一些简单的测算规律。

测量几何量必须有一个单位,即"量具"。最早的量具是很粗糙的,那时候最简单、最方便的量具莫过于人体的某一部分。《史记》和《说文》都有"寸、尺、咫、寻、常、仞诸度量,皆以人之体为法"以及"禹以身为度"的记载,意即那时人们以身体的某一部分作为长度的单位。我国古代常用"步"作为长度单位。在西方,也有类似的例子。例如,英文中呎的原意为足(foot)。各民族由原来粗糙的单位过渡到以后较为精确的单位,再过渡到后来的国际通用单位,中间经历了相当长的时间。②

几何符号的出现简化了复杂的数学理论,使得数学理论的应用成为可能,它具有准确、清晰、简约思维、提高效率、便于交流的功能,是人们进行表示、计算、推理、交流和解决问题的工具。下面列出部分常用几何符号产生的大致年表:

(1) 角"∠"和平行"//":由英国数学家奥特雷德(W. Oughtred)于 1657 年在其著作《三

---

① 周述岐.数学思想和数学哲学[M].北京:中国人民大学出版社,1993:36.

② 同上书:37.

角学》中创建，并得到广泛承认和应用，沿用至今。

(2) 垂直“⊥”和长方形“▭”：最早是1634年在法国数学家厄里岗(P. Hérigone)的著作《数学教程》中出现，其中垂直符号“⊥”是100多年后的1763年在数学家埃默森(W. Emerson)的《几何入门》一书中才被大量采用，从此被广泛使用。

(3) 三角形“Δ”和正方形“□”：最早是公元50年由古希腊数学家海伦(Heron)使用的。后来古希腊的数学家帕普斯(Pappus)也采用过这两个符号，并沿用至今。

(4) 圆“⊙”：公元4世纪希腊数学家帕普斯把圆的符号改为“⊙”或“○”。

(5) 圆周率“π”：1706年英国数学家琼斯(W. Jones)在《新数学引论》第243—263页中，首次使用符号“π”表示圆周率，但当时这个简单明了的记号没有得到推广，直到30年后的1736年，瑞士数学家欧拉(L. Euler)提倡用“π”表示圆周率，这个符号才开始风行全世界，成为国际通用符号。[①]

(二) 小学图形与几何教学的内容

“2022年版课标”确定小学阶段图形与几何的教学内容包括“图形的认识与测量”和“图形的位置与运动”两个主题。学段之间的内容相互关联，螺旋上升，逐段递进。

第一学段(1～2年级)

学生获得图形的认识与测量的相关知识。

通过实物和模型辨认简单的立体图形和平面图形，能对图形分类，会用简单图形拼图。结合生活实际，体会建立统一度量单位的重要性，认识长度单位米、厘米。能估测一些物体的长度，并进行测量。在图形认识与测量的过程中，形成初步的空间观念和量感。

第二学段(3～4年级)

1. 图形的认识与测量

结合实例认识线段、射线和直线；体会两点间所有连线中线段最短，知道两点间距离；会用直尺和圆规作一条线段等于已知线段；了解同一平面内两条直线的位置关系。结合生活情境认识角，知道角的大小关系；会用量角器量角，会用量角器或三角板画角。认识长度单位千米，知道分米、毫米；认识面积单位平方厘米、平方分米、平方米；能进行简单的单位换算；能恰当地选择单位估测一些物体的长度和面积，会进行测量。

认识三角形和四边形，会根据图形特征对三角形和四边形进行分类。结合实例认识周长和面积；探索并掌握长方形、正方形的周长和面积的计算公式。能根据具体事物、照片或直观图辨认从不同角度观察到的简单物体。在图形认识与测量的过程中，增强空间观念和量感。

2. 图形的位置与运动

结合实例，感受平移、旋转、轴对称现象。在感受图形的位置与运动的过程中，形成空间

---

① 徐品方，张红. 数学符号史[M]. 北京：科学出版社，2008：288－300.

观念和初步的几何直观。

第三学段(5~6 年级)

1. 图形的认识与测量

知道三角形任意两边之和大于第三边;知道三角形内角和是 180°。认识圆和扇形,会用圆规画圆;认识圆周率;探索圆的周长和面积计算公式,能解决简单的实际问题。知道面积单位平方千米、公顷;探索并掌握平行四边形、三角形和梯形的面积计算公式;会估计不规则图形的面积。通过实例了解体积(或容积)的意义,知道体积(或容积)的度量单位,能进行单位之间的换算;体验不规则物体体积的测量方法。

认识长方体、正方体和圆柱,了解这些立体图形表面的展开图,探索并掌握这些图形的体积和表面积的计算公式,认识圆锥并探索其体积的计算公式,能用这些公式解决简单的实际问题。对于简单物体,能辨认不同方向(前面、侧面、上面)的形状图,形成空间观念。

2. 图形的位置与运动

能根据参照点的方向和距离确定物体的位置;会在实际情境中,描述简单的路线图。能用有序数对(限于自然数)表示点的位置,理解有序数对与方格纸上点的对应关系。了解比例尺,能利用方格纸按比例将简单图形放大或缩小。

能在方格纸上进行简单图形的平移和旋转;认识轴对称图形和对称轴,能在方格纸上补全简单的轴对称图形。能从平移、旋转和轴对称的角度欣赏生活中的图案,能借助方格纸设计简单图案,感受数学的美,形成空间观念。

在"图形与几何"领域,小学三个学段的主题整合为"图形的认识与测量""图形的位置与运动"。图形的认识重点是图形特征的探索与描述,图形的测量是对图形大小的度量,图形的认识与图形的测量需要从整体上把握。图形的认识是对物体形状的抽象图形进行表示,重点是认识图形的特征。图形特征的认识与图形的测量有密切关系,如长方形相对的边相等这一特征,需要通过测量确认其正确性。图形的测量离不开对图形的认识,图形测量的过程与结果都与具体图形的特征密切相关。探索图形的周长、面积、体积的问题,一定要与具体的图形建立联系,对图形特征的把握直接影响图形测量的学习。如学生在学习长方形面积时,在一个长和宽都是整厘米的长方形中,摆满面积单位(1 平方厘米的小正方形),面积单位的个数就是其面积。这样的操作之所以可行,与长方形的四个角都是直角有关。探讨平行四边形面积就没有这么简单,直接摆小正方形就行不通,要将平行四边形转化成长方形才可以。图形的认识和测量的整合,凸显了两个主题内容之间的内在联系,有助于学生从整体上理解和掌握这些内容,并使学生形成知识与方法的迁移。图形的位置与图形的运动也是有密切关系的内容。在小学,图形的位置重点是用一对有序数对描述一个点的位置(距离和方向也可以看作一对数),图形的运动主要是图形的平移、旋转和轴对称。要认识到图形运动本质上是图形上点的位置的变化,这种变化主要是平移或旋转,确定图形运动前的位置与运动后的位置的关系，了解其中的变化和不变，也就是点的位置的变或不变，所以图形的运动与图形的位置有密切的关系。①

三、图形与几何的教学要求

（一）关注图形与几何知识的形成过程

知识的形成是一个由低级到高级，由简单到复杂，由零散到概括，再由概括到扩充，由扩充到再概括的过程。比如矩形这一概念，人们起初在测量土地面积大小时，感知到了四边形，通过不断归纳概括，得到了长方形与正方形的概念，最后进一步概括成今天的矩形概念。一般地，在图形与几何教学过程中，教师针对图形、测量、位置、变换等原发现过程进行教学加工，设计一个学生可接受、可操作、可实现、可理解的数学情境，引导学生去揭示或感受知识发生的前提或原因，使其认识和了解数学的概念、公式、例题以及应用产生的背景和发展的过程。值得注意的是，这里的知识发生过程不能简单地等同于科学家发现知识的全过程，即不是知识的原发现过程，而是课堂意义下经过重组和再创造的知识发生过程。

1. 创设问题情境，展现知识的发现过程

创设问题情境，就是要为学生提供恰当的实际问题和知识背景，提出符合学生认知水平的思维问题，经过学生观察、实验、比较，作出猜想，为图形与几何知识的形成奠定感性基础。例如“射线”一课，教材从有趣的现实现象引入，主题情景图（如图 8－3）呈现了一幅美丽的夜景图片，其中最突出的是一束束绚丽的光线，每束光线都从地面射向天空，射得很远看不到尽头。熟悉生动的画面传递着数学信息，光线一端在地面，另一端无限延伸。借助具体的生活现象和画面唤醒学生已有经验，学生在形象材料的支持下，对射线的特征有了初步感知，进一步实现鲜明、准确的把握。

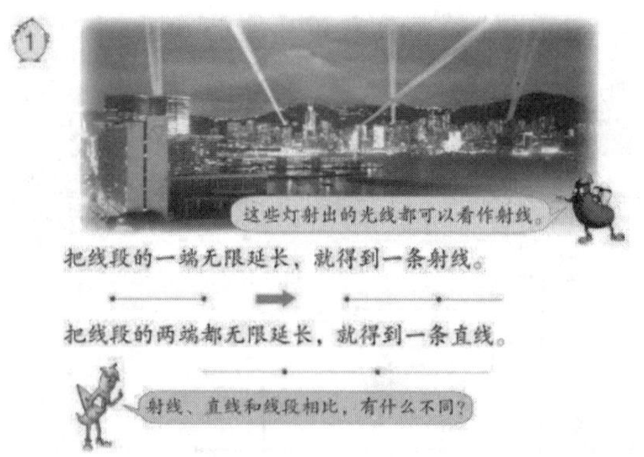

图 8－3　苏教版数学教材四年级上册（2019 年版，77 页）射线、直线和线段

---

① 马云鹏．聚焦核心概念　落实核心素养——《义务教育数学课程标准（2022 年版）》内容结构化分析[J]．课程·教材·教法，2022(6)：35－44．

2. 增加实验操作，再现结论的探究过程

实验操作是学生参与知识形成过程的重要形式，是学生获取感性认识的主要来源，是培养学生创新意识的重要途径。在图形与几何教学过程中，应尽可能地为学生提供实验操作的条件和机会。在实验操作中，鼓励学生发现和提出问题，学会分析和解决问题，让学生经历数学知识的形成过程，体验数学研究活动的真谛，感悟数学知识中所包含的数学思想方法。如一年级小学生在直观认识正方形时，通过自己动手对折正方形纸片，能够认识到正方形"四边相等"这一特征。又如，学生在学习三角形内角和时，通过撕角、拼角把三角形纸片上的三个内角拼成一个平角，证明了三角形的内角和是180°。

3. 精心设计问题，揭示解决问题的思维过程

美国数学家哈尔莫斯(Paul Halmos)曾经说过："数学真正的组成部分应该是问题和解，问题才是数学的内脏。"数学教学的核心是培养学生解决问题的能力，通过问题的解决来启迪和发展学生的思维，在完成图形与几何知识学习的同时，培养学生的思维能力。尽管教师之间认识问题的角度可能存在差异，学生之间的生活经验和知识结构也可能有所不同，但教师在设计问题时，必然要注重揭示解决问题的思维过程。问题链教学倡导精选少量的、具有一定挑战性的主干问题，希望通过问题间的跨度为学生提供思考空间。

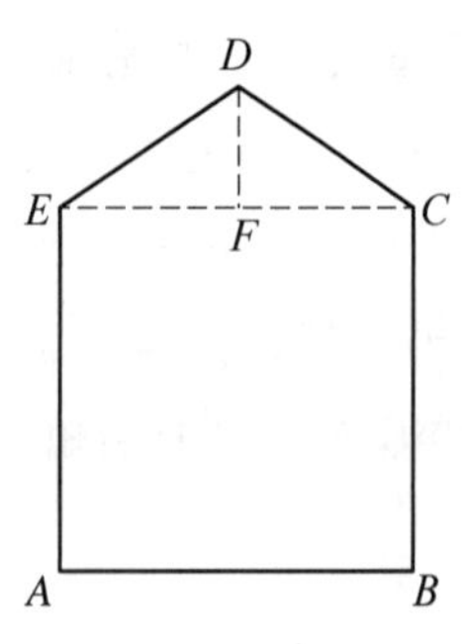

图8-4　墙面形状

例如[①]，图8-4是一间房子的侧面的墙面形状，其中$ABCE$是正方形，边长为5米，$DF \perp EC$，$DF=2$米，多边形$ABCDE$的面积是多少平方米？

教师引导学生提出系列问题，探索多种解决问题的方法，引导他们将问题拓展。

(1) 这个图形是由哪几个简单的图形组合而成的？怎么求它的面积？

(2) 想一想：还有别的解法吗？

(3) 其中一个简单图形是三角形，你能利用它想出与众不同的方法吗？

(4) 分割成两个梯形，这两个梯形有什么特点？怎样快速求出面积？

(5) 比较多种解决问题的方法(参见图8-5)，对你有什么启发？

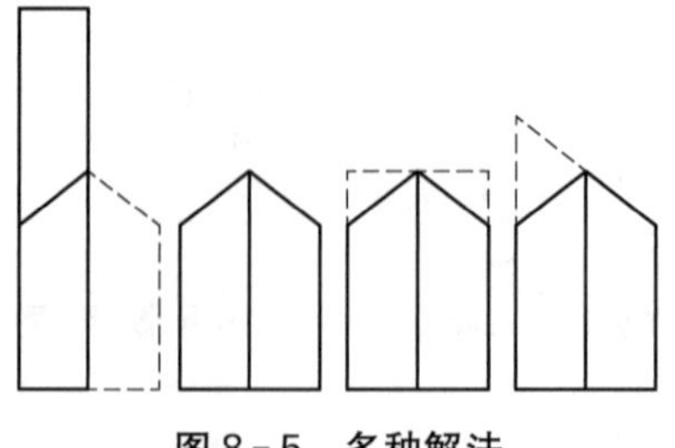

图8-5　多种解法

① 叶兴福，邵海琼. 从"过度"走向"深度"——"组合图形的面积"教学设计与说明[J]. 小学数学教育，2018(12)：61-62.

（二）了解图形与几何的实际背景

1. 生产生活实际背景

图形与几何教学应该从学生的生活经验和已有的知识出发，充分利用现实生活中的实际背景去理解知识；引导学生从现实世界中“发现”图形，并用数学的眼光去体验和理解空间观念；有意识地进行一些抽象的思维活动，形成新的知识，建立符合个体认知特点的知识结构；积累有关图形的经验，在提出问题和解决问题的过程中获得知识和技能，掌握基本的数学思想和方法。如用木条固定一把有些摇晃的椅子，生活中一般是把木条斜着钉下去，让木条与椅脚和座板相交，构成一个三角形，经这样修理后，椅子会变得相当牢固，这实际上就是利用了三角形的稳定性。又如轮船、火车、汽车探照灯的灯光，是学生体会射线向一端无限延长的情形的生活原型；三角板、红领巾、住房的屋顶架等现实事物，是学生获得三角形形状特征的最初体验；大自然中蜻蜓、枫叶、蝴蝶（如图 8－6）这些学生所熟悉的但不曾认真观察过的生活素材，正是对对称这一特征的最好体现，同时可以让学生尽情体验生活中的数学美。

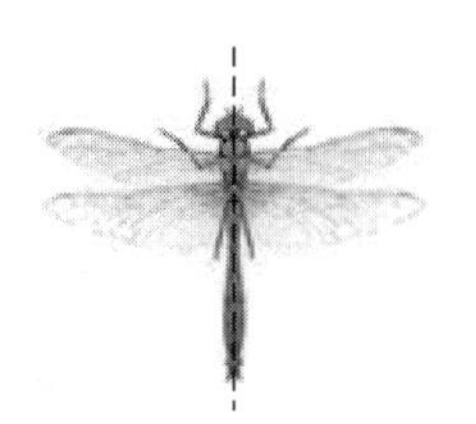

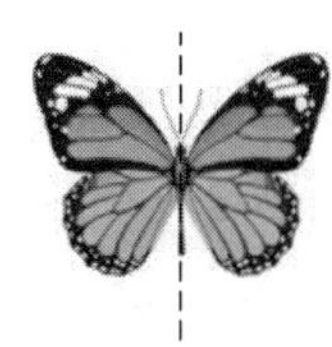

图 8－6　生活素材的数学美

图形与几何教学不是让学生死记硬背书本上的概念、公式、名词等，而是要努力贯彻理论联系实践的原则，要结合生产实践和生活实际去教学，探索知识发生、发展的背景，使学生灵活掌握和应用所学的知识，培养他们的创新能力。如在学习了长方体表面积的计算方法以后，让学生讨论实际生活中会遇到哪些问题需要运用长方体表面积的计算方法来解决，这些问题是不是都要计算六个面的面积，让学生举出实际例子，说一说每一种情况下各应用什么方法计算。比如，计算做一个油箱用多少铁皮应求六个面的面积，计算铺贴游泳池池壁瓷砖的面积需要求四周和底面的五个面的面积，计算粉刷教室墙面的面积需要用四周和天花板五个面的面积再扣除门窗的面积，计算长方体食品盒上商标纸的面积需要计算四个面的面积，等等。

2. 几何发展史背景

现在学生所学的几何概念、性质、规则、理论都是前人苦心钻研，经过无数次的探索、挫折和失败才发展形成的，是与当时社会生产、人们的哲学思想、数学家的独创精神联系在一起的活生生的数学。但是，从教科书的条文上，已看不到数学成长、发展的生动一面，而只看到数学的浓缩的形式，这就妨碍了学生对数学理论的深刻理解。因此，在图形与几何教学中教师要从具有丰富素材的数学史资料中,撷取有助于学生理解的内容和方法并加以应用,这样常常能达到非常好的教学效果。

例如,教学"圆的认识"时可以介绍一下圆周率的演变发展的过程,介绍圆周率的计算过程,①以及数学家刘徽、祖冲之在圆周率方面的杰出贡献。让学生感受到数学模型的建立和完善是一个漫长的过程,同时体验到数学不是知识和方法的简单汇集,而是一个开放的文化体系,是人类智慧和创造的结晶,从而由衷地感受到数学的神奇、数学的伟大,并由此体验到学习数学的快乐及对数学的兴趣。

(三) 重视直观感性材料的作用

历史上,对直观的重视程度以夸美纽斯(J. A. Comenius, 1592—1670)为最高。数学学科的特点在客观上对学生的逻辑思维发展水平提出了较高的要求,而小学生的思维正处于以具体形象思维为主要形式逐步向以抽象逻辑思维为主要形式的过渡阶段,他们对于图形的认识不能通过逻辑推理的过程,而是要依赖于经验,依赖于直觉观察、反复实验。因此小学生学习图形与几何内容离不开直观材料的支持,往往要在直观材料支持下其思维活动才能顺利进行。

1. 实物直观

实物直观是通过直接感知实际事物而进行的一种直观方式。也就是说,在图形与几何教学中,要提供感性实物,让学生得到感性认识,利用其真实、鲜明、生动的特点来帮助学生建立知识表象。例如在辨认长方体、圆柱和球的教学中,教师应从学生熟悉的实物(如篮球、万花筒、粉笔盒等)中选取素材,鼓励学生进行观察、分类等活动,形成对有关几何体的直观感受,然后抽象、概括出几何体的特征,逐步发展空间观念。这样,既有利于学生加深对几何知识的理解和掌握,又有利于激发学生的学习兴趣,调动学习的积极性,从而在实际生活中更好地发挥作用。

2. 模型直观

图形与几何教学中给学生提供具体实物的模型(如图 8 - 7),让学生通过观察或操作这些模型形成对几何知识的感知、表象,进而建立起客观事物的数学概念。例如长方体和正方体的表面积教学,借助实物展开图(含有六个面的纸盒,其中一个长方体和一个正方体)(如图 8 - 8),帮助学生再现长方体和正方体的实物图像,明确长方体和正方体的上下、前后、左右 3 组相对的面的总和,就是此图形的表面积。这样通过教具的适时、适当的演示,可以帮助学生把抽象复杂、灵活多变的几何知识变得直观易懂,使他们感觉到数学就在身边,养成探究问题、解决问题的好习惯。

① 关于圆周率计算过程,读者可参照徐品方、张红所著《数学符号史》第 295 - 302 页内容作进一步研究。

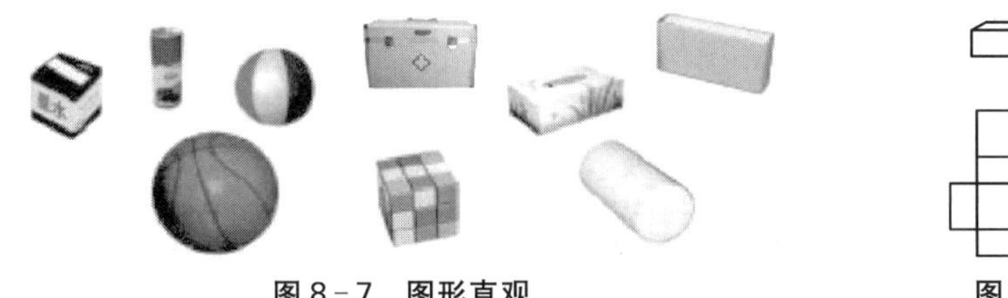

图 8-7 图形直观

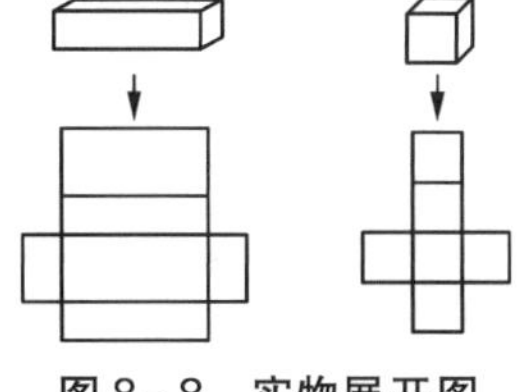

图 8-8 实物展开图

3. 图像直观

图像直观是通过对事物的模拟性形象直接感知而进行的一种直观方式，如各种图片、图表、模型、幻灯片和教学电影电视等的观察和演示等。特别是在信息时代，多媒体技术日新月异，利用这个平台，可以更多地将图像的静态过程转化为动态过程，提高直观效果，扩大直观范围。例如在图形与几何教学中，应用几何画板软件进行图形的动画与变式，能在一定程度上吸引学生的注意力，让抽象的图形生动起来。另外，学生还可以借助几何画板，从动态中去观察、探索和发现图形对象之间的关系与区别，达到真正的“做数学”。但由于此种方式只是实物的模拟形象，与实际事物之间有一定差距，要使通过图像直观获得的知识能在学生的生活实践中发挥更好的定向作用，在可能的情况下，应尽量使图像直观与实物直观结合进行。

第二节 图形与几何概念与技能教学

一、几何直观的理解

20 世纪数学家希尔伯特(D. Hilbert)在名著《直观几何》一书中谈道：图形可以帮助我们发现、描述研究的问题；可以帮助我们寻求解决问题的思路；可以帮助我们理解和记忆得到的结果，这就是几何直观带给我们的好处。

（一）几何直观

“2022 年版课标”提出：几何直观主要是指运用图表描述和分析问题的意识与习惯。

教学中教师要鼓励学生利用画图、列表等方式分析问题，探索解决问题的思路，养成随时画图、列表的习惯。学生学会用画图来表达题意，感受到画图有利于理解题意。利用画图可以把复杂的数学问题变得简明、清晰，提炼情境中的数量关系，并进行直观表达。通过列表，可以帮助学生整理问题中的有关信息，并在此基础上寻找解决问题的思路。

例题：钉钉看一本故事书，第一天看的页数比全书的$\frac{1}{4}$少 10 页，第二天看的页数比全书的$\frac{1}{5}$多 14 页，最后还剩 150 页，这本故事书共有多少页？①

① 刘善娜. 线段图之较复杂的分数应用题[J]. 小学教学设计，2018(23)：32－34.

解决此题可以借助线段图,如图 8-9。

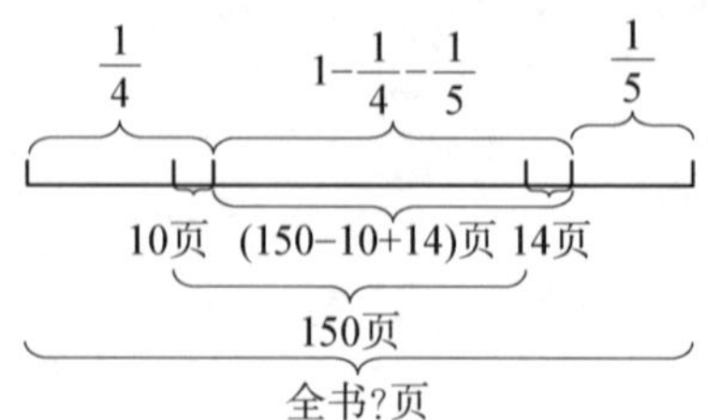

图 8-9　画线段图解决问题

(二) 理解几何直观

1. 能够感知各种几何图形及其组成元素,依据图形的特征进行分类

图形认识主要涉及直观认识概念、图形的构成要素、图形与图形之间的关系以及图形的定义等。图形的构成要素主要体现在:学生能够标识“几何体”面、边、顶点、高或底等组成元素。

认识图形的关键在于图形的分类,在分类时不仅要关注图形之间的共性,还要关注图形之间的差异,图形分类可以帮助学生进行图形比较。分类的关键在于制定标准,遵循某一标准进行分类的过程也是培养学生抽象能力的过程。学生能够对图形特征进行概括,在分类过程中要将思考图形分类标准、概括图形共性、比较不同图形、表达分类结果等有机结合。

2. 根据语言描述画出相应的图形,分析图形的性质

研究数学问题时,把问题的数量关系与空间形式结合起来,化数为形,既可以使抽象的数学问题直观化、生动化,变抽象思维为形象思维,还有助于学生把握数学问题的本质,提高解决问题的能力。面对比较复杂的数学问题,引导学生想到用画图的方法整理条件和问题。接着鼓励学生尝试画草图,让学生的思维集中于用画图来表达题意,并通过师生交流,进一步完善画出的示意图,使学生感受到画图能清楚地理解题意。

3. 建立形与数的联系,构建数学问题的直观模型

简约符号直观是在实物直观的基础上,进行一定程度的抽象,形成的半符号化的直观。例如解决实际问题时采用的线段图就是一种简约符号化的直观图示,能帮助厘清量与量之间的关系,达到化繁为简、化难为易、化“看不见”为“看得见”,进一步帮助学生分析数量关系,拓展解题思路。

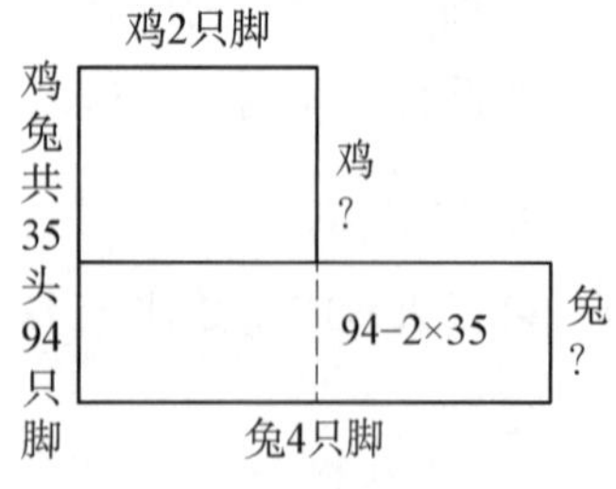

图 8-10　鸡兔同笼问题的图形表示

应引导学生以几何图形为载体,探索数量关系,建立解决问题的数学模型。例如解决鸡兔同笼问题:“今有雉兔同笼,上有三十五头,下有九十四足,问雉兔各几何?”借助几何图形可以直观呈现各量及其数量关系,能够帮助发现解决问题的关键,灵活解决问题(如图 8-10)。

4. **利用图表分析实际情境与数学问题，探索解决问题的思路**

几何直观在数学发展史上表现出很强的预测性。数学家依赖几何直观来激发对数学的思考，常常为几何证明提供思路和技巧，有时严格的逻辑证明，实质上就是直观思考的严格化和数学加工。通过图形的直观性质来阐明数之间的联系，将许多抽象的数学概念和数量关系形象化、简单化，实现代数问题与图形之间的互相转化，相互渗透，不仅使解题简捷明快，还开拓解题思路，为研究和探求数学问题开辟了一条重要的途径。数学中的很多问题的解决与灵感，往往都来自于几何直观。数学研究者总是力求把他们研究的问题尽量变成可借用的几何直观问题，使它们成为数学发现的向导。

在学习推导几何图形的面积公式时，总是把新的图形经过分割、拼合等办法，将它们转化成我们熟悉的图形，我们用这样的方法推导出圆面积的计算公式：首先教师指导学生自己动手，将圆等分为了若干份扇形，然后将这些扇形"拼成"了近似的平行四边形，并且分的份数越多，就越接近平行四边形，再通过课件演示，如图 8－11、图 8－12，把一个圆剪拼成近似的长方形，从长方形面积公式，推出圆面积计算公式。这样利用几何图形的直观特征，引导学生分析圆的周长和半径与平行四边形的底和高的关系，由此归纳出圆的面积公式：$S=\pi r^2$。

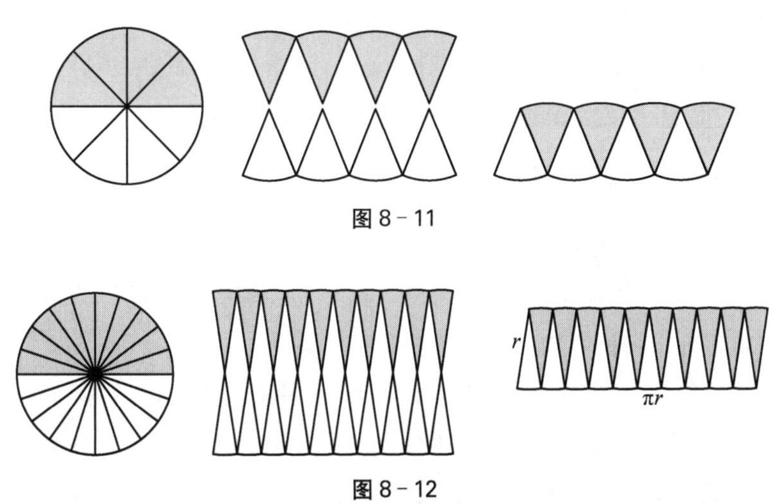

图 8－11

图 8－12

（三）认识几何直观的意义

几何直观有助于把握问题的本质，明晰思维的路径。

借助于几何直观、几何解释，能启迪思路，帮助我们理解和接受抽象的内容和方法。抽象观念、形式化语言的直观背景和几何形象，都为学生创造了主动思考的机会，揭示经验的策略，创设不同的数学情境，能使学生从洞察和想象的内部源泉入手，通过自主探索、发现和再创造，经历反思性循环，体验和感受数学发现的过程；同时，从非形式化的、算法的和直觉的分析的相互作用与矛盾中形成数学观。例如：利用图形理解"三角形面积公式中'除以

2’”:如图 8-13。

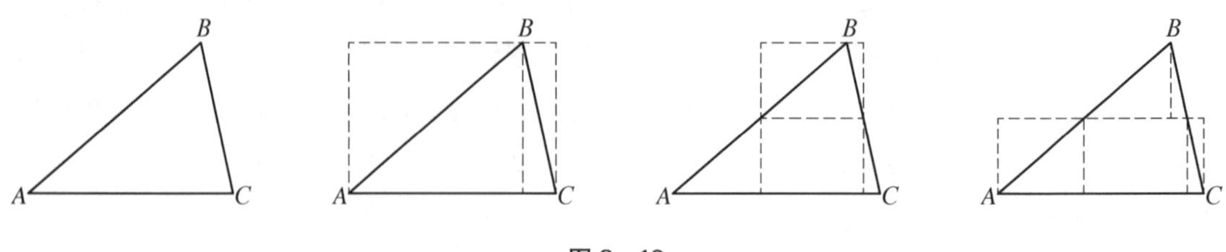

图 8-13

三角形面积公式中的“除以 2”是怎么来的?

如果以三角形的一边及该边上的高为长和宽,补成一个矩形,则三角形的面积=矩形面积÷2=底×高÷2。

如果我们将一个三角形沿着它的两边中点向第三边所作的垂线分别剪开,再使剪开的图形绕着这两个中点分别旋转 180°,就可以使得原来的三角形变成一个长是原来底的一半,宽是原来高的长方形了。因此,三角形面积就可以用“底÷2×高”来计算了。

如果我们将一个三角形先沿着两边中点的连线剪开,再把剪开的三角形沿着过顶点的垂线剪开,使得剪开的两个小直角三角形分别绕原来的两个中点旋转 180°,这就拼成一个面积为底与半高乘积的长方形了。因此原来的三角形面积就是“高÷2×底”了。

把公式推导中的算式变化与图形变化对应起来,让学生明确每一步算式的变形,都能在图形上找到相应的形态,实现算式和图形两种变化的联系与沟通。

(四) 培养学生几何直观的教学策略

1. 关注读图,培养几何直观的意识

图形可以帮助刻画和描述问题,可以帮助寻找和发现解决问题的思路,可以帮助表述和记忆结果,在一定程度上几何直观的形成依赖于图形教学。

首先,图形与几何领域教学中要强化图形特点,通过实物直观演示、图形直观操作,建立抽象图形与数学现实之间的联系。例如,特级教师张齐华老师在教授“圆的认识”一课时,导入环节设计了“回忆—演示—展现”三个层次,即回忆生活中见过的圆,演示石子投入水中后水面形成的动态画面,展现自然界中圆的画面。在这一系列过程中唤醒学生已有的相关经验,促使学生在观察水面上一圈圈涟漪中进行思考、展开想象,形成圆的初步表象。

其次,教学中要灵活运用图形,以基本图形学习为抓手,建立几何图形之间的关系,充分利用图形来描述和分析问题。例如,苏教版数学教材三年级上册“长方形和正方形的认识”中,设计了利用三角尺拼长方形和正方形的问题,见图 8-14,这既巩固了长方形和正方形的基本特征及其联系相关知识,又为三角形的学习打下基础,同时为多边形面积学习埋下伏笔。

1. 在钉子板上围出一个长方形和一个正方形，再把围成的长方形改成正方形。
2. 你能用两副同样的三角尺，拼成一个长方形和一个正方形吗？

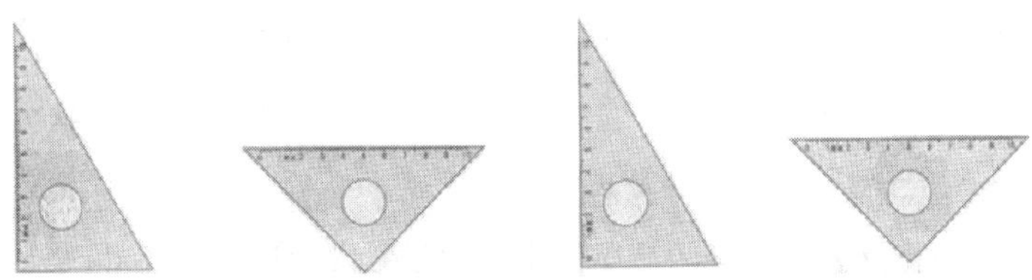

图 8－14　苏教版数学教材三年级上册(2019 年版,37 页)的长方形和正方形教材片段

2. 重视画图，形成几何直观的思维方式

几何直观不仅是一种技能与能力，也是一种意识，一种思维方式，就是面对数学问题能想到画图来帮助思考。所以教学中要尽可能让学生经历从文字到图形、从图形到文字的互动过程，经历用图形直观描述、表征分析、逻辑推理、解决问题的过程，体会画图的意义和价值。当然，达到这一目标的前提是学生具备一定的画图技能，在会画图、能画图的基础上，不断积累借助图形成功思考的活动经验，进而逐步形成几何直观思维方式，在遇到抽象问题时，主动利用直观图形描述和分析问题，以推动思维展开，发现解决问题的方法。但要注意的是，不要将几何直观简单地等同于用图形描述问题，其更深远地表现为能够借助图形去思考的能力。

3. 丰富模型，提升几何直观的水平

几何直观凭借图形的直观性特点，将抽象的数学语言与直观的图形语言有机地结合起来，抽象思维与形象思维结合起来，充分展现问题的本质，帮助学生用智慧的钥匙打开思维的大门，突破数学理解上的难点。为此，小学数学教学中教师应帮助学生掌握一些典型的几何直观模型，提升几何直观水平。小学阶段，典型的几何直观模型有数轴、线段图、面积图、树图、集合图、示意图、连线图等。这些模型能直观表征数量关系，化抽象为直观、化模糊为清晰，有利于学生发现问题本质，突破数学难点，梳理问题解决思路，加深数学理解。例如，“鸡兔同笼”问题：“笼子里有若干只鸡和兔，从上面数有 8 个头，从下面数有 26 只脚。鸡和兔各几只？”可以利用示意图，如图 8－15，帮助学生找到头、腿变化量中的不变量，以突破解决这一问题的难点。又如，在复习“平行四边形和梯形”单元时，利用集合图模型帮助学生梳理四边形之间的关系，将抽象的特殊性在包含与被包含之间直观显示，如图 8－16。①

4. 利用信息技术，丰富几何直观的展示

在教学过程中恰当地使用现代信息技术展示空间图形，为理解和掌握图形几何性质的教学提供形象的支持，提高学生的几何直观能力。利用信息技术辅助课堂教学，直观、形象而又生动，它能使静态的画面动态化，抽象的内容形象化。

① 冯崇和. 几何直观：探索解决小学数学问题的重要手段[J]. 内蒙古师范大学学报(教育科学版)，2014(8)：120－123.

图 8-15 鸡兔同笼示意图

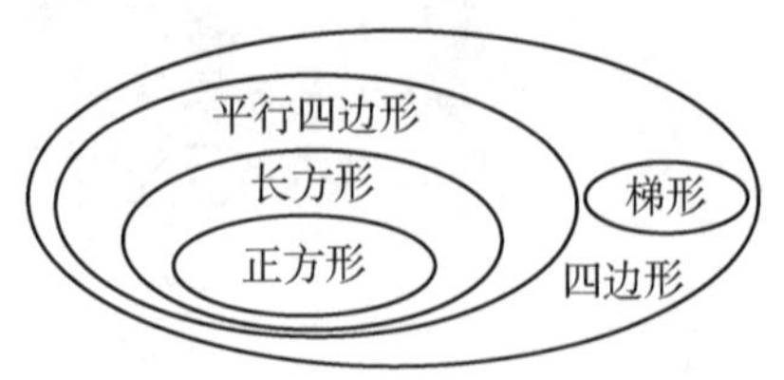

图 8-16 四边形的集合图

例如,在研究三角形面积时,利用《几何画板》软件,如图 8-17,可以让学生看到:尽管点 C 沿着直线运动,三角形 ABC 的形状变化了(保持底和高不变),但是三角形的面积一直是 5.91 平方厘米。

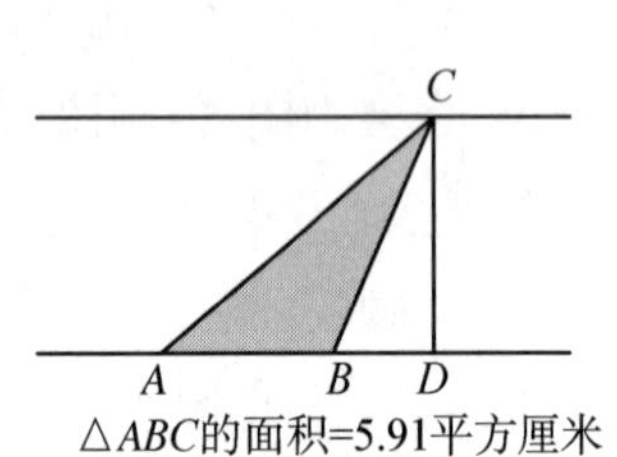

图 8-17 利用《几何画板》软件理解三角形面积公式

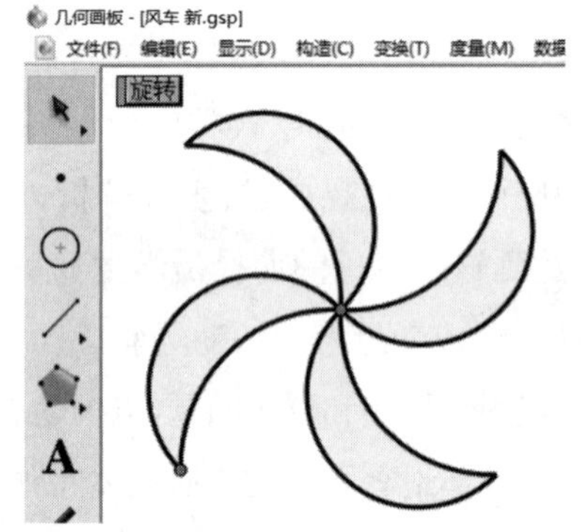

图 8-18 利用《几何画板》软件理解图形变换

利用《几何画板》展示图形的旋转、平移、对称,可以增进学生对图形变换的直观感知,如图 8-18。目前可用于几何教学的现代信息技术的资源较多,如《几何画板》、《图形计算器》等,教师可进行开发研究的课题也很多。在三视图的教学中,可以利用《几何画板》,用三维动画演示三视图,通过三维图形的变化,使学生更形象生动地了解三视图与实物的联系。在空间图形的位置关系的学习中,也可以用有关课件直观展示线线、线面、面面位置关系,利用课件展示这些关系与大量实际问题的联系。

二、图形的认识

(一) 平面图形的认识

1. 角

学生认识三角形、四边形、正方体等几何图形都离不开角,可以说角是学生认识几何图形的基础。

(1) 角的认识

早在上古时期,人们为了兴修水利、测量田亩、建筑房屋,需要研究各种地形,这些都离不开角，这就是角这个概念产生的实际基础。随后，人们在应用、操作、实践中，逐渐认识角的各个要素和性质，它们彼此之间并没有一定的先后顺序。

数学上角的概念与一般日常生活中所谈到的角（如墙“角”、“角”落、牛“角”等）所表示的意义有所差别。数学中角的概念可以分以下三个方面来说明：①角是定出两个方向间的差量之两射线；②角是自同一端点射出的两射线围出的一个平面区域；③角是一射线绕其端点旋转一个程度的量。[①] 小学图形与几何教学中，主要采用后两种角的概念，即“张开角”和“旋转角”，分别从静止和动态的观点定义角。前者用两条射线表示角的确形象直观，但有一定的局限性，比如机器上的轮子绕轴转了一周后继续旋转所成的角，就无法用两条射线表示。无论哪种定义方式，教学中最值得注意的是角的两条边是射线而不是线段，所以角的两边无所谓长短，即角的大小与它的边的长短无关。

小学阶段角的认识内容包括：初步认识角，了解直角、锐角、钝角、平角和周角，以及了解周角、平角、钝角、直角、锐角之间的大小关系。角的认识是“图形的认识”的一个重要内容，角的概念扮演了极为重要的角色，因为几乎所有的几何概念知识都需要理解角，这是进一步学习几何知识的基础。因此，了解角的概念的发展过程，提出确切的教学策略，要让学生清楚地建立角的概念，为以后的更高层次的学习奠定良好的基石。

（2）认识角的教学策略

① 设计层次性活动，建立角的表象

充分运用形象直观手段，通过层次性活动，让学生在具体的情境中操作感悟，建立角的表象。

- 找角活动。引导学生在“生活中找角”“教室里找角”“数学图形中找角”，感悟身边的角，从视觉上建构角的表象。
- 摸角活动。让学生选择教室里的角摸一摸，给予学生行动的自主权和选择权。学生有的摸桌面上的角，有的摸图形上的角，有的摸窗户上的角……这样的活动调动了学生多方面的感观，建构的将是学生真实知识的雏形。
- 发明角活动。借助圆形纸片，学生用折、剪、画等方式发明角、展示角。纸片虽然也是实物，但其形态比前一组活动的实物简单得多，因此，从中获得角的表象将更为清晰。
- 临摹角活动。引导学生探索角的画法和体验角的组成，使其初步认识角的大小。画角的两边时，可以告诉学生“随便画多长都行”，这就暗示了角的两边的无限延伸性。

② 提供多样化的角，加深对角的理解

在教学中提供多样化的角及多次辨认练习，加深学生对角的概念的正确理解。如呈现不同角度大小的角，呈现两边都不是水平位置的角或直角，呈现不等边的角，提供更多是角

① Mitchelmore M. C. The development of children's concepts of angle［C］//Vergnaud G. Proceedings of the 13th international conference on the psychology of mathematics education. Paris, 1989(2): 304 - 311.

或非角的例子,这样学生不会局限于“典型角”的心象。

③ 理解角的概念要与角的大小、度量、画法、分类紧密结合起来

为了使学生正确理解角的大小,即角的边是射线,而不是线段,角的大小与边的长短无关,教学中可以出示两个大小悬殊的正方形或三角板,指出它们虽然有大有小,但其中的角是一样大(叠合显示)。也可以利用几何画板等教学软件,让学生进行动态地观察,认识到角的大小不会随着边的长短变化而变化。比较两个角的大小,可以类比线段长短的比较,用叠合的方法进行。在角的大小的概念建立后,就可以较为顺利地完成角的计量单位、量角的方法和按指定的度数画角以及角的分类等教学任务。

2. 平行

(1) 平行的认识

欧几里得在《几何原本》中提到与平行相关的定义和公式,其中第一卷第23个定义是“平行线是同一平面内的直线向两个方向无限延长,不论哪个方向都不会相交”。除《几何原本》的定义之外,数学上还有多种有关平行的意义。

① 永不相交。在欧氏几何中同一平面上两条或两条以上的直线,无论伸展多远均不相交。这项意义中隐含着直线具备“无限延长”的性质,如果不了解此性质,而误以为直线就是线段,会让人误解为/\或\/也是平行线,因此平行线永不相交的意义含有无穷的概念。

② 等距离。等距离是指两条平行线所夹的垂直线段长度相等,也就是说平行线间处处一样宽。

③ 在同一平面内,同时垂直于第三条直线的两条直线会互相平行。

国际上经过数十年对“平行”概念教学的研究,认为在四、五年级进行平行概念的教学时,从平行的第三个意义抽象出“平行”概念,是一个切实可行的途径。但实际操作中,各国对“平行”定义的处理方法有所不同:①将“平行”处理为:先讲垂线,再讲距离,然后让学生通过画垂线量距离得出这两条直线之间的距离总是相等的,最后说这两条直线是平行的;②绕过了“平面”的概念,通过“像a、b这样垂直于同一条直线的两条直线,我们说它们是互相平行的”,“它们之间的距离是相等的,也就是它们之间的宽是一样的,它们是互相平行的”等叙述,让学生在具体操作、行为中感受、学习“平行”。①

我们通常把平行线定义为“在同一平面内,两条不相交的直线叫平行线”,即平行线的第一个意义。这一定义对于小学生不太合适,如前所述,这里涉及“无限延长”不相交,而无限延长是不能检验的,很难找到身边的现存事物作为该意义的现实原型,缺乏直观操作性,而小学几何的学习仅仅局限在有限的平面内,小学生面对这样不能检验的定义,无法真正把握。因此教学中要运用构造的方法激发学生的想象力,从有限到无限,让学生通过想象,认

---

① 张奠宙,孔凡哲,黄建弘,等.小学数学研究[M].北京:高等教育出版社,2010:138-142。

识和把握无限的意义。

（2）认识平行的教学策略

① 借助学生的生活经验，促进平行意义的理解

教学中先引导学生列举操场上和教室里，以及日常生活中的平行例子，再让学生通过摆一摆、折一折、画一画等活动，同时借助几何画板等教学软件，验证两直线永不相交、两平行线间的距离相等等性质。让不同的学生都有成功的体验，不同的策略在合作交流中得到共享，促进学生理解和掌握平行的意义，发展学生的空间观念。

② 增强变式图形练习，强化平行概念的掌握

学生在学习平行概念时，教师可以尝试提供更多不同状态的两线关系，如看似没有相交但实际却相交的两直线、平行的两直线、相交的两直线、两条相交曲线等，激发学生了解平行线的性质。

③ 纵横交错，组建知识体

知识除了要“竖连线，横连片”之外，更重要的是要将所学知识组成一个系统——构建知识体系。例如平行概念的教学可以帮助学生建立一个如图 8－19 所示的知识体系。

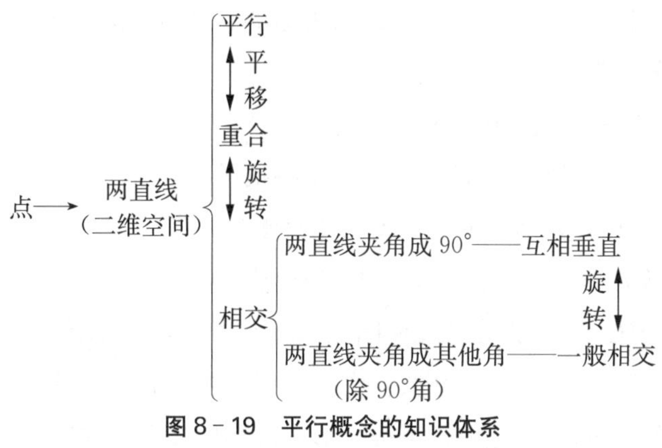

图 8－19　平行概念的知识体系

这样，通过串点、连线、组片、织网，使知识系统化，让学生体会数学中的变与不变的辩证思想和数学知识体系的结构美。

3. 三角形和平行四边形

（1）三角形的认识

三角形既简单而又能充分反映空间的本质。[①] 从数学意义上来说，三角形是指平面上不共线的三点及其每两点连结的线段所组成的封闭图形。[②] 这一定义中揭示了三角形的一些基本特征和内涵，如三角形有三条边，两点连结的线段则表示图形有角。人们看到图形有边有角，自然而然会想，它们之间有什么关系，这就是性质的研究。关于三角形性质的研究，主

① 项武义. 基础几何学[M]. 北京：人民教育出版社，2004：8.

②《数学辞海》编辑委员会. 数学辞海：第一卷[G]. 太原：山西教育出版社，2002.

要依据组成三角形的要素和相关要素展开，经历了以下几个阶段。首先关注的是组成三角形的要素和相关要素间的分类，如边、角、高，以及其分别按边和角进行的分类；其次探究的是组成三角形的要素间的关系，如三角形三边关系、内角和等，至此是小学阶段研究的主要内容；再次研究三角形相关要素的关系，如高、中线、角平分线、外角等，得到"三线合一"、外角定理等；最后是多个或多类三角形的比较研究，如三角形全等、相似等。

(2) 平行四边形的认识

普鲁克劳斯指出，平行四边形是欧几里得创造的，在希腊早期的数学中并未出现过。[①] 早在《几何原本》中就有记载，对角相等且对边相等、但边不全相等且角不是直角的四边形，叫做斜方形或长菱形。斜方形就是现在所说的平行四边形，只是外延不同，基于边不全相等且角不是直角这一特点，正方形和长方形属于平行四边形但不属于斜方形。现代数学中，平行四边形定义为，在同一平面内有两组对边分别平行的四边形。在小学数学中，平行四边形在平面图形认识中起着承上启下的作用。首先，平面图形认识的一般进程是长方形、正方形—平行四边形—三角形—梯形—圆，其中长方形、正方形是特殊的平行四边形，平行四边形又是认识三角形、梯形的基础，可以通过边和角的对比看出不同图形之间的区别与联系。其次，图形面积内容中更体现出平行四边形的重要地位，研究三角形、梯形和圆的面积都要将其转化为平行四边形进行探讨。

(3) 认识三角形和平行四边形的教学策略

学习三角形、平行四边形的关键是对其本质特征的理解，达到此目标要实现两次飞跃，即从实物中抽象出几何图形、结合图形抽象出几何概念。

① 在操作中实现数学理解。从生活原型出发，让学生观察、找一找、说一说，唤醒已有的生活经验，将碎片的记忆聚焦，为抽象几何图形作好铺垫。再借助动手操作，让学生看一看、做一做、画一画、议一议，利用学具在小组合作中完成操作。这样学生的多种感官参与学习，有了充分感知几何图形的方式，也有了感悟图形本质的时间与可能。如钉子板上围出图形、用长短不一的小棒摆出图形、用正方形纸折出图形、在方格纸上画出图形等实际操作，以直观为先导，让学生在操作中感悟图形的性质特征，引导学生从已有认知经验的无意识抽象发展到基于数学活动的有意识抽象，实现由碎片认识到意义建构。

② 在比较中凸显知识联系。操作活动的设计要有明确的目的，使操作活动与数学思维紧密结合，通过与原有相关知识的比较，提高学生对操作活动的把握和对数学概念的认识。如认识平行四边形的学习中，用两两相等的四根木棒在钉子板上围成平行四边形木框，在拉动对角体验平行四边形的不稳定性的过程中，学生可以感受当邻角是直角、当四根木棒长度均相等的特殊情况下，平行四边形就成为长方形或正方形，依此得出平行四边形、长方形、正方形的种属关系，在比较和辨析中建立起知识之间的联系。

---

① 欧几里得. 几何原本[M]. 燕晓东，编译. 北京：人民日报出版社，2005：63.

4. 圆

（1）圆的认识

圆是自然界最古老的图形之一，早在18000年前，处在母系氏族社会前期的山顶洞人，尽管未脱蒙昧状态，却已对圆形圆体产生崇高信仰。① 山顶洞人用尖状的石器一圈圈地转动钻出一个圆孔，其中石器的尖相当于圆心，宽度的一半是半径。真正认识圆的性质是在2000多年前，我国墨子给出了圆的概念“圆，一中同长也”，就是说圆有一个中心即圆心，圆心到圆周的长度都相同。这一定义比古希腊数学家欧几里得给出的圆的定义要早100年。欧几里得在《几何原本》中给出圆的定义，即圆是由一条线包围着的平面图形，其内有一点与这条线上任何一点所连成的线段都相等，这个点叫做圆心。②

现代数学对圆的定义一般有三种③：①平面上到定点 O 的距离等于定长 r 的全体点组成的一条曲线成为以点 O 为圆心，以 r 为半径的圆周，简称圆；②到定点的距离等于定长的动点的轨迹称为圆；③给定一条线段，使其绕着它的一个固定的端点在平面内旋转一周，其另一个端点所经过的封闭图形称为圆。在小学数学教材中没有直接给出圆的定义，而是借助生活中熟悉的圆形物体初步认识圆的特点和性质。圆的特性有很多，包括：圆的匀称性，即圆上任意一点到圆心距离相等，圆周上各处的弯曲度相同；圆的对称性，即圆是轴对称图形，同时也是中心对称图形；圆的最大性，即周长固定的图形中，圆的面积最大。除此之外，圆的内涵相当丰富，蕴含着“化曲为直”“以直代曲”“极限”等数学思想，并且运用十分广泛，在生活中随处可见，不仅使生活变得方便舒适，还将周围世界变得五彩斑斓。

（2）认识圆的教学策略

① 利用圆的定义方式揭示圆的本质特征。圆是利用发生式定义方式定义的，十分清晰地描述了圆的形成过程。基于此，教学中要特别重视圆的发生过程，让学生充分经历圆的动态生成过程，以达到探究圆的本质特征的目的。如华应龙老师的《大成若缺认识“圆”》④中所述课例。首先教师创设寻宝活动“宝物距离你左脚3米，宝物可能在哪”，激发学生创造“圆”；随后提出问题“为什么宝物可能在的位置就是个圆呢”，引导学生围绕“一中同长”与其他多边形进行比较，初探圆的特征；再组织学生用圆规画圆，在探究“这样的‘圆’是怎样被创造出来的”过程中，再探圆的特征；最后用圆的特征解释生活现象及问题。整节课紧抓圆的本质特征，引领学生围绕圆的产生过程不断深入探究，在此过程中自然而然地进行知识点讲解和数学思想方法的渗透。

② 依据学生的认知序列设计教学。教师不仅关注圆这一知识的内在逻辑顺序，更要引导学生进行序列化思考，让数学概念最大程度地与学生的认知序列进行匹配，实现概念的理

---

① 商庆夫. 中国原始阵法“伏羲先天圆阵”考述[J]. 文史哲，1999(4)：57－67.

② 欧几里得. 几何原本[M]. 燕晓东，编译. 北京：人民日报出版社，2005：27.

③《数学辞海》编辑委员会. 数学辞海：第一卷[G]. 太原：山西教育出版社，2002.

④ 华应龙. 大成若缺认识“圆”[J]. 人民教育，2008(3－4)：44－47.

解和内化。对于"圆"这一内容,学生遵循"整体—部分—整体"的认知序列。首先是整体感知,从生活事物或现象出发感知圆,将学生之前散点状分布的对圆丰富的感性认识,聚焦到圆特征的理解上;其次是对圆各要素的认识,通过画圆活动认识圆心、半径、直径等要素,再通过折圆等活动理解圆的半径、直径的特征;最后是整体感受圆的价值,通过对生活中圆形事物的讨论再次整体感受圆的特征及应用价值,如车轮为什么是圆形?井盖为什么是圆形?等等。

(二)立体图形的认识

1. 长方体和正方体

(1) 长方体和正方体的认识

长方体是内涵丰富的简单几何体,包含了长方形、正方形、点、线段、角、垂直、平行、周长、面积、体积、旋转和平移,以及图形的展开与折叠。严格来说,上、下底面为矩形的直平行六面体称为长方体。由此可见,长方体的上位概念是平行六面体。小学数学教材中没有给出长方体的严格界定,只是通过"面""棱""顶点"探究长方体的特征。多面体的面是指围成封闭几何体的平面多边形;多面体的棱是指多面体上两个面的公共边;多面体的顶点是指多面体上三条棱的公共点,长方体有 8 个顶点,相交于同一顶点的三条棱分别是长、宽、高。

正方体是正多面体的一种,棱长相等的长方体称为正方体或正六面体。由此可见,正方体是特殊的长方体,有别于长方体而独有的特征是 6 个面是全等的正方形,12 条棱长度都相等,对角线相交于正方体的中心且相互平分。

(2) 认识长方体和正方体的教学策略

长方体的认识在几何体教学中起承上启下的作用,既是学生前面所学平面图形知识的综合应用与检测,又能获得从三维角度分析空间的基本活动经验,为后续复杂立体图形的学习奠定基础。

① 强化直接经验,建立立体图形模型

理解面、棱和顶点,对认识长方体和正方体具有关键性作用。对面、棱、顶点的学习不仅仅局限于数出面、棱、顶点的数量及认识其简单特征,关键是要挖掘这三个要素之间的位置关系和数量关系,这才是学生理解长方体特征的关键。因此,教学中要基于学生的生活实际经验,借助实践操作,深刻理解面、棱、顶点的概念。如特级教师华应龙讲授"长方体的认识"一课时,借用苹果,"切果成形",将苹果切一刀得到面,再切一刀得到棱,切第三刀得到顶点,最后再切三刀得到长方体。[①] 此过程紧扣操作过程与知识建构之间的联系而展开,不停留在教师直接告知,而是在动态操作中让学生逐步建立面、棱、顶点的概念及长方体的模型,这与现成教具或学具的展示相比,更直观,更便于学生感受面、棱、顶点之间的关系,同时为长方

---

① 华应龙.《长方体的认识》教学札记[J].江苏教育,1993(22):33-34

体特征的探究搭建了平台。

② 加强平面图形与立体图形的联系，发展学生空间观念

人类对几何体的认识和研究先于平面几何、解析几何，这一历史认知过程，也是学生学习知识的过程。小学一年级学生已初步认识长方体和正方体，能在众多图形中辨认出长方体和正方体，但在随后平面图形的学习中易忽略这一点，在长期接触平面图形知识后，突然学习长方体和正方体这样的三维几何形体，会产生一定的突兀感，使原本源于生活经验的熟悉的知识反而不知道如何将其用于解决实际问题。因此，在大量平面图形的学习中结合立体图形，或在平面几何知识学习之前作为导入模型，或在学习之中作为形体载体，或在学习之后作为巩固提升，为学生空间观念的发展起潜移默化的铺垫作用。

2. 圆柱和圆锥

(1) 认识圆柱和圆锥

早在古希腊时期，阿基米德在《论球和圆柱》一书中对圆柱的性质、侧面积等问题进行研究。如图 8-20，圆柱是一旋转体，可以采用动态形成过程进行界定，即以矩形的一边为旋转轴，其余三边旋转形成的面所围成的旋转体叫做圆柱。旋转轴称为圆柱的轴，矩形中垂直于轴的边旋转而成的圆面称为圆柱的底面，两底面之间的距离称为圆柱的高，平行于轴的边旋转而成的面称为圆柱的侧面，矩形中不垂直于轴的边称为圆柱的母线。圆柱的这些基本要素存在特定的性质：圆柱的轴经过两个底面圆的圆心，垂直于底面，长度等于圆柱的高；圆柱的两个底面是相等的圆，所在平面相互平行；圆柱的侧面展开是一个矩形；圆柱的母线平行且相等，垂直于底面，长度等于圆柱的高；圆柱的轴截面是一个矩形，一组对边是圆柱的母线，另一组对边是底面圆的直径。特别要说明的是，圆柱的侧面与圆柱面不是同一概念，两者有本质区别，前者是圆柱的组成部分，其展开图是一个封闭的长方形，属于有限集；后者是二次曲面的范畴，是由一条直线围绕另一条直线旋转而成的曲面图形，向上向下无限延伸，属于无限集。

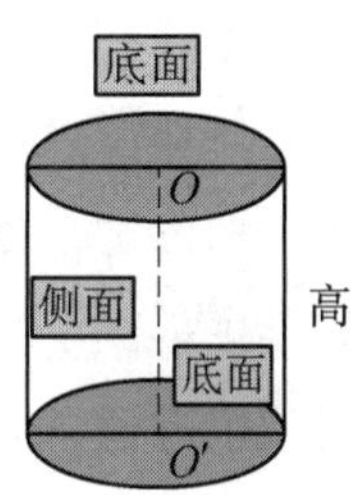

图 8-20　圆柱

我国对圆锥最早的研究记录在《九章算术》"商功"一章中，主要介绍了圆锥体的体积计算方法。"今有圆锥，下周三丈五尺，高五丈一尺，问积几何？"①"下周自乘，以高乘之，三十六而一"，也就是 $V=\frac{1}{36}c^2h$。圆锥与圆柱相似，都是通过图形旋转而形成，可以定义为：以直角三角形的一条直角边为旋转轴，其余两边旋转形成的面所围成的旋转体称为圆锥，如图 8-21。旋转轴称为圆锥的轴，直角三角形中垂直于轴的一边旋转而成的圆面称为圆锥的底面；直角三角形

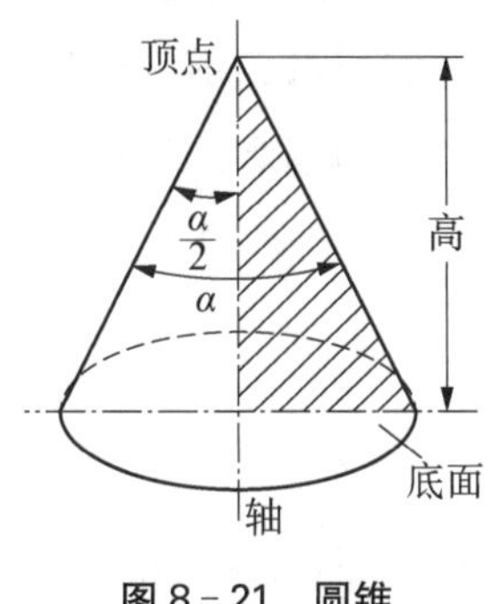

图 8-21　圆锥

① 郭书春. 九章算术汇校本[M]. 沈阳：辽宁教育出版社，1990：285

的斜边旋转而成的曲面称为圆锥的侧面;斜边在侧面上的任何位置都是圆锥的母线;母线的公共点称为圆锥的顶点;顶点到底面的距离称为圆锥的高。圆锥的各要素也有性质特征:圆锥的轴经过顶点和底面的圆心,顶点和底面圆心的连线长度等于圆锥的高;圆锥的底面是圆面,垂直于圆锥的轴;圆锥的母线长度都相等,各母线与轴的夹角都相等;圆锥的轴截面是一个等腰三角形,两腰是圆锥的两条母线,底边是圆锥底面圆的直径。同样地,圆锥的侧面与圆锥面不同,圆锥面是两相交直线中一条直线绕另一条直线旋转而形成的二次曲面,向两方无限延伸,属于无限集。

(2) 认识圆柱和圆锥的教学策略

① 动静结合中,认识旋转体的特征

认识圆柱和圆锥的教学重点是借助圆柱和圆锥的特征性质来认识图形。其实,图形的认识需要经历抽象的过程,特别是对于旋转运动形成的立体图形,仅仅通过实物或教具的观察是不够的,需要结合动态操作,让学生在旋转体形成的过程中逐级抽象,探究旋转体的性质。例如特级教师林良富在教授"圆柱的认识"时[①],先提供两个长方形,提出问题"两个长方形平面分别平行移动、旋转一周后会是一个什么形体?"随后教师用多媒体演示运动过程,并让学生举例说明生活中的圆柱形物体,这是第一次动静结合,在这个平面几何到立体几何的过程中沟通了面与体的关系,丰富了学生的感性经验。随后,让学生利用准备的材料,通过看一看、摸一摸、剪一剪、拼一拼等多种形式实现几何实践活动,在演示和交流中依次探讨圆柱的侧面、底面、高的特征,以及圆柱侧面展开图与圆柱底面周长、高的关系,经过这一系列观察、猜测、想象、实验、验证的过程,学生自我建构圆柱的特征,增强了对空间与图形现实意义的感知和认识。

② 在二维三维转换中,发展空间观念

圆柱和圆锥是特殊的立体图形,通过二维平面图形,利用学生已有的知识经验,认识三维立体图形,与圆柱和圆锥的形成过程具有一致性,是有效的学习途径,也是发展学生空间观念的活动载体。在切截圆锥实物的过程中,学生经历面与体的转化以丰富几何直觉;在旋转直角三角形卡片的过程中,体验二维平面图形运动形成三维立体图形的过程;在剪开圆锥体模具的活动中,认识圆锥侧面展开图,感受圆锥与剪开后的平面图形——扇形和圆形的对应关系;在制作圆锥模具的活动中,体会扇形半径和圆心角、底面圆半径、圆锥的高之间的关系。

(三) 识图和作图技能教学

在小学数学学习中,开展与图形有关的技能训练对发展与完善学生的直观想象、推理思维能力至关重要。在"内容"维度上,图形的技能从认知目标出发又可分为识图和作图两个

---

① 徐斌,钟建林.小学数学名师名课:成名篇[M].北京:教育科学出版社,2011:135-140.

子项，识图是头脑中的操作，作图是行为上的操作。

1. 识图技能

学生识图实际上至少开始于学龄前。在折纸、拼图、搭积木、画图、拍皮球等游戏中，幼儿凭感性接触到一些最简单、最常见的几何体，这时，在幼儿的头脑中完全没有图形的概念，只有直接联系实物的思维对象。他们对图形的思维过程，一开始只是如同镜面反射，但多次重复的识图活动会使幼儿积累一些初步经验，到小学阶段才学会识别各种简单图形，并根据图形的名称加以区别。

小学生识图技能可以分为相互关联的三个二级子项：图形形状、位置关系和度量。

(1) 对图形形状的识别——直线型（三角形、四边形及多边形等）、曲线型（圆及扇形等）。

(2) 对图形位置关系的识别——直线型（平行、相交、垂直等）。

(3) 对图形度量的识别——长度、角度、面积、大小关系等。

在小学几何教学中，对三项图形的识别都有所涉及，但重点是对图形形状的识别，主要通过图形概念和性质的教学来实现（如前所述）。图形位置关系和度量的识别虽非教学重点，但它是数形之间的结合点，对于培养学生的数感和形感均具有一定的价值，也应给予重视。

2. 作图技能

运算、作图、推理是三种基本的数学活动，因此“能算、会作图和会推理”是三种基本的数学技能。这里，作图技能是指根据数学语言和题意，学生能准确、直观地作出几何图形。需要注意的是，作图不仅是一种操作技能，对于数学中的作图，更重要的是在头脑中按一定的方式来合理地、完善地组织作图步骤，考虑图形中各元素（点、线和面）的位置、大小及其关系，显然，这些都属于心智技能的范畴。作图技能的形成是一个循序渐进的过程，一般来说要经历视图、画图、想象等阶段。教师可以借助直观模型分层次、有步骤、循序渐进地进行培养，同时可以利用几何画板等作图软件，提供更加直观逼真的图形，改变学生的学习方式，引导学生进行自主学习探索。

作图有助于学生深入理解几何基本要素及其关系，增强学生的空间观念、推理意识，展示数形结合思想的作用。完成作图的操作，学生将头脑中几何事实具象化，感悟图形的几何特征与关系。例如，在“三角形的三边关系”教学中，教师引导学生借助尺规作一般的三角形，学生直观地感受到只要三角形的三边确定，三角形的形状就是唯一的，直观地感受了三角形的稳定性。在小学几何的作图训练中，主要涉及用刻度尺、量角器、圆规等工具作图的训练，包括：画出具有某种关系的几何元素（如相交、平行、垂直等）；根据文字语言的叙述画图，如画指定度数的角，用三角尺画 30°、45°、60°、90°的角；作出具有特定性质的图形，如画长方形、正方形等。

三、图形的测量

(一) 度量单位

1. 度量单位的认识

度量单位是计量事物标准量的名称[①],是把不同个体的度量方法标准化,目的是对度量的结果进行传播和交流的需要。几乎所有度量单位的产生和发展都经历了漫长的发展过程。无论哪种度量单位,都是用1表示一个度量单位,这是数学研究最为基本的概念。基于度量单位的形成过程,大体可以分为两类:一类是通过抽象得到的,是人思维的结果;另一类是借助工具得到的,是人实践的结果。[②] 针对“图形与几何”领域而言,主要以第二类为主,如刻画事物的长度、面积、体积等度量单位,主要是借助相应的工具,基于实践活动人为规定的,始终能够表达事物相应的背景指标。

例如长度单位,其本质是度量两点间的距离,这依赖于人对距离远近感知的本能。人类最初度量长度的参照物是人体自身的器官,现今生活中仍然广泛使用。比如,国内使用的“拃”是指成年男子大拇指与中指之间的距离,“咫”是指成年女子大拇指与中指之间的距离,西方使用的“英尺”指的是成年男子一只脚的长度。这样制定的长度单位因人而异,无法进行传播和交流,需要从多元走向统一,即统一长度单位。现在全世界统一使用的长度单位“米”源于法国。1790年法国科学家特别委员会提出建议,定义“米”为巴黎子午线全长的四千万分之一。

由此可见,度量单位的形成经历了由多元到统一的过程,而在这一漫长的过程中,度量单位都是借助工具人为制定的。因此,这样的度量单位的表达都是具有量纲的,比如,刻画时间的“秒”,刻画距离的“米”,刻画重量的“克”,刻画面积的“平方米”,刻画体积的“立方米”等。

2. 度量单位的教学策略

(1) 激发学生感悟度量单位产生的需求

度量单位产生源自原有的度量单位无法满足需求,需要一种新的度量单位介入,本质是为了人们能够对度量进行统一的表达和无歧义的交流。这既是度量单位产生的源头,也是教学设计的基本出发点。通过创设新的问题情境,激活学生认知冲突,激发学生体验度量单位统一的必要性。例如吴正宪老师在讲授“面积和面积单位”时[③],设计了“猜大小”的活动,男女生分别利用数格法判断两个平面图形的面积大小,男生数24个格,女生数6个格,由数量不同盲目猜测24个格的图形面积大,结果却是面积一样大。这一活动引发学生的认知冲

① 中国社会科学院语言研究所词典编辑室.现代汉语词典[M].北京:商务印书馆,2004:245.

② 娜仁格日乐,史宁中.度量单位的本质及小学数学教学[J].数学教育学报,2018(6):13-16.

③ 吴正宪,宋燕晖,张秋爽.参与比较感悟 把握度量本质——“面积的认识”教学实录与赏析[J].小学教学(数学),2015(7-8):64-67.

突，经反思是由于格子的大小导致偏差，催生了必须要统一单位的想法。学生在比较中产生矛盾，在矛盾深寻中达成一致，深刻体验到统一面积单位对于交流的重要性，理解了面积单位的本质意义。

（2）把握学生认知度量单位的学习能力

对于小学生而言，首次接触表述某一指标的度量单位时，可以引导学生通过观察模型、自学教材等方法进行有意义接受学习。但当学生已有了同类度量单位的基础，再遇到新问题需要新度量单位介入时，可引导学生借助已有经验和知识背景进行"类比创造"。例如"面积单位"一课，学生通过看书知道什么是 1 平方厘米，通过观察和寻找模型感知 1 平方厘米有多大，随后设计活动让学生利用 1 平方厘米的小正方形测量教室地面面积大小，学生主动"创造"出"平方分米和平方米"的面积单位。这一教学中，平方厘米的学习没有引导学生"创造"，而是在掌握了平方厘米这一面积单位及其图形表征后，再通过创设适宜的情境，激发冲突，自然而然通过类比迁移进行联想创造，既掌握了知识，又发展了思维，培养了学生的空间观念和学习能力。

（3）丰富学生对度量单位的体验

建立度量单位的表象，在新情境中自然唤醒促进问题解决，是度量单位教学的重要目标。教学的关键是感知和体验，通过创设多种活动，引导学生在"看一看、摸一摸、量一量、摆一摆、找一找、估一估、猜一猜、想一想"的过程中，充分调动各种感官，从各角度丰富对度量单位的认识，促进学生对度量单位的理解与建构。

（二）面积

1. 面积的认识

面积的概念很早就已形成。早在五六千年以前，尼罗河每年 7 月河水泛滥，11 月洪水逐渐减退，洪水给两岸带来了肥沃的淤泥，但冲坏了田地之间的界限，需要重新测量和计算田地。土地测量使得几何图形成为研究对象，土地的多少、图形的大小就是现在所说的面积。

欧几里得在《几何原本》中提出"面是只有长度和宽度"①，强调面"有长有宽但没有厚度"，既可以是平面也可以是曲面。在我国，最早的面积定义出现在《九章算术》中，第一章"方田"，刘徽注"以御田畴界域"，就是说这一章是计算图形的边界和面积。"方田术曰：广从步数相乘得积步。〔此积谓田幂。凡广从相乘谓之幂。〕"②这里"广"是指长方形的宽，"从"是指长方形的长，"步"是长度单位。"凡广从相乘谓之幂"就是用长乘宽来定义面积。"积"是表示数相乘的结果，是一个数。用两个一维测度（长、宽）的数量积来定义一个二维测度（面积），正体现了我国古代几何数形结合的特点。另外，从定义中也可以看到我国古代没有明确的量纲概念，用长度单位"步"表示面积的大小。其实，从上述两个界定中得知"面"和"面

---

① 欧几里得. 几何原本[M]. 燕晓东，编译. 北京：人民日报出版社，2005：26.

② 郭书春. 九章算术译注[M]. 上海：上海古籍出版社，2021：13.

积"是两个不同的概念,前者是"有长有宽但没有厚度"的一种"行迹",后者是一个物体表面或平面图形所围成区域的测度。

随着几何学的发展,现代数学给出了较为严谨的面积定义,如下:

如果对于一组集合$\{E \mid E$为族集合的某些子集$\}$,族中的每一个集合E都对应一个实数$m(E)$,且满足以下性质:①(非负性)$m(E) \geqslant 0$;②(运动不变性)如果集合E经过刚体运动变为集合E',则$m(E)=m(E')$;③(有限可加性)若$E_1, E_2, E_3, \cdots, E_n$是$\{E\}$中两两不相交的集合,那么$m\left(\bigcup\limits_{i=1}^{n} E_i\right)=\sum\limits_{i=1}^{n} m(E_i)$;④(正则性)若$Q$是长、宽分别为$a$、$b$的矩形,则$m(Q)=ab$。那么称集合函数$m$为定义在集合族$\{E\}$上的面积。

由此可见,面积是定义在图形集合上的一个函数,表示相对应的图形大小的数。这个数必须是非负的,无重叠的图形之并的面积就是这两个图形面积的和,图形经过对称、旋转、平移、反射等运动后面积保持不变。但这一定义形式对于小学生来说是无法理解的。在小学数学教材中,将面积定义为"物体的表面或封闭图形的大小",其中"封闭"隐含了可量集合才有面积,也就是说,封闭图形所覆盖的是一个确定、有限的区域,它一定是一个可量集合,这才有面积。对于平面图形而言,既有包括长方形、圆、梯形等周界封闭的图形,也有像"角"这样的不封闭的图形。后者没有围出确定的平面区域,面积就无法确定。

2. 面积概念的教学策略

点、线、面、体是几何领域的基本概念,是学生最早接触到的几何概念。事实上,越是基本的概念越难以说清楚,因为在描述中无法借用其他的概念。此外,学生日常生活中看到的物体都是立体的,而"面"是从日常生活中的立体图形中抽象出来的概念,仅存在于人们头脑中,不存在现实模型,这使"面积"这一概念成为小学"图形与几何"领域最难理解的概念之一。因此,教学中要多层次、多角度地设计教学活动,循序渐进,让学生在不断探究、不断体验、不断实践中感悟和理解。

① 设计多重活动体验,建构面积模型

学生理解面积概念,需要经过操作、测量的实践活动,经过比较、分析与辨识,认识图形形状的要素与特征,将图形表征内化再加以诠释等循序渐进的步骤,利用可重复测量的面积单位进行组合,将部分的单位量集合在一起,进行系统化的计算,从而理解面积的意义。设计多重活动体验就是充分调动学生的各类感官,通过看、摸、画、涂等活动充分感悟,建立面积是一个区域大小的表象。如朱德江老师讲授"面积"一课时曾经设计如下活动:"看一看":沙滩上一大一小脚印图,分别指出哪个是小明的脚印,哪个是小明爸爸的脚印,通过观察直观感受面的大小;"摸一摸":找找黑板的面在哪里、身边物体的面在哪里,用手摸一摸,感受物体的表面有大小,面离不开体。[①] 接着朱德江老师进一步设计了下面这些活动:"比一比":

① 朱德江.以丰富的活动体验促进概念的有效建构——"面积"教学案例[J].小学教学(数学版),2009(7):74-77.

比较书和本子封面、桌面与书本封面、浙江省与吉林省面积等哪个大哪个小，渗透观察法、重叠法等面积大小比较的方法；[①]在比较面积大小的过程中，学生学习用正方形等作测量图形的面积单位，用面积单位的个数描述面积的大小，体会自选单位的多样性；通过比较一个长方形和一个正方形的大小，学生学习用"单位"测量面积，感知面积是可以测量的，尝试用"数"描述"形"。此外，还设计了"想一想"：面积和周长是不是一回事，避免相关概念的混淆；"拼一拼"：利用七巧板探究图形面积的大小，并用七块板子拼摆正方形，深刻感悟面积的大小，形成单位意识。

② 紧扣面积概念要素，深化面积意义

经之前分析，可以看出面积概念的核心要素：图形是封闭的，图形内部大小是面积；面积是可测的，可加可减；面积是运动不变的，面积相同的图形形状可以千差万别。具体来说，如果让学生体会图形要封闭，可以给出一组图形（见图 8－22），让学生思考：这些图形有面积吗？另外，可以通过密铺图形、给定数量的单位正方形拼摆图形等活动，体验面积的可测性、可加性和运动不变性等特点。

图 8－22　辨识封闭图形

（三）体积

1. 体积的认识

我国古代最早的体积定义出现在《九章算术》，"少广"一章中有问题："今有积一百八十六万八百六十七尺（刘徽注："此尺谓立方之尺也。凡物有高深而言积者，曰立方。"），问为立方几何？答曰：一百二十三尺。"[②]这就是说立体图形具有高深的性质，变成一个具有长宽高三维的图形，而这个图形容纳的空间区域大小就是体积。从这一定义中，也可以看出我国古代对于体积的定义没有明确量纲的概念，仍以长度单位"尺"表示体积大小。

现代数学给出体积的严格定义，如下：

设 V 是定义一些立体图形所成集合 M 上的非负集合函数，它满足以下三个条件：①有限可加性，对于 M 中两个不相交的图形 A、B，$V_{(A\cup B)}=V_{(A)}+V_{(B)}$；②运动不变性，即 M 中的图形 A 运动（平移、旋转、反射）之后，其体积 $V_{(A)}$ 不变；③单位正方体属于 M，其体积为 1。

① 朱德江."学"与"导"应着力于学习的"关键点"——"认识面积"教学实践与思考[J].小学数学教师，2016(3)：20－24.

② 郭书春.九章算术译注[M].上海：上海古籍出版社，2021：155.

我们把 V 称作 M 上的体积,M 中图形 A 都有体积 $V_{(A)}$。[①]基于此定义,平面图形的体积具有两条基本性质,即两个全等的几何体的体积相等,一个几何体的体积等于它的各部分体积的和。对于小学生而言,体积概念需要用易于理解的、生动的语言进行表达,于是小学数学教材中定义体积为"物体所占空间的大小"。一个物体占据了一定的空间,这个空间的大小就是这个物体的体积。

2. 体积概念的教学策略

长度、面积、体积是刻画图形大小的度量,根据图形的维数,长度、面积、体积分别是度量一维图形、二维图形和三维图形的大小。体积的学习意味着小学生在认识二维空间的基础上,开启对三维空间的探索之旅。教学中体积概念的建立是有层次的,引导学生感知物体占有一定的空间—引导学生体会空间有大小—引导学生感知空间的大小可以比较。

(1) 在实验中理解体积概念

体积概念的建立,首先要引导学生感知物体占有一定的空间,对于这一内容教师常采用实验观察的方式进行教学。如设计水位上升的实验,准备两个大小相同的烧杯,倒入同样多的水,并在同一高度做标记,将石头放入一个烧杯中,引导学生通过观察发现水位上升是由于石头占据了一定的空间,将水"挤得"水面上升。学生借助水面上升的变化情况,感知物体占有一定的空间。

(2) 在比较中感悟体积大小

引导学生感受到物体占有的空间是有大小的,并会进行大小比较,这也是建立体积概念的重要内容载体。为此,教学中可以采取直接比较的方式,让学生具体感知物体所占空间的"大小",如提供火柴盒、铅笔盒、鞋盒、集装箱等实物图,引导学生观察比较哪个物体所占的空间大。也可以采取间接比较的方式,如设计土豆排水的活动,准备两个完全一样的烧杯并装有相同量的水,将大小差不多的两个土豆分别放入到烧杯中,通过水位上升情况判断两个土豆体积的大小。通过这类实践操作,学生获得体积的初步体验,逐渐建立对物体占有一定的空间、空间有大小的感知。

四、图形的运动

目前世界各国几何课程的一个普遍特征是:特别重视变换和对称思想,许多国家从小学一年级开始涉及各种图形变换。相比之下,我国在这方面显得较为薄弱,因此,"2022 年版课标"的一个重要改变就是强调图形变换的作用。按照"2022 年版课标"的要求,小学阶段主要涉及平移、旋转、对称及简单图形放大或缩小的一些内容。

---

① 张奠宙.从体积的定义说起[J].小学教学(数学版),2008(11):12-13.

（一）图形的运动相关概念

1. 平移

在平面内，将一个图形沿某一方向移动一定的距离得到另一个图形，这样的图形变换称为平移（如图 8－23）。其基本特征是不改变图形的形状和大小。由平移得到的图形上的所有点与原图上的所有点不仅是一一对应的关系，而且对应点的连线方向相同、长度也相等，即平移前后图形对应点之间的连线相互平行且相等。因此，确定平移变换需要两个因素：一是方向，二是距离。

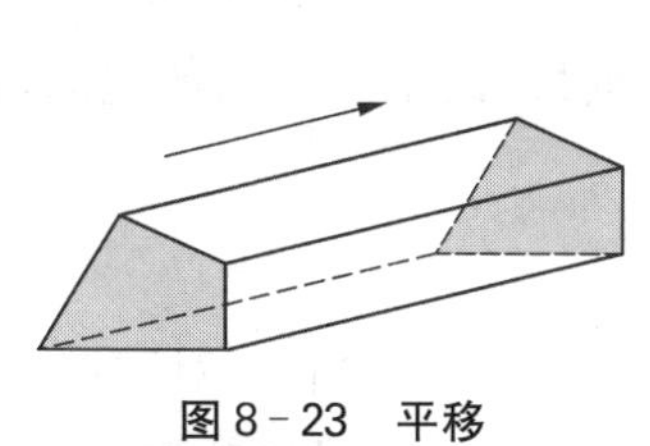

图 8－23　平移

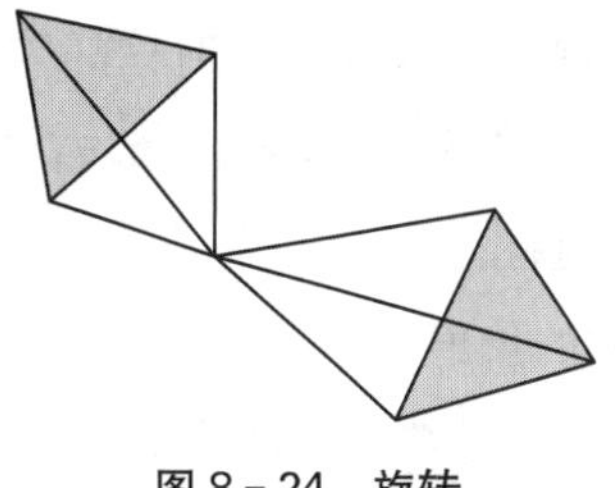

图 8－24　旋转

2. 旋转

在平面内，将一个图形绕一点沿某个方向转动一个角度得到另一个图形，这样的图形变换称为旋转（如图 8－24）。其基本特征是不改变图形的形状和大小。图形旋转前后对应点到旋转中心的距离都相等，各组对应点与旋转中心连线的夹角都等于旋转的角度。因此，确定旋转变换需要三个要素：旋转中心、旋转方向和旋转角。

3. 对称

（1）对称的概念

小学数学对对称变换的讨论，仅限于平面图形关于一条直线的轴对称。所谓轴对称，是指连接新图形和原图形中每一组对应点的线段都和同一条直线垂直且被该直线平分。这样的图形变换也称为反射变换。其基本特征是连接任意一组对应点的线段都被对称轴垂直平分。对称图形被对称轴分成的两部分的所有点具有一一对应关系，因此，确定轴对称变换的关键在于找到对称轴。

构成轴对称的图形可以是一个，通常称为轴对称图形；也可以是两个，通常称为这两个图形关于某条直线对称（如图 8－25）。用更通俗的语言描述，轴对称图形是将一个图形对折，如果折痕两边的图形完全重合，这个图形就称为轴对称图形，折痕（所在直线）叫做对称轴。

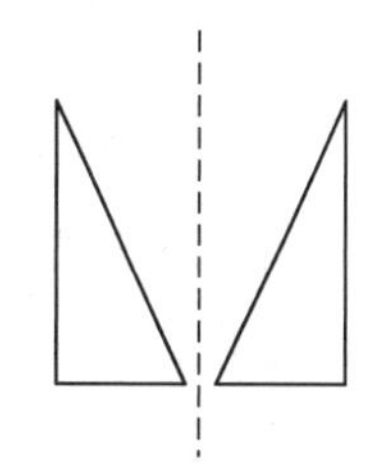

图 8－25　关于直线对称图形

轴对称与生活的联系非常紧密，国内外研究者也更多地关注了轴对称概念的发展与应用。可以从以下几个角度理解轴对称概念的内涵：

① 从变换的角度看，对称是一种保距变换、保形变换、保角变换；

② 从反射的角度看,镜像与实物间的关系对镜子呈轴对称关系;

③ 从折纸的角度看,将一张纸对折后,在其上依所要的图形之一半的形状剪下,然后展开,则可得一个轴对称图形;

④ 从图形的角度看,任意一组对称点到某一对称轴之垂直距离皆相等,可以称这些对应点所形成的图形为轴对称图形。①

轴对称是一种特殊的对称,除此之外,还有中心对称、旋转对称、代数中的关系对称等。值得注意的是,不能将对称仅仅看作是表示一些几何图形的变换而已,这就太小看对称了。在日常生活中处处都能见到对称,比如绚丽的花瓣、精巧细腻的蜂巢、鸟兽虫鱼的五官和四肢、食盐和白糖等一些规则的对称晶体、雄伟的建筑等。同时,对称的应用也是比比皆是,如导弹采用了蜂巢对称结构之后,节省了材料,减轻了重量,甚至家庭用的电风扇,窗上的剪纸,无不采用对称。

(2) 对称的价值

① 对称不仅是数学的研究对象,更是数学的研究工具。如前所述,对称在自然界以及人们的日常生活中无处不在,是现代数学不可回避的研究对象,它不仅是几何学研究的对象,还可以把它拓宽到代数学领域。

② 对称是美的。对称图形是美的,对称观念是美的,对称理论更是美的。在中国的国粹文化中,对称美具有独特的地位,方块字的形、音、结构、神韵都具有对称美,有人提出,字的“字心”在左上角与右下角的连线自下起的 0.618 处,这是中国字特有的美,特有的对称美。对称美是客观存在的,对称美又是发展变化的,对对称美的探索也是无止境的,这正是对称的美学价值。

③ 对称是哲学上的一种关系。对称是建立在一定假设基础上的,不因人的认识条件和方式而变化。假设的对称状态被打破就会建立新的对称,自然界的各种事物都是对称与非对称的辩证统一。对称中包含着非对称,非对称是对称性的破缺。人类的认识过程就是一个“对称和对称性破缺不断交替形成的过程”,沿着对称性—对称性破缺—新的对称……的方式不断进行下去。对称与对称性破缺是物质世界进化和人类认识不断深化的表现,自组织过程就是由对称到对称性破缺再达到新的对称的一个过程。②

(二) 图形的运动教学策略

1. 图形的运动教学要分层实施

图形的运动课程目标分为三个层次:感知变换—认识变换—画出或补全图形。据此,教学也应分层实施。首先,让学生亲身经历直观操作的过程,对于初次学习图形变换概念的学生来说,已有的生活中零散的经验和常识为其学习奠定了必要的基础。要让学生从熟悉的

---

① 陈天宏.中学生线对称概念学习研究[D].台北:台湾师范大学,1991.

② 张奠宙,孔凡哲,黄建弘,等.小学数学研究[M].北京:高等教育出版社,2009:193-194.

日常生活现象中感知图形变换的存在，感受图形变换的奇妙无穷。其次，进行基于具体图形的直观操作。与前一阶段相比，这一阶段已经不再停留在直接的生活常识层面，而是建立在已有的几何概念和几何图形之上。再次，进行图形变换的性质的初步分析。例如，对称轴垂直且平分对应点连线，对应线段的长度相等，对应角的大小相同，等等。当然，在小学阶段只是让学生在方格纸上初步分析图形变换的性质，并非需要推理论证。通过性质的初步分析，让学生进一步了解图形变换，从而能按要求准确地画出或者补全一个图形。这一阶段自小学阶段一直延续到初中阶段。①

2. 从变换的角度欣赏图形、设计图形

学习图形的运动的一个重要目的是使学生运用数学的眼光看待现实世界，因此教学中应鼓励学生从变换的角度欣赏和设计图案。让学生欣赏一些生活中随处可见的美丽图案，感受它们的美，研究它们是由什么图形经过怎样的图形变换而形成的，如奥运五环是由一个圆环经过几次平移而得到的。以此为启发，发挥自己的个性和创造力，灵活运用所学知识和技能亲自动手设计图案，并从中体会创造的乐趣。

3. 重视从变换角度认识图形

在教学中需要对一些图形的对称性进行梳理。以对称为线索，将所学图形进行分类梳理（如图 8－26），使学生对平面图形有更深入的了解，同时加深对轴对称概念的理解，可谓一举两得。“对称”的教学目的有两个：一是让学生初步懂得什么样的图形是对称图形，二是为以后学习几何打下基础。教学这部分知识要按要求进行，注意适度，既不可略而不讲，也不可讲得过深。可参考张齐华老师“轴对称图形”的教学实例。②

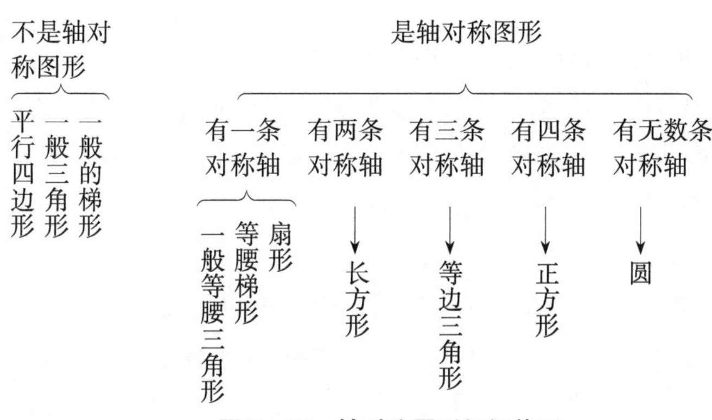

图 8－26　轴对称图形知识体系

五、图形的位置

（一）坐标与比例尺的历史

十四世纪，法国数学家奥雷姆（N. Oresme）不仅将经度和纬度分别对应纵坐标和横坐

① 张奠宙，孔凡哲，黄建弘，等．小学数学研究[M]．北京：高等教育出版社，2009：201．

② 张齐华．走向生成型的数学课堂——“轴对称图形”教学片段[J]．小学青年教师（数学版），2006(1)：22－23．

标,而且开始用系统化的术语和部分广义的形式定义直角坐标系。笛卡儿创立了解析几何,以坐标系统表示空间位置,但是他未真正采用直角坐标系。"坐标"(coordinate)这一名词,直到1692年才由德国数学家莱布尼兹首先创用。[①] 1691年,瑞士的雅各布·伯努利(J. Bernoulli)发表了一篇极坐标的文章。1729年,德国数学家赫尔曼(J. Herman)完善了极坐标概念,明确地提出了极坐标。1748年欧拉(L. Euler)给出了现代形式(ρ, θ)的极坐标。

中国古代地图绘制中的比例尺原则始于何时,尚不清楚,但早在裴秀之前的西周时代,地图绘制的比例尺原则就已经具备了。[②]《禹迹图》是当时世界上最杰出的地图,刻石于1137年,比例尺是每格相当于百里。[③] 阿纳克西曼德(Anaximander,前610—前546年)是第一个用比例尺绘制世界地图的古希腊人。[④] 托勒密(C. Ptolemaeus,约90年—168年)在球面上绘制地图,并以经度和纬度在地图上加以标示。比例尺的产生源自绘制地图的需要,比例尺的产生就是从"生活中的不精确"到"数学中的精确",从古代人们不精确地经验性绘图,到近代随着测绘技术的发展,绘制地图的标准得到统一,出现了精确性的地图。

(二)图形的位置教学策略

结合现实情境,引导学生根据参照点的方向和距离说出物体所处位置。引导学生知道可以用方格纸上的点与有序数对对应的关系抽象表达现实世界,形成"会用数学的语言表达现实世界"的核心素养,体会坐标表达的重要性,为将来学习平面直角坐标系奠定基础。学生应认识比例尺,能说出比例尺的意义;在实际情境中,会按给定比例进行图上距离与实际距离的换算;能在方格纸上,按给定比例画出简单图形放大或缩小后的图形,形成空间观念和推理意识。

一幅图的图上距离和实际距离的比,叫做这幅图的比例尺。

它的本质属性是一个将图形缩小或放大的标准。将实际图形所有的边长都按照同一个比进行缩短,所有边缩短的标准就都相同了,这样图形各边之间的关系就不会改变,图形的形状也就不会发生改变了。图形缩小或扩大后的形状不发生改变,有利于人们进行测量、计算和解决问题。

小学数学教材中的数对定位法和方位角定位法这两种确定位置的方法,实际上分别对应了中学要学习的平面直角坐标系和极坐标系,为学生进一步学习作了铺垫。如学生用"第三排第五列""从黑板那边数起第三排第五列"等描述同学座位的位置,这都是对应直角坐标的思想,表明学生已经意识到需要用两个要素(横坐标、纵坐标)来刻画位置,甚至认识到借助参照物的必要性,当参照物不同时刻画的结果就不同。又如"斜后方第二个"则对应极坐标的初步思想。由此可见,学生在学习数对表示位置之前,已经有了非常好的原始经验,教师要充分利用,建立起学生原始想法和数学方法之间的联系。

---

① 张红,王军.坐标概念的历史与椭圆方程的发展[J].数学通报,2021,60(4):15-21.

② 阙维民.中国古代志书地图绘制准则初探[J].自然科学史研究,1996,15(4):334-342.

③ 李约瑟.中国科学技术史:第二卷[M].《中国科学技术史》翻译小组,译.北京:中华书局,1978:132.

④ 保罗·佩迪什.古代希腊人的地理学——古希腊地理学史[M].蔡宗夏译,葛以德校.北京:商务印书馆1983:31.

数学课除了需要用数学语言描述位置外，更重要的是要思考背后的道理，即为什么用数对就能刻画平面上点的位置。这实际上涉及对维数的认识。教师可以设计一些活动，使学生体会到：在一条直线上确定位置，只要1个数就可以了，如在一排中确定位置，只需要知道从哪个开始数即可；在平面上确定位置需要2个数，即数对，如在教室中确定座位的位置，需要知道哪一排、哪一列这两个数；而在三维空间确定位置时，需要3个数，如电影院分上下两层，需要用哪层、哪排、哪列三个数确定座位的位置。

除此之外，“图形的位置”教学还要重视探索如何确定位置的过程。教师要提供丰富的情境，例如，说一说剧院、教室是如何确定观众和学生的位置的，在地图上需要知道经度和纬度才能确定某地的位置等。让学生针对这些现实问题展开讨论，探索如何描述物体或图形的位置，探索刻画位置需要哪些要素，从而感受确定位置在生活中的重要性，体会数学对确定位置的作用，并抽象出不同的确定位置的方式的共同特征。

第三节　图形与几何解决问题教学

针对图形与几何中的基本问题，只要学生掌握了基本方法便能解决，属于技能熟练问题，而对于有一定综合性的变式问题或实际问题，往往不是靠简单套用常规方法可以解决的，需要具体问题具体分析。在此，我们经过梳理、概括、归纳，总结出一些常用的解决问题的方法和策略。

一、图形的认识

（一）解决图形识别问题的教学

小学阶段主要涉及点、直线、射线、线段、角、相交直线、垂直直线、平行线、三角形、四边形、多边形、扇形、圆和长方体、正方体、圆柱、圆锥等基本图形。图形识别教学从某种意义上讲，就是使学生认识这些基本图形的性质，引导学生运用基本图形的方法去分析问题和解决问题，培养学生的数学思维能力。解决图形识别问题的方法主要有以下几种：

(1) 直观法。从学生熟悉的实际例子引入，引导学生探索它们的共同特征，然后抽象出图形的本质属性。

(2) 演示法。提供鲜明的感性材料，利用几何图形的直观教具进行演示，让学生仔细观察，使其感知并获得具体鲜明的形象，形成图形的表象。表象常常是概括了许多感知的形象，所以表象又具有概括性特征。

(3) 利用变式。为了使学生全面正确地认识某一图形，可以给学生提供各种直观材料或实例，不断变换非本质属性，而本质属性保持不变。例如，教学两条直线互相垂直的位置关系时，可以变换如图8-27所示的不同方位的形式，让学生观察分析，帮助学生准确掌握“两条直线相交成直角”这一内涵。

(4) 反例强化。为了巩固深化所学的知识，帮助学生概括出图形的本质特征，可适当利用反例，引导学生进行辨析，以达到强化正确认识的目的。

图 8－27　两条直线垂直的不同形式

(5) 转化。无论是把平行四边形通过割补转化成长方形,还是把三角形、梯形分割拼接成平行四边形,都是在“转化图形”(图 8－28)。转化图形的目的是“建立联系”,即建立新学的图形与过去学的图形之间的联系,找出新旧知识的内在联系及异同点,达到由未知向已知转化的目的。

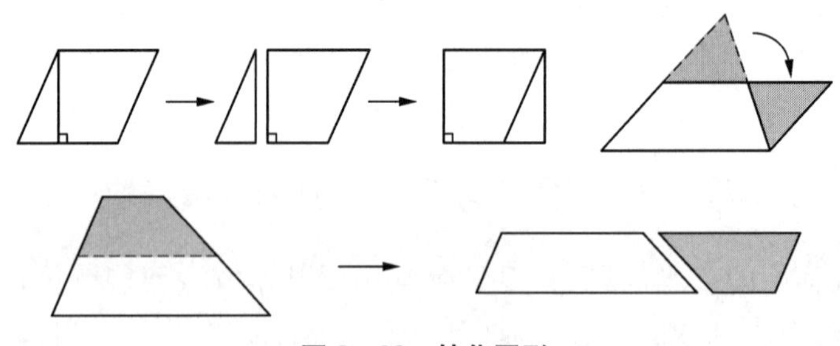

图 8－28　转化图形

(6) 归纳总结。学完一部分图形知识后,为了使这部分知识系统化、条理化,应引导学生进行归纳总结。归纳总结可以采取多种方式,如条目式、网络式、集合图等。

(二) 解决内角和问题的教学

三角形内角和是掌握多边形内角和及解决其他实际问题的基础。为了使学生能够真正理解并灵活运用,可以采用以下几种方法解决问题:

(1) 度量法。通过分别度量各种三角形的三个内角,然后计算得出三角形内角和。这是学生最易想到,但也是误差最大的方法。学生从感性认识中得知三角形内角和的同时,认识到测量误差的客观存在。

(2) 拼合法。任意剪一个三角形,把它的三个角撕下来,正好可以拼合成一个平角(图 8－29)。这种方法简单、易行,又能激起学生的兴趣。

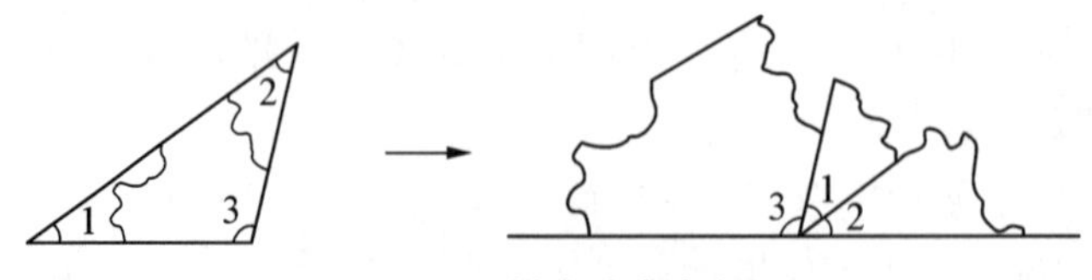

图 8－29　拼合法求内角和

(3) 折叠法。用直尺量出三角形两条边的中点,将三角形沿两点的连线折叠,这时上角的顶点正好落于底边,然后将另外两个角沿下底边向内折叠,使三个顶点重合,如此操作三个角刚好组成一个平角(如图 8－30)。

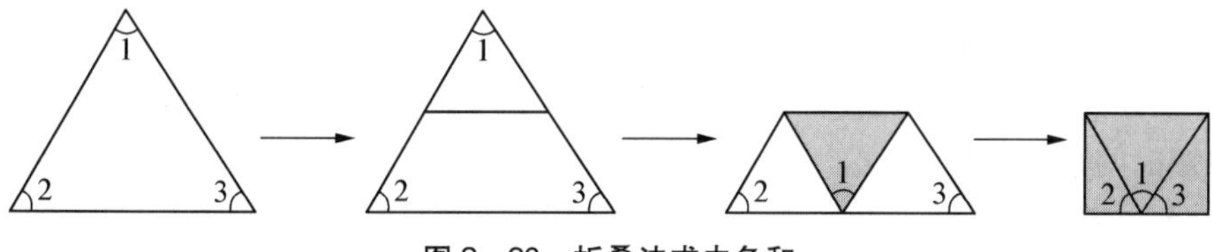

图 8－30　折叠法求内角和

(4) 图解法。三角形的三个内角分别标记为∠1、∠2、∠3，然后在纸上画出∠1，再把∠2 的顶点和已画的∠1 的顶点重合，使∠2 的一条边和已画的∠1 的一条边重合，在∠1 的一旁画出∠2。同理画出∠3，最后可以发现所画出的三个角组成一个平角（如图 8－31），从而得出结论。

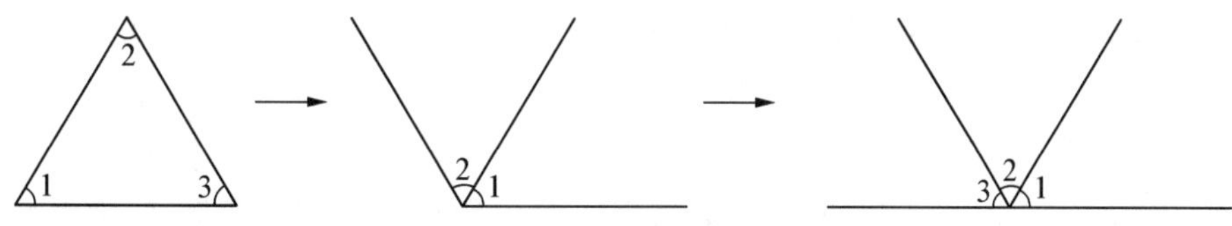

图 8－31　图解法求内角和

(5) 分割法。在三角形内部作一条高，这条高将三角形分为两个直角三角形，因为每个直角三角形均可看成是一个相应的长方形“对开”而得，而长方形内角和（即四个直角之和）为 360°，故直角三角形的内角和为 180°，两个直角三角形的内角和为 360°，再减去高与一边构成的两个直角，恰好是 180°（如图 8－32）。

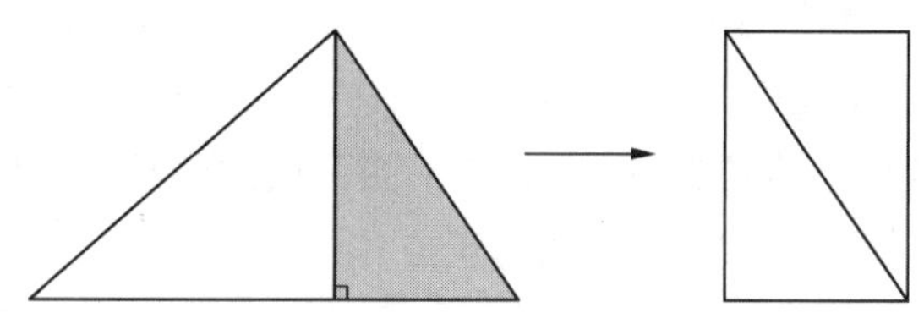

图 8－32　分割法求内角和

教学时，可根据实际情况，选用操作方便、结论明显的方法进行，如拼合法、折叠法，使学生从不同角度都能得出“三角形三个内角和等于 180°”的结论。

（三）解决展开与折叠问题的教学

展开指的是舒展、打开的意思，几何图形中展开是将一些简单几何体沿着某些棱剪开而形成的平面图形。折叠是指把物体的一部分翻转和另一部分紧密相连，几何图形中折叠是将平面图形的一部分沿着一条直线翻转 180°，使它与另一部分在这条直线的同旁，可能与其重叠，也可能不重叠。在小学阶段，“展开与折叠”内容贯穿于“图形的认识”全过程，如人教版数学教材一年级下册“认识图形”单元设计了让学生探究正方体展开图中“4”对面的数字是几的问题（见图 8－33），五、六年级“长方体和正方体”“圆柱和圆锥”等几何体的学习中再次利用展开图和立体图形之间关系探究表面积问题，并想象表达展开和折叠前后图形的对应问题。这与“认识图形”领域“立体—平面—立体”的内容设计思路完全一致,充分体现了二维图形与三维图形之间相互转换的要求,是学生空间观念得以发展的有效载体。为此,教学中要采取行之有效的措施,提高学生对于展开和折叠的空间想象能力、语言表达能力,以及灵活多变的问题解决能力。

折一折,用 6 1 4 2 3 5 做一个，“4”的对面是“( )”。

图 8-33 正方体展开图问题

1. 关注过程体验,操作中学会思考

展开与折叠是一个动态的过程,教学中应该帮助学生进行动变结合的观察。教学中如果为了节省时间,用准备好的展开图给学生演示展开或折叠过程,仅仅通过展示展开与折叠两个空间形态的最终状态来帮助学生理解表象,这其实是不够的。需要让学生亲自动手操作一下,亲手剪开立体图形,或将平面图形进行折拼,关键是在剪折的过程中进行观察、思考、回忆和记录,探究同一立体图形不同剪折方法对应的平面图形的特点,发现立体图形的面与平面图形的对应情况。这不仅锻炼了学生的实践操作能力,还可以使学生进一步感知几何体与平面图形转换过程的原理,积累表象,强化脑中的动态记忆过程。

2. 注重经验积累,想象中发展空间观念

图形的展开与折叠是三维图形与二维图形之间的转换,对于学生的空间想象力要求较高,不仅需要教师为学生提供想象的时间和空间,更需要将想象的进程进行分解,分层递进,帮助学生在活动中记录想象的经验,逐步发展学生的空间观念。例如,老师在教学北师大版数学教材五年级下册第二单元中“展开与折叠”这一内容时,设计了“操作—想象—表达—再想象—操作验证—形成经验”的教学过程,实现了四个层次的想象思维活动,即第一次想象折叠而成的样子,目的是体会正方体展开图与正方体的面之间的对应关系;第二次想象正方体展开图的样子,建立正方体上的面与展开图上的面的对应关系;第三次是正方体展开图不折叠,想象每个面折叠后的位置关系;第四次是利用“想象—操作”验证辨析错误展开图。

3. 加强技术支持,演示中抽象问题直观化

信息技术具有形象具体、动静结合的特点,能够把抽象的文字描绘和静止的图像转化为具体的动态过程,能直观展现图形转换的全过程。这种化静为动的手段,再现图形运动形成的过程,利于学生感悟知识的来龙去脉。当然,小学数学教学中,除了 PowerPoint、flash 等常用软件外,还有《几何画板》等专业软件。几何画板是一个强有力的可视化动态教育软件,绘制的立体图形更直观简单,动画效果更立体,更重要的是便于编辑,能根据教学实际需求随时进行修改。例如正方体(长方体)的展开图,如图 8-34,将二维与三维的转换动态表现出来,变抽象为具体、变静为动,直观形象、生动具体地把图形转换过程“展示”出来,促进知识理解的同时,激发学生的求知欲,鼓励探究、猜想,培养学生的创新意识。相关变化的图形,请大家也可参见图 3-18。

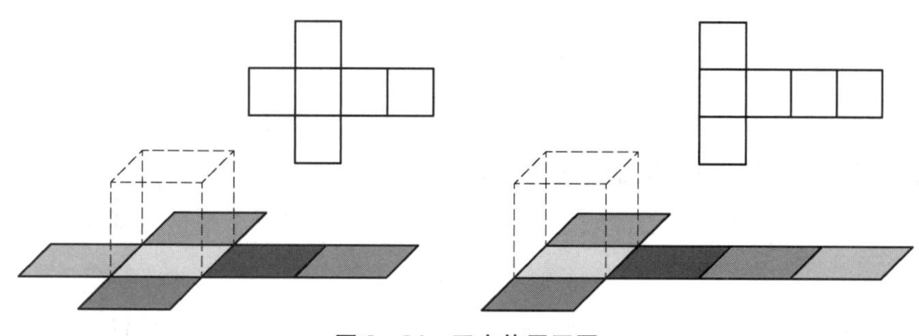

图 8 - 34　正方体展开图

二、图形的测量

（一）解决度量问题的教学

“度量”是小学数学课程发展的一条主线，对其理解不应局限于“图形与几何”领域，应具有拓展性理解。也就是说，度量不仅是一个几何概念，涉及长度、面积、体积等，也包括质量、时间、信息、图象等的量化。

1. 理解度量意义

“度量”与其他数学概念之间有广泛联系，如数位理解、数的运算、函数关系、几何形状、统计量等。首先，由于度量是用数来表示量，是相同单位的数的运算，因此可以成为数的认识和运算概念理解的补充。如测量的实物长度超过了尺子长度，测量中先记录尺子长度，再测量另外部分，实际长度就是两数之和。其次，度量是数与形结合的桥梁。如长方形面积同时包含数、运算和形的概念，先计数单位正方形的个数，后逐步用一行单位正方形的个数乘行数，用乘法刻画长方形面积计算公式。当然，度量主要是研究现实生活中常见的量，学生容易在实际操作活动中产生学习的兴趣，同时也能充分感受数学应用的广泛性。

2. 把握度量本质

度量是指用一个带单位的数值来描述可测量物体或现象的某一个属性，从而形成某个具有特殊含义的“量”。人类对事物的度量可分为两类：一类是借助工具得到的度量，另一类是通过抽象得到的度量。① 这两类的思维方法不同，教学方法也不同。前者是人实践的结果，经历了由粗略到精细的过程，虽然度量方法不同，但都与身体有关，如“拃、尺、庹”，教学中主要让学生感受度量单位的发展与人类的发展紧密相连。后者是人思维的结果，是用“数”刻画某物体属性的特定量，这一过程需要抽象。如同自然数的抽象一般，要让学生经历从数量抽象到数，从感性具体到感性一般，再从感性一般到理性具体的思维过程。

① 史宁中. 小学数学中的度量[J]. 小学教学(数学版)，2020(3)：13 - 15.

3. 聚焦量感培养

学生对量感的思考和认识是不断丰富、精致和深入的过程。在一个较大时间跨度内,学生对量感的认识、理解要经历从简单到复杂、从低水平到高水平的发展过程。学生借助于日常生活经验、游戏活动等形成初始感性的量感,通过量的感性体验用语言初步表达量感结果。量感建立在实物感觉存有的性质之上,可通过感官观察、操作测量具体实物培养学生的量感。

统一的度量单位和量具是人类文明进步的重要标志。教师引导学生借助身体部位去直观感知目标物理量的属性或大小关系,对目标物理量形成感知,尝试以身体部位度量,基于标准化量感的结果构建系统度量单位。学生测量手中指的指甲面的大小、手掌面的大小,构建起指甲与 1 平方厘米、手掌面与 1 平方分米的联系。学生借助基本单位模块化感知"大"单位的意义,并形成大单位的量感,例如,教师引导学生利用标准 400 米跑道中 100 米的长度,计算 10 个 100 米,发展 1 千米的量感;利用标准 400 米田径场内圈面积(10416.8 平方米)感知 1 公顷(=10000 平方米)的大小,借助运动场情境启发学生直观感受 1 公顷这个标准量的意义。

人类具有对数量与距离本能的感知能力。在生活中,学生比量物体长度体验"距离感"、观察操场获得面积的"大小感"、进入礼堂感知体积(容积)的"拥挤感"。测量活动是学生获得理性量感的必要环节。学生养成测量意识,从用笼统的感性语言描述速度、体积、重量等物理量转变为学会选择合理的测量工具,有意识地科学表达量感。

4. 关注度量方法

小学数学课程中主要是在认识量的基础上,确定可测属性的量的大小,也就是要进行测量活动。测量活动的本质就是比较,一般包括直观比较、直接比较和间接比较等方法。例如比较大小差异较大的两个长方形并说出哪个长方形的面积大,学生可以通过直观比较,认识图形的面积属性并形成面积的直观概念;在直接比较中,学生用重叠的方法比较图形的面积,把长方形相邻两边对齐,看另两边的情况,逐步积累按照图形面积大小排列的经验;间接比较是用中介物来比较不方便直观比较或直接比较的图形,如借助小正方形通过分别计数比较两图形的面积。其实,三年级"面积和面积单位"部分教材中设计了观察、重叠、借助图形的面积大小进行比较的方法(见图 8-35),正是度量方法的外显。

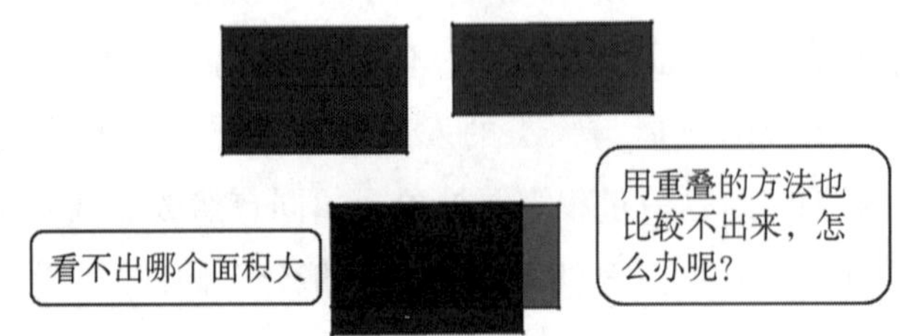

图 8-35　人教版数学教材三年级下册(2023 年版,55 页)插图

长度的测量方法，有以下几种：等效替代法，用棉线的“化曲为直法”或用硬币的“轮滚法”测出曲线的长度，可用于测地图上铁路、河流的长度；平移法，是对于形状规则但某部分长度端点位置模糊或不确定时，借助简单的辅助器材（三角板、直尺），将不易直接测量的长度平移到刻度尺上，从而间接测出该长度，可用于测量圆柱体、乒乓球的直径；累积法，可以测多求少，通过测量若干个相同微小量的整体长度，得知其中一个微小物体的长度，如测量一张纸的厚度，也可以测小求大，先测量小物体的长度，再通过物体之间的关系得知大物体的长度，如宝塔、电线杆高度。

再如不规则物体体积的测量方法：量液体求体积法，先把一个圆柱体容器装满水，再将石块慢慢沉入水中，溢出水的体积相当于石块的体积，小学数学教材中“体积和体积单位”部分就是采用这一方法（见图 8－36）；称重量求体积法，当测量物体可切割时，将此物体切下一个 1 立方厘米的正方体，根据体积比与质量比的等量关系，依据质量比计算物体体积。

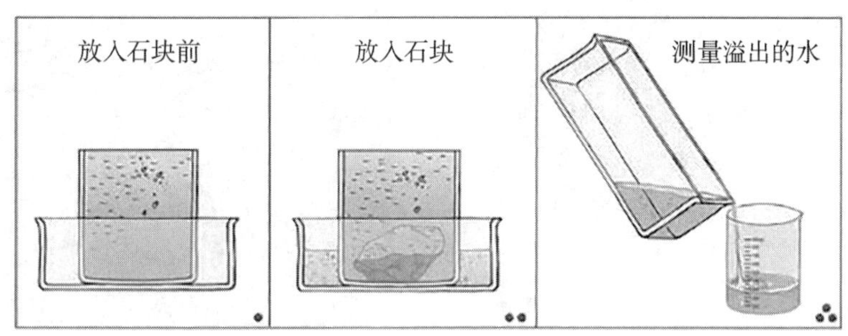

图 8－36　量液体求体积的方法

（二）解决估测问题的教学

估测作为算术估计的主要组成部分之一，被视为个体数量能力早期获得的重要渠道，构成了数学认知的一个重要领域。[①] 顾名思义，估测就是测量估计，是对量的估计，是在不使用一般测量工具的情况下，以某种方法推测出测量结果的一种心理加工过程。在小学阶段，主要涉及对长度、面积、体积、质量、容积等量的估计。

1. 重视单位量感的培养

在没有测量工具或者无法呈现具体实物的情况下，学生应能够绘制图形，以便表征指定的量。学生要利用已经获得的测量单位进行估测，根据个人对测量单位建构的心理意象，给出估测结果，再将估测结果表征成图形。小学生刚开始学习的估测策略就是单位迭代，这需要建立准确的度量单位表象，可见单位量感的建立是估测的基础。各个版本教材都非常重视单位量感的建立和形成。教学中，教师要设计多元化的实践操作活动，可以设计找一找、

① 司继伟，孟丽丽，徐继红．测量估计研究：回顾与展望[J]．心理科学，2007(6)：1466－1468．

比一比、看一看、想一想、猜一猜、说一说、画一画、量一量、摸一摸等活动,充分调动学生的视觉、听觉、触觉等感觉器官参与,让学生在多层次活动中感受长度单位、面积单位、体积单位的大小,形成单位量感。

上海市徐汇区逸夫小学陈玉华老师在教学观摩活动中讲授了"毫升与升的认识"一课,①从生活中挖掘有价值的问题,激发学生的探究欲望。通过实验操作活动,见图 8-37 所示,学生认识毫升和升,初步建立毫升和升的量感,知道毫升和升之间的关系。在教学毫升这个单位时,学生先将眼药水滴进量筒,数出 1 毫升有 20 多滴。然后陈老师帮助学生建立起 10 毫升(一瓶眼药水)、100 毫升(一瓶养乐多)、250 毫升(用一次性水杯装满一杯水)的量感,如图 8-38 所示。在建立 1 升的量感时,学生不仅感受了一盒 1 升的牛奶,还进行了用 250 毫升的水杯往量杯里倒水的实验,感受到 250 毫升为一份依次叠加累积后得到了 1000 毫升。

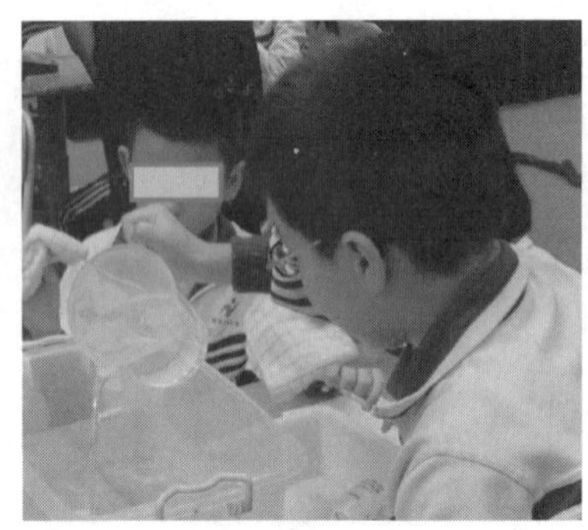

图 8-37 学生实验

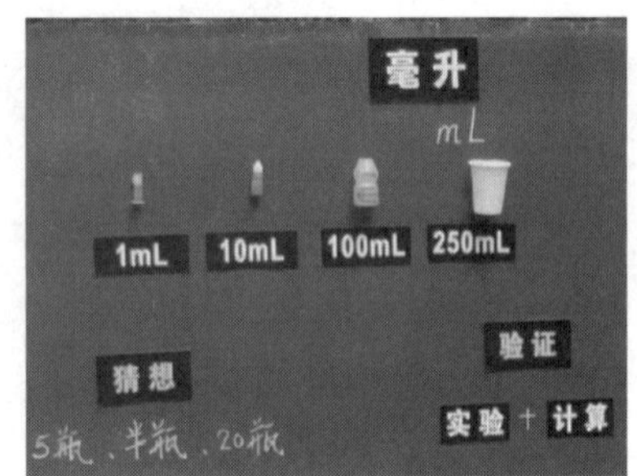

图 8-38 毫升与升的认识板书设计

2. 注重估测策略的渗透

"单位迭代"是最常用的估测方法之一。基本方法是使用某个标准单位(如厘米),反复将标准单位与估计物相对照,记住上次标准单位结束的位置,开始下一次对照,计算单位的数目,从而得出估计结果。② 此外,选择合适的参照物来估测物体表面的大小也是常用的估测方法之一。教学中除了让学生使用标准测量工具和标准单位进行实际测量和结果展示外,还可以拓展度量方法,鼓励学生用已知物体的量去测量未知量,丰富学生对于估测意义的理解,培养学生对于结果的处理能力。

例如,某品牌纯牛奶标有"净含量 250 ml",这个牛奶盒长 6 厘米,宽 4 厘米,高 10.5 厘米,最大侧面面积=6×10.5=63 平方厘米,它的体积=6×4×10.5=252(立方厘米)。如图 8-39,四盒这样的牛奶盒子体积(=1008 立方厘米)约等于 1 立方分米。

当然,利用公式也是进行估测的有效方法,如试图估计牛奶盒一个侧面长方形的面积,

① 陈玉华,黄琰."毫升与升的认识"教学实录与评析[J].小学数学教育,2018(1):31-33.

② 司继伟,孟丽丽,徐继红.测量估计研究:回顾与展望[J].心理科学,2007(6):1466-1468.

可以先估测出长方形的长和宽，再利用面积公式计算出长方形的面积，这是将二维面积估测问题转化为一维长度估测问题，在降低估测难度的同时，加深对公式意义的理解。

图 8－39 四盒牛奶

3. **加强估测能力培养**

有效提高学生的估测能力，要注重培养估测意识和加强估测训练。一方面，教师要善于创设估测情境，搭建估测实践平台，让学生在活动中丰富、积累估测活动经验。估测实践活动多了，经验丰富了，学生的估测意识和能力会越来越强。例如，在讲授“千米”时，教师设计了一个实践活动：如何估测你家到学校的路程，请你课后想办法完成并加以验证。学生展示了不同的方法：坐车上学的同学可以通过汽车仪表盘算出来；骑电动车上学的同学可以测量出电动车一分钟的路程，再计量出骑电动车从家到学校的时间；步行上学的同学可以测量出自己的步长，再数出家到学校的步数；还可以先估测一分钟走多少路程，再通过走到学校的时间，“算”出答案。① 当然，教师对于估测方法和结果的合理性，要进行适当的评价和验证。另一方面，教师要深入钻研教材，挖掘教材中的估测元素。例如人教版数学教材二年级上册(2022 年版)第一单元“长度单位”有一道估测问题，如图 8－40，两位学生用各自方法进行了推理，分别使用了单位迭代和参考物体估测的策略。教材在旗杆旁画出了 10 个小学生的身高，便于直观感受。教材呈现了估测的策略，解决了教师如何教和学生如何学的问题，同时暗含了估测要有方法、要讲究策略，不能胡乱猜测。

图 8－40 人教版数学教材二年级上册(2022 年版)插图

① 梁培斌. 估测教学不应成为“冰盖”[J]. 人民教育，2014(9)：39－41.

三、图形的运动

通过对称、平移和旋转等图形变换，将线段进行转化，把已知条件相对集中到新的图形中，为应用定理或性质创造条件，可以把数学问题由繁化简，大大提高解题效率。此外，图形变换的解题思路独特，有助于学生从运动变化的角度去认识事物，去了解图形之间的联系，从中发展空间观念和几何直觉，而且还有利于学生感受、欣赏图形的美，感受数学与现实世界的联系，增强对数学的好奇心，激发创造潜能。

（一）小学生在解决图形变换问题过程中出现的主要问题

1. 解决对称问题过程中出现的问题

（1）对“两个图形成轴对称”与“轴对称图形”两个概念理解不透。其中，“两个图形成轴对称”是对两个图形的位置关系而言的，而“轴对称图形”是指一个图形的特有性质，是对一个图形而言的。两者既有区别，又有密切联系。如果把成轴对称的两个图形看成一个整体，那么它就是一个轴对称图形；如果把轴对称图形沿对称轴分成两部分，那么这两个图形就关于这条直线成轴对称了。

（2）对于轴对称概念的理解处于表面化，对成轴对称的两个图形的必备条件理解不彻底，认为只要两个图形的大小、形状完全一样就是轴对称，忽视了两个图形的位置关系。例如，出现认为“形状一样的两个图形成轴对称”“能够完全重合的两个图形成轴对称”的错误。

（3）对于对称轴的理解存在问题，忽视了对称轴是“直线”。例如，出现认为“角的对称轴是角平分线”“圆的对称轴是直径”的错误。

（4）在方格纸上画出一个图形的另一半，使它成为轴对称图形，对初学者而言是一个比较困难的问题。有时学生不能准确把握轴对称图形方向相反的特征，忽视了各对应点到对称轴的距离相等的特点。

2. 解决平移问题过程中出现的问题

学生能判断平移现象，也能准确指出现实生活中的平移实例，但对平移距离的认识存在问题，即当图形在方格纸上平移时，准确数出平移的格数和画出平移后的图形存在困难。有的学生认为原始图与平移后图形之间的距离即为平移距离，还有的学生将平移前的点定为“1”，导致少数一格而出错。

事实上，图形的平移是指图形的整体移动，平移前后对应点所连接的线段相等，图形向右平移几个单位，则对应点连接的线段长应为几个单位，由此可判断所作的平移后的图形是否符合要求。

3. 解决旋转问题过程中出现的问题

确定旋转变换需要三个要素，即旋转中心、旋转方向和旋转角，三者缺一不可。在解决旋转问题时，学生容易忽视其中某一因素，从而出现问题。

（二）图形的运动解决问题教学策略

1. 感悟图形变换的数学意义

图形的运动教学属于经验几何的范畴，通常以学生生活经验为素材进行教学，但在实际操作中，应当注意数学知识和生活经验之间的区别与联系，使学生意识到数学并不等同于生活，有其自身的特点和要求。教师要凸显“数学化”过程，让学生通过观察、比较、分类、归纳、概括等数学活动，将感性材料逐步进行实质性抽象概括，建构对图形变换的本质属性的理解。与此同时，学生表述活动成果时，教师要注意倾听，及时纠正不合逻辑的地方，使学生初步感受数学的严谨性。

2. 精选、简化学习材料，凸显变换的本质

学生观察生活中的对称、平移、旋转现象时，要注意引导他们对观察对象加以适当的简化、抽象，忽略一些无关紧要的细节，着重从图形变换的角度去观察、思维。例如，观察对称现象时常常使用故宫太和殿、蝴蝶等实物照片。就实物而言，除了关于直线的轴对称，还可能有其他的对称，因此有必要把它们简化、抽象成图案（平面图形）（如图 8－41，8－42），再来研究。这样既有助于学生感知轴对称图形的特点，也有利于培养学生的数学抽象概括能力。其实，对事物的简化与抽象也是数学建模的第一步，与数学课改所强调的适度非形式化是不矛盾的。

图 8－41　故宫太和殿

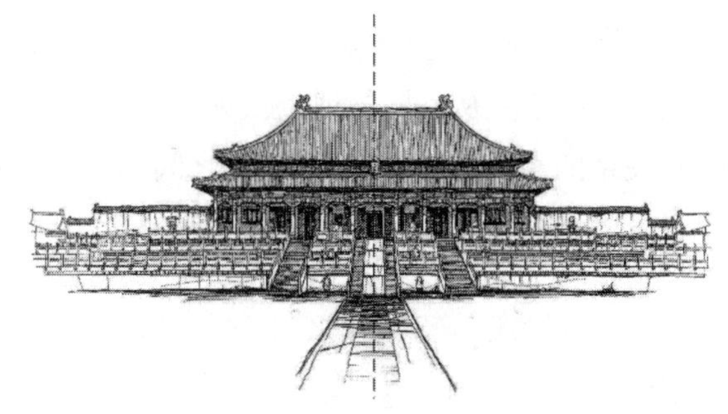

图 8－42　故宫太和殿简笔画

3. 加强图形变换的应用

图形的运动是应用性很强的内容，而且各种变换之间容易混淆，需要经过一定数量的基本训练才能搞清它们的联系和区别，掌握各种变换的特性，运用各种变换解决实际问题。

学生掌握旋转图形的形成过程，有助于实现认知结构的完善和策略方法的提升。如图 8－43，比较：图中哪个图形面积大？用观察法或数格子的方法是很麻烦的，但用平移和旋转的方法，就可以很容易地解决问题，如图 8－44。平移和旋转这两种图形的运动方式在等积变形时功能十分强大。

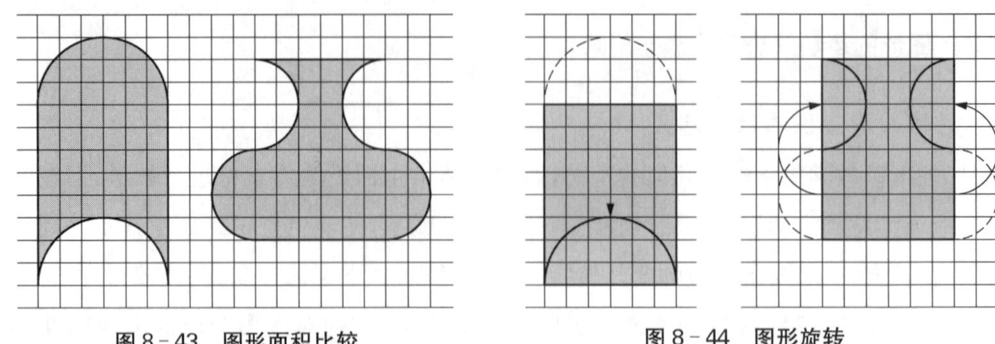

图 8－43 图形面积比较

图 8－44 图形旋转

四、图形与位置解决问题教学

图形与位置内容可以概括为相对位置、方向与路线图两部分，位置与方向既有区别，又有联系。无论是上下、前后、左右，还是东、南、西、北，都既可以用来描述物体的相对位置，又可以用来说明方向。例如，“我在你的东边”和“向东走”，前者表示相对位置，后者表示方向。此外，描述路线时，物体的位移沿着道路前进可以看作平移，到某地点拐弯则相当于旋转，这又是“位置”与“变换”的内在联系。教师应理解这些内在联系，充分利用学生已有的现实生活常识和经验，提高学生的感知效果。

（一）解决位置关系相对性问题

物体之间的位置是相对的，物体之间的位置关系是随着观察点的变化而变化的，观察的地点不同，物体位置的表示也会不同。学生对这个知识的理解会存在一定难度，教学时教师要注意引导学生从不同的地点去观察同一个物体，并描述它的位置，使学生在思维中体验到位置关系的相对性，深刻理解物体之间的位置关系，培养空间观念。

（二）解决确定位置的问题

在小学阶段，确定位置的方法是多样化的，教师要帮助学生了解各种方法的特点以及使用范围。

(1) 行列定位法，即把平面分成若干行、若干列，然后利用行数和列数表示平面上点的位置。利用这种方法表示点的位置，需要两个相互独立的数据，两者缺一不可。实际上，在教室、电影院(单层)等场所，座位号的确定都是利用这种方法。

(2) 区域定位法，这是生活中确定位置的常用方法，它需要根据区域标号才能确定物体的位置。利用这种方法确定物体的位置具有简单明了的特点，但往往不十分精确。

(3) 方位角定位法，即运用方位角确定物体的位置。利用此方法确定物体的位置，首先要确定一个参照点，然后根据这个参照点确定物体的方向。例如，国庆节，笑笑到动物园参观了猴山、熊猫馆、大象馆和鹿苑，你能说说熊猫馆、大象馆和鹿苑分别在猴山的什么方向吗(图 8－45)？

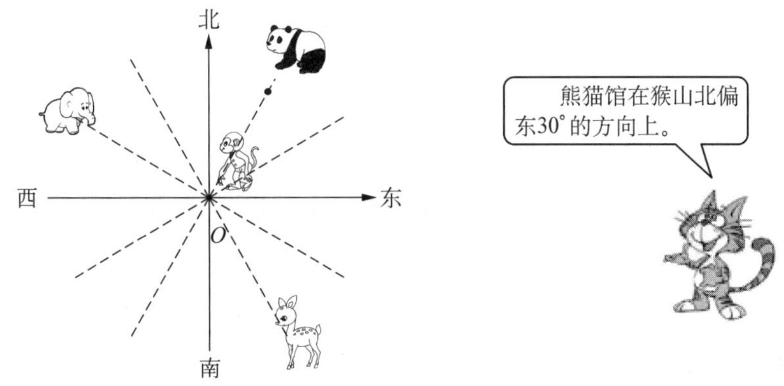

图 8－45 方位角定位法

(4) 数对定位法。顾名思义，就是用一对有序数对(a，b)来确定物体的位置。例如，根据座位表确定学生的位置。

使用数对定位法，要确定"原点""横轴""纵轴"("横轴"和"纵轴"未必处于垂直关系)，以此为基准确定数对。数对中的两个数，是对"列和行"情况的数值反映，具有一定的顺序性，这一点学生理解比较困难。教学时首先向学生说明，我们约定用"数对"表示位置时，一般先表示第几列，再表示第几行，并且规定"横行竖列"，这主要是因为"数对"中两个数顺序的重要性在于坐标的思想，在直角坐标系中是按先写出 x 轴上的数量，再写出 y 轴上的数量的次序表示点的位置，因此在这里用数对表示位置时，也是按先列数、再行数的顺序，为以后直角坐标系的学习奠定基础。

(三) 解决读方格图的问题

方格图是学生在经过了对列和行的认识后，抽象出的简单明了的图，很多地图也采用了这样的方式，将方格附在地图上，就可以轻松地用数对表示位置。学生在读方格图时存在一定困难，需要从方格纸的构成开始，看懂图才可以准确地表示位置(如图 8－46)：竖线从左到

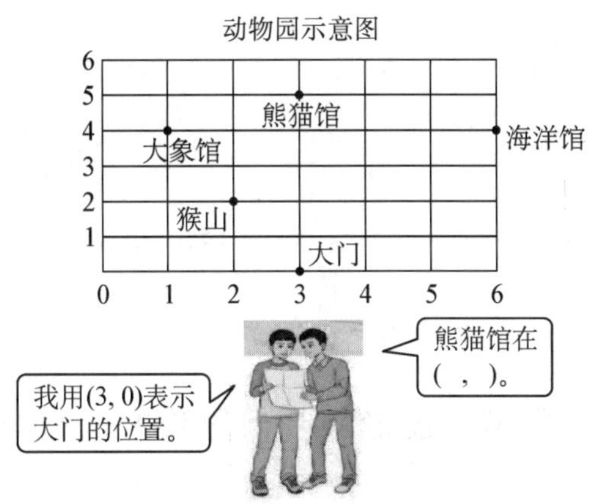

(1) 你能表示其他场馆所在的位置吗？
(2) 在图上标出下面场馆的位置[飞禽馆(1，1)、猩猩馆(0，3)、狮虎山(4，3)]。

图 8－46 读方格图

右依次标注了0、1、2、…、6,横线从下往上依次标注了0、1、2、…、6,其中的"0"既是列的起始,也是行的起始。

教师应设法促进学生知识与经验的迁移,引导学生把列、行的概念和使用数对表示位置的方法应用到图中来。先让学生观察大门在方格纸上的位置,并通过"用(3, 0)表示大门的位置"引发学生对已有知识的回忆,把方格纸的竖线和横线分别与实际的列和行建立起联系,明确在方格纸上数对(3, 0)的含义。然后可以补充更多的练习,比如(0, 2)、(0, 0)的表示。

(四)图形放大或缩小

借助方格纸,引导学生按给定比例将简单图形放大或缩小,通过前后图形的变化,感受比例尺的意义,加深对对比、比例的理解。借助方格纸,引导学生画出简单图形平移、旋转后的图形,感受图形变化的特征,动手操作,动脑想象;启发学生学会从平移、旋转和轴对称的角度欣赏自然界和生活中的美。

例如,画出将五边形 $ABCDE$(图8-47)按2∶1放大和按1∶2缩小后的图形。

学生将五边形放大最方便的方法是:在以点 C 为顶点引出的四条射线上(如图8-48)找到 CB、CA、CE 和 CD 各边2倍长度的点(按1∶2缩小,即找到中点),顺次连接即可得到要求的图形。通过这样的操作过程,学生明确了画放大与缩小图时,找对应边其实就是找到对应点,就可以画出相应图形。

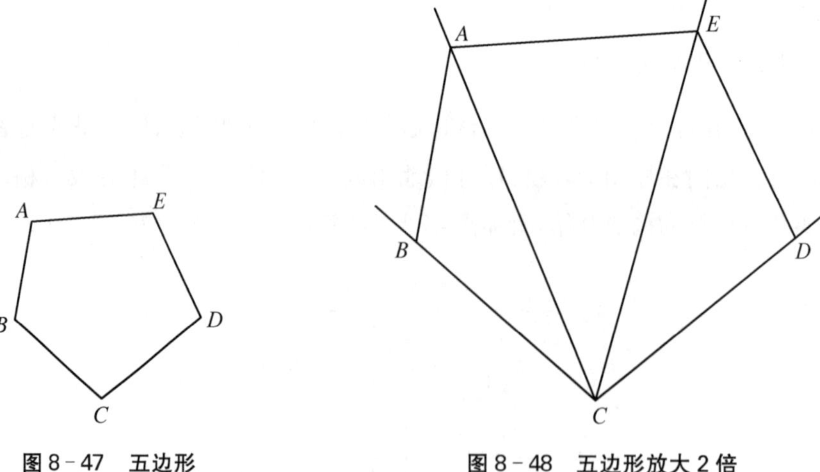

图8-47 五边形　　图8-48 五边形放大2倍

第四节 图形与几何思想方法教学

一、图形与几何中蕴含的类比思想

"类比"源自希腊文"*analogia*",原意之一为"比例",在语言发展过程中变为"类比"。如

6 与 9 这一组数和 10 与 15 这一组数，它们的对应项的比是一致的，即 6 ∶ 9＝10 ∶ 15，就这一点来说，是可作“类比”的。

也就是说，类比是通过对两个研究对象的比较，根据它们某些方面（属性、结构、内容、地位、关系、特征、形式等）的相同或相类似之处，推出它们在其他方面也可能相同或相类似的一种推理方法。其一般公式为：

A 具有 a、b、c、d 属性，

B 具有 a'、b'，c'属性，

所以，B 也可能具有 d'属性（其中 a、b、c、d 和 a'、b'、c'、d'相同或相类似）。

从公式可见，类比是由“特殊到特殊，由彼及此”的推理，是一种偶然性推理，其结论的真实性不一定能得到保证，其结论的可靠程度依赖于两个研究对象的共有属性。一般说来，共有属性越多，结论的可靠程度就越大；共有属性越是本质的，结论的可靠程度就越高。尽管如此，类比思想在人们的认识活动中仍有重要意义。

（一）图形与几何教学中渗透类比方法

波利亚指出：“在求解（求证）一个问题时，如果能成功地发现一个比较简单的类比题，那么这个类比问题可以引导我们到达原问题的解答。”[①]应用类比方法解决问题，即应用解决过的类似问题的方法来指导新问题的解决，往往能收到事半功倍的效果。小学图形与几何中涉及的类比方法主要有：特殊形体与一般形体的类比、高维与低维的类比、有限类比、方法类比等。

（1）特殊形体与一般形体的类比，包括两个类比过程，即一般化和特殊化过程。前者是由特殊到一般，是一个抽象、概括的过程，是一种类比、推广的过程，是一种发散的思维过程，如通过认识三角形、四边形类比到认识多边形。后者是由一般到特殊，是一种类比、限定的过程，是为了发现一般性问题的解法。如学生学习一般三角形性质后，对锐角、直角、钝角三角形性质的学习就比较容易。又如明确长方形面积计算方法后，类比推导出正方形面积的计算方法。

（2）低维与高维类比，是一种纵向类比，分为升维类比和降维类比，后者可以通过展开、平移、旋转来降维。此种类比方法常用于数学同一分支内，在几何学中主要涉及空间问题与平面问题的类比，如直线与平面的类比、三角形与圆锥体的类比、圆与球的类比、长方形与长方体的类比、长度单位与面积单位的类比、面积单位与体积单位的类比等。

（3）有限类比，即研究一个有关“无限”的问题时，先考察并解决一个与它类似的有限的问题，然后将解决后者时所用的方法或所得到的结果，尝试用于解决原来的有关“无限”的问题。简言之，通过无限与有限的类比解决有关无限的问题。如圆的面积公式推导时，先将圆

---

① G・波利亚．怎样解题[M]．阎育苏，译．张公绪，校．北京：科学出版社，1982：39.

依次等分为 4、8、16、32 个有限等份,通过验证,让学生理解等分份数越多,正多边形面积越接近于圆的面积,从而进一步理解当圆等分为无限份时,正多边形的面积就等于圆的面积。

(4) 方法类比,即通过对已解问题处理方法的研究去类比所求问题的解法。不仅在"数量关系"和"性质"方面可类比,而且在逻辑方法上也是可以进行类比的。如正方体有 12 条棱,计算方法是:正方体由 6 个正方形封闭拼成,每个正方形有 4 条边,共 24 条边,每两边重叠成一棱,于是 4×6÷2=12(条)。足球上短缝数量的计算方法可以类比正方体棱数的计算方法。即先数清足球由 32 块皮缝成,其中黑的是五边形,有 12 块,白的是六边形,有 20 块,总共有(5×12+6×20) 条边,两条边缝成一条短缝,于是有(5×12+6×20)÷2=90 条短缝。

(二) 图形与几何教学中渗透类比思想

图形与几何教学中,某些概念、法则、规律等的阐述与探究,常常是抓住两类知识的连接点,借助类比推理,由旧知过渡迁移到新知。这种思维方法比较符合儿童从具体感知向抽象思维过渡的认识规律。因此,教师在教学中不能将类比仅仅停留在叙述方式或数学结构等外层表象之上,而是需要对数学结论的运算、推理过程等进行类比分析,从解题的思想方法、思维策略等层面寻求内在的关联。

1. 利用生活原型,启发类比抽象

根据小学生的年龄特征和认知特点,生活中事物原型及生活经验对于新知识的学习具有很大的启发作用。教学中选择直观事物原型,提供一定的直观经验和认识感受,利于激发学生联想,引发猜测,产生灵感,建构模型,强化抽象。例如,教学"认识线段"时,手捏棉线的两端,将线绷紧拉直,构成了"线段"的实物原型,基于此抽象出"线段"图形,理解"线段"概念本质。但同时要注意避免生活中的原型、定式思维对数学概念理解的负迁移,如"角必定有一条水平射线的边""三角形的高必定垂于水平位置,并必定与底边相交""三角形的底边处于水平位置"等错误认识。这些需要基于生活原型的基础上,采取概念的"非标准变式"(见图 8-49),在类比抽象的基础上,帮助学生理解概念本质。

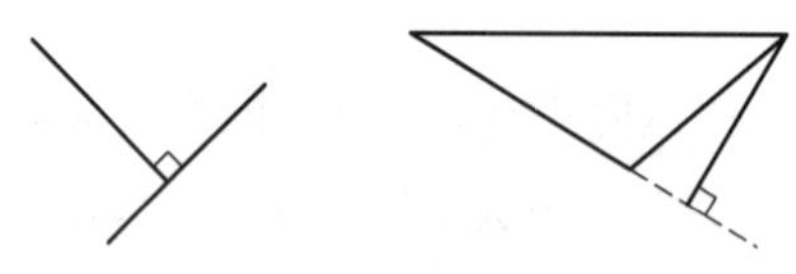

图 8-49 非标准变式

2. 探寻本质联系,搭建类比支架

数学知识之间有密切的内在联系,在新知识教学中充分激活学生已有知识和经验,探寻新旧知识之间的内在联系,寻找贯穿新旧知识的主线,为学生搭建类比的支架,为实现知识迁移奠定基础。如四边形认识中,根据图形性质特点类比梳理所学特殊四边形之间的关系,建立具有完整结构的知识体系(见图 8-50)。

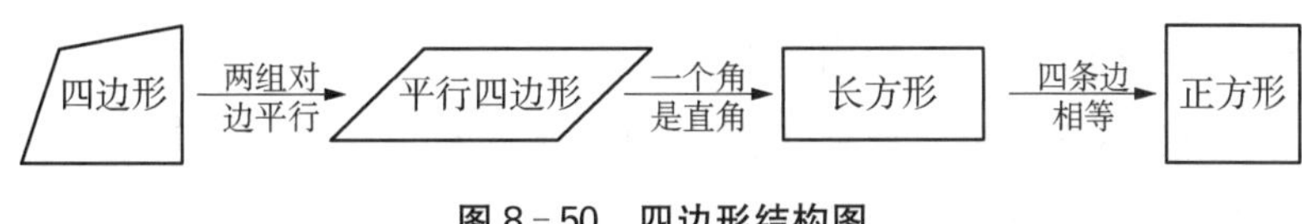

图 8－50　四边形结构图

3. 鼓励联想猜测，实现直觉类比

联想和猜测是实现类比较为常用的两种方法。教学中，基于新旧知识之间的联系，启发学生发现其中的相似和关联，展开想象，凭借几何直觉进行类比，大胆猜测相关结论，再通过合理逻辑推理或实验操作，对猜测进行验证。当然，类比不仅仅局限于概念、图形、性质等几何知识的类比，也包括数学思想、数学方法的类比，以及解决问题思路与方法的类比。例如学习“长方体体积”时，可以类比“长方形面积”探究方法，用 1 平方厘米的正方形拼出长方形，正方形面积和即为长方形面积，这样面积问题转化为数量计算问题，经推理归纳出长方形面积计算公式。由此联想可以用 1 立方厘米的正方体拼搭长方体，通过类比思路与推理过程，得出长方体体积计算公式。

二、图形与几何中蕴含的化归思想

（一）图形与几何教学中渗透化归方法

（1）化“新”为“旧”，即根据新旧知识的内在联系及学生已有的认知结构，将新知转化为已有的知识来解决。例如，长方形面积的计算方法是平行四边形面积计算方法的已有知识；平行四边形面积的计算方法是三角形面积计算的已有知识；三角形面积的计算方法是梯形面积计算方法的已有知识。前一种平面几何图形面积计算方法是后一种面积计算的基础；后一种平面图形面积计算需化归为前一种学生熟悉的图形，从而使问题得到解决。这样将旧知识、旧技能、旧的思维方法逐步过渡到新知识、新技能、新的思维方法，可以扩展原有认知结构。

（2）化“难”为“易”，即指导学生尽可能想办法使要解决的具体问题变得简单一些。这是数学解决问题中运用普遍的方法之一，有些看似复杂的问题，经过仔细观察、揣摩可以转化成较简单的问题来解决。

 **案例 8－1**

化“难”为“易”的方法

如图 8－51，已知梯形 $ABCD$ 的面积是 280 平方厘米，BE 与 EC 的长度之比为 2∶3，且 $AB/\!/DE$，问：图中阴影部分的面积是多少平方厘米？

分析:从已知条件看,求图中阴影部分的面积不能直接运用三角形的面积公式计算,但可以利用梯形和三角形的联系,把梯形中的已知条件转化成计算三角形面积的条件,然后再计算三角形的面积。

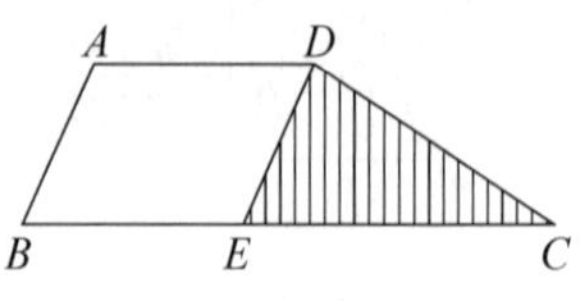

图 8-51 梯形面积求算

根据已知条件,不难确定 $ABED$ 是平行四边形,不妨设梯形的上底 AD 的长为 $2a$ 厘米,高为 h 厘米。由 BE 与 EC 的长度之比为 2∶3,可知 $BC=2a\div\frac{2}{2+3}=5a\ (\text{cm})$,得 $S_{梯形ABCD}=(2a+5a)\times h\div 2=280(\text{cm}^2)$,化简得 $ah=80$。因为△DEC 的底边 $EC=5a-2a=3a\ (\text{cm})$,高为 $h(\text{cm})$,所以 $S_{\triangle DEC}=3a\times h\div 2=120(\text{cm}^2)$。

(3) 化“隐”为“显”,即找出题目中的隐含条件,化难为易。例如求阴影面积(见图 8-52a),乍看这道题,因缺少条件(上底),似乎不可解答。但仔细分析后可以发现:空白三角形的顶点在下底上,它沿底边移动后所构成的三角形面积与原空白三角形面积大小不变(同底等高),所以阴影部分的面积也不变。本题运用图形运动变化的观点去思维与分析,找出隐含条件,将图形进行转化后求解(图 8-52b):阴影面积为 $\frac{8\times 5}{2}=20(\text{cm}^2)$。

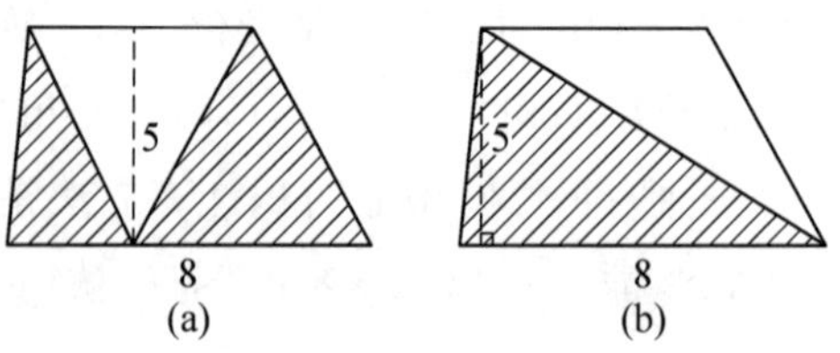

图 8-52 化“隐”为“显”求算面积

(4) 化“特殊”为“一般”,即引导学生从矛盾的特殊性中发现一般性规律或方法,促使特殊向一般转化,从而沟通知识间的内在联系。例如,以梯形为特例,运用联系和运动的观点向一般的几何图形转化(如图 8-53),从而使面积计算公式发生相应的转化。

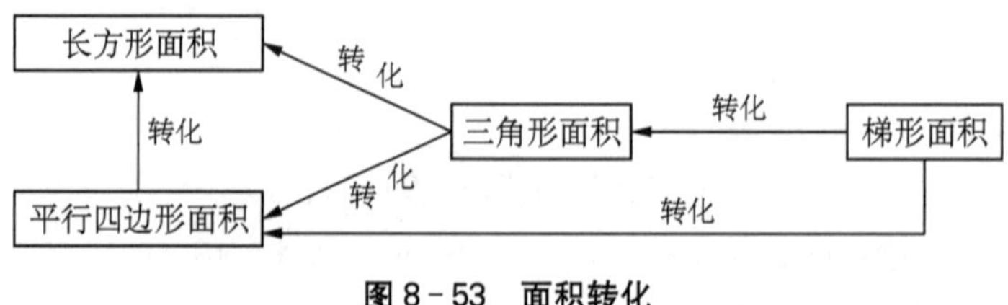

图 8-53 面积转化

（二）图形与几何教学中渗透化归思想

新知识的获得，离不开原有认知基础，很多新知识都是在已有知识基础上发展起来的。对于小学生来讲，学会怎样在已有知识的基础上掌握新知识的方法非常必要，可见化归方法对于小学生学习新知识、解决新问题有重要意义。因此，在图形与几何教学中，要抓住时机，适时地渗透化归思想，帮助学生用化归的方法学习新知识、分析新问题，逐步形成知识结构与系统。

首先，教师要充分挖掘教学内容中渗透的化归因素。数学概念、规则、公式、性质等知识都明显地写在教材中，是显性的，而化归思想方法却隐含在数学知识体系里，是隐性的，并且不成体系地散见于教学内容之中。要使隐性的化归思想显性化，教师就要深入钻研教材（包括教材中的习题），努力挖掘图形与几何教学内容中可以渗透化归思想方法的各种因素。

其次，努力把握教学中渗透化归思想的有效时机。在数学概念的形成、规律的揭示、结论和推导方法的寻找等诸多过程中，随时可以捕捉到渗透化归思想的有效时机。因此，教师要不失时机地引导学生领悟这些知识的产生过程，掌握知识形成的来龙去脉，使学生对化归思想有真正的理解。

例如，求多边形的内角和（如图 8 - 54）。由于学生已经掌握了三角形内角和的计算方法，当计算多边形的内角和时，可以启发学生动手添加辅助线，分别将四边形分割成两个三角形，则四边形的 4 个内角之和转化成两个三角形的 6 个内角之和；将六边形转化为 4 个三角形，则六边形的 6 个内角之和转化成 4 个三角形的 12 个内角之和。这样就把所求的多边形内角和问题转化为计算三角形内角和的问题。四边形内角和 = 2 个三角形的内角和，即 $2 \times 180 = 360$（度），六边形内角和 = 4 个三角形的内角和，即 $4 \times 180 = 720$（度）。

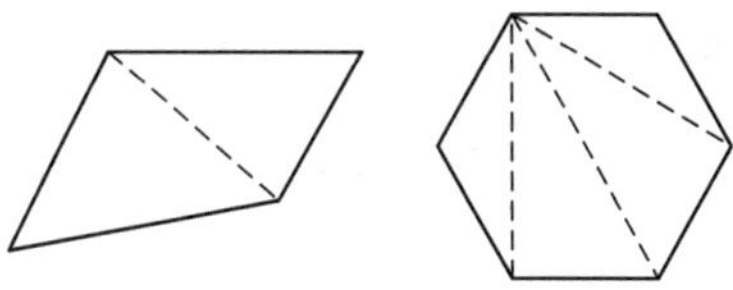

图 8 - 54　求多边形的内角和

三、图形与几何中蕴含的分类思想

数学中的分类是按照数学对象的相同点和差异点，将它们区分为不同种类的一种思想方法。分类是以比较为基础，通过比较识别出数学对象之间的异同点，然后根据相同点把数学对象归并为较大的类，根据差异点把数学对象划分为较小的类，从而将数学对象区分为具有一定从属关系的等级系统。

（一）分类标准

1. 不重复

不重复就是要求分类是纯粹的。具体来说，将数学对象进行分类后，任何两类必须相互排斥，任何两类概念的外延之间是不相容的关系。从集合角度看，被分成的任何两类之间不相交,即没有共同元素。例如,将三角形分成等腰三角形、等边三角形、三边互不相等的三角形,其中等腰三角形包含等边三角形,这两类之间有共同元素,故此分类不符合标准。

2. 无遗漏

无遗漏就是要求分类是完备的,从量方面要求一个也不能少。也就是说,经分类后所得到的所有类别要素之和,与被分数学对象要素应正好相等。从集合的角度看,分类后所得各概念的并集应等于被分概念外延的全集。例如,自然数分成质数和合数,分类后漏掉了“1”这个既非质数又非合数的自然数,故此分类不符合标准。

3. 标准同一

标准同一就是要求分类中只能根据同一个标准。否则,划分的结果会产生重复或过宽的逻辑错误,使划分后的结果混淆不清。例如,把三角形分成等腰三角形、直角三角形、钝角三角形,就犯了“分类标准不同一”的错误。若按“边”的特征分类,三角形应分为等腰三角形和三边互不相等的三角形;若按“角”的特征分类,三角形应分为锐角三角形、直角三角形、钝角三角形。上述错误在于混用了“边”和“角”两种不同的分类标准。但值得注意的是,“标准同一”是在一次分类中只能按同一标准进行,而在多次分类中“对同一对象若选取不同的标准,可以得到不同的分类”。

(二)图形与几何教学中渗透分类思想

1. 明确分类目的,顺应学生思维规律

图形与几何教学中要避免分类成为一种无意义的活动,要将分类活动渗透到具体知识内容的教学之中,也就是说,对于分类思想的渗透,不能仅仅关注分类的“多样化”。其实,与单纯的分类“多样化”相比,在教学中更应加强分类的目的与必要的优化。一般来说,分类是按照特殊与一般、简单与复杂的关系展开的,而由特殊到一般、由简单到复杂正是学生认识活动的一个基本规律。从这一点出发,可以说分类将不同的对象归为一类是突出强调了共同点,而区分出多种不同类别的主要作用是为逐步深入地去开展认识活动指明可能的途径。例如三角形学习中要按角的特点将三角形分成直角三角形与非直角三角形(锐角三角形和钝角三角形),通过这一分类活动促使学生多方位研究几何图形的性质,在深化对几何图形认识的同时培养用数学眼光看世界的能力。但对于教师而言,除此之外还要明白为什么要对三角形作出直角三角形与非直角三角形的区分。这主要是因为直角三角形为特殊三角形,由特殊入手认识一般图形,为深入开展几何图形的研究指明具体的途径,这在三角形内角和、三角形面积公式的推导过程中都有明显的体现。

2. 借助归类操作,深化图形概念的理解

“2022 年版课标”在第二学段“图形的认识与测量”中提出:学生要认识三角形和四边形,会根据图形特征对三角形和四边形进行分类,并举例说明怎样将图形分类,突出了分类思想在图形教学中的作用。郑毓信先生也指出,适当的"归类"构成了数学抽象的直接基础。[①] 只有通过将所有的单个事物归成一类并集中于它们的共同点,才能抽象形成基本概念。正如对长方形、正方形、三角形、圆等几何图形的认识,就是将所有外形为长方形的物体归为一类,将外形为正方形的物体归为一类,将所有外形为三角形、圆的物体分别归类,观察发现每一类的共同点,再逐步抽象出相应的概念。

3. 借助分类构图，建立图形概念间的联系

分类思想可培养学生思考的周密性、条理性。图形与几何教学中要关注几何图形存在的内在逻辑关系,需要对相关概念进行系统梳理,理解相关概念和方法之间的联系,完善认知结构,促进学习方法的迁移。这就需要有效利用集合图、结构图等相关图示,在进一步加深对有关图形概念的认识和理解的同时,帮助学生从结构上把握有关图形之间的联系,促进几何知识的整体建构。例如四边形相关内容学习之后,可以设置问题:学过哪些四边形?如果把这些四边形分成两类,你想怎么分?先试着用结构图画一画,再和同桌交流。接着展示学生的作品,并追问:你是怎么想的?为什么这样分?在此基础上完善结构图(如图 8－55)。这一过程中,学生在分类中自然生成结构图,突出了概念之间的联系和区别,为建构完整的科学的认知体系奠定了基础。

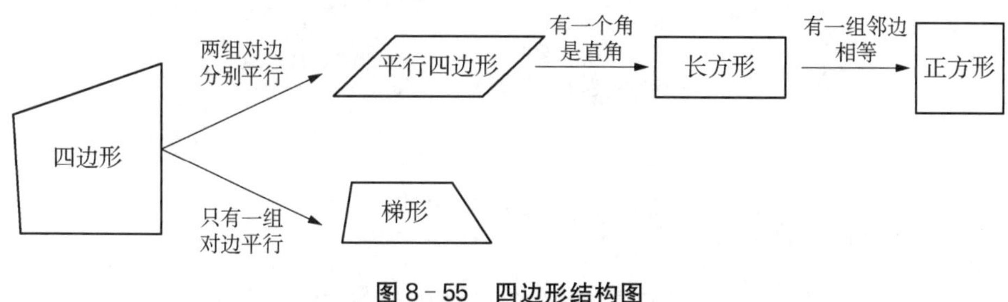

图 8－55　四边形结构图

案例 8－2

2018 年下半年小学教师资格考试《教育教学知识与能力》试题(小学):

请认真阅读下列材料(参见北师大版数学教材一年级上册),并按要求作答。

实践活动:整理一下自己住的房间,向同伴说说你是怎么整理的。根据上述材料完成下列任务:

(1) 什么是分类思想?如何培养学生的分类思想?(10 分)

(2) 如何指导小学一年级学生学习上述内容,试拟定教学目标。(10 分)

(3) 针对"整理房间"这一教学内容,设计教学活动方案并简要说明理由。(20 分)

① 郑毓信.走进数学思维(二):数学中的分类[J].小学教学(数学版),2008(6):47－49.

四、图形与几何教学中渗透归纳推理

在数与代数部分已经介绍过有关归纳推理的内涵。如何在图形与几何教学中渗透归纳推理?

(一) 通过归纳,发现性质

例如,探索“三角形三边的关系”时,苏教版教材提供了4根小棒,教学时教师可以让学生任意选用其中3根摆三角形,在操作之后进行类型分类(成功、失败),并对各种情况进行分析比较,初步提出猜想;再引导学生任意画一个三角形,通过测量活动验证猜想,归纳得到结论:三角形任意两边长度的和大于第三边。接着,还可以对“为什么三角形两边之和不能小于或等于第三边”展开讨论,引导学生举反例验证,进一步提高对三角形特征的认识(如图8-56)。

从围成三角形的三根小棒中任意选出两根,将它们的长度和与第三根比较,结果怎样?

三角形任意两边长度的和一定大于第三边吗?先画一个三角形,再量一量、算一算。

三角形任意两边长度的和大于第三边。

图8-56 探索三角形三边的关系

(二) 通过归纳,发现公式

在“长方形、正方形面积的计算”案例中,教师让学生采用同桌合作的学习方式,用1平方分米的面积单位摆长方形,探究长方形的面积和长、宽的关系。在这一过程中,要请学生讲算理和原因,并通过实验验证、举例等说明其正确性和运用价值,最后引导学生归纳总结长方形面积的计算公式。(参见案例5-4)

通过生活中的或者数学中的真实情境,引导学生感悟基本事实的意义,经历几何命题发现、猜想和验证(证明)的过程,感悟归纳推理过程和演绎推理过程的传递性,增强推理意识,学生会用数学的思维思考现实世界。

阅读资料

1. 史宁中.基本概念与运算法则:小学数学教学中的核心问题[M].北京:高等教育出版社,2013.

2. 张维忠.数学教育中的数学文化[M].上海:上海教育出版社,2011.

3. 蔡宏圣.几何直观:小学数学教学的视角[J].课程·教材·教法,2013(5):109-115.

4. 冯凯,吴正宪,张秋爽."圆的周长"教学实录与评析[J].小学教学参考(数学),2008(7):41-44.

5. 张侨平,邢佳立.空间观念的培养——以"立体图形的分割和拼接"为例[J].小学数学教师,2019(9):15-19.

6. 马云鹏."图形的认识"及其教学设计[J].小学数学教育,2018(18):3-9.

7. 张海欢,胡明."探索图形"教学实录与评析[J].小学数学教育,2018(1):58-62.

8. 孔企平.从空间观念到视觉空间推理——小学数学课程改革新动向[J].小学教学(数学版),2019(9):8-12.

9. 杨传冈.基于范希尔理论的小学数学几何开放题思维评价[J].中小学教师培训,2018(6):53-57.

10. 尹瑶芳.小学数学教师图形与几何知识状况调查——以上海市浦东新区为例[J].数学教育学报,2020(5):46-51.

思考与练习

1. 认识三角形和平行四边形在图形与几何中的地位;利用多种方法探索"三角形内角和"对研究其他几何问题的意义。

2. 分析案例5-4蕴含的归纳推理思想;参照该案例,设计一个利用归纳推理探究图形与几何问题的案例。

3. 查阅文献(包括教学视频),分析小学生解决"图形的运动"问题存在的困难;思考:你将如何利用信息技术开展"图形的运动"(旋转)的教学?

第九章
统计与概率的教学

本章导语

在概述统计与概率历史的基础上，本章给出统计与概率的教学要求；深刻认识统计与概率的概念，提高学生解决统计与概率问题的能力；结合经典的小学数学教学研究案例，展示统计与概率思想方法的教学。

学习目标

1. 了解统计与概率教学的意义、内容、要求。
2. 探索统计与概率的概念与技能教学、统计与概率解决问题教学。
3. 能够在小学数学教学中渗透统计与概率思想方法。

统计与概率主要研究现实生活中的数据和客观世界中的随机现象。它通过对数据收集、整理、描述和分析以及对事件发生可能性的刻画，来帮助人们科学、客观地认识世界。在新的课程标准中将“统计与概率”作为义务教育阶段数学课程 4 个学习领域之一，具有重要意义。

第一节　统计与概率教学的意义、内容和要求

一、统计与概率教学的意义

（一）适应社会发展的需要

在以信息和技术为基础的现代社会，人们面临更多的机会和选择，常常需要在不确定的情境中，根据大量无组织的数据，作出合理的决策。概率统计的问题涉及社会生活的方方面面。例如，“今天天津地区的降水概率是 30%”“这场篮球赛，某队赢的可能性比较大”“火车站的日客流量突破十万人次”“某商场实行购物抽奖，中奖面达到三分之一”等。从小学习统计与概率知识将越来越重要，这是时代发展的需要。

（二）提高解决实际问题的能力

统计与概率与人们的日常工作和社会生活密切相关。在日常生活中常常需要我们在不确定的情境中通过自己的观察，对大量无组织的数据进行分析，从这些大量的偶然性现象背后揭示出某些规律，作出合理的决策，独立地获得问题的解决。统计与概率所提供的“运用数据进行推断”的思考方法已经成为现代社会一种普遍适用的思维方式。统计与概率的思想方法，将随着社会的不断发展而越来越重要。在义务教育阶段，让学生经历统计与概率活动的全过程，使学生熟悉统计与概率的基本思想方法，帮助学生在面对大量数据和不确定的情境中，制定较为合理的决策，有利于发展学生综合运用所学知识解决问题的能力。

（三）使学生获得积极的情感体验

统计与概率这一领域的内容对学生来说是充满趣味和吸引力的。动手收集与呈现数据是一个活动性很强并且充满挑战和乐趣的过程，做概率游戏本身就是对思维的一种挑战，也是一个非常有趣的过程，这一过程有助于培养学生对数学的积极情感体验。

二、统计与概率教学的内容

（一）统计与概率的历史

1. 概率的历史

概率论起源于博弈问题。15—16 世纪意大利数学家帕乔利（L. Pacioli）、塔塔利亚（N. Tartaglia）和卡尔丹（G. Cardano）的著作中曾讨论过“如果两人赌博提前结束，该如何分配赌金”等概率问题。1654 年左右，费马（P. de Fermat）与帕斯卡（B. Pascal）在一系列通信中讨论类似的合理分配赌金的问题，并用组合方法给出了正确解答。他们的通信引起了荷兰数学家惠更斯（C. Huygens）的兴趣，后者在 1657 年发表《论赌博中的计算》，这是最早的概率论著作。

一般认为，概率论作为一门独立的数学分支，其真正的奠基人是雅各布・伯努利（J. Bernoulli），他在遗著《猜测术》中首次提出了后来以“伯努利定理”著称的极限定理。伯努利定理刻画了大量经验观测中呈现的稳定性，作为大数定律的最早形式在概率论发展史上占有重要地位。

继伯努利之后，棣莫弗（A. de Moivre）、蒲丰（C. de Buffon）、拉普拉斯（P. de Laplace）、高斯（C. F. Gauss）和泊松（S. D. Poisson）等对概率论作出了进一步的奠基性贡献。19 世纪后期，极限理论的发展成为概率论研究的中心课题，俄国数学家切比雪夫（P. L. Chebyshev）在这方面作出了重要贡献。切比雪夫的成果又被他的学生马尔可夫（A. A. Markov）等发扬光大，推动了 20 世纪概率论发展的进程。19 世纪末，概率论在统计物理等领域的应用引出了对概率论基本概念与原理进行解释的需要。另外，科学家们在这一时期发现的一些概率论悖论也揭示出古典概率论中基本概念存在的矛盾与含糊之处。最早对概率论进行严格化尝试的是俄国数学家伯恩斯坦(S. N. Bernstein)和奥地利数学家冯·米西斯(R. von Mises),他们都提出了一些公理来作为概率论的前提,但他们的公理理论都是不完善的。真正严格的公理化概率论只有在测度论与实变函数理论的基础上才可能建立。作为测度论的奠基人,博雷尔(E. Borel)早在1905年就指出概率论理论如果采用测度论术语来表述将会方便许多,并首先将测度论方法引入概率论重要问题的研究。苏联数学家科尔莫戈罗夫(A. N. Kolmogorov)也从20世纪20年代中期开始从测度论途径探讨整个概率论理论的严格表述,其结果是于1933年以德文出版的经典性著作《概率论基础》。科尔莫戈罗夫提出了6条公理,整个概率论大厦可以从这6条公理出发建筑起来。科尔莫戈罗夫的公理系统逐渐获得了数学家们的普遍承认。由于公理化,概率论成为一门严格的演绎科学,取得了与其他数学分支同等的地位,并通过集合论与其他数学分支密切地联系着。科尔莫戈罗夫是20世纪最杰出的数学家之一,概率论无疑是他科学生涯中最重要的成就。

2. 统计的历史

中国《九章算术》作为一部主要为官方的经济政策服务的算经,蕴含了丰富的统计思想和统计理念,例如统计分组、线性回归、抽样推断、相对指标、加权平均等。[①] 最早的集中趋势的测量实际上可追溯至古希腊。亚里斯多德给出了平均数的几何定义:a 和 c 中间的 b 数称为算术平均数,当且仅当用现代术语表述即为:$b-a=c-b$。[②]1069年,威廉一世(William I, 1028—1087年)颁布了英格兰土地志,实施了英格兰第一次官方统计。[③] 1749年,德国数学家阿亨瓦尔(G. Achenwell)在《欧洲最主要各国新国势学概要》中第一次引进专有名词"统计"(拉丁文 Statistik)。[④] 这个词意为:"由国家(State)来收集、处理和使用数据。"[⑤]英国人威廉·普莱费尔(W. Playfair)被公认为将图形表征思想介绍到统计学的第一人。他的著作,大多关于经济学,多采用图形如直方图、条形图。卡尔·皮尔逊(K. Pearson)引入命名"直方图"。弗朗西斯·高尔顿(F. Galton)于1875年发明累积频率分布图。1801年威廉·普莱费尔(W. Playfair)发明玫瑰图,类似于饼图;南丁格尔(F. Nightingale)用玫瑰图的方法呈现数据,在历史上第一次对社会环境应用了统计学的分析方法。[⑥]

简单的统计古来就有,在18、19世纪出现了统计推断思想的萌芽,并有一定发展,但以概率论为基础、以统计推断为主要内容的现代意义的数理统计学,直到20世纪才告成熟。1763年,英国人贝叶斯(T. Bayes)发表《论机会学说问题的求解》,其中的"贝叶斯定理"给出

① 邢莉.《九章算术》中的统计学思想探究[J]. 统计研究,2008,25(3):102-106.
② 吴骏,黄青云. 基于数学史的平均数、中位数和众数的理解[J]. 数学通报,2013(11):16-21.
③ 郝丽,刘乐平,刘骏豪. 统计历史的发展与统计科学的智慧[J]. 统计与信息论坛,2017,32(11):118-126.
④ 高庆丰. 欧美统计学史[M]. 北京:中国统计出版社,1987:22.
⑤ C. R. 劳. 统计与真理:怎样运用偶然性[M]. 李竹渝,石坚,译. 北京:科学出版社,2004:31,106.
⑥ 邓力. 南丁格尔玫瑰图[J]. 中国统计,2017(6):34-36.

了在已知结果 E 后，对所有原因 C 计算其条件概率（后验概率）$P_E(C)$ 的公式，可以看作是最早的一种统计推断程序。拉普拉斯和高斯等利用贝叶斯公式估计参数，特别是高斯由于计算行星轨道的需要建立了以“最小二乘法”为基础的误差分析。这些都促使统计学摆脱了对观测数据的单纯描述而向强调推断的阶段过渡。

英国生物学家和统计学家卡尔·皮尔逊在现代数理统计学的建立上起了重要作用。皮尔逊在 19 世纪末 20 世纪初发展了他的老师高尔顿首先提出的“相关”与“回归”的理论，成功地创立了生物统计学。皮尔逊提出了“总体”的概念，明确指出统计学不是研究样本本身而是要根据样本对总体进行推断，并根据这一思想提出了“拟合优度检验”，即检验作为样本取出的个体是否“拟合”，从理论上确定了总体分布的问题。皮尔逊的工作是所谓“大样本统计”的前驱。他的学生戈塞特（W. S. Gosset）在 1908 年以笔名“学生”发表的“学生分布”则开创了小样本统计理论。小样本理论强调样本必须从总体中随机地抽取，即必须是随机样本，从而使统计学研究对象从群体现象转变为随机现象。

现代数理统计学作为一门独立学科的奠基人是英国数学家费希尔（R. Fisher）。费希尔毕业于剑桥大学，做过中学教员，曾长期在农业试验站工作，在将统计学应用于农业与遗传学方面有丰富的经验积累。在 20 世纪二三十年代，费希尔提出了许多重要的统计方法，开辟了一系列统计学的分支领域。1946 年，瑞典数学家克拉默（H. Cramer）发表了《统计学的数学方法》，用测度论系统总结了数理统计的发展，标志着现代数理统计学的成熟。[①]

（二）小学统计与概率的教学内容

“2022 年版课标”确定小学“统计与概率”的教学内容包括“数据分类”“数据的收集、整理与表达”和“随机现象发生的可能性”三个主题。学生在学习过程中，了解统计与概率的基础知识，感悟数据分析的过程，形成数据意识。

“数据分类”的本质是根据信息对事物进行分类。学生经历从事物分类到数据分类的过程，感悟如何根据事物的不同属性确定标准，依据标准区分事物，形成不同的类。

“数据的收集、整理与表达”包括数据的收集，用统计图表、平均数和百分数等统计量表达数据。在学习过程中，让学生初步感受现实生活中存在大量数据，其中蕴含着有价值的信息，利用统计图表和统计量可以呈现和刻画这些信息，形成初步的数据意识。

“随机现象发生的可能性”是通过试验、游戏等活动，让学生了解简单的随机现象，感受并定性描述随机现象发生可能性的大小，感悟数据的随机性，形成数据意识。

第一学段（1～2 年级）

数据分类：会对物体、图形或数据进行分类，初步了解分类与分类标准的关系，形成初步的数据意识。

---

① 李文林. 数学史教程[M]. 北京：高等教育出版社，2000：319.

第二学段(3～4 年级)

数据的收集、整理与表达:经历简单的数据收集和整理、描述和分析的过程,了解简单的收集数据的方法,会呈现数据整理的结果。通过对数据的简单分析,感受数据蕴含着信息,体会运用数据进行表达与交流的作用。认识条形统计图,会用条形统计图合理表示和分析数据。能读懂报纸、电视、互联网等媒体中的简单统计图表。探索平均数的意义,能解决有关的简单实际问题。能在简单的实际情境中,合理应用统计图表和平均数,形成初步的数据意识和应用意识。

第三学段(5～6 年级)

1. 数据的收集、整理与表达

根据实际问题需要,经历数据收集、整理和分析的过程,能合理述说数据分析的结论。认识折线统计图、扇形统计图;会用条形统计图、折线统计图呈现相关数据,解释所表达的意义。能从各种媒体中获得所需要的数据,读懂其中的简单统计图表。结合具体情境,探索百分数的意义,能解决与百分数有关的简单实际问题,感受百分数的统计意义。在简单的实际情境中,应用统计图表或百分数,形成数据意识和初步的应用意识。

2. 随机现象发生的可能性

通过实例感受简单的随机现象,能列出简单随机现象中所有可能发生的结果,感受这些结果发生可能性大小的不同。在实际情境中,能对一些简单随机现象发生可能性的大小作出定性描述。

"统计与概率"重点强调数据的处理。收集、整理与表达是数据处理的主要方式,有助于学生数据意识的形成。学生可以从整体上理解统计离不开数据,二者都是用恰当的方法处理数据,从而逐步形成数据意识。

三、统计与概率的教学要求

(一) 关注统计与概率问题的全过程

统计和概率是一个需要经历的过程,就像描述一件事情要有"起因、经过、结果"一样,为什么要进行统计,统计要做哪些事情,统计的结果是什么,这个结果有什么意义。只有经历了统计的全部过程,才能真正体会到统计的意义和价值,感受统计与生活的密切联系,才能真正学会一种解决问题的技能,也才能感悟到学习数学的价值。

传统的统计教学,往往把根据已知数据解决提出的问题作为学习的重点,这样教出来的学生,可以解决根据已知数据设计的纷繁复杂的数学问题,但是他们却不知道运用什么样的方法去收集所需要的数据,不会主动地运用统计的方法去解决身边出现的问题。究其原因,主要是他们只经历了统计过程中的一个环节,而且这个环节不需要太多的主动性和独立性,只是根据提供的素材机械地解决问题而已。这样的教学安排,是一种盲目的被动学习,学生所获得的仅仅是机械的解题能力，根本没有涉及统计的实质。统计是一个需要学生去亲身经历的过程，因此教师需要精心设计统计的过程，尽量把活动设计得完整一些，既要有让学生体会统计必要性的情境，也要有学生自主收集数据的环节，有整理数据的过程，有观察分析、作出简单判断与预测的环节，使学生获得统计活动的亲身体验，逐步形成用数据分析问题的思维习惯。

在探索概率问题过程中，我们可以通过重复试验发现规律，进而建立理论模型，也可以用频率来验证理论模型是否合理。学生在生活中所经历事件的态度、信念、经验，都会影响自身概率思维的发展。① 在教学中，学生要理解基本事件的形成过程，即要抓住基本事件形成的因素。

（二）关注统计与概率的实际背景

统计与概率来源于生活，应用于生活，与日常生活紧密联系。例如，小孩子玩“石头、剪刀、布”的游戏时需要记录输赢的次数，看到天空乌云重重时妈妈会告诉孩子“可能要下雨了”等，这些简单的统计与概率时常会出现在学生的现实生活中。因此，小学生有统计与概率的生活经验，在学生已有的生活经验的基础上，利用现实的情境或材料进行教学设计，有利于学生感受随机思想，体会随机数学与确定性数学在处理问题上的不同，在随机环境中学习随机思想，树立随机意识。例如，对于股市涨跌的可能性判断，对儿童来说是缺乏经验的，但是对于自己是否有可能获得学校短跑比赛的第一名，他们却是有可能进行预测的。

（三）重视学生的活动体验

在义务教育阶段，学生学习统计的核心目标是发展自己的“统计观念”。“观念”绝非等同于计算、画图等简单技能，它是一种需要在亲身经历的过程中培养出来的感觉。“观念”的建立需要学生亲身经历，需要他们真正投入到统计活动中，在活动的过程中去体验和理解知识的内在意义。因此，在教学组织的过程中，不要将概率统计知识简单地当作是对那些表示概念的词汇的识记，或者将它简单地当作一种程序性的技能来反复操练，而应尽可能地用一些活动来组织，以增加学生在学习过程中的体验。对“统计过程的体验”和“对可能性与不确定性的直观感受”不应由教师强加于学生，而必须是学生通过自主活动，从调查、操作等过程中摸索、探究而来。

第二节　统计与概率概念与技能教学

一、简单数据统计过程

按照《大不列颠百科全书》的定义：“统计学是关于收集和分析数据的科学和艺术。”因

---

① Amir G. S, Williams J. S. Cultural influences on children's probabilistic thinking[J]. The journal of mathematical behavior, 1999,18(1):85 - 107.

此,统计是围绕数据分析而建立的,其中包括运用统计的方法来分析数据,组织和显示数据(表格和图形),并在数据的基础上形成推论和预测。

从具体应用的角度来分,统计学包括三个部分:描述统计、推断统计和试验设计。在小学数学课程中,主要涉及的是描述统计。描述统计是指对所收集的大量数据资料进行整理、概括,寻找数据的分布特征,用以反映研究对象的内容和实质的统计方法。例如,对原始数据资料用归组、列表、图示等方法加以归纳、整理,为进一步处理数据资料做好准备工作,计算集中量指标(如算术平均数、中位数)用来反映数据的集中趋势。描述统计可使无序而庞杂的数据资料成为有序而清晰的信息资料。描述统计是整个统计学的基础。[①]

小学阶段统计内容的设置以统计的全过程为主线。在第一学段,通过具体操作活动,使学生对数据处理的过程有所体验,在活动中学习一些简单的收集、整理和描述数据的知识和方法。在第二学段,通过日常生活和周围环境中熟悉的素材,使学生经历简单的数据处理过程,并在此过程中,进一步学习收集、整理和描述数据的知识和方法,根据数据作出简单的判断和预测。从事收集、整理、描述和分析数据的活动是统计学习的首要目标。

(一) 分类

统计最基础的知识是比较、排列和分类。

进行分类时,首先要对客观事物进行分析、综合。通过比较,发现事物之间的联系与区别,并抽象、概括出事物的一般特点与本质属性。分类是将零散的、个别的知识系统化和条理化,从而形成有关概念的过程。因此,分类能力的发展对于将来理解、接受和掌握系统化的知识,形成科学、严谨的思维方式有很大益处。

在实际生活中,分类有着广泛的应用。例如,商店里的物品要分类摆放,便于顾客很快找到想买的东西;学生要学会对学习用品和生活用品的分类整理,学习和生活才会有条有理。在这里,把分类单列一单元进行教学,是为了使学生比较系统地掌握初步的分类方法。本目标实施的重点是在比较、排列、分类的活动中,体验活动结果在同一标准下的一致性和在不同标准下的多样性。在教学中要注意:

(1) 对学生熟悉的物体进行比较、排列和分类。由于低年段学生生活经验较少,他们活动的范围也有限,因此,可安排学生对比较熟悉的物体进行比较、排列和分类的活动。在分类过程中,学生要进行比较和排列。还可以让学生调查了解图书馆的图书是怎样分类的,超市货架上的商品是怎样分类摆放的,使学生体会到分类在实际生活中的应用。

(2) 鼓励学生在感知的基础上进行分类。物体的分类是按一定标准进行的,标准不同,其分类结果也不同。例如,进行整理书本的活动,要求学生将书包里的书和练习本进行分类。放手让学生自主探索,怎样方便就怎样分类,然后组织交流。在这一过程中,应鼓励学生根据自己

---

① 鲍建生,周超.数学学习的心理基础与过程[M].上海:上海教育出版社,2009:352.

的观察以及感知进行分类，这样，他们在分类中就能体验到不同标准下分类的多样性。

（二）统计表

统计表是对数据分类后的一种简便表示形式。根据学生年龄的特点，从实物的分类，到抽象的统计表表示将经历几个年级段的学习。

对低年段的学生来说，可以通过列表的方式来体验统计的意义。统计表的制作不是一个简单的技术问题，而是在制作过程中体验和理解统计表意义的问题。即不是一个简单的数据堆砌的过程，而是一个对数据理解的过程。当向学生呈现“调查一下自己班同学最喜欢的体育运动项目的情况”这一问题时，对儿童来说，就不是一个简单的数据获得的问题，更重要的是如何处理这些数据的问题。

设计简单的统计表是更加规范地收集数据的一种方法。学生在设计一个统计表时，首先，要明确调查的目的，为什么要去调查；其次，要考虑调查所涉及的内容。这些问题在开始设计时，需要有一个全面的思考，每一项具体内容都应围绕调查的主题，这样一旦设计出统计表，就容易获得成功。

（三）统计图

“2022 年版课标”中所说的统计图实际上包含条形统计图、折线统计图和扇形统计图三种。另外，就统计过程中变量的多少而言，又包含单式统计图与复式统计图。

1. 条形统计图

对于条形统计图，在第一学段只要求一格表示一个单位，而在第二学段则要求一格表示多个单位。在认识了条形统计图后，学生将要学习折线统计图与扇形统计图。认识这三种统计图不是教学的目标，教学的目标应当是：学生能够根据不同的需要选择合适的统计图来表达数据，形成解决问题的能力。

首先，条形统计图包括一格表示一个单位的和一格表示多个单位的。其中一格表示一个单位的条形统计图，是象形统计图的发展，在认识象形统计图时，可以结合象形统计图逐步过渡到条形统计图。

其次，随着统计数据的增大，有些数据用简单的条形统计图就难以表示出来，需要学生体会到一格可以表示多个单位，从而进一步认识条形统计图。例如，四(1)班学生课外兴趣小组人数统计图，如图 9－1 所示（一格代表两个人）。

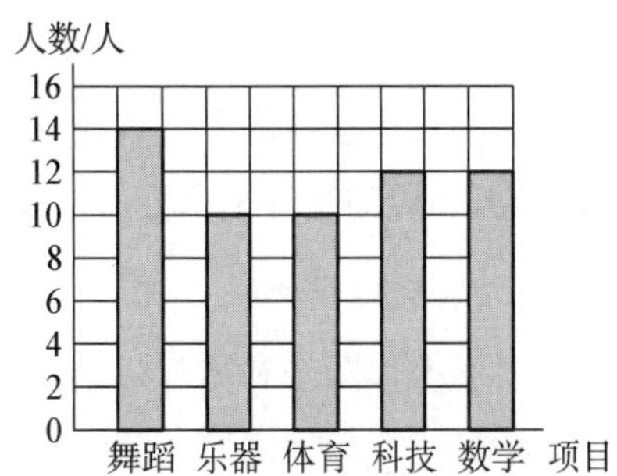

图 9－1　四(1)班学生课外兴趣小组人数统计图

在教学中该部分统计内容的选择要注意联系学生的生活实际，激发学生学习的兴趣。如让学生统计全班同学喜欢的动物卡片的数量，统计学生喜欢看什么体育比赛、喜欢什么玩具，统计天气的情况，调查同学们的家庭人口数、早餐吃什么主食等。内容的编排要注意让学生经历数据的收集、整理和描述的过程,使学生在这个过程中既学习了简单的统计知识,又初步了解了统计的方法,认识统计的意义和作用,进而体验到统计图确实是很有用的。

第三,对于复式条形统计图,可以让学生根据给定的复式统计表中的数据,分别绘制两个条形统计图,让学生说一说根据两个条形统计图能够发现哪些信息,如果要在一个统计图中描述这些信息该怎么办。启发学生思考:在学习复式统计表时是怎么把两个单式统计表合并的?另外,还可以进一步引导学生思考:在学习复式统计表时就经常把两种人物或事物成对进行对比,例如,可以在一个统计图中同时表达城镇和乡村人口的数量变化情况。这样,学生在教师的引导下通过自主探索和交流完成复式条形统计图的绘制。再通过小组合作,交流复式条形统计图与单式条形统计图的联系和区别,使学生在观念和知识上得到提升。通过对统计图的描述和数据分析,学生发现了很多信息,了解了很多情况,认识到复式条形统计图有着更大的作用与意义。

2. 折线统计图

折线统计图常称为线形图,一般用来表示两个变量之间的函数关系。描述某种现象在时间上的发展趋势,或一种现象随另一种现象变化的情形,用折线图表示是较好的方法。例如,对小玲某月跳绳成绩进行统计(如图 9-2),画出折线统计图能够更清楚地表示出小玲跳绳成绩的变化发展趋势。

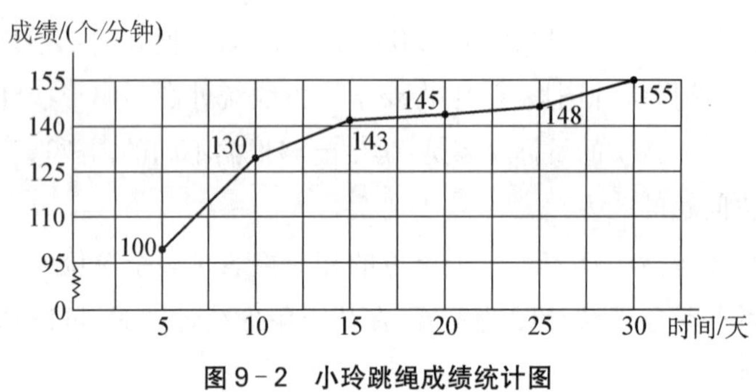

图 9-2 小玲跳绳成绩统计图

在折线图中画两条线或多条线,可用于比较两组或多组数据资料。例如,李欣和刘云为了参加学校运动会的 1 分钟跳绳比赛,提前 10 天进行训练,已知每天的测试成绩,按照统计表,绘出相应的统计图(见图 9-3)。

3. 扇形统计图

扇形统计图是利用圆与扇形之间的关系来表示整体与部分之间关系的一种统计图,它是在学习了百分数之后介绍的。扇形统计图只要求学生认识,不要求学生绘制,这与条形统计图、折线统计图的学习要求有所区别。例如,鸡蛋各部分的质量分数用扇形统计图表示较为合适,如图 9-4 所示。

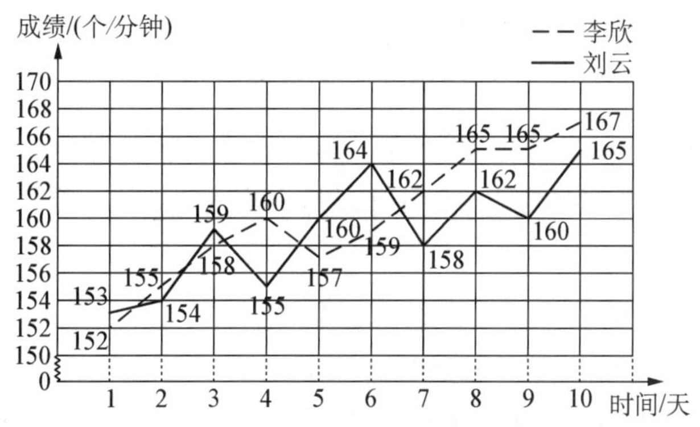

图 9-3　李欣、刘云 10 天训练成绩统计图

【2017 年上半年小学教师资格证考试《教育教学知识与能力》真题】

阅读材料：扇形统计图（参见北师大版数学教材六年级上册，2015 年版，57 页。）

蛋壳 15%
蛋黄 32%
蛋白53%

图 9-4　鸡蛋各部分质量统计图

根据上述材料完成下列任务。

（1）请列出在进行“统计与概率”学习时涉及的三种统计图，分析三种统计图之间的联系和区别。（10 分）

（2）拟定指导高学段学生学习的教学目标。（10 分）

（3）依据拟定的教学目标，设计课堂教学环节，并说明设计意图。（20 分）

在统计图这部分内容的教学中要注意：

首先，要让学生经历数据统计的全过程，即“经历简单的收集、整理、描述和分析数据的过程”。在第一学段，让学生对数据的收集、整理、描述和分析过程有所体验，在第二学段，学生将通过独立操作，学会简单的收集、整理和分析数据的方法，这是该项目标实施的重点。理解该项目标，要注意以实践活动为载体。事实上，数据统计是对日常生活中大量的信息进行整理分析的过程，学习这些方法当然离不开实践活动。

其次，要让学生初步了解不同形式统计图的使用条件。不同的统计图都有其使用条件，要根据具体情况选用合适的统计图。如果要描述一组数据中不同样本之间的差异，就应选用条形统计图；如果要描述一组数据的变化趋势，就应选用折线统计图；如果要描述一组数据占总体的百分比，就应该选用扇形统计图。例如，要统计同学们最喜欢的课外活动，用条形统计图比较合适；小强种了一粒种子，从出芽那天起，每隔一周他都要将小芽的高度记录下来，此处用折线统计图呈现小芽高度变化情况比较合适；小明想用统计图表示他一天作息时间的分配情况，各项作息占一天时间的百分比，这显然用扇形统计图比较合适。同样，在条形统计图中，一格是表示 1 个单位还是 2 个、5 个、10 个甚至更多单位，起始格和其他格表示的单位量是否一致，都是根据数据的具体大小而定的，这一点，要让学生在自主探索的过程中有所体会。

第三，指导学生根据统计图表的数据提出并回答问题。根据统计图表的数据回答简单的问题,是分析数据的重要形式,也是从数据中获得结论的基础。数据统计的全过程有数据收集、数据整理、数据呈现(制作统计图表)、分析数据得出结论(作出决策或预测)等环节。其中,分析数据是重要环节,也是"2022 年版课标"再三强调的,要求学生能读懂统计图表。鼓励学生提出不同的问题,教师应引导学生主动地交流读图表的心得。例如,根据图 9-3 可以先引导学生思维,交流如下问题:

(1) 李欣和刘云第 1 天的成绩相差多少?第 10 天呢?

(2) 李欣和刘云跳绳的成绩呈现怎样的变化趋势?谁的进步幅度大?

(3) 你能预测两个人的比赛成绩吗?

(4) 你还发现了什么?

然后通过交流,作出简单决策。

(四) 统计量

平均数是统计中的一个重要概念。小学数学里所讲的平均数一般是指算术平均数,也就是一组数据的和除以这组数据的个数所得的商。

平均数性质:①平均数介于最小值和最大值之间;②平均数与数据之差的和为零;③平均数易受到不等于平均数的数据的影响;④平均数不一定是数据中的一个值;⑤平均数可能是一个在现实意义中不存在的非整数;⑥计算平均数时,要把数值为零的数据考虑在内;⑦平均数是被平均的那些数据的代表。

在统计中算术平均数常用于表示统计对象的一般水平,它是描述数据集中程度的一个统计量。我们既可以用它来反映一组数据的一般情况,也可以用它进行不同组数据的比较,得出组与组之间的差别。用平均数表示一组数据的情况,有直观、简明的特点,所以在日常生活中经常用到,如平均速度、平均身高、平均产量、平均成绩等。在教学中要注意:

(1) 应"避免单纯的统计量的计算,对有关术语不要求进行严格表述"。注重对统计量的意义的理解,淡化术语和纯计算的考查。对平均数概念,重要的不是它的定义和作为代数公式的运算程序,而是它所包含的统计意义。

可以通过大量丰富的实例,理解平均数的实际意义。例如,通过求两支篮球队的队员的平均身高,比较这两支球队的队员的身高情况,使学生理解:一组数据中的个别数据不能反映其总体情况,应该用一个统计量来描述这组数据的总体情况,并和其他组数据进行对比,平均数就是这样的一个统计量。

(2) 平均数、中位数、众数都是代表一组数据典型水平或集中趋势的量,它们能反映数据分布的基本情况。中位数是位于依一定大小顺序排列的一组数据中央位置的数值。将一组原始数据依大小顺序排列后,如数据个数为奇数,则以位于中央的数据作为中位数;如数据个数为偶数,则以最中间的两个数据的平均数为中位数。众数是一组数据中出现次数最多的那个数值。

关于这三个统计量的学习，我们要注意根据具体的问题，灵活选择适当的统计量。平均数、中位数、众数这三个统计量反映数据的特征有所不同。

平均数反映一组数据的总体情况，要比中位数、众数更为可靠稳定，但它的缺点是需要通过一组数据的每一个数据才能求得，较容易受该组数据的极端数值的影响。

中位数的特征是意义简单明了，容易获得，较少受该组数据的极端数值的影响。它的缺点是比平均数易受该组数据偏差的影响，不适合代数计算等。

众数的特点是非常简单明显，比较轻易就能了解一组数据的大致情况。它的缺点是当一组数据的组距变动很大时，就难以判定它的准确值，所以，它只能粗略地估计该组数据的集中趋势。

此外，小学数学教师要理解平均数与标准差的关系。样本数据 $x_1, x_2, \cdots, x_n$ 的平均数为 $\bar{x}$，标准差为 $S=\sqrt{\dfrac{(x_1-\bar{x})^2+(x_2-\bar{x})^2+\cdots+(x_n-\bar{x})^2}{n}}$，标准差反映的是样本数据围绕平均数的波动情况。从另外一个角度来说，标准差反映的是平均数的代表性。当数据越离散的时候，平均数的代表性越小，标准差数值越大；反之，当数据越集中的时候，平均数的代表性越大，标准差数值越小。

在数据的分析中，平均数与标准差应该是作为连体婴的存在，单独说其中的一个项是不完整的。例如，国民收入数据的标准差数值较大，说明数据波动幅度大，可能存在极端数值，这样的平均数自然无法代表一般群众的收入情况。

存在极端值或者分布不均匀的数据，其标准差相对会大一些，平均数的代表性相对弱一些；反之，数据分布集中或者均匀时，其标准差相对会小一些，平均数的代表性相对强一些。总之，同一平均数的情况下，标准差越大，平均数的代表性越小。

对于以上的这些认识，教学中要通过大量、丰富的实例，让学生逐步体会如何选择适当的量来表示数据的特征。①

（3）百分数是两个数量倍数关系的表达。② 既可以表达确定数据，如饮料中果汁的含量及税率、利息和折扣等，也可以表达随机数据，如某位职业篮球运动员罚球命中率、某城市雾霾天数所占比例等，引导学生了解利用百分数可以作出判断和预测。

在具体教学时，建议利用现实问题中的随机数据引入百分数的学习，让学生感悟百分数的统计意义。某品牌上衣标签上标注的“棉占 95%”是棉与衣料总含量的比，表示棉占衣料总含量的 95%；“酒精占 75%”，是酒精和整瓶溶液的比，表示酒精的体积占整瓶溶液的 75%。这些是表达确定数据的倍数关系。

在实践活动中，如何利用“百分数”对随机数据中的倍数关系进行刻画和预测呢？2021

① 刘晓玫．小学数学教学研究[M]．北京：首都师范大学出版社，2005：244.

② 中华人民共和国教育部．义务教育数学课程标准（2022 年版）[M]．北京：北京师范大学出版社，2022：41.

年5月吴正宪老师在杭州“千课万人”现场教授“百分数”,提出这样一个问题:几名队员中,谁投篮投得准?

通过熟悉的投篮活动,学生利用比较命中率来判断队员投篮水平的高低。通过对话交流引导学生对命中率进行深入理解。引导学生理解$\frac{10}{20}$是表示投篮总数是投中率的二倍。投中率是总数的$\frac{1}{2}$。学生理解命中率表达的是一种倍数关系。

学生理解:(表9-1)这50%是上一次比赛中2号队员的命中率,如果他再去比赛,说不定命中率会下降,也说不定会上升。对于2号队员来说50%命中率是一条标准线,他的投篮命中率在这条标准线上下波动。2号队员参加第3次比赛,他投篮命中率的可能是53%,第四次可能是49%,数据越多,这样的一组数据越具有稳定性。

表9-1　比比谁的投篮准

编号	投中次数	投篮次数	百分比
1号	9	20	45%
2号	5	10	50%
3号	21	50	42%
4号	19	40	47.5%
……	……	……	……

归纳总结:随着比赛次数的增多,队员每次投篮命中的结果不一样,但是数据多了,就会发现这些数据会稳定在一定的范围内,有了一定的规律。大家可以根据这些规律对即将发生的随机数据进行预测。当然也会出现特殊情况,不过出现的可能性会很小。我们找到了一把判断事物程度的重要的标准尺,即百分数,它既可以表达确定性数据的倍数关系,也可以对将发生的随机数据进行刻画与预测。

二、随机现象发生的可能性

在自然界和社会生活中发生的现象是多种多样的,有一类现象在一定条件下必然发生,例如向上抛一石子必然落下,此类现象称为确定性现象;在自然界和社会生活中还存在另一类现象,例如抛掷一枚硬币,你不知道结果究竟是正面朝上还是反面朝上,此类现象称为不确定现象,即随机现象。概率是研究和揭示随机现象统计规律性的数学学科。

(一) 随机现象

随机现象,是指在一定条件下,重复同样的试验或观察,所得的结果是不确定的,以至于在试验前无法预测试验结果,而在大量重复试验中,其结果又具有统计规律性。

1. 不确定性

在生活中，我们经常听到像“明天可能会下雨”“我几乎可以肯定我们会赢”这样的话，从这些话语中我们可以看到不确定性的存在。同时，小学阶段的学生也常常会明确地谈到与自己有关的事情的确定性和可能性。因此，向儿童介绍不确定的知识就成为小学概率教学的任务之一。让学生初步体验有些事件发生的结果有确定的与不确定的两种情况。这两种情况不是教师传授给学生的，也不是背诵教材的结论获得的，而是学生在活动的过程中逐步体验的。在活动过程中，让学生逐渐明晰随机现象一般具有两个特点：首先，其结果至少有两个；其次，至于出现哪一个结果，人们事先并不知道。

2. 规律性

虽然随机现象具有不确定性，但是它也具有规律性，正是由于它的这一属性，才使得它与数学发生了联系。例如，人们在抛掷一枚硬币时，究竟会出现什么样的结果事先是不能确定的，但是当我们在相同条件下，大量重复地抛掷同一枚均匀硬币时，就会发现“出现正面”或“出现反面”的次数各占总抛掷次数的$\frac{1}{2}$左右。任何一个随机事件的发生都有其偶然性，但是也包含着一定的必然性，这种必然性表现在大量重复的试验或观察中呈现出固有的规律，这就是随机现象的统计规律。

（二）可能性

儿童掌握概率概念，从最初萌芽到具有一定的认知基础，再到基本形成概念，不是一下子发展起来的，而是要经过一步一步逐渐发展的过程。最初是要积累有关“可能性”的经验，了解事件出现的可能性，继而认识事件出现的随机性，这是儿童关于概率概念的最初萌发的认知基础。以后有了事件发生可能性大小的观念，认识了可能性大小的具体数量，进而用分数或百分数表示可能性的大小。因此，事件出现的“可能性”是学生掌握概率概念的必要基础。

 **案例 9－1**

复式折线统计图①

● 教材分析

“复式折线统计图”是人教版小学数学五年级下册的教学内容。此前，学生已经掌握了收集、整理、描述、分析数据的基本方法，会用统计表（单式和复式）、条形统计图（单式和复式）和单式折线统计图来表示统计结果，并能根据统计图表解决简单的实际问题，积累了数据分析的经验。

① 作者：邢艳，天津市南开区教育中心。

● 教学目标、教学重点和难点

【教学目标】

1. 经历复式折线统计图的产生过程,认识复式折线统计图的结构及其特征。

2. 经历描述和分析数据的过程,体会复式折线统计图的优势,积累数据分析的经验,发展数据分析观念。

3. 根据需要用复式折线统计图直观、有效地表示数据,并能对数据进行简单的分析和预测,逐步发展应用意识。

4. 在参与统计活动的过程中,感受复式折线统计图对分析和解决问题的价值,激发学生对统计活动的兴趣,增强学习数学的自信心。

【教学重点】 认识复式折线统计图,体会复式折线统计图的优势。

【教学难点】 根据复式折线统计图进行分析、判断,发展数据分析观念。

● 教学过程

一、旧知呈现,问题导学

(一)请看大屏幕(见图9-5),聪聪今年11岁,这是他7岁到11岁的身高统计图。

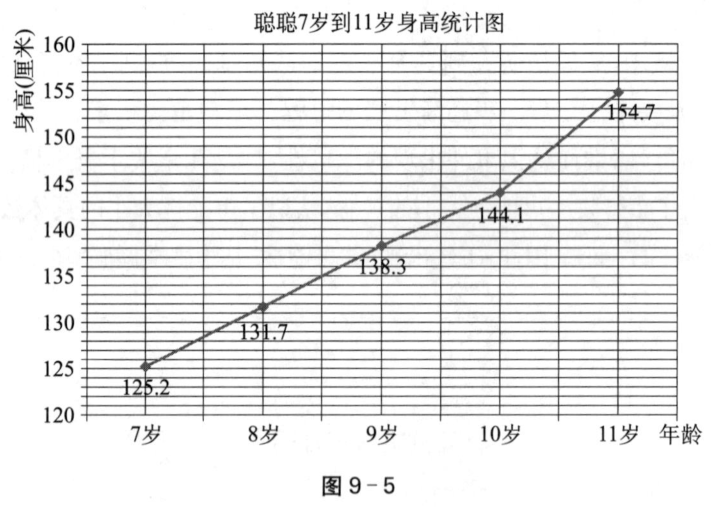

图9-5

1. 这是我们学过的哪种统计图?横轴表示什么?纵轴表示什么?

2. 聪聪8岁时的身高是多少厘米?(学生是从数的角度,直接读取数据回答了这个问题。)

3. 聪聪身高的变化趋势是怎样的?你是怎么知道的?(学生关注这条折线的形态。)

（二）这是天津 7 岁至 11 岁男生的平均身高统计图（见图 9－6）。

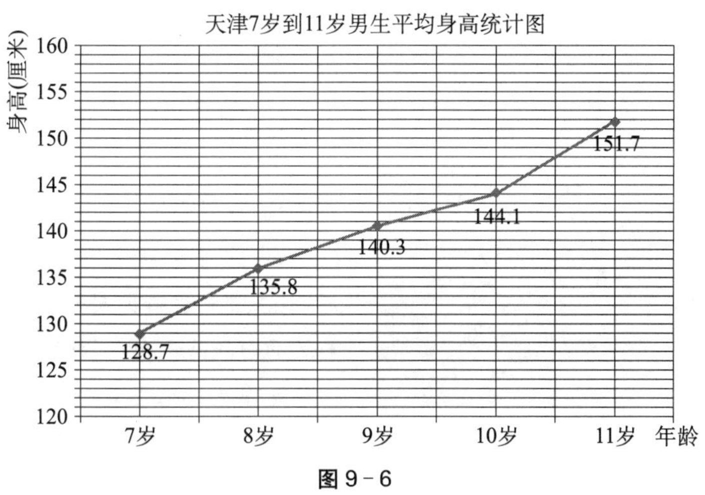

图 9－6

仔细观察这幅统计图，几岁到几岁平均身高增长最快？增高了多少呢？我们通过观察折线上升的幅度，选择比较的数据，进行计算。

（三）单式折线统计图可以从形的角度一眼看出一组数据的整体趋势和变化幅度，也可以从数的角度直接读取数据，进行比较，计算结果。

【设计意图：选取贴近学生日常生活的素材，让学生对蕴含其中的数据内容产生亲切感，激发读图兴趣。看似复习，实则在学生的自由表达中，了解他们如何从图中获取有用信息，为新知识的学习作好铺垫。】

（四）老师这里还有一个问题：7 岁到 11 岁之间，哪一年聪聪的身高与平均身高相差最大呢？回答这个问题，需要哪些数据？

观察比较图 9－5 和图 9－6，现在谁能一眼看出：哪一年聪聪的身高与平均身高相差最大？

【设计意图：利用需要看两幅图的问题引发矛盾，为探究活动指出了方向，让学生体验到复式折线统计图的产生源于实际需要。】

二、 经历构图，形成表象

（一）怎样快速比较这两组数据呢？

以前有过这样的学习经验吗？在哪里？（复式条形统计图）

（二）仔细观察图 9－5 和图 9－6，它们具备合并的条件吗？

引导学生发现横轴、纵轴都是一样的。这样的两幅图，可以把它们合到一起。（图 9－7）

(三) 把两条折线画在一幅统计图上,这幅统计图上会出现几组数据?

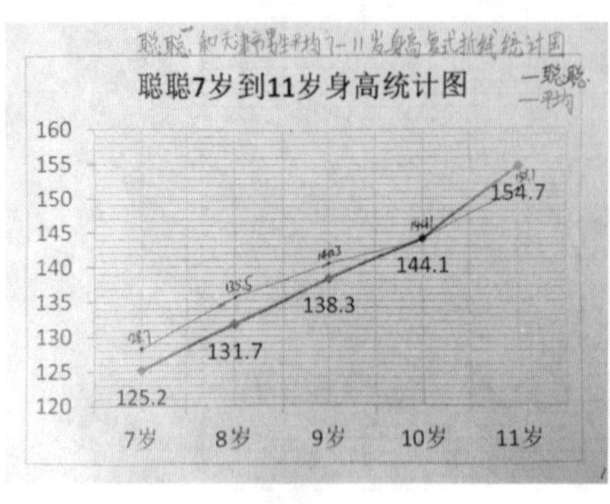

图9-7

小组讨论:

1. 由一组数据变成两组数据,在绘图时要注意些什么?

2. 把你们的想法画出来。

学生尝试绘制复式折线统计图,教师巡视,收集作品。

【设计意图:给予学生充裕的探究时间,自主尝试绘制复式折线统计图,并把自己的想法画出来。"画图"的过程本质上就是学生思维活动过程的直观展示,这为后续的教学活动提供了丰富的即时资源。】

(四) 展示比较

1. 展示两幅统计图,一幅用颜色区分折线,另一幅没有区分折线。

这两幅图有什么不同?看来,为了帮助我们将两组数据看得更清楚,有必要将折线区分开。那么除了用颜色区分,还可以怎样区分?(用不同的线型,如实线和虚线。)

2. 展示统计图中折线,给出图例。(图9-8)

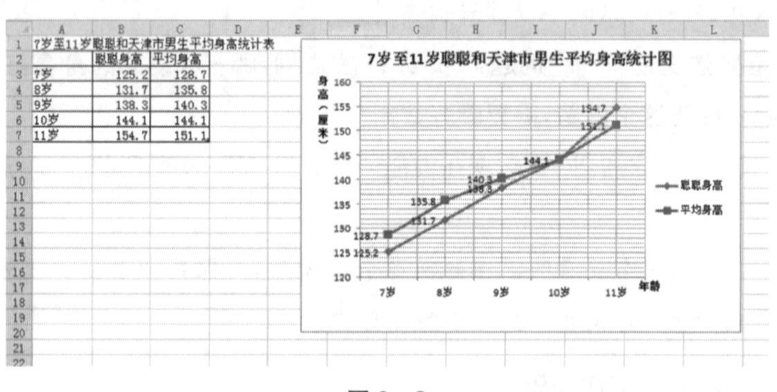

7岁至11岁聪聪和天津市男生平均身高统计表

	聪聪身高	平均身高
7岁	125.2	128.7
8岁	131.7	135.8
9岁	138.3	140.3
10岁	144.1	144.1
11岁	154.7	151.1

图9-8

有的同学不仅将折线作了区分,还多了一小块(指着图中的图例)。谁来说一说,这是为什么?(用图例说明不同折线表示的意义。)

3. 展示统计图的标题,修改完善。

这位同学为什么把标题都改了?(把统计图的内容说完整,让人一目了然。)

【设计意图:将学生即时生成的“合并成果”进行有序的展示对比,目的在于使构图元素逐个凸显,不仅突出了知识的特征,而且使复式折线统计图的表象渐趋清晰。】

(五)小结

1. 现在这张统计图上有两组数据,它叫“复式折线统计图”。

2. 绘制复式折线统计图与单式折线统计图有哪些不同之处?(区分线、用图例说明、标题表达要完整。)

3. 结合复式统计图与单式统计图的区别,整理一下你的复式折线统计图。

(六)随着科学技术的进步,在生活中,我们很少用手来画统计图,而经常用电脑程序画统计图。教师演示:用电脑程序 Excel 来画统计图。

【设计意图:利用电脑画统计图,丰富了学生对知识感知的途径,感受到科技进步给生活带来的便利,激发了学习兴趣。】

三、分析数据,尝试预测

(一)局部比较,感受复式折线统计图的优点。

1. 观察比较(见图 9 - 8):哪一年聪聪的身高与平均身高相差最大呢?(学生从形的角度,通过比较对应点之间的距离找到答案。)这个最大的差是多少呢?

2. 你还能提出什么问题?(如,哪一年聪聪的身高与平均身高相差最小?)

学生通过观察发现:当两条折线相交于一点时,这一年聪聪的身高与平均身高一样了。它们的距离最小(距离是 0)。从图形的角度,比较对应点之间的距离找到答案。

3. 哪几年聪聪的身高高于平均身高?

通过观察两条折线对应点位置的高低,对两组数据进行比较。

4. 你还能提出什么问题?(哪几年聪聪的身高比平均身高低?)

通过观察两条折线对应点位置的高低,进行比较。

5. 复式折线统计图有哪些优点?

便于直观地比较两组数据的变化特点。复式折线统计图不仅具有单式统计图的优势,还便于观察对应点的距离,对两组数据进行比较。

【设计意图:以解决问题为驱动,指导学生利用复式折线统计图进行数据分析。让学生掌握比较点与点之间的距离,观察线与线之间的位置关系,比较折线的发展趋势等数据分析的方法,将学生数据分析能力的培养落到实处。】

(二)整体比较,初步体验运用数据作出评价。

1. 请你从整体上比较这两组数据,评价一下聪聪 7 岁至 11 岁的身高变化情况。

2. 虽然他的身高与平均身高有差异,但是个人数据在平均数据附近,两条折线的变化趋势都是上升的,并且每年增长的幅度基本相同。这说明聪聪的身高发育正常。

【设计意图:感受数据分析的另一个视角,把一组数据看成一个整体,对统计图中的两组数据进行整体观察、比较。从宏观上体会复式折线统计图的优势。】

(三) 尝试预测,体会数据价值。

1. 请你预测一下聪聪 18 岁时的身高。

2. 同学们预测出不同的身高,可能比较分散。让学生说一说,你是根据什么预测出来的? 要进行合理的预测,我们还需要掌握更多的数据信息。图 9-9 是聪聪和天津男生 7 岁到 18 岁的平均身高统计图。

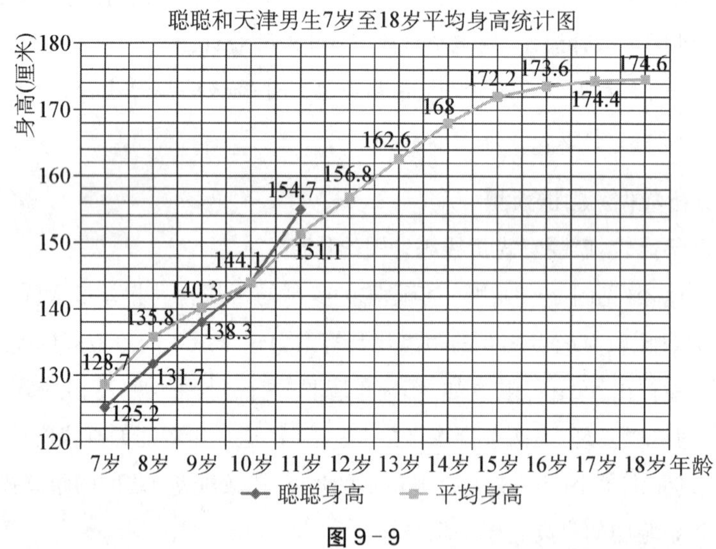

图 9-9

3. 现在你再来预测一下聪聪 18 岁时的身高。说一说你是怎么想的?

4. 我们可以依据前期的数据经验进行预测,有时候为了更合理地预测,还需要收集更多的数据作参考,进行推理。

5. 聪聪 18 岁时的身高到底是多少呢? 可能与我们的预测一致,也可能会有出入。影响聪聪身高的因素很多,包括父母的遗传,从饮食中摄取的营养,个人的睡眠情况以及运动量的多少等,这些都是影响身高的因素。希望同学们和聪聪在身体成长的关键期,科学地调整好自己的生活作息,健康成长。

【设计意图:从关注数据本身能说明什么,逐步过渡到基于数据进行一些有意义的推断、预测,并且在引导学生进行预测时特别注意了两点:第一,引导学生用数据进行"预测";第二,有时候为了更准确地预测,需要我们收集更多的数据。】

四、 凸显功能, 拓展认知

下面我们应用复式折线统计图解决更多的问题。

1. 这是明明本学期 6 次数学练习的得分情况统计图(见图 9－10)。

聪聪认为明明的数学成绩波动很大。你们同意吗？具体说一说。

大家再来观察复式折线统计图(见图 9－11)，你有什么想说的？明明哪一次练习成绩比平均分高出最多呢？明明第四次练习成绩最低说明什么？通过分析明明的数学练习成绩，你发现了什么？

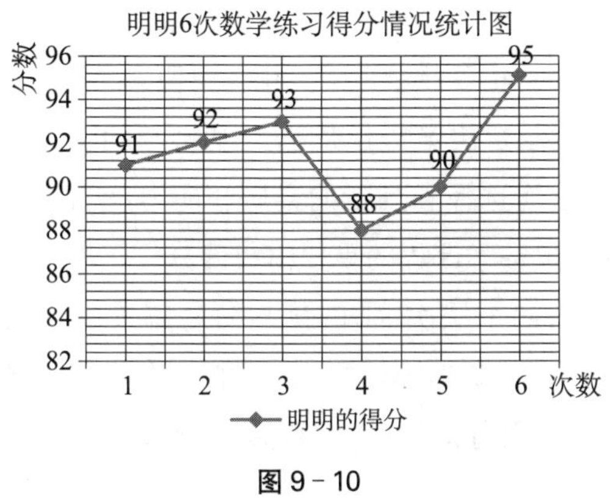

图 9－10

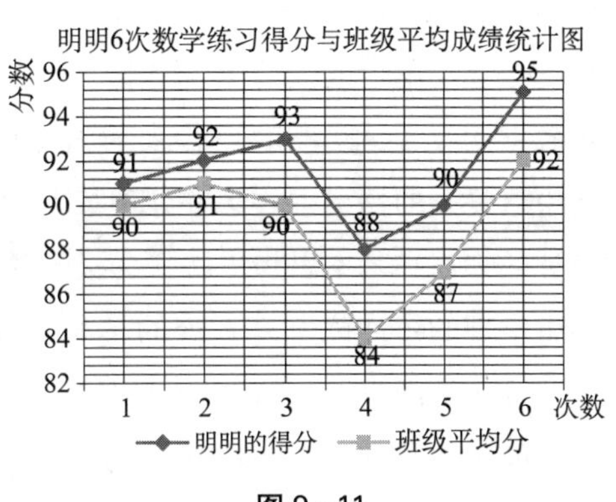

图 9－11

【相对于单式折线统计图，复式折线统计图的数据信息更加丰富，我们可以对一些数据进行对比，作出更合理的判断，甚至可以修正原先不正确的判断。】

2. 甲、乙两地月平均气温统计图(见图 9－12)。

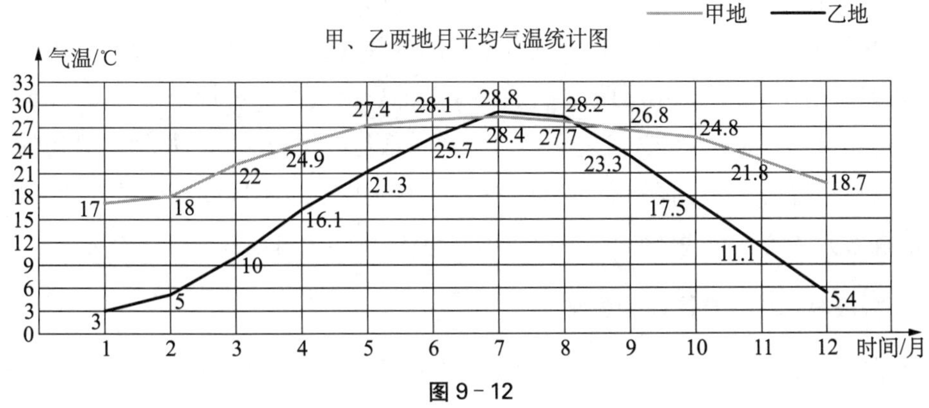

图 9－12

(1) 根据统计图，你能判断一年气温变化的趋势吗？

(2) 有一种树莓的生长期为 5 个月，最适宜的生长温度为 7—10℃，这种植物适合在哪个地方种植？

(3) 小明住在乙地，他们一家要在“十一”黄金周去甲地旅游，你认为应该做好哪些准备？

第三节　统计与概率解决问题教学

一、统计解决问题教学

统计教育关注培养学生用数据解释、分析身边的事物和现象的能力,学生能够把握数据、批判性地考察事物和现象。面对已经变化了、正在变化着、还将继续变化的数据世界,人们必须学会在不确定的情境中,根据大量无组织的数据作出合理的判断,而概率和统计正是通过对数据的收集、整理和分析,来为人们更好地制定决策提供依据。因此,为了培养学生具有从纷繁复杂的情况中收集并处理数据,作出恰当选择和判断的素质和能力,就必须将概率和统计的知识和基本思想方法作为义务教育阶段数学课程的重要组成部分。

学生掌握的统计按由易到难的过程可以分为四个层次:①阅读与简易解读统计图表;②深度解读统计图表,完成相关统计量的计算;③理解基础统计概念,例如平均数的意义、样本和总体的关系、不同统计量(如平均与总和)的适用时机等;④完成直觉无法判读的统计,例如非整数平均数的意义、折线图的预测等。[①]

(一) 解决分类问题的教学

分类是根据一定的标准,对事物进行有序划分和组织的过程。教材按由易到难的顺序,分别安排了单一标准的分类和不同标准的分类两部分内容。以不同事物之间共有的某一种属性作为标准,把它们划归为一类,就是单一标准的分类。如果这些事物之间有几个相同的属性,我们可以分别以这些属性为标准进行不同的分类,就是不同标准的分类。由于标准不同,分类的结果也不同。分类活动包含一系列复杂的思维过程。进行分类时,首先要对客观事物进行分析、综合,通过比较,发现事物之间的联系与区别,并抽象、概括出事物的一般特点与本质属性。特别是按不同标准分类时,应该为学生提供按不同标准分类的活动情境,让学生自己探索分类的意义,鼓励学生说出自己的想法,由学生自己找出分类的标准。

(二) 解决复式统计表问题的教学

在教学“复式统计表”时,一般的教学流程是“复习单式统计表填写方法—介绍复式统计表填写方法—练习填写并分析复式统计表”。采取这样的教学步骤,虽然学生也能够认识、填写复式统计表,并能根据表中信息回答一些简单的问题,但它忽视了学生的自主建构,使学生对单式统计表、复式统计表结构特征的认识并不深刻,对统计表概念的建构也并未达到应有的高度。我们来看看以下教学案例,可能会对这一内容的教学有新的认识与启发。

---

① 范文贵.国际统计素养研究进展[J].数学通报,2020(9):22-26,42.

案例 9-2

复式统计表问题的教学

初次比较，经历创造“新表”。

师：刚才，我们已经填写好 4 个兴趣小组的 4 张人数统计表，你能从 1 张表中的数据看出另外一个兴趣小组的人数吗？

生：不能！航模兴趣小组人数统计表只能反映航模兴趣小组的人数情况，民乐兴趣小组人数统计表只能反映民乐兴趣小组的人数情况。

师：有办法让 1 张表中的数据反映两个甚至多个兴趣小组的人数吗？

生 1：把数据拼接到 1 张表中。

生 2：这怎么拼接啊？

生 3：就是把民乐兴趣小组的人数统计表贴在航模兴趣小组的人数统计表的下面。

师：你不妨来试一试。

生 3：把“航模兴趣小组人数统计表”和“民乐兴趣小组人数统计表”贴在一起（如表 9-2）。

表 9-2　统计合表

性别	合计	男	女
人数	14	8	6
性别	合计	男	女
人数	8	3	5

师：大家同意这样拼接吗？

生 1：这叫什么表啊！怎么有两行“性别、合计、男、女”啊？

生 2：应该把第三行删掉。

师：是这样吗？（教师将表格剪开并拼接成表 9-3）

表 9-3　剪切后的表格

性别	合计	男	女
人数	14	8	6
人数	8	3	5

生：对，就这样拼接起来。

师：表 9-3 中，第 3 行的 3、5、8 表示什么人数呢？

生:“3”表示民乐兴趣小组的男生人数,“5”表示民乐兴趣小组的女生人数,“8”表示民乐兴趣小组的总人数。

师:书法兴趣小组和美术兴趣小组的表格怎么做?

生:还是这样拼接。

师:(将表格分别重叠拼接成表 9－4)这里的“7”表示什么人数?“10”呢?

表 9－4　整体拼接的表格

性别	合计	男	女
人数	14	8	6
人数	8	3	5
人数	7	3	4
人数	10	4	6

生:“7”表示书法兴趣小组一共有 7 人,“10”表示美术兴趣小组一共有 10 人。

师:你们是因为有了先前“数字意义”的印象,能知道各个数字表示的意思,如果其他班级的同学看这张表就不知道各个数字所表示的意思了,怎样改才能让别人也能看懂表格呢?

生 1:第一行中的“人数”改为“航模兴趣小组”。

生 2:那第二行中的“人数”就改为“民乐兴趣小组”,第三行中的“人数”改为“书法兴趣小组”……

师:“性别”这一格需要改吗?

生 1:也应该改一下。“表头”应分成 3 栏,分别是组别、人数、性别(如表 9－5)。

生 2:表格的名称改为“五年级兴趣小组人数统计表”。

表 9－5　五年级兴趣小组人数统计表

性别 / 人数 / 组别	合计	男生	女生
航模兴趣小组	14	8	6
民乐兴趣小组	8	3	5
书法兴趣小组	7	3	4
美术兴趣小组	10	4	6

评析:教师引导学生对 4 张单式统计表进行比较,学生很容易发现:每张单式统计表只能反映一个兴趣小组的人数情况,要让 1 张表格反映多个兴趣小组的人数情

况，自然会有学生想到将单式统计表“拼接”起来。这时，再引导学生对“拼接”后的表格进行比较、分析，发现表中“重复”与“欠缺”之处，然后引导学生边修改边比较，不断完善，逐步“创造”出复式统计表。在这一知识的建构过程中，教师引导学生通过比较、创造、修改、完善，将单式统计表纳入一个更大的知识结构中，使之与复式统计表共同成为统计表“大家族”的一分子，让学生获得了丰富的学习经验。

（三）解决统计图问题的教学

从应用效果来看，“字不如表，表不如图”，利用统计图来表示有关数量之间的关系，比统计表更加生动形象，能一目了然看清数据蕴含的关系。看表制图的问题是统计知识的综合与延伸，通过这类题型的练习，学生会更加明晰各类统计图的特征，了解统计图表的制作方法。

1. 绘制统计图

统计图具有自明性，即不读正文，人们只看图就能理解统计图所表达的全部内容。在此，特别要求学生明确绘制复式条形统计图、复式折线统计图的基本步骤和必须注意的问题，促进学生进一步认识复式统计图。

如图 9－13(北师大版数学教材五年级下册，2015 年版，第 84 页)。

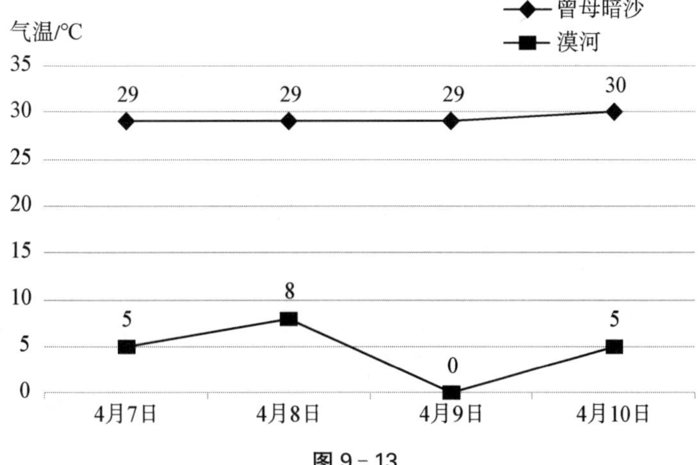

图 9－13

绘制统计图必须注意以下问题：

① 要有一个简明扼要的图题；

② 要有纵、横坐标，计量单位符号；

③ 应标明纵、横坐标相应的刻度单位；

④ 对于复式折线统计图、复式条形统计图,要有区分的图形和图例;

⑤ 有必要的数据、文字说明等。

作图数据应真实可靠,图形所代表的范围比例须与数据变动比例一致,尽量避免造成视差,引起误解。要注意图形维度不要超过数据维度,使图形内容与所传达之理念保持一致。统计图形须重点明确、一目了然、清楚易读,谨防被人为混淆以致误判数据的变动。为使数据有实际意义,有些数据必须先进行标准化等处理,才能使所传达的信息准确。

在绘制有坐标参照系的统计图时,纵(或横)轴的绘图单位应从 0 值开始,如果不能从 0 值开始,应在纵(或横)轴线上加上"折断线"等标志提醒读者。根据实际工作的需要调整横轴、纵轴单位刻度,单位刻度表示的数量越小,折线的起伏相差越大,可以使本来相差不大的数据的变化更加明显。参见图 9-14(体温示意图),如果纵坐标轴交叉数值从 0 开始,刻度间距为 1,作出的折线图相对靠上,且折线比较平缓,给读者的感觉是变化幅度较小。如果纵坐标轴交叉刻度从 36.4 开始,刻度间距为 0.2,作出的折线图的折线比较陡峭,让读者感觉体温变化较大。

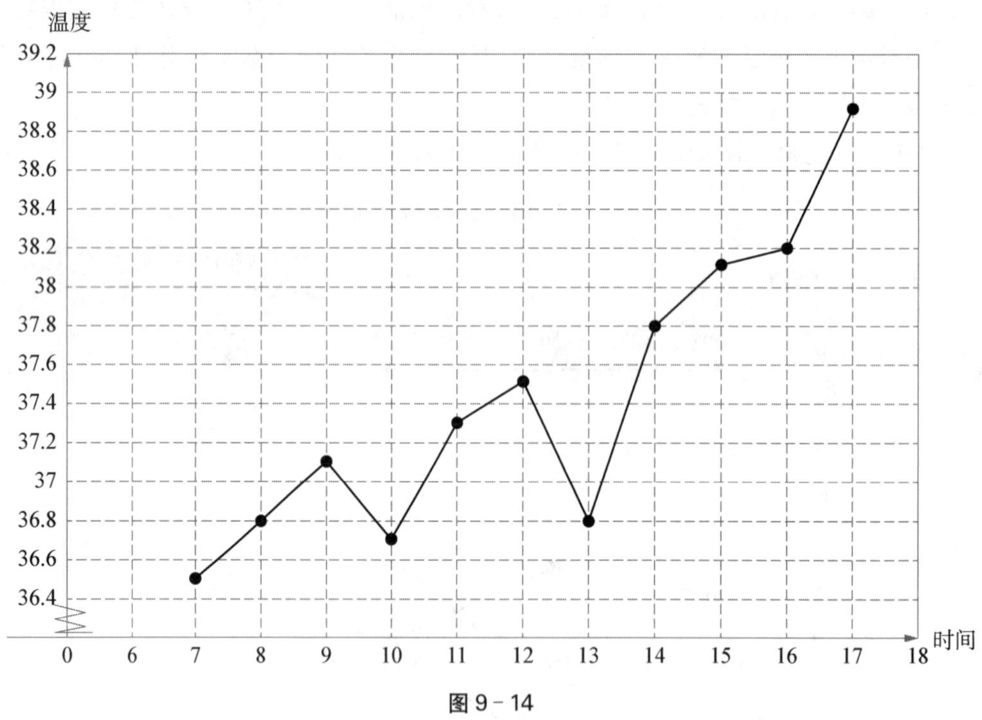

图 9-14

小学数学教师要理解扇形图的绘制原理。它的重点是将统计表中各项目数据所占的百分比数据转换成圆心角的度数,再绘制成扇形图。或将各项数据的数量转换成百分率的形式呈现,再将百分率的数据转换成圆心角的度数,然后绘制成扇形图。下面是临海小学六年级学生参加清洁海滩活动捡拾的垃圾数量统计表(见表 9-6)。

表 9－6　临海小学六年级学生参加清洁海滩活动捡拾垃圾数量统计表

垃圾种类	一次性碗	塑料袋	玻璃瓶	饮料杯	合计
数量(个)	48	30	24	18	120
比率	$\frac{48}{120}$	$\frac{30}{120}$	$\frac{24}{120}$	$\frac{18}{120}$	1

根据上表的比率，求出各种垃圾在扇形图中所占的圆心角大小。一次性碗：$360°\times\frac{48}{120}=144°$；塑料袋：$360°\times\frac{30}{120}=90°$；玻璃瓶：$360°\times\frac{24}{120}=72°$；一次性饮料杯：$360°\times\frac{18}{120}=54°$。

根据上述计算，绘制扇形图。由于一个圆的圆心角是 360 度，从圆内画一条半径，再依序画出圆心角分别为 144°、90°、72°和 54°的扇形。(图 9－15)

临海小学六年级学生捡拾垃圾统计图

54°, 15%
144°, 40%
72°, 20%
90°,25%

图 9－15

2. 运用统计图作出判断、预测发展趋势

数据是统计的基本研究对象，用统计方法解决问题，就是要读懂数据背后所蕴含的信息，根据数据的分布特点、变化规律作出合乎情理的推断，进而使问题得到解决。

(1) 解决条形统计图问题

通过对单式、复式条形统计图的分析，使学生进一步把握条形统计图的本质特征，体会条形统计图的优势所在，感悟学习单式、复式条形统计图的价值和作用，培养学生的数据意识。

例如：人教版数学教材四年级下册 95 页，某地区城乡人口统计表(表 9－7)和统计图(图 9－16)。

表 9－7　某地区城乡人口统计表

地区＼人数/万人＼年份	1980	1990	2000	2010
城镇	21	27	35	46
乡村	58	54	49	43

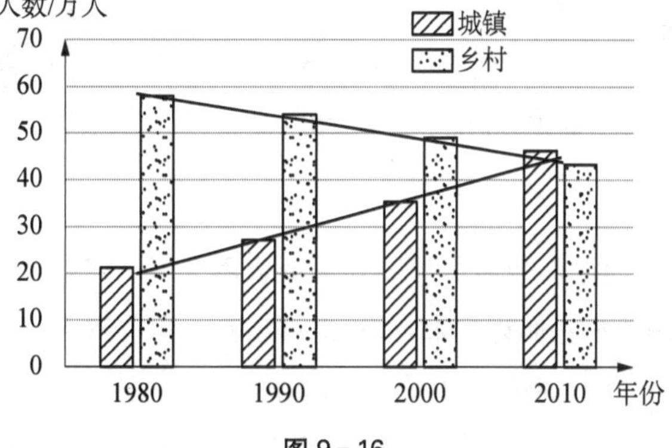

图 9－16

① 从图中你还能得到哪些信息?

② 你能预测一下未来 10 年城乡人口变化的情况吗?

通过小组交流和分享,学生发现:该地区近年来城镇人口逐年增加,农村人口逐年下降。随着经济的发展,乡村人口很可能继续不断转为城镇人口,因而未来 10 年乡村人口将逐步减少,城镇人口不断增加。

(2) 解决折线统计图问题

折线统计图是用折线的升降来表示统计数据变动趋势的图形。折线图可分为动态折线图、依存关系折线图和次数分布折线图。人们常用折线图来描绘统计事项总体指标的动态、研究对象间的依存关系以及总体中各部分的分配情况等。在小学数学中一般只教学动态折线图,这是由统计事项的数据随时间的变化而变化所呈现出某种趋势的图形。

由于折线统计图的优势在于能看出数据发展变化的趋势,因此在教学中更需要突出其"预测"功能。开展折线统计图教学,教师要引导学生重视观察折线变化态势。观察折线适度的波动,有利于学生真正从全局着眼,排除干扰,把握数量变化的总体情况。

复式折线统计图不但便于比较,还能帮助我们作出合理的判断。这类问题的解决,不仅让学生进一步巩固了读图、分析图的能力,体会复式折线统计图便于比较的优点,同时渗透了根据问题背景选择合适统计的方法的数据意识。

如图 9－17(参见案例 9－1),通过比较点和点之间的位置和距离可以看出,明明六次考试成绩都比全班平均分高,其中第四次考试成绩比平均分高得更多。

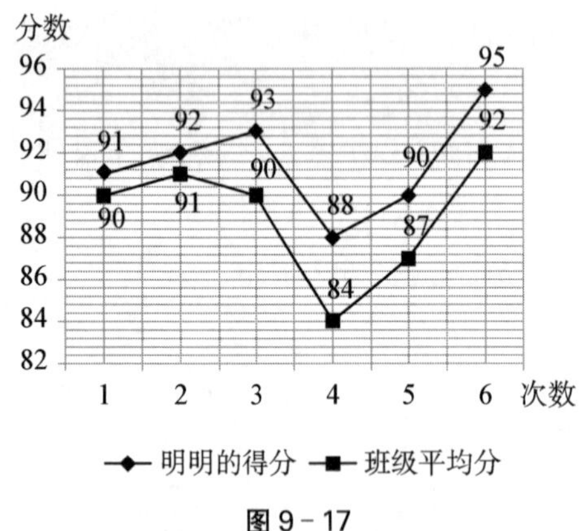

图 9－17

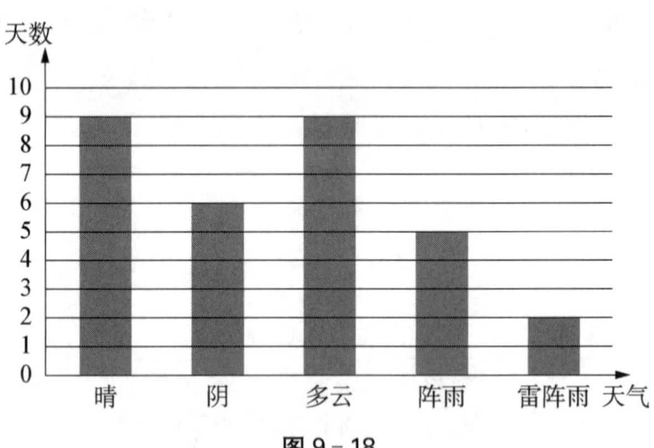

图 9－18

但是,折线统计图并不适合用来展示定类数据。如图 9－18,不同类型天气的统计,如果用线把它们连起来,虽然也可以看出每一种天气的数量,但连起来的"折线"没有任何意义。

(3) 解决扇形统计图问题

建立扇形统计图反映各部分占总数的百分比关系。学生在描述数据以后,将扇形统计图与数据充分结合进行数据分析:观察扇形统计图,寻找蕴藏在数据中的信息。在分析数据的过程中再次领悟扇形统计图的特点。学生学会根据问题处理数据，挖掘数据背后隐藏的信息，体会扇形统计图表示的是部分与整体、部分与部分之间的关系，感悟统计图中的确定性与不确定性——当单位"1"发生变化时，具体的数量也会随之变化。

(4) 选择合适的统计图

问题：如果将下面两个统计表（表 9-8 和表 9-9）制成统计图，你认为选择哪种统计图合适？

表 9-8　启明小学五年级各班体育达标情况统计表

班级	1 班	2 班	3 班	4 班
达标率	95%	90%	80%	85%

表 9-9　启明小学五年级各班人数统计表

班级	1 班	2 班	3 班	4 班
人数	60	50	50	40

师：你能为这两张统计表选配合适的统计图吗？

【大部分学生为第一张统计表选配扇形统计图，为第二张统计表选配条形统计图，少数学生有异议。】

生：不对，第一张统计表虽出现百分数，但其意义并不是表示部分与整体的关系。

生：第二张统计表有具体人数的数据，适合选配条形统计图。

生：第二张统计表也能选配折线统计图。

生：不能选配折线统计图，因为各班人数是孤立隔离的，没有连续性。

师：没错，第二张统计表适合用条形统计图。那第一张统计表呢？

生：也适合画条形统计图。①

对于表 9-8 用条形统计图表示比较合适，尽管有百分数，但百分数的单位"1"不同，就不能选用一个圆形来表示整体。扇形统计图重视关系的表达，因此引导学生读懂两层关系，即部分与整体、部分与部分之间的关系。

（四）解决统计量问题的教学

为了使学生认识到"平均数"是一个统计量，可以撇开具有应用题意味的相关题材，选择从学生的平均身高、平均体重、家庭的平均收入等内容入手，进而在如何计算平均数、如何根据求出的平均数预测数据、如何分析平均数所给的信息等问题上让学生体验。

若有充裕的时间教学，可以再进一步让学生体验中位数、众数，然后提出"数据的代表

---

① 黄刘军.简约素材、跟踪对比，提高学生辨析能力——"扇形统计图"教学实录与思考[J].数学教学通讯，2017(13)：20-22.

性”这样的问题,让学生思考它的意义。在这一过程中,可先让学生体验平均数的一些基本点,例如统计意义、平均值与具体值、总数与份数等。此外还可以引入一些更深入的情境,让学生体会“平均”其实并非那么简单:首先,平均能提供的信息可能很有限;其次,平均数受少数极值的影响很大,为去除极值的影响,在实践中有剪裁平均数的应用方式。

1. **平均数的统计意义**

对平均数意义的理解是学生学习的一个重点,在教学时,教师可通过一些实例,让学生体会“平均”的意义,体会“平均数”的统计意义,求平均数的实质是移多补少。

案例 9-3

平均数的统计意义

师:我们组织一次拍球比赛,有兴趣吗? 怎么比呢?

问题提出,同学们马上有办法。男生、女生各派 4 人上台。比赛结果:男生队拍球数量为:19、17、21、23。女生队拍球数量为:20、18、15、23。同学们用计算器算出本队拍球总数。

师:男生胜利!

师:我来加入你们女生队好不好?

生:太好了!

(于是,老师现场拍球 29 个。)

师:快算算,这回咱们女生队拍球的总数是多少?

生:105 个。

师:这一次我宣布:女生队胜利!

生:不公平! 不公平! 我们是 4 个人,你们是 5 个人,这样比赛不公平!

师:哎呀,看来人数不相等,用比较总数的办法来比较显然不公平,这可怎么办呢?

生:把这几个数匀乎匀乎,看看得几,就能比较出来了。

生:求平均数!

在学生初步体会到“比总数”不公平的前提下,自然过渡到“通过求出平均每人的数量,再作比较”的思路上来,让学生自然体会到“平均数”的统计意义。

2. **平均数不是某项具体值**

平均数是移多补少后的一个平均数值,它只能代表总量与份数的比例,而不能代表其中某一项的具体值。平均数可以起到一个推断更多数据(预期)的作用。

案例 9-4

身高比较

小强班级同学的平均身高是 1.5 米，小明班级同学的平均身高是 1.43 米。小强比小明(　　)。

A. 高　　B. 矮　　C. 不能确定

正确答案：C. 不能确定。

分析：这是一道利用平均数知识来进行判断的题目。要对这道题作出正确选择，关键是要真正理解平均数的意义：移多补少。小强班级同学的平均身高是 1.5 米，并不是说小强就有 1.5 米，而小明班级同学的平均身高是 1.43 米，也不是说小明就只有 1.43 米，他们两人各自的身高不能通过班级平均值来确定。①

3. 平均数的信息可能很有限

平均数有时候能提供的信息可能很有限。如果数据的“贫富差异”很大，此时，平均数所给的信息需仔细分析，应考虑再参考中位数、众数。在这类情境中，可以进一步问：平均数作为“数据的代表”合适吗？中位数、众数是不是更合适呢？使学生体验不同的应用需要选不同的统计量。

例如，有一次小明数学考了 55 分，回家告诉父母时，如果不想被责备，可以这样说：“这次考试全班平均才 47 分，我考了 55 分。”父母当然不知道全班及格的人数超过一半，还有几个满分的同学。

又如，有一家新开的减肥中心，学员只有五人。一个月之后，其中一位“超级大户”学员，体重从 219 公斤降到 200 公斤，减了 19 公斤；另外四位体重不仅没减，还各增重 1 公斤。结果减肥中心开始大打广告——“全体学员平均一个月成功减肥 3 公斤”。广告说的完全是实话，却掩盖了“大部分学员的体重不减反增”的事实。②

生活中的人均住房面积、人均收入等统计数据并不能真正反映群众的生活实际，因为平均之下也有“差异”。

4. 平均数受极值影响

“平均”是最普遍的一种算法，就是总数除以份数。这种算法的缺点是：少数的极值对结果有很大的影响。平均数受少数极值的影响很大，为去除极值的影响，在实践中有剪裁平均数的应用方式。

2002 年，在美国犹他州盐湖城举行的冬季奥运会就发生过一种事。在双人花样滑冰赛

① 王芳. 简单的统计[J]. 贵州教育，2005(1)：88－93.

② 郑惟厚. “平均”也有大学问[J]. 中国统计，2008(1)：45－46.

中,加拿大选手的表现被认为完美无缺,俄罗斯选手有明显失误,然而金牌却落入俄罗斯选手的手中,引发观众极度不满。后来经过国际滑冰联合会调查,发现有一位法国裁判打分不公,据此冬奥会组织委员会作出决定,补发了金牌给加拿大选手,但仍让俄罗斯选手保留他们的金牌。

在这之后,为避免类似事件再发生,国际滑冰联合会改变了计分方式。裁判员给的分数仍用于计算平均分,但是会先把最高和最低的分数排除,也就是我们说的剪裁平均数。这种做法可以排除特别高或特别低的分数对平均数的影响。如果某裁判想要袒护某选手而把分数打得特别高,或把对手的分数打得特别低时,那么他打的分数就根本不会被计入平均分。当裁判人数较多时,也可以各剪裁掉两个最高和最低分数。

二、概率解决问题教学

(一) 解决随机事件(不确定现象)问题的教学

为了使学生认识随机事件,应从学生能日常接触到的一些内容入手,理解确定性与随机性,进而讲解随机事件的规律性,从而在如何计算、如何分析等问题上让学生有所体验。

1. 随机现象具有不确定性

在游戏活动中初步感受事件发生的确定性和不确定性,此时要求学生正确判断生活中的一些事件是确定性事件还是随机事件。这对他们来讲,是有一定难度的。

案例 9-5

生活中的可能性

妈妈:明天小明一定要考 100 分哦。

小明:好。

妈妈:星期天一定带小明去公园。

小明:好。

这些事件是确定性事件吗?学生受语文的影响,认为有“一定”这个词,这事就是确定的,但实际上小明明天能不能考 100 分,结果并不确定。学生受感情的影响,妈妈从来都说到做到,就是确定的,但实际上妈妈周日能否带小明去公园,结果也不确定。

2. 随机现象具有规律性

在教学中,可引入一些游戏活动,使学生初步感受事件不仅有不确定性,还有规律性。例如摸球、抛硬币等,通过这样的游戏,并引入实际的统计,使学生在体会到不确定性的同时,也体会到规律性,当然,这是一种统计规律。

(二) 解决可能性问题的教学

等可能事件是概率论中研究得最早，在社会生活中又广泛存在的一种随机现象，它需要满足两个条件：(1)试验的全部可能结果只有有限个；(2)每个试验结果发生的可能性是相等的。这类随机现象的数学模型称为古典概型，也叫等可能概型。等可能事件与游戏规则的公平性是紧密相联的，因为一个公平的游戏规则本质上就是参与游戏的各方获胜的可能性相等。在古典概型中强调基本事件必须是等可能发生的，忽略了这一点，往往会产生一些看似正确但实际上错误的解法。

 **案例 9-6**

掷骰子中的可能性

掷两枚骰子，求所得点数之和为奇数的可能性有多大(概率)。

错解：掷两枚骰子，和为奇数的有 3、5、7、9、11 这 5 个基本事件，和为偶数的有 2、4、6、8、10、12 这 6 个基本事件。故“和为奇数”的概率 $P(A)=\frac{5}{11}$。

剖析：错在哪儿呢？关键就在于上述几个事件不是等可能发生的。如点数之和为 3，就有(1,2)与(2,1)两种情况，而点数之和为 2 只有(1,1)一种情况，由于事件非等可能发生，导致结果错误。

正解：掷两枚骰子共有 $6\times6=36$ 个基本事件，这 36 个基本事件分别是(1,1)，(1,2)，…，(1,6)，(2,1)，(2,2)，…，(2,6)，…，(6,6)，且它们是等可能发生的。两数之和为奇数的有(1,2)，(2,1)，(1,4)，(2,3)，(4,1)，…，(5,6)，(6,5)共 18 个基本事件，故事件 A“和为奇数”的概率 $P(A)=\frac{1}{2}$。①

第四节　统计与概率思想方法教学

概率论是数学的一门分支学科；统计学则是与数学并列的一门学科。概率论研究的是随机现象，而大多数统计数据具有随机性，两者研究对象有相通之处。借助概率等数学工具，统计学从传统的描述统计学发展到了现代的数理统计学。在小学数学课程与教学中强化统计与概率思想方法的学习，对儿童的现实生活与终身发展有重要的价值。儿童的统计与概率思想的形成，不仅有赖于他们对知识的学习，还有赖于遵循他们思维发展规律的教学

① 叶卓侨. 骰子上的数学问题[J]. 学生之友(小学版)，2010(2)：80.

组织。

统计与概率有独特的概念和方法,理论严谨、内容丰富、结论深刻、应用广泛。目前,统计与概率的理论与方法已被广泛地应用于自然科学、人文社会科学等领域。在统计与概率教学中,教师应注意在传授知识的同时,使学生领悟数学思想和方法,这对学生理解、巩固并掌握新知识具有一定的指导意义。

统计与概率中包含的数学思想和方法主要有以下几个方面。

一、随机思想

由于概率论是从数量上研究随机现象统计规律的学科,它的思维体系、处理问题的主要方法和结果同大家已经熟悉的研究确定性现象的各个数学分支像代数、几何、数学分析等有着许多不同的特点,因而在研究概率问题时不能完全拘泥于传统的数学思维,而要用随机的目光透过表面的偶然,去寻找内部蕴含着的必然。

概率论以自然界中大量存在的随机现象作为研究对象。其最重要的思想是认识隐藏在随机现象背后的统计规律性,强调随机现象的个别观察中的偶然性与大量观察中的统计规律性之间的联系。随机现象就个别的观察来说,它时而出现这种结果,时而出现那种结果,呈现出偶然性。但在大量试验中随机现象却呈现出明显的规律性——随机事件发生的频率的稳定性。随机思想是概率论的核心思想,是从个别偶然的现象发展到这种偶然现象所表现出的一种内在的必然规律。从中可见偶然性与必然性这一哲学范畴的关系所起的作用。必然性通过偶然性表现出来,偶然性背后总是隐藏着必然性,大量的随机现象正体现出事物发展过程中的必然性的一面。随机思想(或称概率论思想)乃是通过对这种偶然性的研究去发现其背后的必然性——统计规律性,并通过这种必然性去理解、认识和把握随机现象。

引入随机事件的概念来研究随机现象,任何随机事件的发生都具有统计规律,探求这个规律的做法就体现着随机思想。随机试验是随机思想中的一个重要方法,历史上为了研究随机现象呈现的统计规律性,进行过非常著名的随机试验,如蒲丰、皮尔逊等所做的掷硬币试验,高尔顿设计的高尔顿板试验模型等。①

二、抽样思想

总体和样本是统计学的两个基本概念。一般而言,当我们在统计学中用总体这个概念时,是指数的一个集合——通常是一个很大的甚至是无限的集合,这些数是某些事物的测量值。而样本是用来认识总体的,这使得从总体中抽取样本进而由样本推断或估计总体的思想成为统计学的核心思想,其基本模式是:

(1) 确定要研究的客观存在的总体(例如全国中学生的身高);

---

① 魏孝章,姜根明.概率统计中的数学思想[J].陕西教育学院学报,2003(1):67-69.

(2) 抽取总体的一个随机样本(例如从全国中学生中随机抽取 10000 个中学生的身高);

(3) 根据这一样本得出的数据信息(特征)来推测总体的某些数据信息(特征)(例如从这 10000 个中学生的身高情况推断全国中学生的身高情况)。

我们把从总体中选取样本的过程称为"抽样",抽样的方法对于统计推断的结论来说至关重要。抽样的意义在于这样一个基本事实:除了平凡的例外,现实世界的事件和现象大量而多样,不可能作出全面完整的观察。我们不可能测出每一地点每一时刻的温度,我们不可能打开所有罐头检验一批罐头食品的质量,我们不可能检验兵工厂制造的每一枚炮弹……所以,"我们只能满足于抽样",寄希望于样本能透露出总体的某些信息。事实上,在每一个科学试验中得到的测量值都构成测量的无限集合(只要把同一个试验无休止地做下去,便能得到测量的无限集合)的一个样本,这个潜在的测量的全集被认作是总体。人们对样本的兴趣主要表现在以下四个方面:

(1) 如何清晰有效地描写样本?

(2) 由样本的数据如何更好地推断有关总体的结论?

(3) 这些结论有多可靠?

(4) 如何抽取样本方能使它们尽可能地说明问题并且可以依赖?

问题(1)涵盖了初等统计学或描述统计学的主题。表、图、条形图、扇形图以及图解式的图表,它们对清晰地描写样本都很有用,都是总结一个样本数据的办法。后三个问题从不同的方面提出一个共同的问题:从一个总体中抽取和分析一个样本,关于那个总体我们能知道多少,并且有多可靠。一般而言,由样本信息推断总体特性,免不了会有误差,总有可能作出错误判断,要冒一定的风险。统计与概率研究的基本点就是对这种推断所作结论的可靠程度或错误风险给出计量和控制。由一个样本作出关于总体的推断的问题是统计学的基本问题。

由于总体一定,所以样本对总体的推断是否准确可靠关键在于样本的抽取,即抽样方法。如果抽样方法不合理,哪怕统计数据再准确,它对统计推理的结论也将缺乏说服力。

一般来说,抽样的最好方法当然是随机方法。在随机方法中样本是按照纯粹概率性的准则抽取的,个人的选择与成见被完全排除。假设电视机显像管在一个传送带上通过一位检查员,并且希望随机地平均每六个被抽检一个。检查员可在每一个显像管经过他时抛掷两枚骰子,当且仅当抛得一对相同的数时取下显像管去检验。当然,平均来说每抛六次骰子会发生一次抽检,因此,所抽取的显像管将是显像管总体中的一个随机样本。

然而,随机抽样是一种理想抽样,很难实现。这促使人们去研究抽样理论。随机的含义就是总体中的每个个体以等概率进入样本,这是一种特殊的概率抽样。后来人们拓展了随机的含义,提出广义的概率抽样理论。它只要求总体中的每个个体进入样本的概率是已知的,并不要求每个个体进入样本的概率相等。如果相等,就是等(纯)概率抽样,或者称为完全(纯)随机抽样,这也是经典抽样理论中的"随机抽样"。虽然"随机"指的是一个原则,概率指的是一个数值,但由于概率本身就是以随机现象为前提的,只有遵循随机原则,样本数据才能得到概率理论的支持,所以在抽样这个实际问题上,随机抽样与概率抽样(包括等概率抽样和不等概率抽样)是从不同角度表述的同一个概念。在现代抽样理论中,随机抽样被扩展为完全随机抽样、系统抽样、分层抽样、比例抽样、多阶段抽样等多种方式。

从统计的角度看,随机抽样或者概率抽样比代表性抽样(目的抽样)更能保证样本的代表性。一般情况下,由于我们永远无法直接知晓总体的全部情况,所以,样本代表性的问题实际上就转化为抽样方法的问题。换言之,抽样方法是影响样本代表性的一个重要的因素。样本容量是影响样本代表性的另外一个重要因素,相对而言,容量越大,代表性越好。①

三、统计推断思想

统计推断是数理统计的重要思想方法,它不同于数学中的逻辑推理,而是带有概率性质的一种推理方法,其依据是"小概率事件原则"。小概率事件原则是指概率很小的事件在一次试验中是不可能发生的。对于某个假设(参数假设或非参数假设),给定一小概率水平标准,通过对抽样数据进行整理、计算,如果所得结果使得这一小概率事件发生了(即与小概率事件原则矛盾),我们作出拒绝接受原假设的推断;否则,认为原假设是相容的(可接受的)。参数的区间估计、方差分析、回归分析等方法也体现了统计推断思想。这种统计推断思想的实施使数理统计的实用性得到充分的展示。

当采用统计方法研究问题时,有时因为研究对象的全体数量很大,或者某项数据的取得必须进行破坏性试验,因而不可能或不允许对每个对象一一加以考察研究。在这种情况下,就只能从研究对象的全体(统计学中称为总体)中,抽取一小部分(统计学中叫作样本)进行考察研究,以此来推断总体的规律性。比如,要检验一批灯泡的使用寿命,一般只能有代表性地抽取其中的一部分进行检验,根据检验结果来推断这批灯泡的使用寿命。这种从样本的性质来推测总体性质的思想,就是统计与概率的基本思想。在对样本进行考察研究时所积累起来的众多数据,为我们提供了各种有用的"情报",可以帮助人们发现存在的问题,认识事物的内在规律。但是这些"情报"往往不是一目了然的,而是蕴藏在大量的数据之中,需要我们对数据加以科学的整理分析并制成图表,以便对样本数据的状况和隐含的规律有进一步的直观了解。因此,处理数据,根据数据制成统计图表以及计算平均数、百分位数等操作,就是从样本性质出发推测总体性质的开始,也是统计与概率思想方法的重要组成部分。

在此,我们将统计与概率中包含的主要数学思想进行了归纳和概括,目的是帮助人们深刻理解数学思想方法,以期对统计与概率的教学有所裨益。掌握和运用统计与概率的思想方法是学习统计与概率的主要目的,统计与概率的教学不仅仅是数学的分析和论证,还要更多关注试验与统计的过程,这其中离不开数学思想。

---

① 邵光华.作为教育任务的数学思想与方法[M].上海:上海教育出版社,2009:219.

阅读资料

1. 张丹.小学生数据分析观念发展过程的研究[D].长春:东北师范大学,2015.

2. 童莉,张号,张宁.义务教育阶段学生数据分析观念的评价框架建构[J].数学教育学报,2014(2):45-48.

3. 吴正宪,展秀婷.《平均数》课堂教学实录及评析[J].广西教育,2005(2):36-38.

4. 李金昌,等.统计思想研究[M].北京:中国统计出版社,2009.

5. 斯蒂格勒.统计探源:统计概念和方法的历史[M].李金昌,等,译.杭州:浙江工商大学出版社,2014.

6. 巩子坤,何声清.儿童的概率概念认知发展研究[M].上海:上海教育出版社,2019.

7. 吴正宪,鲁静华,张秋爽,等.会说话的数据,让决策有依据——"复式折线统计图"课堂教学实录[J].小学教学(数学版),2019(11):14-18.

思考与练习

1. 在理解平均数内涵的基础上,设计一个平均数教学案例。

2. 结合教材内容(例如,人教版数学教材五年级下册"复式折线统计图")说明:如何培养小学生运用统计图作出判断、预测发展趋势的能力?

3. 为了让小学生感受可能性的大小与数量有关,能对可能性大小作出定性描述,体会数据是统计的核心,请你设计游戏活动(如摸球),完成"可能性"的教学案例。

第十章
综合与实践的教学

本章导语

本章阐述综合与实践教学的内容、综合与实践的学习形式和教学设计原则；给出教学案例及分析，如“度量衡的故事”教学案例及分析。

学习目标

1. 了解综合与实践教学的意义、要求和内容。
2. 理解综合与实践的学习形式。
3. 能够完成综合与实践的教学设计。

“2022年版课标”提出：强化课程综合性和实践性，推动育人方式变革，着力发展学生核心素养。

数学课程改革最突出的特点之一，是将综合与实践作为一个单独的学习领域，这并不表示增加了新的数学知识领域，而是更关注数学学科知识结构的内部联系以及与外界现实生活和其他学科的联系，强调数学学科知识的整体性、综合性和发展性。整体性，是指综合与实践涉及数与代数、图形与几何、统计与概率三个学习领域的知识内容，注重学科知识体系内部的逻辑联系。综合性，是指解决综合与实践领域中的问题，不仅是多个知识领域中知识的简单汇集、运用，还包括数学思想方法、活动经验、解决问题的思考方式的合理渗透与应用。发展性，是指综合与实践不同于以学科内容为主线的其他三个学习领域，没有具体的知识结构，而是以学习活动为主线，主要涉及数学思想方法和思维方式等，并在广度、深度、复杂度等几个方面都有所拓展和深化，对学生提出了更高的要求，也更能促进学生思维水平的深层发展。

第一节　综合与实践教学的意义、内容和要求

一、综合与实践教学的意义

综合与实践不同于以知识为中心的学科课程，也不同于分科化的实践课程以及结构化、

知识化的综合课程，其本质是以学生的直接经验和体验为基础，密切联系学生的生活世界和社会实践，在以学生自主探究活动为特征的实际操作过程中达到对知识更进一步的理解和综合运用，从而实现学生自我建构知识的一种课程形态。① 它既适应了世界课程改革的基本趋势，又体现了我国课程改革的现实需要，对增强数学与实践的联系，发展学生的综合能力，改变学生的学习方式有着重要意义。

“2022 年版课标”提出：综合与实践包括主题活动及项目学习。数学学科内部及各学科的知识以交织在一起的形式出现，沟通了数学内部、数学与生活、数学与各学科的联系，回应了国际数学课程改革的趋势，为实现课程统整的跨学科实践提出了明确的要求和范例。在这样的学习中，学生学会综合应用知识解决问题，发展他们的问题意识、应用意识及创新意识。

（一）拓展学生的知识领域

首先，综合与实践课程内容的选择反映了时代科学的发展，重视学生对当今新科学、新技术、新材料发展的了解，能激发学生的学习兴趣。其次，由于综合与实践教学的特点和要求，使学生在面对“生活”中的问题时，必须打破学科课程的束缚，联系与整合各学科所学知识，综合运用知识去分析、解决问题，这必然增强知识的整体化和融合化。这样的知识不只限于书本，它既可以是“历史”的知识，也可以是“现在”的知识。学生通过自主实践，获得直接经验和体验，以形成更概括、更高级的对世界整体的认识，增加自己的知识，扩大知识涉及的领域。

（二）促进学生素质和能力的发展

小学综合与实践的立论基础是：以活动促发展，以应用促提高，加强数学与现实生活的联系、数学与其他学科的联系。其目的是：给学生打好数学基础，发展思维能力，培养创新意识和实践能力。小学综合与实践教学设计由于没有固定的模式限制学生，学生可以根据自己的生活经验、知识水平和实际条件自由地进行实践活动，如欢乐购物街、我的教室、如何制定旅游计划、水是生命之源等。通过实践活动，学生不仅学会怎样去收集信息、整理信息，同时还要依靠已有的数学知识和经验，进行信息分析，这一过程让学生充分体验了数学的应用价值和现实意义，培养了学生的观察能力、想象能力、辨别能力、综合阅读能力、检索资料能力、运用信息技术能力和实践能力。数学实践课题的设计范围已经超出课堂，仅仅依靠抽象逻辑思维和个人的独立活动是无法完成的，必须通过与他人交流，寻求合作来完成。在这些过程中，学生的情感、动机、兴趣、意志、性格等心理素质也得到有效的培养，因此，小学数学综合与实践教学在促进学生综合素养和能力的发展上，具有重要意义。

---

① 王宝玺．综合实践活动课程初探[J]．首都师范大学学报(社会科学版)，2003(1)：64－67．

(三) 促进学生学习方式的转变

学生的学习方式对学习结果有决定性的影响,单纯的参与方式并不能促进学生高层次思维能力的发展,只有以积极的情感体验和深层次的认识参与为核心的学习方式才能促进学生核心素养的发展。综合与实践教学重视学生的主体性需要,为学生创设了开放的时空,增强问题的探索性、思考性和综合性,由学生自主地、创造性地开展学习活动。在学习中,学生运用探究发现、调查研究、试验论证、大胆猜测、合作交流、课题研究等多种学习方式,而且可以根据自身的经验、兴趣等来选择课题、选择活动、自我决定进度。这些对于转变以书本知识为学习的一切、以端坐静听为主要学习方式、以考试分数为衡量学习好坏唯一标准的学习方式具有十分重要的意义。

(四) 激发学生的学习兴趣

首先,综合与实践教学素材取决于生活,所考察、研究的对象以直观具体、形象生动的形式出现,从感性到理性,从具体到抽象,从简单到复杂,这都符合学生的认知规律,同时能让学生体会到数学学习与生活、与现实世界的联系。其次,实践活动能满足学生的愿望,因为"儿童对活动的需要几乎比对食物的需要更为强烈"(蒙台梭利)。通过亲自操作,可以让学生不断地体会到"发现"与"克服困难解决问题获得成功"的喜悦,从而提高兴趣、增强信心与继续学习的愿望,进而转化为一种热爱数学、热爱科学的情感和志向。

(五) 培养学生社会化的意识

综合与实践教学充分体现了教育职能,它着眼于个人发展需要的同时,也注重社会的需求,它追求知识与技能、过程与方法、情感态度价值观等多方面的目标,为学生个体的社会化创造了条件,对学生社会特征的养成具有重要而独特的功能,为学生将来走上社会做好了准备。

二、综合与实践的教学内容

"2022 年版课标"指出:综合与实践是小学数学学习的重要领域。学生将在现实情境和真实问题中,运用数学和其他学科的知识与方法,经历发现问题、提出问题、分析问题、解决问题的过程,感悟数学知识之间、数学与其他学科知识之间、数学与科学技术和社会生活之间的联系,积累活动经验,感悟思想方法,形成和发展模型意识、创新意识,提高解决实际问题的能力,形成和发展核心素养。

综合与实践分为主题活动和项目学习两种。第一、第二、第三学段主要采用主题式学习,第三学段可适当采用项目式学习。

主题活动分为两类:

第一类,融入数学知识学习的主题活动。在这类活动中,学生将学习和理解数学知识,感悟知识的意义,主要涉及量、方向与位置、负数等知识的学习。

第二类，运用数学知识及其他学科知识的主题活动。在这类活动中，学生将综合运用数学知识解决问题，体会数学知识的价值，以及数学与其他学科知识的关联。

小学阶段综合与实践的内容：

第一学段包括：数学游戏分享、欢乐购物街、时间在哪里、我的教室、身体上的尺子、数学连环画等 6 个主题活动。

第二学段包括：年月日的秘密、曹冲称象的故事、寻找“宝藏”、度量衡的故事等 4 个主题活动。

第三学段包括：如何表达具有相反意义的量、校园平面图、体育中的数学等 3 个主题活动，以及营养午餐、水是生命之源两个项目学习。

例如，“2022 年版课标”提出学业要求：知道“曹冲称象”的故事，形成问题意识。能结合现实素材，感受并认识克、千克、吨，能进行简单的单位换算；理解“曹冲称象”的基本原理是等量的等量相等，能针对具体问题与他人合作制订称重的实践方案，并能在执行方案的过程中不断反思，丰富度量的活动经验。

案例 10－1

曹冲称象的故事①

引导学生尝试用学过的知识解决应用性的数学问题和简单的实际问题，体会数学的价值，提升应用意识。教师给出“曹冲称象”示意图，引导学生分析“大象的质量＝排水量，相同的排水量＝石头的质量，大象的质量＝石头的质量”的关系，进一步感受“等量的等量相等”“总量等于各分量之和”这两个数学基本事实。引导学生主动参与、查阅资料、深入思考、得出结论，经历探求解决问题策略的过程，丰富数学学习的经验。该案例通过称重大挑战活动，让学生经历模拟“曹冲称象”的过程。

教学片段：称重大挑战

教师准备以下物品：水盆或水桶、塑料平托盘、木杆、橡皮筋、塑料袋、钩子，以及前面学生已经称量过的一些东西，如小西红柿、食盐、味精、铅笔盒等。

师：我们来个称重大挑战！我们不用电子秤、天平等，就利用这些材料，自己做一个“秤”，称一称你的书、字典，或者教室里你感兴趣的东西有多重。小组先商量一下怎么造“秤”，再合作用这个秤来称。称量完成后，小组汇报。

第 1 小组

生：我们用“曹冲称象”的办法，字典就是大象，小西红柿就是石头，小塑料盆就是船了。

---

① 马云鹏，吴正宪，等.《义务教育数学课程标准(2022 年版)》案例式解读(小学)[M]. 上海：华东师范大学出版社，2022：282.

(小组成员操作:把水盆放到水中,字典放到小水盆中,等到基本静止后,对着吃水线画标记。)

生:放一些小西红柿进去,这个盆子往下沉到刚才画标记的地方就行了。小西红柿一共有多重,字典就有多重。

生:虽然没有秤,但在之前的学习中我们称过 1 个小西红柿,是 8 克多一点。

生:我们就把这些小西红柿都看成 8 克,数数一共放了多少个小西红柿,数据相乘,就是字典的重量了。

师:我觉得这还真是个"曹冲称象",你们觉得呢?

生:嗯,小西红柿就是石头,字典就是大象!

生:字典的重量=吃水线的位置,吃水线的位置=所有小西红柿的重量,所以字典的重量=所有小西红柿的重量。

生:所以用"曹冲称象"的办法,不仅能测很重的东西,也可以测其他的东西啊。

第 2 小组

生:(借助实物说明)我们组做了一杆秤。我们用一个木杆,中间缠了橡皮筋做拎手,两边缠橡皮筋,下边挂上钩子,钩子下挂塑料袋。这就是一杆简易秤。

生:因为没有秤砣,也没有砝码,我们就把一袋 50 克的味精当秤砣。一包味精是 50 克,这是个整数,好记。

生:我们这个秤,就是利用跷跷板的原理。我们用味精当标准来称重。我的笔袋重量比 4 袋味精重一些,比 5 袋轻一些;她的笔袋也是,所以我们俩的笔袋差不多一样重。

生:我们这样称肯定不太准,只能看大约有多少个 50 克。要是这个东西在两个 50 克之间,就得靠我们掂量了。

三、综合与实践的教学要求

"2022 年版课标"要求:各门课程用不少于 10%的课时设计跨学科主题学习。

加强课程内容与学生经验、社会生活的联系,强化学科内知识整合,统筹设计综合课程和跨学科主题学习。加强综合课程建设,完善综合课程科目设置,注重培养学生在真实情境中综合运用知识解决问题的能力。开展跨学科主题教学,强化课程协同育人功能。

综合与实践课程内容以真实问题为载体,以主题活动或项目式学习的方式呈现,学生综合运用数学和其他学科知识解决真实情境中的真实问题,发展学生核心素养。结合培养未来人才和课程教学任务,数学教师要逐渐增强"跨学科意识"。

跨学科主题活动是综合与实践课程内容的重要教学形式,通过跨学科性质的主题活动或项目式学习等方式设计和实施，提倡设计真实的问题情境，体现跨学科特征，培养学生的创新意识、合作交流能力和社会责任感。

通过主题式学习或项目式学习，学生亲历提出问题、归纳猜想、探究体验、反思总结、合作交流等学习过程，从中积累数学活动经验，体会数学知识之间、数学与其他学科之间、数学与现实世界之间的联系。综合运用数学和其他学科的知识与方法创造性地解决真实世界的真实问题，在解决真实问题过程中，学生深度理解数学学科知识和方法，发展学生的核心素养，促进数学学科育人方式和学习方式的根本变革。

“2022年版课标”提出：综合与实践领域的教学活动，以解决实际问题为重点，以跨学科主题学习为主，以真实问题为载体，适当采取主题活动或项目学习的方式呈现，通过综合运用数学和其他学科的知识与方法解决真实问题，着力培养学生的创新意识、实践能力、社会担当等综合品质。

（1）明确教学目标

主题活动教学是跨学科背景下的数学内容学习，其目标是引导学生在跨学科背景下用数学的眼光观察现实世界，用数学的语言表达现实世界中事物的概念、关系和规律，帮助学生感悟数学与现实世界的联系，培养学生实践精神。

项目学习教学以用数学方法解决现实问题为主，其目标是引导学生发现解决现实问题的关键要素，用数学的思维分析要素之间的关系并发现规律，培养模型意识，经历发现、提出、分析、解决问题的过程，培养应用意识和创新意识。

（2）设计教学活动

主题活动教学要设计出完整可行的活动方案，可以利用信息技术或制作教具的形式，展示跨学科主题的背景；参考学生个人经验和已有知识积累，从解决问题需要出发，明确所学数学知识与技能，提出相应学习任务，确定学习活动形式，明确学习成果的形式和要求等。

项目学习教学所涉及的问题主要是现实世界中具有开放性的问题，问题解决需将现实问题转化为数学问题。解决数学问题要引导学生提出合理假设、预测结果、选择合理的数学方法，对用数学模型表达条件与结果之间的关系有清晰的认识，并利用真实情境检验模型、修正模型，形成物化成果，包括项目产品、小论文或研究报告等。

综合与实践领域实践性特征的体现，其根本目的是打破学科知识与社会生活之间的藩篱，让学生在生活中积累经验、学习知识，用习得的知识、技能解决生活问题，使感性和理性“在实践的基础上统一起来”。综合与实践是一类以问题为载体、以学生自主参与为主的学习活动。在学习活动中，学生将综合运用数与代数、图形与几何、统计与概率等知识和方法解决问题。综合与实践的教学活动应当保证每学期至少一次，可以在课堂上完成，也可以课内外相结合。

将综合与实践的实施界定为“以问题为载体、以学生自主参与为主的学习活动”，它有别于学习具体知识的探索活动，更有别于课堂上教师的直接讲授，它是教师通过问题引领、学

生全程参与、实践活动相对完整的学习活动。表现在:

一是关注问题引领。"以问题为载体"横向看,是解决学生熟悉和容易理解的现实生活中的问题,有时也可能是数学问题;纵向看,是引导学生综合运用已有的知识经验,经历发现和提出问题、分析和解决问题的过程。如果没有有意义的问题作支撑,可能就不是真正的综合与实践活动。

二是关注自主参与。"以学生自主参与为主",则突出了学生的主动性,教师的教要真正让位于学生的学。这样描述言简意赅,对于教师准确地把握综合与实践的教学关键点,指明了方向。

 **案例 10-2**

制订旅游计划①

学生在参与综合与实践活动的过程中,需要综合运用已有的知识和经验,经过自主探索和合作交流,解决与生活经验密切联系的、具有一定挑战性和综合性的问题。

下面是"制订旅游计划"教学案例的片段。

小芳家住南京,今年她 11 周岁,身高 1.42 米。暑假里她想和爸爸、妈妈去北京旅游,计划 8 月 5 日从南京乘火车去北京,8 月 9 日从北京乘飞机返回。

收集往返交通信息:8 月 5 日南京到北京的部分列车出发时间、到达时间和票价。8 月 9 日北京到南京的部分航班时间及票价(六折):已满 2 周岁未满 12 周岁的儿童享受半价票,但半价票不再打折。

结合查阅信息,分析三种列车、三种航班各自特点,"列车+航班"可以有四种交通行程供选择,分析各自特点,选择一种行程。

根据旅游景点的位置,选择住宿 3 天的酒店。

【设计意图】每种列车、每次航班的出发时间和到达时间不同,引起了学生对行程时间的思考、计算和比较。结合不同列车和航班票价的高低,学生对三种列车、三次航班的特点有了各自的判断和选择。往返交通的规划其实就是一个比较、选择的过程。每列火车、每次航班中包含的各种信息,为学生的选择提供了依据。由于学生对某一方面的信息感知度和已有经验的认知度不同,所以选择的行程方案也各不相同,但是不管怎样选择,都呈现了学生独特的思维过程。

计划确定好后,我们就可以来计算费用了。

生:购买火车票时,"身高 1.20～1.50 米的儿童享受半价票",小芳的身高是 1.42 米,应买半价票。

---

① 朱裕华.核心素养视野下的"综合与实践"教学——以"制订旅游计划"为例[J].小学数学教育,2018(6):11-13.

师：那怎样计算小芳一家去时的交通费用呢？

表 10－1　小芳一家北京之旅旅游总费用预算

<table>
<tr><th>项目</th><th colspan="2">种类</th><th>出发时间</th><th>到达时间</th><th>票价/（元/张）</th><th>合计/元</th></tr>
<tr><td rowspan="2">往返交通</td><td>去</td><td>空调快车 K</td><td>21:29</td><td>次日 09:25</td><td>265</td><td rowspan="2"></td></tr>
<tr><td>回</td><td>航班③</td><td>21:50</td><td>23:50</td><td>1010</td></tr>
<tr><td rowspan="5">旅游景点</td><td>线路名称</td><td colspan="3">旅游景点</td><td>价格/（元/人）</td><td>合计/元</td></tr>
<tr><td>① 长城之旅</td><td colspan="3">八达岭长城</td><td>110</td><td rowspan="4"></td></tr>
<tr><td>② 古都之旅</td><td colspan="3">故宫、颐和园、天坛、雍和宫</td><td>180</td></tr>
<tr><td>③ 奥运之旅</td><td colspan="3">鸟巢、水立方、奥林匹克公园、国家大剧院</td><td>100</td></tr>
<tr><td>④ 红色之旅</td><td colspan="3">升旗仪式、毛主席纪念堂、历史博物馆、人民大会堂</td><td>60</td></tr>
<tr><td rowspan="2">住宿酒店</td><td>酒店名称</td><td colspan="3">星级</td><td>价格/（元/晚）</td><td>合计/元</td></tr>
<tr><td>速 8 酒店</td><td colspan="3">快捷连锁</td><td>200</td><td></td></tr>
</table>

生 1：相当于购买 2.5 张成人票，265×2.5＝662.5(元)。

生 2：购买飞机票也有优惠，“已满 2 周岁未满 12 周岁的儿童享受半价票，但半价票不再打折”，小芳今年 11 周岁，买票时可以打对折。

师：那怎样计算小芳一家返回时的交通费用呢？

生：两张成人票打六折，儿童票打五折，可以列式为：1010×60％×2＋1010×50％＝1717(元)。

师：计算旅游景点的费用和住宿费用时又要注意什么呢？

生 1：旅游景点是按人来计算的，可以先算出每人的旅游费用再乘人数，列式为(110＋180＋100＋60)×3＝1350(元)。

生 2：住宿费用是按天数来计算的，小芳一家可以只订一间房，住 3 晚，费用是：200×3＝600(元)。

师：在计算各项费用的时候，我们要关注优惠政策、各种费用的计量单位，然后综合运用前面学习的整数、小数、百分数的知识解决问题。

【设计意图】学生总结综合与实践的活动过程，清楚地认识到是从往返交通、旅游景点、住宿酒店三个方面，按照“了解信息—比较选择—计算费用”的过程制订旅游计划的，不断积累数学活动经验。在教学过程中，无论是有关旅游计划信息的收集、整理，还是整个行程的规划，教师都给学生提供了自主与开放的空间。正是这样的自主与开放，使学生的经验、思维、能力得到不断成长。

第二节　时间的教学研究

一、时间单位及其教学

(一) 年月日

公元前46年,"凯撒大帝"采用儒略历,规定每年含12个月,其中1、3、5、7、8、10、12月为大月,每月31日;4、6、9、11月为小月,每月30日;平年2月为28日,闰年为29日。中国古代人们用"圭表"确定"冬至",从一个"冬至"到下一个"冬至"的时间为一个"岁周"。《淮南子》(约公元前140年):"日移一度……反复三百六十五度四分度之一,而成一岁。"①

我们说的一年365天,一天24小时,一月30天,一分60秒,等等,实际情况并不都是整数。如一年实际是365.2422天,也就是365天5小时48分46秒,一个月的平均长度是29.53059日,也就是29天12小时44分3秒,一个昼夜是23小时56分,都不是整数。为了方便于计时,都以整数计量时间。其他小数就不得不采取闰年、闰月、闰日、闰秒的办法解决。②

阳历中有闰日的年份叫闰年,相反就是平年,平年为365天,闰年为366天。在公历纪年中,平年的二月为28天,闰年的二月为29天。闰年2月29日为闰日。之所以每4年中要有1个闰年,是因为地球绕太阳转动一周需要365天5时48分46秒,把365天定为一年,每经过4年大约就会多出1天,把这多出的大约1天加在2月里,这年的2月就有29天,这一年也就称为闰年。另一方面,上面这样的算法中,每4年就会多算44分56秒,每400年就会多算大约3天,所以每400年就要减少3个闰年,也就是"百年不闰,四百年又闰"。

教皇格里高利十三世(Gregory XIII, 1572—1585年在位,意大利人)于1582年颁布了"格里高利历"。"格里高利历"就是我们今天使用的公历(阳历)。1912年1月2日,孙中山发布通告,宣布"中华民国改用阳历",使阳历成为官定历法。1949年9月27日,中国人民政治协商会议第一届全体会议通过决议:中华人民共和国的纪年采用公元。使得"公历"的名称最终获得了官方的认可。③

解决"年月日"问题:不仅仅是记住平年、闰年,背诵《大小月歌》,关键是利用"年月日"的规律解决生活中的问题。

问题1:李强去奶奶家,从月头到月尾,刚好连续住了两个月,李强在奶奶家可能住了多少天?

---

① 李忠林.秦至汉初(前246至前104)历法研究——以出土历简为中心[J].中国史研究,2012(2):17-69.

② 张钟华,卢敬叁.时间计量中的历法科学[J].工业计量,2002,12(5):43-45.

③ 朱文哲.西历·国历·公历:近代中国的历法"正名"[J].史林,2019(6):127-137.

该题的正确答案共有四种可能，分别是 31+28、31+29、31+30、31+31。学生不重不漏地写出所有答案的关键在于：一是有序思考；二是排除 30+30，即不可能出现两个连续的小月。

问题 2：李叔叔连续出差三天，这三天的日期数之和是 33。请你猜一猜，李叔叔出发那天是几日？回来那天是几日？

对于该练习，学生往往想到 10、11、12 这三个连续日期的和是 33，不容易想到 30、1 和 2 这三个连续日期的和也是 33，从而漏了一组答案。

（二）关于“秒”

在公元前 1700 年之前，生活在两河流域的巴比伦人采用 60 进制进行数学和天文计算。希腊数学家，天文学家托勒密在《天文学大成》一书中（约公元 150 年）将 360 度细分为更小的单位。他将 1 度分为 60 份，意为“第一极小分度”，简称为“分”。1“分”又划分成 60 个更小的部分，即“第二极小分度”，中文翻译为“秒”。到了 14 世纪，分和秒又被借用到了时间的划分中，成为时间单位。

国际单位制（根据法文 Système International 缩写为 SI）是全球统一的计量单位制。SI 基本单位全部实现了量子化定义。2018 年第 26 届国际计量大会（CGPM）对秒的单位重新表述：当铯频率 $\Delta\upsilon Cs$，即铯-133 原子基态的超精细能级跃迁频率，以单位 Hz 即 s^{-1} 表示时，将其固定数值取为 9192631770 来定义秒。（即 1 秒等于铯-133 原子两个不受干扰的超精细能级跃迁对应的 9192631770 个辐射周期持续的时间。）与原先定义内容相同，但是强调了固定数值概念。“秒”是除摩尔之外其他 SI 基本单位（米、千克、安培、开尔文和坎德拉）的基础，它们的单位构成中都包含“秒”。①

卫星导航定位的准确度决定于时间测量的准确度。原子秒确立后，使得时间频率测量可应用到更多高技术领域，如通信、电力、交通、金融等。时间频率是电网精确同步、金融交易、电子商务等准确可靠的保障。

（三）二十四节气

二十四节气最早发源于黄河流域。利用圭表测日是古人确定二十四节气最主要的方法。《尚书·尧典》中说：“期三百有六旬有六日，以闰月定四时成岁。”至少在商周时代，人们就知道阳历中一年为 366 日，并用阳历的周期调整春分、夏至、秋分、冬至四个节气。到秦汉时期，已经形成了完整的二十四节气的概念。二十四节气体系是西汉时代的刘安所著《淮南子》最后确定的。② 根据太阳一年在黄道上 24 个不同运动位置将其分为 24 份，每份（15 度）为一节气。

---

① 宋明顺，方兴华，马爱文，等. 论新国际单位制（SI）的“秒制”特征及其未来发展[J]. 计量学报，2019，40(4)：541-548.

② 陈连山. 二十四节气：精英与民众共同创造的简明物候历[J]. 文化遗产，2017(2)：8-11.

2016 年 11 月 30 日,“二十四节气——中国人通过观察太阳周年运动而形成的时间知识体系及其实践”被列入人类非物质文化遗产代表作名录。具体表述为:“中国人将太阳周年运动轨迹划分为 24 等份,每一等份为一个节气,统称‘二十四节气’,通过二十四节气能够认知一年中时令、气候、物候的变化规律,围绕每一个节气,可以有序组织农事生产,合理安排日常生活。”[①]2022 年 2 月 4 日,立春,北京冬奥会开幕式倒计时表演在中国传统历法的时光轮转中开篇,大屏幕上逐个闪现二十四节气,从“雨水”开始,最终行至“立春”。

案例 10-3

探究二十四节气的教学片段。[②]

一、欣赏二十四节气歌

我们一起欣赏二十四节气歌。学生观看课件,欣赏二十四节气歌,请同学说一说:24 个节气都有哪些?

春雨惊春清谷天(立春、雨水、惊蛰、春分、清明、谷雨),

夏满芒夏暑相连(立夏、小满、芒种、夏至、小暑、大暑)。

秋处露秋寒霜降(立秋、处暑、白露、秋分、寒露、霜降),

冬雪雪冬小大寒(立冬、小雪、大雪、冬至、小寒、大寒)。

二、探索规律

(1) 观察所圈节气

师:观察你圈出的 24 个节气,它们在日期上有什么规律吗?

生:我发现每个月都有 2 个节气。

师:观察特别认真!我们把每个月的第一个节气叫“节气”,第二个节气叫“中气”。我们找到 1 月的第一个节气是什么?

生:小寒。

师:那你圈的小寒是在哪一天?

生:我找到的小寒是在 1 月 5 日。

生:我找到的小寒是在 1 月 6 日。

师:看来节气和节日的日期规律还不一样,像儿童节每年都是在 6 月 1 日,而节气的日期却不是固定在某个日期的。

(2) 小组合作收集数据,每组负责一个月份的 2 个节气,看看日期有什么规律

师:小组合作来找出其他节气在每年的日期。你是几号小组就负责几月份的 2

① 隋斌,张建军.二十四节气的内涵、价值及传承发展[J].中国农史,2020,39(6):111-117.

② 孙萌,胡立利,张秋爽.在观察中探索规律 在实践中提升能力——“年、月、日”二十四节气综合实践活动[J].教学月刊小学版(数学),2018(6):11-14.

个节气，把这 2 个节气在每一年的日期填写在记录单上。（学生小组合作找出节气日期并填写记录单）

（3）小组汇报整理

师：请各小组汇报，老师帮你们把数据填写到黑板的大表格里。

1 组：我们组找到的小寒可能会在 1 月的 5 日或 6 日；大寒是在 20 日或 21 日。

2 组：我们组找到的立春可能会在 2 月的 3 日或 4 日；雨水是在 18 日或 19 日。

3 组：我们组找到的惊蛰可能会在 3 月的 5 日或 6 日；春分是在 20 日或 21 日。

4 组：我们组找到的清明可能会在 4 月的 3 日或 4 日；谷雨是在 19 日或 20 日。

5 组：我们组找到的立夏可能会在 5 月的 5 日或 6 日；小满是在 20 日或 21 日。

6 组：我们组找到的芒种可能会在 6 月的 5 日或 6 日；夏至是在 21 日或 22 日。

师：请看黑板上我们一起整理的表格，纵看每月的第一个节气的日期，你有什么发现？

生：每月的第一个节气可能在 3 日、4 日、5 日或 6 日。

三、 发现规律

师：也就是说每月的第一个节气会在 3 至 6 日之间，看看每月的第二个节气的日期，发现了什么？

生：我发现每月第二个节气是在 18 至 22 日之间。

师：经过大家一起合作收集数据，然后整理，最后发现每月的第一个节气是在 3 至 6 日，每月的第二个节气是在 18 至 22 日。这和我们之前学的规律有些不一样，以前我们学习的规律像大月就是 31 天，小月就是 30 天。而今天学习的节气日期规律不是固定在某一天了，而是在一个区间内，这也是一种大规律。

回顾小结再一次欣赏二十四节气歌：

春雨惊春清谷天，夏满芒夏暑相连。秋处露秋寒霜降，冬雪雪冬小大寒。

每月两节不变更，最多相差一两天。上半年来六、廿一，下半年是八、廿三。

每月两节日期定，最多不差一二天。

师：回顾一下我们刚才小组合作的过程，先是一起看多年的年历，收集数据，又一起整理了这些数据，最后发现规律，补充了二十四节气歌。这就是我们今天经历的探索过程。

【反思】本节课通过小组合作全班一起收集数据，小组汇报时对数据进行整理，再到最后大家一起观察表格从而发现规律，学生经历了收集数据—整理数据—发现规律这样完整的探索过程，对规律有了新的感知，为以后的学习奠定基础。二十四节气不仅指导着农业，也指导我们的生活，以此可以激发学生对天体运动的好奇与探索，体现数学和生活的联系、数学和其他学科的联系。

二、解决“时间”问题困难分析

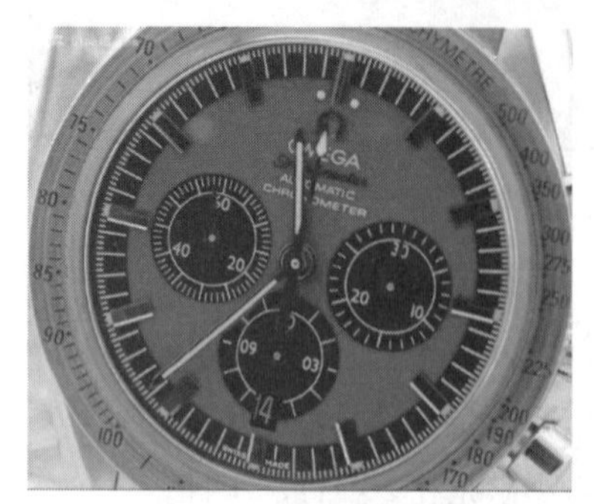

图 10－1 表盘及其刻度

真正的表盘是由时针盘和分针盘两个表盘结合而成的，而且分针的表盘又在时针表盘之上。普通钟面上有两套不同的刻度，加上秒针，实际上为三套(如图 10－1)。时、分和秒的刻度方法，对小学生来说是很大的挑战。学生学习难点之一：理解钟面分针走一圈，时针才会刚好到下一整点刻度。到 19 世纪末期，人类才统一把一天的开始定在午夜。① 有的学生认为早上才可以作为一天周期循环的开始。低年级学生受到日常生活作息与上学时间的影响，认为起床后或是到学校后一天才开始，以及一星期从星期一开始，星期五结束。

依据各种进位制区分，由易而难分别为分秒六十进位制、时分六十进位制、日时二十四进位制，最后是年月十二进位制。六十进位制的题型和二十四进位制的题型相较之下，二十四进位制的题型更为困难。受到十、二十四和六十进位制间的相互干扰，学生解决日、时类型的计算时，比解决六十进位的时和分、分和秒的计算时受到十进位结构影响更多，面临的困难更大。

对于小学生来说，长度单位是他们最早认识的单位，十进制也是他们最熟悉和最常用的进制。学生在将较大单位换算成较小单位时，习惯性地直接去掉一个 0 或者除以 10 得到结果，如图 10－2，这是错误的。时间单位“时、分、秒”之间是六十进制，受十进制的干扰，学生容易在此出错。如图 10－3 学生按照十进制“退一作十”，忽略了六十进制，虽然是他将 2:75 转化为 3:15 是正确的，但是本题仍然错误。

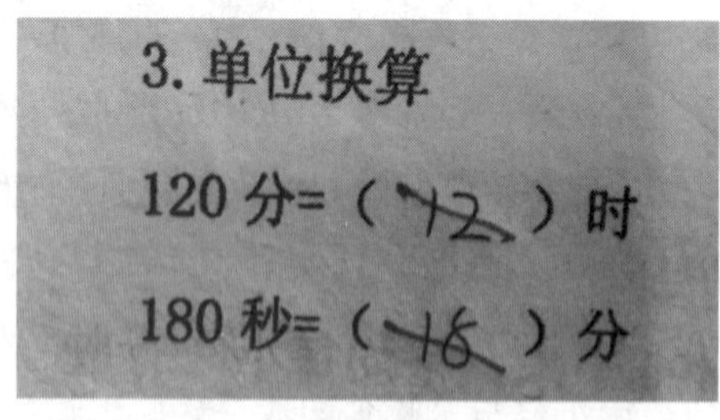

图 10－2

8 :11
~~9~~ : ~~1~~5
－ 6 : 40
2 : 75
＝ 3 : 15

图 10－3 时间减法 *a*

时间单位之间的进率明显与其他单位之间的进率不同，不同的时间单位间进率也不同。

① 俞金尧，洪庆明. 全球化进程中的时间标准化[J]. 中国社会科学. 2016(7):164－188.

学生前期认识时、分、秒，认识 24 时计时法是初步建立"时间长度"的概念，感受到时间是有长短的。计算"经过的时间"则是把时间的长短从简单的定性描述发展为精确的定量刻画。遇到"跨整时的""跨两天的""不同计时法表示的"等情境的问题，直接用"结束时刻—开始时刻"的方法对学生来说存在难度。

例如，从 6 时 40 分到 9 时 15 分，经历多长时间？有的学生解答如图 10－3，他受十进制影响，从"9 时"借"1"，到分钟的位置转换为"10"，再完成"11－4＝7"。① 如图 10－4，学生解决"10:41－8:57＝?"在 853 名被试中，有 92 名学生给出了 1 小时 84 分钟的答案。有部分学生给出了 1 小时 94 分钟的答案，因为他们在借位时出现了加法错误。有趣的是，有 165 名"聪明的"学生(大部分来自精英班)在时间减法计算时采用十进制法则后，意识到要基于六十进制系统将答案中超过 60 的分钟转化成小时，因此，他们将 1 小时 84 分钟转化成 2 小时 24 分钟：

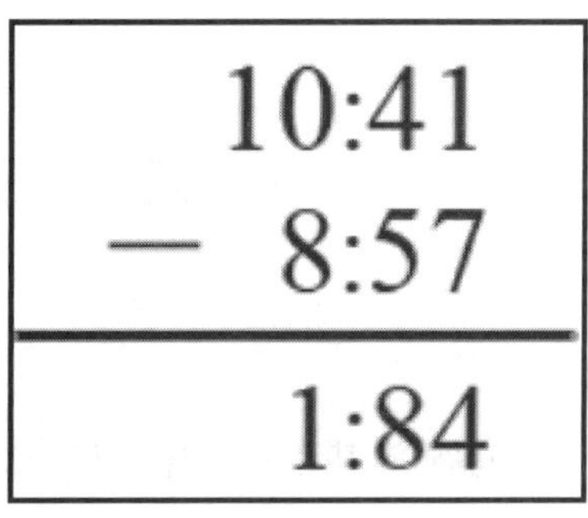

图 10－4　时间减法 b

1.84 小时＝1 小时＋60 分钟＋24 分钟＝1 小时＋1 小时＋24 分钟＝2 小时 24 分钟②

解"经过时间"的过程是构建"计算经过时间方法"的过程，同时也是基于学生不同理解能力自主选择不同计算方法的过程。学生借助钟面明晰经过时间就是指针转动时经过的轨迹时刻，在数轴上我们可以直观地表示为一个点。经过时间即是开始时刻与结束时刻这两点之间的距离。在对计算方法的理解中，教师引导构建了直观模型，让学生借助直观模型并通过课件演示的方式来理解"逐段相加"，同时结合减法运算意义，理解"结束时刻－开始时刻＝经过时间"。

学生可以通过动手操作，理解钟面指针运行规律，时针转 1 大格＝分针转 12 大格；还可以利用进位制模型理解时间单位换算。引导学生通过操作活动，了解时间换算的意义，进而归纳出换算的运算规则，强化换算与各种进位制的判断。为加强时间位值制的观念，在时间计算时，可用定位板的观念，加上时间单位，使学生在换算过程中避免因位值概念不清而产生错误(如图 10－5，10－6，10－7)。

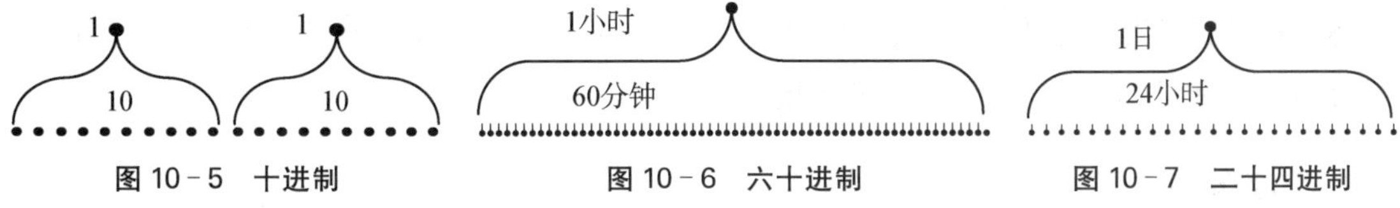

图 10－5　十进制　　图 10－6　六十进制　　图 10－7　二十四进制

① Kamii C. Russell K. A. Elapsed Time: Why is it so difficult to teach [J]. Journal for research in mathematics education. 2012, 43(3): 296－315.

② 范良火，黄毅英，蔡金法，等. 华人如何教数学[M]. 南京：江苏凤凰教育出版社，2017：167.

问题 1:小星晚上 8 时睡觉,第二天早上 6 时起床。她睡了几小时?

方法:用画时间轴的方法来思考。小星晚上 8:00 睡觉,用 24 时计时法表示是 20:00,那么她第一天睡觉的时间有 24－20＝4(小时),再加上第二天的 6 小时,一共是 10 小时,如图 10－8。

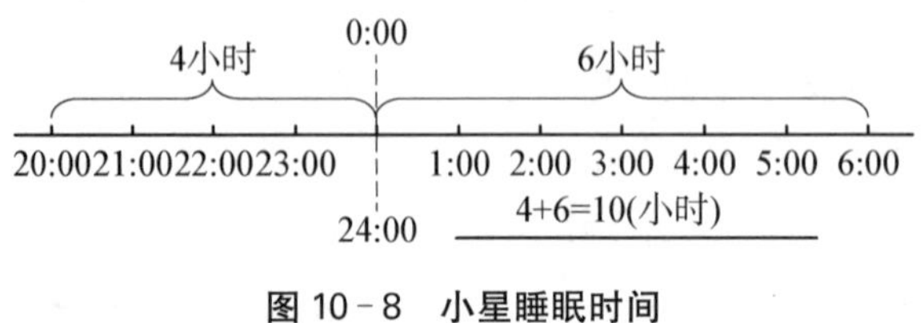

图 10－8　小星睡眠时间

问题 2:某百货市场的停电时间是 9:45—11:10,停电了多长时间?

问题解决分析:解决这类问题都要用到"结束时刻－开始时刻＝经过时间"这样的公式。计算时迁移整数减法列竖式的方法,将时刻分为"时"和"分"两个单位,相同单位相加减,"退 1 作 10"迁移为"退 1 时作 60 分"。如"11 时 10 分－9 时 45 分",先用"10 分－45 分",不够减,向"11 时"退"1 时"作"60 分",和"10 分"合成"70 分",再用"70 分－45 分＝25 分",因为"退位后的 11 时变成了 10 时",所以"10 时－9 时＝1 时",结果为"1 时＋25 分＝1 时 25 分"。

第三节　度量衡的教学研究

"2022 年版课标"明确提出:会查找资料,理解度量衡的意义,提升学习的意识与能力;了解计量单位的发展历史,知道科学发展与度量精确的关系。

度量衡这一称谓,最早见于《尚书·舜典》:"同律度量衡。"《汉书·律历志》说:"衡权者:衡,平也;权,重也。"《说文解字》中"衡":"牛触,横大木其角。"衡是绑在牛角上以防牛在路上触人的横木。因秤杆由横木组成,引申为秤。"度量衡"是指计量长度、容积、质量的标准或器具。度是关于长度的量——长度;量是关于多少的量——容量;衡是关于轻重的量——重量(质量)。[①] 阿历克西·波科顿(Alexis Paucton)强调:统一的度量衡是财产不被侵犯的保障。[②] 测量单位定义了构成测量系统的元素。测量系统对于国家发展是非常必要的,世界文明古国很早就设置了足够精确的长度单位测量值。标准是衡量单位价值的物理表示,统一的度量单位和量具是人类文明进步的重要标志。

一、长度测量

长度测量工具是指将被测长度与标准长度比较,从而得出测量结果的工具。人们利用

① 丘光明,邱隆,杨平,等.中国科学技术史:度量衡卷[M].北京:科学出版社,2001:1.

② 肯·奥尔德.万物之尺[M].张庆,译.北京:当代中国出版社,2004:19.

填满、覆盖、对齐或其他方式来比较度量单位或被测物，完成物体长度测量。亚历山大·汤姆(Alexander Thom)在调查不列颠群岛的巨石阵(约公元前2900年建造)时，发现了有史以来的最古老的长度单位“巨石码”(Megalithic yard)，1巨石码＝2.72英尺，或者0.8296米。巨石阵几何结构中使用的测量系统符合巴比伦系统。[①]

(一) 美索不达米亚的长度单位

尼普尔肘尺(Nippur cubit)是公元前2650年美索不达米亚文明时期的量尺，是保存最古老的肘尺(图10-9)，也是世界已知的第一个长度标准，藏于伊斯坦布尔考古博物馆。依据这个不规则形状和不规则标记的刻度尺，推测尼普尔肘尺定义为约51.85厘米(20.4英寸)。当代计量学家普遍承认，罗马尺是从尼普尔肘尺推导出来的。[②] 还有“古地亚肘尺”(Gudea cubit)(参见法国卢浮宫博物馆的相关图片)。

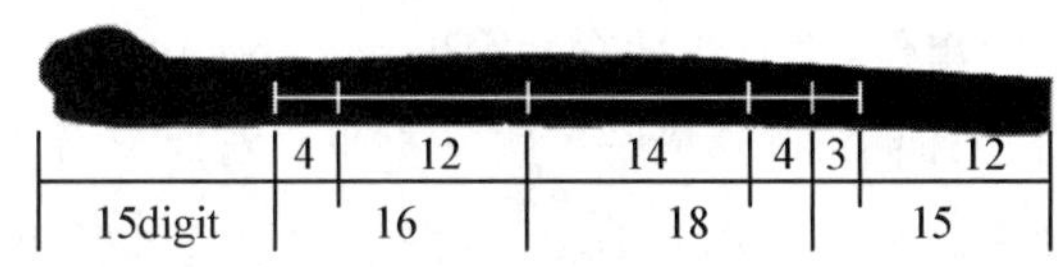

图10-9 尼普尔肘尺刻度

(二) 古埃及的长度单位

肘尺(cubit)是古埃及人测量长度的主要单位，相当于前臂肘部到手中指尖的长度。考古学家在埃及发现了一些雕刻精细的测量棒，证明古埃及长度的测量单位是肘尺。古埃及有多个肘尺系统，其中包括：即皇家肘尺(royal cubit，52.5厘米，用于纪念碑和建筑物的测量)，另一种系统是小肘尺(small cubit，45厘米，用于日常用品测量)。早期人们通常基于国王(法老)的身体部位作为长度测量，长度单位有肘尺、掌宽和指宽，均来源于人体。科学家们曾经对胡夫金字塔(Khufu Pyramid)进行过精密测量。该金字塔的底边长度为440肘尺(即230.36米)；高280肘尺(也就是146.59米)。[③] 金字塔及其他陵墓和堡垒的长、宽、高的整数数据对于建设者在协调工作人员时解决实际问题是非常有价值的。从埃及金字塔等的建筑数据，我们看到相当古老的标准化线性测量的尝试。

(三) 古希腊、罗马的长度单位

公元前450多年，阿伦德尔(Arundel)浮雕(图10-10)是希腊的计量浮雕。它是一个国王的身体浮雕，像真人一样高大，双臂张开；他手臂的这种伸展被称为希腊计量，在他的右臂

---

① Kainzinger A. The mathematics in the structures of Stonehenge[J]. Archive for history of exact sciences. 2011(65): 67-97.

② Duran Z, Aydar U. Digital modeling of world's first known length reference unit: The Nippur cubit rod [J]. Journal of cultural heritage, 2012, (13): 352-356.

③ Bartlett C. The design of the Great Pyramid of Khufu[J]. Nexus network journal, 2014(16): 299-311.

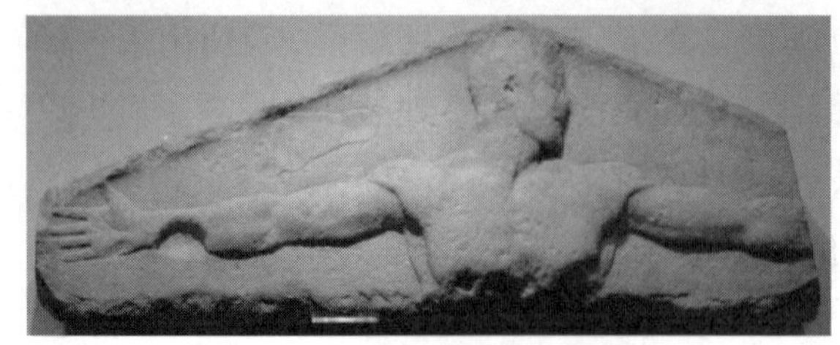

图 10－10 阿伦德尔计量浮雕

上有一把希腊尺(1 希腊尺＝0.297 米)；以国王手臂前臂长度作为标准，1 肘尺＝0.52 米。手指宽度为 1.85 厘米。[①] 该浮雕藏于英国牛津大学阿什莫林博物馆(Ashmolean Museum)。它是公开声明强制执行的测量标准。虽然埃及和罗马的量尺数量相对较多，但阿伦德尔浮雕是唯一幸存的代表希腊单位长度的物体。这一新发现雄辩地证实了众多文献中的事实，即古代测量单位源自人体。还有论据间接证明当时在希腊“1 尺＝0.297 米”。

古罗马长度测量单位受埃及和两河流域的测量系统影响。古罗马的路程和长度单位具有一定的稳定性和一致性。理解当时使用的测量系统对于研究古建筑的设计很重要。罗马人从埃及人那里继承了长度单位，确立 1 罗马尺(Roman foot)＝0.298 米，1 罗马里(Roman mile)＝1482.4 米。罗马尺有时分为 12 寸(约 24.7 毫米)，有时又分为 16 指(约 18.5 毫米)。当时每条罗马道路偶尔都会放置一些小方尖碑，以指示与罗马的距离，因为在罗马帝国统治下，罗马是世界的中心。

(四) 英国长度单位

英尺(foot)等测量单位起源于多种文化。公元 43—409 年，古罗马军团占领大不列颠岛，罗马人引入了他们的测量单位，所以 1 英里等于 1000 罗马步(paces)或双步(double steps)，即 1 罗马英里等于 5000 英尺。14 世纪，英国规定：从大麦穗中间选择三粒最大的麦粒并依次排成一行的长度就是一英寸(1 英寸＝0.0254 米)。由 1959 年的国际码和磅协议准确定义为：1 码(yard)＝0.9144 米，它是从亨利一世国王的鼻尖到他的食指尖之间的长度，1 英尺＝0.3048 米。现在英国长度单位：1 英里＝5280 英尺＝63360 英寸＝1609.344 米＝1760 码＝1.609344 千米＝1.609344 公里。

(五) 中国长度单位

中国最早的计量单位为“丈”，是由夏王朝的大禹定义的。殷末和西周初年，尺度短小，按当时尺度，人体高约一丈，故有所谓“丈夫”之称。[②]《大戴礼记 · 主言》：“布指知寸，布手知尺，舒肘知寻。”“尺”字也很像现今一拃的人手之形(拇指至食指之间距离约 16 厘米)。今国家博物馆和上海博物馆各藏有一支商代象牙尺，尺长 15.78 厘米。南京博物院藏有一战国时期铜尺，如图 10－11，长尺一端有小孔可以系绳，每寸有几何形花纹。

---

① Jones M. W. Doric measure and architectural design 1: The evidence of the relief from Salamis [J]. American journal of archaeology, 2000, 104(1): 73－93.

② 伊世同. 量天尺考[J]. 文物, 1978(2): 10－17.

图 10 - 11 战国铜尺

目前秦尺度的标准多以传世的商鞅方升为据。学界一般将秦尺的长度推定为 23.1 厘米。[①] 这个标准值对我国古代长度单位量的影响非常大。在各个朝代,1 尺折合厘米数是不同的,如 1912—1949 年,1 尺折合 33.3 厘米。[②]

(六) 法国"米"制

现在全世界统一使用的长度单位"米"源于法国,制定公制米的实际工作是在法国大革命的动荡岁月中完成的。1795 年 4 月,法国政府颁布采用米制的命令:规定法国权度完全采用十进制;定义"米"(mètre 出自希腊文 metron,义为量测,中文音译为米)为巴黎子午线全长的四千万分之一。为了使用方便,1889 年第一届国际计量大会决定,把长度单位"米"固化,用一根相当于这个长度的、截面呈 X 形的铂铱合金棒为"米"的基准,人们称之为"米原器",这是第一次在全世界范围内确定的长度标准,现在这个"米原器"保存在巴黎国际计量局的地下室中。长度的主单位是"米",米的下级单位名称分别为分米(décimètre),厘米(centimètre),毫米(millimètre),它们之间都采用十进制。比米大的辅助长度单位称"millaire",等于一千米。

随着科学研究的逐渐深入,人们越来越需要非常精细的距离单位,因此长度单位的制定还需要从粗略走向精细。基于"路程=时间×速度"的公式,可以通过时间和速度与长度单位建立联系。第 26 届国际计量大会决定:2019 年 5 月 20 日起实行新的国际单位制。当真空中光的速度 c 以单位 m/s 表示时,将其固定数值取为 299792458 来定义米,其中秒用 $\Delta v Cs$ 定义。[③] (即 1 米是光在真空中在持续时间为 1/299792458 秒的时间间隔内所经路径的长度。)提高长度单位"米"的精度能够满足芯片光刻高端加工制造、全球卫星导航定位系统等方面的需要。

二、体积(容积)测量

(一) 外国体积(容积)测量

1795 年 4 月,法国政府规定:一升(litre)的容量为一立方分米的容量。容量的主单位是升(litre),还有其他单位,如:毫升(milliliter)。

---

① 姜波.秦汉度量衡制度的考古学研究[J].中国文物科学研究,2012(4):27-32.

② 邱隆.中国历代度量衡单位量值表及说明[J].中国计量,2006(10):46-48.

③ 宋明顺,方兴华,马爱文,等.论新国际单位制(SI)的"秒制"特征及其未来发展[J].计量学报,2019,40(4):541-548.

英国蒲式耳是一种固体物质的体积测量单位(1 蒲式耳=36.3688 升),像我国的斗、升等计量单位,主要用于量度干货,尤其是农产品的重量。英国度量衡还有其他容积单位:1 英制夸脱(quart)=8 及耳(gill)=2 品脱(pint)=1/4 加仑(gallon)=1/32 蒲式耳(bushel)。

为了石油交易更加省时和便捷,针对油料物资特别是原油这样批量惊人的流体货物,在计量操作中,要先测量体积。1 桶=42 美制加仑≈35 英制加仑=158.98 升。42 加仑制式的桶空重 64 磅(合 29 公斤),装满原油约重 300 磅(合 136 公斤)。1 美制加仑(加仑)=3.7854 升;1 英制加仑=4.546 升。

(二) 中国容积测量

升,既是容量单位,又是测量粮食的器具。甲骨文的"升"字就像一把长勺里加了几粒粮食,如图 10-12。当年粮食与赋税有关。

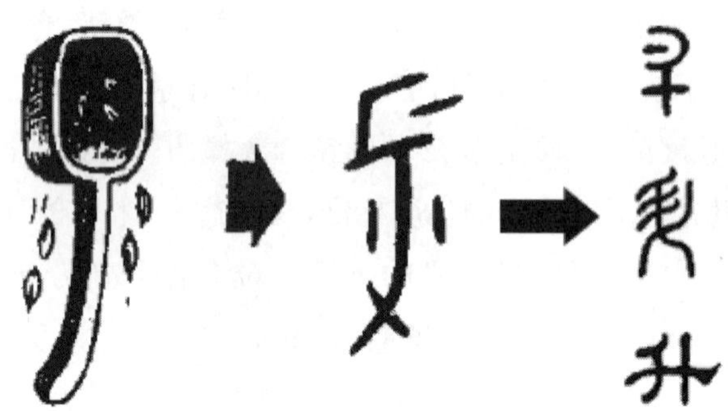

图 10-12 甲骨文"升"

图 10-13 商鞅方升

秦朝度量衡法制起源于商鞅变法。秦朝统一度量衡,确立了较为完善的单位进制。公元前 344 年,商鞅监制的度量衡标准器"商鞅方升"的规格为:1 升等于 16.2 立方寸,如图 10-13。考虑到铸造与测量误差,学界推定秦朝 1 升折合 200 毫升。[①] 国宝"商鞅方升"现藏于上海博物馆,合肥龚氏家族曾经收藏过它。[②] 这是中国历史上首次用长度单位规定量器的容积,它是度量衡科学的一大进步,意味着从此人们可以用科学的方法设计度量衡标准器,检验其是否符合标准。[③]

新莽铜嘉量在度量衡历史上具有重要地位,它是刘歆在公元 9 年比照栗氏嘉量设计监制的度量衡标准器,是"龠、合、升、斗、斛"五个容量单位的组合,其外壁上加刻五个量器的直

---

① 姜波.秦汉度量衡制度的考古学研究[J].中国文物科学研究,2012(4):27-32.
② 关月.商鞅方升:一升量天下![J].艺术品鉴,2019(8):140-147.
③ 关增建.从商鞅变法到秦始皇统一度量衡[J].质量与标准化,2021(12):34-37.

径、深度及容积,如图 10-14。刘徽利用圆周率$\frac{157}{50}$、$\frac{3927}{1250}$对新莽铜嘉量作考校。“刘歆得到圆周率=3.1547,但此率不精,祖氏因而改之。”[①]祖冲之在进一步精确地校核新莽铜嘉量容积的过程中,求得了精确度高达小数点后 7 位的圆周率值。在校验刘歆铜嘉量数据的同时,提高了圆周率值的精度。还有铜方升,藏于中国国家博物馆。

图 10-14 新莽铜嘉量

在中国各个朝代,1 升折合立方厘米数是不同的,清朝:1 升折合 1035 立方厘米;1912~1949 年,1 升折合 1000 立方厘米。[②]

三、质量测量

(一) 外国质量测量

古代巴比伦的质量单位为塔连特(1 塔连特=29 千克)、密拉(1 密拉=490 克)和西克勒(1 西克勒=8 克),1 塔连特等于 60 密拉,1 密拉等于 60 西克勒。在公元前 23 世纪古埃及高级大臣梅汝卡(Mereruka)的陵墓中发掘出一幅雕刻有天平图案的浮雕,如图 10-15;当时已经出现精巧的冶炼技术,冶炼工场内工匠用天平称重。[③] 古埃及克拉舍尔纸莎草记录的多个称重场景有天平画面。[④] 现今人们发现的最古老(约公元前 2500 年)的埃及天平杠杆,是一根长约 8.5 厘米的石灰石横梁,中间及两端钻孔,现藏于伦敦科学博物馆。希腊体系质量单位为:塔兰特(talents)和迈纳(minas),罗马体系质量为磅(libraes),换算关系为 1 塔兰特=60 迈纳=95 磅≈26 千克。英国的重量单位“磅(pound,简写为 lb)”源自一个古罗马测量单位“libra pondo”,“libra”是“称”,“pondo”是“重量”。

图 10-15 古埃及天平浮雕

① 严敦杰.祖冲之科学著作校释[M].郭书春,整理.济南:山东科学技术出版社,2017:158.

② 邱隆.中国历代度量衡单位量值表及说明[J].中国计量,2006(10):46-48.

③ 迈克尔·伍兹,玛丽·B·伍兹.古代计算技术:从算盘到水钟[M].黄静雅,译.上海:上海科学技术文献出版社,2015:33.

④ 约翰·泰勒.来世之旅:古埃及死者之书[M].李印,译.北京:北京时代华文书局,2014:221.

1795 年 4 月,法国政府规定:1 千克等于 1 立方分米纯水的重量。重量的主单位是“千克”。此单位初称“grave”(拉丁文 gravis,意为重),继而命其千分之一为“gramme”(此字之根出自希腊文 gramma,意为小重量,中文音译为克),而改称质量原器的质量为“kilogramme”(kilo 源于希腊语,意为千,中文称千克)。① 1879 年,英国 Johnson-Matthey 公司制造国际千克原器。1889 年,第一届国际计量大会(CGPM)将国际千克原器的质量定义为 1 千克;有 6 个作为官方复制品。② 尽管严格保护千克原器,还会有一些磨损,吸附空气杂质等,这些因素都会使其实际质量发生变化。

2018 年,根据国际计量委员会单位制委员会(CCU)的建议,千克的新定义为:千克,符号 kg,是质量的 SI 单位。当普朗克常数 h 以单位 J · s(即 $kg \cdot m^2 \cdot s^{-1}$)表示时,将其固定数值取为 6.62607015×10^{-34} 来定义千克,其中米和秒分别用 c 和 $\Delta\nu Cs$ 定义。即 1 千克等于 1.4755214×10^{40} 个具有铯- 133 原子共振频率的光子所具有的能量。③ 它满足未来对质量测量精度越来越高的需求,保证质量单位的稳定性不受时间和空间的影响。人类将不再依赖于自然界的实物(千克原器)而是运用自然界的法则来定义千克,从而确保千克具有长期稳定性,进而变得更加可靠。

时至今日,世界上只有三个国家仍然没有废止英制度量衡,利比里亚、缅甸,美国。1998 年美国就因为“磅力”(lbf)和“牛顿”(N)换算错了,导致一个火星探测器出现了事故。④

(二) 中国质量测量

中国夏商时期已经建立赋税制度,随之质量单位开始运用。《说文解字》:“斤:斫木[斧]也。”如图 10 - 16,它是古代一种横刃的工具,后借作称重量的单位。秦朝 1 斤折合 253 克(图 10 - 17);宋朝 1 斤折合 660 克;明朝、清朝 1 斤折合 596.8 克;⑤明清两代,尺度和量器都有尺寸规格,权衡自明朝后期开始,以黄铜一立方寸重六两八钱作为衡重一两的标准。

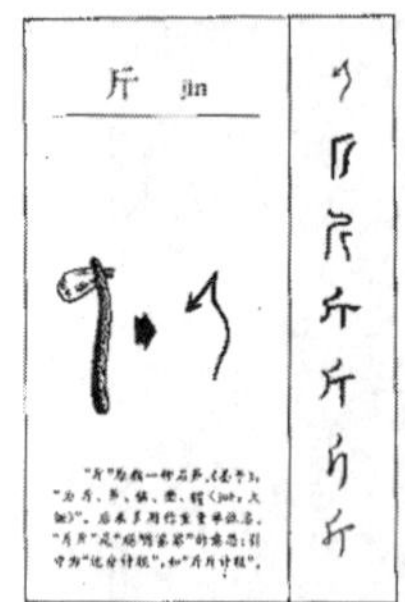

图 10 - 16 《说文解字》中的“斤”

图 10 - 17 秦朝铜权

① 温昌斌. 民国时期关于国际权度单位中文名称的讨论[J]. 中国计量,2004(7):42 - 45,81.
② 查刘生. 对用普朗克常数重新定义质量单位“千克”的认识[J]. 上海计量测试,2019,46(2):2 - 7.
③ 马爱文,曲兴华. SI 基本单位量子化重新定义及其意义[J]. 计量学报,2020(2):129 - 133.
④ 邱隆,苏红. 历史的缺憾——美国采用国际单位制的被动和尴尬[J]. 中国计量,2006(6):45 - 48.
⑤ 姜波. 秦汉度量衡制度的考古学研究[J]. 中国文物科学研究,2012(4):27 - 32.

1928 年 7 月 18 日，中国公布"公斤、公尺、公升"为基本单位的国际权度制单位中文名称系统。在中国，16 两制有两千多年的历史，直到 1959 年前，中国一直使用 1 斤为 16 两的计量制度（中医中药领域此后仍为 1 斤＝16 两，1977 年 3 月，中药用计量单位由"两、钱、分"改为"克、毫克，升、毫升"）。1977 年，我国正式参加国际米制公约组织，国务院颁发《中华人民共和国计量管理条例（试行）》，规定了我国要逐步采用国际单位制。我国于 1965 年从英国引进国际计量局编号为 60 号的千克原器。1986 年经原国家计量局批准，把 60 号千克原器作为国家质量基准。

中国邮政于 2015 年 5 月 20 日发行"世界计量日"纪念邮票："度万物、量天地、衡公平"九个字巧妙地展示于邮票画面中，这是计量核心价值观。

案例 10－4

度量衡的故事①

学习目标：

（1）学会查找资料，体验计量单位的发展历史，了解最初的度量方法借助了日常用品，感悟计量单位由多元到统一、由粗略到精细的过程。

（2）体验度量单位统一、细化等过程，加深对于度量单位、度量方法的理解，丰富并发展量感。

（3）感受数学与其他学科的联系，体验"度量衡"在成语中的应用，感悟跨学科学习的乐趣。

5 课时的教学框架如下：

主题一：查阅资料，了解度量衡（2 课时）

观看视频片段，激发探究热情；上网查询、收集并整理资料；查阅成语典故，填写学习任务单。

主题二：体验计量单位及其发展（1 课时）

以"尺"为单位测量木条长度；细化单位再次测量木条长度。

主题三：借助成语典故，应用计量单位（1 课时）

分享含有长度单位的成语典故；分享含有质量单位的成语典故；分享含有容量单位的成语典故。

主题四：组织"度量衡的故事"墙报展（1 课时）

观看并点赞同学的作品；全班分享观看的收获；自主创造，延伸拓展。

下面是（主题一）查阅资料，了解度量衡的教学片段。

学生分享收集的资料：长度单位的名称产生很早，上古时期都是以人身体的某个

① 孙晓天，张丹. 义务教育课程标准（2022 年版）课例式解读：小学数学[M]. 北京：教育科学出版社，2022：200.

部位或某种动作为命名依据,例如寸、咫、尺、丈、寻、常、仞等。根据学生的回答,教师总结度量衡单位最初与人体、日常生活和生产实践有关,然后带领学生一起张开手指体会,食指和大拇指之间的长度为古代一尺的长度,最后借助"尺"为单位尝试测量。

师生共同观看视频,文字内容如下:

"大禹在治水患的过程中,为了测量的需要,制定了度量标准:以大禹的身高、体重分别规定长度和质量单位(《史记·夏本纪》记载:禹'身为度,称以出')。春秋时期,各诸侯国纷纷改革旧制,制定了各自独特的度量工具和度量标准,这样就出现了齐国人和鲁国人都拿出十釜粮却相差很多的情况。"

通过观看视频,学生再次感受到度量单位不统一造成的不便,以及统一度量单位的必要性。接着,学生们又分享了有关秦始皇统一度量衡的视频资料,师生共同感受到:秦始皇统一度量衡为人们的生活带来了很大的便利,具有深远的意义和影响。

第四节 "绣球灯笼"的教学研究①

综合与实践是小学数学学习的重要领域,对培养学生数学核心素养起着重要作用。通过开展综合与实践活动,学生能够在现实情境和真实问题中,发现问题、提出问题,运用数学和其他学科的知识与方法,分析问题、解决问题,感悟数学知识之间、数学与其他学科的知识之间、数学与科学技术和社会生活之间的联系,积累活动经验,感悟思想方法,形成和发展模型意识、创新意识,提高解决实际问题的能力,形成"会用数学的眼光观察现实世界,会用数学的思维思考现实世界,会用数学的语言表达现实世界"的数学核心素养。

在"绣球灯笼"这节课,教师引导学生认识数学学科内各领域知识的密切联系,关注数学与其他学科知识的融合应用。

一、"绣球灯笼"的来源与思考

(一) 问题来源

"绣球灯笼"这节数学综合与实践活动课的设计灵感来自学生在美术课上制作"绣球灯笼"。当时,正值元旦前夕,美术教师指导学生制作绣球灯笼布置教室,学生参与度非常高,把灯笼挂在教室的每个角落,数学老师看到灯笼也是欣喜不已,询问学生灯笼的具体做法。在学生的描述中,老师了解到灯笼主体是用若干小圆片贴合而成的,而圆片在贴合之前必须

① 李勇,王颖执教:天津市河东区教师发展中心。

先在其内部折出一个最大的等边三角形。教师突然意识到，在这个小小的灯笼里有很多的数学问题，这正是我们要找的数学综合与实践活动主题。

（二）课前思考

“2022年版课标”强调：综合与实践以培养学生综合运用所学知识和方法解决实际问题的能力为目标，根据不同学段学生的特点，采用主题活动和项目学习的方式，以跨学科的综合实践为重点，设计情境真实的、较为复杂的问题，引导学生综合运用数学学科和跨学科的知识与方法解决问题。制作“绣球灯笼”活动贴近学生的现实生活，是学生们喜闻乐见的一项活动，聚焦现实情境中的真实问题，即小学生如何在圆内画出一个最大的等边三角形，体现了数学学科与美术学科的整合，真正实现了打破学科边界，实现了数学学科和其他学科以及社会生活的有机融合。

把“绣球灯笼”确定为综合与实践活动主题，要突出“数学味道”。既然这是一节数学综合与实践活动课，我们要突出其数学味道，不要把它上成一节手工课，要让学生在这节课上能够利用所学的数学知识进行独立思考、动手实践，在自主探索、合作交流中发现规律，体会数学的思想与方法，获得数学基本活动经验。教师要通过组织学生活动，鼓励学生敢于质疑，培养学生良好学习习惯，形成积极的情感、态度和价值观。

在这节综合与实践活动课上，教师将中华优秀传统文化融入进去。灯笼是我国优秀传统文化的代表。灯笼，又称灯彩，是一种古老的中国传统工艺品。起源于2000多年前的西汉时期，每年的农历正月十五元宵节前后，人们都挂起象征团圆意义的红灯笼，来营造一种喜庆的氛围。后来灯笼就成了中国人喜庆的象征，经过历代灯彩艺人的传承和发展，形成了丰富多彩的品种和高超的工艺水平。欧阳修在《生查子・元夕》里就有名句“去年元夜时，花市灯如昼。”意思是，去年正月十五元宵节，花市灯光像白天一样明亮。可见，灯笼从古至今都非常受中国人的喜爱。将这样的中华传统文化元素融入课堂，能够让学生得到更好的文化熏陶，感受到作为一名中国人的骄傲。

二、“绣球灯笼”的设计制作

（一）学生观察，提出问题

元旦将至，学生利用灯笼、彩条等布置教室。通过微视频展示绣球灯笼，引导学生观察灯笼的结构及组成，引出制作绣球灯笼的活动主题。

（1）数一数，计数组成灯笼的圆片个数。

如图10－18，学生观察发现这个灯笼可以分成三层，上层是5个圆片组成的，下层也是5个，中间是10个圆片，所以加在一起一共是20个。

图10－18　绣球灯笼

(2) 看一看,观察圆片是如何黏合在一起的。

(3) 说一说,把自己的发现和同组的小伙伴进行交流。

【设计意图】通过组织学生进行三个层次的活动,帮助学生初步感知灯笼的组成,同时渗透数学思想方法,为后面的学习作好铺垫。

引导学生发现本节课的核心问题。教师向学生提问:绣球是由什么材料制作而成的?绣球呈球状,但是它是由什么形状的图形组成的?

学生观察发现:要想制作绣球灯笼,就要在圆形的纸片中准确地找到最大的等边三角形,再进行制作,如图 10-19。

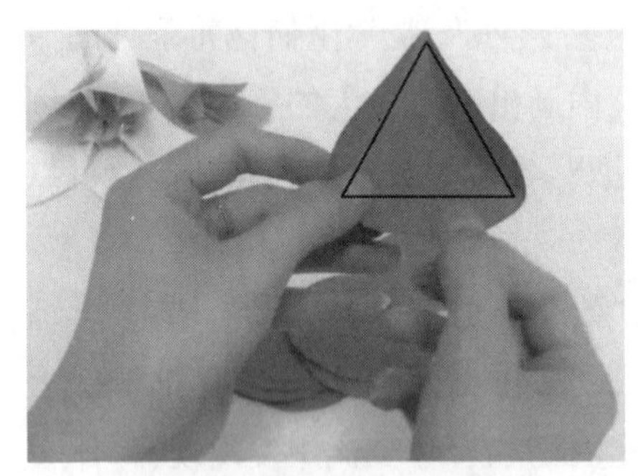

图 10-19 灯笼中的三角形

【设计意图】综合与实践活动就是要依托真实情境,发现问题,引导学生综合运用数学学科和跨学科的知识与方法加以解决。制作绣球灯笼过程中的核心问题就是从圆片上准确地找出最大的等边三角形,理解圆内接等边三角形在制作灯笼过程中的作用。

探究分析:学生讨论、探索如何得到圆中最大的等边三角形。

(1) 共同探讨,如何找到圆中最大的等边三角形?

(2) 初步尝试,体验多种方法,并验证其准确性。

(3) 班级内共同分享研究结果,尝试用不同方法解决问题,拓宽思路。预设:学生利用量角器量出三个 120°的圆心角,进而将圆平均分成三份,然后再顺次连结三等分点,得到圆内最大的等边三角形。

【设计意图】力求通过本环节的教学,放手让学生自己想办法得到圆内最大的等边三角形,培养学生的创新思维与合作意识。

(二) 探究圆内接等边三角形画法

1. 学生利用量角器、直角三角板画出等边三角形

一组同学:利用量角器画出 120°圆心角,将圆片平均分成三份,画出圆内一个最大的等边三角形。

二组同学:先将圆片对折,然后将三角板 30°角的一条边靠在直径上,沿三角板斜边连接圆上两点,同理在这条直径的另一侧再做一次,这样就找到了一个 60°的圆周角,再连接圆周角两边与圆的两个交点,就可以得到圆内一个最大的等边三角形,如图 10-20。

三组同学:将圆片两次对折,找到 90°的圆心角,再利用三角板的 30°角画出 120°的圆心角,另一侧同理完成,这样就将圆的一周平均分成三份,顺次连接三分点就可以得到圆内最大的等边三角形,如图 10-21。

四组同学：将圆片对折两次，用三角板的60°角左右各画一个60°圆心角，这样就是一个120°圆心角，再分别连接圆上的三等分点，即可得到最大的等边三角形，如图10－22。

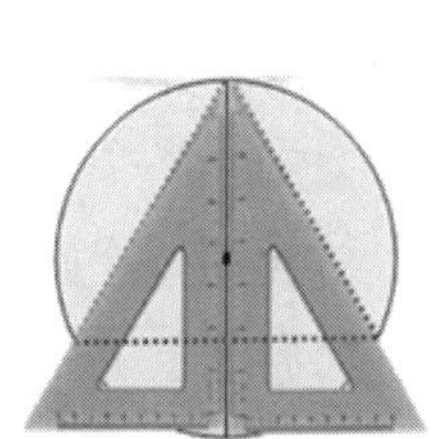

图10－20　等边三角形 a

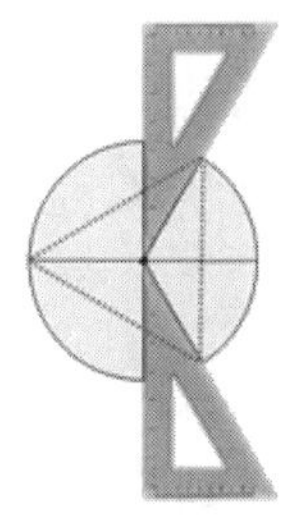

图10－21　等边三角形 b

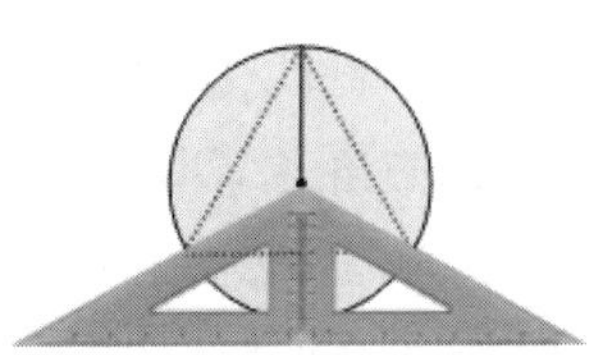

图10－22　等边三角形 c

学生巧用三角板，通过多种方法解决问题，这是老师们没有想到的，他们的方法不拘一格，很有创新，闪烁着学生们的智慧。再加上教师的及时评价，也为我们的课堂增色不少。

2. 独立思考，通过折叠画出等边三角形

(1) 两次折叠，探寻等边三角形画法

第五组同学没有使用直角三角板，只是将圆片对折两次，得到两条互相垂直的直径，也就是四条半径，然后将其中一条半径对折，折痕两端就是三角形的两个顶点，这时候正上方那条半径与圆的交点就是三角形的另一个顶点，连结这三个点就可以得到圆中最大的等边三角形，如图10－23。

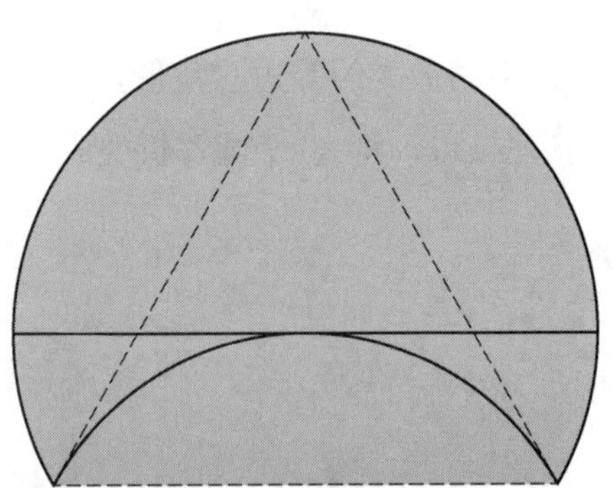

图10－23　探究圆内接等边三角形

面对学生提出的这种方案，确实让授课教师感到始料未及，超出教师课前预设。面对学生的方案，教学经验丰富的老师引导学生想办法去验证一下，这样折叠得到三角形是不是等边三角形？有的学生量边，有的学生量角，发现这样折叠确实能够得到圆中最大的等边三角形。这其中有什么数学道理呢？

(2) 合作交流，论证画法

针对学生提出的这种折法，教师引导学生从轴对称的角度寻找论证的突破口。

如图 10 - 24,第五组同学的画图方法,学生将圆形纸片的半径 OC 对折,此时折痕 AB 与 OC 垂直,且将半径 OC 平分,点 O 和点 C 是关于 AB 的对称点,所以连结 OA, AC 两条线段,可见它们也是关于 AB 对称,说明 $OA=AC$,又因为 OC 和 OA 是同圆半径,所以可知 $OA=AC=OC$,这就说明三角形 AOC 是个等边三角形,每个内角都是 60°。

如图 10 - 25,同理,连结 OB, BC,三角形 BOC 也是一个等边三角形,这说明 $\angle BOC$ 也等于 60°,这样就可以得到 $\angle AOB=120°$。

此时,圆心角$\angle AOD$ 和圆心角$\angle BOD$ 都等于 30°+90°,即为 120°,这说明这个圆的三等分点分别是 A、B、D,连结这三个点就可以得到圆内最大的等边三角形,如图 10 - 26。经过推理论证,学生从数学的角度理解这种折叠的原理。

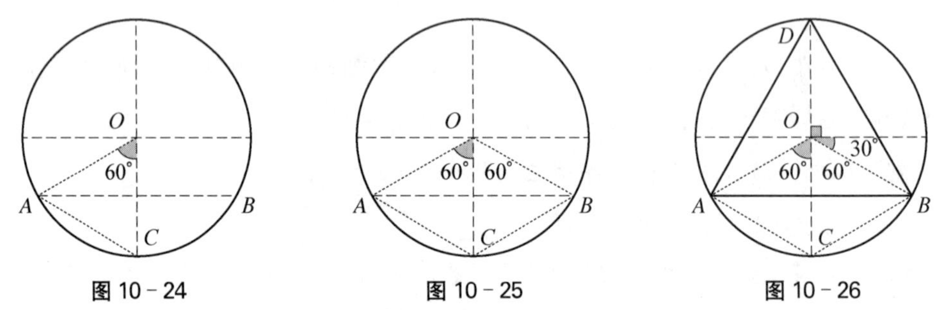

图 10 - 24　　图 10 - 25　　图 10 - 26

教师提示学生还可以尝试用圆规画圆内接正三角形。

(三) 实施设计,制作灯笼

第一步:学生找出 20 个圆片中的最大的等边三角形,并进行折叠。纸的背面(即有图案的一面)朝上,将三角形以外的边向后折;将 20 个圆片折叠成三角形,如图 10 - 27。

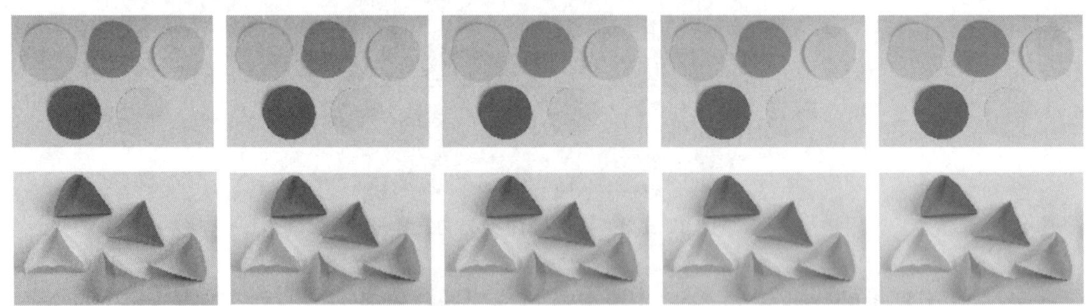

图 10 - 27　圆与等边三角形

第二步:三人一小组分工合作。把十个等边三角形分成两组,五个一组。如图 10 - 28,顺次将相邻边两侧折起的部分对齐,用胶将它们粘在一起,最后将首尾部分粘在一起,成半球形,如图 10 - 29。制作两个半球形,分别是上部和底部。接着,将三角形的顶点上下交替放置,如图 10 - 30,将相邻边两侧折起部分粘在一起,最后将首尾部分粘在一起,把这十个等边三角形粘成一个圆环，如图 10－31；分别将两个半球粘到圆环上，形成一个灯笼球。

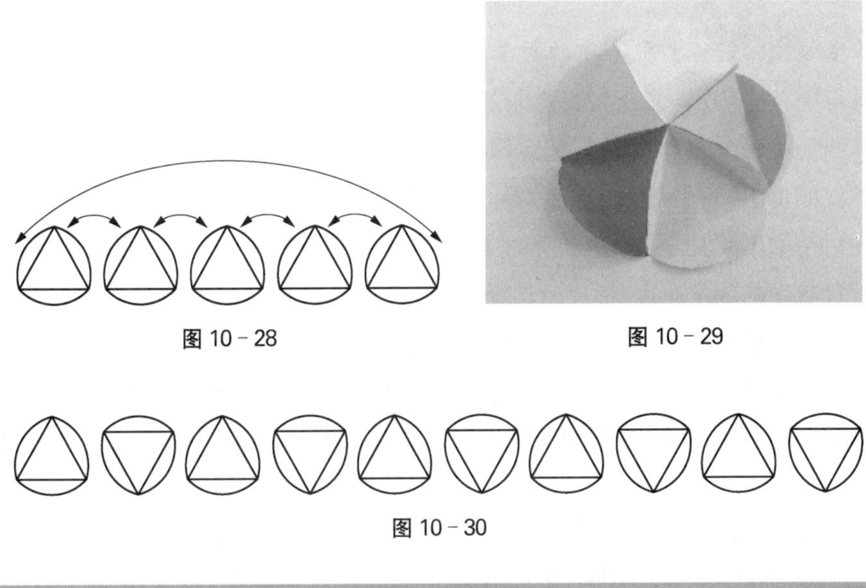

图 10－28　　　　图 10－29

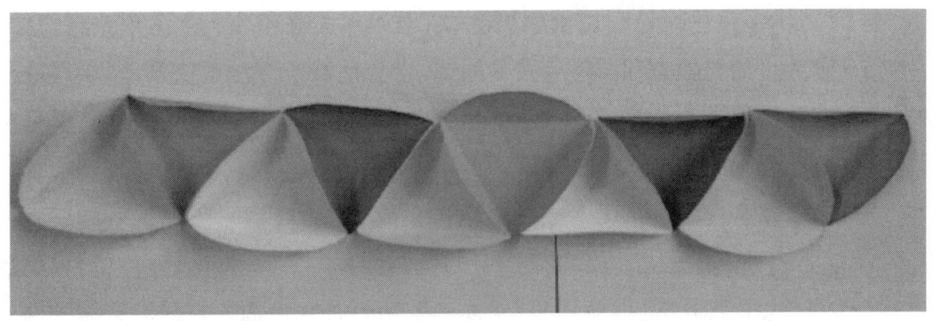

图 10－30

图 10－31

第三步：添加吊绳、流苏，就制作成了一个绣球灯笼，如图 10－32。

图 10－32　三角形灯笼

图 10－33　五边形灯笼

在这次课中，同学们利用圆内接等边三角形的原理，制作绣球灯笼。将来学会画出圆内接正五边形，还可以制作五边形绣球灯笼（如图 10－33）。教师播放微视频展示五边形绣球灯笼以及其他多边形灯笼（天津杨柳青古镇灯展），同时简单介绍中国灯笼的历史。

三、教学反思

1. 学生领悟“绣球灯笼”中的数学原理

“绣球灯笼”这节数学综合与实践课既蕴含了图形与几何的知识,又体现着美术学科的独特魅力,凸显了跨学科整合的特色。制作“绣球灯笼”操作活动,可以增强学生的动手能力,学生不仅能折出绚丽多彩的纸艺作品,还能发现灯笼中的数学原理。学生们在制作中不断体会,在讨论中不断升华,提升自身的应用意识与创新意识。学生观察灯笼,讨论发现数学问题,解释其中的数学原理,形成驱动学生进一步研究的动力;学会独立思考,探索多种方法解决问题,闪烁着智慧的光芒。通过折叠、展开等操作活动,给学生提供了多元化的学习历程,为学生提供了发展逻辑推理的机会。制作灯笼活动增强学生的动手能力、思考能力、表达能力、审美能力,渗透用数学的眼光发现和解决问题的思想,学生在实践活动中体会数学的应用价值。

2. 拓宽视野,实现跨学科学习

通过本节课,学生有意识地利用数学概念、原理和方法解释现实生活现象与规律,感悟现实生活蕴含着大量的与数量和图形有关的问题,学会用数学方法解决问题,领悟数学作为通用的科学语言在其他学科中的应用价值,通过跨学科综合与实践活动建立起了数学与其他学科之间的联系。

教师指导学生整合校内外的课程资源(天津杨柳青古镇灯展),吸取一些网络上的灯笼素材,拓宽学生的视野。在学习制作灯笼过程中,学生学会策划、设计,寻找材料,最后成功制作,跨越学科边界、资源边界、时空边界,实现了资源整合和融通。数学综合与实践活动促进学生的发展,点亮学生的智慧,使学生真正获得良好的数学教育,使不同的人在数学上得到不同的发展。

第五节 “绘制校园平面图”的教学研究①

一、课程内容分析

“2022 年版课标”提出:在实际情境中,综合运用比例尺、方向、位置、测量等知识,绘制校园平面简图,标明重要场所;交流绘制成果,反思绘制过程,形成初步的应用意识和创新意识。结合本校校园的实际情况,学生能制订比较合理的测量方案和绘图比例;能理解所需要的数学和其他学科的知识,在教师指导下,积极有序展开测量;能按校园的方位和场所的位置,依据绘图比例绘制简单的校园平面图;能解释绘图的原则,在交流中评价与反思;提升规

---

① 李仙苹执教,天津河西区水晶小学,教育学硕士。

划能力,积累实践经验。

因为平面图在生活中有着广泛的应用,所以设计"绘制校园平面图"的活动,目的在于:学生学会运用测量、比例尺、方向与位置等知识绘制校园的平面图,提高学生综合运用知识的能力,激发学生学习数学的兴趣,体会数学与生活的紧密联系。教学活动设计了"活动任务""设计方案""动手实验""交流反思""自我评价"五个活动过程,鼓励学生积极参与、深度思考问题。

这部分内容教学需要3课时(选择一个下午)。第一课时,明确活动任务、设计方案;第二课时,动手实验,绘制平面图;第三课时,展示成果及交流反思。

二、学情分析

对于六年级的学生来说,他们已经有了初步分析问题和收集整理数据的能力,已经学习了测量、比例尺、方向与位置等相关知识,根据教师建议,学生设计绘图活动方案。教师指导学生完成测量过程,提高数据收集的效率及科学性。此外,由于学生选定比例尺有一定难度,教师引导学生小组合作交流、讨论、反思,达成目标。

三、教学目标、重点难点、教具

(一)教学目标

1. 学生综合运用测量、比例尺、方向与位置等知识,以小组合作的形式绘制校园平面图,积累数学活动经验。

2. 经历设计方案、动手实验、成果展示、交流总结的过程,发展统筹规划和按计划实施操作等解决问题的能力,形成初步的应用意识。

3. 培养学生的团队意识、合作意识和创新意识,感受数学与生活的密切联系,体验数学活动的乐趣。

(二)重点与难点

重点:根据绘图方案,有序进行测量,体验绘制校园平面图的过程。

难点:设计绘图方案,确定合适的比例尺。

(三)教具

A组:用卷尺测量;B组:用步测量;C组:用绳子测量;D组:用手机百度地图软件测量。

四、教学过程

(一)设计真实情境,提出问题

师:(出示天津水晶小学航拍图)不久你们就要离开这个校园了,请同学们亲手绘制一张校园平面图,表达你们对母校的爱。

课件出示教材中两幅图片(参见北师大版数学教材六年级下册,2015 年版,51 页)。

师:观察这两幅平面图,说说这些平面图的关键要素。比如:标有方向标、比例尺,平面图都有自己的名称,需要画出主要建筑物或活动场所的位置、形状及大小等要素。

(二) 绘图方案分析

图 10－34 校园俯瞰图

师:大家观察校园俯瞰图(如图 10－34),结合教材两幅平面图关键要素分析,绘制校园平面图之前,大家要先做哪些方面的准备?

生:确定水晶小学的校园范围。(确定校园范围是院墙以内,请学生上前在大屏幕上指一指。)

生:确定要画的建筑物及活动场所。(教学楼、办公楼、体育馆、操场。)

生:测量、收集数据。

生:这些数据必须得是真实的。因为平面图一定得科学准确,收集到的数据要接近实际情况,真实、准确,不能随便画,比如教学楼的形状、长度、宽度,这些数据的大小都得是有来源的,不能凭感觉,也不能猜测。

生:我们现在讨论一下怎样得到这些数据。

(独立思考 2 分钟,然后小组交流。学生在讨论交流的过程中,逐渐明晰思路,发现问题,并逐步提出解决问题的方法。)

生:可以用长一些的卷尺。我们平常用的直尺或米尺显然不行,因为这次测量的这些数据相对来说都会比较大。

生:还可以用走路记步数的方式。尽量控制每一步的长度相等,记录下来走了多少步,再乘每一步的长度,得到的就是需要的数据,这样应该会比用尺子测量要快一点。

生:在这位同学的提示下,我还想到一个办法,可以用绳子测量,比如说我们要测量教学楼的长度,我们找到它的起点和终点,用绳子测量它的长度,确定以后再找到这个绳子的 5 米刻度或 10 米刻度的地方为一个"大长度单位",然后反复对折,看它有几个 5 米或 10 米的长度,剩下那些不够 5 米或 10 米的长度,单独测量,然后再加起来,也能得到相应的数据。

生:还可以用手机里的地图软件,曾经我和我爸爸一起用过百度地图来测量学校到我们家的距离,百度地图有一个功能叫测距功能。我们可以在地图上找到水晶小学的校园图,然后用测距功能就能测出每一个地方的长度,这样我们就可以借助手机完成这些测量。我觉得这种方法也可以试试。

生:我觉得上面这些同学的方法都非常好,我们都可以去尝试一下。可以用分小组的形式去尝试以上四种测量方法获得数据。

生:我还要提醒大家,在记录数据的时候,为了更方便、更准确,我们一定要统一单位。

生:那我们就以"米"为单位,不是整数的保留小数点后面一位,这样后面在确定比例尺之后,计算图上距离时也不会太麻烦。

生:既然说到比例尺,我觉得要绘制校园平面图,确定这个比例尺的大小也是关键。要有合适的比例尺,算出来的图上距离要是太大了,在纸上就会画不下,图上距离也不能太短,要是太短了,就体现不出来我们校园的一些细节了。

生:对,那比例尺的确定,要根据我们最后测量获得的最大数据,也就是我们校园的长度和平面图纸张的长度来确定。

生:也要关注校园的宽度与纸的宽度,因为有可能画得下长度,画不下宽度,所以要同时关注校园的长度和宽度与纸的长度和宽度之间的大小关系。

生:那我们就暂时先商定统一把校园平面图画在 A4 纸上。这样大家最后还有一个可比性和参考性。

师:通过努力,我们确定了画什么、量什么,以及怎么量,还有怎么确定比例尺的方法,既然大家都觉得小组合作的方式不错,那我们接下来的活动就按小组合作的方式开展,希望同学们能够在活动中"尽情体验,尽情收获"。

【设计意图】出示天津水晶小学校园俯瞰图片,不仅可以让学生回忆起在校的学习与生活,还可以让学生了解学校的整体布局。引导学生根据自身的数学知识和经验围绕着一个真实问题——绘制一份天津水晶小学的校园平面图来开展实践活动,使得数学课堂具有浓厚的趣味性和知识性,使得数学实践课真实化、情境化,学生积极参与,提高了学习质量。在绘图方案分析的环节中,学生通过对教材中两个平面图以及教师提供的水晶小学航拍图的观察,综合自身的知识储备,探讨交流绘图方案,为实地测量做好准备。

(三) 规划设计绘图活动方案

师:同学们在讨论中比较赞同的有四种不同的测量方式,我们就分成四个小组,每个小组正好八人。(学生根据人数要求和个人意愿自由组合,形成了不同测量方式的四个小组。A 组:用卷尺量;B 组:用步量;C 组:用绳子量;D 组:用手机百度地图软件量。)

师:各组拟定活动方案,简要写明活动任务、主要步骤、分工等。

各小组根据本组内容设计活动方案。例如 A 组设计方案呈现如下:

A 组活动方案

小组成员:李××、王×、继×、吴×、李×、何×、尚××、曾×

组长:李××

测量工具:卷尺(李××、李×准备)

活动步骤及分工:

(1) 画出两份近似草图(李××、李×)

(2) 大致确定要测量的数据,并分成两部分(共同商讨,李××记录)

(3) 动手测量

① 院墙及校门部分数据(测量员:李××、王×,继×;记录员:吴×)

② 校园内数据(测量员:李×、何×、尚××;记录员:曾×)

(4) 整理数据(吴×、曾×)

(5) 确定比例尺(共同商讨,李××记录)

(6) 计算图上距离(王×、何×、尚××,其他成员帮忙检查,确保数据准确)

(7) 绘制平面图(李××、李×)

(四) 小组合作,动手实验

1. 学生分小组进行校园的实际测量,并用适当的方式记录下来。

活动要求:学生分小组动手实验。各小组按小组里的成员分工动手测量,并用适当的方式记录、收集数据,注意安全。

师:大家们在动手实验的过程中,还有可能会遇到一些意想不到的情况,这就需要你们随时针对遇到的问题想办法、找策略。如果遇到无法解决的问题或困难,随时与老师沟通,以追求有效率、有质量地完成任务。

在测量数据过程中,学生面临一些挑战,几乎每个小组都在不断尝试、反思、再尝试的过程中探索解决问题的方法。

其中遇到的一些比较共性的问题有:

(1) 校园北边院墙不是直角边,而是斜边,怎么确定斜度?

(2) 校园院墙东南墙角不是直角,怎么测量弯曲的地方?

(3) 足球场两端圆弧的长度,怎么测量?

(4) 怎么确定主席台在操场中的相对位置?

(5) 东西两栋楼,一层是甬道,二层以上才是直接连通的建筑物,在平面图上应该怎么显示?

(6) 测量教学楼的宽度时,是只测地面部分吗? 用不用加上凸出来的窗台的宽度?

针对这些问题,大家讨论解决方法:

(1) 校园北边院墙的"斜边"不用测量其斜度或角度。通过观察发现,与斜边相接的两端均为直边,只要通过直边,确定好斜边两个端点的位置,再连接即可确定斜边,因为两点确定一条直线。斜边是一条线段,所以确定端点再连接即可。

(2) 足球场两端弯曲的地方以及校园院墙东南墙角弯曲的地方,可以看成是圆弧。可以先确定圆弧的两个端点,将两个端点连成一条线段,测出两点间的距离。然后确定这条线段的中点,作一条垂线,大致相较于圆弧的中点,测出圆弧的高度,根据圆弧的两个端点和圆弧的中点这三个点,再画一条光滑的曲线即可。按照这个解决方案,A组同学测量出足球场两端圆弧的端点宽度为28.5米,找到中点,用垂线的知识与圆弧的交点测出圆弧的高度为10.2米,根据这两组数据，便可以确定三个点，然后再连接成一条光滑的曲线，即可画出这些弯曲的地方。

(3) 主席台的位置比较空旷，可以测出它离西墙的距离，再根据平行线的知识便可确定它与西墙的相对位置及长度。

(4) 关于东西两栋楼，第一层是甬道，二层以上是连通的部分可以用虚线连接表示，以示区分。

(5) 在测量时，只测量地面上楼体的轮廓，楼上凸出的部分忽略不测。

在测量的过程中，还有学生要求与同学分享自己组的经验教训，以便提高测量的速度与准确率，教师适时地组织大家进行分享。

生：并不是每个数据都需要测量。我们学校的楼体形状很规整，仔细确定需要测量的地方，再操作，可以减少一些重复测量过程，提高测量的速度。

生：可以先画一个相对正确的草图。在测量中边测边标数据，这样更明显。而且根据我们的数学知识，能够更方便地辨别出来还差哪些数据需要测量，也能推断出来哪些不用测，是可以通过计算得出来的。

生：记录时一定要仔细。最好是有人记录，有人复核，以免出现错误。我们组就因为太匆忙，有一个数据记错了地方，导致后面的数据发生了错乱，还得从头再来。

2. 学生整理测量数据，各组确定比例尺，计算出图上距离。

确定比例尺的过程大家也是在不断尝试，有的比例尺太大，平面图上可显示的实地范围就太小了，画完教学楼后，院墙就没法呈现了；有的比例尺太小，整个校园平面图都偏小，细节不够具体；有的长和宽选择了不同的比例尺，导致校园变形了……

生：我们(A组)测量出来校园的最长距离是204.5米，宽度是82米，再与A4纸大小21厘米与29.7厘米作比较，我们考虑到在画平面图时肯定不能顶着纸张的边画，于是可画图纸张范围我们定在了18厘米与26厘米。根据比例尺＝图上距离÷实际距离，我们知道，用实际距离÷图上距离就能算出图上1厘米表示实际多少厘米，便可以决定比例尺。长：20450÷26≈787(图上1厘米表示实际787厘米)，宽：8200÷18≈456(图上1厘米表示实际456厘米)，综合长与宽及取整，我们小组确定的最后比例尺为1∶800。

生：我们(B组)看到书上例题里七星小学的平面图的比例尺是1∶2000，我们也选用了1∶2000，计算之后发现图上距离似乎有点儿短，校园的宽度为4厘米多一些，画出来的平面图肯定太小了，于是我们把比例尺就放大到了1∶1500。

生：我们(C组)的比例尺确定比较简单。就是我们把东南角弯曲部分拉成直角，看到东院墙最长距离是200米多一点，觉得在纸上画成20多厘米就可以，这样一来，比例尺就可以定为1∶1000，这样计算图上距离时就会特别方便，通过计算和验算，我们发现这个比例尺挺合适的，画的图不会太大，也不会太小。

3. 合作绘制一份水晶小学校园平面图，要求：完整、准确、科学。

【设计意图】每个小组认真核查测量数据，也有小组为了提高数据的准确性，每个数据都测多次,再求平均数。解决问题过程有闪光点的出现,比如:关于圆弧如何画出来的问题,学生依据圆弧两端的长度,实际就是后期数学学习中要认识的"弦长",学生测量的圆弧的高度,实际就是后期要学习的"拱高",当学生以后有了高年级数学学习经验,对圆有了更深入的学习以后,完全可以根据这两个数据计算出圆的半径、圆弧的长度等,就能画出更专业的圆弧,而并非现知识阶段掌握的"一条光滑的曲线"。这次的经历,也为孩子后期的学习奠定了坚实的基础。

学生确定比例尺过程中,根据所量得的数据以及A4纸大小,依托六年级学习的比例尺知识,学生们不断调试,选择了自认为最合适的比例尺来绘制校园平面图。在这些过程中,活动以数学知识本质为纽带,让学生设计方案、动手实验,教师都没有要求学生一步到位,也没有完全放任不管,而是循序渐进,顺势而为,这对于提高学生的统筹规划能力和按方案实际操作等综合与实践能力有很大帮助。

(五)展示成果及交流反思

师:每个小组推荐一名代表展示绘制的校园平面图(代表整个小组的成果),教师给予鼓励性评价。

以下是C组的"最美成果"展示:

C组汇报过程:

老师,同学们,大家好,我们C组采用的是用绳子测量数据的方式。我们准备了一卷长度为100米的绳子,并且提前准确地在1米、5米、10米、20米、50米位置上做上了明显标记。

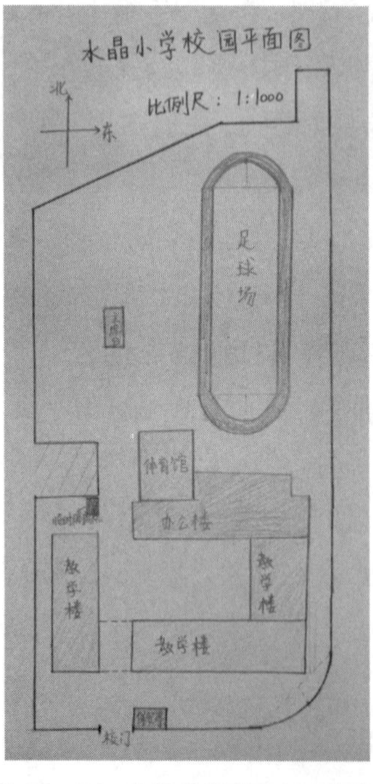

图10-35 C组绘制的校园平面图

我们绘制水晶小学校园平面图的过程如下:

(1)先根据老师提供的校园俯瞰图绘制了一份草图。分析并确定了要测量的一些数据。

(2)小组合作,实地测量。在这个过程中,我们分工明确:组长负责整体调度,比如现在测哪里,接下来测哪里。1人负责拿着绳贴地按在起点位置,一人负责放绳,就像放风筝一样,2人负责中间位置绳子的摆放,为了避免数据偏差较大,测量时这2人要尽量负责绳子贴地且呈现直线,直到确定绳子终点。为了减少误差,我们对于不同距离选用的对折单位长度也不一样。比如校园长度我们测出来是194.3米,我们先量出来100米,做好标记,绳子端点位置的同学不动,起点位置的同学拿着绳子旋转过来,直至校园长度的终点,发现只差一点就又是100米了,于是我们就只测量了剩下的长度,刚好是5米标记还多一点儿的位置,即0.7米,于是用200-5-0.7=194.3就是测量出来的校园长度。总之就是选择最优办法，短距离就选择用 10 米、5 米或 1 米刻度反复对折，获得了所有数据。2 人负责记录，确保数据的准确。

(3) 我们的比例尺是直接选用的 1∶1000，因为我们测量后发现最长距离是 200 米多一点，觉得在纸上画成 20 多厘米就可以，于是就将比例尺定为了 1∶1000。根据图上距离＝实际距离×比例尺，我们算出了每一处该画的距离。

(4) 按照平面图要素，写上名称、方向标、比例尺，我们就绘制成了这幅水晶校园平面图。

我们的绘图特色：

(1) 用绳子测量较长距离时，利用较大长度为一个计量单位，相对于卷尺会更快一些，因为卷尺的长度是有限的。而我们准备的 100 米长绳子，只有测量校园的长度时不够，需要中途做标记测量 2 次，其他的数据都是一次性测量得到的。

(2) 绳子可以反复对折，操作起来也很方便。我们小组分工明确，组长提前计划，记录员准确记录，操作员各司其职，整个测量过程紧张而又有秩序。

(3) 我们的比例尺选择也很合适，不大不小，能体现水晶小学校园的所有细节。用不同颜色标志出了不同的建筑物和活动场所，区分度大，且美观。

尚需改进的方面：

(1) 在测量弯曲部分数据时花费了很多时间，最后是借鉴了同学的分享方法才确定的。

(2) 感觉我们操作得这么顺利，是因为我们学校的整体布局都很规整，横是横、竖是竖，要是不规则，测量起来应该会比较困难。

(3) 我们的数据有一点误差，因为绳子在反复对折过程中弯曲部分肯定会有一点点误差。

这就是我们小组的全部分享，谢谢大家！

师：在测量过程中，A、B、C 三组均是采用“一定的计量单位”来实地测量，只有 D 组同学采用的是现代技术手段。在此特别请 D 组同学分享一下他们的操作过程。

生：我们小组的操作过程是：打开手机定位功能→打开百度地图软件→选择“图层”里的“卫星图”，便可看到水晶小学校园的俯瞰图→手指滑动，将水晶小学俯瞰图显示到最大、最清晰→根据俯瞰图画一个草图→选择菜单里的“测距”功能→选择要测量距离的起点与终点，便可得到相应线段的最短距离，并记录。

我们的优点：几乎是不费吹灰之力，就得到了一些大数据，且速度很快，因为百度地图软件的测距功能只需要在手机上简单操作就可以得到类似于院墙的长度、宽度，教学楼的长度、宽度，足球场的长度、宽度等大数据，但我们也同时意识到了这种测量方式的缺点：第一，用手机软件测量出来的数据都是整十数或整百数，这会跟真实数据有一些误差，但不影响平面图的整体，可以接受。第二，由于软件显示地图像素的局限性，校园里比较细节的地方不能清楚显示，这就导致一些比较小的数据或者比较特殊的数据，无法在手机软件上操作得到，这就是我们发现用手机软件测量方式的大漏洞，需要马上解决。我们的解决方案是找老师借来了卷尺,用来实际测量这些缺失的数据。实地测量的有主席台相关数据、校门相关数据、弯曲部位数据、西院墙中凹进来的那部分大小。

师:分享数据,把你们最喜欢的平面图画下来。(对于学习暂时困难的学生及时给予指导。)

(六) 学习收获

师:经历此次活动,你还有什么想要与大家分享的吗?

生:绘制一份校园平面图看似是一件很容易的事情,可亲身去做才发现特别麻烦,没有想象中的简单。但是做成之后,就会特别有成就感,我想我会一直记得这次活动感受的。

生:在商量活动方案时,大家各抒己见,我体会到了“智慧魅力”;在测量数据时,我发现这是一项大工程,以一己之力很难完成,我懂得了要“团队合作”;确定比例尺绘制平面图形时,多次尝试,最终才成功画出平面图,我明白了学习要“勇于探索”。

生:我更加舍不得离开我们的校园了,我从未如此细致地踏过校园的每一个角落,才发现它比我印象中的更美。感谢大美水晶,感恩老师,同学们,让我们珍惜以后的每一天吧!

五、课后反思

数学实践活动最终要呈现可视化的作品来检测活动效果,体现学生生成了较为复杂的智力成果,指向了学生对数学核心问题、核心概念的深度理解。落实课标中“空间观念”的要求:“能够根据物体特征抽象出几何图形,根据几何图形想象出所描述的实际物体。”不同的小组可能会有不同的成果展示与思考维度,但他们的依据是不变的,即前期校园各种数据的测量结果及所学的相关数学知识。成果分享体现的是学生对数据分析能力与运算能力的灵活运用与创造性理解。

本次“绘制校园平面图”综合与实践活动的实施,打破了传统数学课堂的单调和枯燥性,小组成员讨论如何制订合适的设计方案,提出多样的观点;运用合适的方法收集数据;积极投入活动,并能自我激励,遇到问题会想办法解决。学生亲身经历了绘图方案的设计与调整,在实践中体会“量感”,结合数据的收集与分析,进行了量化计算,理解“比例尺”的作用;在与同伴的合作中能基于数据进行讨论和决策,在不断地自我调整与同伴互助中坚持不懈,战胜困难;在丰富有趣的绘制过程中,各种知识技能得以融合使用,各种潜能得到开发,学生的学习能力、动手能力、审美能力、交流能力等都得到了很好的发展。这次绘制校园平面图的实践活动是一次包含了知识、行动和态度的学习实践,强调了知、行、思合一,锻炼了学生在面对复杂问题情境时的整体数学思维和对核心知识的真正理解与掌握。

阅读资料

1. 刘莉.小学数学“综合与实践”活动案例开发与研究[J].基础教育课程,2018(20):

34 - 39.

2. 曾令鹏，刘燕. 小学数学综合与实践活动评价体系的构建[J]. 小学数学教育，2020(11)：4 - 6.

3. 华应龙，严亚雄. 阅兵数学课　厚植爱国心——以 2019 版“阅兵中的数学故事”为例[J]. 小学数学教师，2020(4)：39 - 47.

4. 刘莉. 数学“综合与实践”领域的主要变化[J]. 湖北教育，2022(8)：8 - 10.

5. 钱守旺，张洁炜. 在真实问题解决中发现数学学习的意义——六年级综合实践活动“绿色出行”教学实践[J]. 小学教学(数学版)，2022，(Z1)：154 - 158.

思考与练习

1. 结合有关案例，阐述综合与实践对学生获得数学活动经验的价值。

2. 参照“制订旅游计划”等教学案例，请你设计一个综合与实践教学案例。

第十一章
小学数学教学评价

本章导语

本章阐述小学数学课堂教学评价的基本要素和评价指标;探讨数学学习评价功能、数学学习测试性评价与数学学习质性评价的方法。

学习目标

1. 掌握小学数学课堂教学评价指标。
2. 掌握小学生数学学习测试评价方法。
3. 理解小学生数学学习质性评价方法。

第一节 小学数学课堂教学评价

建立适合新课程标准的课堂教学评价体系,不仅能为评价教师教学水平提供依据,也可据此评价小学数学课堂教学过程及其效果。同时,它还能引导教师对自己的教学行为进行评价与反思,在此基础上不断改革课堂教学活动过程,使教学取得更好的效果。

一、小学数学课堂教学评价的作用

科学的课堂教学评价能充分发挥评价的诊断、反馈、导向、激励、调控等功能,对探索小学数学教学规律,发展小学数学教育理论,提高教师的教学水平和学生的学习质量都具有十分重要的作用。

(一) 诊断教学过程

诊断教学过程,是小学数学课堂教学评价的首要任务。通过评价发现课堂教学中影响教学质量的主要因素,确保教师以学生学习的促进者、指导者和合作者的姿态出现在课堂上,所采取的教学策略能引导学生积极、主动地参与学习,教师与学生、学生与学生之间保持有效互动,为学生主动建构数学知识提供学习材料、时间以及空间,关注学生对自己以及他人学习过程和结果的反思，使学生获得对数学知识的真正理解，重视学生终身学习愿望和能力的发展。同时，课堂教学评价还要关注师生在课堂中所获得的情感体验，由此充分发挥课堂教学评价的促进功能和发展功能。

（二）改进教学工作

"2022年版课标"在"课程理念"部分就评价与教学的关系指出：评价不仅要关注学生数学学习结果，还要关注学生数学学习过程，激励学生学习，改进教师教学。通过学业质量标准的构建，融合"四基""四能"和核心素养的主要表现，形成阶段性评价的主要依据。采用多元的评价主体和多样的评价方式，鼓励学生自我监控学习的过程和结果。评价不再是教师教学总结性结果，更多是促进学生学会学习，对学生的学习过程进行推断和反馈。

对教师的评价，可以帮助教师把握自己的教学过程及教学效果，及时调整教学内容及教学策略，强化正确的、有利于教育目标实现的教育行为，使教学行为更加符合发展学生核心素养的要求，从而达到改进与提高教学行为的目的。对学生的评价，不仅是为了全面了解学生的数学学习状况，促进学生更好地发展，即评价学生知道了什么、不足是什么、可能的发展是什么，而是为了激励每一个学生主动地学习，提高学习的主动性及效率。

（三）提高教学效率

这是开展课堂教学评价的根本目的。课堂教学是提高教学质量的主要阵地，课堂教学效率的高低，直接影响整个教学的质量。在评价中我们可以从教学目标的适合程度，教学策略的优化水平，教学时间的有效利用等方面去衡量小学数学课堂教学的效率和质量。

二、小学数学课堂教学评价的基本要素

小学数学课堂教学评价属于微观的教育评价。要保证课堂教学评价的客观性和公正性，评价必须依据明确的、能全面反映教师课堂教学质量的指标体系进行，指标体系应覆盖课堂教学这一动态系统的全部要素。从目前的教学现状来看，课堂教学评价指标大都是从教学思想、教学目标、教学内容、教学过程、教学方法、教学效果等方面去制定的。

（一）教学思想

小学数学教学思想作为人们对小学数学教学现象、教学过程及其规律的一种主观认识，它一旦在教师头脑里形成就会强烈地支配着教师的教学行为，并决定着教学过程发展的方向和结果。如果教师在认识上把小学数学教学过程看成一个以小学数学课程内容为载体的，教师引导学生积极主动参与数学学习并促进学生全面发展的育人活动过程，那么他们在教学中就会以极大的热情关注学生的学习过程和学生在学习中的探究发现，让学生切实经历数学知识的形成过程，以此促进学生的认知、能力、情感、态度的全面发展。反之，

小学数学课堂教学就会变成教师讲数学、学生学数学的活动过程,造成学生被动接受数学知识,能力、情感、态度得不到应有发展的局面。根据教学思想对课堂教学的客观制约作用,我们认为小学数学教学思想应成为小学数学课堂教学评价的一大基本要素。评价小学数学教学思想,首先要看课堂教学的指导思想是否正确,看教师在教学中是不是坚持了"以学生发展为本"的理念,是不是重视了学生核心素养发展。其次,通过对课堂中师生教与学行为的深入考察,了解教师所坚持的教学观念,其中重点考察师生在课堂教学中的角色地位和课堂教学的价值取向。具体来讲,看课堂教学是否真正体现了学生是数学学习的主人,教师是数学学习的组织者、引导者和合作者的基本理念;看课堂教学是否关注了学生认知、能力、情感、态度、价值观的全面发展,是否关注了学生创新精神和实践能力的培养。

(二)教学目标

教学目标既是教学的出发点,又是教学的归宿,它对整个小学数学教学过程具有重要的导向作用,直接决定着教学过程的发展方向和价值取向,因此它是小学数学课堂教学评价中的一个不可缺少的基本要素。评价小学数学课堂教学目标,一是看教学目标是否充分反映数学学科内容所具有的育人功能,"2022 年版课标"强调:教学目标的确定要充分考虑核心素养在数学教学中的达成。每一个特定的学习内容都具有培养相关核心素养的作用,要注重建立具体内容与核心素养主要表现的关联;在制订教学目标时将核心素养的主要表现体现在教学要求中。二是要看小学数学教学过程是否紧紧围绕教学目标展开,教学目标的导向、激励和调控等功能在教学过程中是不是充分发挥出来了,课堂教学结构的安排、教学方法和教学手段的选用是不是有利于教学目标的实现。三是要看教学目标定得是否合理,一方面要看所定的教学目标是不是符合学生的现有发展水平,是否定在学生的"最近发展区";另一方面要看教学目标能不能为学生所理解和接受,看是否有利于学生将教学目标转化为他们的学习目标,并对他们的数学学习产生激励作用;另外还要看教学目标是否具有实现的全部可能性,合理的教学目标既要能够促进学生的最佳发展,又是通过努力可以实现的。四是要看教学目标是否明确具体,在具体的课堂教学中学生要切实掌握哪些数学知识技能,发展哪些能力、情感、态度,分别要达到何种水平层次,课堂教学目标都要有明确的规定。五是课堂教学目标要重视学生的学习效果,更要关注学生的学习过程,要明确表述在课堂教学中让学生经历哪些数学知识的形成过程,并在这些知识的学习过程中获得哪些情感体验。

(三)教学内容

教学内容既是教师教学的重要资源,又是学生学习的主要对象和线索,是构成小学数学教学过程的基本要素,所以它是小学数学课堂教学评价的重要内容。评价课堂教学内容,第一要保证教学内容的科学性,一方面教师的讲解必须准确无误;另一方面学生对所学内容要有正确的理解，要尽量避免学生对数学知识形成错误的理解。第二，教学内容必须联系学生的生活实际，充分体现“数学学习内容应当是现实的、有意义的、富有挑战性”的课程理念，教学内容要有利于学生主动地进行观察、实验、猜想、验证、推理与交流等数学活动。第三，要充分挖掘小学数学教材内容的育人功能，为教学促进学生认知、能力、情感、态度、价值观的全面发展提供保证。第四，教学内容的安排要恰当，其分量和难度要符合学生的年龄特征和学习水平，教学既要突出重点，又要适当分散难点。第五，教学内容的呈现形式要有利于学生对数学知识的再发现，教学要注意前后知识之间的联系，以便于学生在学习过程中更好地理解数学知识的发生、发展过程，有助于核心素养的达成。

（四）教学过程

小学数学课堂教学过程作为一种师生教与学多边互动和共同发展的活动过程，本学科教学的一切功能和所有任务都要通过它去体现、去完成，因此教学过程理所当然是小学数学课堂教学评价所要考察的主要对象。评价小学数学课堂教学过程，一要看教学过程各构成要素之间的关系处理得怎么样，教师和学生在课堂教学中的角色地位及其关系是否处理得恰当，教学目标、教学内容、教学方法和教学手段的功能是否充分发挥出来了。二要看课堂教学环节安排得是否科学，时间分配是否合理，不仅要分别考察每一个教学环节在课堂教学中所产生的部分功能，还要全面考察各环节之间的配合与过渡，看它们在课堂教学中有机组合起来所产生的整体结构功能。三要看教学过程的安排是否有利于学生对数学知识的再创造，看教学活动的进程是否与小学生学习数学知识的过程及其规律相适应。四要特别关注学生在数学学习活动中的主动参与水平，看学生是不是在教师的指导下积极主动地投入到数学知识的学习活动中去。最后还要注意考察课堂教学中的信息交流情况，看教师和学生、学生和学生之间的信息交流是否流畅，信息反馈是否及时，同时还要看教师能否根据学生的反馈信息及时对课堂教学过程进行有效的调控。

（五）教学方法

小学数学教学方法既是构成小学数学教学过程的一个非常活跃的基本要素，也是课堂教学评价的一项重要内容。评价小学数学教学方法，第一要看教学方法在特定课堂教学中的针对性和实效性。具体来讲，教学方法要为教学目标服务，所选用的教学方法和教学手段能够推动课堂教学目标的实现；教学方法要与教学内容相适应，要根据具体的课堂教学内容去选用教学方法和教学手段；教学方法要与学生的年龄特征和现有发展水平相适应。第二，教学方法要有利于学生学习方式的转变，教师在课堂教学中所采用的教学方法要有利于引导学生开展自主学习、合作学习和探究学习，让学生充分利用自主探究与合作交流相结合的方式去学习数学。第三，要创设良好的学习情境，充分调动学生的学习积极性，让学生在课堂中始终以饱满的热情积极主动地投入到数学学习中去。第四，注意教学方法、教学手段的有机整合,做好多种教学方法在课堂教学中的优化组合,并让它们形成一个开放的系统,促进不同教学方法的融合,以此通过多种教学方法和手段的有机配合去促进小学数学课堂教学效率的全面提高。

(六) 教学效果

小学数学课堂教学效果的评价不能仅仅局限于学生数学知识与数学技能等必需的数学学习成果的评价,而要拓展评价视野。"2022 年版课标"提出:"四基""四能"是发展学生核心素养的有效载体,核心素养对"四基""四能"教学目标提出了更高要求。例如:要引导学生在发现问题、提出问题的同时,会用数学的眼光观察现实世界;在分析问题的同时,会用数学的思维思考现实世界;在用数学方法解决问题的过程中,会用数学的语言表达现实世界。基于数学学科核心素养的教学要创设合适的教学情境,引导学生提出有价值的数学问题。在设计教学评价工具时,应着重对设计的教学情境、提出的问题进行评价。对于小学数学教学效果的评价要由知识技能评价转向核心素养评价,由结果性评价转向过程性评价。不仅评价学生解决封闭问题的水平,而且评价学生多维度探寻解决开放题路径的能力,关注学生对基本思想的把握、对基本活动经验的积累。

上面我们仅讨论了小学数学课堂教学评价的六个基本要素,除这些基本要素外,经常还要关注其他方面的一些内容。如教师的素质,主要看教师在课堂教学中的组织和调控能力、语言表达能力、教具制作与使用的能力、教态、板书等。考察教师的素质要特别关注他们与学生交流、沟通的能力和处理课内偶发事件的应变能力。在实施课堂教学评价的过程中,教师的素质既可以作为一个单独的指标专门加以考察,也可以融合在上述六个评价要素中综合进行。另外,评价小学数学课堂教学时还要适当注意教师在课堂教学的某些方面所表现出来的独具个性的教学特色,对教学特色可适当给予加分,以鼓励教师在教学实践中逐步形成自己的教学风格。

三、小学数学课堂教学评价的指标

小学数学课堂教学评价落实到具体内容就是对一节数学课的评价,即我们常说的评课。评课是一门科学,也是一门技术。它是科学就有规律可循,是技术就有要领可操作。好课有标准但不能唯标准,好课标准是一种教学理想,教师追求这种教学理想的过程就是专业提升和课堂教学走向成熟的过程。新课程的课堂教学评价正在走向多元化,宜粗不宜细。面对新课程、新思路、新教材,评价小学数学课堂教学应从以下方面着手:

(一) 看目标设计与达成

(1) 教学目标全面、具体、明确,符合课标、教材、学生的实际。

(2) 教学目标要体现"三会",发展学生核心素养,落实"四基",发展"四能",将情感态度价值观的培养融入教学之中。

（3）突出重点，突破难点。

（4）体现学科特点、年龄特点，重视数学学习能力、实践和创新能力的培养。

（二）看创造性使用教材

（1）正确理解新教材，抓住新教材的特点，思路清晰。

（2）有开发课程资源的意识，资源开发利用合理有效。

（3）敢于对教材和资源从地域、时空等方面作必要的加工调整、活化，教材呈现有生活性、整合性、探究性等。

案例 11－1

创造性地使用教材

一位颇有教学经验的老师说："我一般不完全照搬课本上的学习材料，而是尽量做到陌生的材料熟悉化、陈旧的材料时代化，让材料靠近学习的实际，让它们产生一种亲切感和被需要感。例如，数学课本关于百分数的例题内容是'东台子村造林'，说实话，学生学习的积极性并不高。我就编成了一道实例应用题：这个月红领巾广播组的稿件中，我班有 24 篇，六(2)班有 20 篇，我班比六(2)班多百分之几？还可以用一些有趣的学习材料来增强学科的吸引力。比如小数除法的例题，我就把它改成'袋鼠跳一下是青蛙跳一下的多少倍？'这样很容易引发学生的好奇心和求知欲。"

"把白开水变成茅台酒"，这是特级教师吴正宪老师处理教材的一绝。如学习分数比较大小时，她讲了这样一个故事：唐僧带着徒弟们去西天取经，路上又渴又饿，师傅说："八戒，你下山化缘弄个西瓜来解渴如何？"八戒一听扛着九齿钉耙就下山去了，约有一顿饭的工夫，只见他汗淋淋地抱着一个西瓜，一边跑一边喊："西瓜来也！"悟空边切西瓜边说："师傅，我们把这西瓜平均分成 4 份，咱师徒四人每人吃它的四分之一，您看怎么样？"没等师傅开腔，馋嘴的猪八戒急了："西瓜是我老猪找来的，怎么只分给我四分之一呢？猴哥，我要吃西瓜的八分之一，最少也要给我六分之一。你看怎么样？"悟空称是。请问馋嘴的老猪是聪明，还是愚蠢呢？同学们七嘴八舌地议论开了，急性子的同学拿起准备好的学具——圆形纸片，又画又剪，同学们在操作中发现了$\frac{1}{8}$小于$\frac{1}{4}$的道理。教师无须让学生死记硬背书上的结论，枯燥的数学知识在孩子们面前变得有情有趣，孩子们在动手实践中理解了知识内涵，在笑声中沟通了师生情感。新奇有趣的故事，激起孩子们强烈的好奇心和求知欲望，使得他们跃跃欲试地开始了对新知识的探索。

(三) 看教学方式

(1) 体现以学定教,注重教学过程和知识形成过程。

(2) 教学组织形式巧妙、多样、灵活,有情趣,学生乐学。

(3) 发扬教学民主,营造宽松、和谐的课堂气氛,面向全体,因材施教,充分体现引导者、组织者、合作者、促进者的角色。

(4) 注重教学过程评价,方法多样化,开展自评、互评、师评,评价真实有效。

案例 11-2

新课程教学方式

新课程不是让学生去死记硬背定义、法则、原理,而是让学生带着问题去探索、体验,发现知识、规律,解决矛盾。下面是吴正宪老师的体会:我在一次课堂教学研讨会上执教探究课“面积和面积单位”时,请学生用纸片制作了一个 1 平方分米的面积单位,用它测量自己喜欢的物体面积。学生们有的测量桌子面,有的测量椅子面,有的测量黑板面……紧接着,我提出新的要求——请大家测量大舞台的面积。学生蜂拥而上,一个个兴致勃勃地在舞台上摆起小纸片来。这时,我发现只有一位学生在座位上没动,他大声地说:“老师,这样多费时间呀。”他想到了这样测量的不合理性,但因为没有亲自进行数学活动,也就没有想到更好的办法。终于,趴在地上测量的两位学生气喘吁吁地站起来,大胆地提出了自己的想法:“这个纸片太小了。老师,您能不能给我们一个比 1 平方分米大的面积单位来测量?”接着,又有几位学生把自己的课桌搬到舞台的一端,倒过桌子使桌面朝下测量面积。还有几位学生不甘示弱,另辟蹊径,他们把舞台划分为 8 等份,只测量其中的 1 份。学生们在舞台上边测量,边质疑,边讨论……课堂气氛异常活跃。我被孩子们的大胆发现、勇敢创新深深地感染着。孩子们自主探究精神的表现,博得了 1000 多名听课教师的阵阵掌声。

吴正宪老师的数学课设计之所以能成功,可贵之处就是抓住了课堂的问题和矛盾之处,以问题为主线,以活动为载体,建立了“问题情境—共同探究—合作交流—实践应用”的课堂结构。

(四) 看学习方式

(1) 学生积极参与,注重经历和体验,学生自主、合作探究,学习扎实有效。

(2) 学生在真实情境中体验、感悟,在思维交流中理解,在应用中巩固,在活动中深化。

(3) 学生能用适合自己的方法去学习,又能在交流互动中学习别人的学习方法,并在多种学习方法中形成最佳学习方法,形成习惯。

案例 11-3

创设真实情境

学生的活动一般要在真实情境中进行，学生的智慧迸发往往也是在真实情境感染下发生的。情境能引发学生联想，情境能激发学生情智，情境能催发学生的灵感。如果学生在上课的时候能“身临其境”，全身心地投入，这就表明教学的最佳时机来到了。因为有些问题只有伴随着真实情境出现，才能促使学生去观察、思维、想象、操作。吴正宪老师在执教“面积和面积单位”一课时，让学生“用 1 平方分米的面积单位，去测量自己喜欢的物体面积”，这个活动创设的情境不仅激发了学生的学习兴趣，而且引发了学生的积极思维，从而提出了大量新的问题。

（五）看教学素养

（1）教态亲切、端庄，语言生动，有艺术性，有感染力。

（2）课堂组织能力强，有应变能力，知识面广，教育理念新。

（3）教学个性鲜明，体现科学文化底蕴和人格魅力。

案例 11-4

师生间交流

教师要放下架子，和学生平等交流，要有亲和力。学生比较喜欢有幽默感和人情味的老师，他们说：“有的老师上课很‘神’，挺幽默，使我们笑口常开，在欢乐声中学会了深奥的知识，听这种课是一种享受，是我们精神生活的一部分。”学生还喜欢公正无私的老师，具有浓重平等情结的老师，学生不喜欢老绷着脸，以教育者自居的老师，“教育无痕”是教育者永恒的追求，教育无痕需要老师有亲和力，有责任心，有幽默感。做学生的朋友，要用智慧给予学生开心的启迪。

著名教学专家周玉仁（北京师范大学教授）这样评价吴正宪老师和她的课：“吴正宪是一个重感情，充满人情味的老师。课堂上，她不仅用教学的真谛来拨亮孩子们的心灵，更用她对孩子的爱心和真情来感染他们，用自己的人格魅力来塑造他们。她的课知情交融，师生互动，她的课充满了童趣、乐趣。课伊始，趣已生；课继续，情更深；课已定，意未绝。40 分钟的数学课，像磁铁那样，把每一个孩子的心紧紧地吸在一起，把时空有限的课堂变为人人参与、思维的无限空间。”①

① 徐世贵. 新课程怎样听课评课[M]. 天津：天津教育出版社，2006：65.

(六) 看教学效果

(1) 看学生学到多少东西,看知识增长、学习方法获得、技能训练、智力发展、信念和价值观的形成。

(2) 看课堂学习是不是愉快的,是不是有情感体验。

(3) 看课堂效率是不是短时高效,学习负担是不是适度。

表 11-1 小学数学课堂教学评价量表

指标	教师教学评价标准	满分
教学思想	1. 既关注学生数学学习能力的提高,又关注学生学习品行的发展。 2. 坚持以学生为主,体现教师的组织者、指导者、合作者功能。 3. 尊重教学文本,创造性地使用教科书和有效开发其他课程资源。	10
教学目标	1. 教学目标全面、具体、明确,符合课标、教材、学生的实际。 2. 教学目标要体现发展学生核心素养,落实"四基",发展"四能",将情感态度价值观的培养融入教学之中。目标体现知识与技能、策略与方法的生成性,思维活动的激发与引导性,情感的生成与支持性,态度与价值观的形成性。 3. 以目标统领教学准备与教学实践,目标体现学科特点、年龄特点,重视数学学习能力及实践和创新能力的培养。	15
教学内容	1. 依据课程标准和教学目标审视和使用教材,教学内容源于教材,优于教材,能创造性地使用教材,积极开发利用数学课程资源。注重知识的内在联系,教学内容具有生活性、整合性、探究性。 2. 突出数学主干知识和核心技能,体现数学的内在魅力及应用价值,深浅适度,容量合理。 3. 既关注学生新的学习与感悟,又关注学生的练习应用。练习内容层次清晰,符合和满足不同学生的发展需要,练习的形式和要求具有开放性。	15
教学策略	1. 体现以学定教,教学情境有利于唤起学生经验,教学活动的创设贴近学生实际,能提供自主探索的时空,激起探究欲望,引发数学思维,有效地处理好预设与生成的关系,对教学过程进行合理的调控。 2. 教学组织形式巧妙、多样、灵活,有情趣,学生乐学。引导学生积极主动地参与学习,使学生获得发展的动力支持和思维方法与学习品行的有效引导,获得进一步学习的内在品质与动力。 3. 发扬教学民主,营造宽松、和谐的课堂气氛,面向全体,因材施教,充分体现引导者、组织者、合作者、促进者的角色。 4. 注重教学过程评价,方法多样化,自评、互评、师评,评价真实有效,使学生获得成功的体验。	30
教学效果	1. 完成教学任务,发展学生核心素养达到预期设想。学生主动经历了过程,理解和掌握了数学知识技能与思想方法,获得了基本的数学活动经验,能够提出问题和解决问题。短时高效,学习负担适度。 2. 教学过程自然流畅,课堂气氛轻松和谐,学生思维活跃,互动频繁,课堂充满活力,富有艺术。 3. 评价科学有效,学生对数学学科的兴趣得到进一步激发,学习数学的技能得到进一步强化,获得自信与成功的体验,每个学生的需求都得到满足,不同学生获得不同的发展。	20
教学风格	1. 教态亲切、端庄,教学语言与肢体语言具有亲和力、感染力,思维清晰,语言精辟。 2. 知识面广,具有较深的数学学科素养,教学在某些方面有突出的个性与特色,体现科学文化底蕴和人格魅力。 3. 课堂组织能力强,有应变能力,知识面广,教育理念新。 4. 教学设计与板书设计合理,有特色。 5. 合理利用信息技术等教学手段。	10

第二节　小学数学学习评价

小学数学学习评价是对小学生的数学学习过程与结果作出价值的判断，是对小学生的数学学习情况的一种综合性评价，是小学数学课程评价的核心之一。

评价方式应包括书面测验、口头测验、活动报告、课堂观察、课后访谈、课内外作业、成长记录等，可以采用线上线下相结合的方式。

一、数学学习评价功能

（一）导向功能

有的教师把考试视为“指挥棒”，这反映了学习评价对现实的教学活动具有定向和引导的功能。评价的内容、方式与评分标准，在相当程度上左右着教师、学生努力的方向。这就要求评价传递正确的方向信息，防止误导。

比如为了引导估算教学的正确方向，可以将单纯的估算题改成实际应用问题，并要求写出估算过程。例如：报告厅有 18 排，每排 22 个座位，有 360 名同学来听课，能坐下吗？

（二）诊断功能

学习评价可以对教学的成效、矛盾和问题作出基于证据的判断。教师应精心选择测试题，统计分析测试数据，诊断出学生可能存在的问题。

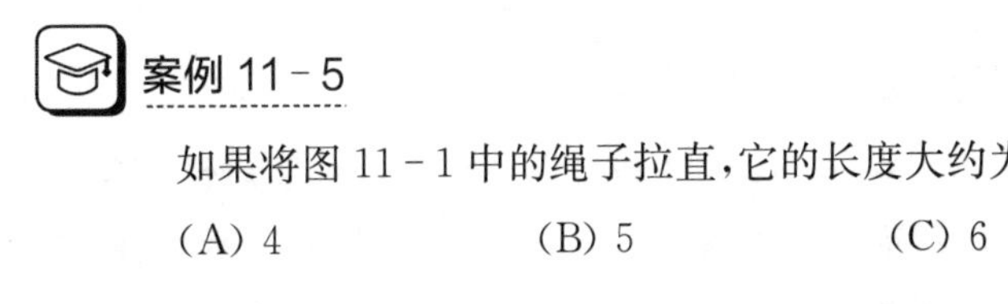

案例 11-5

如果将图 11-1 中的绳子拉直，它的长度大约为（　　）厘米。[①]

(A) 4　　(B) 5　　(C) 6　　(D) 7

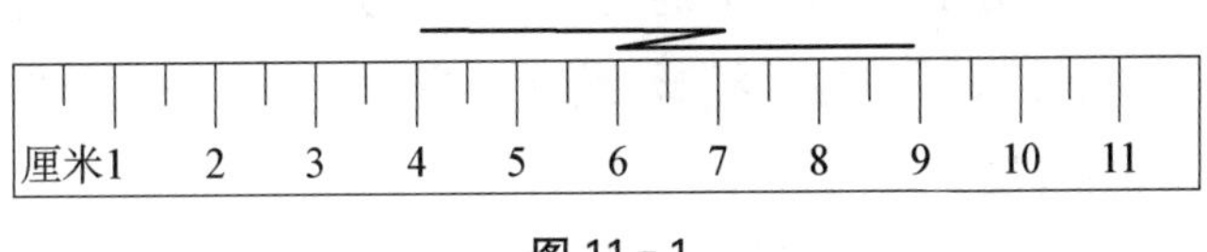

图 11-1

此题学生的得分率编低。经过分析与调研，失分的主要原因是学生关注了“大约”，忽略了“拉直”，以为弯曲部分可以不计。

---

① 曹培英. 小学数学学习评价研究(二)[J]. 小学数学教育,2015(10):3-6.

(三) 反馈功能

数学学习评价所获得的结果提供了学习过程的各种信息,可以对学习过程的各个环节(包括学习目标的设定)进行有效的调节和控制。学生获得解答正确的信息,对成功经验产生强化作用;接受解答错误的信息,找出原因引起纠正行为。

(四) 激励功能

合理有效地运用学习评价,能够激发和维持学生学习的内驱力。通过评价,学生学习上的付出得到了肯定,心理上获得满足,在看到学习进展、成效的同时,也可能发现学习中存在的问题、不足,转化为继续努力的动力,提高学习的主动性。

(五) 研究功能

学习评价所提供的各种信息,既可以用于教学的改进,也能用于教学的研究。无论是量化的评价还是质性的评价,都可能成为教学研究的有力证据,从而增强教学研究的实证性。①

二、数学学习测试性评价

(一) 编制数学试卷的依据

"2022 年版课标"指出:学业质量是学生在完成课程阶段性学习后的学业成就表现,反映核心素养要求。学业质量标准是以核心素养为主要维度,结合课程内容,对学生学业成就具体表现特征的整体刻画。数学课程学业质量反映的是学生完成了相应学段数学课程学习后的学习成就,通过刻画学生的学业成就表现,反映学生学习结果性目标和过程性目标的达成情况。

编制试卷必须以"2022 年版课标"为依据,试题所涉及的数学基础知识、基本技能、基本能力及基本思想方法不能超出课程标准中规定的教学内容的范围和课程总目标的要求;试题不得出偏题、怪题,但根据教学要求可以有一定的深度,以便能测量出考生所达到的不同学习水平;解答题目的过程应可以量化,能通过不同的赋分来判断考生完成题目的程度。根据考查意图,结合学生认知水平和生活经验,设计合理的生活情境、数学情境、科学情境,关注情境的真实性,适当引入数学文化。

测验试题的设置要有利于考查对数学概念、性质、关系、规律的理解、表达和应用,注重考查学生的思维过程,避免死记硬背、机械刷题。测验应该根据考试目的设置各具体题目的难度,保证试卷具有较好的区分度;各题型的题目均按由易到难的顺序编排,使试卷的难度构成一个合适的坡度;考试所选用的题目之间要保持难度互相独立,不要使一个题目的解答对另一个试题的解答有暗示作用。

---

① 曹培英.小学数学学习评价研究(一)[J].小学数学教育,2015(9):3-5.

试卷的难度结构的安排与设置必须科学合理，必须能有效地服务于测试的性质和目标。要达此目的，一般应注意下列三点：

第一，对考生群体的实际情况应有切实的估计，对他们的知识和能力状况、解题水平以及在考场上临场的心理状态，都有必要做一番调查研究，做到心中有数。

第二，试题难度的判断与设置，应与平时的教学要求的实际相适应。

第三，试卷难度结构应服务于测试目标和性质的要求。对于教学过程中的阶段性测试，其目标是检测学生的学习是否达到教学目标要求。

（二）编制数学考试方案

知识结构是试卷内在结构中最重要、最基础的结构。试卷所考查的知识内容是什么？占规定考试范围的百分比（即知识考查的覆盖率）如何？有哪些知识项目？各项知识所占比例如何？每项知识的考查要求是什么认知层次？各个认知层次的考查要求所占的比例如何？描述试卷知识结构可用知识双向细目表。

一般采用"双向细目表"的方法来确定测验的知识内容结构。双向细目表本质上就是试题编制的施工图，是在编制试题前根据测试目的、性质，结合数学学科特征对测试试题结构、内容、数学能力、核心素养等维度进行整体规划，以便让测试达到预设要求的操作工具，也是审题以及后期试卷评价的重要参考依据。双向细目表中的各维度设计、各种内容和各种说明等都必须符合课程标准要求，除了合理确定试题的预设难度外，特别要注意素养、能力的考查，注意合理确定考试内容的覆盖范围，不得违背课标随意取舍、增减考查内容，避免缺失重要内容和加入超标内容。需要根据教学目标来考虑考试所要测量的知识、技能和能力，以及考试内容中的题型题量、难易程度、分值比例。"双向细目表"由三个要素组成：考试的具体内容；考试所考查内容的学习水平；考试所考查内容及学习水平的权重或分值。如表 11－2，在某一阶段考试内容（如一个学期四个数学知识领域，或者几个知识单元）的对应位置给出分值；试题分别是什么水平，在相应的水平下面的位置画一个钩。

表 11－2　小学数学试卷双向细目表

学习水平 / 分值 / 题号	数学知识内容				水平				合计（分）
	数与代数	图形与几何	统计与概率	综合与实践	了解	理解	掌握	应用	
1 题									
2 题									
……									
n 题									
总计（分）									

(三) 数学试题编制

通过试题,考查学生运算能力、空间观念、数据意识、推理意识和问题解决能力等。

1. 常规问题编制与评价

(1) 明确考查的具体内容与要求

即考查什么?考查到何种程度?力求每一道试题都做到有的放矢。

(2) 试题要确保学科知识与常识的正确性

试题表述准确,无歧义,指导语简明易懂。一道高质量的测试题必须经过反复预试和修改才能产生;还要选择有代表性的样本进行试测,并根据试测过程中所收集到的该题难度、区分度、选项百分比等数据信息,对题目进行筛选与修订。

案例 11-6①

以下物品最可能为 2 公斤的是(　　)。

A. 一支铅笔　　B. 一块橡皮擦　　C. 一个苹果　　D. 一条草鱼

第一次测试分析显示,此题的正确答案是 D,选择 A、B 这两个错误选项的学生比例非常少,尤其是 A,只有 0.5%,说明这两个选项的干扰性不强。

进一步将 A 修改为“一个水杯”,B 修改为“一箱牛奶”。第二次质量分析显示,虽然此题正确答案仍然是 D,但是选择 B 这一错误选项的学生比例(44.0%)与 D(46.6%)相当,这时候需要分析 B 是否也有可能正确,比如一箱的概念不明确,具体一箱有多少个可能会影响选择。

对 B 选项再次进行调整,将 B 改为“5 个鸡蛋”。第三次质量分析,结果如表 11-3 所示。修改后的所有选项比例合适,难度适中,区分度合适,题目质量较好。

表 11-3　测试题难度、区分度的分析结果

题目	各选项选择百分比				正确答案	难度	区分度
	A	B	C	D			
案例 11-6	4.5%	14.0%	4.9%	76.6%	D	0.77	0.25

(3) 编制试题时,保持各个小题的独立性,即题与题的解答互不关联

如果前一题的答案是后一题的必要条件,则后一题的解答是否有效依赖于前一题答案的正确性,后一题就失去了测评的独立意义。

① 卞小娟,陈洪余.高质量的小学数学质量监测题是如何编制出来的[J].人民教育,2017(Z3):103-106.

案例 11－7

水果店要运 14 吨西瓜。甲车载重 2 吨，每次运费 150 元；乙车载重 3 吨，每次运费 200 元。

① 只用甲车运完，运费多少元？

② 只用乙车运完，运费多少元？

③ 怎样安排车辆，运费最少，是多少元？

这是同一素材背景的题目，一题比一题要求高，形成一个由易到难的应用问题系列，但各题的解答相对独立，某一小题的计算失误，不影响其他小题的计算。

2. **开放题编制与评价**

在第二章讲述创新意识的部分，已经介绍了开放题。学生在解决开放题的过程中，需要探索分析、认真思考才能获得对数学知识与方法的认知情感体验，学生解题的探究过程是在自己的头脑中建构数学认知结构的过程，是一个再创造、再发现的过程。

案例 11－8

图 11－2 中露出部分是整体的 $\frac{1}{4}$，请画出整体。①

本题突破了常规练习“给出整体，圈出或画出几分之一”的思维定势，而是让学生由已知的部分推测整体。这一针对逆向思维的试题，给学生提供了发散的解答空间。图 11－3 是部分学生画出的答案，问题本身的开放性，刺激了学生的反应，答卷上创意纷呈。

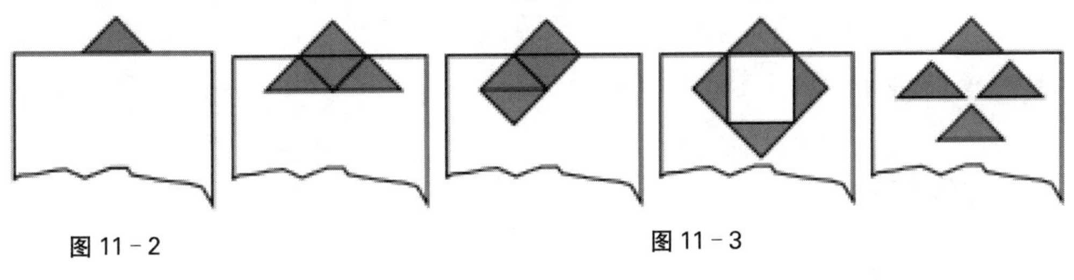

图 11－2　　图 11－3

“2022 年版课标”要求科学制定评分标准。评分标准应具有科学性、可操作性。对开放

① 曹培英. 小学数学学习评价研究(二)[J]. 小学数学教育，2015(10)：3－6.

性、综合性较强的试题,合理设计多层次任务的评分标准。在实践中,考试评价需要重新看待标准答案的意义,特别注意开放性试题的评分标准的多样性。

从数学思维深刻性、灵活性、独创性视角评价小学生解决开放题。学生能够分析题目条件的实质,以及条件之间的联系,发现多余条件或者隐含的条件,体现思维的深刻性;学生能够产生多种联想,从一种解题途径转向另一种解题途径,多维度思考问题,体现思维的灵活性;学生能够探寻新颖的解题方法,具有独特、与众不同等特点,体现思维的独创性。学生能自主探索出解决问题的一种或多种有效方法;能分析不同方法之间的差异并评判优劣;能根据具体情况选用恰当的方法解决问题。

 案例 11－9

有一块边长为 20 米的正方形空地,现在要在空地上设计一个花坛,使花坛的面积是正方形面积的一半,请给出你的设计。

设计花坛题的评分标准:

(1) 不回答或者胡乱作答。(0 分)

(2) 只能想出等分分割法、轴对称、中心对称等设计类型中的 1 种,且图案较简单。(3 分)

(3) 能想出等分分割法、轴对称、中心对称等设计类型中的 2 种,且图案较简单。(6 分)

(4) 能想出等分分割法、轴对称、中心对称等设计类型中的 3 种及以上,且图案独特。(8 分)

(5) 能想出 4 种及以上的设计类型,而且可以想到曲线等画法,综合考虑美观、新颖等因素来设计图案,有序地列出复杂的图案。(10 分)

三、数学学习质性评价

(一) 课堂观察评价

1. 观察法的含义

课堂观察是一种科学的观察方法,作为一种研究方法,它不同于一般意义上的观察。它是指研究者或观察者带着明确的目的,凭借自身感观(如眼、耳等)及有关辅助工具(观察表、录音录像设备等),直接或间接(主要是直接)从课堂情境中收集资料,并依据资料作相应研究的一种科学研究方法。[①]

2. 课堂观察的基本步骤

不同类别的课堂观察在运作时有不同的过程，但又有一些共同的程序。一般来说，课堂观察分为三个基本的阶段：观察前、观察中和观察后，其中每一个阶段又包括一些具体的步骤。

（1）课堂观察前——准备

首先，要确定观察的时间、地点、次数等。

其次，要根据观察的目的确定观察的焦点，即需要记录的事件和行为。任何一种课堂观察的方法，都不可能考虑到课堂的全部。因此，要根据观察的目的，选择观察的中心，资料的搜集要围绕中心进行，从而保证观察的效率。例如，要评估数学课堂上教师提问的质量，那么观察的中心就集中在教师身上，对教师所提的问题以及学生的反应加以记录。

再次，设计或者选择观察记录的方式和工具。在观察前，应该根据观察的目的和背景选择一种最为适当的记录方式或者现成（也可自行设计）的观察表。只有保证记录方法的适当性，才能确保搜集到所需的信息。

（2）课堂观察中——进入课堂及记录资料

课堂观察的实施阶段包括：进入课堂，在课堂中按照事先拟订的计划和选择的记录方法对所需的信息进行记录。观察者选择的不同的记录方式决定了他在观察过程中的具体的观察行为。例如，要评价课堂中的互动行为、学生的发言参与次数等可以通过观察表进行定量记录；观察对象的一些行为描述以及观察者的现场感受，可以采用田野笔记法进行记录。

（3）课堂观察后——资料的分析与结果的呈现

课堂观察结束后，最好能在近期内对所搜集的资料加以整理和分析，避免时过境迁而发生偏差。通过课堂观察搜集的资料，一般有定性和定量两种。两种资料分析的方法尽管不一样，但目的都是通过对所记录的课堂事实进行系统的分析，来揭示课堂行为之间的相互关系，了解被观察行为的意义。

例如，在一次三角形面积的教学中，学生发言参与次数 36 次，而有 23 次集中在 4 个人身上，通过这种定量的观察，可以看到课堂教学在“关注每个学生”方面还有待改进；在推导三角形面积公式的教学中，教师试图让学生动手“做数学”，建立三角形面积与平行四边形面积的联系，从而推得三角形面积公式，为此，为每组学生准备了两套完全相同的锐角三角形、直角三角形、钝角三角形，并出示问题：怎样把你手中的三角形变成平行四边形？之后小组汇报（学生拼剪的方法有十余种），推导出公式，再巩固练习。课堂整体感受前松后紧，通过分析教师提出问题的表述的记录可知，原因与教师问题设置表述不明确有直接关系，致使学生活动、汇报浪费时间较多。

---

① 马云鹏，孔凡哲，张春莉．数学教育测量与评价[M]．北京：北京师范大学出版社，2009：196．

3. 课堂观察的实施

具体来说，课堂观察的实施可以针对学生个体、小组、全体等，以下就从这三个方面进行介绍。

(1) 对学生个体的评价

学生在课堂教学中的表现存在差异，需要对某个或某类学生的课堂学习行为进行分析，以发现学生在数学学习中的具体表现。学生学习行为观察表可以重点观测学生数学学习中的某些重点行为，达到深入分析学习行为的目的。但对学生学习行为的观察不可能面面俱到，要根据观测分析的目的，在对学生学习行为进行分类的基础上，制定数学课堂观察记录表，如表 11－4。

表 11－4　学生数学课堂学习行为观察记录表

学生姓名			课程内容				记录时间		
内容	A	E	H	L	I	P	Q	O	N
次数									
初步分析结果									
建议									

注：A—举手回答问题；E—独立思考；H—动手操作；L—认真听讲；I—小组合作；P—黑板演示；Q—提出问题；O—其他学习行为；N—非学习行为。

学生数学学习行为既包括能够直接观察发现的外显行为，还包括了内隐行为，及内在的数学思维。因此，在制定学生学习行为观察表时，观测点除了学生的外显行为外，同时要关注学生的数学思维、情感态度等要素。然而，对于情感态度等要素的观察具有过程性的特点，不可能通过某一次观察得出结果，而需要在平时的教学过程中，注重观察和记录学生不同方面的表现，了解学生情感态度的变化，如主动参与数学学习的情况、数学学习的兴趣和动力、与他人交流合作的情况、克服困难的毅力和勇气等。

(2) 对小组合作的评价

小组合作改变了课堂教学中单一化、模式化、静态化的弊端，将学习当作学生生活中的一部分，促使学生生动活泼、主动全面地发展。在小学数学课堂教学中这一学习方式的运用越来越普遍。小组合作学习是一种目标导向活动，要使合作学习正常进行并取得预期的效果，就必须明确合作学习的目标，并且制定严格的规则制度，包括小组组建、小组成员分工、小组交流及行为规范、小组汇报、小组评价等方面的规则。当然，合适的学习内容非常重要，并非所有的内容都适合开展小组合作，学习任务的选择要具有开放性，有一定的难度，同时要有一定的挑战性和吸引力。为了提高小组合作学习的实效性，避免形式化，应及时对数学学习中小组合作学习活动进行评价。对于小学合作学习评价，既可以对小组内每一成员的学习情况进行评价，也可以对小组某项活动进行评价，还可以对小组整体表现进行评价。

表 11－5　小组汇报评价表①

项目		得分				
		非常不好	有些不好	一般	比较好	非常好
汇报内容	内容全面而完整	1	2	3	4	5
	内容准确、真实	1	2	3	4	5
	内容具有创新性	1	2	3	4	5
汇报现场表现	汇报形式恰当	1	2	3	4	5
	形式新颖有趣、吸引人	1	2	3	4	5
	各组员对汇报内容都很熟悉	1	2	3	4	5
	每个成员都参加了汇报	1	2	3	4	5
总分						
评价者签字						

(3) 对学生全体的评价

观察全体学生数学学习的情况，是以学生为主体地位教学理念的体现，也是通过学生学习情况反映教学效果的一种方式，是“以学论教”理念的体现。为了体现新课程理念在数学课堂教学中的落实情况，可以以学生在数学学习活动中的行为表现为依据，设计评价工具，更直观地刻画课堂教学中学生真实的学习情况。

表 11－6　学生数学学习活动评价表

评价项目		具体表现	评价等级（优、良、中、差）
参与状态	参与	参与学习活动的形式多样，如师生谈话、动手实践、独立思考、自主探索等	
	投入	积极参与数学学习的全过程	
	深入	师生、生生能进行深层次的思考和交流，学生实质性参与到教学中	
	拓展	学生不仅参与学，还参与教，不仅在课内，而且延伸至课外	
情感态度	气氛	具有适度的紧张感和愉悦感	
	反馈	能够自我控制，调节学习情绪，保持良好的注意状态	
交往状态	交流	信息交流充分，能构建师生、生生及媒体间信息交流的立体结构	
	合作	合作讨论的内容有思考性、有价值；合作分工明确；合作时间和空间充分	

① 伍新春，管琳. 合作学习与课堂教学[M]. 北京：人民教育出版社，2010：335.

续表

评价项目		具体表现	评价等级（优、良、中、差）
思维状态	思考	引发大多数学生积极思考，展现出解决问题的强烈愿望，学生敢于提出问题，发表见解	
	发展	提出的问题和见解具有挑战性和独创性	
生成状态	成就	各尽所能，感到踏实和满足；保持一种积极进取的态度，有强烈的成功欲望，对学习更有信心和兴趣	
	严谨	调控自己的消极心理，调整不利于积极思维的定势思维、惰性、畏惧、自卑等不良心理	

（二）成长记录袋评价

成长记录袋是指用以显示学生学习成就或持续进步信息的一连串表现、作品、评价结果以及其他相关记录和资料的汇集。[①] 成长记录中主要是学生自己选定的资料的汇编，其基本成分是学生作品，但不是学生作品的简单汇集，而是有目的、有意义地收集学生与课程学习目标有关的材料，也可以包括对学生完成作品的描述或记录，以及学生本人、教师、同伴、家长、社会对学生作品的评价。

建立和维持成长记录需要做好以下工作：

(1) 开始时小一点、简单一点。尤其当班级里有很多学生的时候，成长记录的建立是一项巨大的工作，不能操之过急，也不能求全求大。

(2) 让学生和家长了解成长记录的重要性。及时向学生和家长说明保存这样一份成长记录的目的。

(3) 成长记录必须让学生能够看到。在教室里设置一个合适的位置用于保存这些成长记录。

(4) 在课堂上要给学生留出时间，用于完成维护成长记录的工作。指导学生对自己的作品进行分类和选择，这些作品可以是学生完成表现性任务的记录，也可以是学生对一个数学问题的精彩回答，还可以是一份重要的数学测验结果。

(5) 填写一份简明的内容目录。

完成了这些工作以后，成长记录就可以开始发挥很好的诊断性和形成性评价的作用了。教师可以通过引导学生自己在成长记录中收录反映学习进步情况的重要资料，如最满意的作业、最喜爱的小制作、印象最深刻的问题、在日常生活中发现的有意义的数学问题、解决问题的方案和过程、解决问题的反思、阅读数学读物的体会、活动报告或数学小论文等。另外，成长记录的内容还可以设计成包含学期开始、学期中和学期结束三个阶段的学习资料，以反

① 刘久成．促进学生全面发展的小学数学学习评价[J]．教育探索，2004(12)，69－71．

映学生数学学习的成长历程，增强他们学好数学的信心。成长记录中的材料应让学生自主选择，并与教师共同确定。事实上，让学生参与成长记录的建立的整个过程与其中收录的内容一样重要，这有助于培养学生对自己的数学学习进行调控的能力和负责的态度。对高年级的学生，有时候还可以要求他们自己写一份关于所学知识和方法的总结。

案例 11－10

某学生的成长记录袋内容

（1）一份试卷。

（2）一本曾经在学校展览过的作业本。

（3）一份某家庭用水情况调查报告及班徽设计图。

（4）自我评价。

自我评价：我是一个热爱数学的学生，课堂上的内容一般都能学懂。我在学习数学过程中的主要问题是有些难题虽然解出来了，但不知道为什么要这样解。另外，有些应用问题不知道用什么数学知识去解决。

（5）家长评价。

家长评价：我的孩子比较自觉，老师布置的作业一般不用家长督促就可自己完成，同时他还爱看课外数学书籍，很喜欢数学家。我感觉他的钻研精神不够。

（6）教师评价。

教师评价：你是一个数学成绩优秀的学生，老师很喜欢你的聪明，你可以把自己想象成一个数学家，看数学家是怎样思考问题的。我还希望你再刻苦一点，这样，你在数学和其他自然科学上一定会有所建树。

往往一学期所学的数学内容被分割成若干部分，通过成长记录可以为学生创设一个整合的情境，让他们从整体上看到数学各部分知识间的联系以及这一册数学书的全貌。到学期结束时，一份完整的成长记录中至少需要包含以下作品：3 份教师布置的家庭作业、3 份数学日记、2 份测验、2 份课堂笔记、1 份个人完成的项目（调查、制作等）、1 份小组合作完成的项目（调查、实践活动、制作等）。[①] 当然，在指导学生收集和建立成长记录时，可以不局限于以上所要求的作品的数量和范围，尽量体现学生在数学方面的个性特点。到学期结束时，要求学生从中选出 5 份作品代表他/她这学期的学习情况，并最终保留在他们的成长记录中。

① 宋乃庆，张奠宙. 小学数学教育概论[M]. 北京：高等教育出版社，2008：248.

阅读资料

1. 吴正宪,武维民,范存丽.听吴正宪老师评课[M].上海:华东师范大学出版社,2012.

2. 崔允漷,沈毅,吴江林,等.课堂观察Ⅱ:走向专业的听评课[M].上海:华东师范大学出版社,2013.

3. 张春莉,李兰瑛,等.小学数学教学评价及案例分析[M].北京:北京师范大学出版社,2015.

4. 王兄.数学教育评价方法[M].上海:上海教育出版社,2018.

5. 张远增,胡耀华.小学数学测量与评价[M].上海:华东师范大学出版社,2010.

6. 王立东,杨涛,王烨晖,等.数学学业表现能力测评体系构建——中国义务教育质量监测的实践[J].数学教育学报,2020(4):58-61+90.

思考与练习

1. 查阅优秀教师课堂教学评价文献;对一位优秀教师的数学课堂教学视频进行评价。

2. 结合阶段学习目标,编制一份数学测试卷。

第十二章
小学数学教育科学研究方法

本章导语

本章阐述小学数学教育科学研究的意义、选题原则，讨论小学数学教育科学研究方法与论文写作规范。

学习目标

1. 了解小学数学教育科学研究的意义。
2. 理解小学数学教育科学研究选题的原则。
3. 掌握小学数学教育科学研究方法与论文写作规范。

第一节　小学数学教育科学研究的意义

小学数学教育科学研究，就是根据一定的目的，运用科学的方法，对小学数学教与学的现状进行分析与思考，从而发现小学数学教育的特点与规律的研究活动。小学数学教育科学研究的目的，就是要发现和解决小学数学教育中存在的问题。小学数学教育科学研究有以下作用：

一、有利于探索小学数学教学改革的规律

在小学数学教育领域，如何实施新课程改革，有很多问题需要探讨和研究。需要小学数学教育研究专家和一线教师共同探索研究，总结小学数学教学改革的规律性，提出解决小学数学教学实践问题的有效措施。通过教育研究分析小学数学教育现状，认识小学数学教育规律，解决教育争议问题，对于教育部门制定科学决策有着重要的作用。

二、有利于大面积提高小学数学教学质量

小学数学学科教学质量的提高离不开教学研究，重视教学研究才能大面积提高教学质量。了解小学数学思维的一些观点；明确不同类型的学生在数学学习上各有什么特点；分析

各种小学数学教学模式的案例,探索不同类型、不同内容的数学教学规律;认识某种教材是否方便于教,是否有利于学……这些都要通过教学实验才能够有所发现。只有解决小学数学教学中的问题,才能大面积提高小学数学教学质量。

三、提高小学数学教师的素质

小学数学教育科学研究是实践性很强的研究工作,只有积极参加实践研究,才能掌握小学数学教育研究的真谛。小学数学教师积极参加教育研究的实践,就能够在实践中逐步掌握研究的方法,逐步提高小学数学教学和科研的能力。同样,通过小学数学教育研究的实践,教师能加深对数学教学规律的认识,加深对研究对象(如课程、教材、学生等)的理解,从而为进一步提高教学质量创造条件。许多优秀的小学数学教师,就是在边教学、边科研的过程中逐步成长起来的。开展小学数学教育研究有利于提高教师的素质,造就有作为的小学数学教育专家。教师只有具备一定的教学研究能力,才能总结教学经验,改进教育方法,提高教学艺术,把自己培养成为学者型小学数学教师。

第二节　小学数学教育科学研究选题的原则

在小学数学教育领域里,存在很多实践问题和理论问题,研究者必须根据自己的主客观条件,从中选择具有方向性和实用价值的课题去研究。选择研究问题是开展小学数学教育科学研究的一个重要的步骤,也是研究过程中较为困难的步骤。“选题”包括两层含义:一是确定研究的主题,二是确定主题之下的具体研究问题。选题的基本原则包括以下几方面:

一、小学数学教育科学研究要面向教育实践的需要

选择的研究主题要面向小学数学教育实践的需要,面向小学数学教育科学自身发展的需要。研究者需从事对小学数学教育改革和发展是重要切题的、能引起自身及他人的兴趣、可行且合乎实际、对社会有意义、有所贡献的研究。研究主题与内容应该是目前欠缺且需要的。

在当前,选择的研究问题要充分考虑到小学数学素质教育、课程改革、教师专业发展的需要。小学数学教育科学研究的目的之一是解决小学数学教育中的实际问题。将小学数学教育研究所揭示的规律运用于小学数学教育实践活动之中,以直接指导和改进小学数学教育实践活动,提高小学数学教育实践活动的有效性和合理性。这方面的研究课题包括:(1)涉及小学数学教育实际中某些全局性问题,它要求能提出前人未提出过的解决问题的思路和方法,并能在较大范围内加以推广,对数学教育实践的发展具有直接的推动作用;(2)涉及小学数学教育实际问题的具体课题,它主要是指数学教育学的原理、原则和方法等在数学教育领域的具体运用;(3)与个别实际问题的解决相关的课题,它的研究成果适用的范围小,

大多局限在与该课题研究条件接近的范围内提出解决问题的方法,并往往局限于一些操作性问题上。

第1届国际数学教育大会于1969年在法国里昂召开。第14届国际数学教育大会(The 14Th International Congress on Mathematics Education,简称ICME-14)于2021年7月12~18日在华东师范大学隆重召开。规格最高的报告是4个大会个人报告(Plenary Lecture),分别是:菲尔兹奖得主、法国数学家赛德里克·维拉尼的《社会中的数学》;中国顾泠沅教授的《45年:一项数学教改实验》;澳大利亚罗宾·乔根森教授的《数学中的公平:它意味着什么?它看起来像什么》;马拉维(非洲国家)马瑟·卡兹玛教授的《多语言环境下的数学教学工作》。有62个专题研究组报告(Topic Study Groups,简称TSG),例如:小学数和运算教学;小学代数教学;小学几何教学;测量教学;概率教学;统计教学;问题提出与解决;学生对数学及其学习的认同感、动机和态度;数学素养;数学学习与认知(包括学习科学);数学应用与建模;数学教学中的可视化;技术与小学数学教学;数学史与数学教育;小学数学教师的职前教育;小学数学教师在职教育和专业发展;小学数学教学知识;小学课堂实践研究;等等。

二、选取的研究课题要有创新性

创新性是指选择的研究课题要有独创性和突破性。创新性是科学研究的灵魂。创新性原则体现了科学研究的价值意义,能使所选的课题在科学理论上有所发展,有所突破,或在应用上有所改进,有所创新,从而保证预期的研究成果具有一定的学术意义和应用价值。选题的创新性在于研究者是否把握了课题的本质内容,是否找到问题的症结所在,以及如何实现创造性的突破。所选取的研究课题,应该有新意,体现研究者的独到见解。创新性的选题研究成果将来在期刊上发表的可能性比平庸的选题要大得多。小学数学教育科学研究的创新主要表现为:追踪国际小学数学教育研究课题,开展国际小学数学教育比较研究,结合我国实际提出新的小学数学教育的观点;对当前正在进行的小学数学教学改革和已有的小学数学教育理论作出新的阐释与论证,提出有价值的小学数学教育研究的课题,探寻有效解决问题的策略;在小学数学教育科学研究中运用新方法、新视角和新策略;结合数学教学实际,研究信息技术在教学中的作用。

例如,江苏省特级教师许卫兵老师选择"简约化的数学课堂教学"作为研究课题,这是一项创新性研究课题。所谓简约化的数学课堂教学,是指对课堂教学的情境创设、素材选择、活动组织、结构安排、媒体使用等教学要素的精确把握和经济妙用("怎么做"),使数学课堂变得更为简洁、清晰、流畅、凝练、深刻("做得怎样"),进而实现课堂教学的优质和高效("目标何在")。①

---

① 许卫兵.简约:数学课堂教学的理性回归[J].课程·教材·教法,2009(5):42-46.

三、结合研究者自身量力选择课题

研究者要根据实际具备的和经过努力可以具备的条件来选择研究课题,对预期完成课题的主观、客观条件要尽可能充分地进行估计。研究者选择课题应该考虑课题需要的条件,量力而行。要充分考虑各方面的条件,扬长避短,善于发挥自己的优势。对各方面条件深思熟虑,认为对课题的研究有了相当的把握,然后才动手。研究者应该对被研究的对象有比较深入的了解。研究者要准确把握课题研究需要的能力和有关的研究基础,还要明确研究所需的设备、经费、时间、研究对象以及资料等。如果研究者拥有的条件能够满足完成课题实施的要求,就为课题的选择、立项、申报提供了强有力的支撑。小学数学教育科学研究更要重视课题研究所应具备的主客观条件,才能确保课题研究的顺利实施。

研究者要认清研究课题的难易程度。比如:①对构成小学数学教育科学体系具有全局性影响的核心概念、基本范畴和基本原理开展突破性研究的课题,这类课题具有开创性和全局性,是属于难度较高的课题;②对小学数学教育某一领域中已形成的概念和原则进行进一步探讨的研究课题,或使其更完善,或使其更具体,属于补充性发展;③对小学数学教育理论的个别原理、概念等作修正或更详细说明的研究课题,研究者只要掌握了有关的资料,具有分析、综合的思维能力,并且对某个课题有自己的感受与见解,有正确的科学研究方法,都可以进行研究。

优秀的研究成果不是"大而浅",而是"小而深"。选择的研究课题要具体,重点关注和突破一些关键问题,能够作出深刻而又能解决小学数学教学实际问题的研究。教师开展小学数学教育科学研究时,所选的课题宜小不宜大,宜具体不宜抽象,宜熟悉而忌生疏。具体的课题容易切入,范围小的课题容易论述透彻。最好选择自己熟悉的、有优势的题材作为研究课题,也就是自己对课题有兴趣,平时比较关注,且积累了一定的资料,或者是自己有过相关课题的研究基础。这样就可以扬长避短,把自己的研究兴趣、研究条件、研究基础等和研究的课题充分地结合起来,这样做就会得心应手。

北京第二实验小学特级教师华应龙老师把小学数学的一节课作为研究课题,包括"角的度量""多位数减法练习课""圆的认识""出租车上的数学问题"等,[①]这 12 个案例构成了华老师开展小学数学课堂教学研究的缩影,内容朴实无华,但寓意深刻,从数学知识技能、数学思想方法、数学文化的高度解读小学数学课堂教学,让我们看到了华老师智慧的结晶和深意。华老师用他的课,用他的研究与实践,表达了他对数学教学现代意义的认识和发现,生动而形象、准确而深刻地阐述了中国数学教学及基础教育的文化传统和新的追求。

天津特级教师徐长青老师选择的研究课题为:在小学数学教学中基于最近发展区差异的教师有效干预研究。研究的内容是进一步挖掘最近发展区差异的理论发展及内涵,探寻小学生数学学习的有效干预策略及利用干预策略设计成功课例。实践证明,教师的有效干

---

① 华应龙.我这样教数学——华应龙课堂实录[M].上海:华东师范大学出版社,2009:244.

预，可以促进学生的高效学习，切实提高课堂教学实效性，其技术与策略很丰富，如关注于认知流程的指示性干预，关注于文化传承的展示性干预等。广大教师在实践中还应再创造性地提出各种干预技术，以使我们的课堂教学根深叶茂，系统更加完善。我们已经认识到教育干预的有效性应体现在学生是否被点醒，并自觉地开展学习活动，进入自己的“最近发展区”。[①]

四、选择研究问题的途径

问题是推动认识发展的动力。一般说来，确定问题，就是限定了研究的目标、主攻的方向。研究问题的选择恰当与否，往往决定研究工作的成败、进度的快慢，以及成果的大小。选题正确，定向合理，将会令研究工作势如破竹，节节胜利。选题不当，轻则使研究工作步步被动，效果甚微；重则事倍功半，乃至徒劳无功。不同的问题需要用不同的解决方法。从这个意义上说，问题也决定了研究过程的主要方式方法。许多科学家认为，正确地提出问题，意味着研究任务完成了一半。因此，研究问题的选择十分重要，是整个研究工作具有战略意义的一环，研究一开始就必须花相当的时间和精力选好研究的问题。经验不足的研究者，常觉得不知从何处去选择问题。事实上，研究问题的来源是多方面的，可以从多种途径去选择研究问题。

（一）从有关理论中演绎研究问题

理论有两大功能：一个是目标的功能；另一个是手段的功能。作为目标的功能，研究者依据相关理论综合已有的知识，对独特的事物和现象提供正确的解释；作为手段的功能，理论能指引研究的方向，为研究者提供观察与发现的指导架构。换言之，理论不但可用以解释目前的事物，而且可用以预测未来的事物。从一个良好的理论中，研究者可以推演出很多种预测，这些新的预测，就可以成为可研究问题的重要来源。因此，若要发现可研究的问题，研究者可以从有关的数学教育理论中，使用演绎的推理方法导出一些合乎逻辑的研究问题和假设，然后再设计研究方法加以验证。

（二）从数学教育实际中发现问题

这是最重要的选题途径之一。小学数学教育科学研究最迫切的任务是解决当前教育实际工作中亟待解决的问题，所以必须从当前教育工作的迫切需要出发，注意选择当前存在的实际问题，特别是关键性问题。当前我国小学数学课程改革正处于发展的新时期，出现了很多新情况、新问题，需要从实际出发，加以研究。比如：(1)“大众数学”意义上的小学数学课程；(2)小学数学教学中的形式化和非形式化问题；(3)小学数学视觉化(直观)的作用；(4)小学数学的“双基”教学；(5)小学数学相关问题(例题、习题、探究题等)的理论研究；(6)小学数学变式练习与研究；(7)“数学文化”和小学数学教育；(8)数学建模和小学数学教育；(9)数学

---

① 徐长青.徐长青小学数学教学思与行[M].天津：天津教育出版社，2008:28-45.

和逻辑的关系;(10)小学数学的德育和美育功能等。这些问题在一般教育学理论中是找不到具体答案的,只能依靠小学数学教育工作者的共同努力。

(三) 从过去的研究中发现新问题

有的数学教育研究不仅探求其所要研究问题的答案,而且也从其研究问题中导出不少值得研究的新问题,有时往往是在回答旧问题的同时,提出了新的问题。新发现的问题,有待于人们进一步探讨。例如,有的研究报告常在讨论部分提出进一步研究的建议,这些建议便成为别的研究者发现问题的良好来源。有的小学数学教育研究具有长期性、连续性的特点,在某一阶段只能完成研究的一部分工作,解决一部分问题,而余下的部分需要人们继续去完成。通过前人过去完成的研究,可以发现还遗留什么问题有待于后人研究。有的小学数学教育研究具有多元性的特点,在一项研究中仅能研究若干变量或因素,于是通过阅读过去的研究论文中所研究的变量或因素,可以引发对其他变量或因素的研究;同时还由于研究现象的多元性,有些研究对某些变量或因素未加以控制,或没有发现,因而造成许多研究的结果相互矛盾。为了消除这些矛盾冲突,在研究旧的研究设计的基础上,可以改变旧的设计,在新的研究设计中增加新变量或控制其他变量,以观察结果是否仍然不同。因此,从他人过去的研究中,研究者可以得到许多启发,发现新的有价值的研究问题。要从过去的研究中发现新问题,最重要的途径是查阅有关的研究文献。

(四) 从与专业人员交流中发现问题

与有关的专业人员交流,是获得研究问题的另一个途径。经常向数学课程研究的专家请教,讨论自己兴趣领域中的问题,可以发现一些值得研究的问题。因为这些专业人员长期研究某些领域,对于该领域的问题和趋势有比较充分的了解,他们随时可以提供一些研究的观点,或某方面尚未解决的问题。得到有关的专家指导后,研究者将思路更清晰,问题更明确,工作更踏实。参加有关的学术研究会、学术交流活动,也是一种和专业人员交流的机会。

上述四种途径,是选择研究问题的主要途径,但仍然未能包括所有的选择研究问题的方法。

第三节　小学数学教育科学研究方法与论文写作

一、小学数学教育科学研究方法

(一) 文献综述研究

1. 文献综述研究的意义

文献的现代定义为“已发表过的,或虽未发表但已被整理、报道过的那些记录知识的一切载体”。“一切载体”不仅包括图书、期刊、学位论文、科学报告、档案等常见的纸质印刷品，也包括有实物形态的各种材料。文献综述法主要指搜集、鉴别、整理文献，并通过对文献的研究形成对事实的科学认识的方法。文献综述法是一种古老而又富有生命力的科学研究方法。

研究者对现状的研究，不可能全部通过观察与调查，它还需要对与现状有关的种种文献作出分析。很多研究新手，不了解把他们的研究嵌入到其他人的研究中去的重要性。他们往往从自己感兴趣的问题直接跳到研究设计和数据收集上，未把自己的想法融入到整个研究领域。

一般来说，进行小学数学教育文献综述研究，需要充分地占有某一课题的大量相关文献，进行文献调研，以便掌握有关的科研动态、前沿进展，了解前人已取得的成果、研究的现状等。这是科学、有效、少走弯路地进行任何科研工作的必经阶段。例如，在《数学家的观点对数学学习的启示》①一文中，作者收集了大量文献，再进行梳理，然后概括出：学生像数学家一样研究数学问题；实验和证明是数学家研究问题过程中的两个阶段；数学家是从问题开始研究数学的；数学家也会犯错误，也会失败；数学家在合作中研究数学；数学家在对话交流中研究数学；数学家的观点有助于我们对数学学习的反思。

2. 文献研究的目的

通过文献研究，研究者在相关专题内要做好以下几点：弄清已经研究过的具体问题、取得的重要结论、存在问题与不足、发展方向等；明确该研究问题的起点、所采用的方法、理论基础；梳理出研究者的选题与哪些已有研究有关联、与哪些已有研究没有关联；等等。

例如，某研究者选择的课题为“小学生分数概念学习的调查研究”。通过查阅文献，该研究者弄清了其他研究者对分数概念的相关研究。大陆学者刘加霞提出：从“行为的分数”还是“定义的分数”的角度认识分数，再借助多种直观模型来理解分数的含义。② 雒玉明认为：分数是整除和不能整除对立的统一，是除的高级形式，解决了整数或小数除法中除不尽的问题，用分数可以求出任意两个数的准确值。③ 对于分数概念的理解，各个学者从不同的角度有不同的说法，台湾地区的研究者对分数整体概念和相关概念的研究甚多，也很具有代表性。国外学者对分数概念的研究也层出不穷，而且是研究的先发者，对分数概念的探讨很深入，尤其是分数理解的理论探讨和教学实践以及利用儿童的心理表征来探讨儿童对分数概念理解的发展和分数学习的策略。

对于具体科研工作而言，一个成功的文献综述，能够以其严密的分析评价和有根据的趋势预测，为新课题的确立提供强有力的支持和论证，在某种意义上，它起着总结过去、指导提

---

① 范文贵.数学家的观点对数学学习的启示[J].数学教育学报，2007(3)：17－20.

② 刘加霞.小学数学课堂的有效教学[M].北京：北京师范大学出版社，2008：42－76.

③ 雒玉明.数学思维方法[M].西安：西北大学出版社，2002：150－161.

出新课题和推动理论与实践发展的作用。

3. **文献综述研究的步骤与结构**

文献综述研究的步骤是:(1)确定研究课题,选择文献数据库。国内文献数据库主要有中国学术期刊网、大学图书馆馆藏图书以及其他网络文献数据库等。(2)收集文献。文献是综述研究的支撑所在,综述研究要收集一定时期内的大量文献,文献确实能够反映数学教育某一课题的研究现状。可结合文献分析法,以避免遗漏重要的数学教育文献。(3)整理文献。要对收集的数学教育文献进行消化和整理,对相关文献合并同类项。在分类整理文献的过程中,有时还需要进一步补充有关文献。(4)开展研究。剖析研究现状,发表对某一课题"已知"的意见,阐述对某一课题"未知"的建议。综述研究要做到文献占有全面和权威,要述中带评。

综述研究成果的结构为:(1)前言。阐述开展某课题综述的背景与目的,说明以哪些文献源的哪个时间段选择文献。(2)叙述。介绍在某一时间段,某一课题在不同视角下的研究进展。(3)评价。剖析现状,说明广泛地研究了什么,深入地研究了什么,在哪些方面有突破,分歧在哪里,薄弱环节在何处,研究中有哪些问题等。(4)结论。概括结论,指出尚待解决的问题与建议。(5)列出参考文献。读者对象为专业人员的综述一般要叙述详细,在评价中可多融入一些个人评论意见。[①]

(二)调查研究法

问卷调查是常用的一种研究方法,它是研究者用来收集资料的一种技术,它的性质重在对个人意见、态度和兴趣的调查。做问卷调查的目的,主要是在经由调查对象填写问卷后,得知有关被试对某项问题的态度、意见,然后比较、分析大多数人对该项问题的看法,以作为研究参考。由于很多问题无法直接测量,只能通过问卷的方法进行间接测量。向调查对象分发印好的表格或问卷,要求填写或选择答案,然后整理分析,得出结论。问卷调查实际上是书面形式的标准化谈话,关键是要做好问卷调查表的编制工作。

 **案例 12-1**

问卷调查样例:教师的数学观

表 12-1 是关于数学与数学教学的一些论述,请按照您的真实想法,在最符合您想法的方框内画"√"。下面的数字表明了从"非常不同意"到"非常同意"的程度。

---

① 王光明.数学教育研究方法与论文写作[M].北京:北京师范大学出版社,2010:69.

表 12-1　对"关于数学与数学教学的论述"的同意度调查

	非常不同意	不同意	有点同意	同意	非常同意
	1	2	3	4	5
1. 数学必然涉及运算，纯粹的观察与估计并不是数学。	□	□	□	□	□
2. 数学知识往往是确定的，其问题的答案也有正确与错误之分。	□	□	□	□	□
3. 当两个学生对一个数学问题的答案发生分歧时，他们需要问老师或查阅课本看谁是正确的。	□	□	□	□	□
4. 数学思想之间都是互相联系的。	□	□	□	□	□
5. 数学问题的解决总是要遵循一定的规则。	□	□	□	□	□
6. 理解数学公式隐含的思想比公式更有用。	□	□	□	□	□
7. 论证自己的结论是学习数学的一个重要部分。	□	□	□	□	□
8. 我期望学生提出多种可能的数学问题的解决方法。	□	□	□	□	□
9. 数学有固定的规则与形式，必须通过特定的途径去认识或发现。	□	□	□	□	□
10. 数学领域一直处于不断的变化与发展之中。	□	□	□	□	□
11. "做"数学通常是按照逻辑步骤一步一步地进行。	□	□	□	□	□
12. 当学生不能解决问题时，通常是因为未能记住正确的公式或规则。	□	□	□	□	□
13. 数学的发展是发现更多的定理与公式，以及建立起更多的数学分支。	□	□	□	□	□
14. 学习获得的数学知识通常是不变的。	□	□	□	□	□
15. 学生能像数学家那样获得新的数学发现。	□	□	□	□	□
16. 数学的特点在于其精确性与严密性，像估算就不算是数学。	□	□	□	□	□
17. 如果学生在数学课上就某个想法或过程产生了争论，我通常会让他们下课后再讨论，以免影响课堂教学的进行。	□	□	□	□	□
18. 在数学课上，我会依据我的知识与经验来决定学生的解决方法的正确性与合理性。	□	□	□	□	□
19. 数学主要的成分在于数学知识演变的过程。	□	□	□	□	□
20. 学生不应带着迷惑或不解离开课堂。	□	□	□	□	□
21. 教师不一定要回答学生的问题，但应让他们自己解除迷惑。	□	□	□	□	□
22. 如果学生学习数学有困难，一个好的方法就是让他们更多地练习所缺乏的技能。	□	□	□	□	□
23. 最主要的事情并不是答案是否正确，而是促使学生解释自己的答案。	□	□	□	□	□
24. 学生通过共同讨论能决定问题解决方法的正确与否。	□	□	□	□	□

本研究从三个方面考察教师的数学观:一是教师对数学作为一门学科的看法(如,"数学必然涉及运算,纯粹的观察与估计并不是数学");二是关于数学的思想方法(如,数学的"抽象性""对应"等思想的运用);三是学生的数学学习,涉及什么是"做"数学(如,"论证自己的结论是学习数学的一个重要部分")与如何看待答案的合理性。该问卷均为描述性的陈述句,主要涉及教师对数学、数学学习两个方面的看法,要求被试按照同意的5种不同程度给予评定(1=非常不同意,2=不同意,3=有点同意,4=同意,5=非常同意),一共有24个项目。在评分上,根据被试在每个项目上的选择给予相应的1—5分。

专家教师与非专家教师的数学观的调查研究结果如表12-2所示。对于教师的数学观,即教师对数学作为一门学科的看法,本研究从两个方面考察:一是数学知识的本质;二是如何看待"做"数学。

表12-2 专家教师与非专家教师的数学观

		专家教师(N=15)		非专家教师(N=15)		t值
维度	最高分	M	SD	M	SD	
数学知识的本质	7	4.99	4.18	4.17	0.70	3.49**
数学是什么	5	3.52	0.33	3.44	0.27	0.68
数学思想方法	2	1.47	0.52	0.73	0.59	3.61***
"做"数学	15	11.76	0.10	9.79	1.48	5.78***
数学解题的方式	5	3.99	0.33	3.73	0.30	2.32*
数学答案的合理性	5	3.40	0.46	2.93	0.38	3.03**
学生解决方法的处理	3	2.50	0.33	1.80	0.41	5.14***
擅长数学的特点	2	1.87	0.35	1.33	0.49	3.43**

说明:*表示$p<0.05$;**表示$p<0.01$;***表示$p<0.001$。

表12-2的结果表明,两类教师在数学观的两个维度的总分上均表现出明显的差异($p<0.01$)。从数学知识本质的两个维度来看,两类教师表现出不同的特点。在对数学是什么的看法上,两者并未表现出明显的差异,两类教师都能够用动态的观点看待数学知识的发展变化性以及数学知识之间的相互联系性。但在对数学思想方法的理解与具体情境的运用上,专家教师的得分要明显高于非专家教师,前者能够意识到数学知识的本质并联系到实际的教学中。在如何看待"做"数学上,四个方面的考察均表现出明显的差别,专家教师更倾向于将"做"数学看作解释与论证思维的过程,擅长数学的人能够解决非常规的问题,问题解决能力强;而非专家教师则更倾向于将"做"数学看作选择适当的法则或既定步骤以获得答案的过程,如当学生的

解决方法与教师的不一致时，尽管承认答案正确，但通常不会进一步探究学生的做法，而是倾向于让学生用“常规”的方法。在擅长数学的特点上，非专家教师认为擅长数学的人解决各种问题，题目算得快、准确，数学知识掌握得扎实，即为掌握知识的观点。①

（三）实验研究法

实验研究法是根据教育科学理论或某个因果假设，通过人为地控制、模拟或改变教育现象的条件，以引发被试的某种反应，从而揭示其发生原因或变化规律的研究方法。实验研究要有严密的实验设计，严格的实验控制和测量手段，才能获得精确的结果。实验内容、程序和方法要具有可重复性。

实验的主要形式包括：(1)单组式。在一个组进行实验，分期施加不同的实验因素，将所产生的效果加以测量和比较。单组式的优点是被试的基本条件容易保持一致，组织起来比较简单。(2)等组式。选择两个或两个以上条件基本相同的平行组，做不同的实验，然后比较效果，从中找出规律。

案例 12－2

青浦实验

著名数学教育改革家、上海市教育功臣顾泠沅老师主持的“青浦实验”历经四个阶段：教学调查阶段；经验筛选阶段；实验研究阶段；实验推广应用阶段。青浦实验的研究方法流程如图 12－1 所示。青浦实验的主实验用时 3 年，选择了不同类型的 5 所学校的 10 个班级共 440 名学生作为被试，实验重点聚焦在尝试活动和效果反馈

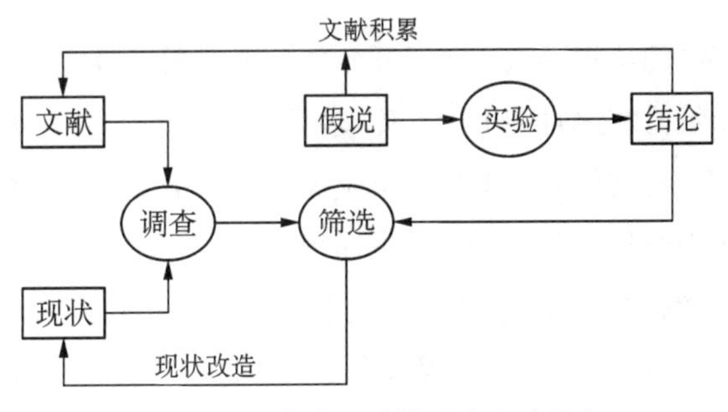

图 12－1　青浦实验的研究方法流程

① 李琼. 教师专业发展的知识基础——教学专长研究[M]. 北京：北京师范大学出版社，2009：88.

上。这就是在我国教育界享有较高声誉的“尝试指导、效果回授”教学策略的雏形。实验结果证实,“尝试指导、效果回授”确实是大面积提高教学质量的有效措施,5 所学校实验班各个阶段测试成绩的合格率、优秀率都高于对照班。

单个实验的成功毕竟不是教改的终极目标,实验成果的价值必须经由检验、应用、推广,才能得到充分的体现。主实验完成后的 8 年间,实验小组边推广、边研究:用科研成果更新教学常规;举办多种形式的推广辅导班,扩大骨干教师队伍;确定重点推广学校,进一步探讨和辐射教改经验。1990 年“青浦实验”获国家教委颁发的“建国 40 年来全国教育科学优秀成果”一等奖后,该项实验的成果更是在全国范围内得以推广,并获得普遍一致的好评。

(四)课例研究法

课例是一个实际的教学例子,是对一个教学问题和教学决定的再现和描述,即“讲述教学背后的故事”。这里之所以称为“教学背后”,其实是指为何这样进行教学的研究思路,也就是说课例不仅仅是最后的课堂教学实录,还要交代之所以这样教学的理由和认识,要有研究的成分在其中。[①] 课例研究并不追求通过一节课试图解决很多个问题,而是追求通过一个课例认识一个小的研究问题,探寻其中蕴含的数学教育规律。

案例 12-3

小学三年级“认识分数(2)”

江苏省特级教师许卫兵与范文贵教授对该课例进行了教材分析、教学反思和课例评析的研究。(教学过程见案例 12-4)

一、 教材分析[②]

小学生对“分数”的认识是从三年级开始的。现有国标版教材中,绝大多数教材从三年级上册开始编排“分数的初步认识”,主要内容是引导学生从平均分“一个东西”(一个物体、一个平面图形、一个计量单位等)入手,引出分数,并结合具体的情境或直观的图示初步理解每个分数表示的具体含义。

苏教版小学数学教材中,除了在三年级上册安排了类似的教学内容外,在三年级下册又安排了一个单元继续认识分数,主要内容是学习把“一些物体组成的整体”

---

① 杨玉东.教师如何做课例研究[J].教育发展研究,2008(8):72-75.

② 教材分析与教学反思由许卫兵老师完成。

图 12-2　人教版数学教材中的“认识分数”

图 12-3　北师大版数学教材中的“认识分数”

图 12-4　苏教版数学教材中的“认识分数”

平均分成若干份，其中的一份或者几份也可以用分数表示。这是对上册学习内容的拓展，也是对分数本质认识的进一步深化。本文所介绍的课例就是这一内容的教学。

从平时的教学观察来看，学生对将“一个整体”平均分后用分数表示其中的一份或几份这一内容的学习是有难度的。难点是在用分数来表示“一个整体”的几分之几时，常常被“物体的个数”干扰着，也就是说，对“分数的分子和分母到底是根据什么来确定”这一核心问题的认识缺乏深刻性。

基于这样的分析，我们在教学设计时突出对分数本质的认识，也就是对“平均分的份数”“表示的份数”予以强化，淡化学生对所分物体总数量的关注，简化教学程序，创建高效的课堂教学。

二、 教学反思

观摩过上述课堂的老师，普遍感到这节课简洁、流畅、明快，教师教得轻松，学生学得清晰。回顾本节课的教学思路和课堂运行情况，对于如何创建简约化的数学课堂教学，我们得到了一些启示。

启示之一：紧扣“主线”。

有人说，好的数学课堂就像演绎一首优美的歌，要唱响主旋律；也有人说，好的数学课堂犹如开掘一弯清清的山泉，要奔向主渠道。其意一方面表达了对数学课堂的诗意追求，另一方面也暗含了数学课堂教学应该是整体的、结构的、层递的、流动的。

“牵一发而动全身。”细想起来，我们每堂数学课的知识教学任务相对而言还是比较少或者说是比较单一的，重要的是我们要拎清“主线”。所谓“主线”，就是教学的重点和主干脉络，三角形面积计算学习时的“转化”思路、旋转和平移的“运动特征”等均属于此，它是课堂教学的“魂”，是课堂教学有序有效的根基。在本例教学中，我们始终将分数意义的核心本质“总数量平均分成了几份——分母；表示其中的几份——分子”贯穿于学习的始终，作为全课学习的知识“主线”。无论是从分 1 个苹果的旧知开始，还是到分 8 个苹果、12 个苹果的跳跃，最后到 54 个孙悟空、96 个孙悟空的挑战练习和 12 个方块的自创尝试，始终抓住这一“主线”展开，层层推进，环环相扣。“提领而顿，百毛皆顺”，数学课堂教学要走向简约，有一条清晰的“线路”是前提和保证。“主线”明确了，确定教学目标、安排教学环节、取舍教学内容、考虑教学进程、有效组织教学时就有了根本出发点和终极指向，课堂教学的结构和层次就容易清晰起来；“主线”扣紧了，起转承接、轻重缓急就能落在实处，课堂教学的动感和韵律也就自然而然地显现出来。

启示之二：经济用“材”。

数学课堂教学若存在散乱、繁杂的现象，有些是因为教具、学具、媒体等教学辅助工具的大量、不恰当的使用，挤耗了有限的课堂教学时间；有些是对教学内容的把握不到火候，偏离重点和核心，做了不少无用功；但占多数的，恐怕还是对教学素材的取用显得不够经济和精练。

我们曾对多位数学名师的多节经典课进行过统计，发现 60%以上的课堂教学的素材用量(或者说是“题量”)均比较少。但是，他们凭借对较少素材的灵活变化和高效使用，创造出了生动、精彩、充满张力和活力的课堂。华应龙老师一把剪刀、一张纸条出神入化地教学“莫比乌斯带”，一题三变深入浅出演绎“孙子定理”，黄爱华老师以“俄罗斯方块”和“平移接力”两个游戏就串起“平移”教学，这些都是堪称经典的例证。本课教学，我们也力图体现教学素材的精简妙用。课始三次“分苹果”，就基本完成了主体新授教学。在一“变”(总数量)和三“不变”(平均分的份数“4”、表示的份数“1”、使用的分数“四分之一”)的对比和概括中，把教学引向了深刻。巩固环节的后半段，我们也曾设想在三幅圆片图的基础上，继续改变圆片数量进行对比练习。但考虑到三年级学生的学习要有一定的趣味性，就改为孙悟空的“变身”练习。事实上，异曲同工，效果甚佳。最后的 12 个方块自创分数，虽然上文没有将教学场景展示出来，但也是精彩纷呈，充分地展示了学生的学习效果。事实表明，课堂教学中精选素材、巧用素材，努力做到一"材"多用、一"材"多变、一"材"多效，不仅可以去除臃肿、走向凝练，去除繁琐、走向精干，还有更多的时间留给师生对话和动态生成，而且相同的情境（题境、语境）既保证了教学的连贯性和课堂的流畅性，又减少了无关因素的干扰，凸显研究主题，包含其中的不仅仅是教学技术，更是教学艺术。这应该成为简约化数学课堂教学成功实施的有效策略。

启示之三：调控有"效"。

数学课堂教学的简约化，必然对教师的教学组织和控制能力提出了高要求。没有深度的思考和全面的把握就不可能形成简洁完美的教学预案；而再完美的教学预案，如果没有教师有效的调控、智慧的引领，课堂实施也只会变得像一盘散沙，不可能实现有效的教学。

本节研究课的备课中，我们在反复讨论和思考后，果断放弃了教材中的例题在新授阶段的使用（图 12-4）。这样安排的原因，主要是觉得，将"4 个苹果平均分成 4 份，每只小猴分得 1 份"这样的题材中，因为苹果的个数与分的份数正好巧合一致，容易使学生将注意力转移到对苹果个数的关注上，忽略对"平均分的份数""表示的份数"的把握，形成"用分数表示就是数物品个数"的局限思维。因此，我们的教学在分好"1 个苹果"后，就进入到分"8 个苹果"的情境，紧紧抓住"4 份""1 份"来展开，避免了数目上的巧合，突出认识分数的本质。但是作为一种特例，在最后 12 个方块自创分数的教学中，教师进行适时点拨，显得用力得当，恰到好处。

在教学过程中，教师的教学语言也应起到很好的调控作用。对此，石欧教授就精辟地指出："语言之外无教学。"上述课中，在分完 1 个苹果准备分第二盒苹果时，教师提问："为了分得公平，她也会怎么分呢?"一个"也"字，暗示了"平均分""平均分成 4 份""一只小猴 1 份"等不变思路。在大家初步形成一致意见后，教师的总结提示语是："看来不管盒子里有多少个苹果，猴妈妈都会怎样分?"在猜想和合理的推演中，为突出教学重点、突破教学难点作了有效的铺垫。

启示之四：彰显"本色"。

数学课堂教学走向简约，要求教师要学会做减法。这种减法，并不是简单地对教学素材、教学环节进行机械割舍，而是要艺术地进行整合、提炼，合理去除那些多余的环节、无效的程序。值得一提的是，我们在做减法的过程中，有些是坚决不能减掉的，相反，还需要进一步加以确认和强化。比如，数学教学中应该贯彻落实的新课程理念，数学课堂所承载的引领学生逐步学会数学思维、培养学生数学的眼光、发展学生热爱数学的情感的学科本质，等等，都应该得到很好的体现。没有了这些，再简约的数学课堂教学也没有任何存在的价值和意义。正因为此，可以说简约化的数学课堂教学是一个复杂而又高难度的研究课题，创建简约化的课堂教学是数学教学研究的崇高追求。“认识分数(2)”的教学中,我们同样创设了有趣的问题情境,很好地将猜想验证、比较概括、操作探究等学习方式进行了渗透和应用,寓丰富于简单之中,印证着“简约而不简单”。如果说紧扣“主线”、经济用“材”、调控有“效”较多指向数学课堂教学的操作层面,那么,彰显“本色”则更多地指向数学课堂教学的核心本质,指向数学学科的培养目标。两者相辅相成,互动共生,缺一不可。

三、 课例评析

1. 贴近学生生活的情境设计

根据学生的心理特征,贴近学生生活,许卫兵老师创造性地理解教学内容,设计出了具有特色的教学情境。由小猴分苹果的生活问题导入新课,使学生明确本节课的学习目标——认识分数。这样更能增加数学学习的趣味性,更容易激发学生学习分数的积极性。许老师的数学课表面上看似设计简约,其实内在蕴藏了丰富的知识,他对这节课的设计让我感受到了他对教材的深刻理解。“认识分数”一课,他从开始的设计伏笔,到中间教授的突破,到最后用知识的迁移让学生从简单的认识分数中得到拓展,他的整个讲课过程环环相扣,形成一条锁链,让学生的学习清晰、明白、升华。

2. 有效利用多媒体技术

许卫兵老师讲授的这节课中最精彩的部分是孙悟空大变身那个环节,他用多媒体课件向学生呈现出一种视觉上的冲突。这恰恰是许老师利用多媒体技术突破教学难点的关键所在。大多数学生在认识分数时难以理解单位“1”,学生往往只关注物体的个数,而忽略整体。许卫兵老师用多媒体课件让学生一下子感受到总数量的明显变化,通过细致的观察、比较后,学生可以使用简单的技法用分数表示涂色部分。学生通过这个有趣的变换过程加深了对分数的理解。许老师抓住时机,让学生在观察中感悟,在对比中发现,在思维中建构。

3. 亲近学生的语言和表情

许卫兵老师富有感染力的语言和慈祥的表情,如和风细雨般感化每一位学生,使学生处于轻松自然的学习状态。他与学生亲切的交流拉近了与学生之间的距离,使学生一步步跟着他走进“分数的世界”。教师的概括性语言、层层递进的提问方式、对同学们不良学习习惯的适时提醒,充分调动了学生学习的积极性,实现了课堂教学的优质和高效。

4. 多元化教学方法的融合

这节课,许卫兵老师将发现法、讲授法、谈话法、演示法、练习法等教学方法融合在一起,得到了很好的教学效果。老师不是直接告诉学生分数的重要特征,而是提供一些情境，设置一系列问题，通过不断的启发与提问，让学生自主探索解决问题的方法，学生从中发现分数概念的重要特征。当然，为了保证在45分钟内学生能掌握相关基础知识和基本技能，就少不了讲授法和练习法，教师最后要给出正确的知识描述，要为学生讲解易错点和重难点。

5. 分层次练习，共同提高

这节课，许卫兵老师设计了不同层次的练习，有基础练习，有拓展习题。做练习时，引发学生的想象力与创造力，让学生根据自己的实际情况选择练习，让每个学生都得到最大程度的提高与发展。

二、小学数学教育科学研究论文写作

小学数学教育科研论文是以小学数学教学实践为基础，以现代教学理论、心理学理论为指导，研究小学数学课程发展、小学数学教学活动规律的专题文章。它是小学数学教育工作的理论研究成果或经验总结。撰写数学教育科研论文能推动广大数学教育研究者、小学数学教师从事教学研究，提高教学研究能力；也是推动小学数学教学改革、提高教学质量、培养骨干教师的方式之一。教学论文是考核教师的教学能力和教学研究水平的重要标志。

（一）撰写教学论文的要求

论文是研究成果的表现形式，它反映了小学数学教育的客观事实和规律，它不以个人主观感觉判断是非，不以猜想代替科学论断。运用科学的研究方法，对小学数学教学中的经验教训进行严密的分析，揭示教学的本质与规律，需要通过精心的设计、周密的观察、调查、实验、分析，以充分、确凿的论据作为立论的依据。

研究结果要有一定的创造性，要求：立意新颖，文献梳理清晰，有独到的见解；论点明确，论据详实，力求逻辑严谨，经得起教学实践的检验，并且对教学实践有指导作用或参考价值。

（二）论文的写作

1. 撰写实验研究报告

小学数学教育科学研究的实验研究报告是表达研究新成果、促进研究者学术交流与合作的重要媒介。实验研究报告的主要内容包括标题、摘要、实验目的、实验的方法与过程、实验的结果及实验结果分析等。其基本写作模式如下：

（1）标题：一般以课题实验研究的名称作为标题，它是对实验研究报告内容的高度概括，要求文字简洁、内容确切。

（2）摘要与关键词：摘要是研究报告的核心内容，可以使读者迅速了解研究的整体情况，以判断取与舍。作者用最精练的文字概括地反映出研究的所有重要方面,即研究的问题、被试的特征、所用的方法、研究的结果及由此得出的结论。一般中文摘要以300字以内为宜。摘要虽然是放在研究报告前面的部分,但它往往是在研究报告成文之后撰写的。对摘要的要求是语言精练、内容完整。

关键词较摘要更为概括,通过3—5个词来反映研究的内容。选择恰当的关键词,不仅有利于指导读者阅读,而且更为重要的是便于文献检索。关键词一般选自标题,也有个别选自摘要。

(3) 引言:引言是研究报告的问题提出部分,其核心目的是要解决两个问题,即告诉读者此项研究所要表达的是什么问题和为什么要研究或解决这个问题。

(4) 方法与过程:这是实验报告的重要环节,要向读者交待清楚研究者是如何取得研究结果的。涉及的内容主要包括:①选择被试的条件、数量、取样方式,实验时间及结果的适用范围;②实验的组织类型、方法及依据;③实验的具体程序与步骤;④因果共变关系的验证;⑤对无关变量的控制情况。

(5) 结果:这部分以结果的呈现与分析为主,即把研究过程中通过观察、测量等方法所收集到的数据资料按一定的格式展示出来,包括呈现数据与统计分析两部分。①呈现数据,对研究过程中所获得的数据资料进行加工整理,以统计表和统计图的形式呈现出来。②统计分析,向读者交待所用的统计方法。据此说明研究结果与研究假设或待答问题的关系。

(6) 分析与讨论:分析与讨论部分是研究报告的最关键部分,不仅要对当前研究所得结果的意义进行解释,还要对导致或产生这种结果的可能原因进行阐述和说明。撰写这部分内容,一方面必须以事实为依据,充分考虑本项研究所得的结果;另一方面也要充分发挥创造性,以理论思维为基础,揭示当前研究结果的广泛含义。

(7) 结论:经过分析与讨论后,就可把研究所得结果归纳、概括出来,即研究结论。

(8) 参考文献:参考文献指研究报告中所引用的文献资料来源。

(9) 附录:附录用以提供详细的、重要的,但又不便放在正文中出现的信息。附录的内容通常是实验材料、工具,如问卷、访谈提纲等,在有些情况下也包括复杂的公式、计算机程序、实验处理的说明等内容。

2. 撰写教研论文

在小学数学教育科学研究中,教研论文是教师对小学数学课程、教学领域中的理论问题和实际问题的研究成果。按照课题的属性,教研论文可分为以下两种类型:

(1) 小学数学教育理论层次的教研论文

这类论文的特点是基于相关文献进行研究,其理论性和学术性都较强,强调对小学数学教学规律和基本问题的探究、研讨。这类论文倾向于理论的探究,一般能提出一些富有新意的观点,并能联系实际加以阐释,其中包括国际小学数学教育比较、小学数学教育专业建设、数学思想方法与小学数学教学等。

例如,华东师范大学孔企平教授对新加坡小学数学课程特色进行分析,发现新加坡小学数学课程有五个基本特点:以解决数学问题为课程的中心;形成五个要素相融合的课程框架;构建差别化的课程体系;两种评价方式并重;强调信息技术的重要性。从这些特点中,我们可以看到东方和西方文化在新加坡小学数学课程改革过程中的对话与交融。新加坡小学数学课程改革有其特有的社会经济文化背景,以解决问题为中心的小学数学课程改革,体现了新加坡教育改革的基本理念,也反映了新加坡社会变革的基本趋势。①

首都师范大学王万良教授在《小学数学教育与小学教育专业数学课程设计》一文中,根据十年来小学数学教育理念及教学内容所发生的变化,提出:小学教育专业理科方向数学课程应包括以分析、代数、几何为主线的必修基础课程;以概率统计、最优化理论及应用、模糊数学应用、数学建模为基本内容的必修应用类课程;以小学数学教学论、小学数学问题论、数学文化等构成的数学教育类课程;与数学及数学教育相关的选修类课程群,以培养师范生较高的数学素养。②

郑毓信教授在《数学思想、数学活动与小学数学教学》中提出自己的观点:将"基本(数学)思想"与"基本(数学)活动经验"明确纳入"数学课程目标"之中有一定的合理性。以小学数学教学为背景对此作进一步分析:我们不仅应当针对不同的教学对象对此作出更为具体的界定,从而切实防止简单移植的现象,而且也应很好地处理具体知识内容的学习与基本数学思想的学习以及过程与结果之间的关系,而不应将此绝对地割裂开来。③

(2) 小学数学教学实践层次的研究论文

小学数学教育研究是实践性很强的活动,教师在教育实践中要认真反思小学数学教学过程,分析小学生数学学习的规律。开展优秀教师教学案例分析对提高教师教学水平很有帮助,对提出小学数学教育问题和认识数学教育规律很有价值。撰写这类论文时,要选择典型问题,以新的方式解决一些具体问题。研究者需要向读者阐明论文中的论点及主张是有依据、重要且有价值的。

案例 12-4

小学三年级"认识分数(2)"课例展示④

【教学内容】 国标苏教版《小学数学三年级下册》第 64 页。

【教学目标】

1. 在初步认识分数的基础上,掌握将多个物体看作整体"1"并平均分后用分数表示几分之一。

① 孔企平.对新加坡小学数学课程特色的分析[J].课程·教材·教法,2006(12):80-84.

② 王万良.小学数学教育与小学教育专业数学课程设计[J].课程·教材·教法,2006(1):77-80.

③ 郑毓信.数学思想、数学活动与小学数学教学[J].课程·教材·教法,2008(5):36-40.

④ 许卫兵,江苏省特级教师,现为江苏省海安市城南实验小学校长,江苏省人民教育家培养对象。

2. 通过类比、迁移,进一步理解分数产生的条件和表达方法,拓展原有的认识,建构新的认知结构。

3. 在联想、概括、推演中,体会数学的丰富性,感受数学的魅力。

【教学过程】

一、 创设情境,复习铺垫

师:同学们都知道猴子爱吃水果吧。猴妈妈给四只猴宝宝带回了两盒苹果,一只小猴已经迫不及待地打开了一个盒子。(出示图 12-5)瞧,是什么呀?

图 12-5

生:1 个苹果。

师:只有 1 个苹果,猴妈妈要把 1 个苹果分给 4 只小猴吃,怎样分才公平呢?

生:把这个苹果分成 4 份。

师:(做切的动作)就这样"嚓! 嚓! 嚓!"随便分成四份吗?

生:要把这个苹果平均分成 4 份。(板书:平均分)

师:(显示将 1 个苹果 4 等分的图,如图 12-6)是这样分吗?

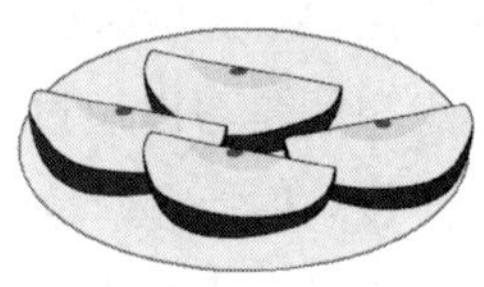

图 12-6

生:是的。

师:分成的四份同样多,就是把这个苹果"平均分"成 4 份。那每只小猴可以分到多少苹果呢?

生 1:其中的一小块。

生 2:一个苹果的$\frac{1}{4}$。

师:(显示:每只小猴分到这个苹果的$\frac{1}{4}$)你们是怎么想到$\frac{1}{4}$这个数的?

(板书:$\frac{1}{4}$)

生:一个苹果平均分成 4 份,每只小猴分到 4 份中的 1 份,所以就是$\frac{1}{4}$。

师:是啊,每只小猴分到 4 等分后的 1 份,我们用——(生:$\frac{1}{4}$)来表示。

(学生回答后,老师在$\frac{1}{4}$的分子、分母后分别补上"份",板书:$\frac{1\text{份}}{4\text{份}}$)

二、 顺势展开,组织迁移

师:第一盒苹果分完了,猴妈妈要开始分第二盒苹果了,为了分得公平,她会怎么分呢?

生1：把1个苹果平均分给4只小猴。

师：你能肯定第二盒里也是1个苹果吗？（学生都摇摇头，有些疑惑）

生2：不一定，也可能是两个，如果是两个，那就每只小猴吃半个。

生3：也可能是4个苹果，那就每只小猴正好吃1个。

生4：还可能是8个，或者更多。

师：看来同学们对盒子里苹果的个数有着不同的想法。但是，不管盒子里有多少个苹果，猴妈妈都会怎样分？

生：都会平均分成四份，每只小猴吃其中的一份。

师：既然也要将这盒苹果平均分成四份，每只小猴可以分得这4份中的——（生：1份）那这一份是这盒苹果的——？

生：这盒苹果的$\frac{1}{4}$。

师：好，盒子里到底是几个苹果呢？让我们眼见为实吧！（媒体演示，盒子里是8个苹果）现在有几个苹果呢？

生：8个。

师：（指着1个苹果的图对比）比刚才的苹果总数要——

生：多了！

师：对，增加了好多。现在你还能将这8个苹果平均分成4份吗？

（老师让学生到前面对着8个苹果图演示自己的分法，并在图中划出相应的分割虚线，如图12－7）

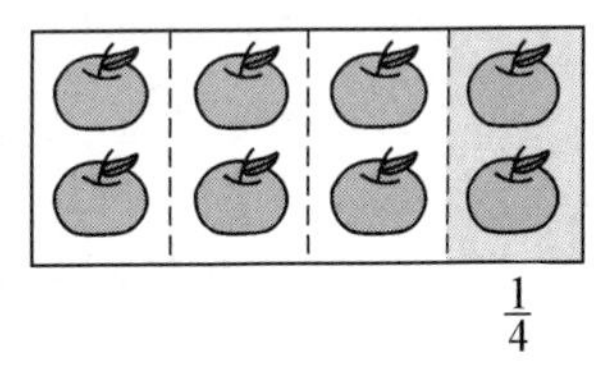

图12－7

师：同学们这样分了之后，是将这些苹果平均分成4份了吗？每只小猴可以得到几份呢？（生：1份）我们也可以说，每只小猴分得这些苹果的——

生：$\frac{1}{4}$。（学生回答时，老师有意指到已有板书$\frac{1}{4}$中的两个“份”字）

师：（显示分1个苹果和分8个苹果的图示）咦，刚才两次分苹果，每只小猴都是分到苹果的$\frac{1}{4}$。这两个$\frac{1}{4}$到底有什么不一样呢？

生1：第一个$\frac{1}{4}$是分得一个苹果的$\frac{1}{4}$，第二个$\frac{1}{4}$是分得8个苹果的$\frac{1}{4}$。

生2：一个苹果的$\frac{1}{4}$，只有一小块儿；而8个苹果的$\frac{1}{4}$是2个苹果。

师：同学们的眼睛真是厉害，看到了这两次分的总数不一样。那么总数不一样，为什么每只小猴吃的苹果又都可以用$\frac{1}{4}$来表示呢？

生:这两次都是平均分成四份,每只小猴吃的都是其中的一份。

三、 深入推进,凸现重点

师:老师这儿还有一盒苹果,请你们数数有几个?

生:有 12 个。

师:(指着 8 个苹果的图对比)比刚才的苹果总数又——

生:多了!

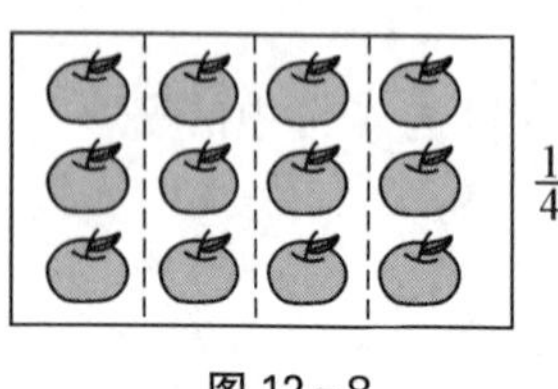

图 12-8

师:是啊,苹果总数变得更多了。如果我们还想表示这盒苹果的$\frac{1}{4}$,想一想,你能试着分一分,再表示出来吗?(学生完成后,电脑显示虚线,展示平均分成 4 份的过程,如图 12-8)

师:现在你能一眼就看出哪部分是这盒苹果的$\frac{1}{4}$吗?

(电脑将三次分苹果的图同时显示)

师:我们第三次分苹果,还是出现了同一个分数——$\left(\text{生:}\frac{1}{4}\right)$。

师:这个$\frac{1}{4}$跟刚才的两个$\frac{1}{4}$有什么不同吗?

生:这会儿的$\frac{1}{4}$表示的是 12 个苹果的$\frac{1}{4}$。

师:苹果个数不一样了,为什么这时还可以用$\frac{1}{4}$来表示呢?

生:虽然现在是 12 个苹果,但也是将它们平均分成 4 份,表示其中的一份,所以同样可以用$\frac{1}{4}$来表示。

师:(有意指着图形和一开始板书的"4 份""1 份")看来不管是一个苹果,还是一些苹果,只要将它们平均分成 4 份,其中的 1 份都可以用——$\left(\text{生:}\frac{1}{4}\right)$来表示。只是这些$\frac{1}{4}$代表了不同数量的$\frac{1}{4}$。

四、 组织练习,强化本质

(出示图 12-9)

师:题(1)中,涂色部分是一个圆片的几分之几?

生:这个圆片被平均分成了 5 份,涂色部分是 5 份中的 1 份,也就是它的$\frac{1}{5}$。

师:你的回答很完整,很清晰。再看题(2)。

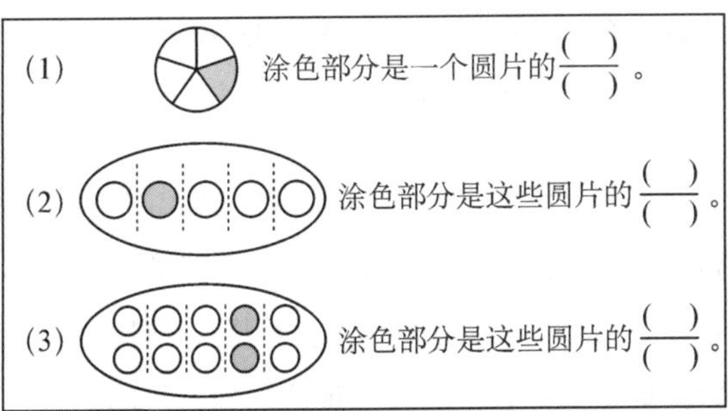

图 12－9

生：涂色的部分也是这些圆片的$\frac{1}{5}$。

师：你是怎么想的？

生：一共有 5 个圆，平均分成 5 份，一个圆正好是其中的 1 份，就是这些圆的$\frac{1}{5}$。

师：5 个圆，平均分成 5 份后(老师竖起 5 个手指头)，每份正好是 1 个圆，也就是这些圆片的$\frac{1}{5}$，呵呵，真是巧啊！题(3)呢？

生 1：它的涂色部分也可以用$\frac{1}{5}$来表示。

师：噢，还是$\frac{1}{5}$。大家赞成吗？

生 2：我不同意！我认为应该是$\frac{2}{10}$。

师：(稍停了停，眼睛一亮)有同学发出不同的声音了。还有其他的想法吗？

生 3：我认为既可以用$\frac{1}{5}$来表示，也可以用$\frac{2}{10}$来表示。

师：(微笑着)现在有三种意见了，还有第四种想法吗？(没有人举手示意)

师：这三种想法谁对谁错呢？我们还是听听刚才几位同学的思维吧。

生 2：一共有 10 个圆片，其中的 2 个涂了色，所以，涂色的圆片是这些圆片的$\frac{2}{10}$。

生 1：不对。一共是有 10 个圆片，但是它们被老师平均分成了 5 份，涂色部分只是其中的 1 份。所以，涂色部分也是这些圆片的$\frac{1}{5}$。

师：你从哪里看出老师把它们平均分成 5 份了？

生 1：从图中的虚线看出来的。

师：大家都看到这几根虚线了吗？(生：看到了)再仔细看看，这几根虚线起着怎样的作用？(生：平均分成了 5 份)那涂色部分呢？(生：是其中的 1 份)

师:从图中我们看到老师将这些圆片平均分成10份了吗?(生:没有)那大家从我们刚才的研究再想想,你赞同谁的想法?

生:涂色部分是这些圆片的$\frac{1}{5}$。

师:刚才一个同学数的是圆片的个数,而另一个同学数的是平均分的——(生:份数),我们再观察图形,用分数来表示时,应该去看什么呀?(生:份数)

师:看来同学们在辩论和比较中已经真正认识到分数的本质了。

师:咦,这是什么?(屏幕显示一个孙悟空的图片)同学们都知道孙悟空的本领很大,可以72变。大家看好了——

(电脑显示一个孙悟空变化成了24个孙悟空,学生感到特别新奇,好几个人不由自主"哇——"地叫起来)

师:把这些孙悟空看作一个整体,涂色部分你能用哪个分数来表示呢?

生:$\frac{1}{3}$!

师:哦,你真不简单!怎么这么快就想出$\frac{1}{3}$这个分数的?

生:我是横着看的,把这些孙悟空图片平均分成了3份,涂色的是其中的1份,所以就用$\frac{1}{3}$来表示!(学生回答后,老师在图中补上相应的分割虚线,如图12-10)

师:看来不管总数怎样增加,用分数来表示时,主要看什么?

生:主要看平均分成多少份,还有涂色部分是其中的几份。

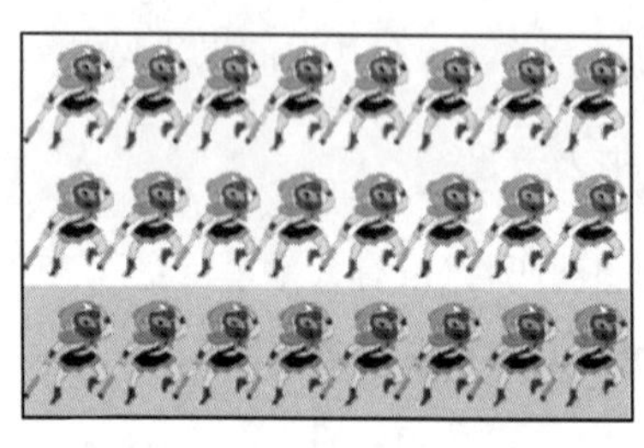

图 12-10

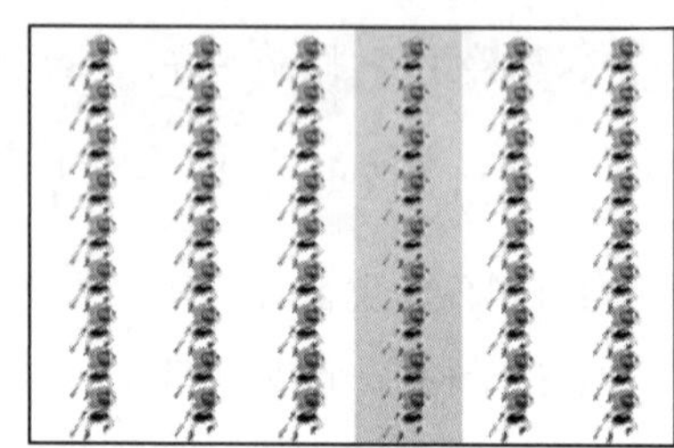

图 12-11

师:同学们,孙悟空又要变了(如图12-11,孙悟空的图片再次增加到54个,学生更加兴奋起来),这时涂色部分用哪个分数来表示比较好呢?同桌的同学可以商量商量。

生:涂色部分可以用$\frac{1}{6}$来表示。因为竖着这样分(指着图形),每一竖行为一份,一共是6份,涂色部分是其中的1份。

师：(几位学生回答后，请一位同学在图中补上相应的分割虚线)现在大家都看出来了吗?

生：看出来了!

师：变!(孙悟空的图片增加到 96 个，如图 12－12)把这么多的孙悟空看作一个整体，涂色部分你能用哪个分数来表示呢?

生：我想是$\frac{1}{12}$吧。

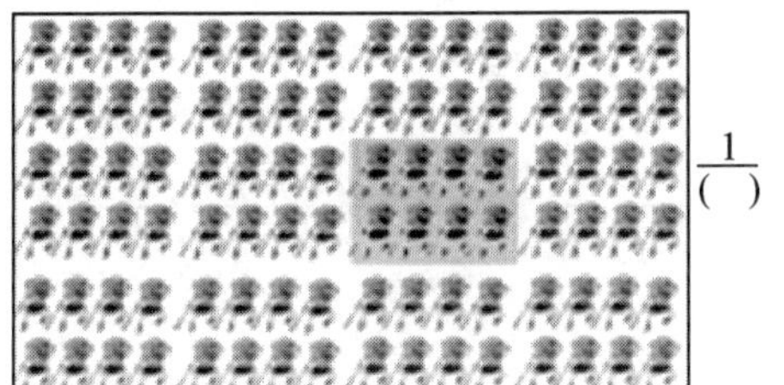

图 12－12

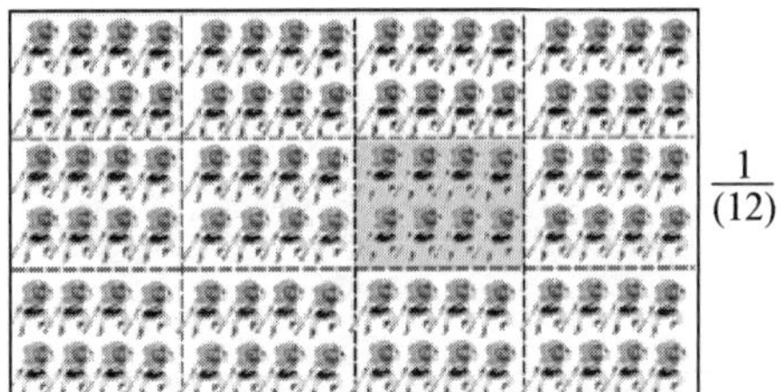

图 12－13

师：你怎么会看到 12 份?

生：我把涂色部分看作一份，横着看，一排有四份；再竖着看，一列有 3 份。三四十二，就是 12 份了。

师：(学生回答后，老师在图中添加等分虚线，如图 12－13)是这样吗? 看出来的同学请举手! 同学们真的好棒哦!(老师带头鼓掌，学生也跟着鼓掌)

师：(显示 12 个方块)数一数，一共有多少个方块?

生：12 个。

师：12 个方块的图形，你能先分一分，再涂一涂，表示出一个分数吗?

(学生动手操作，教师巡视，然后进行汇报交流，一一展示学生研究的分数，如图 12－14)

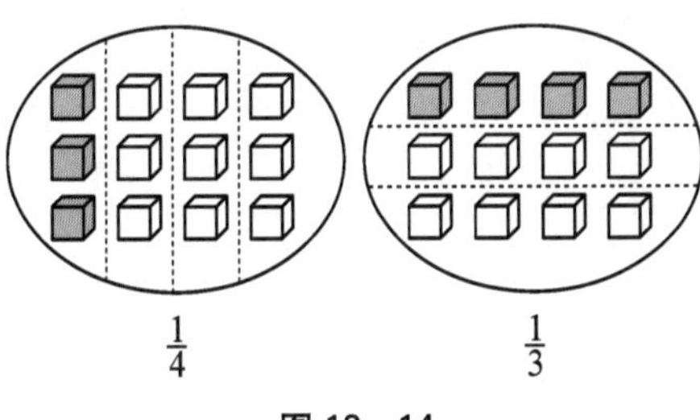

图 12－14

……

五、 总结全课，畅谈收获

师:今天我们继续认识了分数,和上学期比较,今天学习的内容有什么不同呢?(老师指着板书,学生对照小结)

生:我们上学期学习的是分“一个东西”,今天学习的是分“一些东西”。

生:不管是分一个东西,还是分一些东西,只要平均分成若干份,其中的一份就是它的几分之一。

生:用分数来表示时,关键是看份数,不能只数物体的个数。

师:看来大家对分数的学习很到位了。不过呀,我们现在还只是对分数这个朋友有了初步的认识,分数王国还有很多有趣的知识等着我们去探究呢。

阅读资料

1. 黄毅英.教授现在告诉你:如何开展教育研究[M].武汉:华中师范大学出版社,2010.

2. 鲍建生,徐斌艳.数学教育研究导引(二)[M].南京:江苏教育出版社,2013.

3. 郜舒竹.小学数学这样教[M].上海:华东师范大学出版社,2015.

4. 蔡金法,聂必凯,许世红.做探究型教师[M].北京:北京师范大学出版社,2015.

5. 蔡金法.中美学生数学学习的系列实证研究——他山之石,何以攻玉[M].北京:教育科学出版社,2007.

思考与练习

1. 选择一个小学数学研究的主题,收集文献,完成文献综述。

2. 确定小学数学调查研究题目,完成一份调查问卷设计。

3. 参照案例 12-3,完成一个课例分析。